AF629543

Anna Katharina Emmerick

Das zweite Lehrjahr Jesu

«Ich habe geschöpft aus dem Neuen Testament,
aus der ‹Nachfolge Christi› des Thomas von Kempen
und aus Anna Katharina Emmerick.»

Paul Claudel (französischer Dichter, 1868-1955)

Clemens Brentano

ANNA KATHARINA EMMERICK

Das zweite Lehrjahr Jesu

Aus den Tagebüchern des Clemens Brentano

Zusammengestellt von P. Karl Erhard Schmöger CSSR

CHRISTIANA-VERLAG
im Fe-Medienverlag

Anna Katharina Emmerick

Gesammelte Werke in sechs Bänden

Eine Augenzeugin berichtet

Aufgeschrieben von Clemens Brentano

Band 1: Das Leben der heiligen Jungfrau Maria
Band 2: Das erste Lehrjahr Jesu
Band 3: Das zweite Lehrjahr Jesu
Band 4: Das dritte Lehrjahr Jesu
Band 5: Das bittere Leiden unseres Herrn Jesus Christus
Band 6: Geheimnisse des Alten und des Neuen Bundes

Herausgeber: Arnold Guillet †

Imprimatur: Würzburg, Dr. Brander, p. t. Generalvikar, 23. Juni 1954

Neuausgabe: 2. Auflage 2022

VIA·VERITAS·VITA

© CHRISTIANA-VERLAG
im Fe-Medienverlag • Hauptstr. 22, D-88353 Kisslegg-Immenried
www.fe-medien.de

Alle Rechte vorbehalten.

Satz und Layout: CHRISTIANA-VERLAG im Fe-Medienverlag

Druck: orth-druk, Bialystok (Polen) – Printed in EU

ISBN 978-3-7171-1294-5

Inhaltsverzeichnis

EINLEITUNG

Von P. Karl Erhard Schmöger CSSR
(24. Februar 1819 – 14. August 1883)

Über die Reihenfolge der Visionen

Anna Katharina Emmerick besaß die Gnade, dass sie in einem Zeitraum von drei Jahren in einem ununterbrochenen geschichtlichen Zusammenhang die drei Lehrjahre Jesu in täglichen Gesichten schauen durfte. Dieselben nahmen in den letzten Tagen des Monats Juli 1820 ihren Anfang, während Anna Katharina in allen vorhergehenden Jahren zwar auch die Geheimnisse des Lebens Jesu geschaut hatte, aber nicht in fortlaufenden täglichen Bildern, sondern mit Unterbrechung und nach Ordnung der Sonn- und Festtage des Kirchenjahres.

Noch am Donnerstag, den 19. Juli 1820, ist der «Pilger» (wie sich Clemens Brentano in seinen Tagebüchern zu nennen pflegte, weshalb diese Bezeichnung auch hier beibehalten wird) trostlos, weil «es ihm nicht möglich ist, aus den Gesichten über die sonntäglichen Evangelien klug zu werden, da Anna Katharina sie teilweise vergisst und nicht umständlich genug erzählt, keine Ortsnamen nennt, und er so nicht wissen kann, mit welchem Lebensjahre Christi die Gesichte zusammentreffen und in welcher Ordnung die Kirchenevangelien untereinander selber stehen».

Anna Katharina nämlich hatte am unmittelbar vorausgehenden Sonntag, dem sechsten nach Pfingsten, ein Gesicht über das Evangelium von der Speisung der Viertausend gehabt und in den folgenden Tagen noch einzelne Bruchstücke dazu mitgeteilt, von welchen sie glaubte, dass sie mit dem Evangelium des Sonntags in einem geschichtlichen Zusammenhang stehen.

Der Pilger jedoch konnte mit der mangelhaften Mitteilung nicht viel anfangen und schrieb in sein Tagebuch die Bemerkung: «Es ist ein Jammer, dass der Pilger gar nicht unterstützt wird, hierin eine Folge zu erhalten.»

Die ersehnte Hilfe sollte ihm aber wenige Tage später in ganz ungeahnter, wunderbarer Weise zu Teil werden; denn am 30. Juli 1820 begann Anna Katharina, was dem Pilger «ganz unerwartet, ja unerhört schien», den Lehrwandel Christi Tag für Tag im vollkommensten Zusammenhang zu schauen, und zwar ohne Unterbrechung bis Ende Mai 1821.

Diese fortlaufenden Gesichte begannen mit dem Lehrvortrag Jesu über die Ehescheidung und mit der Segnung der Kinder zu Bethabara jenseits des Jordan, wie sie von Matthäus 19,1 berichtet wird, und umfassten die letzte Osterreise des Heilandes nach Jerusalem, die Passion, Auferstehung, Himmelfahrt, Pfingsten und einige Wochen aus der Apostelgeschichte; vom Lehrwandel Jesu also die letzten acht bis neun Monate.

Der Pilger schickt seinen Aufzeichnungen der Visionen dieses Zeitraums folgende Bemerkung voran: «Der Aufschreibende war weder in diesem Wandel des Herrn noch in der Lage der Orte in Palästina orientiert; die Sehende aber war häufig sehr krank und erzählte in ihren alles Maß übersteigenden Leiden nur mühsam und manches nachholend; sie vergaß auch öfter einige Tage. Ferner war ihre Aufmerksamkeit weder auf die Ortsnamen noch auf die Distanzen und Wegmaße gerichtet, weshalb in diesem Zeitraum die Ortsnamen oft nur allgemein nach den Gegenden bestimmt sind.»

Mit Ende Mai 1821 hören jedoch die Gesichte nicht auf, sondern gingen zu jenem Zeitraum des Lebens Jesu über, der mit dem Tode des hl. Joseph und dem öffentlichen Auftreten Johannes des Täufers beginnt. So sah Anna Katharina vier Monate hindurch, nämlich vom 2. Juni bis 28. September 1821, Tag für Tag alle Wege und Handlungen sowohl Jesu als auch seines heiligen Vorläufers, vernahm jedes ihrer Worte, und der Pilger zeichnete mit äußerster Gewissenhaftigkeit täglich auf, so viel Anna Katharina von diesen Gesichten ihm zu erzählen im Stande war.

Am 28. September sah sie die Taufe Jesu im Jordan und begleitete von da an in täglich fortlaufenden Gesichten den Heiland einundzwanzig und einen halben Monat lang, nämlich bis 17. Juli 1823, auf allen Wegen seines heiligsten Wandels, so dass nur wenige Tage übrig blieben, und der Schluss der Gesichte des Jahres 1823 hätte sich genau an den Anfang derselben im Juli 1820 angeschlossen.

Wie die Gesichte, so hatte auch die Mitteilung derselben an den Pilger ihren täglichen Fortgang; nur einmal war Anna Katharina, und zwar vom 27. April bis 17. Juli 1823, wegen tödlicher Erschöpfung gänzlich unvermögend, auch nur ein Wort zu sprechen; die Gesichte aber waren auch in dieser Zeit nicht unterbrochen.

Sie erhielt dieselben zum zweiten Mal vom 21. Oktober 1823 bis 8. Januar 1824 und holte nun in dieser Zeit die Mitteilung an den Pilger nach.

Von da an hörte jede Mitteilung auf, denn unter schrecklichen Leiden nahte ihr Tod, welcher am 9. Februar 1824 erfolgte, nachdem sie vier Wochen hindurch stets geschwiegen hatte. Nur einmal tat sie in dieser Zeit, ohne äußere Veranlassung, gleichwie aus einem inneren Überblick ihrer bisherigen Anschauungen die überraschende Äußerung: «Wo sind wir an der Zeit?» – «14. Januar!» – «Ach!», erwiderte sie, «dass ich gar nichts mehr vermag! Noch wenige Tage und ich hätte das Leben Jesu ganz erzählt!»

Kriterien der Echtheit

Ehe nun die Gabe des Schauens erklärt und von dem Umfang ihrer Gesichte einlässlicher gehandelt wird, mögen die Grundsätze zur Sprache kommen, welche nach Papst Benedikt XIV. über Echtheit und Unechtheit angeblicher Gesichte und Offenbarungen entscheiden und den Grad der Geltung und des Ansehens feststellen, welches denjenigen Gesichten zugestanden werden darf, die von der kirchlichen Autorität als wahr und echt erklärt sind.

Benedikt XIV. handelt (in seinem großen Werk *de Servorum Dei Beatificatione,* lib. III. c. 51. 52. et 53) in drei Abschnitten von der Beurteilung der Gesichte und Offenbarungen: Als erste und «goldene» Regel führt Benedikt die Worte Gersons an:

«Wo Demut vorangeht, mit- und nachfolgt, wo nichts sich hineinmischt, was sie gefährdet, da ist es ein Zeichen, dass Gesichte von Gott sind oder seinem guten Engel; denn lange kann der Trug auch eines Weibes nicht verborgen bleiben. Wo nicht von der tiefsten Demut der Grund gelegt ist, da stürzt das Gebäude in Schande bald zusammen; wo aber lautere Einfalt sich findet, die gerade denen am nötigsten ist, die Gott in reiner, losgeschälter, keuscher Liebe anhängen wollen, da ist weder Selbstbetrug noch Täuschung anderer.»

Dann sind es auch die Früchte, die an anderen wahrgenommen werden, welche der Echtheit der Gesichte eine große Bürgschaft gewähren; denn es ist nicht möglich, dass ein schlechter Baum gute Früchte tragen kann. Geschieht es also, dass aus der Mitteilung von Gesichten anderen Erleuchtung des Geistes, oder Besserung des Lebens, oder Antriebe zur Frömmigkeit und Gottseligkeit erwachsen und dies nicht bloß bei einzelnen, sondern bei einer großen Anzahl von Personen, und zwar lange Zeit hindurch, so gilt dies als ein sehr verlässlicher Beweis, dass derartige Gesichte ein Werk des Heiligen Geistes sind; denn falsche und trügerische oder vom Teufel eingegebene können nicht anders, als den katholischen Glauben und die guten Sitten verletzen.

Was nun die Anwendung der eben angeführten Grundsätze auf die gottselige Anna Katharina betrifft, so könnte es genügen, auf den in ihren Gesichten «Vom bitteren Leiden» waltenden Geist hinzuweisen, der in so ausgedehntem Maße jene Früchte bis zur Stunde hervorbringt, welche als Kennzeichen eines guten Baumes von Papst Benedikt angegeben werden; allein der Herausgeber legt ein noch größeres Gewicht auf den Inhalt der gegenwärtigen Gesichte.

Diese nämlich erschließen dem aufmerksamen Leser den irdischen Wandel und das ganze Wirken des Heilandes und seiner gebenedeiten Mutter in so einfacher, innerlich wahrer und anschaulicher Weise, dass nach der Heiligen Schrift nicht leicht ein Buch namhaft gemacht werden kann, das mit so überwältigender Klarheit auch dem einfachsten Menschen zeigt, was es bedeutet, wenn der Heiland allen ohne Ausnahme zuruft: «Lernt von mir, denn ich bin sanftmütig und demütig von Herzen!»

Muss es nicht den höchsten Trost und in jeder Lage des Lebens eine nie versiegende Freudigkeit gewähren, unseren Herrn und Heiland Schritt für Schritt begleiten, Tag für Tag ihn in der unendlichen Mühsal seines irdischen Tagewerks betrachten und im Anschauen seiner überall gleichen Huld und Erbarmung die schwache Glut der eigenen Liebe entzünden zu können?

Anna Katharina war in ihrem ganzen Leben das immer gleich einfache, harmlose, unschuldige Kind, das für nichts auf dieser Welt Empfindung und Verständnis hatte als für die Not und das Elend der Menschen, das nie nach etwas anderem je begehrte, als für andere zu leiden. Darum wuchs auch mit jeder Pein so sehr die Stärke ihres Geistes und der Friede ihrer Seele, dass sie in dem Übermaß ihrer namenlosen Leiden frohlockend Gott dankte, dass Er sie würdige, ihrem Heiland ähnlicher zu werden. Niemals hat die Dulderin über die Größe einer Pein sich beschwert, wohl aber war es ihr unerträglich und empfindlicher als jeder Schmerz, wenn jemand sie lobte oder rühmlich von ihr dachte, und zwar so, dass sie noch in ihrem letzten Todeskampfe mit sterbender Stimme flehentlich bat, nichts Lobenswertes von ihr zu reden...

Papst Benedikt führt unter anderen das berühmte Gutachten des P. Joannes Cortesius Ossorius an, das dieser über die Offenbarungen der seligen Maria von Agreda der spanischen Inquisition übergab und in welchem er ausführlich nachweist, wie um der angeführten Punkte willen Privatoffenbarungen nicht zu verwerfen seien, und wie auch ungeachtet derselben die Offenbarungen der hl. Brigitta und Magdalena von Pazzis die Gutheißung des Heiligen Stuhles erlangt haben.

Doch setzt Benedikt nach Anführung der genannten Autoritäten einschränkend bei, er würde zwar in derartigen Offenbarungen kein Hindernis finden, im Beatificationsprozesse weiterzufahren, allein er würde dieselben nicht als ganz lauter ansehen, sondern als getrübt von der eigenen Anschauungs- und Denkweise, die dem Diener Gottes vor und unabhängig von den Gesichten innewohnten; und demgemäß dürfte in ihre etwaige Approbation nichts aufgenommen werden, was die Meinung zur Folge haben könnte, als wolle der Heilige Stuhl jeden Widerspruch gegen sie für ungeeignet erklären.

Diese letzte Bemerkung von Papst Benedikt XIV. ist von höchster Wichtigkeit, denn sie gesteht zu, dass aus der persönlichen Heiligkeit eines Begnadeten, aus seinem Verhalten bei Gesichten und anderen dieselben begleitenden Umständen mit Sicherheit auf den göttlichen Ursprung der Gesichte könne geschlossen werden, wenngleich zugegeben werden müsse, dass dieselben in ihrem Durchgang durch das geistige Vermögen des Empfängers und dessen Mitteilung an andere möglicherweise getrübt worden sind. Es ist nämlich mit den Gesichten und Privatoffenbarungen nicht zugleich die Gabe eines durchaus unfehlbaren und ungetrübten Verständnisses und eben solcher Mitteilung dem Schauenden verliehen, weshalb die Theologen für deren Beurteilung eine «pia et modesta intelligentia» in Anspruch nehmen.

Das Privilegium der Unfehlbarkeit haben nur die Propheten, Apostel und die Verfasser der kanonischen Schriften, und in zweiter Reihe die Nachfolger Petri und allgemeinen Konzilien; sonach gelangt auch nur das zu einer unfehlbaren Mitteilung an die Gesamtheit, was als Gegenstand des übernatürlichen und zur Erlangung der ewigen Seligkeit notwendigen Glaubens von der Autorität der Kirche als von Gott geoffenbarten allen zu glauben vorgestellt wird.

Daraus erhellt von selbst, dass Gesichte und Privatoffenbarungen, auch wenn sie als echte und von Gott kommende vom Heiligen Stuhl bestätigt werden, nicht in Anspruch nehmen können, als Gegenstand des göttlichen oder übernatürlichen Glaubens zu gelten. Sie können für jene, welche sie lesen oder von anderen sie hören, nur das Gewicht einer bloß menschlichen Autorität haben und verlangen keine größere Ehrfurcht und Unterwerfung, als sie jeder Katholik den bewährten Lebensbeschreibungen von Heiligen oder den asketischen Schriften heiliger Verfasser zu geben gewohnt ist.

Will nun der Leser die angegebenen Grundsätze auf die hier dargebotenen Gesichte der Anna Katharina anwenden, so wird er keinem Punkte begegnen, der irgendwie nur den leisesten Widerspruch gegen den heiligen Glauben enthielte. Im Gegenteil wird er mit höchster Befriedigung wahrnehmen, wie es nicht leicht ein Buch geben kann, das einfacher und tiefer in die Geheimnisse unseres heiligen Glaubens einführt und das selbst den ganz Ungeübten mehr befähigt, die höchste Kunst zu erreichen, die der selige Thomas von Kempen bezeichnet: «In vita Jesu Christi meditari», als das hier gebotene. Was aber als «neu» in ihm erscheinen wird, das wird sich in seinem wahren Verhältnis zu Altem ohne besondere Mühe erkennen lassen.

Gleiche visionäre Veranlagung wie bei Hildegard

Bei der nun folgenden Darstellung der Gabe des Schauens, welche Anna Katharina in einem Grade besaß, wie wohl nur wenige bevorzugte Seelen, können ihre eigenen Mitteilungen uns einen um so zuverlässigeren Führer abgeben, als sie durch Äußerungen ähnlich Begnadeter erläutert und bestätigt werden.

Die hl. Hildegard von Bingen war nach eigenem Geständnis bereits in frühester Jugend mit der Gabe des Schauens begnadet: «Als ich erst drei Jahre alt war, erhielt ich vom Himmel ein so großes Licht, dass meine Seele im Innersten darob erzitterte; aber ich war wegen der zu großen Jugend außerstande, etwas darüber vorzubringen. Von meinem fünften Jahre an aber hatte ich ein wunderbares Verständnis der Gesichte, und wenn ich manches davon in Einfalt erzählte, wunderten sich die, so es hörten, von wem ich sie hätte und woher sie mir zukämen. Ich selbst geriet über mich in Erstaunen, da ich, während ich innerlich Gesichte hatte, doch zugleich die Außenwelt durch die Sinne wahrnahm, aber dergleichen nicht auch von anderen Menschen hörte. Darüber kam ich in große Furcht und getraute mir nicht mehr, von meinem inneren Lichte mit anderen zu reden.»

In noch früherem Lebensalter empfing dies übernatürliche Licht Anna Katharina, welche am 8. September 1821 an ihrem 47sten Geburtstag folgendes hierüber berichtet. «Da ich am 8. September geboren bin, hatte ich heute eine wunderbare Anschauung von meiner eigenen Geburt und Taufe und war dabei in einem ganz seltsamen Gefühl. Ich fühlte mich als ein neugeborenes Kind auf den Händen der Frauen, die mich nach Coesfeld zur Taufe tragen sollten und schämte mich in der Empfindung, so klein und hilflos und doch schon so alt zu sein; denn alles, was ich damals schon als neugeborenes Kind empfunden und gefühlt hatte, das sah und erkannte ich jetzt wieder, jedoch mit meinem jetzigen Verstand vermischt. Schon damals war mir mein Schutzengel sichtbar gegenwärtig, wie später immer. Ich sah alles um mich her: die alte Scheune, in der wir wohnten und alles, wie ich es im späteren Leben nicht mehr sah, da schon manches verändert war. Ich fühlte mich mit vollem Bewusstsein den ganzen Weg von unserer Hütte in Flamske bis in die Jakobi-Pfarrkirche in Coesfeld getragen: Ich fühlte alles und sah alles um mich her.

Ich sah die ganze heilige Taufhandlung an mir verrichten und es gingen mir dabei die Augen und das Herz auf eine wunderbare Weise auf.

Ich sah, als ich getauft wurde, meinen Schutzengel und meine heiligen Namenspatrone, die hl. Anna und Katharina, bei der heiligen Handlung gegenwärtig. Ich sah die Mutter Gottes mit dem kleinen Jesuskind und wurde mit ihm durch Darreichung eines Ringes vermählt. Es wurde mir nun alles Heilige, alles Gesegnete, alles was mit der Kirche zusammenhängt, so lebendig fühlbar, als es nur irgend jetzt der Fall ist.

Ich sah wunderbar tiefsinnige Bilder vom Wesen der Kirche. Ich fühlte die Gegenwart Gottes im Heiligsten Sakrament. Ich sah die Gebeine der Heiligen in der Kirche leuchten und erkannte die Heiligen, die über ihnen erschienen. Ich sah alle meine Vorfahren bis zu dem zuerst unter ihnen Getauften. Ich erkannte in einer langen Reihe von Sinnbildern alle Gefahren meines künftigen Lebens. Als ich aus der Kirche wieder nach Hause über den Kirchhof getragen wurde, hatte ich ein lebhaftes Gefühl von dem Zustand der Seelen der hier bis zur Auferstehung ruhenden Leiber, unter denen ich einige heilige Leiber hell und herrlich leuchtend mit Ehrfurcht bemerkte.»

Aus dieser Mitteilung geht hervor, dass Anna Katharina das Schauen als Naturanlage schon im Mutterleib empfangen hatte, und zwar in solcher Stärke, dass gleich bei der Geburt ihr geistiges Wahrnehmungsvermögen sowie die leiblichen Sinne weit über das gewöhnliche Maß tätig sein konnten.

Als bloßer Naturanlage jedoch steht diesem Schauen nur das Gebiet des Natürlichen offen; und es verhält sich zum übernatürlichen oder prophetischen Schauen als dessen Grundlage und Voraussetzung, aber nicht einmal als notwendige Voraussetzung, da dies höhere Schauen von Gott einer Seele als Gnadengabe verliehen werden kann, welche eine natürliche Anlage dafür nicht oder nur in sehr geringem Maße besitzt. Das Gebiet des übernatürlichen Schauens ist das Reich der Gnade oder die Kirche, welcher der Mensch durch die heilige Taufe einverleibt wird; darum empfängt Anna Katharina dies höhere Licht erst dann, als sie durch Eingießung der heiligmachenden Gnade ein lebendiges Glied des Kirchenleibes geworden ist. Jetzt erst «gehen ihr Herz und Auge in wunderbarer Weise auf», und sie schaut die Wirkungen des Heiligen Sakramentes, die Kirche und ihre Geheimnisse und alles, was zu ihr in lebendigem Kontakt steht.

Das bewusste oder reflektierende Verständnis des Geschauten hält darum gleichen Schritt mit der natürlichen Entfaltung des Bewusstseins überhaupt, wie dies aus einer anderen Mitteilung Anna Katharinas erhellt: «Über solchen Gedanken war ich immer ganz versunken und vergaß Essen und Trinken, so dass ich meine Eltern oft sagen hörte: ‹Was hat nur das Kind? Was ist nur mit dem Annthrinken?›»

Dieser Kindheitserinnerung kann man entnehmen, wie Anna Katharina in frühester Kindheit der unvergleichlichen Schönheit der Paradieses-Unschuld inne geworden war, dass sie sich aber des Abstandes der Gegenwart und ihrer Umgebung von dem Inhalt ihrer Anschauungen nur allmählich und nach Maßgabe der eigenen kindlichen Erfahrung klar bewusst werden konnte. So sagte sie auch einmal: «Ehe ich wusste, was das Wort Prophet heißt, hatte ich schon Bilder von einem wunderbaren Wagen, an dessen Rädern die vier Tiere der Offenbarung waren.

Warum? Das weiß ich nicht... Ich hatte die Gesichte so früh, dass ich mich erinnere, wie mein Vater mich als ein kleines Kind zwischen seine Knie nahm und am Feuer sitzend zu mir sagte: Nun bist du in meinem Kämmerchen, nun erzähle mir was! Und nun erzählte ich ihm allerhand biblische Geschichten, und da er gar nichts dergleichen oder auf diese Art gesehen, weinte er, dass die Tropfen auf mich niederfielen und sagte: Kind, wo hast du das her? Da sagte ich ihm, dass ich das so sehe, worauf er still wurde und mir nichts mehr sagte.»

Im fünften Lebensjahr nun trat bei Anna Katharina dasselbe ein, was bei der hl. Hildegard eingetreten war, es ging ihr mit dem Schauen zugleich das tiefere Verständnis des Geschauten auf und sie war imstande, sich über den Inhalt der Gesichte nähere Rechenschaft zu geben und sie von den Akten des Glaubens und der im Glauben enthaltenen Gewissheit und Verdienstlichkeit zu unterscheiden. Sie sagt hierüber:

«In meinem fünften bis sechsten Jahre, als ich den ersten Artikel des katholischen Glaubensbekenntnisses betrachtete: Ich glaube an Gott Vater, den allmächtigen Schöpfer Himmels und der Erde; da kamen mir allerlei Bilder von der Erschaffung Himmels und der Erde vor die Seele. Ich sah den Sturz der Engel, die Erschaffung der Erde und des Paradieses, Adams und Evas Sündenfall.

Ich dachte nicht anders, als das sehe ein jeder Mensch so, wie die anderen Dinge um uns her, und so erzählte ich dann meinen Eltern, Geschwistern und Gespielen ganz unbefangen davon, bis ich merkte, dass man mich auslachte und fragte, ob ich ein Buch habe, worin das alles stehe. Da fing ich nach und nach an, von diesen Dingen zu schweigen und dachte, es schicke sich wohl nicht, von solchen Sachen zu reden, ohne mir jedoch besondere Gedanken darüber zu machen. Ich habe diese Gesichte gehabt sowohl bei Nacht als auch bei hellem Tag im Feld, im Haus, gehend, arbeitend, unter allerlei Geschäften.

Als ich einmal in der Schule ganz kindlich anders, als es gelehrt wurde, von der Auferstehung sprach, und zwar mit Gewissheit und in der unbefangenen Meinung, das müsse jedermann auch so wissen wie ich, und gar nicht ahnend, dass dies eine persönliche Eigenschaft von mir sei, wurde ich von den Kindern mit Verwunderung ausgelacht und bei dem Magister verklagt, der mich ernstlich ermahnte, solche Vorstellungen mir nicht einzubilden.»
«Ich sah aber diese Gesichte stillschweigend fort, wie ein Kind, das Bilder betrachtet und sie sich auf seine Weise auslegt, ohne viel zu fragen, was dieses und jenes bedeute.

Weil ich nun öfter die gewöhnlichen Heiligenbilder oder Darstellungen aus der biblischen Geschichte bald so, bald anders dieselben Gegenstände vorstellen sah, ohne dass dies irgend eine Änderung in meinem Glauben gemacht hätte, so dachte ich, die Gesichte, die ich habe, sind mein Bilderbuch und betrachtete dieses in allem Frieden und machte immer die gute Meinung dazu: Alles zur größeren Ehre Gottes!

Ich habe nie etwas in geistlichen Dingen geglaubt, als was Gott der Herr geoffenbart hat und durch die heilige katholische Kirche zu glauben vorstellt, es sei solches ausdrücklich geschrieben oder nicht. Und nie habe ich das, was ich in Gesichten gesehen, ebenso geglaubt. Ich sah diese an, wie ich hie und da verschiedene Weihnachtskrippen andächtig betrachtete, ohne an der einen durch die Verschiedenheit der anderen gestört zu werden; ich betete in einer jeden nur dasselbe liebe Jesuskindlein an, und so ging es mir auch bei diesen Bildern von der Schöpfung Himmels und der Erde und des Menschen, ich betete Gott den Herrn, den allmächtigen Schöpfer Himmels und der Erde darin an.»

Das Geheimnis der übernatürlichen Schau

Da Anna Katharina sich über das übernatürliche Licht, in und durch welches sie ihre Gesichte wahrnimmt, nicht näher erklärt, indem sie nur einmal sagte: «Ich habe eine sehr schöne Eröffnung davon gehabt, dass das Sehen mit den Augen kein Sehen sei, und dass es ein anderes inneres Sehen gebe; jetzt aber ist es mir entfallen» – so können wir uns der diesbezüglichen Mitteilungen der hl. Hildegard bedienen, die uns den erwünschten Aufschluss geben. Sie sagt nämlich:

«Es ist dem sinnlichen Menschen schwer, zu verstehen, auf welche Weise die Gesichte geschaut werden. Ich sehe zwar von meiner Kindheit an bis auf mein gegenwärtig 47stes Jahr das mir von Gott gegebene Licht immer in meiner Seele, fasse es aber nicht mit den leiblichen Augen, noch mit den Gedanken meines Herzens noch durch Vermittlung der fünf Sinne.

Die leiblichen Augen jedoch verlieren neben diesem Licht so wenig ihr Sehvermögen als die anderen Sinne ihre Tätigkeit. Das Licht nämlich, das ich habe, ist kein räumliches oder körperliches, sondern heller als der Träger des Sonnenlichtes: Ich sehe in ihm weder Tiefe noch Länge noch Breite. Es wird mir genannt: Der Schatten des lebendigen Lichtes; und so wie die Sonne, Mond und Sterne im Wasser widerscheinen, so wird mir in ihm Geschriebenes und Gesprochenes und Eigenschaften und Werke der Menschen sichtbar.

Was ich in diesem Schauen wahrnehme und erlerne, das behalte ich für lange Zeit, und ich schaue und vernehme und weiß auf einmal, wie in einem Augenblick, das, was ich wissen und erlernen soll. Das aber, was ich nicht schaue, das weiß ich auch nicht; denn ich bin wie eine, die nie einen Unterricht empfangen hat und ich gebrauche für das, was ich aus jenem Lichte schreiben muss, keine anderen Worte, als die ich höre. Aber ich höre die Worte nicht so, wie sie aus dem Munde eines Menschen laut werden, sondern sehe sie als Feuerflamme, als Lichtwolke in reinem Äther. Von diesem Lichte vermag ich so wenig eine Gestalt zu erkennen, als ich im Stande bin, in die Sonnenscheibe zu sehen.»

«Außerdem sehe ich zuweilen in diesem Licht ein anderes, das mir das lebendige Licht genannt wird. Doch sehe ich dieses nicht so oft, und vermag sein Wesen noch weniger anzugeben als das des ersteren. Wenn ich aber dasselbe empfange, dann schwindet mir alle Trauer und Plage aus dem Sinne, so dass ich bin wie ein einfältig Kind und nicht wie eine alte Frau. Des ersteren Lichtes, des Schattens des lebendigen Lichtes, entbehrt meine Seele nie, und ich sehe dasselbe wie ich etwa in einer lichten Wolke das Firmament ohne Sterne erblicke und in ihm schaue ich das, was ich aus dem Glanz des lebendigen Lichtes rede.»

Das Licht, von welchem die hl. Hildegard redet, ist nach der Erfahrung der Mystiker: die durch einen Engel vermittelte Einstrahlung des göttlichen Lichtes in die Seele des zum Schauen Berufenen, durch welches alle Kräfte der Seele über ihr natürliches Vermögen erhoben werden, so dass der Mensch befähigt wird, gleich einem reinen, körperlosen, d.h. nicht an die Tätigkeit der Sinne und anderer Organe gebundenen Geiste das zu schauen, was

Gott in diesem Licht ihm mitteilen will. Das Licht verleiht also der Seele ein Zweifaches: das übernatürliche Sehvermögen und das Medium, in welchem dasselbe wirksam ist: Es ist sonach für dies Vermögen das nämliche, was für das leibliche Auge das Sonnenlicht oder für die natürliche Erkenntnis das jedem Menschen angeborene innere Licht.

Alles wird, sagt die hl. Hildegard, in diesem Licht dem Schauenden reflektiert, d.h. alles, was Gott ihn will erkennen lassen, denn die Wahl der Gegenstände, die geschaut werden, hängt nicht von der Willkür des Schauenden ab, sondern Gott selbst bestimmt dieselben je nach der besonderen Aufgabe, die eine derart begnadete Seele zu lösen hat. So ist es also die Ordnung Gottes, ob der Begnadete Zukünftiges oder Vergangenes, Verborgenes oder Fernes, natürliche oder übernatürliche Geheimnisse, ob er die Gedanken der Menschen und welcher Menschen schauen und erkennen soll, wie auch der Grad der Klarheit des Schauens und die Sicherheit, mit der das Geschaute behalten und anderen mitgeteilt wird, durch das Maß des von Gott verliehenen Lichtes bedingt ist.

Je höher also das Maß des verliehenen Lichtes, um so ausgedehnter auch der Kreis des Geschauten. Sollen räumlich ferne Gegenstände in ihm wahrgenommen werden, so entsteht das Hellsehen, was als übernatürliche Gnadengabe nicht mit dem natürlichen Hellsehen oder Somnambulismus verwechselt werden darf.

In ihm werden die Gegenstände selbst wahrgenommen, sei es durch das bloße Schauen in die Ferne oder durch das Entrücktwerden des Schauenden an den Ort hin selbst, wo die Gegenstände sich befinden oder wo die Handlung geschieht oder geschehen ist. Beim Schauen aber in die Vergangenheit oder in die Zukunft werden nur die Bilder der nicht mehr oder noch nicht in Raum und Zeit existierenden Gegenstände der Einbildungskraft des Schauenden durch Gott auf übernatürliche Weise zugeführt.

Wenn also z.B. Anna Katharina ein Ereignis aus dem Neuen oder Alten Testament gezeigt wird, so werden ihr in dem eingegossenen Licht die Bilder der handelnden Persönlichkeiten, des Ortes und der ganzen Umgebung so treu und vollständig wie in einem Spiegel vorgehalten, dass dieselben der Einbildungskraft und dem Gedächtnis sich gewissermaßen ebenso natürlich einprägen, wie wenn sie der Sehenden durch die äußeren Sinne und das natürliche Wahrnehmungsvermögen wären zugeführt worden, oder wie wenn Anna Katharina beim Ereignis selber als Augenzeugin wäre handelnd zugegen gewesen.

Der Unterschied besteht nur in dem unendlich höheren Grad der Deutlichkeit und Klarheit, welcher beim Schauen stattfindet, indem nicht bloß die äußere Handlung, sondern auch die inneren Motive und deren Verkettung und die handelnden Personen in ihrer geheimsten Gesinnung und alle inneren Affekte wahrgenommen werden.

Mit diesem Schauen in eingegossenen Bildern kann das Hellsehen oder Entrücktwerden zugleich verbunden sein, indem Anna Katharina die Ereignisse aus dem Leben Jesu genau an Ort und Stelle sieht, wo sie einstens in Wirklichkeit geschehen sind, sei es in Jerusalem oder an anderen Orten des Heiligen Landes. Sie wird dahin entrückt, und dort angelangt, schaut sie die Ereignisse und Handlungen nach getreuestem historischen Verlauf in Bildern.

Die hl. Hildegard nennt das Licht raum- und körperlos und unfassbar für jedes nur natürliche Vermögen; denn es hebt seinem Wesen nach jede Schranke der Zeit und des Raumes für den Schauenden auf und befreit sein Denken und Erkennen von allen hemmenden Fesseln, denen es im gewöhnlichen Zustand unterliegt.

Die fernste Zukunft oder Vergangenheit ist in ihm lichte Gegenwart und mühelos sind auf einen Blick die tiefsten Wahrheiten und verborgensten Geheimnisse der natürlichen wie übernatürlichen Ordnung in ihren letzten Gründen offenbar.

Es ist nicht notwendig, dass die natürliche Sinnentätigkeit und der durch sie vermittelte Verkehr des Schauenden mit der Außenwelt durch den «Schatten des lebendigen Lichtes» unterbrochen wird. So lange nämlich die Seele nicht Gott oder die Wahrheit bildlos schaut, so lange also Erschaffenes der Gegenstand ihrer Gesichte ist, ist das natürliche Licht dem übernatürlichen keine Hemmung und darum nicht vonnöten, dass der Schauende von aller Sinnentätigkeit völlig abgezogen werde. Das aber wird geschehen, dass vor der Klarheit des übernatürlichen Lichtes die Sinnenwelt wie ein Traum und das ihr angehörende Licht wie Dunkelheit und Nacht erscheint.

Von dem Gesagten gibt Anna Katharina einen überraschenden Aufschluss, wenn sie ihr visionäres Leben also beschreibt. «Ich bin bei meiner Arbeit – sie meint die Näharbeiten für Arme und Kranke, die sie, wenn immer ihre Leiden es zuließen, Tag und Nacht mit größtem Eifer unter ihren Visionen besorgte – immer so im Gesicht, dass ich wie im Traum den Schnitt der Schere laufen sehe, und manchmal glaube ich, ich schneide durch die Gegenstände mitten durch, von denen ich im Gesichte umgeben bin.

Die wirkliche Umgebung ist mir wie ein Traum; es erscheint in ihr alles so trüb, so undurchsichtig und unzusammenhängend, dass sie ein roher Traum scheint, zwischen dem ich in eine lichte, durch und durch verständliche Welt schaue, in welcher das Gute und Heilige tiefer ergötzt, weil man seinen Weg aus Gott und zu Gott hin erkennt, und in welchem alles Böse und Unheilige tiefer betrübt, weil man seinen Weg aus dem Teufel in den Teufel und gegen Gott und die Kreatur erkennt. Dies Leben, in welchem einen hindert nicht Zeit, nicht Raum, kein Körper, keine Verschwiegenheit – dies Leben, wo alles spricht und alles leuchtet, scheint so vollkommen und frei, dass die blinde, lahme und stammelnde Wirklichkeit als leerer Traum darin erscheint.

So sehe ich z.B. die Reliquien immer neben mir leuchten, und manchmal sehe ich wie Scharen kleiner ferner Menschengestalten in Wolkenferne über den Reliquien stehen; wenn ich mich aber zusammennehme, treten die Gestalten der Kasten und Räume wieder hervor, in welchen die leuchtenden Gebeine ruhen.»

In Bezug auf das Leuchten der Reliquien äußerte sie bei einer anderen Gelegenheit: «Ich kann die Empfindung nicht beschreiben, ich sehe nicht nur, ich fühle ein Licht, oft heller, oft bleicher. Es ist, als ströme mir dies Licht zu, wie eine Flamme nach dem Luftzug strömt.

Ich fühle aber auch einen Zusammenhang dieses Strahles mit einem ganzen Lichtkörper und dieses Körpers mit einer Lichtwelt, welche aus einem Licht entstanden: Wer kann es sagen? Dieser Strahl reißt mich hin; ich muss ihn notwendig ans Herz führen (sie führte die ihr gereichten Partikel immer unwillkürlich nach dem Herzen) und nun ist es, so ich tiefer versinke, als ginge ich durch den Strahl in den Körper, dem er gehört, und in die Bilder seines Lebens und in seine streitenden und leidenden oder triumphierenden Beziehungen.

Dann bin ich im Gesichte nach solcher Richtung, wie es Gott gefällig ist. Es ist ein wunderbares geheimes Verhältnis zwischen unserem Körper und unserer Seele. Die Seele heiligt und entheiligt den Leib, sonst könnte keine Sühnung, keine Buße durch den Leib geschehen. Wie die Heiligen durch ihren Leib Leben wirkten, so wirken sie von ihm getrennt auch noch durch denselben auf die Gläubigen; der Glaube aber ist die Bedingung aller Empfänglichkeit heiliger Einwirkung.»

Wie Anna Katharina so im natürlich-wachen Zustand Gesichte hatte und Reliquien erkannte, so sah sie auch durch die ganze Kirche hin die ununterbrochene Feier des Heiligsten Messopfers. Als einmal der Pilger in ihre Stube trat, da eben zur heiligen Wandlung geläutet wurde, betete sie in tiefer Sammlung und sagte danach. «Ich habe in diesem Augenblick das Karfreitagsbild, wie der Herr sich am Kreuze opfert, und Maria und den Jünger unter dem Kreuz lebhaft gesehen über dem Altar des Messe lesenden Priesters. Ich sehe dies in jeder Stunde des Tages und der Nacht und sehe die ganze Gemeinde, wie sie gut und schlecht betet und sehe auch, wie der Priester sein Amt tut.

Ich sehe erst die Kirche hier, dann die Kirchen und Gemeinden ringsum, etwa wie man einen nahen Baum mit Früchten von der Sonne beleuchtet sieht und in der Ferne andere in Gruppen oder einen Wald. Ich sehe die Messe zu allen Stunden des Tages lesen durch die Welt; ja ich sehe entfernte Gemeinden, wo sie noch ganz gelesen wird wie bei den Aposteln. Über dem Altar sehe ich in einer Vision einen himmlischen Dienst, wo die Engel alles ersetzen, was der Priester versäumt. Für die Unandacht der Gemeinde opfere ich dann auch mein Herz auf und flehe den Herrn um Erbarmung an.

Ich sehe viele Priester das Amt erbärmlich halten. Die Steifen, welches alles anwenden, die Äußerlichkeit nicht zu verletzen, sind meist die schlechtesten, weil sie oft alle Innerlichkeit über dieser Sorge versäumen. Sie denken stets: Wie werd' ich gesehen vom Volk? und sehen darüber Gott nicht. Ich habe diese Empfindung von Jugend auf.

Als der Pilger hereinkam war ich im Schauen der Heiligen Messe: Ich sehe sie fort und wenn ich rede, so ist dies, als wenn man während der Arbeit mit einem fragenden Kind spricht. Ich bin oft am Tage in diesem andächtigen Fernsehen.

Jesus liebt uns so, dass Er sein Erlösungswerk in der Heiligen Messe ewig fortsetzt, und die Heilige Messe ist die verhüllte, zum Sakrament gewordene historische Erlösung. Alles Handeln Gottes ist ewig, aber in Bezug auf unser zeitliches Leben, welches zählt, ist es Verheißung, ehe es in die Zeit eintritt; und es erscheint als Mysterium fortwährend, wenn es in der endlichen Zeit vorübergegangen. Ich sah dies alles schon in frühester Jugendzeit und glaubte, alle Menschen sehen dies so.»

Anna Katharina Emmerick las keine Bücher

Hatte die hl. Hildegard gesagt, dass sie nichts wisse, außer das, was sie schaue und im Schauen erlerne, so weist ebenso Anna Katharina auf ihre Gesichte als auf die ausschließliche Quelle ihres Wissens und aller Kenntnisse hin. Nach kaum viermonatigem Schulbesuch in ihrem siebten Jahr wurde sie schon wieder entlassen, da der Schulmeister erklärte, er vermöge ihr nichts beizubringen, da sie ohnehin alles schon vorher inne habe, ehe er sie belehre. Es verdient diese Tatsache eine besondere Beachtung, da das rein intuitive Verhalten der Anna Katharina auf all ihren Lebensstufen und in all ihren Lagen und Verhältnissen ein reflektierendes Nachdenken und überhaupt alles diskursive Denken fast unmöglich, weil ganz überflüssig machte, was, wie unten näher gezeigt wird, die vollständige Mitteilung ihrer Gesichte an den Pilger vielfach erschwerte.

Im Tagebuch von 1819 hat der Pilger am 8. Mai folgendes hierauf Bezügliche bemerkt: «Sie sagte mir, wie sie nie aus Büchern habe etwas brauchen können und immer gedacht habe: Ei! Ein so papierenes Buch soll mir keine Sünde aufheften! Auch kann sie nie aus der Schrift etwas behalten, hat aber das Leben des Herrn so aus der Gnade der Anschauung, dass das Bewusstsein und die

Gewissheit, die ich davon habe, mich oft schaudern macht, dass ich mit dem wunderbarsten, begnadetsten Geschöpf, das vielleicht je bekannt geworden, so vertraut und unbefangen lebe.»

Ein andermal erzählte sie dem Pilger: «Ich habe nie aus den Evangelien und dem Alten Testament etwas lebendig behalten; denn ich habe alles selbst gesehen mein ganzes Leben hindurch, und zwar alle Jahre wieder und ganz genau und pünktlich unter denselben Umständen, wenngleich manchmal andere Szenen.

Manchmal bin ich an Ort und Stelle mit den Zuhörern selbst gewesen und habe der Handlung wie eine Mitwandelnde, den Ort verändernd, beigewohnt, doch bin ich nicht jedes Mal auf derselben Stelle gestanden; denn öfter war ich über die Szene emporgehalten und sah auf sie nieder.

Anderes, besonders das Geheimnisvolle dabei, sah ich innerlich in einem mir Bewusstwerden, einzelnes in Bildern aus der Szene heraus. Ich hatte in allen Fällen das Durchsehen durch alles, so dass kein Körper den anderen decken konnte, ohne dass dadurch eine Verwirrung entstanden wäre.»

Auch in ihren reiferen Jahren konnte sich Anna Katharina mit den Büchern nicht befreunden: «Im Kloster wollte ich auch einigemal in die Bücher hineingucken, aber es war mir ganz elend davon. Ich habe Gott sei Dank schier gar nichts gelesen und wenn ich in ein Buch sehe, meine ich, ich könne es auswendig.»

Dies Letztere bezieht sich vornehmlich auf asketische Bücher oder das Leben der Heiligen und den Grund hiervon gibt sie in der ganz treffenden Bemerkung über das Leben des hl. Xaverius von Croiset an: «Ich habe von keinem Heiligen so viel gesehen, ich glaube, ich habe sein ganzes Leben schon gesehen. Diese Lebensbeschreibung kommt mir vor wie die weitläufig an einem Faden über ein Samenbeet aufgehängten Zettel, damit man wisse, was da und dort für ein Samen liege; das ganze Beet aber sieht noch wie unbewachsene Erde aus. Doch kann ich mich dabei an den ganzen blühenden Garten erinnern, den ich gesehen.»

Doch nicht bloß das Übersinnliche und die Geheimnisse des Glaubens wusste die Gottselige aus den Gesichten, sondern selbst die Fertigkeiten des gewöhnlichen Lebens erlernte sie auf eine ihrem Schauen entsprechende Weise. Gar rührend spricht sie davon in einer Mitteilung aus ihrer Jugendzeit: «Wie gütig war Gott immer mit mir! Ich konnte alles: Er hat mit mir gearbeitet als Kind. Ich erinnere mich: Ich tat als ein sechsjähriges Kind schon wie jetzt (im 45. Lebensjahr). Ich weiß, mein jüngster Bruder war noch nicht geboren, da hütete ich die Kühe und wusste, es würde mir ein Bruder geboren werden. Woher ich es wusste, kann ich nicht sagen. Da wollte ich meiner Mutter gerne etwas für das Kind machen und konnte doch noch gar nicht nähen; da hatte ich mein Puppenzeug mitgenommen und das Jüngsken (ihr Schutzengel) kam zu mir und lehrte mich alles und half mir, eine sehr zierliche Kindermütze und andere kleine Sachen aus meinem Puppenzeug zu machen, welche ich alle meiner Mutter schenkte. Die wunderte sich sehr, wie ich das zustande gebracht habe, nahm es jedoch und brauchte es und ich sah sie heimlich weinen und es anderen und dem Vater zeigen. Mir verbarg sie ihr Erstaunen.

Ich habe auch armen Kindern Strümpfe damals mit dem Jüngsken gemacht.» (Dezember 1819)

Zwei Arten von Visionen

Hildegard hat ein zweifaches Licht unterschieden: den Schatten des lebendigen Lichtes und das lebendige Licht selbst, welch letzteres ihr viel seltener zuteil wurde. «Schatten» nennt sie das erstere, weil dasselbe, dichter und der menschlichen Natur mehr angepasst, sich zu letzterem, das unendlich feiner und durchdringender ist, wie der Schatten zum lichten Sonnenstrahl verhält.

Sobald sie darum das lebendige Licht empfängt, wird sie dem Kreise ihres gewöhnlichen Lebens entrückt und findet sich heiter und unbefangen wie ein Kind, dem alle irdische Not und Plage gänzlich ferne liegt, sei es, dass sie in der höheren Ekstase ihrer Sinne beraubt ganz in Gott gesammelt ist, oder dass sie in diesem höheren Licht Geheimnisse schaut, die ihre Sinne der Außenwelt verschließen und sie mit wunderbarem Trost und seliger Freude erfüllen, damit sie also gestärkt wieder zur Mühsal des irdischen Lebens zurückkehren möge. Auch dieses findet sich im Leben der

Anna Katharina. Aus vielen Erlebnissen nur ein Beispiel, um das Gesagte zu veranschaulichen.

In der Vigil von Weihnachten 1819 sah Anna Katharina die Feier dieses heiligen Festes, wie sie in der Triumphierenden Kirche begangen wird und durfte an ihrer Freude teilnehmen.

«Ihr Jubel war dabei so groß, dass der Pilger, vom Gefühl seines und aller Sünder Elendes übermannt, weinen musste, sie aber leuchtete vor Freude, und ihr Geist und ihr Wort und ihr Angesicht erhielten eine unaussprechliche, freudige Heiterkeit und Lebendigkeit, und sie erhielt eine solche Tiefe und Fertigkeit der Rede, das Höchste und Geheimste auszusprechen, dass der Pilger es nur fühlen konnte, was ihn tief erschütterte. Wiederholen kann er es nur in einem elenden Schatten, was sie mit mehr als Farben, was sie mit Flammen sprechend, aus der Nacht des Lebens heraustreten ließ.»

Hierher gehören überhaupt alle Visionen, welche sich auf den Verkehr der Anna Katharina mit der Triumphierenden Kirche beziehen, an deren Festen sie, wie früher die ihr so ähnliche selige Lidwina von Schiedam, nach dem Laufe des Kirchenjahres Anteil nehmen durfte. Sie war hierbei immer von solcher Freude durchströmt, dass sie in helles Singen und Jubilieren ausbrach, um mit den Chören der Seligen Gott zu lobpreisen.

Auch jene anderen Gesichte wurden im «lebendigen Lichte» geschaut, die sie erhielt, um in ihren unaussprechlichen Leiden durch ihren göttlichen Bräutigam selbst getröstet und für die Übernahme neuer Peinen gestärkt zu werden.

Wenn die hl. Hildegard sagt, dass ihre Seele den Schatten des lebendigen Lichtes nie entbehrte, so trifft dies ebenfalls bei Anna Katharina vollkommen zu; denn auch sie war desselben von frühester Kindheit bis zu ihrem Tode nie beraubt und lebte mehr in Gesichten als im Verkehr mit der Sinnenwelt. Während sie noch im Kloster war, war sie Tag und Nacht ganze Monate lang immer in Gesichten und in Gebetsarbeiten in Bildern, und dennoch verrichtete sie zugleich alle Arbeiten im Haus und in der Kirche.

Das Verständnis aber all dessen, was sie in diesem Lichte schaute, wurde ihr mit diesem allein nicht schon gegeben, sondern sie bedurfte wie die hl. Hildegard auch des lebendigen Lichtes, um das Geschaute zu verstehen und in seiner Bedeutung zu durchdringen.

Anna Katharina nämlich verhielt sich bei all ihren Gesichten rein empfangend, sie trat unbefangen in ein Bild ein, und wie eine Person, die anfangs gar nicht weiß, was ihr eigentlich gezeigt wird und was nun werden soll, drückte sie ihre Verwunderung oder Überraschung aus, manchmal aber auch ein flehentliches Bitten, von diesem oder jenem Bild verschont zu werden: «Was soll ich arme Person denn damit machen?» Aus dem lebendigen Licht erhält sie dann das Verständnis und drückt dies etwa in folgenden Worten aus: «Mein Bräutigam zeigte mir alles ganz klar, deutlich und verständlich, klarer, als man das tägliche Leben sieht, und ich meinte damals, das könne ein Kind verstehen, und jetzt kann ich davon nichts mehr vorbringen... Ich sah unendlich viel, was sich gar nicht aussprechen lässt. Wer denn kann mit der Zunge sagen, was er anders sieht, als mit den Augen?»

Die Gabe der Visionen war für Anna Katharina mit Leiden und Qualen an Leib und Seele verbunden, vor deren Härte die menschliche Natur erzittert, auch wenn in langjährigem, heroischem Ertragen derselben die Geduld zu größtem Heldenmut erstarkt ist; daher das so häufige Flehen zu Gott, dies und jenes nicht sehen zu müssen, daher die Klage: «Ach! Warum muss ich nur alle diese Sachen sehen! Was kann mir das nützen?

Und wenn Sie wüssten, wie entsetzlich ich leiden und ausstehen muss, das alles zu erzählen!»

Diese Leiden hatten ihren Grund in der tiefen, sie ganz erfüllenden Erkenntnis der Heiligkeit Gottes und des Sündenelends der Welt, und da ihr, dem reinen schuldlosen Kind, zur Übernahme der Buße für die mannigfaltigsten Verschuldungen alle Greuel und alles Elend der sündhaften Welt gezeigt wurden, so glaubte sie oft, der Qual dieses Anschauens erliegen zu müssen.

So erzählte Anna Katharina am 13. Dezember 1819: «Ich habe heute nacht immerwährend kämpfen müssen und bin noch ganz ermüdet von dem Wehren gegen die traurigen Bilder, die ich gehabt. Mein Führer brachte mich um die ganze Erde, und zwar fortwährend durch weite Höhlen von Finsternis erbaut, in welchen ich unzählige Menschen durcheinander irren und in den Werken der Nacht begriffen sah. Oft, wenn ich es gar nicht aushalten konnte vor Betrübnis, brachte mich mein Führer ein wenig ans Licht herauf, dann musste ich wieder in die Finsternis und musste wieder alle Gottlosigkeit ansehen.

Oft wachte ich vor Angst und Schrecken auf (d.h. aus dem ekstatischen Schlaf) und sah den Mond so ruhig in die Fenster scheinen und jammerte zu Gott, Er solle mich doch die schrecklichen Bilder nicht sehen lassen! Aber ich musste wieder in die fürchterlichen Nachträume hinab und die Greuel ansehen.»

Als am 19. Juli 1820 Anna Katharina in einer großen Vision der damalige Zustand der Kirche Spaniens und die später über sie hereinbrechenden Verfolgungen gezeigt wurden, wurde sie auch so betrübt, dass der Gedanke in ihr erwachte, «warum muss ich elende Sünderin alles das sehen? Ich kann es nicht wiedererzählen und so vieles nicht verstehen!»

Da erhielt sie von ihrem Führer zur Antwort: «Du sagst davon, was du vermagst! Du kannst nicht ermessen, wie viele Seelen dieses einstens lesen und dadurch getröstet, erweckt und gefördert werden. Es sind viele Geschichten solcher Begnadungen da, aber sie sind teils nicht gehörig aufgefasst und das Alte ist den Leuten fremd und durch frevelhafte Beschuldigung getrübt; was du erzählen kannst, wird hinreichend aufgefasst und es kann vielen Segen bringen, den du nicht einsiehst.» «Das tröstete mich.»

Görres: Das größte religiöse Weltepos

Aus dem Angeführten mag der Leser leicht ahnen, wie umfassend überhaupt die Gesichte der Anna Katharina gewesen sind. Johann Joseph von Görres (1776-1848), Verfasser des großen Werkes «Christliche Mystik» in fünf Bänden, der in die Tagebücher des Pilgers Einsicht genommen hatte und wie Wenige unserer Zeit befähigt war, den Geist dieser Begnadeten zu prüfen, drückt sich hierüber im zweiten Band seiner Mystik (S. 348) also aus:

«Ähnliches hat sich in unseren Tagen an der Emmerick von Dülmen wiederholt. Nicht bloß auf die Passion haben ihre Gesichte sich beschränkt, sondern drei Jahre hindurch folgen sie dem Herrn durch alle seine Wege Schritt vor Schritt, über ganz Palästina; die Natur des Landes, Ströme, Berge, Wälder, bewohnte Orte, die Einwohner, ihre Wohnstätten, Sitten und Gebräuche, Kleidung und Lebensweise. Alles geht in den klarsten anschaulichsten Bildern an ihr vorüber.

Episodisch knüpfen sich dann an Menschen und Örtlichkeiten, und die zwischenlaufenden Festbilder des Kirchenjahrs, Rückblikke in die noch frühere Vergangenheit, so dass auch diese bis zum ersten Ursprung der Dinge in einer großen umfassenden Anschauung vor ihr liegt, und das ganze sich in ein gewaltiges, religiöses Weltepos zusammenschließt, das, vom Himmel zur Erde spielend, mit den Weltaltern sich gliedert und mit den Menschenaltern sich untergliedert, und wie es also, ein weltumkreisender Ozean, aus verborgener Quelle hinströmt, an der Oberfläche die Pracht seiner Ufer und den ausgelegten Reichtum der Zeiten spiegelnd, innen aber durchsichtig bis zum Grunde den Blick in die Wunderwelt der Tiefe, und den inneren verborgenen Zusammenhang der Dinge öffnend, im Ganzen das Wunderbarste, reichste, umfassendste, tiefsinnigste und ergreifendste Gesicht, das sich irgend je in dieser Art mystischer Auffassungsweise gebildet, vor dem anschauenden Sinn heraufführt.»

Damit aber der Leser eine mehr ins Einzelne gehende klare Anschauung des Umfanges der Gesichte von Anna Katharina gewinnen möge, wird ihm im Nachstehenden der Schlüssel zu diesem wunderbaren Kreis zu geben versucht.

Wie schon bemerkt, waren die ersten und die Mehrzahl der Gesichte ihrer Jugendzeit aus dem Alten Testament, nachher seltener, und immer mehr aus dem Leben des Herrn. Sie sah das ganze Alte Testament in seiner vorbildlichen und ewigen Bedeutung, d.h. in seinem innersten und allseitigen Zusammenhang mit dem Geheimnis der heiligsten Menschwerdung und Erlösung und sah diesen Zusammenhang lebendig, in seinem ganzen Verlauf herab durch die von Gott bestimmten Zeit- und Geschlechtsfolgen.

Sie sah die Persönlichkeiten, welche in dieser Ordnung des Heils von Gott berufen waren, zur Herbeiführung der Fülle der Zeiten mitzuwirken, nach ihrer ganzen Geschichte als ihrem Tun und Wirken bis ins Kleinste und erkannte die besondere Stellung und Bedeutung, welche sie zur Heilsperiode ihrer Zeit sowohl als zum Heiland selbst inne hatten, sah alle ihnen von Gott verliehenen Gnaden und Führungen, und die Fortleitung der Früchte und des Segens ihrer Wirksamkeit von Geschlecht zu Geschlecht. Neben allem diesem aber sah sie auch das Wirken des Reiches der Hölle und alle die tausendfältigen Erscheinungen und Wirkungen des teuflischen Götzendienstes und erkannte alle Trübungen und Hemmungen, alle Angriffe und feindselige Gewalt, durch welche von Anbeginn dieses Reich die Ordnung des Heiles bedrohte.

Alle diese Bilder sah sie unter fortwährendem Bezug auf die unmittelbare Gegenwart. So knüpfte sich ihr an das Gesicht vom Stabe des Elisäus die ganze Bedeutung des Hirtenstabes der Bischöfe und die Ursache seiner inneren Macht und Würde und wie dies alles zusammenhängt mit Dem, der alle gesendet, und dem Glauben, in welchem alle vom Sendenden übertragene Gewalt wirksam ist.

Wie endlich Anna Katharina alle äußeren Lebenschicksale von Noah, Henoch, Abraham und den Patriarchen sieht, so erkennt sie auch die vorbildliche Bedeutung jeder ihrer Handlungen und schaut die inneren Bünde der Gnade und deren geheimnisvolle Wirkungen, in welchen Personen, Geschlechter und Zeitalter unter sich und mit der Mitte aller Zeiten lebendig und ewig verknüpft sind, und legt dies in den tiefsinnigsten Anschauungen vom Patriarchensegen, der Bundeslade und den Voreltern Mariä vor Augen. So steigt sie herab in die Zeit der Erfüllung, und wie zuvor das Neue im Alten, so schaut sie jetzt das Alte im Neuen, und das ganze Leben des Gottmenschen auf Erden vom Augenblick der heiligsten Menschwerdung bis zur Himmelfahrt zieht in den umfassendsten Bildern mit dem ganzen Schauplatz seines Wandels und Wirkens und mit allen Personen, die dem Herrn nahe gekommen sind, an ihren Augen vorüber.

Sie schaut aber den Heiland in den Früchten seiner unendlichen Verdienste, sieht ihn als das Haupt der aus ihm erneuerten Menschheit, d.h seines mystischen Leibes, der Kirche, und sieht letztere in all ihren Ordnungen, Abstufungen und Gliederungen ohne Schranke des Raumes und der Zeit. Denn in ihm, dem Haupt, stehen ihr offen die Reihen der Triumphierenden Kirche, zu deren

Festen sie nach dem Laufe des Kirchenjahres entrückt wird, um für die Mühsal ihrer irdischen Laufbahn getröstet zu werden. In ihm sind ihr offen alle Räume der Leidenden Kirche, die sie nicht schauend bloß, sondern tröstend, helfend, lösend und befreiend durchwandelt.

In ihm sind ihr endlich gegenwärtig alle Zeitalter der Kirche und das Leben und Wirken aller ihrer Heiligen von den Aposteln herab bis zur unmittelbaren Gegenwart, und sie sammelt gleich einer Biene die heiligen Früchte ihrer Verdienste, um damit allen Bedürftigen ihrer Zeit Labung und Hilfe zu bereiten.

Historisch fundiert

Alle diese Gesichte aber haben den strengsten historischen Charakter, sie sind nicht Reflexionen über das Geschehen, sondern sind der unmittelbare, vollkommene Reflex der Tatsachen selbst, die, wie das Bild im Spiegel, der Schauenden vorgehalten sind. Alban Stolz äußert sich in der Erzählung seines Aufenthaltes in Jerusalem folgenderweise: «Während wir den Kreuzweg machten, sagte uns P. Wolfgang, dass er schon sechs Jahre in Jerusalem wohne und sich die heiligen Stätten zum Gegenstand seiner Studien gemacht habe. Dabei habe er auch das bekannte Buch der Anna Katharina Emmerick ‹Das bittere Leiden unseres Herrn Jesus Christus› verglichen und bis jetzt nichts darin gefunden, was der Situation der bezeichneten Stellen widerspräche.

Auch der verstorbene Hug, der bekanntlich das Glaubensbrevier nicht zu weit steckte, sagte einmal in der Vorlesung: «Es ist wundersam, wie richtig und genau die Nonne von Dülmen die Orte des Leidens Christi bezeichnet; ihre Angaben stimmen vollständig mit der Ortsbeschreibung des Josephus Flavius überein» (aus: Alban Stolz, Besuch bei Sem, Cham und Japhet).

Dadurch haben die Gesichte der Anna Katharina einen so hohen Vorzug vor den Gesichten der Maria von Agreda, wie dieselben in dem einst so viel besprochenen Buch «Die geistliche Stadt Gottes» niedergelegt sind. So ähnlich sich diese beiden Persönlichkeiten sind, was die Heiligkeit des Lebens betrifft, so groß ist andererseits die Verschiedenheit ihrer natürlichen Anlagen und ihres Verhaltens bei der Aufnahme des höheren Lichtes oder der Gabe des Schauens.

Aber auch da, wo sie nicht als Theologin entscheidet, wo sie wie Anna Katharina einfach Geschichtliches erzählt, hat die letztere den Vorzug des rein historischen Gesichtes, also der vollen historischen Treue. Dies mag der Leser aus folgendem Bericht des Pilgers in seinem Tagebuch vom 12. Januar 1823 in überraschender Klarheit entnehmen. Als er bei der Erzählung des Todes von Johannes dem Täufer Anna Katharina entgegnete, dass Maria von Agreda dies anders berichte, indem sie sage, Herodias habe den Johannes dreimal geißeln und peinigen lassen, und Jesus und Maria seien ihm erschienen und hätten ihn geheilt; er sei in Ketten gelegen und schier verhungert, wenn ihn Jesus und Maria nicht ernährt hätten; sie seien auch mit unzähligen Engeln bei seiner Hinrichtung erschienen, und Maria habe sein Haupt mit ihren Händen aufgefangen, – da erwiderte Anna Katharina hierauf:

«Ich habe oft solche Sachen gehört, die ganz missverstanden sind; denn bei vielen sind die Gesichte nicht historisch und so, wie die Sachen geschahen, sondern sind Betrachtungen, und diese werden dann zu Unrecht als Wirklichkeit genommen, was sie nicht sind, obwohl sie der inneren Bedeutung nach allerdings wahr sind. Wenn man selten und nicht zusammenhängend sieht, würde man das Ganze seinem Inhalt nach nicht fassen können, wenn nicht alles ineinander vermischt und verbunden erschiene. Wenn z.B. einer sehen sollte, dass ein Hingerichteter betet:

‹Herr, ich lege mein Haupt in deine Hände›, und auch, dass Gott dieses Gebet erhört, so könnte er leicht sehen, dass der Enthauptete seinen Kopf dem Herrn, der neben ihm steht, in die Hände legt und es wäre auch geistlicherweise wahr, obschon sein Haupt irdischerweise vor aller Augen zu Boden fiel. So mag der seligen Maria von Agreda mit den ‹Ketten und Banden› die Wut der Herodias, mit dem ‹Geißeln und Peinigen› die Schandtaten und Sünden im Schloss, die er fühlte und mit dem ‹Haupte auf Marias Händen› vorgestellt sein, dass er ihrer, in welcher er selbst noch im Mutterleib Jesus vor seiner Geburt schon begrüßte und verkündete, auch sterbend, vor seiner Geburt ins ewige Leben, gedachte. Man kann auch alle Gedanken und Gebete eines Menschen in Bildern sehen, ohne dass sie je körperlich geschehen sind.

Hierdurch scheinen oft manche Gesichte verschiedener Personen sich zu widersprechen und werden missverstanden. Sie sind aber Betrachtungen und nach der Art und dem Bedürfnis der Schauenden verschieden.»

Hilfsbereit für jede Not des Leibes und der Seele

Der Gesichtskreis der Anna Katharina wäre nicht in sich geschlossen und ihrem sühnenden Leiden und Wirken würde eine wesentliche Bedingung fehlen, würde sie nicht, wie die Zeitalter, so auch alle Teile der Kirche nach ihrer räumlichen Ausdehnung umfassen und alle ihre Gliederungen und Stufenfolgen, wie selbst die einzelnen, verborgensten ihrer hilfsbedürftigen Glieder sich gegenwärtig schauen, ja ihnen nahe kommen und mit ihnen verkehren können.

Dieses in die Ferne Schauen und Wirken ist aber kein Hellsehen im gewöhnlichen Sinn, sondern ist ebenso durch das eingegossene übernatürliche Licht bedingt, also ein Werk der Gnade wie ihre historischen Gesichte; denn mit dem Fernsehen ist immer ein Helfen, eine Leidensübernahme, ein Genugtun und Gnadenverdienst verbunden, das denen zu Gute kommt, mit welchen Anna Katharina geistigerweise verkehrt.

Jede Not des Leibes und der Seele, in welche der Mensch gelangen kann, jede Gefahr, welche das irdische, zeitliche oder das geistliche, ewige Leben des Menschen bedroht, wird Anna Katharina gezeigt; und dies nicht bloß in allgemeinen Bildern, sondern an einzelnen, bestimmten Persönlichkeiten, denen nach der geheimnisvollen Ordnung Gottes durch seine treue Magd Hilfe werden soll.

So sind es Arme und Kranke in Gefängnissen, Krankenhäusern, Hospitälern, in Hütten des Elends und der Not, in Zuchthäusern, Galeeren und Seeräuberschiffen, denen sie zu Hilfe kommt. Es sind verlassene und vergessene Hilfsbedürftige in ihrer Heimat und in benachbarten Ländern ebenso wie in Russland, China und auf den Inseln des Stillen Ozeans; in den verborgensten Tälern der Schweiz, Tirols und Savoyens, wie auf den Gebirgen von Mittelasien, die sie bald tröstet, bald zur Kirche und dadurch zum ewigen Heil geleitet.

Sie steht Sterbenden bei, rettet aus Todesgefahren, verhindert Verbrechen, bekehrt Sünder und Gefallene, bewegt Verstockte zu reumütigem Beichten, welche jahrelang ihre Laster verschwiegen haben. Insbesondere aber ist es alles Wehe, das der Kirche Gottes zugefügt wird, sei es durch die weltliche Gewalt oder durch die Ränke und Angriffe der Ungläubigen, sei es durch die Gewissenlosigkeit und weltliche Gesinnung der Priester und Hirten, oder durch die Gleichgültigkeit, Verschleuderung und den Missbrauch der Gnaden, das in den Bereich ihrer steten Anschauungen und damit ihrer sühnenden Leiden gezogen ist.

Sie tritt den geheimen Arbeiten der Logen entgegen, die sie als die Widerkirche in allen Verzweigungen und ihrer ganzen Geschichte wie die Fäden eines Spinnennetzes überschaut. Sie verhindert Kirchenraub und Kirchenschändung, wohnt aber auch geistlichen Sitzungen bei, um wenigstens die Maßnahmen der faden Aufklärung und geistlosen Schulmeisterei zu hindern. Sie leidet für Seminarien und Klostergemeinden und ist in den letzten Jahren des Pontifikats Pius VII. auf ihren geistigen Reisen täglich in Rom, um den Heiligen Vater zu trösten, zu erleuchten und die Pläne der Gottlosigkeit zu enthüllen. Die erste Gebetsvision aber, die sie gehabt, war in ihrem elften Lebensjahr Marie-Antoinette gewesen, die Tochter von Kaiserin Maria Theresia, die unglückliche Königin von Frankreich, welche ihr im Gefängnis gezeigt wurde, um für sie zu beten.

Es ist reine, heilige Gottes- und Nächtenliebe, die schon im frühesten Lebensalter das Herz Anna Katharinas erfüllte, dass sie nichts anderes begehrte als Gott zu ehren und für ihre Mitmenschen zu leiden. Wie sie sich schon als Kind jede Annehmlichkeit versagte und in aller Kasteiung des Leibes sich übte, so bat sie auch zu Gott, wenn sie kranke Kinder weinen sah, deren Schmerzen auf sich nehmen zu dürfen; und ihre Bitten wurden meist augenblicklich erhört. Noch tiefer aber ging ihr jede Beleidigung Gottes zu Herzen, und sie konnte nicht ruhen, bis sie, so viel sie konnte, Genugtuung dafür geleistet hatte.

Einmal mit anderen Kindern auf dem Felde sah sie, dass einige von diesen beim Spielen sich unschamhaft benahmen; darob entsetzte sie sich so, dass sie davon eilte und sich in Nesseln wälzte, um diese Unbill an sich selbst zu bestrafen – sie, die von Gott des seltenen Vorrechtes gewürdigt war, nie in ihrem ganzen Leben auch nur die leiseste Ahnung davon zu haben, was eine Regung der Sinnlichkeit oder fleischliche Begierde sei.

Ihr ganzes Wesen und äußeres Erscheinen war ein Widerschein dieser heiligen, einfältigen Liebe und übte auf alle, die ihr nahe kamen, eine geheime Gewalt, so dass sie vertrauend und Hilfe suchend sich an sie wandten. «Ich weiß nicht, woher es kommt» – erzählte sie einmal dem Pilger –, «aber schon als junges Mädchen kam jeder, der einen Schaden hatte, zu mir, zeigte ihn mir, was ich davon dächte. Ich saugte dann die Wunden aus und sagte, dass ich keinen Ekel hätte und es würde wohl gut werden.»

Sie besaß die Kraft, um Gottes Willen den Ekel zu unterdrükken, denn sie hatte trotz ihres armen und niedrigen Standes ein so ausnehmend feines Gefühl für äußere Reinheit und Sauberkeit, dass alle ihre Sinne sich sträubten, wenn Schmutz, Unreinheit oder übler Geruch ihr nahe kamen. Das Aussaugen von Wunden musste ihr darum äußerst schwer fallen, aber ihre Liebe überwand alles.

«Sonst fielen mir dann auch manchmal allerlei nützliche Mittel ein. Im Kloster kam einmal eine arme Frau zu mir, die hatte einen kranken Finger und der ganze Arm war bereits schwarz und Dr. K. hatte sie ausgescholten, dass sie es so arg habe werden lassen; er müsse den Finger abschneiden. Da wurde die Frau ganz blass und kam zu mir klagen und jammerte sehr, ich solle ihr helfen. Ich betete für sie und es kam mir das Mittel in den Sinn.

Ich erzählte es der würdigen Mutter; die erlaubte es, dass ich sie heile. Ich nahm Salbei und Myrrhen und Muttergotteskraut und kochte es in Wasser und ein wenig weißem Wein, tat Weihwasser dazu und machte einen Umschlag um den Arm. Gott muss es mir selbst gesagt haben; denn am anderen Tag war der Arm dünn. Den Finger aber, der noch sehr krank war, hieß ich sie in heiße

Aschenlauge und Öl tauchen. Er ging auf, es kam ein großer Dorn heraus, sie ist ganz genesen.»

«Ich habe meinen Sinnen immer Abbruch getan für die Armen Seelen, habe mich immer gesammelt; und wo etwas Böses gesagt oder getan wurde, ein Kreuz auf meiner Brust gemacht, das hatte mich meine Mutter gelehrt. Alle meine Geschäfte tat ich in innerlicher Abziehung und hatte immer Gesichte. Wenn ich mit meinen Eltern aufs Feld ging oder sonstwohin, war ich nie auf Erden. Alles hier war ein dumpfer, verwirrter Traum.»

So waren also auch die Reisen wirkliche, wenngleich im Geiste vollbracht, und Anna Katharina war wirklich an den Orten, an die sie vom Führer gebracht, und war wirklich auf den Wegen, auf welchen sie von ihm geleitet wurde, indem die geistige Entrückung zugleich eine leibliche war.

Aus diesen Erscheinungen wie aus anderen körperlichen Verletzungen, welche Anna Katharina z.B. aus Jerusalem, wo sie sich im eilenden Lauf durch die Straßen mit der Kniescheibe an einem Stein verwundete, sowie von ihren Gebetsarbeiten aus den Gesichten mitbrachte, geht unzweifelhaft hervor, dass ihr leibliches Leben in gleicher Weise über die natürlichen Schranken erhöht wurde wie ihr Seelenvermögen. Es ist darum nicht vonnöten, sich die körperliche Entrückung in einer grobsinnlichen Weise zu denken, als wäre etwa der ganze Leib entrückt; es ist nur das leibliche Leben, oder Lebensprinzip, zugleich mit dem seelischen über seine gewöhnliche Sphäre erhöht und darum ebenso mit seinen Sinneswerkzeugen in die Ferne fühlend, empfindend und leidend, wie die Seele mit ihrem Vermögen in die Ferne schauend und handelnd. Daher kommt es, dass, wie Anna Katharina sagt, zwar ihr Leib krank und elend zu Bette liegt, aber doch den Reiseweg, seine Verschiedenartigkeit und alle Anstrengung auf demselben wirklich empfindet, und zwar so, dass alle Eindrücke und Vorkommnisse auf demselben nicht bloß die Einbildung, sondern auch den Körper selbst berühren und in ihm haften bleiben.

Der Schlüssel zu dieser wunderbaren Erhöhung des leiblichen Lebens lässt sich in der Gnade der Stigmatisation, dieser höchsten im irdischen Leben möglichen Transformation des menschlichen Leibes in den Leib Jesu Christi, so wie in dem Allerheiligsten

Sakrament finden. Dadurch nämlich, dass Anna Katharina gewürdigt ist, an ihrem Leibe die Wundmale des Heilandes zu tragen, d.h. die Leiden und Schmerzen des physischen Leibes Christi auf sich zu nehmen, ist sie auch befähigt, sich den Leiden seines mystischen Leibes zu substituieren und in der ausgedehntesten Weise durch und für den ganzen Leib der Kirche leidend zu wirken. So ist notwendig ihr leibliches Leben über die gewöhnlichen Bedingungen des irdischen Bestandes und Wirkens erhoben. Nicht mehr gebunden an die Schranken des Raumes, bedarf es auch des natürlichen Schlafes so wenig als natürlicher Nahrung, denn vergeistigt ist es tätig gleich der Seele, mit der es allein vom Brot der Engel und den himmlischen Erquickungen lebt, die zuweilen gereicht werden, um der Pein der übernommenen Mühsale und Sühnungswerke nicht zu erliegen.

Persönlichkeiten im Leben der Anna Katharina Emmerick

Als sie nach gewaltsamer Aufhebung des Klosters wieder in die Welt zurückzukehren gezwungen war, war es der fromme P. Lambert, ein emigrierter französischer Ordensmann, der ihre geistliche Leitung auf sich nahm. Alter, Krankheit, die Sorgen einer kümmerlichen Existenz, so wie der bis zur Verfolgung sich steigernde Argwohn, mit dem Anna Katharina von geistlicher und weltlicher Macht beobachtet und den schonungslosesten Untersuchungen bis zur Gefährdung ihres Lebens unterworfen wurde, hatten jedoch den armen Mann so eingeschüchtert, dass er sein Beichtkind oft flehentlich bat, die Gesichte zu verschweigen und lieber alles zu unterdrücken, als sich und ihn selbst neuen Qualen auszusetzen. Obwohl von der Wahrhaftigkeit ihrer Aussagen und der Heiligkeit ihres Lebens vollkommen überzeugt, besaß Lambert überdies nicht die nötige Geistesstärke, um die ganze Bedeutung der Sache zu würdigen und für eine Abfassung der Mitteilungen die entsprechenden Vorkehrungen treffen zu können.

Sein Nachfolger wurde der viel jüngere Exdominikaner Limberg, ein Mann von großer Frömmigkeit, aber von sprödem und ängstlichem Charakter, der nichts von Visionen hören wollte und alles, was Anna Katharina vorbrachte, einfach für Träumereien erklärte.

So ging es, bis Bernhard Overberg (1754-1826), Regens des Priesterseminars, Regierungs- und Schulrat, der außerordentliche Gewissensführer von Anna Katharina wurde. Nach langer und genauester Beobachtung ihrer wunderbaren Zustände von der Echtheit derselben überzeugt, musste er zwar wünschen, dass ihre Gesichte der Mit- und Nachwelt gerettet würden; allein seine Berufsgeschäfte erlaubten ihm nicht, Münster auf längere Zeit zu verlassen und sich selbst der mühevollen Arbeit zu unterziehen.

Zu gleicher Überzeugung wie er gelangten auch der berühmte Graf Stolberg (1750-1819) und Bischof Johann Michael Sailer (1751-1832), Bischof von Regensburg und Reformator des katholischen Deutschlands, durch deren Vermittlung Clemens Brentano Zutritt und freundlichste Aufnahme bei Anna Katharina fand.

Doch muss hier noch eines Mannes gedacht werden, der vom Jahre 1813 an bis zu ihrem Tode der treueste Freund von Anna Katharina gewesen ist, nämlich Dr. Franz Wilhelm Wesener aus Dülmen.

Dem Herausgeber liegen seine Tagebücher und selbst das Protokoll in Abschrift vor, welches derselbe am 22. März 1813 über die Wundmale von Anna Katharina aufgenommen hatte.

Von diesem Tage an besuchte er sie eine Reihe von Jahren hindurch täglich und führte über seine ärztlichen Beobachtungen ein genaues Tagebuch (Band 1, Aschaffenburg und Stein am Rhein 1973), in welches er mit rührender Einfachheit selbst alle Gespräche verzeichnete, die Anna Katharina mit ihm über geistliche Dinge zu pflegen gewohnt war.

Wesener war der Erste, der von der Tiefe und inneren Schönheit so mancher Äußerungen aus dem Munde Anna Katharinas hingerissen, aufzeichnete, was er von ihr hören konnte. Es ist dies freilich nur wenig, aber dies Wenige ist durch seine Übereinstimmung mit dem Inhalt und im Wesentlichen auch mit der Form der Aufzeichnungen des Pilgers von höchster Wichtigkeit; denn es ist in seiner einfachen, schlichten, ganz absichtslosen Fassung ein Beweis, mit welch gewissenhafter Treue der Pilger die Mitteilungen Anna Katharinas aufgenommen und aufgezeichnet hat. Durch Wesener wurde Clemens Brentano bei Anna Katharina eingeführt.

Weitere Persönlichkeiten, die im Leben der Anna Katharina Emmerick eine Rolle spielten: Clemens August Reichsfreiherr von Droste zu Vischering (1774-1845), Bistumsverweser von Münster und späterer Erzbischof von Köln, der die kirchliche Untersuchung über Anna Katharina Emmerick anordnete.

Sein Bruder, Kaspar Maximilian Freiherr Droste zu Vischering, Weihbischof von Münster, der Anna Katharina Emmerick gefirmt hat. Melchior von Diepenbrock (1798-1853), der als Offizier in Begleitung von Bischof Sailer Anna Katharina Emmerick besuchte; diese sagte ihm voraus, dass er eine große Aufgabe in der Kirche erfüllen werde; er wurde Erzbischof von Breslau, Abgeordneter im Frankfurter Parlament und Kardinal.

Ein Mann, von Gott gesandt

Der Pilger schreibt in seinem Tagebuch über den ersten Besuch bei Anna Katharina:

«Um 10 Uhr kam ich in Dülmen an. Wesener, ihr Arzt, kündigte mich bei der Emmerick an, damit sie nicht zu sehr erschrecken möge. Sie freute sich, mich zu sehen. Durch eine Scheune und alte Kellerräume, eine steinerne Wendeltreppe ging es hinauf; wir klopften, die Schwester, als Magd, öffnete, durch die kleine Küche traten wir in die Eckstube, wo sie liegt. Sie streckte mir die stigmatisierten Hände freudig entgegen und sagte: ‹Nun sieh! Man kann doch den Bruder nicht in ihm verkennen.› (Sie meinte Christian Brentano, der fünf Monate zuvor mit ihr bekannt geworden war.) Ich war durch ihre wunden Hände auf gar keine Weise erschüttert. Es freute mich, dass sie ein so heiliges, edles Zeichen an sich trug, und mit ungemeiner innerer Freude bewegte mich ihr reines, unschuldiges Antlitz und die unschuldig frohe Raschheit ihrer Rede. Ich war gleich zu Haus, ich verstand und empfand alles um mich her. Ich fand in ihrem ganzen Wesen keine Spur von Spannung und Exaltation, eine reine Fröhlichkeit und unschuldigen Mutwill.

Alles, was sie sagt, ist schnell, kurz, einfach, ganz schlicht, ohne breite Selbstgefälligkeit, aber voll Tiefe, voll Liebe, voll Leben und doch ganz ländlich, wie eine kluge, feine, frische, keusche, geprüfte, recht gesunde Seele. Sie lebt in der unbequemsten, ungeschicktesten Umgebung, unter guten, rohen, einfältigen Priestern und Männern mit einer boshaften Schwester; beständig todkrank, mit roher, plumper Pflege, alles leitend; die ganze Haushaltung führend, arbeitend, verlassen, gequält, umlärmt, halb wie ein Wundertier begafft, halb wie ein Aschenbrödel von der Schwester gehudelt, ein elendes Leben, immer freundlich, mit tiefen Leiden um die Sünden anderer ringend.

Ihr Beichtvater, der einfache, demütige Dominikaner Limberg, ohne Gelehrsamkeit, mit dem reinsten Herzen, hat an ihr eine wunderbare ihn tragende Last. Welch ungeheure, erschütternde Erfahrungen hat er täglich an ihr! Ist sie ekstatisch und er kommt ihr zufällig mit den geweihten Fingern entgegen, so hebt sie das Haupt und folgt diesen nach, und wie er sie zurückzieht, stürzt sie zusammen. Und dies tut sie jedem Priester; sie ergreift in der Ekstase die geweihten Finger mit Gewalt und so fest, dass sie ihr nicht können entrissen werden. Einmal über ein Gespräch von der Priesterweihe ekstatisch geworden, sagte sie: ‹Auch an den Priestern in der Hölle werden diese Finger noch erkannt und ausgezeichnet sein.› – Wer dieses so zufällig gesehen wie ich, der fühlt, dass die Weihe etwas mehr ist als eine Zeremonie; sie ist ein lebendiger Strom aus dem Leben Jesu.»

Anna Katharina bewies dem Pilger gleich von Anfang an eine rührende kindliche Vertrautheit; denn sie hatte das vollkommenste Durchschauen seines ganzen Inneren und sah die hohe, edle Seele mit der Fülle der seltensten Gaben, durch welche Clemens die meisten seiner Zeitgenossen so weit überragte, um entschlossen den Rest der irdischen Lebenstage der Aufgabe zu weihen, welche sie selbst zu lösen hatte und die sie ohne ihn nicht hätte vollbringen können. Sie las seine geheimsten Gedanken, erriet sie ihm, ehe er selbst ein klares Bewusstsein davon hatte, und seine lautere Einfachheit scheute sich nicht, derartige Enthüllungen, wenn sie ihn auch beschämen mochten, mit überraschender Treue in den Tagebüchern zu verzeichnen.

Anna Katharina erhielt von ihrem geistigen Führer die Weisung, mitteilend gegen den Pilger zu sein und gestand diesem: «Sie fühle, dass sie unendliche Gnaden und Gesichte vergebens gehabt, weil sie niemanden dieselben habe mitteilen können. Der Pater habe sie oft in die größten Zweifel gebracht, indem er ohne weitere Prüfung alles für bloße Träumereien erklärt habe.

Sie aber habe immer die neue Mahnung durch ihren Engel erhalten: Du musst es sagen, auch wenn sie dich verlachen. Entschuldigte sie sich: Aber ich kann mich nicht ausdrücken, so hieß es: Sage es, wie du es kannst!»

Sagte sie es nun dem Pater, so hörte er sie nicht an. Als der Pater einmal äußerte, er könne nicht glauben, dass ihr alles, was sie von Jugend auf gesehen, allein für sie selbst gegeben worden sei, entgegnete ihm beistimmend Anna Katharina:

«Ich bin davon auch überzeugt; denn mir ist schon früh befohlen worden, alles zu erzählen, und wenn ich auch von der Welt für närrisch gehalten würde; aber es hatte es nie jemand anhören wollen und die heiligsten Dinge, die ich sah und erfuhr, wurden so verkehrt und höhnisch aufgenommen, dass ich aus Scheu, sie zu verletzen, alles unter Schmerzen in mir verschloss. Später hatte ich oft ein Bild in der Ferne von einem fremden Mann, der zu mir kam und viel bei mir schrieb, den ich nun im Pilger wiedergefunden und erkannt habe.»

Beachtung verdient auch eine andere hierauf sich beziehende Äußerung, die Anna Katharina in der Ekstase getan:

«Ich weiß, dass ich lange schon gestorben wäre; denn ich habe jetzt ein Bild gehabt, ich wäre längst gestorben, wenn nicht durch den Pilger alles erkannt werden müsste. Er muss alles aufschreiben; denn die Prophezeiung, d.h. die Verkündigung der Gesichte, ist meine Bestimmung. Und wenn der Pilger erst alles in Ordnung hat und mit allem fertig ist, wird er auch sterben.» Dies Letztere ist buchstäblich eingetroffen.

Die ausführlichste und bezeichnendste Mitteilung aber über die Gesichte und die Aufgaben «der Prophezeiung» gab Anna Katharina am 2. Februar 1821, als der Pilger sie auf die großen Gnaden hinwies, die sie so überschwenglich empfange und durch Not, Störung und Verwirrung vielfach verloren gehen lasse. «Ja!

Das hat mir mein Bräutigam heute nacht auch gesagt, als ich meine Not und mein Elend klagte, und dass ich so viele Sachen sähe, die ich nicht verstehe. Er sagte mir, meine Gesichte gebe Er mir nicht für mich, sie seien mir geschenkt, sie aufschreiben zu lassen, und ich müsse sie mitteilen. Es sei jetzt keine Zeit, äußerlich Wunder zu tun. Er gebe diese Gesichte und habe immer so getan, um zu beweisen, dass Er bei seiner Kirche sein wolle bis ans Ende der Tage. Die Gesichte (d.h. das Schauen allein) mache niemanden selig; ich müsse Liebe und Geduld und alle Tugenden üben.

Er zeigte mir dann eine Reihe von Heiligen, welche Gesichte gehabt von der verschiedensten Art, wie sie aber nur durch die Benützung dieser Weisungen selig geworden sind. Ich sah nun eine Reihe von Bildern von verschiedenen Heiligen und sah auch, wie meistens ihre Gesichte so verstümmelt und unverstanden aufgeschrieben worden sind. Ich sah, was viele deswegen leiden müssen und wie lange Theresia sich geängstigt, es sei vom Teufel wegen der Verkehrtheit ihrer Beichtväter.»

Sie nennt nun Theresia von Avila, Katharina von Siena, Clara von Montefalco, Brigitta, Hildegard, Veronika Giuliani, Maria von Jesus und andere, die ihr alle gezeigt worden sind, und sagt mancherlei von der Art ihrer Gesichte, die sie nur innerlich kennt. Sie sieht, wie ein großer Teil der Wirkung dieser Gesichte vernichtet ist durch Ausstreichen und Umändern von gelehrten, aber weder einfachen, noch den Gang dieser Bilder verstehenden Priestern. «Es sei oft vieles verworfen worden, weil man reines Schauen von Geschichten nicht habe entwirren können von sich einflechtenden Bildern persönlicher Gebetshandlungen.

Andere sehe sie ganz erstaunlich weitläufig, jede Gnade mit einem Strom von wässerigen Worten umgeben, dass niemand mehr etwas davon genießen könne. Die Gesichte der hl. Hildegard seien von ihr selbst am reinsten geschrieben; denn sie seien dazu von Gott zugleich mit der Gabe des Schreibens gegeben worden. Im Gedruckten jedoch sei manches geändert. Selbst in den gedruckten Schriften Theresias sei verändert worden. Franziska Romana habe vieles auf ihre Art (d.h. wie Anna Katharina) gesehen; es sei aber sehr schlecht aufgeschrieben. Sie habe gesehen, wie die Angst der Beichtväter, alles in die Form ihrer Art, das Evangelium zu verstehen, einzuregeln, vieles vernichtet habe...

Ich habe gestern auch heftig gebetet, Gott möge mir doch die Gesichte nehmen, auf dass ich die Verantwortung des Wiedererzählens verlöre. Aber ich erhielt keine Erhörung und wie gewöhnlich vernahm ich, dass ich alles, was ich zustande bringen könne, erzählen müsse, und wenn ich auch ausgelacht würde. Den Nutzen könne ich nicht verstehen. Ich erfuhr auch wieder, es habe noch niemals eine Person auf die Weise und in dem Maße alles gesehen, wie ich; und es sei nicht meine Sache, es sei Sache der Kirche.

Dass so vieles verloren gehe, ziehe eine große Verantwortung nach sich und großen Schaden und viele Personen, die daran schuld seien, dass ich keine Ruhe habe und die Geistlichkeit, welche keine Leute habe und keinen Glauben, dies aufzufassen, würden schwere Rechenschaft haben. Ich sah auch, wie sehr der Teufel Hindernisse in den Weg legte.»

Der Pilger also war die erste mit allen erforderlichen Gaben ausgerüstete Persönlichkeit, welche durch die Vorsehung Gottes der Seherin zugeführt wurde, damit sie vor ihm die Reichtümer der Gnade erschließe, die er zum Heile der Mit- und Nachwelt unter Mühen und Beschwerden nun einsammeln sollte.

Sein klarer Sinn hielt ihn ebenso von Überschwenglichkeiten fern als sein schlichter Glaube bei dem angeborenen Gefühl für Wahrheit und Schönheit, sowie die reiche Erfahrung seines bewegten und mit den Edelsten und Besten seiner Zeit verkehrenden Lebens ihn befähigte, die Erscheinungen und Tatsachen unbefangen zu würdigen und nicht in enger Beschränktheit das Ungewöhnliche zu meistern, oder wo es sich der Ordnung des gemeinen Lebens und den aus ihr abgezogenen Begriffen entzog, zu verwerfen. War der Pilger bei der Feinheit seines künstlerischen Gefühls und der schöpferischen Kraft des eigenen Talentes überhaupt nicht im Stande, in das fertige Kunstwerk eines Dritten nachbessernd oder ändernd einzugreifen, ihm den Stempel der Originalität verwischend, so vermochte er dies noch viel weniger an den wunderbaren Gebilden, welche die Seherin vor seinem erstaunten Blick heraufführte und die er als Gabe Gottes unter Tränen des Dankes demütig hinnahm. Geschmack und Pietät hinderten ihn so in gleicher Weise, mit eigenen Gedanken aufzuputzen, was die Schauende ihm vertraute, oder nach Maßgabe seines beschränkten Lichtes das zu verstümmeln, was aus dem lebendigen Lichte vernommen wurde. Er stand zu hoch über seiner Zeit und war zu wenig Theologe, um mit einer «Theorie der Offenbarung» in der Tasche das Geheimnis der Erlösung und die Wunder seiner Geschichte sich krittelnd zu verkümmern. Auch hatte seine kühne dichterische Phantasie längst alle Bahnen durchlaufen und an allem sich geübt, was irgend so hochbegabte Naturen wie seine bewegen mag, um sie nicht unter der Zucht des Kreuzes freudig und ohne Vorbehalt dem Dienst der Kirche zu weihen.

Allerdings waren manche der bemerkten Eigenschaften des Pilgers nur natürliche Gaben, aber sie waren von einem tieferen Grunde getragen als bei der angeborenen Lebhaftigkeit des so reichen und unabhängigen Geistes äußerlich mochte wahrgenommen werden und von einem unendlich höheren Element beherrscht und geleitet, als bloßer «Laune oder poetischer Befriedigung». Beides hält nicht stand, wo es gilt, jahrelang an dem Schmerzenslager einer täglich mit dem Tode ringenden und in namenlosen Peinen hilflos wimmernden Kranken zuzubringen, um oft die geringste Gabe unter empfindlichen Demütigungen zu empfangen. Der Pilger konnte gar bald erfahren, dass er in die Schule des Kreuzes genommen sei.

Rührend spricht er darüber am Vorabend von Weihnachten 1819: «Indem ich zu schreiben beginne, fühle ich eine tiefe Betrübnis über das Elend, in welchem wir leben, wo die Folgen und Wirkungen der Verfinsterung mich hindern, die Blicke in die heiligsten Geheimnisse, welche ein wunderbar von Gott begnadetes, einfältiges, kindliches Wesen tut, ruhig aufzufassen und wiederzugeben. Nichts vermag ich meinen lieben Brüdern zu erretten als elende, zerrissene Schatten von Bildern, welche die ewige Gegenwart und Wirklichkeit aller Geheimnisse des von uns verlorenen Gottesverhältnisses beurkunden. Und diese Schatten muss ich stehlen und erschleichen! Was ich selbst dabei fühle, sehe und ahne – ich vermag es nicht zu sagen.»

Die eben angeführte Äußerung des Pilgers kann den Leser nicht mehr überraschen, denn aus der ganzen Darstellung wird er selbst entnommen haben, wie allem Tatbestand widersprechend es ist, Anna Katharina gleich wie in lichter Höhe sich zu denken, aus der sie in beschaulicher Ruhe dem Pilger ihre Gesichte zu müheloser Aufzeichnung vorerzählt habe; und wie nicht minder ungereimt die andere Meinung ist, als habe die übermächtige Phantasie des reichbegabten Dichters wie sonst im unbegrenzten Reich der Märchenwelt, so jetzt im Gebiet heiliger Dichtung sich ergangen, und Anna Katharina habe zu dem, was er als Ausbeute mitgebracht, nur den Namen hergeliehen.

Nie hat der Pilger je eine Kombination gewagt, nie ein unvollkommenes Bruchstück aus anderen ähnlichen Mitteilungen dem Wort oder Sinne nach zu ergänzen gesucht, ohne in den seltenen Fällen, wo er es getan, ausdrücklich dies zu bemerken und vollständige Rechenschaft über sein Verfahren zu geben.

Die bedeutsamste Äußerung aber über die Arbeit des Pilgers tat sie am 30. Dezember 1819, da sie in einer Anschauung des Prophetenberges begriffen war. Sie lag während derselben in ihrer dunklen Kammer ganz erstarrt, da hielt der Pilger ein Blatt seiner Aufzeichnungen ihr gegenüber, worauf sie plötzlich sagte:

«Das sind Papiere mit leuchtender Schrift! Ich kann es nicht aussprechen... Dieser Mann (der Pilger) schreibt dies nicht so aus sich; er hat die Gnade Gottes dazu. Es kann es kein Mensch als er, es ist als sähe er es selbst.»

Diese Äußerung ist ein Beweis, dass gerade so wie Anna Katharina die Reliquien und geweihten Dingen leuchtend sah und wie sie auch ihre eigenen Haare oder die Hülse ihrer Wundmale als Licht erblickte, sie ebenso buchstäblich und reell, nicht allegorisch, die Schrift, welche ihre Gesichte verzeichnete, mit Lichtflüssigkeit schreiben und die beschriebenen Blätter somit selbst leuchtend geschaut hat.

ERSTES KAPITEL

Jesus in Dion – Das Versöhnungsfest – Der Brief des Propheten Elias – Götzendienst in unserer Zeit

Vom 1. bis 16. Oktober 1822

1. bis 2. Oktober 1822 – (Die Erzählerin war heute so krank und gestört, dass sie nur das folgende noch mitteilen konnte:)

Gestern abend, am Sabbat des zehnten Tisri, fing schon der Versöhnungstag an, und heute den ganzen Tag brachten die Juden mit der Feier dieses Festes in Dion zu, wobei Jesus in der Synagoge lehrte. Er hielt Bußpredigten und sprach gegen die bloß körperliche Reinigung, ohne auch die Seele zu läutern.

Ich sah, dass einzelne Juden unter weiten Mänteln sich um die Lenden und Beine geißelten. Die Heiden hatten in Dion auch ein Fest mit erstaunlich vielen Räucherungen. Sie setzten sich auf Stühle, unter denen Rauchwerk angezündet wurde.

Ich habe vieles von der Feier des Versöhnungsfestes in Jerusalem gesehen. Ich sah viele Reinigungen des Hohenpriesters, mühsame Vorbereitungen und Enthaltungen, vieles Opfern, Blutsprengen und Räuchern. Ich habe auch den Sühnbock gesehen, und wie über zwei Böcke gelost wurde. Der eine wurde geopfert, der andere in die Wüste getrieben. Dem letzteren wurde etwas an den Schweif gebunden, worin, wie ich meine, Feuer war. In der Wüste ist er verängstigt in den Abgrund gestürzt.

In diese Wüste, die jenseits des Ölbergs beginnt, ist auch einmal David gegangen. Der Hohepriester war heute gewaltig betrübt und verwirrt. Er hatte gewünscht, es möge ein anderer an seiner Stelle das Amt tun. Er ging mit großer Angst ins Allerheiligste und bat das Volk sehr, für ihn zu beten.

Das Volk meinte auch, er müsse eine Sünde auf sich haben, und war sehr besorgt, es möge ihm im Allerheiligsten ein Unglück geschehen. Es drückte ihn das Gewissen, weil er Anteil an der Ermordung des Zacharias, des Vaters des Johannes, gehabt, und seine Sünde wucherte in seinem Schwiegersohn, der Jesus verurteilte. Es war nicht Kaiphas, ich meine, es war sein Schwiegervater.

Ich sah die Zeremonie im Allerheiligsten. Das Heiligtum der Bundeslade war nicht mehr da, aber doch noch allerlei Tüchlein und Behälter in der Bundeslade, die neuer und ganz neumodisch waren. Die Engel waren anders, sie saßen, wie in drei Bahnen umgeben, mit einem Fuß oben und einem an den Seiten niederhängend, die Krone war noch zwischen ihnen.

Es war allerlei Heiliges in der Lade, Öl und Rauchwerk. Ich habe alle Zeremonien gesehen, die er machte, habe es aber vergessen. Ich erinnere mich nur noch, dass er räucherte und Blut sprengte, dass er ein Tüchlein aus dem Heiligtum nahm und sich an einem Finger verletzte oder Blut am Finger hatte, dass dieses mit Wasser gemischt und dass er es einer Reihe von Priestern zu trinken brachte. Es war eine Art Vorbild der heiligen Kommunion. Ich weiß nicht gewiss, ob er das Tüchlein aus dem Heiligtum auch in das Wasser legte.

Sonst wurde bei gewissen Gelegenheiten über das Heiligtum gegossenes Wasser getrunken, wie ich in den Mysterien gesehen. Vielleicht war jetzt das leere Tuch Ersatz. Ich sah auch, dass der Hohepriester von Gott gestraft sehr elend und mit Aussatz geschlagen wurde. Es war eine große Verwirrung im Tempel. Ich habe auch in diesem Bild eine ganz erschütternde Strafpredigt im Tempel – ich meine aus Jeremia – gehört und sehr vieles aus dem Leben der Propheten und vom Greuel der Abgötterei in Israel gesehen, wovon mir noch das folgende in Erinnerung ist.

Ich meine, es ist an diesem Tage geschehen, oder es kam an diesem Tage in der Lehre[1] vor, dass Elias einen Brief nach seinem Tod an den König Joram geschrieben. Ich habe auch gesehen, dass die Juden es nicht glaubten, und auch andere nicht, sondern dass sie es auslegten, Elisäus, der den Brief gebracht, habe ihn gehabt als einen prophetischen Brief, den ihm Elias zurückgelassen. Und mir kam es auch kurios vor.

Da wurde ich schnell ganz sanft nach Osten getragen und sah auch im Vorübergehen den Prophetenberg ganz mit Schnee und Eis bedeckt. Es waren aber auch schon Türme darauf. Es war vielleicht ein Bild, wie es zu Jorams Zeit war. Ich kam dann östlicher zum Paradies und sah darin, wie gewöhnlich, die wunderbaren, schönen Tiere wandeln und spielen. Ich sah auch die schimmernden Mauern und sah einander gegenüber, wie sonst, die Männer unter dem Tor liegen und schlafen.

Ich sah, dass Elias im Geiste alles sah, was in Palästina vor sich ging, und dass ein Engel eine weiße, feine Rolle und eine Rohrfeder vor ihn legte, und dass er sich aufrichtete und auf seinen Knien schrieb. Ich sah auch einen kleinen Wagen wie einen Stuhl über einen Hügel oder über Stufen seitwärts neben dem Tor von innen hervorkommen, vor den drei wunderschöne, weiße Tiere gespannt waren. Ich sah Elias hinaufsteigen und wie auf einem Regenbogen schnell nach Palästina fahren. Es war über einem Haus in Samaria, wo er stillstand.

Ich sah, dass Elisäus darin betete und emporsah und dass Elias den Brief vor ihm niederfallen ließ und dass dieser ihn dem König Joram brachte. Von den drei Tieren vor Elias' Wagen waren zwei hinten und eines vorn angespannt.

Es waren unbeschreiblich liebliche, feine Tiere. Sie waren ungefähr so groß wie kleine Rehe, schneeweiß, mit langem weißen Seidenhaar. Sie hatten sehr zierliche, feine Beine, kleine bewegliche Köpfe und auf der Stirn ein zierliches, nach vorn etwas gekrümmtes Horn. Mit eben solchen Tieren sah ich auch sonst bei seiner Himmelfahrt den Wagen bespannt.[2]

Ich sah auch die Geschichte des Elisäus und der Sunamitin und vieles andere von ihm, der noch wunderbarere Dinge als Elias getan. Er war feiner in Sitten und Kleidung. Elias war ganz ein Mensch Gottes, und nicht nach Sitte der Menschen. Er hatte etwas wie Johannes der Täufer, der war von seinem Schlag. Ich sah auch von Elisäus, wie sein Knecht Giezi dem Manne nachlief, den Elisäus vom Aussatz geheilt hatte (Naaman).

Er lief ihm nachts nach. Während Elisäus schlief, holte er jenen am Jordan ein und begehrte von ihm hinter dem Rücken seines Herrn Geschenke.

Ich sah auch, wie der Knecht am folgenden Tag ganz ruhig, als wisse er von nichts, an Splintwänden arbeitete, um Schlafstellen damit abzusondern und dass Elisäus ihn fragte: Wo bist du gewesen? und ihm alles vorhielt, und wie er und seine Nachkommen aussätzig wurden.

Als mir die Abgötterei der Menschen, die Tier- und Götzenanbetung von den ersten Zeiten an und die häufige Hinwendung der Israeliten zu den Götzen und die große Barmherzigkeit Gottes durch die Propheten gezeigt wurde, und ich mich wunderte, wie die Menschen nur solchen Greuel anbeten konnten, da wurde mir in einem Bild all derselbe Greuel noch jetzt bestehend gezeigt, aber nur auf eine geistliche Weise.

Ich sah nämlich unzählige Bilder durch die ganze Welt, wie Götzendienst in der Christenheit getrieben wurde, und zwar sah ich es in schier allen den Gestalten, in welchen es ehemals geschah. Ich sah Priester, welche Schlangen anbeteten neben dem Sakrament und ihre verschiedenen Leidenschaften glichen verschiedenen Figuren solcher Schlangen.

Ich sah auch bei Vornehmen und Gelehrten allerlei solche Tiere, die sie anbeteten, während sie über alle Religion sich hinausdachten. Ich sah Kröten und allerlei hässliche Tiere bei geringen, armen, versunkenen Leuten. Ich sah Gemeinden im Götzendienst, z.B. eine dunkle, reformierte Kirche im Norden mit leerem, greulichen Altare, über welchem Raben standen, die sie anbeteten. Sie sahen zwar solche Tiere nicht, aber sie beteten sie in ihren Eitelkeiten und aufgeblasenem Eigendünkel an.

Ich sah Geistliche, welchen Möpschen, kleine Fratzen, die Blätter beim Brevierbeten umkehren. Ja, ich sah bei einigen förmliche alte Götzenbilder, wie Moloch, Baal usw. auf dem Tisch stehen und herrschen, ja ihnen Bissen reichen.

Ich sah auch einfältige, fromme Leute, wie Propheten, die von ihnen verlacht und verachtet wurden. Ich sah, dass es jetzt so greulich als je zuvor war und dass die Götzenbilder nichts Zufälliges hatten, sondern dass, wenn die Gottlosigkeit und Abgötterei der jetzigen Menschen auf einmal eine körperliche Gestalt und ihr Empfinden ein Handeln würde, dieselben Götzen dastehen würden.

2. bis 3. Oktober: Jesus lehrte heute morgen noch in Dion. Als Er hierauf aus der Stadt ging, kamen aus der Heidenstadt sehr scheu mehrere Heiden zu ihm, die von seinen Heilungen in Gabara gehört hatten und brachten ihm Kinder, die Er heilte. Er bewegte deren Eltern, dass sie sich zur Taufe zu gehen entschlossen. Dann ging Er mit etwa zwölf Jüngern fünf Stunden südlich und über den Bach, der aus dem Tal von Ephron niederkommt. Eine halbe Stunde südlich von diesem Bach liegt in einer Schlucht hinter einem Wald ganz verborgen in einem Tal, worin ein Hügel, Jogbeha oder Jagbeha.

Der Ort ist klein und vergessen. Er ist durch einen Propheten und Kundschafter des Mose und Jethro entstanden, dessen Name wie Malachai klang. Er ist ein anderer als der letzte Prophet Malachias. Jethro, Moses Schwiegervater, hatte diesen zum Knecht. Er war sehr getreu und klug und Mose sandte ihn hier ins Land. Er ging wohl ein paar Jahre, ehe Mose hierher kam, weit im Land umher bis um den See oben und kundschaftete alles aus. Damals wohnte Jethro noch gegen das Rote Meer zu und zog erst nach seinem Kundschaften nach Arko mit Moses Weib und Söhnen. Dieser Malachai wurde zuletzt als Kundschafter verfolgt. Man setzte ihm nach und wollte ihn hier ermorden.

Es war noch keine Stadt hier, aber es wohnten einige Leute in Zelten daselbst. Der Verfolgte sprang in einen Sumpf oder eine Zisterne und betete.

Ich sah noch vieles, dessen ich mich nicht mehr ganz deutlich erinnere, z.B. wie diesem Propheten und Kundschafter ein Engel erschien und half. Er brachte ihm auf einem langen schmalen Riemen den Befehl, noch drei Jahre zu bleiben und zu kundschaften. Die umliegenden Zeltbewohner zogen ihm ihre Kleider an. Sie trugen rote, lange Röcke und rote Jacken. Er kam zu kundschaften auch in die Gegend von Betharamphta. Er wohnte als einer der Zeltbewohner hier und half den Leuten sehr auf mit seinem Geist.

Es war im Grunde der Schlucht ein langer Wassergraben ganz verschilft, und an der Stelle, wo Malachai verborgen gewesen war, war eine verstopfte Quelle. Ich sah nachher, dass diese Quelle aufzusprudeln begann und sehr viel Sand ausspülte. Manchmal kamen wie Dampf und kleine Kiesel heraus. Allmählich warf sich ein Hügel um die Quelle auf, der mit der Zeit von Gras überwachsen wurde. Der Sumpf wurde durch einen abgetragenen Berg verschüttet und darauf gebaut. So entstand um die Quelle her, die mit einem schönen Brunnenhaus bedeckt war, die Stadt Jagbeha, welches heißt: er wird erhöht werden. – Schon in viel früherer Zeit muss die versumpfte Zisterne umbaut gewesen sein, denn es waren übermooste Mauerreste da und in diesen Löchern wie Fische oder sonst etwas darin. Es war eine Ruine wie das Fundament eines alten Zeltschlosses. Malachai lehrte die Leute hier auch, mit schwarzem Erdpech zu mauern.

Jesus wurde in diesem sehr versteckten Ort[3] von den Einwohnern sehr freundlich aufgenommen. Es sind hier abgesonderte Leute, eine Sekte, sie heißen Karaiten. Sie haben lange, gelbe Lappen, wie Skapuliere über dem Rücken hängen, sonst weiße Kleider und Schürzen von rauhen Fellen. Die Jünglinge haben kürzere Kleidung und die Beine umwickelt. Sie sind ihrer hier noch ungefähr vierhundert Männer. Sonst waren sie stärker, haben aber viel Unterdrückung gelitten. Sie stammen noch von Esra her und früher von einem Nachkommen Jethros.

Einmal hatte einer ihrer Lehrer einen großen Disput mit einen pharisäischen großen Lehrer. (Sie spricht die Namen Schammai und Hillel unbestimmt aus.) Sie hielten sich sehr strenge an die Buchstaben des Gesetzes und verwarfen alle mündlichen Zusätze. Sie lebten sehr einfach und arm und hatten alles Vermögen gemeinsam. Keiner durfte mit Geld und Gut wegziehen. Sie duldeten keinen Armen. Sie ernährten einander und selbst die Auswärtigen wurden von hier aus unterstützt. Sie hatten große Achtung vor dem Alter. Es waren auch viele sehr alte Leute hier.

Die Jungen waren sehr ehrerbietig. Sie hatten Vorgesetzte, welche sie Älteste nannten. Sie waren große Gegner der Pharisäer, welche die mündlichen Zusätze im Gesetz verteidigten. Sie hatten im Glauben einige Ähnlichkeit mit den Sadduzäern, aber nicht in den Sitten, worin sie sehr strenge waren. Es hatte hier einmal einer eine Frau aus Benjamin geheiratet, den hatten sie verwiesen. Es war zu der Zeit, als der Streit mit Benjamin war. Sie duldeten nicht das mindeste Bild, aber sie glaubten, die Seelen der Verstorbenen gingen in andere über, ich meine auch in Tiere, und belustigten sich mit den schönen Tieren im Paradies. Sie warteten auf den Messias und beteten sehr nach ihm.

Aber sie erwarteten ihn als einen weltlichen König. Sie hielten Jesus für einen Propheten. Sie waren sehr reinlich, doch hielten sie nichts auf irgend eine Reinigung und allerlei Wegwerfen von Schüsseln und Beschwerden in den Geboten, die nicht im Gebote standen. Sie lebten genau nach dem Gesetz, aber erklärten es viel freier als die Pharisäer.

Sie lebten hier sehr still und abgesondert, duldeten keine Eitelkeit und Putz und nährten sich von geringer Arbeit. Es wuchsen Weiden hier.

Sie flochten Körbe, auch Bienenkörbe. Es gab viele Bienen hier. Sie machten auch große Decken und leichte hölzerne Gefäße. Sie arbeiteten zusammen unter langen Zelten. Ihre Laubhütten standen schon gerüstet vor dem Ort. Sie bewirteten Jesus mit Honig und Brot unter der Asche gebacken. Jesus lehrte hier.

Diese Leute standen zu den Juden ungefähr wie sehr strenge und fromme Protestanten zu den Katholiken, nur hatten sie nicht, wie die Protestanten, das Heiligtum verloren. Jesus belehrte sie in allem und sie hörten ihn auch sehr ehrerbietig an. Er äußerte ihnen auch den Wunsch, sie möchten in Judäa wohnen.

Ich erfuhr noch vieles von dem Wesen und Glauben und von der Herkunft, Ab- und Aufnahme dieser Sekte, auch dass sie noch existiere, auch von Jesu Lehre und Berichtigung ihres Glaubens. Ich habe aber alles über Störung vergessen.

3. Oktober: Jesus lehrte am Morgen und Nachmittag in Jogbeha und heilte viele kranke Leute, auch wohl hundertjährige. Er lobte diese Leute besonders wegen der Verehrung der Kinder gegen die Eltern und der Schüler gegen die Lehrer und wegen der Hochachtung gegen das Alter überhaupt. Auch lobte Er ihre große Aufmerksamkeit gegen die Armen und Kranken, welche sie in wohlgeordneten Häusern sehr gut pflegten.

Jesus ging von hier nach Sukkoth, etwa sieben Stunden südlich. Unterwegs ließ Er Aldama rechts am Jordan liegen.[4]

4. bis 6. Oktober: Jesus kam am Morgen von Sukkoth über den Jabok nach Ainon. Der Weg ist etwa eine Stunde lang, aber sehr angenehm, denn es ist hier durch die Lager der Karawanen und der zur Taufe Ziehenden stets lebhaft. Der Weg ist voller Zelte und schöner, grüner Felder. Jetzt aber ist er mit einer langen Reihe von Laubhütten bedeckt, an welchen alles noch zu rüsten beschäftigt ist, weil mit Ausgang des Sabbats das Laubhüttenfest beginnt. Jesus lehrte und heilte hie und da auf dem Wege.

Vor Ainon aber war ein schönes Zelt aufgeschlagen und ihm ein festlicher Empfang von Maria der Suphanitin bereitet. So hieß die neulich von ihm geheilte Nachkommin der Ophra, Schwägerin der Ruth. Es waren die Angesehensten der Stadt und die Priester und Maria mit ihren Kindern und Freundinnen zugegen. Die Männer wuschen Jesus und den Jüngern die Füße und es war ihnen ein Trunk und Imbiss köstlicher als gewöhnlich gereicht. Die Kinder der Maria und andere Kinder waren dabei beschäftigt. Die Frauen warfen sich verschleiert vor Jesus auf das Angesicht. Er grüßte und segnete alle freundlich. Maria weinte immer vor Dank und Freude und lud Jesus ein, ihr Haus zu betreten; und als Er in die Stadt ging, trugen die Kinder der Maria, zwei Mädchen und ein Knabe, und andere Kinder lange Blumengewinde mit wollenen Bändern vor, neben und hinter ihm her.

Jesus ging mit einigen Jüngern in den Hof der Maria unter eine Laube und sie warf sich nochmals vor ihm nieder, weinte und dankte, und auch ihre Kinder, welche Er liebkoste. Sie erzählten Jesus, dass Dina, die Samaritin, hier gewesen, und dass ihr Mann, mit dem sie bis jetzt gelebt, sich habe taufen lassen. Sie kannte diese Frau, denn ihr eigener Mann mit ihren drei ehelichen Kindern lebte in Damaskus. Sie hatte mit der Samaritin recht das Lob Jesu angestimmt. Sie war ganz voller Freude und zeigte Jesus viele köstliche Priesterkleider und auch eine hohe Priestermütze, welche sie für den Tempel verfertigt hatte; denn sie war ungemein geschickt in solchen Arbeiten und hatte viel Geld und Gut. Jesus war sehr liebevoll gegen sie. Er sprach mit ihr von ihrem Manne, dass sie wieder mit ihm zusammenkommen und zu ihm ziehen solle, weil sie dort Nutzen schaffen könne. Ihre unehelichen Kinder sollten sonstwo untergebracht werden. Ich glaubte, sie sollte zuerst einen Boten an ihren Mann senden, dass er zu ihr komme. Jesus ging aus ihrem Haus noch an den Taufplatz auf den Lehrstuhl und lehrte. Es kamen auch Lazarus, Joseph von Arimathäa, Veronika, Simeons Söhne und andere jerusalemische Jünger zu ihm, welche auf diesem Sabbat hierher gereist waren. Andreas, Johannes, auch Jünger des Täufers, waren noch hier; Jakobus der Jüngere aber war zurück.

Der gute Täufer ließ Jesus abermals sagen, Er möge doch nach Jerusalem gehen und offen vor aller Welt sagen, wer Er sei. Er ist so ungeduldig, so begierig, weil er selbst ihn nicht mehr verkündigen kann und doch der Trieb noch in ihm ist. – Jesus lehrte und ging dann in die Schule den Sabbat zu halten. Er sprach von der Erschaffung der Welt, von den Wassern und dem Sündenfall und hielt eine sehr schöne und deutliche Lehre auf den Messias. Er redete auch aus Jesaias 42,5-43 sehr erschütternd und deutlich über sich und das Volk.

Nach dem Sabbat war noch eine Mahlzeit im öffentlichen Festhaus, welche Maria, die Suphanitin, angeordnet hatte. Der Tisch und das Haus waren schön geschmückt mit Grünem, Blumen und Lampen und es waren sehr viele Gäste und auch solche da, welche Jesus geheilt hatte. Die Frauen saßen durch eine Scheidewand getrennt. Maria kam aber unter dem Mahle, stellte mit ihren Kindern köstliche Würze auf den Tisch und goss eine Flasche Wohlgeruch über sein Haupt und warf sich vor ihm nieder. Er war sehr freundlich und erzählte Parabeln und niemand tadelte die Frau; denn man liebte sie wegen ihrer Freigebigkeit.

5. Oktober: Jesus heilte am Morgen mehrere Kranke und lehrte in der Synagoge und auch öffentlich, wo die Heiden, welche getauft waren, und die, welche die Taufe noch erwarteten, mit zuhören konnten. Er lehrte in der Synagoge auch noch von den gestrigen Gegenständen. Öffentlich aber lehrte Er unter anderem die Parabel vom verlorenen Sohn. Alles Volk war versammelt und Er sprach so lebendig und natürlich, als wäre Er der Vater, der den Sohn wiederfindet. Er streckte seine Arme aus und sagte: «Sieh! Sieh! Da kehrt er zurück, wir wollen ihm ein Fest feiern!» und es

war alles so natürlich, dass die Leute hin und her schauten, als sei alles wirklich da, was Er sagte. Mir fiel, als Er so sprach, der alte Overberg ein, wenn er den Kindern die biblische Geschichte so lebendig erzählte. Bei Erwähnung des Kalbes, das der Vater dem wiedergefundenen Sohn schlachten ließ, sprach Er noch anders und geheimnisvoller.

Es war, als sagte er: «Welche Liebe aber, wenn der himmlische Vater, um seine verlorenen Kinder zu retten, seinen eigenen Sohn als Schlachtopfer hingibt!», doch kann ich dieses nicht so ganz bestimmt sagen.

Die Lehre ging hier besonders auf die Bußfertigen, Getauften und auf die Heiden, welche hier, wie der zurückgekehrte verlorene Sohn geschildert wurden, und alle Anwesenden waren voll Freude und Liebe zu einander. Es hatte diese Lehre viele Wirkungen an dem Laubhüttenfest, so dass die Heiden sehr freundlich hier bewirtet wurden.

Nach Tisch ging Jesus mit den Jüngern und vielen Leuten aus Ainon zwischen Ainon und dem Jordan spazieren, wo schöne Wiesen und Blumen waren und wo die Zelte der Heiden standen. Alle sprachen noch von dem verlorenen Sohn und waren froh und glücklich und voll Liebe zueinander. Der Sabbat-Schluss fing früher als gewöhnlich an.

Jesus lehrte abermals und heilte einige Kranke vorher. Nachher begab sich alles vor die Stadt, aber doch noch in ihrem Inbegriff, denn sie war sehr winklig und mit Plätzen und Gärten vermischt gebaut. Es war hier ein großes Fest in drei Reihen von Laubhütten mit vielen Blumen und Bäumen und allerlei Figuren von Früchten und Bändern mit vielen Lampen. In der mittleren Reihe saßen Jesus, die Jünger und die Priester und Bürger der Stadt in vielen Gesellschaften. In der einen Seitenreihe saßen die Frauen, in der anderen die Schulkinder, Knaben und Mädchen getrennt, von drei Klassen aus der ganzen Gegend. Die Lehrer saßen bei ihnen und jede Klasse hatte ihre Sänger.

Es zogen auch diese Kinder, mit Kränzchen geschmückt, mit Flöten und Klingelwerk und Harfen um alle die Tafeln umher, spielten und sangen. Ich sah auch, dass die Männer Palmzweige, woran kleine rasselnde Knöpfe waren, und Weiden mit schmalen

Blättchen und Zweige von einem Bäumchen in der Hand hatten, das man bei uns in Töpfen zieht. Meine Mitschwester Söntchen hatte drei solche Stöckchen in Töpfen. Es hatte so kleine, feine Blättchen und war ganz gelb (wahrscheinlich waren die Myrten, welche sie bei ihrer Mitschwester sah, krank). Dort werden sie aber wohl so groß wie ein Lorbeerbaum. Es war Myrte, man nennt sie aber bei uns anders. In der anderen Hand hatten sie einen schönen, gelben Apfel (sie nimmt den Namen Esrog an, als habe sie ihn gehört). Sie schüttelten diese Zweige und sangen dabei am Anfang, in der Mitte und am Ende des Festes.

Diese Frucht wächst nicht in Palästina selbst, sie ist aus einem heißeren Land. Sie steht zwar hie und da in sonnigen Gegenden in Palästina, aber sie wird nicht so stark und reif. Sie erhalten sie durch Karawanen aus heißeren Gegenden. Es ist eine gelbe Frucht, wie eine kleine Melone. Sie hat oben eine kleine Krone (Butzen), ist etwas platt und hat Rippen. In der Mitte ist das Fleisch mit rötlichen Streifen durchzogen und darin sitzen fünf kleine Kerne dicht beisammen, aber ohne Samenhäuschen. Der Stil ist etwas gekrümmt, die Blüte ist ein weißer, großer Strauß, wie bei uns die Sträuße von Nägelchen (Spanischem Flieder).

Die Zweige senken unter den großen Blättern wieder Wurzeln in die Erde, woraus neue Bäume aufschießen, so dass sie Lauben bilden. Die Früchte sitzen zwischen den Blättern an Stielen am Zweige.

Die Heiden hatten an diesem Fest auch teil. Sie hatten auch ihre Laubhütten, und zwar die Getauften näher bei den jüdischen. Sie wurden freundlich bei den Juden bewirtet. Alles war noch voll Rührung von der Lehre vom verlorenen Sohn.

Das Mahl dauerte bis spät in die Nacht. Jesus ging hin und wieder den Tischen entlang, lehrte und ließ, wo etwas mangelte, durch die Jünger hinbringen. Es war ein wunderbar freudiges Geschwirre über die Gegend verbreitet, von Gebet und Gesang unterbrochen.

Die ganze Gegend war von Lichtern schimmernd, auch auf den Dächern in Ainon waren Hütten und Lauben, wo die Leute nachts schliefen; und ich übersah dies alles von oben. In den Laubhütten vor der Stadt schliefen viele geringere Leute und Diener als Wächter, nachdem das Fest aus war und alles zur Ruhe zog.

Jesus in Sukkoth – Aussöhnungsfeier – Bekehrung einer Ehebrecherin – Er kehrt nach Ainon zurück und zieht von da nach Akrabis

6. bis 9. Oktober: Jesus lehrte und heilte am Morgen in Ainon und ging dann gegen zehn Uhr von den Jüngern und vielen anderen Einwohnern begleitet nach Sukkoth, ein Weg von kaum einer Stunde. Der größte Teil des Weges war mit Laubhütten und Zelten bedeckt; denn viele aus der Gegend feierten hier das Fest und die stets hier durchziehenden Karawanen lagen während desselben stille. Es war der ganze Weg wie eine Feststraße. Es waren die Speisebehälter hinter den Lauben, wie Kasten mit Zelten überspannt. Die Leute konnten auch etwas um Geld haben.

Auf diesem Weg brachte Jesus mehrere Stunden zu, denn Er wurde überall begrüßt und stand hie und da stille und lehrte, so dass Er erst gegen fünf Uhr nach Tisch nach Sukkoth in die Synagoge kam. Sukkoth lag am nördlichen Ufer des Jabok. Er ging über eine kleine Brücke dahin. An einer andere Stelle fährt man über. Es liegt am mittäglichen Ufer, wo Jesus her kam, eine Stadt etwas mehr gegen Morgen, wo Jesus neulich war, da Er nach Ramoth in Gilead ging (sie meint Casbon). An der Seite von Sukkoth, morgendlicher, liegt auch Mahanaim. An diesem Ort hat Jakob zuerst sein Lager aufgeschlagen und ist hierauf gegen Ainon gezogen, bis wohin sich seine Weiden zuerst erstreckten.

Sukkoth war jetzt eine schöne Stadt und es war eine sehr schöne Synagoge da. Es wurde heute hier ein anderes Fest außer dem Laubhüttenfest zum Gedächtnis der Versöhnung zwischen Esau und Jakob gefeiert. Sie waren den ganzen Tag damit beschäftigt. Es waren Leute aus der ganzen Gegend hier.

Gestern in Ainon waren unter den Schulkindern auch viele Waisenkinder aus der Schule in Abelmehola, wo Jesus neulich lehrte. Diese waren nun heute hier in Sukkoth. Es war aber der wirkliche Gedächtnistag von Jakobs und Esaus Versöhnung, welche nach der Überlieferung der Juden heute geschehen war. Die Synagoge, eine der schönsten, die ich je gesehen, war heute durch den großen Festschmuck mit unzähligen Kränzen, Laubgewinden und schön blinkenden Lampen noch viel prächtiger.

Sie hat acht Säulen und ist hoch. An beiden Seiten des Gebäudes laufen Gänge hin, welche zu langen Gebäuden führen, in denen Wohnungen der Leviten und Schulen sind. Ein Teil der Synagoge ist erhöht und hier steht vorn gegen die Mitte eine geschmückte Säule mit Gefächern und Brüstungen um sie herum, worin Gesetzesrollen aufbewahrt werden. Hinter diesem Gerüst steht ein Tisch, an welchen man durch einen Vorhang einen abgesonderten Raum bilden kann.

Ein paar Schritte weiter zurück befindet sich eine Reihe von Sitzen der Priester und in der Mitte ein etwas erhöhter Sitz für den Lehrenden. Hinter diesen Sitzen steht ein Rauchaltar, über welchem oben in der Decke eine Öffnung ist. Hinter diesem Altar am Ende des Gebäudes stehen Tische, worauf die Gaben gestellt werden. Unten in der Mitte der Synagoge stehen die Männer nach ihren Klassen. Links etwas erhöht ist der Ort der Weiber abgegittert und rechts ist die Stelle der Schulkinder nach ihren Klassen und ihrem Geschlecht ebenso.

Es war heute das ganze Fest ein Fest der Aussöhnung mit Gott und den Menschen, und es war ein Sündenbekenntnis, ein öffentliches oder auch privates dabei, wie jeder wollte. Alle gingen um den Rauchaltar und opferten Gaben zur Aussöhnung, erhielten auch eine Buße und taten freiwillige Gelübde. Es hatte viel Ähnliches mit unserer Beichte. Der Priester auf dem Lehrstuhl lehrte von Jakob und Esau, welche sich heute mit Gott und untereinander ausgesöhnt, und auch wie Laban und Jakob sich ausgesöhnt und wie sie geopfert, und er mahnte sie zur Buße.

Viele Anwesende waren durch die Lehre des Johannes früher und die Lehre Jesu vor einigen Tagen sehr gerührt und hatten nur auf diesen feierlichen Tag gewartet. Die Männer, welche ihr Gewissen beschwert fühlten, gingen durch das Gitter bei dem Gesetzstuhl und hinter dem Altar herum und stellten ihr Opfer auf die Tische, welches ein Priester empfing. Dann traten sie vor die Priester hinter dem Gesetzkasten und bekannten entweder öffentlich vor ihnen ihre Sünden oder sie begehrten einen der Priester, welchen sie wollten. Der trat dann mit ihnen hinter den Vorhang an dem Tisch und sie bekannten ihm heimlich und er legte ihnen eine Buße auf. Es wurde dabei Rauchwerk auf den Altar gestreut und der Rauch musste auf eine gewisse Weise wolkend oben hinausziehen, wobei die Leute an solchen Zeichen glaubten, ob die Reue des Sünders gut und ob die Sünden vergeben seien. Währenddessen sangen und beteten die übrigen Juden. Die Sünder legten eine Art Glaubensbekenntnis ab, vom Gesetz und ihrem Bleiben bei Israel und dem Allerheiligsten. Dann warfen sie sich zur Erde und bekannten wo sie gefehlt hatten, oft unter Tränen.

Die büßenden Frauen kamen nach den Männern. Ihre Opfer wurden von den Priestern empfangen und sie ließen den Priester hinter ein Gitter rufen, wo sie bekannten. Die Juden klagten sich allerlei Verletzungen ihrer Gebräuche und auch der Sünden gegen die Zehn Gebote an. Sie hatten aber auch etwas Seltsames an ihrem Bekenntnis, was ich nicht recht wiederzuerzählen weiß. Sie klagten sich darin der Sünden ihrer Voreltern an und sprachen von einer sündigen Seele derselben, die sie von jenen empfangen hätten, und von einer heiligen Seele, die sie von Gott hätten, und es war ganz, als sprächen sie von zwei Seelen.

Die Lehrer sagten auch etwas davon. Es war so ein Gerede, als sprächen sie: «Ihre sündige Seele bleibe nicht in uns und unsere heilige Seele bleibe in uns.» Es war ein Gerede von einem Durcheinander, Ineinander und Auseinander sündiger und heiliger Seelen, das ich nicht mehr recht weiß.

Jesus aber lehrte nachher anders davon und sagte dabei, das solle nicht mehr so sein. Ihre sündigen Seelen sollten nicht mehr in uns sein und es war eine rührende Lehre, denn sie deutete darauf, dass Er für alle Seelen genugtun werde. Dies war nun wohl mir, aber den damaligen Juden nicht verständlich. Sie klagten sich also der Sünden ihrer Eltern an und es war, als wüssten sie, dass durch sie allerlei Übel über sie kämen, und als glaubten sie, durch sie selbst noch in der Sündengewohnheit zu sein.

Jesus kam erst später, da diese Bußandacht schon im Gange war. Er war vor der Synagoge empfangen und stand anfangs an der einen Seite oben bei den Lehrern, während ein anderer lehrte. Es war etwa fünf Uhr, als Er kam. Die Opfer der Büßenden bestanden in allerlei Früchten, Münzen, Kleidungsstücken für die Priester, Stoffen, seidenen Quasten und Knoten, in Gürteln und hauptsächlich in Rauchwerk, wovon etwas verbrannt wurde.

Ich sah da ein rührendes Schauspiel. Schon während Frühere bekannten und opferten, sah ich eine vornehme Frau, welche einen vergitterten Stuhl allein und zunächst an dem abgesperrten Bußplatz hatte, in ihrem Stuhl sehr unruhig und bewegt. Ihre Magd war bei ihr und hatte ihre Opfergaben in einem Korb neben sich auf einem Schemel stehen. Sie konnte gar nicht erwarten, dass sie an die Reihe komme, und als sie ihre Betrübnis und Begierde nach Versöhnung nicht mehr aushalten konnte, trat sie und ihre Magd mit dem Opfer vor ihr her, verschleiert durch das Gitter gegen die Priester hin, an einen Ort, wo die Weiber gar nicht hinzukommen pflegten. Die dort stehenden Aufseher wollten sie zurückdrängen, aber die Magd ließ sich nicht halten. Sie drängte sich durch und rief: «Platz! Macht Platz für meine Frau! Sie will opfern, sie will büßen. Platz für sie! Sie will ihre Seele reinigen!»

So drang die Frau ganz bewegt und ganz zerknirscht vor die Priester, welche ihr teils entgegentraten, und flehte um Versöhnung, auf ihren Knien liegend. Sie wiesen sie aber zurück, sie gehöre nicht hierher. Ein junger Priester jedoch nahm sie bei der Hand und sagte: «Ich will dich aussöhnen. Gehört dein Leib nicht hierher, so gehört deine Seele doch hierher, weil du büßest», und er wandte sich mit ihr gegen Jesus und sagte:

«Rabbi, entscheide du!» Da warf sich die Frau vor Jesus auf das Angesicht und Er sprach: «Ja, ihre Seele gehört hierher. Lasse das Menschenkind büßen!» Der Priester trat mit ihr in das Zelt, und sie trat wieder hervor und warf sich unter Tränen platt auf die Erde und sprach: «Wischt eure Füße an mir ab, denn ich bin eine Ehebrecherin», und die Priester berührten sie mit den Füßen. Es wurde aber ihr Mann herzugerufen, der nichts davon wusste, und er wurde durch Jesu Reden, der jetzt auf dem Lehrstuhl stand, sehr gerührt. Er weinte und seine Frau, verhüllt auf der Erde vor ihm liegend, bekannte ihre Schuld und war mehr sterbend in Tränen als lebend, und Jesus sprach zu ihr:

«Deine Sünden sind dir vergeben. Stehe auf du Kind Gottes!» und der Mann war tief erschüttert und reichte seiner Frau die Hand. Ihre Hände wurden sodann mit dem Schleier der Frau und des Mannes schmaler langer Halshülle zusammengebunden und nach einem Segen gelöst. Es war wie eine neue Trauung. Die Frau war nach ihrer Aussöhnung ganz wie berauscht vor Freude. Sie rief schon früher, als sie die Opfer hinreichte:

«Betet, betet, räuchert, opfert, dass mir meine Sünden vergeben werden!» und nun stammelte sie und rief allerlei Psalmenstellen aus und wurde von den Priestern nach ihrem Gitterstuhl zurückgebracht. Ihr Opfer bestand in vielen kostbaren Früchten, welche am Laubhüttenfest gebracht werden. Sie waren aufeinandergelegt, so dass sie sich nicht drückten. Sie opferte auch Borten und seidene Troddeln und Quasten für Priesterkleider. Verbrennen aber ließ sie mehrere schöne, seidene Kleider, in denen sie vor ihrem Buhlen Eitelkeit getrieben. Ich dachte noch: hätte ich das zu Kinderkäppchen! Sie war eine große, mächtige, schön gewachsene Frau und von einem lebendigen feurigen Geist. Wegen ihrer großen Reue und ihres freiwilligen Bekenntnisses wurde ihr die Schuld erlassen und ihr Mann söhnte sich herzlich mit ihr aus.

Sie hatte keine Kinder aus dem Ehebruch, hatte aber heimlich mit jenem Mann gelebt. Sie selbst hatte das Verhältnis abgebrochen und den Buhlen auch zur Buße gebracht. Sie brauchte ihn nicht vor den Priestern zu nennen, und ihr Mann sollte ihn auch nicht kennen. Es wurde ihm verboten, nach ihm zu fragen und ihr, ihn zu nennen. Der Mann war fromm und vergaß und verzieh von Herzen. Das Volk hatte zwar die näheren Umstände nicht vernommen, jedoch die Störung und dass etwas Fremdes vorging, und den Ruf zu Gebet und Opfer der Frau. Alle beteten herzlich und freuten sich über die, welche Buße getan. Es waren sehr gute Leute an diesem Ort, wie überhaupt auf der ganzen Morgenseite des Jordan. Sie hatten viel mehr von den Sitten der Altväter.

Jesus lehrte noch sehr schön und rührend. Ich entsinne mich deutlich, dass Er über die Sünden der Vorfahren und unserem Teil an denselben sprach und einiges in ihren Begriffen darüber berichtigte. Er bediente sich einmal des Ausdrucks: «Eure Väter haben Trauben gegessen, und euch sind die Zähne davon stumpf geworden.»

Die Schullehrer wurden auch über die Fehler ihrer Schulkinder gefragt und diese dann ermahnt, und so sie sich selbst anklagten und Reue hatten, wurde ihnen vergeben. Es waren aber viele Kranke vor der Synagoge, und wenn es gleich am Laubhüttenfeste nicht gewöhnlich war, die Kranken heranzulassen, so ließ sie Jesus doch in die Gänge zwischen der Synagoge und den Lehrer-Wohnungen durch die Jünger bringen und ging am Schluss des Festes, da schon längst die ganze Synagoge von Lampen schimmerte, in die Gänge und heilte viele Kranke.

Als Er aber in diese Gänge trat, sandte die ausgesöhnte Frau zu ihm und bat, einige Worte mit ihm zu reden. Jesus ging zu ihr, wo sie stand und trat mit ihr beiseite. Da warf sie sich vor ihm nieder und sprach: «Meister, der Mann, mit dem ich gesündigt habe, fleht dich an, dass du ihn versöhnst.» Jesus sagte ihr, dass Er nach dem Mahl an diesem Ort mit ihm sprechen wolle.

Nach der Heilung der Kranken war eine Laubhütten-Mahlzeit an einem freien Platz des Ortes. Jesus, die Jünger, die Leviten und Vornehmeren des Ortes saßen in einer großen schönen Laube, die anderen Lauben waren umher. Die Frauen und Männer waren getrennt. Es wurden auch die Armen gespeist, und jeder sandte vom Besten seines Tisches zu ihnen. Jesus ging von Tisch zu Tisch, auch zum Tisch der Frauen. Die Versöhnte war voll Freude und alle ihre Freundinnen waren freudig um sie her und wünschten ihr von Herzen Glück.

Als Jesus noch so umherging, war sie sehr beunruhigt und sah immer nach ihm hin und dachte, wenn Er nur nicht versäumt, die Buße des Mannes anzunehmen, der auf ihn wartet: denn sie wusste, dass jener schon an der Stelle harrte. Jesus nahte ihr aber und beruhigte sie, Er wisse schon ihre Sorge, es werde alles zu seiner Zeit geschehen.

Nach einiger Zeit gingen die Gäste auseinander und der Herr ging zu seiner Wohnung an der Synagoge. Ich sah dort jenen Mann in den Gängen bei der Synagoge harren und sich vor Jesus niederwerfen und er bekannte seine Schuld. Jesus tröstete ihn und ermahnte ihn, nicht wieder zu fallen, und er erhielt auch eine Buße. Er musste, ich weiß nicht mehr wozu, den Priestern eine gewisse Zeit lang wöchentlich etwas entrichten. Es war zu einem milden Zweck. Ich meine aber, dass dieses sein Opfer und ein Gelübde war; denn er hatte nicht öffentlich geopfert, um kein Ärgernis dem so hart verletzten Mann zu geben, und sich ganz in Reue und Tränen zurückgehalten.

Hier in Sukkoth, meine ich, sah Jakob die zwei Heerlager bei Mahanaim als Vorbild, da er nach Mesopotamien reiste; und da er zurückkehrte, sah er sie wieder und erfüllt in den zwei Scharen von Vieh und Familie, die er hatte und in seinem und Esaus Heer.

7. Oktober – Jesus ging heute morgen von Sukkoth nach Ainon zurück, lehrte auf dem Taufplatz, heilte mehrere Kranke, dann besuchte Er die Leute in den Laubhütten umher und die Heiden. Es wurden einige getauft. Es war hier keine andere Einrichtung als die des Johannes beim Taufen, wie bei seinem ersten Taufen am Jordan bei On geschehen war, wo er ein Zelt und einen Taufstein hatte. Die Leute lehnten sich auf ein Geländer, das Haupt über den Taufbrunnen haltend. Jesus empfängt bei vielen das Sündenbekenntnis und spricht sie los.

Auch hat Er einigen älteren Jüngern, z.B. dem Andreas, diese Gewalt gegeben. Johannes der Evangelist taufte nicht. Er ist aber Zeuge und Pate. Abends war das Laubhüttenmahl.

Jesus verließ am siebzehnten Tisri, nachdem Er zum Abschied gelehrt, Ainon mit einer Anzahl seiner Jünger. Er hat vorher noch mit Maria der Suphanitin in ihrem Haus gesprochen, sie ermahnt und getröstet. Diese Frau ist jetzt in ihrem Innern ganz verwandelt. Sie ist voll Liebe, Eifer, Demut und Dank und beschäftigt sich mit nichts als den Kranken und Armen.

Ich habe heute auch in einem Blick gesehen, was ich vergessen, dass Jesus, da Er nach ihrer Heilung über Ramoth nach Basan ging, einen Jünger nach Betanien gesandt hat, um die heiligen Frauen von ihrer Heilung und Versöhnung zu benachrichtigen und diese einzuladen, sie zu besuchen. Ich habe auch gesehen, dass Veronika, Johanna Chusa und ich meine, auch Martha, unterdessen hier bei ihr waren, und dass sie nun ganz mit ihnen vereinigt und sehr glücklich dadurch ist. Ich sah auch ein dunkles Bild, wenigstens erinnere ich mich jetzt dunkel, dass ihr Mann von Damaskus auf eine Botschaft bei ihr gewesen, dass sie ihm mit den Nebenkindern, als er ihr einen Boten gesandt, ein paar Stunden entgegen gegangen ist, und dass sie sich ausgesöhnt haben. Ich meine, der Mann war auch heimlich in ihrem Hause, doch weiß ich es nicht gewiss. Er ist wieder weggereist. Ich glaube, er wird seine Sachen ordnen und nach der Entscheidung Jesu irgendwohin ziehen. Das Bild ist mir jetzt dunkel, doch weiß ich es.

Jesus wurde vor seiner Abreise von der Suphanitin und vielen anderen Leuten noch reichlich beschenkt. Alles wurde auf einen Haufen gelegt und sogleich an die Armen verteilt. Bei seinem Auszug aus der Stadt waren Lauben und Gewinde gespannt, wo Er durchging. Alles begrüßte und lobsang ihm. Vor der Stadt war Maria die Suphanitin mit ihren Kindern und viele andere Frauen und Kinder, welche ihm noch Kränze reichten. Ich glaube, das ist Sitte am Laubhüttenfest. Es zogen auch viele Leute aus Ainon mit.

Er ging noch zwei Stunden diesseits des Jordantals südlich. Dann gingen sie über den Jordan und wandten sich abendlich, gingen etwa eine halbe Stunde, dann wieder südlich über einen Bach, und gingen dann abendlich etwa wieder eine halbe Stunde gegen den Berg, wo der Bach niederkommt, in die Stadt Akrabis, welche an diesem Bergrücken liegt.

Sie kamen am Abend hier an. Jesus wurde sehr feierlich vor Akrabis empfangen, wo man um seine Ankunft wusste. Die Laubhütten waren vor der Stadt rings aufgeschlagen und in einer großen schönen Laube wurden ihm die Füße gewaschen und der Imbiss gereicht. Es war hier gleich in der Nähe der Platz des Laubhüttenfestes, von dem ich das Nähere vergessen habe.

Ich meinte anfangs, Jesus gehe nach Salem, welches etwa zwei Stunden vom Jordan liegt. Er wird aber wohl später hingehen. Salem[5] ist ein schöner Ort. Es ist ein sehr schöner Brunnen dort, der auch für heilig gehalten wird. Melchisedech hat sich daherum aufgehalten und es hieß damals eine ganze Gegend Salem, wo er seine Wohltaten übte und lebte. Salem und Jerusalem, wo er baute und Gründungen legte, haben den Namen behalten. An der Westseite des Jordans, wo er in das nachmalige Tote Meer, damals eine breite, schöne, mit Städten, Gärten, Steindämmen und Wasserarmen durchwundenen und umgebene Schlucht fließt, wohnte Melchisedech hauptsächlich.

9. Oktober – Akrabis ist ein ziemlich großer Ort an einem Berg etwa zwei Stunden vom Jordan gelegen. Er hat fünf Tore, und es geht die Straße von Samaria nach Jericho durch. Alles von dort

nach dieser Gegend des Jordans muss hier durch und es ist darum Nahrung hier. Vor dem Tor, wo Jesus ankam, waren Herbergen für die Karawanen. Dort waren auch die Laubhütten, wo Er gestern bewirtet worden ist. Er hat auch hier vor dem Tor übernachtet.

Heute sah ich Jesus rund um die Stadt gehen, denn vor jedem Tor waren Laubhütten. Jeder Teil der Stadt hatte seine Laubhütten vor dem nächstgelegenen Tor. Er ging von der Morgenseite gegen Mitternacht nach Abend herum, bis etwa mittagwärts, wo Silo liegt. Da konnte man aber wegen des Tales nicht weiter herum, und Er kehrte wieder so den Weg zurück, besuchte die Laubhütten und lehrte hie und da. Die Leute hatten allerlei Gebräuche. Sie aßen z.B. morgens einen Bissen und legten das andere für die Armen zurück. Sie taten allerlei Arbeiten untertags.

Diese waren von Gesängen und Gebeten unterbrochen, und es wurden auch einige Lehren von den Vorstehern gehalten. Diese hielt auch Jesus. Wenn Er kam und ging, empfingen und begleiteten ihn Knaben und Mägdlein, welche Blumengewinde um ihn trugen. Es war dies Sitte, denn mit solchen Kränzen zogen auch die einzelnen Torgemeinden bei den anderen zu Besuch, um einer Lehre oder einem Mahl beizuwohnen.

Ich sah die Frauen mancherlei Verrichtungen in und bei den Laubhütten treiben. So saßen viele in langen Hütten an langen Bahnen von Stoff und stickten Blumen. Auch sah ich viele, welche Sohlen machten. Sie wurden aus braunen groben Ziegen- oder Kamelhaaren geflochten oder gewirkt. Die Frauen hatten diese Arbeit an ihrem Gürtel befestigt, wie eine Stickerei. Nachher kommen hinten und vorne Absätze darunter. Es werden auch solche mit Haken oder Stacheln gemacht, um besser auf die Berge zu klettern. Das Volk empfing Jesus ganz gut.

Die Lehrer waren aber nicht so treuherzig wie jenseits zu Ainon und Sukkoth. Sie waren zwar höflich, aber sie hielten sich doch etwas zurück. Nachmittags kam Er an die Ostsüdseite der Stadt, wo keine Laubhütten waren, aber eine Schule und ein Platz, auf dem sich viele Kranke befanden. Jesus heilte viele, auch kranke Frauen. Dann gaben die Lehrer ihm und den Jüngern ein mäßiges Mahl unter einer oben offenen Halle, und Er ging noch gegen Abend zwei Stunden weiter gegen Silo.

10. Oktober: Gestern abend kam Jesus gegen Silo. Es liegt etwas südwestlich in gerader Linie wohl nur eine Stunde von Akrabis entfernt. Der Weg aber, da man erst in ein Tal nieder, und dann wieder einen Berg hinauf muss, ist wohl gut zwei Stunden. Dieser Ort liegt um den Berg hoch herum und hat eine weite Aussicht. Er ist etwas verlassen und wüst. Er umgibt eine Höhe, auf welcher sonst die Bundeslade stand, und wo noch mehrere Überbleibsel von alter Pracht sind.

Die Leute waren auch hier in Laubhütten vor den Toren. Sie wussten von Jesu Ankunft und warteten auf ihn. Sie sahen ihn mit seiner Begleitung heransteigen, und da Er nicht zum Tor von Akrabis nahte, sondern um die Stadt mehr nordwestlich herum zum Tor von Samaria ging, ließen sie es dorthin melden und empfingen ihn dort in den Laubhütten, wuschen ihm die Füße und reichten den Imbiss.

Jesus begab sich sogleich auf die abgesonderte Höhe in der Stadt, wo sonst die Stiftshütte gestanden. Dort ging an einer Seite eine Grube in einen wüsten schmutzigen Abhang hinab, wo sonst das Opferblut und die Unreinigkeiten hinabflossen, und wo sie noch alles hinabwarfen, wenn sie schlachteten.

Es stand dort an einer Seite eine halbwüste sehr große Synagoge. Sie hatten noch in einem Teil derselben ihre Schule, und in einer verfallenen Halle viele Gesetzbücher und Schriften. Es war auch ein Gesetzthron dort, eine verzierte achteckige Säule und darunter eine Art Gewölbe, wo einmal das Heiligste gestanden.

Jesus lehrte im Freien auf einem schönen steinernen Lehrstuhl. Es waren hier oben auch Laubhütten und Herbergen in der Nähe, wo alles für die Laubhütten gemeinsam gekocht wurde. Männer bereiteten die Speise. Sie schienen mir keine rechten Juden, sondern Sklaven. Jesus schlief hier oben an der Synagoge.

Am 19. Tisri, donnerstags, war eine Art Festtag in dem Ort. Ich weiß nicht, ob dies hier örtliche Sitte war, ich vergaß es; aber es durfte dann hier ein Lehrer auf dem Lehrstuhl ohne den mindesten Widerspruch eine große Strafrede halten, und Jesus war hauptsächlich hierher gekommen, um diese Lehre zu halten.

Ich sah am Morgen alle Juden, Männer, Frauen, Jünglinge, Jungfrauen und Kinder von allen Laubhüttensammlungen in Prozession mit Laubgewinden zwischen jeder Abteilung oder Familie und jeder Klasse heraufziehen. Der Lehrstuhl war schön mit Zelten und Laub überspannt und es war eine Terrasse umher.

Jesus lehrte bis nach Mittag. Er sprach von der Barmherzigkeit Gottes mit seinem Volk, von dessen Zerfall und Schändlichkeit, von allen Strafgerichten über Jerusalem, von den Zerstörungen des Tempels und von der jetzigen letzten Zeit der Gnade, und dass die Juden, wenn sie die Gnade jetzt nicht annehmen würden, keine Gnade als Volk mehr haben sollten bis zum Jüngsten Tag, dass über Jerusalem eine viel größere Zerstörung kommen solle als die früheren usw. Es war eine ganz erschütternde Lehre, und alle hörten still und erschrocken zu, denn Er berührte sehr deutlich, dass Er es sei, der Heil bringe, indem Er die Weissagungen alle bis auf diese Zeit auslegte. Die hiesigen Pharisäer, welche nicht viel wert waren und ihn gleich denen zu Akrabis zwar äußerlich Ehrerbietung heuchelnd empfingen, schwiegen mit Verwunderung und Erbitterung still. Das Volk jubelte und lobsang teils.

Jesus lehrte auch von den Schriftgelehrten, ihren Verdrehungen, falschen Erklärungen und Zusätzen. Am Abend war ein Mahl mit den Pharisäern in den Laubhütten. Jesus aber ging heimlich hinweg und ging hinab zu den Laubhütten des Volkes und tröstete und lehrte hie und da; und ich sah, dass entfernt, wo die Pharisäer nicht hinlauerten, viele Menschen zu ihm kamen, sich vor ihm niederwarfen, ihn ehrten, ihm ihre Not und Sünde klagten, dass Er sie tröstete und ihnen Rat gab. Es war dies ungemein rührend in der Nacht zwischen den schimmernden Laubhütten zu sehen. Man sah keine Lichter. Die Lampen waren wegen des Luftzuges verschirmt, aber der gelbe Schein lag ganz wunderbar über dem Grün und den Früchten und den Menschen.

Man konnte von der Höhe von Silo auf viele Orte umher sehen, und sah überall den Schimmer des Laubhüttenfestes und hörte die Gesänge von nah und fern. Jesus heilte hier nicht. Die Pharisäer hielten die Kranken zurück und überhaupt scheute sich das Volk hier. Es wohnten, glaube ich, außer der Stadt an einer Seite nahe am Eingang Essener. Ich sah jedoch Jesus heute nicht bei ihnen.

In Akrabis und hier war die Stimmung der Pharisäer, als sie seine Annäherung vernahmen: Nun was will der wieder Neues bringen? Was hat Er hier wieder vor?» Silo ist eine alte kananitische Stadt, und ich meine, dass sie zu Jakobs Zeiten schon bestand, denn Dina ging hierher, als sie zum zweiten Mal von einem Jebusiter entführt wurde. Jesus schlief bei der Synagoge.

Jesus in Koreä – Jesus heilt einen Blindgeborenen

11. bis 13. Oktober: Jesus ging heute morgen von Silo südöstlich herab etwa ein und eine halbe Stunde nach Koreä, einem Ort, worauf man von Silo hinabsehen konnte. Er hat keine Mauern oder Wälle. Vor der Stadt kamen Jesus die Pharisäer von Koreä entgegen, ihn zu empfangen und brachten ihm einen blindgeborenen erwachsenen Einwohner der Stadt mit heraus, mit welchem sie ihn in Versuchung zu führen dachten.

Dieser Blinde hatte über seinen Kleidern um die Schultern ein breites Tuch, wie ein Leintuch, das auch seinen Kopf verhüllte. Er war ein schöner und großer Mann. Als Jesus nahte, wandte der Blinde sich gegen ihn, worüber alle erstaunten, und er warf sich vor ihm nieder. Jesus aber hob ihn auf und fragte ihn allerlei von seiner Religion, den Zehn Geboten, dem Gesetz, den Prophezeiungen. Der Blinde sprach über alle Erwartung weise, ja es war, als prophezeie er. Er sprach auch von den Verfolgungen Jesu. Er solle noch nicht nach Jerusalem gehen, weil man ihn töten wolle, und alle Anwesenden waren erschreckt. Es hatten sich aber viele Leute umher gesammelt.

Jesus fragte ihn, ob er dann die Laubhütten Israels, und die Berge, den Jordan und seine Eltern und Freunde, den Tempel und die heilige Stadt, und ihn Jesus, der vor ihm stehe, zu sehen wünsche? Der Blinde sagte aber, dass er ihn sehe, und beschrieb seine Gestalt und Kleidung, und dass er ihn gesehen, als Er sich genaht habe. Ja er verlange alles jenes zu sehen und wisse, dass Er ihn sehend machen könne, so Er wolle. Jesus legte hierauf die Hand an seine Stirn, betete und zeichnete ihm mit dem Daumen ein Kreuz auf die geschlossenen Augenlider und schob sie ihm mit dem Daumen öffnend in die Höhe.

Da warf der Blinde die breite Hülle von Haupt und Schulter, sah staunend und freudig umher und sprach: «Groß sind die Werke des Allmächtigen», und warf sich vor Jesus nieder, der ihn segnete. Die Pharisäer schwiegen, die Verwandten des Blinden nahmen ihn in ihre Mitte. Viele vom Volk stimmten Psalmen an, und der Blinde sprach und sang stets in einer Art Prophezeiung von Jesus, von der Erfüllung der Verheißung usw.

Jesus aber begab sich in die Stadt und heilte noch viele Kranke und auch Blinde, welche zwischen den Häusern und den Wällen der Stadt wohnten. Vor der Stadt in den Laubhütten hatte Er einen Imbiss und Fußwaschung erhalten. Der Blinde in seiner prophetischen Begeisterung sagte auch den ganzen Weg, den Jesus gekommen, aus. Er sprach auch vom Jordan, vom Heiligen Geist, der über ihn gekommen, von der Stimme aus dem Himmel.

Am Abend lehrte Jesus zum Sabbat in der Synagoge. Er lehrte vom Geschlecht Noes, dem Bau der Arche, von der Berufung Abrahams und aus Jesaias auch eine Lehre, wo von dem Bund Gottes mit Noe und vom Regenbogen Erwähnung geschah (Jes 54 und 55). Ich sah dabei alles ganz deutlich, was Er lehrte, ich sah das ganze Leben und alle Geschlechter der Altväter und die sich abtrennenden Nebenzweige, und wie das Heidentum durch diese aufkam. Wenn ich das sehe, ist alles klar und ordentlich. Wenn ich erwache, bin ich traurig über diese Abirrungen und kann sie nicht begreifen, verstehe es nicht mehr und vergesse es.

Ich habe auch Jesus sprechen hören über Missverstehen der Schrift und falsche Rechnung in den Zeiten, und Er rechnete es ganz einfach und erklärte, wie alles in der Schrift richtig angegeben sei. Ich kann auch gar nicht begreifen, wie man in all das solche Verwirrung gebracht und alles so vergessen hat.

Koreä liegt südöstlich etwa eine und eine halbe Stunde von Silo in einer getrennten Lage, denn ein Teil der Stadt liegt oben auf einer Bergterrasse, der andere liegt mit diesem durch eine schmale Häuserreihe verbunden in einer östlicher liegenden Bergschlucht. Es sind Pharisäer und viele Kranke hierher gezogen.

12. Oktober: Wenngleich Koreä noch ein wenig abendlicher liegt als Akrabis, so liegt es doch näher am Jordan, denn er wendet sich hier herüber. Der Ort ist nicht sehr groß und die Einwohner sind nicht reich. Sie machen geringe Flechtarbeiten, Bienenkörbe, große Bahnen von Strohmatten, feiner und gröber. Das Stroh oder Schilf wird ausgesucht und gebleicht. Auch machen sie von Strohmatten ganze Wände, um Schlafräume abzusondern. Es liegen noch viele Orte in der Nähe. Die Berge hier in der Gegend sind steil und zerrissen. Gegenüber von Akrabis jenseits des Jordan liegt ungefähr die Gegend, wo Jesus das vorige Jahr am Laubhüttenfest in einem Tal nach Dibon gegangen ist.

Jesus hat am Morgen in der Synagoge gelehrt, und nachher, während die Juden ihren gewohnten Sabbatspazierweg machten, viele Kranke, welche in eine große Halle bei der Synagoge gebracht worden waren, zwischen ihnen durchwandelnd geheilt und auch gemeinsam gelehrt. Dann hat Er den Sabbat geschlossen und eine Mahlzeit in den Laubhütten mit den Pharisäern eingenommen. Er hatte bei der Mahlzeit einen Disput mit den Pharisäern; es war die Rede von dem Prophezeien des gestern geheilten Blindgeborenen. Sie sprachen davon, dass er früher schon allerlei dunkles Zeug gesagt, was, glaube ich, nicht eingetroffen sei; und Jesus sagte, dass er damals den Geist Gottes nicht gehabt habe.

Im Verlaufe des Gesprächs kamen sie, ich glaube, auf Ezechiel; sie sagten etwas gegen ihn, als habe er früher von Jerusalem nicht recht prophezeit. Jesus erwiderte, dass der Geist Gottes erst in Babylon am Fluss Thobar über ihn gekommen sei, da er etwas verschlingen musste. Jesus brachte die Pharisäer endlich ganz zum Schweigen. (Sie sah dieses alles, das große Gesicht des Ezechiel, aber erwähnte es nicht.)

Der geheilte Blinde ging noch in der Stadt umher, lobte Gott, sang Psalmen und prophezeite. Er war, glaube ich, schon gestern gleich in die Synagoge gegangen, hatte einen breiten Gürtel umgelegt und ein Gelübde getan. Er war ein Nasiräer geworden, ein Priester hatte ihn auch dazu eingeweiht. Ich glaube, dieser Mann kommt zu den Jüngern.

13. Oktober: Gestern am Samstagabend nach dem Sabbat, da es schon dunkel war, ist ein großes Fest in Koreä und ein großes Mahl

gewesen.[6] Heute morgen war Jesus bei den Eltern des geheilten Blinden. Er selbst hatte Jesus gebeten und hingeführt. Es sind Essener von jenen, welche in der Ehe leben, sie sind mit Zacharias weitläufig verwandt und haben Anteil mit der Essener Versammlung in Maspha. Sie haben noch einige Söhne und Töchter, der Geheilte ist der Jüngste. Sie wohnen in einem abgesonderten Teil der Stadt und in ihrer Nachbarschaft sind noch mehrere mit ihnen verwandte Essener Familien. Sie haben schöne Äcker am Abhang abgesondert und bauen nur Weizen und Gerste, keinen Roggen. Sie behalten nur den dritten Teil des Ertrages, einen Teil bekommen die Armen und einen die Gemeinde in Maspha.

Sie kamen Jesus freundlich entgegen und empfingen ihn vor ihren Wohnungen. Sie gaben ihm einen Imbiss und der Vater gab ihm seinen Sohn und bat ihn, denselben als den geringsten Diener und Boten seiner Jünger zu gebrauchen, welcher vor ihm herlaufe und die Herbergen bestelle. Jesus nahm ihn an und sandte ihn sogleich mit Silas und einem der Jünger von Hebron nach Betanien. Ich glaube, Er will Lazarus eine Freude durch diesen Geheilten machen, ich meine, dieser kannte ihn als blind. Der Vater dieses Jünglings hatte einen Namen, wie Syrus, Sirius, Cyrus, wie ein König zur Zeit der Gefangenschaft der Juden.

Den Namen des Sohnes habe ich mehrmals vergessen, und wieder gehabt. Er hat immer schon einen Gürtel unter seinem Gewand getragen, als er aber sehend geworden, legte er ihn über sein Gewand und tat ein förmliches Gelübde auf eine Zeit.

Er hatte die Prophetengabe und war als blind immer bei den Lehren des Johannes gesessen und hatte die Taufe empfangen. Er hatte auch in Koreä oft viele Jünglinge um sich versammelt, die er lehrte, und denen er begeistert von Jesus prophezeite. Seine Eltern hatten ihn lieb wegen seiner Frömmigkeit und seines Eifers, und er erschien sehr reinlich gekleidet.

Als Jesus ihn heilte, sagte er: «Ich gebe dir ein doppeltes Licht, des äußeren und inneren Gesichtes.» Der Name desselben fällt mir jetzt ein, er hieß Manahem, wie der Essener, der Herodes die Königswürde prophezeite. Die Pharisäer des Ortes behandelten ihn spöttelnd wegen seiner Prophezeiungen, welche sie dunkle Träumereien nannten, und behaupteten, er sei eitel wegen seiner zierlichen Kleidung. Sie brachten ihn selbst Jesus entgegen, weil sie fest überzeugt waren, Er werde ihm nicht helfen können, denn man hatte nie das Schwarze in seinen Augen gesehen; und nun da er geheilt war, sprachen manche schlechte Leute: «Er ist gar nicht blind gewesen. Er ist ein Essener, hat vielleicht ein Gelübde getan, sich blind zu stellen.»

Die Pharisäer, welche gestern von Ezechiel mit Jesus sprachen, verachteten diesen Propheten, er sei ein Knecht Jeremias' und habe in der Prophetenschule sehr verkehrte dunkle Träume gehabt, und alles sei ganz anders ausgefallen. Ich sah, dass Ezechiel damals sehr dunkle Bilder gehabt, die verkehrt ausgelegt wurden und sah, dass am Fluss Thobar erst der Geist über ihn gekommen. Er sah in dem Fluss zuerst das Licht des offenen Himmels und schaute dann empor, wo er das Gesicht vom Wagen Gottes hatte. Manahem hatte auch von Melchisedech, Malachias und Jesus sehr tiefsinnig prophezeit.

Jesus ging nach Mittag mit etwa noch sieben Jüngern, denn sie waren teils wieder nach Jerusalem, teils nach Samaria und Galiläa nach ihrer Heimat zurückgekehrt, nach Ophra.

Jesus in Ophra

13. und 14. Oktober: Eine Stunde von Koreä zwischen Mittag und Abend liegt in einer Bergtiefe versteckt der Ort Ophra. Von Silo ist er südlich etwa eine Stunde entfernt. Von Koreä muss man anfangs etwas hinan, dann aber hinab nach Ophra steigen.[7] Durch Ophra gehen drei Straßen und von Hebron her ziehen viele Karawanen hier durch.

Der ganze Ort besteht fast aus Wirtshäusern und Handelshäusern. Die Leute sind etwas roh und geldgierig. Jesu Jünger waren schon voriges Jahr einmal hier, und die Leute haben sich seitdem etwas gebessert. Als Jesus hierher kam, waren die Männer des Ortes an beiden Seiten des Weges in Weinbergen beschäftigt, allerlei Beeren und Trauben zu sammeln, denn es war heute abend noch ein großes Fest.

In den Laubhütten sah ich niemanden mehr, aber ich sah die Kinder, die Jünglinge, die Mägdlein in Prozessionen mit Fahnen durch die Hütten ziehen. Auch die Priester hatten ihre Verrichtung. Es wurden alle Gebetsrollen und heiligen Sachen aus den Lauben in die Synagoge getragen und auf jeden Stuhl eine Rolle gelegt. Die Frauen sah ich unterdessen nachmittags in den Häusern in ihren Feierkleidern sitzen und aus Rollen beten.

Jesus wurde von den Männern vor dem Tor gesehen, und sie gingen zu ihm und holten ihn in die Stadt, man wusch ihm die Füße und Er nahm einen Imbiss an der Herberge bei der Synagoge und begab sich dann in mehrere Häuser, wo Er Kranke heilte und lehrte. Am Abend war ein großes Fest in der Schule. Es wurde aus allen Rollen gelesen und dann die Gesetzrolle herumgetragen, und jeder las noch daraus.

Dann war noch ein Mahl im Festhaus, wobei auch Lämmer auf dem Tisch waren. Auch haben sie die Äpfel Esrog gegessen, die man am Fest gebraucht hatte. Die Äpfel waren mit etwas zubereitet. Jeder war in fünf Teile geteilt, und diese waren wieder mit einem roten Faden zu einem Ganzen zusammengebunden. Fünf Leute aßen immer an einem Apfel. Die Speisen wurden von Sabbatsdienern, einer Art Sklaven, die keine Juden waren, zubereitet.

14. Oktober: Am Morgen ging Jesus von Haus zu Haus, um die Leute mit wenigen Worten von der Erwerbbegierde und Habsucht abzumahnen und zur Lehre in der Synagoge einzuladen. Er sagte ihnen allen zugleich eine Art Glückwunsch zum Festschluss. Die Leute waren hier so wucherisch und roh, dass man sie wie die Zöllner hielt. Sie hatten sich aber schon gebessert.

Am Nachmittag wurden die Zweige der Laubhütten durch die Knaben in einem Zug vor die Synagoge auf einen Haufen getragen und angezündet. Die Juden beobachteten das Aufsteigen der Flammen und schlossen daraus auf mancherlei Glück oder Unglück. Jesus lehrte nachher in der Synagoge vom Glück Abrams, seinem Fall und der Verheißung auch aus Josua.

Er lehrte abermals von verkehrter Sorge, von Lilien, die nicht spinnen, Raben, die nicht säen usw. Er nannte Daniel und Hiob als so fromme Männer mit vielen Geschäften und doch ohne weltliche Sorge.

Am Abend war noch ein Mahl im Festhaus. Jesus wurde hier nicht umsonst verpflegt, die Jünger haben in der Herberge bezahlt. Ich meine, Er wandte sich dann nach Samaria.

Ein Bote aus Zypern

Am Abend des 16. Oktober fragte die gottselige Anna Katharina mitten in anderen Gesprächen plötzlich, sich einer vergessenen Sache in Ophra erinnernd, die sie gestern dort gesehen: Zyprien! Wo liegt denn das? Die Insel! Da war ein Mann aus Zypern in Ophra bei Jesus und den Jüngern. Er kam von Machärus, das liegt zehn Stunden von Ophra, ich habe es gehört, er war bei Johannes. Einer der Knechte des Hauptmann Serobabel von Kapharnaum hat ihn dahin gebracht, welchen er auf seinem Gut besucht hatte, denn dieser wohnte nicht immer in Kapharnaum. Er ist von einem vornehmen Mann aus Zypern gesandt, der vieles von Johannes und Jesus gehört hat und sichere Nachricht über sie haben möchte. Es ist eine Geschichte, wie die Botschaft des Königs von Edessa an Jesus. Ich hatte auch einen Blick, dass Jesus in seinem Leben, was noch kommen muss, einmal in Zypern gewesen ist. Ich sah ihn dort von vielen guten Menschen umgeben.

Jener Mann reiste schnell wieder von Ophra ab, denn er musste auf ein Schiff, das abging. Er war ein sehr liebenswürdiger, demütiger Heide. Der Knecht des Hauptmanns hatte ihn auf sein Begehren von Kapharnaum zu Johannes nach Machärus, und von diesem zu Jesus nach Ophra gebracht. Jesus sprach lange mit ihm, und die Jünger mussten ihm in seiner Gegenwart alles aufschreiben, was er zu wissen verlangte.

Der Vorfahr seines Herrn ist ein ehemaliger König von Zypern gewesen, der viele Juden in der Verfolgung aufgenommen und sie sogar an seiner Tafel gespeist hat. Dieses Werk der Barmherzigkeit trug ihm noch in seinen Nachkommen Früchte, so dass dieser die Gnade hatte, an Jesus Christus zu glauben. Ich hatte einen Blick, als wenn Jesus nach dem nächsten Osterfest sich nach Thyrus und Sidon flüchten, nach dieser Insel überfahren und dort lehren werde.

Ich sah ihn auf dem Schiff und dort unter guten Leuten, ich meine, es waren nur unbekannte Jünger mit ihm, wie auch auf einer Reise zu den drei Königen, die Er nach der Erweckung des Lazarus gemacht hat.

Blick auf Holofernes und Judith – Jesus im Walde Hareth und bei Salem

15. und 16. Oktober: (Von Krankheit und Gemütsleiden gestört, erzählte sie nur folgendes sehr unbestimmt.) Ich meine, Jesus ist in einem Tal zwischen Alexandrium und dem südlich von Garizim liegenden Lebona von etwa fünf Stunden nordöstlich durch ein Feld bis zu einem Wald westlich von Salem gegangen.

Ich erinnere mich dunkel, dass Er hier bei einzelnen Bauern war. Es sind hier in der Gegend viele schöne Höhlen, und hier herum muss auch der Baum sein, unter dem Gideon das Korn gedroschen.

Hier in diesem Wald hatte der schlechte Kerl Holofernes gelegen. Er ist hier über den Jordan gekommen und da gewesen, ehe man noch in Jerusalem etwas davon gewusst hat.

Das Land ist hier ein wenig höher. Es ist hier, wo der Jordan sich so westlich gegen Jerusalem wendet, dass er daran vorbeifließen würde, wenn er gerade in seiner Richtung dahinüber könnte. Da kam Holofernes, ein Feldherr des Nabuchodonosor, herüber.

(Hier sagte sie noch einiges Undeutliches von Wasser, das um Bethulien zum Jordan fließe, und dass man in Bethulien keinen Brunnen habe. Holofernes habe hier hinauf rings um Bethulien gelegen. Es liege bei Kana, Jotopata, Tarichäa, Tabor, Nazaret usw. Holofernes sei teils hier wieder hinüber, teils auf der Westseite geschlagen, und alles bei der Stadt im Philisterland gefangen und getötet worden, wo David einmal mit vierhundert Mann gelebt habe. Sie heiße wie Ais oder Achzib, das nördlich von Ptolomais am Meere liege. Zwei Tage danach holte Anna Katharina unter Tränen großer Verlassenheit folgendes nach:)

Jesus ist am Dienstag, dem 15. Oktober, etwa fünf Stunden weit nördlich gereist und hat bei einem Bauern übernachtet. Die

Laubhütten habe ich noch nicht ganz abgebrochen gesehen, sondern nur von den Ecken etwas abgenommen.

Es ist hier eine schöne fruchtbare Gegend. Die Muttergottes pflegt hier herüber zu reisen, wenn sie nicht über das Gebirge von Samaria zieht. Jesu Herberge war eines jener Hirtenhäuser, die Maria auf der bethlehemitischen Reise gut aufgenommen haben. Es kann etwa westlich über Akrabis liegen. Dies ist nicht die Gegend, wo Jesus das letzte Mal, von Jerusalem ausziehend, so schnell und heftig lehrend viele Orte durchzogen hat, und wo die Jünger so müde und verdrossen gewesen sind.

Jene Gegend ist an der anderen westlicheren Seite. Er ist westlich von dem Garizim damals nach Sichar gekommen. Jesus ist in der heutigen Nachtherberge auch auf seiner Flucht nach den letzten Ostern vom Jordan nach Thyrus zu gewesen.

16. Oktober: Jesus ging heute morgen von dem Bauern, wo Er in der letzten Nacht geschlafen hatte, ein paar Stunden weiter nördlich, etwa drei Stunden östlich von Sichar, zu anderen Bauernwohnungen, an der Abendseite des Waldes Hareth gelegen, der über einen hohen Rücken von Mittag nach Mitternacht sich streckend, westlich von Salem dem Felde vor Sichar die östliche Grenze gibt. (Was Jesus hier tat, vergaß sie durch ihren Kummer.)

Jesus war hier schon etwas nördlicher als Salem. Er ging aber um Mittag südöstlich durch den Wald über den Bergrücken in die Ebene von Salem.

Dieser Wald von hohen starken Bäumen mit vielen schönen Höhlen ist der Wald Hareth, in welchen Holofernes mit seinem Heere zuerst einzog, als er hier über den Jordan kam.

Dieser Einfall war während der letzten Zeit des tierischen Zustandes des Königs Nabuchodonosor. Bethulien hatte teils Wasser von der Quelle, nördlich, wo das Bad ist, durch die Wasserleitung in Röhren, teils von der anderen Seite auch durch Röhren, und das fließt wieder in den Jordan[8].

Am 27. (wahrscheinlich Tisri) sind die Feinde ins Land eingerückt. Holofernes kam nicht eigentlich von diesem Nabuchodonosor, er war ein Meder, und hing mit dem König Khaxares zusammen, bei welchem der Prophet war, den ich immer Glanzstern nenne (Zoroaster). Dieser König hat den gefangenen Juden die goldenen Teller und Becher vom Tempelraub, welche ihm geschenkt worden, bei einem Gastmahl wiedergegeben, da sie ihm einen Fußfall getan.

Der Mann Susannas ist dabeigewesen. Holofernes hatte diesem Khaxares einmal eine Gefälligkeit getan und hat darum das Heer von ihm bekommen. Er hat so geprahlt, alles zu erobern. Er war eine Art Bonaparte und verstand nicht viel vom Wesen der Juden. Als er ins Land einfiel, war der Tempel noch verwüstet und die Juden noch nicht ganz aus der Gefangenschaft.

Ich sah das ganze Bild wie es in der Schrift steht. Achior wurde von einem Trupp Reiter nach Bethulien gebracht. Die Juden waren durch diese sehr erschreckt, glaubten, es seien Kundschafter oder ein Vortrupp.

Das Heer kam von oben herab und ist bis gegen den Stamm Benjamin hinab hereingedrungen. Bethulien war die stärkste Festung. Holofernes hatte drei Gemächer gehabt, im mittleren gespeist, im vorderen waren seine Leute, und im hintersten die Schlafstelle.

Judith war durch die Gnade Gottes in den Tagen ihrer Anwesenheit so majestätisch schön, dass Holofernes ganz verwundert und scheu war.

Am Abend zuvor nahm dieser ihr Glanz noch zu, und wenn er, durch den Wein kühner, sich ihr näherte, mit ihr zu scherzen, und sie küssen wollte, musste er vor einer übernatürlichen Hoheit in ihr ganz scheu zurückweichen.

Sie war dabei ungemein anmutig, gesprächig und lustig, und forderte ihn immer mehr zum Trinken auf.

Als er nun sehr betrunken war, brachten ihn seine Diener in sein Schlafzelt, und Judith begab sich in ihren Raum, der nur durch einen Vorhang abgesondert war. Die obere Seite ihrer Betten standen gegeneinander. Nun zogen sich die Diener zurück. (Alles weitere erzählt sie ganz wie die Hl. Schrift, außer dass Judith noch sehr viele Behänge des Bettzeltes von Perlen und Edelsteinen abgeschnitten und mitgenommen habe.) Als Judith mit dem Haupt des Holofernes nachts nach Bethulien kam, stieg sie auf die steinerne Erhöhung auf dem Platz, von welcher man die Verordnung abzulesen pflegt.

Da sprach sie den Lobgesang, zeigte das Haupt des Holofernes und redete mit dem Volk, das mit Fackeln umherstand. Nach dem Sieg über das feindliche Heer kamen die Priester von Jerusalem, um Judith zu ehren, und sie zog auch mit ihnen dahin. Das Schwert des Holofernes, womit sie ihn getötet, kam in den Tempel.

ZWEITES KAPITEL

Jesus in Samaria

Vom 16. Oktober bis 4. November 1822

Jesus in Salem und Aruma

16. bis 20. Oktober: Vor der letzten Herberge ging Jesus ein paar Stunden nördlich, wo an der Seite des Waldes eine der für ihn errichteten Herbergen war. Ich glaube, es waren schon Bestellungen hier gemacht. Von hier ging Er durch den Wald ein wenig östlich über eine Höhe zu den Feldern hinab, auf welchen Leute aus Salem mit Arbeit an außerordentlich großen Getreidehaufen beschäftigt waren.

Er lehrte diese Leute und ging dann mit ihnen nach Salem, das noch etwas tiefer, etwa eine Stunde vom Jordan lag. Vor Salem schon sah man Gärten und schöne Alleen. Der Ort liegt sehr angenehm, er ist nicht sehr groß, aber reinlicher und regelmäßiger als viele andere hier herum. Die Stadt ist um einen in der Mitte gelegenen Brunnen sternförmig gebaut. Alle Straßen laufen auf den Brunnen zu und die Alleen gehen durch die Straßen. Doch ist dies alles ein wenig in Zerfall.

Der Brunnen ist ihnen heilig, denn er war einst verderbt, wie der bei Jericho, und Elisäus hat ihn wie jenen durch Salz und das heilige Wasser, worin das Heiligtum gelegen hatte, gut gemacht. Es ist ein schönes Brunnenhaus darübergebaut. In der Mitte der Stadt bei dem Brunnen liegt ein hohes wüstes Schloss mit sehr großen leeren Fenstern. Es steht ein hoher dicker runder Turm dabei, er ist oben platt mit einer Galerie und es steht eine Stange mit einer Fahne darauf. An diesem Turm hängen auf vier Seiten, in etwa zwei Dritteln seiner Höhe, an hervorstehenden Balken große glänzende Kugeln zu den Fenstern heraus.

Diese Kugeln, welche in der Sonne blinken, hängen nach verschiedenen Städten hin. Sie sind zum Gedächtnis noch von Davids Zeiten her. Er hat sich mit Michol einmal hier aufgehalten und als er hinüber ins Land Gilead flüchtete, hat ihm Jonathan hier mit diesen Kugeln, die er nach Verabredung bald so, bald anders hängte und die er sehen konnte, allerlei Zeichen gegeben, über Saul und seine Verfolgung. Ich meine, einmal hat er auch eine Schrift hineingelegt, die David da holte, ich weiß nicht mehr genau. (Sie bestimmte noch allerlei Richtungen der Kugeln, aber verwirrt.)

Jesus wurde hier sehr gut empfangen. Die Leute, die Er bei den Erntehaufen gefunden, begleiteten ihn bis zur Stadt, und aus Salem kamen sie ihm entgegen. Sie führten ihn und die Jünger in ein Haus, wuschen ihnen die Füße und reichten ihnen andere Sohlen und Kleider, bis die ihrigen ausgeschüttelt und gestreckt waren. Oft schenkte man auch den Reisenden solche Kleider.

Jesus aber nahm sie nie an und hatte auch meist ein zweites, reines bei sich, das ein Jünger trug. Sie brachten Jesus dann nach ihrem schönen Brunnen, wo Er einen Imbiss erhielt. Es waren aber um den Brunnen sehr viele Kranke aller Art, ja sie lagen ganze Straßen entlang, und Jesus begann gleich seinen Heilweg und ging ruhig von einem zum anderen und heilte bis gegen vier Uhr, wo Er einem Mahl in der Herberge beiwohnte und dann in der Synagoge lehrte. Es kam bei dieser Lehre von Melchisedech vor und auch von Malachias, der sich auch hier aufgehalten und von dem Opfer nach der Ordnung Melchisedechs prophezeit hatte.

Jesus sagte ihnen, dass diese Zeit nahe sei, und dass jene Propheten selig gewesen seien, solche Dinge zu sehen und zu hören usw. Die Einwohner waren alle vom Mittelstand, weder arm, noch reich, aber wohlgesinnt und liebevoll gegeneinander. Die hiesigen Synagogenlehrer waren auch wohlgesinnt, aber es waren viele Pharisäer in der Nähe, welche oft hierher kamen und den hiesigen Lehrern und der Gemeinde lästig waren. Die Stadt hatte gewisse

Gerechtigkeiten. Ein Distrikt umher und andere nahegelegene Orte gehörten zu ihr. Jesus war gerne hier und stärkte die Leute in ihrer guten Gesinnung.

17. Oktober: Jesus ging am Morgen eine Stunde südöstlich von Salem in den Winkel zwischen dem Jordan und dem Flüsschen, das von Akrabis in den Jordan fließt, an einen Erholungsort. Es sind hier in der hügeligen Gegend drei Fischteiche übereinander, welche ihr Wasser aus jenem Flüsschen empfingen. Es sind hier Bäder, die auch gewärmt werden können. Viele Leute gingen mit ihm. Er wandelte und lehrte hier.

Man kann von hier Ainon sehr schön über dem Jordan liegen sehen. Am jenseitigen Ufer gingen auch Leute spazieren. Gegen Mittag gingen sie nach Salem zurück. Dort kamen mehrere Pharisäer von einer zwei Stunden von hier westlich an einem Berg gelegenen Stadt, die ziemlich groß ist. Gleich dabei, etwa eine Stunde nordöstlich in einem Winkel versteckt, liegt eine neuere Stadt, wo der fromme Mann Jairus wohnte, dessen Tochter Jesus neulich erweckt hat.

Unter diesen Pharisäern war ein Bruder Simons des Aussätzigen von Betanien, der einer der vornehmsten Pharisäer der Stadt war. Es waren auch Sadduzäer darunter. Sie waren heute hier als Gäste, denn es war eine Gewohnheit, dass sich die Lehrer gegenseitig in den Tagen nach dem Laubhüttenfest einluden. Auch von anderen Orten waren Lehrer hier. Man hielt heute eine Mahlzeit in einem öffentlichen Festhaus in Salem, welcher Jesus und alle diese Lehrer beiwohnten. Sie fürchteten, Jesus möchte in Salem am Sabbat lehren, was sie nicht gerne hatten, weil die Einwohner ihnen ohnedies nicht sehr ergeben waren, und Simons Bruder lud ihn deswegen zum Sabbat nach Aruma ein, was Er auch annahm.

Phasael ist ein neuer Ort, wo Herodes, wenn er in der Gegend war, sich aufhielt. Es stehen Palmen um die Stadt und in der Nähe entspringt ein Flüsschen, das in den Jordan fließt, wo ungefähr Sukkoth gegenüber liegt. Die Leute, welche Jairus hier gut gemacht hatte, scheinen Kolonisten gewesen zu sein. Phasael ist von Herodes gebaut. Es ist ein kleiner neuer Ort nordöstlich von Aruma[9], tiefer gelegen in einem Bergwinkel, gegen das Jordantal durch jenen Wald verdeckt.

18. Oktober: Jesus ging heute den 27. Tisri am Freitagmorgen zwei Stunden über den Waldrücken von Salem nach Aruma. Die Pharisäer empfingen ihn nicht vor dem Tor. Er ging mit etwa sieben der unbekannten Jünger, die noch bei ihm sind, geschürzt durch das Stadttor ein. Da empfingen sie einige wohlgesinnte Bürger nach der Landessitte, wie man es Reisenden tut, die geschürzt zum Tor eingehen, denn die ungeschürzt kommen, hatten schon vor dem Tor Gastfreiheit empfangen. Sie führten sie in ein Haus, wuschen ihnen die Füße, reinigten die Kleider und reichten ihnen den Imbiss.

Sabbatlehre über Heber und die ihm verliehene Sprache

Hernach ging Jesus nach der Synagoge in das Priesterhaus, wo sich Simons Bruder mit mehreren anderen Pharisäern und Sadduzäern befand, welche von Thebez und anderen Orten hierher gekommen waren. Sie nahmen allerlei Schriftrollen mit und gingen mit Jesus nach einem Badebrunnen und Erholungsplatz vor der Stadt, und unterhielten sich untereinander über die Schriftstellen, welche in der heutigen Sabbatlesung vorkommen.

Es war dies wie ein Vorbereiten auf die Predigt. Sie sprachen ganz höflich und glatt mit Jesus und baten ihn, heute abend zu lehren, aber ihnen doch ja das Volk nicht aufrührerisch zu machen. Das gaben sie so zu verstehen. Jesus antwortete sehr streng und direkt, Er werde lehren, was die Schrift enthalte: die Wahrheit. Und Er sprach auch von Wölfen in Schafskleidern. Gegen drei Uhr gingen sie zum Mahl in das Haus von Simons Bruder, der Frau und Kinder hatte, die Jesus auch begrüßte.

Es waren viele Gäste da, auch weibliche, welche mit den Frauen abgesondert aßen. Am Abend lehrte Jesus in der Synagoge. Er lehrte von Abrahams Beruf und Reise nach Ägypten, von der hebräischen Sprache, von Noe, Heber, Phaleg, Hiob usw. Und ich sah viele Bilder aus dieser Lehre folgend.

Die Lehre war über Gen 12 und aus Jesaias. Er lehrte auch noch von Moses und sagte, dass schon in Heber Gott die Israeliten ausgesondert habe, denn diesem Mann habe Er eine neue Sprache gegeben, die hebräische, welche mit den anderen damaligen keine Gemeinschaft hatte, um sein Geschlecht von allen anderen ganz abzusondern.

Früher habe Heber wie Adam, Seth und Noe die erste Muttersprache gesprochen; diese sei aber bei dem babylonischen Bau in viele Mundarten zerfallen und verwirrt worden. Gott aber habe, um Heber ganz abzusondern, ihm eine eigene heilige, die althebräische Sprache gegeben und ohne diese Sprache würden sie nie so rein und abgesondert geblieben sein. Hierüber hat Jesus gelehrt und über die ganze Berufung Abrahams.

Fest der Tempelweihe

19. Oktober: Jesus wohnte hier im Hause von Simon des Aussätzigen Bruder, der bethanische Simon stammt auch von hier. Der hiesige war fest und gelehrt in seiner Sache, der bethanische war unbedeutender, wollte aber mehr bedeuten. Es war in dem Hause hier alles gut eingerichtet; und wenn Jesus gleich nicht mit gläubiger Ehrfurcht behandelt wurde, so war doch alles nach der Gastfreundschaft in der besten Ordnung.

Er hatte ein schönes abgesondertes Lager und einen eigenen abgesonderten Betort, die Gefäße und Tücher zum Waschen waren schön und der Hausherr tat die schicklichen Dienstleistungen. Frau und Kinder kamen wenig zum Vorschein.

Jairus von Phasael, der Mann, dem Jesus die Tochter erweckt hatte, war auch hier zum Sabbat und hatte mit Jesus gesprochen. Er verweilte bei den Jüngern und ging mit ihnen umher. Seine von Jesus erweckte Tochter war nicht in Phasael, sie war hinauf nach Abelmehola zu den Mädchen in der Schule gereist. Es kamen da in diesen Tagen viele junge Mägdlein zusammen, wie sich am 26. Tisri, am Donnerstag, die Männer besucht hatten. Ich weiß nicht, was das für ein Festtag gewesen ist. Abelmehola mag etwas über sechs Stunden von Phasael sein.

Die Knechte des Hauptmanns Serobabel von Kapharnaum waren auch auf dem Laubhüttenfest zu Ainon und am Jordan gewesen, was mir jetzt einfällt. Sie waren schon früher getauft. Einer von ihnen war mit dem zyprischen Mann gegen Ophra von Machärus zu Jesus gekommen und mit diesem nach Kapharnaum zurückgereist.

Ich meine, dieser zyprische Mann ist noch ein Jünger Jesu geworden. Jesus hatte einen Jünger Mnason aus Zypern, ich weiß nicht, ob es dieser Mann ist. Jesus lehrte am Morgen in der Synagoge noch von Abrahams Berufung und aus Jesaias. Ich habe dabei wieder vieles von den Altvätern gesehen. – Mittags ging Er aus der Stadt nach der Abendseite, wo ein altes großes Gebäude war. Man musste an der Südseite der Stadt hinausgehen und hinter der Mauer herum bis zur Abendseite. Dieses Haus war eine Art Zusammenwohnung von alten Männern und Witwen. Es waren keine Essener, aber sie lebten auch nach einer gewissen Ordnung und hatten lange weiße Kleider an. Jesus lehrte sie beide eine Weile und tröstete sie. Ich habe das Nähere vergessen.

Hierauf ging Jesus zu einem großen Mahl, das bis zum Sabbat währte. Ich sehe Jesus nie viel bei solchen Mahlfeiern essen. Er geht von einem Tisch zum anderen und lehrt und erzählt meistens.

Am Abend war in der Synagoge und in den Häusern ein Fest. Man feierte, da der Sabbat zu Ende war und der neue Sabbat anging, das Fest der Einweihung des salomonischen Tempels. Die ganze Synagoge war voll von Lichtern. In der Mitte stand eine Pyramide von Lichtern. Es war dieses Fest schon vorbei. Der eigentliche Tag war, meine ich, am Ende des Laubhüttenfestes und wurde heute nachgefeiert.

Jesus lehrte von der Einweihung und wie Gott Salomo in der Nacht erschienen sei und ihm gesagt habe, Er wolle Israel und den Tempel erhalten, so es ihm treu bliebe, und wolle darin unter ihnen wohnen. Er werde ihn aber zerstören, wenn sie von ihm abfielen. Dieses legte Jesus auf die jetzige Zeit aus, wie es nun soweit gekommen sei, und so sie sich nicht bekehrten, werde der Tempel zerstört werden. Er sprach sehr streng davon. Die Pharisäer aber fingen an, mit ihm zu disputieren und legten dieses Wort Gottes an Salomo aus als nicht so gesprochen, sondern als ein Gedicht, als eine Phantasie von Salomo.

Der Disput war sehr lebhaft und ich sah Jesus sehr eifrig reden. Er hatte ein Wesen, dass sie erschüttert wurden und ihn kaum anblicken konnten. Er sprach zu ihnen in Sätzen, welche aus der heutigen Sabbatlesung hervorgingen, von den Entstellungen und Verdrehungen der ewigen Wahrheiten, der Geschichte und der Zeitrechnung der alten heidnischen Völker, z.B. der Ägypter und wie sie es wagen könnten, diesen Heiden Vorwürfe zu machen, da sie selber bereits in so elendem Zustand seien, dass sie, was ihnen so nahe und so heilig überliefert sei, das Wort des Allmächtigen, auf welches sein Bund mit ihrem heiligen Tempel gegründet sei, als eine Fabel, als ein Gedicht nach ihrer Bequemlichkeit und nach der Art, die ihnen schmeichle, verwerfen. Er beteuerte und wiederholte die Verheißung Gottes an Salomo noch einmal und sagte ihnen, dass in ihrer sündhaften Entstellung und Auslegung die Drohung Jahwes sich schon der Erfüllung nähere; denn wo der Glaube an seine heiligsten Verheißungen wanke, wanke auch der Grund seines Tempels.

Er sprach zu ihnen: «Ja! Der Tempel wird abgebrochen und zerstört werden, weil ihr an die Verheißungen nicht glaubt, weil ihr das Heilige nicht erkennt und euch nicht heiligt! Ihr werdet selbst an seiner Zerstörung arbeiten, es wird kein Teil an ihm unverletzt bleiben, er wird zerbrochen werden um eurer Sünden willen!»

Auf diese Art sprach Jesus, und zwar mit solcher Hindeutung, dass Er sich selbst unter dem Tempel zu verstehen schien, wie Er es vor seinem Leiden deutlicher sagte: «Ich werde ihn in drei Tagen wieder aufbauen.» Es war hier nicht so deutlich ausgesprochen, aber doch so, dass sie mit Schauder und Ergrimmen das Wunderbare, Geheimnisvolle in seiner Rede fühlten.

Sie murrten und wurden sehr unwillig. Jesus aber störte sich nicht daran und fuhr sehr schön in seiner Lehre fort, so dass sie nicht mehr widersprechen konnten und ganz wider ihren Willen innerlich überwältigt wurden.

Beim Hinausgehen aus der Synagoge reichten sie ihm die Hände und machten eine Art Entschuldigung und schienen äußerlich den Frieden herstellen zu wollen. Jesus sagte noch einige ernste Worte ganz sanft und verließ die Schule, welche geschlossen wurde.

Einiges von Salomo

Salomo sah ich vor dem Tempel bei dem Altar auf einer Säule stehend das Volk anreden und zu Gott ein schönes Gebet beten. Die Säule war so hoch, dass ihn jedermann sehen konnte. Man stieg inwendig hinauf. Oben war eine breite Platte und eine Art Stuhl, es war mehr Raum dort. Die Säule war beweglich, man konnte sie wegbringen. Ich sah nachher den Salomo auf der Burg Sion und noch nicht in seinem neuen Palast. Es war an demselben Ort, wo Gott früher auch mit David gesprochen, besonders als Nathan bei ihm gewesen. Es war auch eine Terrasse unter einem Zeltdach, wo er schlief. Salomo betete daselbst. Da kam ein unbeschreiblicher Glanz um ihn und eine Stimme aus demselben, ich habe es gesehen und alle Worte gehört. (Sie wiederholte hier den Inhalt von Gottes Verheißung, wie er auch in der Heiligen Schrift steht. 3 Kön 9,2.)

Salomo war ein schöner Mann. Er war von angenehmer Größe, und seine Glieder waren voll, nicht so scharf und ausgedörrt wie die der meisten anderen dort. Seine Haare waren braun und schlicht. Er hatte einen reinen kurzen Bart, braune, durchdringende Augen, ein rundes, volles Gesicht mit etwas breiten Wangenknochen. Damals hatte er sich noch nicht der Unzahl heidnischer Weiber ergeben. Er hatte zwar mehrere Frauen, aber er enthielt sich streng ihrer während der ganzen Zeit des Tempelfestes.

Krankenheilungen in Aruma

Jesus hat hier in Aruma nicht öffentlich geheilt, um kein Ärgernis zu geben. Auch waren die Menschen wegen der Pharisäer scheu und meldeten sich bei Tage nicht. Es war aber unbeschreiblich rührend, wie ich ihn in diesen zwei Nächten von ein paar Jüngern begleitet durch die mondhellen Straßen hingehen sah zu einigen kleinen Pforten, wo ihn Menschen demütig erwarteten. Wie Er in den Hof trat und mehrere Kranke heilte.

Es waren dies fromme Leute, welche an ihn glaubten und ihn durch seine Jünger hatten bitten lassen. Es konnte sehr gut ohne

Aufsehen geschehen, denn die Straßen des Ortes waren sehr still. Es gingen nur Mauern der Vorhöfe mit kleinen Türen auf die Straßen. Die Häuser mit ihren Fenstern waren alle nach innen und auf die Höfe und kleinen Gärtchen gebaut.

Die Leute harrten auf ihn. Ich erinnere mich unter anderem einer blutflüssigen Frau, welche von zwei Mädchen ganz eingewickelt in den Hof hinausgetragen wurde. Jesus verweilte überhaupt nicht lange bei den Kranken auf diesem nächtlichen Heilweg.

Er stellte gewöhnlich an die Kranken, um ihren Glauben zu erwecken, die Frage, ob sie glaubten, dass Gott sie heilen könne, und dass Er einem die Macht dazu auf Erden gegeben. Ich kann das nicht recht wiedergeben. Hierauf ließ Er die blutflüssige Frau seinen Gürtel küssen und sprach einige Worte, die soviel hießen wie: «Ich heile dich durch das Geheimnis, oder wie ich meine hieß es auch: Ich heile dich in der Intention, in welchem dieser Gürtel getragen wird, vom Anfang bis zum Ende.» Anderen legte Er die Enden seines Gürtels auf das Haupt. Dieser Gürtel war eine lange breite Bahn, wie ein Handtuch, und wurde bald breit, bald schmal zusammengelegt getragen, bald mit kurzen, bald mit lang niederhängenden Enden, woran Quasten waren.

Örtlichkeit Arumas

Das Tal östlich von Aruma und von Ost nach West gegen Sichar sich wendend und auch gerade gegen Norden bis über den Berg, nordöstlich von Sichem, war ganz bewaldet. Östlich von diesem Berg, der mitten in der Ebene vor Sichar liegt, war der Teil, welcher der Hain Mambre heißt. Da war es, wo Abraham zuerst seine Zelte aufschlug, und wo ihm Gott erschien und die Verheißung der großen Nachkommenschaft gab.

Es war da ein großer Baum, nicht so rauh wie eine Eiche. Er trug männliche und weibliche getrennte Blüten und Früchte zugleich. Ich habe ihn schon im Lande Basan beschrieben. Es ist der Baum, von dessen Nüssen sie die Knöpfe an den Pilgerstäben machten. Bei diesem Baum erschien der Herr. Jakob hat hier auch bei seinem Wegziehen von Sichem die Götzenbilder begraben. Es ist aber ein anderer Baum hinzugekommen. Sie machen einen Saft von demselben.

Die Straße geht von Sichar an der linken Seite des Waldes um den Garizim herum. Vor dem Wald nördlich in der Ebene liegt eine Stadt zum Andenken von Abrahams Aufenthalt. Es müssen noch Spuren da sein. Sie ist drei Stunden etwa nördlich von Aruma, nordwestlich zwei Stunden von Phasael und heißt Thänath-Silo.

Jesus verlässt Aruma und kommt nach Thänath-Silo – Blick auf Abraham und seine Familie

20. und 21. Oktober: Jesus sprach am Morgen nochmals sehr ernsthaft gegen die Pharisäer, dass sie den Geist ihrer Religion verloren hätten und auf nichts als auf Sitten und Gebräuche hielten, die sie gleich leeren Schalen bewahrten, während sie den Kern verderben ließen. Sie sprachen dagegen von der Heiligkeit dieser Formen und mussten endlich schweigen, da ihnen Jesus Beispiele von den Heiden gab, welchen die leeren Formen endlich der Satan ausgefüllt habe. Später ging Jesus drei Stunden nördlich nach einer Stadt, welche in dem Tal vor Samaria liegt, wo Abraham sich zuerst niederließ. Es ist eine Herberge der Gemeinde, von Lazarus errichtet, davor. Es verwaltet sie eine etwas verwandte Familie aus Nazaret, deren Namen ich nicht mehr weiß. Hier blieb Jesus heute nacht.

21. Oktober: Jesus wanderte heute hier im Feld umher bei Männern und Frauen, die an großen Getreidehaufen arbeiteten. Die Frauen waren von den Lenden bis über die Knie hinab bewickelt und trugen außerdem nur ganz kurze Schürzchen. Jesus hielt auf einem umzäunten Hügel eine große Lehre vor den versammelten Landleuten, dicht bei dem Baum und einem Brunnen, den Abraham hier gegraben.

Abraham hatte über diesen Brunnen Streit gehabt mit einem Mann aus Sichem, der ihn hier nicht dulden wollte, und ist deswegen von hier weggezogen. Der Mann hat ihm den Brunnen auch abgekauft, und über den Kaufpreis dieses Brunnens hat Jesus noch heute in einer Auslegung gelehrt.

Er lehrte auch in Bezug auf den Feldbau in einer Parabel vom verschiedenen Erdreich. Diese Leute waren Sklaven und wohnten bei der Feldarbeit hier in beweglichen Hütten. Sie waren samaritanischen Glaubens.

Die Stadt, welche dicht bei dieser Gegend liegt und deren Namen ich vergessen habe, bestand damals aus einigen Hütten. Und Abraham hat bei seinem Abzug einige Familien von seinen geringeren Kindern ausgestattet und hier zurückgelassen, die sich mit diesen Leuten dann verbunden haben. Abraham hatte viele Kinder, Söhne und Töchter von mehreren Frauen, ehe er ins Land Kanaan reiste. Er musste auf Gottes Befehl die Weiber zurücklassen und die Kinder mitnehmen, denn die sollten, weil aus besserer Art durch ihn, wieder einzelne fremde Stämme veredeln; obgleich sie nicht in die Geschlechtslinie des Volkes Gottes eintreten sollten, welches erst aus Sara kommen sollte, nachdem Abraham den Segen erhalten hatte. Sara aber war wirklich Abrahams Schwester, eine Tochter Thares, jedoch einer anderen Mutter. Ihre Mutter stammte aus den Kindern Jektans, des Sohnes Hebers, von dessen anderem Sohn, Phaleg, Abraham stammte. So waren in Abraham und Sara beide Stämme wieder vereinigt.

Die meisten der großen Familie Abrahams waren seine Kinder; und Bruder und Schwester waren schon in Chaldäa verheiratet. Er stattete sie alle aus und sorgte für sie.

Sie waren auch noch mit ihm in Ägypten. Als er bei Hebron wohnte, setzte er sie in eine gute Gegend bei Zoar hin ums Tote Meer, wo Lot mit seinen Töchtern sündigte.

Es waren dort mehrere unwissende geringe Stämme, Leute wie Sklaven, derer Führer und Könige sie nachher wurden, und mit denen ihre Nachkommen sich vermischten und sie veredelten. Es war in allem damaligen Tun und Leben und auch in der Religion die Hauptsache, die Geschlechter der Menschen so zu verbinden und zu führen, dass sie nicht tiefer sanken und sich dem Fleische und dem Geiste nach veredelten.

Die Stadt Thänath-Silo, bei welcher die Herberge Jesu und der Brunnen Abrahams liegt, war im Kriege der Makkabäer eine verräterische Stadt, sie hielt es mit dem Antiochus, und Judas Makkabäus hat sie erobert und schwer bestraft. Sie war damals sehr fest. Die Mutter der Kinder der Makkabäer hat auch einmal hier gewohnt und ist nachher nach Jerusalem gezogen. Die Marter ihrer Söhne ist in Jerusalem am Tempelberg geschehen. Ich habe vieles davon gesehen, aber vergessen.

Heute abend begann der Neumond des ersten Marchesvan und Jesus wurde aus seiner Herberge vor der Stadt von den Einwohnern von Thänath-Silo in die Stadt geholt. Er lehrte in der Synagoge, aß mit den Lehrern und übernachtete wieder in der Herberge vor der Stadt. Es war das Neumondfest. Es hingen Fruchtkränze vor der Synagoge und anderen öffentlichen Gebäuden.

Heilungen und Lehrvortrag

22. Oktober: Heute heilte Jesus sehr viele Kranke von aller Art in der Stadt, die sich da gesammelt hatten, besonders viele an einer Seite Lahme, Gichtbrüchige in den Armen, auch Besessene und Blutflüssige. Er segnete besonders viele kranke Kinder und auch Gesunde. Die vielen gichtisch Lahmen an den Händen und einer Seite hier holten sich meist ihre Krankheit beim Feldbau und durch das Liegen auf der feuchten Erde in der Nacht und bei Tag, wenn sie sich sehr in Schweiß gearbeitet hatten. Ich habe das auch oben in den Feldern vor Gennabris in Galiläa gesehen.

Jesus zog hernach wieder hinaus in das Erntefeld und heilte auch dort viele. Am Mittag brachten die Leute aus der Stadt eine Mahlzeit in Körben hinaus, und es war ein großes Mahl unter einer noch stehenden Laubhütte.

Jesus hielt dann noch eine sehr große Lehre, besonders gegen die unnütze, übertriebene Lebenssorge. Er brachte das Beispiel von der Lilie, die nicht spinne und doch schöner gekleidet sei als Salomo in seiner Pracht und sagte noch viele schöne Worte der Art von allerlei Tieren und Gegenständen umher. Er lehrte auch, sie sollten den Sabbat und die Festtage nicht entheiligen durch Arbeit des Gewinnes.

Arbeiten der Liebe, Rettung von Menschen und Vieh sei ihnen erlaubt, aber die Ernte, die Früchte sollen sie dem Schutze Gottes überlassen und nicht bei jedem drohenden Wetter daran am Sabbat arbeiten. Er lehrte dieses sehr ausführlich und schön, und es war ganz auf die Art der Bergpredigt, denn es kamen die Worte darin vor: «Selig sind diese, selig sind jene.»

Es waren aber die Leute des Ortes sehr bedürftig, denn sie waren ungemein begierig und erwerbssüchtig in ihrem Ackerbau und Handel, worin sie ganz lebten und ihre Knechte sehr antrieben. Sie hatten auch hier den Zehnten von der ganzen Gegend einzunehmen und hielten ihn oft lange zurück und wucherten damit. Sie handelten mit ihren Feldfrüchten.

Alte Leute sah ich auch herumziehen mit Holzarbeiten, wozu sie der nahe Wald veranlasste. Besonders sah ich sie in großer Menge hölzerne Absätze unter die Sohlen schnitzen. Pharisäer waren gar keine hier. Die Leute waren etwas grob und begierig, auch stolz auf ihre Abkunft von Abraham. Aber die Söhne, die Abraham hierher gesetzt hatte, waren bald ausgeartet, sie hatten sich mit den Sichemiten vermischt und als Jakob wieder ins Land kam, die Beschneidung schon verloren. Jakob gedachte auch in diesen Feldern wohnen zu bleiben, aber durch die Verführung der Dina wurde er daran gehindert. Er kannte die Kinder Abrahams, die hier wohnten und schickte ihnen Geschenke.

Dina war bei den Brunnen bei Salem spazieren gegangen und war dann hier in der Gegend bei den Leuten eingeladen gewesen, welche die Geschenke erhalten hatten. Sie hatte Mägde bei sich und ging allein hier in der Gegend neugierig umher. Da sah sie der Sichemite und verführte sie im Feld oder Wald. Es war damals anders mit solcher Versündigung.

Die Menschen waren sinnlicher, sie taten nicht so großen Widerstand. Sie waren leicht bewegt, nur die heiligen Hausgesetze und das Geheimnis der Stämme bändigte sie. Sie waren sonst den Herden ähnlich, unter denen sie lebten. Dina, das reine Schäflein, war von der Herde entfernt zu Schaden gekommen.

23. Oktober: Jesus hatte am Morgen noch in Thänath-Silo gelehrt und geheilt. Man muss sich nicht über die vielen Kranken wundern, denn kaum ist sein Aufenthalt an einem Ort bekannt, so

werden sie aus der ganzen Gegend aus allen Hütten und Dörfern herbeigebracht. Es wohnten hier in dem Ort Samariten und Juden getrennt, doch waren die Juden in der Mehrzahl. Jesus lehrte die Samariten auch, aber Er stand dabei auf jüdischem Grund und die Samariten am Ende ihres Stadtteils am Ausgang einer Straße. Er heilte auch Samariten. Die Juden waren hier nicht so gehässig gegen sie, weil sie überhaupt hier etwas leicht sind, auch mit der Haltung des Sabbats.

Die verschiedenen Arten der Wunderheilungen

Jesus heilte hier auf sehr viele Arten: einige in der Ferne mit einem Blick und Wort, einige berührte er, anderen legte Er die Hände auf, andere hauchte Er an, andere segnete er, anderen bestrich Er nur mit Speichel die Augen. Manche berührten ihn und wurden geheilt, andere ließ Er aus der Ferne genesen, ohne dass Er sich zu ihnen wandte. Er verfuhr in der letzten Zeit seines Wandels, wie mir scheint, überhaupt schneller als im Anfang. Ich dachte wohl, die so verschiedenen Arten seiner Heilungen seien gewesen, um zu zeigen, dass Er nicht an eine einzelne Art gebunden sei, sondern es auf alle Arten könne.

Aber Jesus sagt ja selbst im Evangelium einmal, dass eine Art der Teufel anders ausgetrieben werde als die andere.

Er heilte gewiss jeden, wie es seinem Übel, seinem Glauben und seiner Natur angemessen war, so wie Er noch jetzt jeden Sünder anders züchtigt, anders bekehrt. Jesus zerbrach die Ordnung der Natur nicht, Er löste nur ihre Bande. Er zerhieb keinen Knoten, Er löste ihn auf und konnte sie alle lösen, Er hatte alle Schlüssel und insofern Er Gottmensch geworden war, handelte Er in menschlichen Formen, die Er heiligte. Ich hatte auch früher schon die Unterweisung, Er habe vorbildlich so verschieden geheilt, um die Jünger die Formen für jede Handlung zu lehren. Die verschiedenen Formen des kirchlichen Segens und der Weihungen und Sakramente deuten schon hierauf.

Es waren bei Thänath-Silo sehr viele Feigengärten. Jesus ging gegen Mittag hinweg. Es begleiteten ihn mehrere Menschen aus der Stadt. Er ging auf der ziemlich breiten Landstraße nach Nordost, die gegen Scythopolis führt. Er hatte unterwegs Doch zur rechten und Thebez zur linken Seite auf dem östlichen Ende des Berges, worauf Samaria liegt, liegen lassen. Er ging gegen das Jordantal hinab in ein Tal, worin auch eine Quelle ausgeht zum Jordan. Hierher war ihm eine Schar von allerlei lehrbegierigen Leuten, besonders samaritische Arbeitsleute, voraus geeilt, welche ihn erwarteten und die Er lehrte. Es lag links an der Höhe hinan ein kleiner Ort, aus einer langen Reihe Häuser bestehend, er heißt Aser-Michmethath, in welchem Jesus gegen Abend hineinging. Abelmehola mag von hier sieben Stunden sein.

Dieser Ort liegt auf dem Wege Mariä und der Frauen, wenn sie nicht bei Samaria über das Gebirge nach Judäa wollen. Auch auf der Flucht nach Ägypten ist die heilige Jungfrau Maria mit Joseph hier herüber gereist.

An diesem Abend ging Jesus noch zum Brunnen Abrahams und zum Badeort vor Aser-Michmethath und heilte dort mehrere Kranke, unter anderen zwei Samaritinnen, welche hierher gebracht worden waren. Er wurde hier von den Leuten sehr liebevoll empfangen. Sie waren sehr gut, jeder hätte ihn gern bei sich beherbergt. Er kehrte aber vor dem Ort bei einer patriarchalisch lebenden Familie ein, deren Haupt Obed hieß, und wurde sehr liebevoll mit allen Jüngern aufgenommen. Der Weg von Thänath-Silo hierher in die Gegend ist viel besser und breiter als der über Akrabis nach Jericho zu, welcher außerordentlich eng, steinig und felsig ist, so dass die Tiere schwer mit Waren passieren können.

Ich habe gesehen, dass unter dem Baum an Abrahams Brunnen zur Zeit der Richter eine Prophetin allerlei Zauberei trieb und Ratschläge gab, die aber immer falsch ausschlugen. Sie hatte nachts allerlei Zeremonien mit Fackeln hier vor und trieb wunderliche Tiere und Gestalten zusammen. Alle diese Künste schlugen aber verkehrt aus, und ihre Ratschläge missglückten. Es ist dieselbe, welche ich auf der letzten Reise im Königreich Basan zu Azo von den Madianiten auf ein Brett genagelt sah, da sie sich als ein Mann verstellt hatte. Sie wohnte im Wald und trieb hier Zauberei. Dies ist derselbe Baum, unter den Jakob die geraubten Götzen der Sichemiten vergrub.

Blick auf den hl. Joseph

Auch habe ich gesehen, dass Joseph mit der hl. Jungfrau und Jesus in der Nähe dieses Baumes auf der Flucht nach Ägypten sich eine Nacht und einen Tag verbargen und ruhten. Die Verfolgung durch Herodes war bekannt, und es war hier sehr unsicher zu reisen. Ich meine auch, auf der Reise nach Bethlehem, wo Maria fror, wurde es hier am Baum so warm.

Als ich heute nacht im Gesicht von Haus hierher ins Gelobte Land reiste, um den heutigen Tag des Lebens Jesu zu sehen, kam ich durch Lebona, gegen Mittag vom Berge Garizim gelegen, und sah, wie der hl. Joseph hier nach seiner Flucht vor seinen Brüdern sein Zimmerhandwerk lernte. Er mochte wohl zwanzig Jahre alt sein, und ich sah ihn in einem Gemäuer wohnen und arbeiten, das von der Stadt aus nach einem schmalen Bergrand führte, wie eine Straße nach einem zerfallenen Kastell. Die Wohnungen waren in den Mauern. Ich sah ihn zwischen hohen Mauern, worin oben Löcher waren, an langen Stangen arbeiten, worin sie die Flechtwände einsetzten. Er war sehr fromm und gut. Er ist später hier mit Maria vorbeigezogen, und ich meine, er war einmal dort mit ihr. Er arbeitete vor der Verbindung mit Maria auch noch an einem anderen Ort. Dieser lag an einem Wasser, das ins Meer fließt, ich meine nicht weit von Thomas' Vaterstadt Apheke.

24. Oktober: Aser-Michmethath liegt quer über einem Bergrükken, der gegen das Jordantal hinläuft. Die südliche Seite gehört zu Ephraim, die nördliche zu Manasse. An der ephraimischen Seite liegt, wenn ich nicht irre, Michmethath, an der manassischen Aser und beides ist nur eine Stadt: Aser-Michmethath. Die Grenze läuft mitten durch. Die Synagoge liegt in Aser jenseits, und die Einwohner sind in ihren Sitten etwas verschieden. Michmethath, die ephraimische Seite des Orts, zieht sich in einer Reihe Häuser den Berg hinan. Unten im Tal ist ein Flüsschen, bei welchem Jesus gestern die Samariten noch lehrte, welche ihm hierher vorausgegangen waren.

Etwas höher vor dem Ort liegt ein schöner Brunnen. Es ist wie gewöhnlich ein Park- und Badegarten um diesen Brunnen. Der Quell, zu dem man auf schönen Treppen hinabsteigt, ist in ein gemauertes Becken gefasst, in dessen Mitte auf einer Terrasse ein schöner Baum steht. Aus diesem Behälter können mehrere Badezisternen, die umher sind, gefüllt werden. Hier heilte Jesus gestern abend zwei samaritische Frauen.

Jesus wurde hier mit der gewohnten Gastfreiheit von den Einwohnern aufgenommen und begab sich in das Haus eines ehrwürdigen patriarchalischen Mannes, der Obed hieß. Das Haus lag wie ein großes Landgut vor Michmethath. Er war eine Art Oberhaupt des Ortes. Die Leute waren an dieser Seite meistens miteinander verwandt, und mehrere Familien davon waren Kinder oder Kinder seiner Voreltern. Er war ihrer aller Ältester und Vorsteher und besorgte ihnen ihre Geschäfte, leitete ihren Feldbau und ihre Hirtenwirtschaft. Seine Frau lebte noch und war mit ihrer Wirtschaft und dem weiblichen Teil ihrer Familie in einem abgesonderten Teil des Hauses. Sie war noch ein recht munteres altes Judenweibchen. Sie hatte eine Art Kinderhaus und lehrte die jungen Mädchen der anderen Familien allerlei Handarbeiten. Das ganze Haus überhaupt war voll Liebe, Rat und Tat. Obed hatte achtzehn Kinder, von denen noch einige unverheiratet waren. Zwei seiner Töchter waren nach Aser, der manassischen Seite des Ortes, verheiratet, und das war ihm nicht ganz recht, wie ich aus seinen

Gesprächen mit Jesus hörte, denn die Leute dort waren nicht so gut und von anderer Art.

Am Morgen lehrte Jesus an dem Brunnen. Es lagen wohl vierhundert Menschen auf dem Rasen des treppenförmigen Abhanges um den Brunnen. Er lehrte deutlich von der Ankunft des Reiches und seiner Sendung, von Buße und Taufe. Er bereitete auch einige zur Taufe vor, worunter Kinder Obeds waren.

Jesus ging hierauf mit Obed noch hinaus in die Felder zu einzelnen Wohnungen und lehrte und tröstete die Knechte und alten Leute, welche das Haus hatten hüten müssen, während die anderen zu seiner Lehre gegangen waren.

Obed sprach viel mit ihm von Abraham und Jakob, die in der Gegend gewohnt hatten, und vom Schicksal der Dina. Die Einwohner von Michmethath hielten sich für Abkommen aus Juda. Holofernes, der medische Abenteurer, hatte bei seinem Einfall diesen Ort ganz verwüstet, und dann hatten sich ihre Voreltern aus Juda hier angesiedelt, mit dem festen Entschluss, nach den alten Sitten fromm zusammenzuhalten, und das hatten sie bis jetzt getan. Obed hat ganz die alten Sitten der frommen Hebräer, und besonders hielt er viel auf Hiob und stattete seine Söhne sowie seine Töchter reichlich aus und opferte bei jeder solchen Aussteuer viel von dem Seinigen den Armen und dem Tempel.

Jesus segnete viele Kinder, welche ihm überall von den Müttern herbeigebracht wurden. Es war am Nachmittag ein großes Mahl rund um Obeds Haus und in dem Hof unter Laubhütten, welche überall nahe standen. Es nahmen fast alle Einwohner von Michmethath daran teil und besonders alle Armen der Gegend. Jesus ging um alle Tische, segnete und lehrte und teilte liebevoll Speisen aus. Er erzählte Parabeln. Die Frauen saßen in einer abgesonderten Laube. Jesus ging hierauf noch zu einigen Kranken in die Häuser und heilte sie. Er segnete auch noch viele Kinder, welche ihm die Mütter reihenweise vorstellten. Es waren sehr viele Kinder hier, besonders bei Obeds Frau, welche sie lehrte. Obed hatte einen kleinen Sohn von etwa sieben Jahren, mit dem Jesus viel redete und ihn segnete. Er lebte bei einem älteren Bruder auf dem Feld. Er war sehr fromm und kniete oft des Nachts auf dem Feld, um zu beten. Der ältere Bruder war nicht ganz zufrieden damit, und

Obed war darüber betrübt. Jesus sprach und richtete über dies alles. Ich erinnere mich dunkel, dass dieser Knabe nach Jesu Tod noch unter die Jünger gekommen ist.

Es sieht dieser Ort, Aser-Michmethath, gegen Morgen, etwa eine Stunde nördlicher als Sukkoth und als der Einfluss des Jabok, über den Jordan gegen das Gebirge. Im Krieg der Makkabäer tat Michmethath den Juden manche Hilfe und war sehr getreu. Auch hielt sich Judas Makkabäus einige Male hier auf. Obed nahm sich Hiob in allem zum Muster, ja er führte mit den Seinigen fast ganz ein solches gerechtes altpatriarchalisches Leben.[10] Die Einwohner an der anderen Seite waren aus diesem Stamm Aser.

Jesus in Aser – Taufe in Michmethath

25. Oktober: Heute ging Jesus mit den Jüngern in den nördlichen, jenseits des Berges im Stamme Manasse gelegenen Teil des Ortes, welcher Aser heißt. Hier in der Synagoge waren viele Pharisäer, und zwar nicht die Bestgesinnten gegen Jesus, und mancher hoffärtige Einwohner. Sie steckten mit anderen Leuten zusammen, welche Abgaben und Zölle für die Römer zu erheben hatten, und wucherten damit.

Jesus lehrte hier am Morgen und heilte mehrere Kranke. Die Pharisäer und die hoffärtigen Einwohner waren kalt und verärgert gegen Jesus, dass Er sich früher bei den einfältigen bäuerlichen Leuten in Michmethath aufgehalten habe.

Sie liebten ihn nicht, und doch wollte ihr Ehrgeiz, Er solle bei ihnen als Gelehrter eher einkehren als bei ihren einfachen Nachbarn, auf welche sie herabsahen.

Gegen Mittag kehrte Jesus von vielen Leuten begleitet nach dem Brunnen vor Michmethath zurück und bereitete hier zur Taufe vor. Viele bekannten ihre Sünden im allgemeinen, viele traten auch allein zu Jesus, gestanden ihre Sünden genau vor ihm, verlangten Buße und Vergebung. Es war Saturnin und ich meine Judas Barsabas, welche tauften; andere Jünger legten die Hände auf. Es geschah in einer großen Badezisterne.

Jesus nahm nach der Taufe einen kleinen Imbiss ein, und sie gingen dann zum Sabbat nach Aser. Jesus lehrte aus Gen 18,23 von der Vernichtung Sodoms und Gomorrhas und hielt eine sehr strenge Bußpredigt; auch von den Wunderwerken des Elisäus. Die Pharisäer waren gar nicht mit ihm zufrieden, denn Er sprach nachher beim Mahl auch noch davon, dass die Zöllner sie verachteten und selbst den Wucher nur versteckter und scheinheiliger trieben. Er schlief im Hause des Obed.

Gastmahl im Herbergshaus

26. Oktober: Jesus lehrte am Morgen zu Aser in der Synagoge über Abraham und Elisäus und heilte dann viele Kranke, auch dämonische und melancholische. Am Nachmittag war ein großes Mahl im Herbergshaus. Die Pharisäer hatten zwar die Einladung gemacht, allein Jesus rief viele Arme und die Leute von Michmethath dazu und ließ alles durch seine Jünger bezahlen. Bei Tisch hatte Er heftigen Widerspruch von den Pharisäern, wobei Er Parabeln erzählte vom ungerechten Schuldner, der seine Schulden erlassen haben wolle und doch andere drücke usw.

Er legte es dahin aus, dass sie den Armen die Abgaben abdrückten und den Römern vorlogen, sie könnten nicht bezahlen und das Geld einsteckten. Auch dass sie höhere Abgaben ausschrieben und den Römern nur den dritten Teil gäben. Sie wollten sich verteidigen, Er sagte aber: «Gebt dem Kaiser, was des Kaisers ist und Gott, was Gottes ist!» Sie waren zuletzt ganz grimmig und sagten, was es denn ihn angehe?

27. Oktober: Mit dem gestrigen Abend begann ein Fasttag wegen des Augenausstechens des Sedekias durch Nabuchodonosor. Jesus war heute noch in Michmethath bei Obed.

Die Leute gingen wie gewöhnlich an Fasttagen etwas spazieren. Jesus lehrte in der Gegend bei den Hirten, außerdem auch am Brunnen Abrahams. Er sprach vom Reiche Gottes, wie es sich von den Juden zu den Heiden wenden werde, und wie die Heiden den Vorzug haben würden.

Obed sagte ihm einmal hernach, wenn Er das bei den Heiden so lehre, könnten sie wohl hoffärtig werden. Jesus erklärte ihm ganz freundlich, wie Er es ihnen lehre, und dass sie gerade wegen der Demut den Vorzug erhalten würden.

Er warnte Obed und alle die Seinen auch vor dem Gefühl einer gewissen Gerechtigkeit und Selbstzufriedenheit, wozu sie Anlage hatten. Sie sonderten sich einigermaßen ab und fühlten sich in der Ordnung der Mäßigkeit und den Früchten ihres einfachen Lebens gut und behaglich, und das konnte sehr leicht zur Hoffart führen.

Jesus lehrte daher die Parabel von den Talenten. Er lehrte auch bei den Frauen in einem abgesonderten Park, wo sie ihre Bäder hatten. Es war eine schöne Laube dort.

Jesus lehrte sie durch die Parabel von den klugen und den törichten Jungfrauen. Er stand in ihrer Mitte. Sie saßen im Kreis an einer Terrasse übereinander, meistens auf einem Knie, und hatten das andere aufgestellt, sich darauf mit den Händen lehnend.

Alle Frauen hatten bei solcher Gelegenheit lange, sie bedeckende Mantelschleier; die Reichen feinere, durchsichtigere, die Armen breite, dicke Tücher. Anfangs waren sie verschleiert, während der Lehre aber öffneten sie die Schleier nach Bequemlichkeit.

Jesus ließ hier etwa dreißig Männer taufen. Es waren meistens entfernt gewesene Knechte und Leute, die erst nach Johannes' Gefangenschaft hierher gekommen waren. Jesus war mit den Leuten in die Weinberge gegangen, die hier zum zweitenmal reiften.

28. bis 31. Oktober: Jesus verließ am Morgen Michmethath mit fünf Jüngern; denn zwei Johannesjünger sind von hier nach Machärus gegangen. Er ging wieder herab, wo Er hergekommen. Das Flüsschen im Tale gegen Mittag von Aser-Michmethath hat seine Hauptquelle aus dem Brunnen, wo Jesus hatte taufen lassen. Er ging gegen Westen etwa drei Stunden im Tal am mittäglichen Fuß der Berge, worauf Thebez und Samaria liegen.

Er unterrichtete einige Hirten unterwegs und kam gegen Mittag auf das Gut, welches das besondere Erbteil Josephs von Jakob ausmachte[11]. Es liegt im Tal südlich von Samaria und erstreckt sich eine halbe Stunde breit und eine Stunde lang von Morgen gegen Abend. Ein Bach fließt in dem Tal abendwärts.

Von den Weinbergen seiner Anhöhe sieht dieses Gut gegen Mittag auf Sichem, wovon es etwa ein paar Stunden nördlich liegt. Es hat alles: Wein, Weide, Getreide, Obst und Wasser. Es sind auch gute Gebäude dort. Der Wirt darauf ist ein Pächter. Ich meine, es gehört jetzt dem Herodes. Es ist dieses Haus, wo die Jungfrau Maria neulich mit den anderen Frauen, da Jesus in Sichem war, ihn erwartete und wo Er den Knaben heilte.

Die Leute hier sind gut. Er lehrte hier eine große Versammlung von Volk und nahm ein ländliches Mahl ein. Dieses besondere Erbteil Josephs war nicht das Feld bei Sichem, welches Jakob von Hemor gekauft hatte. Es war ein getrenntes, schönes Stück, worauf Amoriter wohnten, eine Schar, die sich zwischen die anderen eingedrängt hatte.

Es war ihm, glaube ich, mitverkauft; aber er musste es von seinen Inhabern befreien, die er nicht gerne in der Nähe hatte, damit sich sein Volk nicht mit ihnen vermischte. Der Kampf darum war eine Art Zweikampf und Wette, doch nicht auf Leben und Tod, sondern in Frieden. Wer dem anderen sein Schwert oder Schild aus der Hand schlug oder zerbrach, hatte das Land gewonnen, und der andere musste weichen.

Es wurde auch dabei mit dem Bogen nach einem Ziel geschossen. Jakob und der Amoriter-Anführer standen jeder vor einer Schar der Seinigen sich gegenüber. Jakob besiegte den Gegner, und dieser musste abziehen. Sie machten nach dem Kampf einen Bund. Es geschah dies bald nach dem Kauf des Feldes. Jakob wohnte an die elf Jahre bei Sichem.

Jesus ging von hier wieder nordöstlich den Berg hinan, etwa zwei Stunden östlich von Samaria nach Meroz, einer Stadt an der Mittagsseite eines Berges gelegen, an dessen Nordseite Atharoth liegt. Dieses Meroz liegt etwas höher als Samaria und höher nördlich über Thebez, auch höher als das gegen Morgen liegende Aser-Michmethath.

Hier in Meroz war Jesus noch nie. Der Ort war von einem trockenen Graben umgeben, in dem sich manchmal einiges Bergwasser sammelte. Dieser Ort hatte einen üblen Ruf in Israel wegen seiner Treulosigkeit. Ich habe in Bezug auf diesen Ort und das Feld Jakobs die Weissagung Jakobs bei seinem Tod und auch die Geschichte der Debbora und ihr Siegeslied gehört. Ich weiß aber nicht mehr viel davon und bin zu krank, mich zu besinnen.

In Meroz ließen sich Nachkommen von Aser oder Gad nieder, dem Sohne Zelphas, der Magd Leas. Diese Söhne hatten außer den rechten Kindern wieder Kinder mit Mägden gehabt, und zwar von den Heiden aus Sichem. Mit solchen war Meroz bewohnt; man wollte sie in den Stämmen nicht haben, und sie waren nachher träg und untreu gewesen im Krieg der Israeliten gegen Sisara. Sie hatten Geld von den Feinden angenommen und nicht mitgestritten. Sie waren teils durch falsche Propheten dazu verleitet, welche sich bei ihnen aufhielten.

Es hatte auch die Prophetin Abinuem mit ihnen zu tun, welche in Azo von den Madianiten angenagelt wurde. Sie hatten noch bei anderen Gelegenheiten Verräterei gespielt und waren dadurch in Verachtung gekommen. Der Ort war abgesondert und hielt sich allein. Die Leute hatten dadurch an manchem Guten, aber auch an vielem Schlechten keinen Teil genommen. Sie waren veraltet und vergessen und etwas verkommen.

Ich habe dabei einiges vom Sieg über Sisara gesehen und das Lied der Debbora gehört. Es wurde ihr von einem Mann, ich meine Barak, wenigstens zum Teil gemacht und vor dem versammelten Volk von ihr gesungen. Es wurde darin auf Meroz geflucht[12], und die Einwohner waren noch nicht gut darauf zu sprechen.

(Sie meint, in dem Lied der Debbora seien Anspielungen auf den Messias gewesen und auch dass Meroz erst bei Jesu Ankunft wieder sollte aus seiner Schmach gelöst werden.) Die Einwohner von Meroz beschäftigten sich hauptsächlich mit Bereitung von Fellen.

Sie machten Leder und bereiteten Pelzwerk, nähten Kleider daraus, machten lederne Sohlen, Riemen, Gürtel, Schilder, Soldaten-Wämser. Sie holten die Häute weit umher auf Eseln und bereiteten sie teils in einer Zisterne, in welche Wasser aus ihrem Stadtbrunnen floss.

Weil dieser aber selbst von einer Wasserleitung herrührte, und sie daher nicht immer Überfluss hatten, so gerbten sie die Häute bei Ischariot, so hieß eine Gegend, wo es sumpfig war, ein paar Stunden östlich von Meroz und nicht weit nördlich von Aser-Michmethath. Es war ein wüster Winkel mit einigen Wohnungen, es ging da eine Schlucht mit einem Quell gegen das Jordantal; da bereiteten die Leute ihre Häute. Judas oder seine Eltern hatten sich eine Zeit lang da aufgehalten. Er hatte den Namen davon.

Jesus wurde vor Meroz von den armen Bürgern, welche seine Annäherung wussten, sehr freudig empfangen. Sie kamen ihm entgegen und brachten ihm Kleider und Sohlen und wollten seine Kleider reinigen und ausschütteln. Jesus dankte und ging nebst den Jüngern in eine Herberge in der Stadt, wo man ihm die Füße wusch und einen Imbiss gab.

Die Pharisäer kamen zu ihm, und Er lehrte noch am Abend in der Synagoge vor vielem Volk eine große Lehre vom faulen Knecht und dem vergrabenen Talent. Er verglich die Einwohner der Stadt damit.

Weil sie als Söhne der Mägde nur ein Talent erhalten hätten, so hätten sie damit wuchern sollen, aber sie hätten es vergraben, und sie sollten daher eilen, da der Herr nahe, noch etwas zu gewinnen. Er hielt ihnen auch ihre wenige Liebe der Nachbarn und ihren Hass gegen die Samariter vor.

Die Pharisäer waren nicht mit ihm zufrieden, aber das Volk desto mehr, weil sie sehr von den Pharisäern gedrückt wurden und der ganze Ort so vergessen war, dass ihnen niemand anders hier zu Hilfe kam.

Nach der Lehre ging Jesus mit seinen Jüngern in eine Herberge vor dem östlichen Tor der Stadt, welche von Lazarus für ihn und die Jünger bei einem Feldgut, das er hier hatte, eingerichtet war. Es kamen hier Bartholomäus, Simon Zelotes, Judas Thaddäus und Philippus zu ihm. Sie hatten schon früher mit den Jüngern gesprochen, und Er empfing sie freundlich. Sie nahmen an dem Mahl teil und blieben die Nacht mit hier. Den Bartholomäus hatte Jesus schon mehrmals gesehen und innerlich berufen, auch den Jüngern von ihm gesagt. Simon und Thaddäus waren seine Vettern; auch Philippus war ihm verwandt und bereits wie Thaddäus unter den Jüngern. Er hatte alle diese schon genannt, dass sie ihm folgen würden, da Er bei seiner letzten Anwesenheit zu Kapharnaum an des Petrus Fischerstelle am See von der baldigen Nachfolge sprach und Petrus so sehr verlangte, Er möge ihn doch als unfähig zu Hause lassen. Damals fielen Worte von Petrus vor, welche im Evangelium viel später stehen.

Auch Judas Ischariot war mit ihnen nach Meroz gekommen. Er war aber am Abend noch nicht bei Jesus, sondern in einem Haus der Stadt, wo Er sich oft aufhielt. Bartholomäus und Simon sprachen mit Jesus von Judas, dass sie ihn kennengelernt, und wie er ein unterrichteter, gewandter und sehr dienstfertiger Mensch sei, der sehr verlange, unter den Jüngern zu sein. Jesus seufzte bei ihren Reden und erschien betrübt. Da sie ihn fragten, warum, sagte Er: «Es ist jetzt nicht Zeit, davon zu reden, sondern daran zu denken.» Er lehrte die Anwesenden noch während dem Mahl und sie schliefen hier. Die neuangekommenen Jünger kamen von Kapharnaum, wo sie sich bei Petrus und Andreas versammelt hatten. Sie hatten Aufträge von dort und hatten Jesus einiges Geld, was für die Bedürfnisse der Reisen und der milden Gaben von den Frauen gesammelt war, mitgebracht.

Judas war in Naim mit ihnen zusammengetroffen und hatte sie hierher gebracht. Judas war in dieser Zeit bereits mit allen Jüngern bekannt. Er war neulich in Zypern gewesen, und seine vielfachen Erzählungen dort von Jesus, seinen Wundern und von allen Urteilen, die man über ihn fällte, wie ihn der eine den Sohn

Davids, der andere den Christus nenne, und die meisten ihn für den größten Propheten hielten, hatten die Heiden und Juden dort noch begieriger auf Jesus gemacht, von dem sie schon viel Wunderbares durch seinen Aufenthalt in Sidon und Thyrus gehört hatten. Der zyprische Heide, welcher neulich bei Jesus in Ophra war, ist – durch diese Reden des Judas bewegt – damals von seinem Herrn gesendet worden, und Judas ist mit ihm zurückgereist. Ich habe auf jener Rückreise den Judas in einer großen Stadt unterhalb Sidon gesehen, welche einen Namen wie Vogelstadt hat (Ornithopolis). Ich meine, es wohnten damals schon hier, oder zogen später hierher, die Eltern eines Jüngers aus Griechenland, ich meine dunkel die Eltern Saturnins.

Auch in einer anderen Stadt in Manasse, wo Jesus gewesen, war Judas auf jener Reise. Ich weiß den Namen jetzt nicht, auch nicht mehr, warum ich seinen Aufenthalt in jenen Städten sah. Als Judas erfahren, dass Jesus hier in die Gegend von Meroz kommen würde, wo er sehr bekannt war, suchte er den Bartholomäus in Dabbeseth auf, den er auch schon kannte, und lud ihn ein, mit ihm nach Meroz zu ziehen und ihn Jesus vorzustellen. Bartholomäus wollte es gern tun, reiste aber selbst erst nach Kapharnaum mit Judas Thaddäus zu den dortigen Jüngern.

Bartholomäus, Thaddäus und Philippus reisten nun nach Tiberias, wo sie Simon Zelotes mitnahmen und dann in Naim den Judas wiederfanden, der ihnen entgegengereist war. Er ersuchte sie nochmals, ihn Jesus zum Jünger vorzuschlagen. Sie hatten Wohlgefallen an seiner Gewandtheit und Dienstfertigkeit und an seinem gefälligen Geschwätz.

Charakter, Beschäftigung und Abstammung des Judas Ischariot

Judas Ischariot mochte damals etwa fünfundzwanzig Jahre alt sein. Er war von mittlerer Größe und nicht hässlich. Er hatte sehr schwarze Haare, sein Bart war etwas rötlich. Er war in seiner Kleidung ganz sauber und feiner als die gemeinen Juden. Er war gesprächig und dienstfertig und machte sich gern wichtig. Er erzählte gern mit der Miene der Vertraulichkeit von großen und heiligen Leuten und war vorlaut, wo man ihn nicht kannte. Wenn ihn aber jemand, der es besser wusste, der Unwahrheit strafte, so zog er sich beschämt zurück. Er wahr ehr-, rang- und geldsüchtig. Er war immer auf gut Glück ausgegangen. Er sehnte sich nach Ruhm, nach einem Amt, nach Ehre, nach Geld, ohne dass dieses alles noch recht klar in ihm geworden wäre.

Jesu Erscheinung reizte ihn sehr: Die Jünger wurden verpflegt, der reiche Lazarus nahm teil an Jesus, man glaubte, Er würde ein Reich aufrichten, man sprach allerhand von einem König, vom Messias, vom Propheten von Nazaret. Jesu Wunder und Weisheit erfüllten jeden Mund. Judas hatte eine große Begierde, sein Jünger genannt zu werden und an seiner Herrlichkeit, die er für eine weltliche hielt, einst teilzunehmen. Er hatte schon lange überall die Nachrichten von ihm gesammelt und die Neuigkeiten von ihm herumgetragen. Er hatte sich mit mehreren der Jünger bekannt gemacht und war nun in seine Nähe gekommen.

Er sehnte sich besonders in seine Nähe, weil er kein bestimmtes Geschäft hatte und ein halber Gelehrter war. Auch mit Rechnen und Handel hatte er sich abgegeben, und mit seinem Vermögen, das er von seinem natürlichen Vater erhalten hatte, ging es zu Ende. Er hatte in der letzten Zeit allerlei Kommissionen, Geschäfte und Makeleien getrieben für allerlei Leute, die ihn brauchten, und war sehr eifrig und geschickt dazu.

Seines verstorbenen Vaters Bruder hieß Simon und lebte vom Feldbau in Ischariot, einem Örtchen von etwa zwanzig Häusern, welches zu der Stadt Meroz gehörig, nicht weit gegen Morgen davon entfernt liegt. Hier hatten seine Eltern sich auch eine Zeit lang aufgehalten und er meistens nach ihrem Tode, daher er den Namen Ischariot erhalten hatte. Seine Eltern trieben eine herumziehende Lebensart, denn seine Mutter war eine Tänzerin und Sängerin. Sie stammte aus Jephtes Geschlecht, ich meine aus dem seiner Frau, aus dem Lande Tob, wo Jephte, als dem Vaterlande seiner Frau, wahrscheinlich hinflüchtete, da unten in der Gegend, wo Saul die Amalekiter schlug.

Seine Mutter war auch eine Dichterin. Sie machte Lieder und Sprüche und sang sie zur Harfe. Sie lehrte auch andere junge

Weibsleute tanzen und brachte allerlei Weiberschmuck und Moden von einem Ort wieder zum anderen auf. Ihr Mann war nicht bei ihr, als sie, ich meine von einem Kriegsobersten in der Gegend von Damaskus, dies unglücklichste Kind empfing. Ich glaube, ihr rechter Mann, ein Jude, lebte damals in Pella. Als sie den Judas bei ihrer ziehenden Lebensart bei Askalon geboren hatte, machte sie sich durch Aussetzen von ihm los. Es war eine Geschichte wie mit Mose. Auch Judas wurde bald nach seiner Geburt an einem Wasser ausgesetzt und reichen, kinderlosen Leuten zugespielt, bei denen er eine vornehme Erziehung erhielt. Er ist aber später ein böser Bube geworden und durch eine Betrügerei wieder zu seiner Mutter wie in Pension gekommen.

Es schwebt mir auch vor, dass der Ehemann seiner Mutter, ein Jude der in Pella wohnte, als er den Ursprung des Judas erfuhr, ihn verflucht habe. Judas besaß einiges Vermögen von seinem natürlichen Vater, hatte viel Geschick und allerlei gelernt. Nach dem Tode seiner Eltern lebte er meist in Ischariot bei seinem Oheim Simon, einem Gerber, und ließ sich zum Handel gebrauchen.

Er war übrigens jetzt noch kein Bösewicht, aber angeberisch, ehr- und geldgierig, und ohne Festigkeit. Er war auch nicht liederlich oder religionslos, sondern hielt alle jüdischen Gebräuche ordentlich. Er kommt mir jetzt vor wie ein Mensch, der sich ebenso leicht zum Besten als zum Schlechtesten beeinflussen lässt.

Bei all seiner Gewandtheit, Freundlichkeit und Gefälligkeit hatte er einen finsteren, traurigen Ausdruck im Gesicht, was von seiner Habsucht, seiner Begierde, seinem geheimen Neid selbst nach den Tugenden anderer herrührte.

(Am 21. Februar 1821 hatte Anna Katharina von Judas, mit dem sie immer ein großes Mitleid hatte, das folgende erzählt:)

Judas ist ein kleiner, gedrungener Kerl gewesen, überaus dienstfertig, behende und gesprächig. Er ist nicht gerade hässlich gewesen, er hatte etwas Freundliches, Schmeichelndes und doch Widerliches, Niederträchtiges im Gesicht. Seine Eltern taugten nichts; seine Mutter empfing ihn im Ehebruch, ihr eigentlicher Mann hatte in seinem Namen etwas von Beel, es war etwas Teuflisches. Sein natürlicher Vater hatte noch etwas Gutes in sich und davon kam etwas in Judas. Als er später zu seiner Mutter, die ihn von ihrem Mann entfernt hatte, wieder zurückkam und diese sich darob mit ihrem Mann erzürnte, verfluchte sie ihn. Sie nährte sich von allerlei Trug und sie und ihr Mann waren Gaukler. Sie trieben allerlei Künste und waren bald wohlhabend, bald hatten sie nichts.

Die Jünger mochten ihn anfänglich gut leiden wegen seiner Dienstwilligkeit; er putzte sogar die Schuhe. Er konnte erstaunlich laufen und machte anfangs große Wege für die Gemeinde. Ich habe ihn nie Wunder tun sehen. Er war immer voll Eifersucht und Neid und war gegen Ende des Lebens Jesu des Herumziehens, des Gehorsams und des ihm unverständlichen Geheimnisvollen müde.

Heilung von Kranken und Besessenen in Meroz

29. Oktober: Mitten in Meroz ist ein sehr schön eingerichteter Brunnen. Er erhält sein Wasser durch eine Rohrleitung vom nahen Berg im Norden der Stadt. Es sind fünf Umgänge um den Brunnen, in welchen wieder Wasserbehälter angebracht sind, zu denen das Wasser aus dem Brunnen durch Pumpen fließt.

Im äußersten Umkreis befinden sich auch einige kleine Häuschen, in denen man baden kann. Der ganze Raum kann geschlossen werden. Hierher in diese Gänge um den Brunnen waren heute morgen sehr viele schwer und für unheilbar gehaltene Kranke der Stadt auf ihren Betten gebracht worden, und die Kränksten hatte man in die Häuschen am äußersten Gang gelegt.

Diese Stadt hat erstaunlich viele schwerkranke Leute, denn sie ist verkommen, verachtet und ratlos. Es sind da alte, seit langer Zeit Wassersüchtige, Lahme und alle Arten von kranken Leuten. Jesus begab sich mit seinen Jüngern dahin, außer Judas, der ihm noch nicht vorgestellt worden war.

Die Pharisäer des Ortes und einige hinzugekommene Fremde waren mit zugegen, sie standen beim mittleren Brunnen, wo man alles übersehen konnte, und staunten und ärgerten sich teils an den Wundern Jesu; denn sie waren meist alte, festsitzende Leute, hatten nur immer mit weisem Kopfschütteln, Lächeln, Achselzucken davon gehört, und glaubten nicht recht.

Jetzt aber mussten sie staunen und sich ärgern, da sie die schweren, unheilbaren Kranken ihrer Stadt, an deren Übeln sie Jesu Heilung scheitern zu sehen gehofft, geheilt und lobsingend ihre Betten nach Hause tragen sahen. Jesus aber lehrte, ermahnte und tröstete die Kranken und kümmerte sich nicht um die Pharisäer. Die ganze Stadt war voll Freude und Lobgesang. Dieses dauerte bis gegen Mittag.

Nun zog Jesus mit den Jüngern wieder zum östlichen Tor hinaus nach seiner Herberge. Auf dem Weg durch die Straßen schrien ihn einige ganz wütend Besessene an, welche man aus ihrem Behälter losgelassen hatte. Jesus befahl ihnen zu schweigen, da schwiegen sie und kamen ganz demütig vor seine Füße. Er heilte sie und ermahnte sie, sich zu reinigen.

Von seiner Herberge ging Jesus mit den Jüngern westlich etwas aufsteigend um die Nordseite der Stadt außen eine Strecke herum bis auf eine gewisse Entfernung von dem Hause der Aussätzigen, das hier lag. Hier befahl Er den Jüngern, von ihm zu gehen, und sie gingen, wo der Weg sich schied, nördlich am Berg aufsteigend. Jesus aber ging in das Haus der Aussätzigen, rief sie heraus und rührte sie an, heilte sie und befahl ihnen, sich den Priestern zur gewöhnlichen Reinigung vorzustellen. Dann ging Jesus auf einem Weg nordöstlich, der in den Weg der Jünger hineinführte.

Jesus nimmt Judas Ischariot zum Jünger an

Hier war Judas Ischariot zu ihnen gekommen und Bartholomäus und Simon Zelotes stellten ihn Jesus mit den Worten vor: «Meister, hier ist Judas, von dem wir dir gesprochen haben.» Jesus sah ihn sehr freundlich und mit einer unbeschreiblichen Wehmut an, und Judas, sich verbeugend, sagte: «Meister, ich bitte, mich an deiner Lehre Anteil nehmen zu lassen.» Jesus erwiderte sehr sanft und prophetisch: «Das kannst du nehmen, wenn du es keinem anderen überlassen willst.»

So ungefähr sagte er, und ich fühlte, dass Er damit auf Matthias prophezeite, der unter den Zwölfen seine Stelle erhielt, und auch auf das Verkaufen Jesu. Der Ausdruck war umfassender, aber ich fühlte dies dabei.

Hierauf begann Jesus zu sprechen und zu lehren, und sie gingen miteinander den Berg hinauf, auf dessen Gipfel eine große Menge Volk von Meroz, dem nördlich am Berge liegenden Atharoth und aus der ganzen Gegend versammelt war, und auch viele Pharisäer aus diesen Orten. Jesus hatte diese Lehre an den vorigen Tagen bereits durch die Jünger ansagen lassen, und wahrscheinlich waren die Jünger von Galiläa durch Judas dazu berufen worden. Jesus hielt eine strenge Lehre vom Reich, von der Buße, von der Verlassenheit dieses Volkes und dass sie sich aufraffen sollten aus ihrer Trägheit. Ich habe heute morgen noch alles gewusst, es jetzt aber vergessen. Es war hier oben kein Lehrstuhl. Man lehrte auf einem Hügel, von einem runden Graben umgeben, den ein Mauerrand umfing, auf dem die Zuhörer ruhten und standen. Die Aussicht ist hier sehr schön und weit.

Man sieht über Samaria, Meroz, Thebez und Michmethath und die ganze Gegend weg. Aber nicht über den Berg Garizim, sondern gegen dessen alte Tempeltürme.

Man sieht südöstlich bis gegen das Tote Meer, östlich über den Jordan nach Gilead, doch schräg gegen Norden sieht man gegen den Tabor und hat eine Durchsicht nach der Richtung von Ka-pharnaum.

Als es Abend wurde, sagte Jesus, dass Er morgen wieder hier lehren werde. Sehr viele der Leute schliefen unter Zelten hier oben, weil sie zu weit nach Hause hatten. Jesus kehrte mit den Jüngern in die Herberge vor Meroz zurück und lehrte unterwegs vieles von der Nutzung der Zeit, von der langen Erwartung des Heiles, von dessen Nähe, vom Verlassen des Seinigen, von der Nachfolge und dem Helfen der Bedürftigen usw.

In der Herberge nahm Jesus mit den Jüngern ein Mahl. Er hat auch auf dem Berg den Armen Geld austeilen lassen, das die Jünger von Kapharnaum mitgebracht hatten, und ich bemerkte, wie Judas dabei mit besonderer Begierde aufmerksam war. Jesus lehrte in der Herberge beim Mahl und noch lange in die Nacht hinein. Ich habe sie nicht schlafen gehen sehen. Heute war Judas zum ersten Mal mit ihm am Tisch und über Nacht unter einem Dach.

30. Oktober: Jesus ging am Morgen abermals auf den Berg und hielt den ganzen Vormittag hindurch eine große Lehre fast in der Art der Bergpredigt. Es war eine große Volksmenge zugegen. Es wurde auch Speise ausgeteilt, Brot, Honig und Fische, welche in Teichen, von den kleinen Bächen der Gegend gebildet, gezogen werden. Jesus hatte durch seine Jünger einen Vorrat für die Armen angeschafft. Er lehrte abermals gegen das Ende von dem einen Talent, das sie als Kinder der Mägde empfangen und vergraben hätten, und schmähte die Pharisäer heftig, welche das arme Volk nur niederdrückten und in Unwissenheit und Sünde stecken ließen.

Es waren auch bekehrte Samariten hier oben, und Jesus hielt den Pharisäern vor, warum sie diese hassten, warum sie nicht längst diese Leute zur wahren Lehre zurückgeführt hätten. Die Pharisäer, darüber verärgert, fingen auch an, gegen ihn zu streiten, besonders ihm vorhaltend, dass Er seinen Jüngern zu viel Freiheit lasse, und dass sie nicht strenge genug in Fasten, Waschen, den Reinigungen, dem Sabbat, der Vermeidung der Zöllner und Sekten und dergleichen seien, dass sie gar nicht auf die Art wie die Jünger der Propheten und Gesetzlehrer zu leben pflegten.

Jesus antwortete ihnen hierauf mit dem Gebot der Nächstenliebe: Liebe Gott über alles und deinen Nächsten wie dich selbst. Das sei das erste Gebot! Er verlange von den Jüngern, dass sie dies zu halten lernten, statt mit äußeren Gebräuchen den inneren Missbrauch zu verstecken.

Er sagte dies etwas verblümt, so dass Philippus und Thaddäus zu ihm sprachen: «Meister, sie haben dich nicht verstanden.» Und Jesus erklärte es nochmals ganz deutlich und beklagte das arme, unwissende, sündhafte Volk, das sie mit aller ihrer äußerlichen Gesetzbeobachtung so hätten verderben lassen und sprach laut aus, dass die, welche so täten, keinen Anteil an seinem Reich haben würden.

Er ging sodann den Berg hinab gegen seine Herberge, welche etwa eine halbe Stunde vom Lehrort und eine halbe Stunde von der Stadt war. Es waren hier dem Weg entlang eine große Menge von Kranken aller Art auf Tragbetten unter Zelten gebracht, welche seiner harrten.

Es waren viele darunter, die früher zu seinen Heilungen zu spät gekommen waren. Sie waren aus der ganzen Gegend hier versammelt und Jesus heilte sie mit Trost und Ermahnung auf verschiedene Weise.

Heilung der Töchter der Witwe Lais aus Naim

Es befand sich aber auch Lais, eine heidnische Witwe von Naim, hier, um Hilfe von Jesus für ihre beiden Töchter Sabia und Athalia zu erflehen, welche in Naim, auf die fürchterlichste Weise vom Teufel besessen, in Kammern ihres Hauses eingesperrt waren.

Ich habe diese armen Geschöpfe gesehen, sie waren ganz rasend, wurden hin und her geschleudert und bissen und schlugen um sich. Man konnte ihnen nicht nahen. Manchmal lagen sie auch ganz bleich wie tot von Krämpfen zusammengezogen. Ihre Mutter war auf Eseln mit Mägden und Dienern hierher gezogen. Sie harrte so begierig in einiger Entfernung, dass Jesus ihr nahekommen solle, aber immer wandte Er sich wieder zu anderen. Sie konnte ihre Begierde nicht mehr bändigen und rief öfters, wenn Er nahte: «Ach Herr! Erbarme dich meiner!»

Aber Jesus schien sie nicht zu hören. Die Frauen neben ihr sagten, sie solle doch rufen: «Erbarme dich meiner Töchter», da ihr selbst ja nichts fehle. Sie sagte aber: «Sie sind mein Fleisch und so Er sich meiner erbarmt, erbarmt Er sich auch ihrer!» und rief abermals.

Da sagte Jesus zu ihr: «Es gebührt sich, dass ich meinen Hausgenossen das Brot eher breche als den Fremden.» Da sagte sie: «Du tust recht, Herr, ich will gerne warten und selbst wiederkehren, wenn du mir heute nicht helfen wirst, denn ich bin deiner nicht würdig!» Jesus hatte sein Heilen schon vollendet, die Kranken zogen mit ihren Betten lobsingend von dannen. Er wandte sich nicht zu der unglücklichen Frau und schien von ihr zu gehen, da wurde sie sehr betrübt und dachte: «Ach! Er will mir nicht helfen.» Indem aber wandte sich Jesus zu ihr und fragte: «Weib, was verlangst du von mir?»

Sie war verschleiert und warf sich vor ihm nieder und sagte: «Herr, hilf mir. Meine beiden Töchter zu Naim sind vom Teufel gequält. Ich weiß, dass du ihnen helfen kannst, so du es willst, denn alles ist in deine Gewalt gegeben.» Jesus antwortete ihr: «Geh nach Hause. Deine Töchter kommen dir entgegen. Aber reinige dich! Es sind Sünden der Eltern auf diesen Kindern.»

Dies sprach Er allein mit ihr, und sie sagte zu ihm: «Herr, ich beweine schon lange meine Schuld. Was soll ich tun?» Da sagte ihr Jesus, sie solle sich von ungerechtem Gut frei machen, ihrem Leib Abbruch tun, beten, fasten, Almosen geben und sich der Kranken erbarmen. Sie weinte sehr und gelobte alles und zog freudig von dannen. Diese Frau hatte die beiden Töchter im Ehebruch empfangen. Ihre drei rechtmäßigen Söhne lebten entfernt von ihr und sie besaß noch einiges, was diesen gehörte.

Sie war sehr reich und lebte wie vornehme Leute bei all ihrer Reue in Wohlleben. Ich hatte einen Blick nach Naim.

Ich sah die Töchter in abgesonderten Kammern eingesperrt. Ich sah sie, da Jesus mit der Mutter sprach, ohnmächtig niedersinken und den Satan wie eine finstere Wolke von ihnen weichen. Ich sah sie heftig weinen und ganz verändert ihre Wärterinnen rufen und ihnen anzeigen, dass sie geheilt seien. Ich sah sie frei werden, zum Bade gehen und sich umkleiden. Und da sie hörten, dass ihre Mutter zum Propheten von Nazaret gereist sei, zogen sie ihr entgegen, von vielen Leuten ihrer Bekanntschaft begleitet. Sie zogen etwa eine Stunde weit von Naim, wo sie die Mutter fanden und ihr alles erzählten. – Die Mutter zog nach der Stadt und die Töchter zogen mit ihren Wärterinnen und den Knechten sogleich, um sich Jesus vorzustellen, gegen Meroz, weil sie gehört hatten, dass Jesus morgen noch dort lehren werde. Das Bild, wie die Mutter ihre Töchter entgegenkommen sah, war sehr rührend.

Schon während des Endes der Heilungen war Manahem, der geheilte blinde Jünger von Koreä, den Jesus zu Lazarus gesandt hatte, nebst den beiden Neffen des Joseph von Arimathäa von Betanien hierher zurückgekommen, und Jesus sprach nun mit ihnen. Die heiligen Frauen hatten ihnen Geld und Gaben mitgegeben für den Säckel der Gemeinden. Es war unterdessen Dina die Samaritin zu den heiligen Frauen nach Kapharnaum gereist und hatte eine reichliche Beisteuer gebracht.

Veronika und Johanna Chusa waren auch in Kapharnaum bei Maria gewesen. Auf der Rückreise hatten sie Magdalena besucht und diese sehr verändert gefunden. Sie war schwermütig und ihre Torheit schien bereits den besseren Regungen zu unterliegen. Sie nahmen auf ihrer Rückreise die Samaritin mit nach Betanien. Es ist auch jetzt eine andere bejahrte reiche Witwe zu Martha gezogen und hat all das Ihrige zum Gemeindeschatz gegeben. Ich habe sonst wohl in den letzten Jahren Jesu von einer verwandten bejahrten Frau, die vor Betanien wohne und oft große Wege für die Gemeinde mache, gesprochen. Es ist dieselbe. Sie heißt Anna und ist des verstorbenen Kleophas natürliche Tochter, welche er schon hatte, ehe er Maria, Annas älteste Tochter, heiratete.

Sie ist also väterlicherseits eine Schwester der Maria Kleophä und ihrer Brüder, welche noch jetzt des Johannes Jünger sind, und die bis jetzt so wenig in diesen Erzählungen erwähnt wurden. Sie war bei Nazaret verheiratet und ist Witwe.

Zwei Söhne von ihr, später auch Jünger, sind jetzt Knechte bei der Fischerei auf des Zebedäus Schiff. Maria die Suphanitin ist jetzt zu ihrem Mann gereist und ich glaube, sie werden zusammen nach Ainon zurückkehren.

Jesus war von den Pharisäern zu einem Mahl eingeladen und sie fragten ihn, ob denn seine Jünger, als junge, unerfahrene Leute und teils ganz ungeschickt, mit Gelehrten umzugehen, auch dabeisein würden. Jesus sagte ihnen: Ja, denn wer ihn einlade, lade die Genossen seines Hauses auch ein. Wer diese nicht wolle, der wolle ihn auch nicht.

Sie baten ihn hierauf, die Jünger mitzubringen, und sie gingen alle zur Stadt in das Festhaus, wo Jesus noch lehrte und Parabeln erklärte. Lazarus' Gut bei der Herberge bestand in schönem Feld und vielen Obstgärten. Es waren schöne Alleen dabei. Die Wärter lebten immer darauf und verkauften die Früchte. Jetzt aber waren sie noch besonders zur Herberge ausgerüstet.

Der längere Aufenthalt Jesu hier um diese Zeit war schon bei der letzten Zusammenkunft mit Lazarus zu Ainon bestimmt worden. Die Frauen waren dann zur Einrichtung hierher gereist, und die Leute in der Gegend erwarteten Jesus.

Letzte Lehre auf dem Berg bei Meroz

31. Oktober: Am Morgen lehrte Jesus bei dem Brunnen in Meroz und verwies abermals den Pharisäern ihre Vernachlässigung des Volkes. Nach Tisch zog Er wieder auf den Berg und hielt eine Lehre auf Art der bekannten Bergpredigt und machte zum Abschied den Leuten nochmals eine Auslegung von dem vergrabenen Talent. Es sind Leute da, die nun schon drei Tage hier lagern. Die, welche Mangel litten, wurden abgesondert und besonders durch die Jünger beschenkt und gespeist. Jesus ist schon gestern von den Leuten gebeten worden, an mehrere andere Orte zu kommen. Heute bat ihn auch des Judas Oheim, Simon von Iskariot, ein alter, schwarzer, frommer, rüstiger Mann, morgen doch nach Ischariot zu kommen, und Jesus hat es ihm versprochen.

Als Jesus den Berg hinabging, harrten einige Kranke auf ihn, welche noch gehen konnten. Er heilte sie. Es war dies nicht weit auf dem Wege zwischen seiner Herberge und von Lazarus' Gut, eine kleine Strecke unterhalb der Stelle, wo den Leuten durch die Jünger Speisen ausgeteilt wurden.

Hier auf derselben Stelle, wo die Heidin Lais von Naim gestern für ihre kranken Töchter bittend vor Jesus niedergekniet war, hatten heute die geheilten Töchter Athalia und Sabia, von ihren Mägden und Knechten begleitet, ihn bis jetzt erwartet. Sie warfen sich vor ihm nieder, und so auch ihre ganze Begleitung. Sie sagten ihm: «Herr, wir hielten uns nicht würdig, deine Worte zu hören, und harrten hier, dir zu danken, wo du uns von der Macht des Feindes befreit hast.»

Jesus befahl ihnen, aufzustehen und lobte die Geduld und Demut ihrer Mutter und ihren Glauben, dass sie geharrt habe als eine Fremde, bis Er seinen Hausgenossen das Brot gebrochen. Nun aber gehöre sie auch zu seinem Hause, denn sie habe den Gott Israels erkannt in seiner Barmherzigkeit. Und der Vater im Himmel habe ihn gesandt allen, die an seine Sendung glaubten und Buße wirkten, das Brot zu teilen.

Er ließ sich dann von den Jüngern Speise bringen, reichte den anwesenden Mägdlein und ihrer ganzen Begleitung jedem ein Stück Brot und ein Stück Fisch darauf und hielt ihnen noch eine schöne und tiefsinnige Lehre darüber, die ich leider vergessen habe, worauf Er mit den Jüngern in seine Herberge ging. Die eine von den Mädchen war zwanzig, die andere fünfundzwanzig Jahre alt. Sie waren durch ihre Krankheit und das eingesperrte Leben ganz weiß und bleich.

Jesus in Ischariot

1. November: Jesus ging am Morgen von seiner Herberge nebst den Jüngern etwa eine kleine Stunde östlich nach Ischariot. Es sind da etwa fünfundzwanzig Häuser. Sie liegen tief in einer Schlucht hinab auf sumpfigem Boden in einer Reihe, neben einem schwarzen schilfbewachsenen Wasser, das hie und da gestaut, Pfützen zum Gerben bildet. Oft haben sie nicht genug Wasser und müssen dann andere Quellen einlassen. Das Schlachtvieh von Meroz geht auch hier in der Gegend zur Weide, und was sie dort brauchen, schlachten sie gleich hier und ziehen es ab und gerben die Häute. Diese Schlucht liegt gerade an der Nordseite von Michmethath. Das Gerberhandwerk ist wegen des vielen Gestankes von geringerem Range bei den Juden. Jedoch brauchen sie zum Gerben der Häute von gefallenem Vieh Sklaven von Heiden und sonst niedrigeren Geschlechtern, die in Meroz abgesondert wohnen.

Hier in Ischariot ist nichts als Gerberei und es scheint mir, als gehörten dem Oheim des Judas, dem alten Simon, die meisten der Häuser hier.

Wiederholte Schilderung von Judas Ischariot

Judas war seinem alten Oheim ganz lieb und brauchbar in seinem Lederhandel. Er sandte ihn bald mit Eseln aus, rohe Häute einzukaufen, bald mit bereitetem Leder nach den Seestädten. Er war ein gewandter und pfiffiger Makler und Unterhändler. Er war jetzt noch kein Bösewicht. Hätte er sich im Kleinen besiegt, er wäre nicht so weit gekommen. Die heilige Jungfrau hat ihn sehr oft gewarnt. Er war sehr schwankend. Er war einer heftigen, aber keiner anhaltenden Reue fähig. Er hatte immer das weltliche Reich im Kopf, und als ihm das fraglich wurde, fing er an sich Geld zu machen. Er hatte einmal einen guten Schnitt gemacht und ärgerte sich, dass der Wert von Magdalenas Salbe nicht als Almosen durch seine Hände gegangen war.

Am letzten Laubhüttenfest Jesu begann er sich recht auf die böse Seite zu werfen. Als er Jesus um Geld verriet, meinte er nicht, dass er getötet werden würde. Er dachte, er werde schon wieder loskommen und wollte nur das Geld verdienen. Er hat mir immer sehr leid getan. – Judas war hier in Ischariot sehr dienstfertig und hilfreich. Er war hier ganz zu Hause. Sein Oheim, der Gerber Simon, empfing Jesus und die Jünger schon vor dem Ort und wusch ihnen die Füße und reichte den Imbiss. Dieser Mann ist sehr geschäftig und rüstig. Jesus war mit den Jüngern in seinem Haus. Ich habe Frau, Kinder und Gesinde darin gesehen. Ich glaube, es ist seine Familie.

Jesus ging an die andere Seite des Ortes, wo auf einem Feld eine Art Park ist, wo die Laubhütten noch stehen. Hier waren alle Leute des Ortes versammelt, und Jesus hielt eine Lehre über die Parabel vom Sämann und dem verschiedenen Saatboden und ermahnte die Leute, seine Lehre, die sie teils mit auf dem Berg gehört hatten, einen guten Boden finden zu lassen. Er nahm auch noch stehend mit den Jüngern und der Familie ein kleines Mahl ein, und der alte Simon bat Jesus nochmals selbst, Judas seinen Neffen, den er mannigfach herausstrich, an seiner Lehre und seinem Reich teilnehmen zu lassen. Jesus antwortete ihm auf eben die Art, wie dem Judas selbst: Hieran stehe es jedem frei, teil zu nehmen, der seinen Teil nicht einem anderen veräußern wolle. Jesus heilte hier nicht. Die Kranken waren schon am Berg geheilt worden.

Jesus in Dothan

Nachmittags ging Jesus mit den Jüngern gegen Westen schier bis in die Gegend der Herberge zurück, wandte sich dann nördlich und ging den Berg, wo Er gelehrt hatte, zur Linken, und einen anderen Weg zur Rechten durch ein Tal. Atharoth ließ Er zur Linken, wandte sich etwas nordöstlich und dann wieder nördlich und ging eine Bergterrasse tiefer gegen Dothan, das in das östliche Tal der Ebene Esdrelon niedersieht. Es hat östlich Berge über sich und westlich das Tal unter sich.

Jesus wurde auf dem Weg von drei Haufen Menschen begleitet, die dieses Weges zogen und von seiner Berglehre nach verschiedenen Orten zum Sabbat heimkehrten. Er ging abwechselnd mit diesen Haufen. Von der Herberge hatte Er beinahe drei Stunden nach Dothan. Es ist ein Ort wohl so groß wie Münster.

Ich hatte ein Bild, dass Elisäus hier sollte von Jeroboams Soldaten gefangen werden, dass sie aber blind wurden. Es führen zwei Landstraßen durch Dothan, welches fünf Tore und Straßen hat. Eine Straße führt von Galiläa nach Samaria und Judäa hinab, die andere kommt jenseits des Jordans herüber und führt durch das Tal nach Apheke und Ptolomais zu ans Meer.

Es ist Holzhandel hier. Hierherum auf dem Gebirge und bei Samaria ist noch viel Holz, über dem Jordan aber und bei Hebron und am Toten Meer ist es kahler auf den Bergen. Ich sah auch hier in der Nähe viele Holzbereitung.

Tiefe Stellen waren mit Zelten überspannt. Da wurden Balken zu allerlei Schiffteilen bearbeitet, auch dünne lange Stöcke zu

Flechtwänden bereitet. Vor den Toren an den Landstraßen, die sich in Dothan kreuzen, sind mehrere Herbergen.

Jesus ging mit den Jüngern zur Synagoge. Man war da schon versammelt. Es waren viele Pharisäer und Lehrer hier. Sie mussten um Jesu Ankunft wissen, denn sie waren so höflich, ihn vor der Synagoge auf dem Platz zu empfangen, ihm die Füße zu waschen und den Bissen zu reichen. Dann führten sie ihn hinein und gaben ihm die Gesetzrollen. Die Lehre war vom Tode Saras und Abrahams zweiter Ehe mit Ketura und von Salomos Weihe.

2. November – Am Schluss der Sabbatslehre ging Jesus vor die Stadt in die Herberge, wo Er Nathanael den Bräutigam und zwei von den Söhnen des Kleophas und der älteren Schwester seiner Mutter und noch ein paar andere Jünger fand, die sich hier zum Sabbat versammelt hatten, so dass nun ungefähr siebzehn Jünger bei ihm waren. Es waren auch die Leute von dem Haus auf dem Gut des Lazarus, bei Ginäa, wo Jesus neulich war, da Er nach Atharoth ging, hier auf dem Sabbat.

Dothan ist eine schöne alte und festgebaute Stadt und hat eine sehr angenehme Lage. Sie hat zwar Gebirge hinter sich, aber ist nicht davon bedrängt, und vor sich sieht sie auf das schöne Feld Esdrelon. Auch sind die Berge hier nicht so zerklüftet und steil. Es liegen große Rücken übereinander, auch die Wege sind besser. Die Häuser sind hier auf die alte Art, wie zu Davids Zeit, gebaut. Es sind viele, welche kleine Türme auf den Ecken des platten Daches haben, mit großen runden Kugeln darauf, in denen man sitzen und sich umschauen kann. Aus einer solchen Kugel schaute David nach Bethsabe. Auch sind viele Galerien mit Rosen und selbst mit Bäumen auf den Dächern.

Jesus ging am Morgen in die Synagoge und lehrte und ging dann durch die Straßen in viele Vorhöfe der Häuser, wo sich kranke Leute befanden. Die Bewohner flehten ihn an den Türen an und Er ging mit ein paar Jüngern hinein. Die anderen Jünger wurden hie und da angesprochen und baten für die Leute.

Er heilte viele auf diese Weise; auch ging Er in einen abgesonderten Ort zu den Aussätzigen und heilte sie. Es waren viele Aussätzige hier in der Stadt, vielleicht weil sie viel mit fremdem, durchziehendem Handelsvolk zu tun hatten. Außer dem Holzhandel war auch viel anderer Handel im Ort. Es wurden hier Teppiche und rohe Seide und andere Waren eingeführt, abgeladen und wieder versandt.

Heilung des kranken Issachar

Ich sah auch solche Waren bei einem kranken Mann liegen, in dessen Haus Jesus schon gestern durch Nathanael von Kana, der dort wohnte, gebeten worden war. Er ging gegen Mittag dahin. Es ist ein sehr ansehnliches reiches Haus mit Höfen und offenen Säulengängen umher und liegt nicht weit von der Synagoge. Es wohnt ein sehr reicher Mann von etwa fünfzig Jahren darin. Er heißt Issachar, ist sehr krank an der Wassersucht und hat sich vor wenigen Tagen mit einer jungen Frau von fünfundzwanzig Jahren namens Salome verheiratet, aber die Ehe ist noch nicht vollzogen.

Die Ursache dieser Verbindung hatte einen gesetzlichen Grund, der mir im Augenblick nicht gegenwärtig ist. Es war so ein Verhältnis wie mit Ruth und Booz. Es kam der Salome das Vermögen zu. Die bösen Mäuler der Stadt, besonders die Pharisäer hielten sich sehr über diese Ehe auf und sie war das allgemeine Gespräch in der Stadt.

Issachar und Salome hatten aber ihr Vertrauen auf Jesus gesetzt und schon das letzte Mal, als Er hier in der Nähe vorbeireiste, auf ihn gehofft. Dieses Haus war aus früherer Zeit mit Jesus bekannt, als die Vorfahren der Salome noch lebten, denn Maria, da sie mit dem hl. Joseph in ihrer Schwangerschaft zu Elisabeth von Nazaret aus reiste, hat in diesem Haus ihre erste Herberge gehabt. Dies war kurz vor dem Osterfest. Joseph ging noch mit Zacharias von Hebron zum Osterfest, und als er nach Hebron zurückkam, blieb Maria noch da, und er kehrte nach Hause zurück.

So hatte also Jesus noch im Schoße seiner Mutter hier Gastfreundschaft empfangen und kam heute als der Heiland in dieses Haus, jene Liebe der Eltern nach einunddreißig Jahren an dem kranken Sohne zu belohnen.

Salome war das Kind dieses Hauses und die Witwe seines Bruders, und Issachar der Witwer ihrer verstorbenen Schwester. Das ganze Haus und Vermögen kam ihr zu. Sie waren beide kinderlos und die einzigen Nachkommen eines guten Stammes. Sie heirateten auf Jesu barmherzige Heilung hoffend. Salome rechnete sich aus der Verwandschaft des hl. Joseph. Sie stammte aus Bethlehem, und Josephs Vater pflegte ihren Großvater aus diesem Hause Bruder zu nennen, obschon er nicht sein leiblicher Bruder war. Sie hatte einen Nachkommen der Familie Davids unter ihren Vorfahren, der, glaube ich, auch König war. Sein Name klang wie Ela. Aus dieser alten Freundschaft war Joseph mit Maria hier eingekehrt.

Issachar war aus dem Stamme Levi. Beim Eintritt in das Haus kam Salome mit ihren Mägden und Dienern Jesus entgegen, warf sich vor ihm nieder und bat ihn um die Heilung ihres Mannes. Jesus ging mit ihr in die Kammer des Kranken. Er lag ganz eingewickelt auf seinem Lager. Er war wassersüchtig und an der einen Seite ganz gelähmt. Jesus grüßte ihn und redete liebreich mit ihm. Der Mann war sehr gerührt und freundlich. Er konnte sich nicht aufrichten. Jesus betete, rührte ihn an und gab ihm die Hand.

Da richtete sich der Mann auf und legte ein anderes Gewand an und stand von seinem Lager auf, und er und seine Frau warfen sich vor Jesus nieder. Der Herr ermahnte sie, segnete sie, versprach ihnen Nachkommenschaft und trat mit dem Mann und der Frau aus der Kammer heraus zu den versammelten Hausgenossen, was eine große Freude erregte. Diese Heilung blieb heute noch verschwiegen.

Jesus und die Jünger erhielten hier einen Imbiss und Issachar lud den Herrn ein, mit all den Seinigen heute nacht bei ihm zu herbergen und nach der Synagoge das Mahl bei ihm einzunehmen, was Jesus annahm. Er ging hierauf in die Synagoge und lehrte, aber gegen das Ende begannen die Pharisäer und Sadduzäer gegen ihn zu streiten. Er war bei der Auslegung von Abrahams Ehe mit der Ketura auf die Ehe gekommen und lehrte von derselben, ich weiß nicht mehr recht was.

Die Pharisäer meinten, Ketura habe mehr teil an Abraham haben müssen.[13] Sie kamen auch auf die Ehe des Issachar mit der

Salome zu sprechen und verwarfen sie ganz als unsinnig, dass ein so kranker, alter Mann eine junge Frau heiratete.

Jesus sagte, dass diese Leute sich nach dem Gesetze geheiratet, und wie sie, die so streng auf das Gesetz hielten, ihn deswegen tadeln könnten?

Sie antworteten, wie Er hier das Gesetz aufrecht halten wolle? Da ein so kranker, alter Mann keine Frucht haben könne, so könne Er auch das Gesetz nicht erfüllen, es sei dieser Handel nur ein Ärgernis.

Jesus sagte ihnen: Sein Glaube hat ihm die Frucht bewahrt. Ob sie der Allmacht Gottes Schranken setzen wollten? Ob dieser Kranke aus Fleischeslust, oder aus Gehorsam gegen das Gesetz geheiratet habe? So er auf Gott vertraut habe und glaube, dass ihm Gott helfen könne, habe er sehr wohlgetan. Aber es sei dies nicht die Ursache ihres Unwillens. Sie hätten gehofft, dass diese Familie aussterben werde ohne Erben, und dass sie das Gut unter ihre Hände kriegen würden.

Er erwähnte auch noch viele alte fromme Leute, deren Glaube mit Nachkommenschaft belohnt worden sei, und sprach noch vieles von der Ehe, worüber die Pharisäer voll Grimm verstummten. Jesus ging aus der Synagoge, da der Sabbat beendet war, mit den Jüngern in das Haus Issachars zurück und es war da eine schöne Mahlzeit. Issachar saß mit Jesus und den verwandten Jüngern am Tisch, die Frau ging ab und zu und diente.

Vorher aber heilte Jesus noch mehrere Kranke bei der Dämmerung und bei Fackelschein, welche sich vor der Synagoge und bei Issachars Haus versammelt hatten.

Die anderen Jünger aßen in einem anderen Saal. Hierbei waren auch Judas Iskariot, Bartholomäus und Thomas nebst seinem rechten und einem Stiefbruder, er hatte noch zwei Stiefbrüder. Sie waren gestern abend von Apheke sieben Stunden weit zum Sabbat hierher gekommen. Sie wohnten hier im Haus, wo Thomas durch seinen Handel gut bekannt war. Er hatte noch nicht mit Jesus gesprochen, sondern nur mit seinen Bekannten unter den Jüngern, denn er war nichts weniger als zudringlich.

Auch Jakobus der Jüngere war von Kapharnaum hier zum Sabbat, und noch ein Nathanael, ein Sohn der Anna, des Kleophas unehelicher Vortochter, von der ich gesagt habe, dass sie jetzt bei Martha sei. Er war der jüngste von ihren Söhnen, die auf des Zebedäus Fischerei dienten und war etwa zwanzig Jahre alt, sehr sanft und lieblich und hatte etwas von dem Wesen des Johannes. Er war im Hause seines Großvaters Kleophas erzogen worden und hatte den Beinamen «der kleine Kleophas», um ihn von den anderen Nathanaelen zu unterscheiden. Ich habe dies an diesem Sabbat gehört, da Jesus einmal sagte: «Ruft mir den kleinen Kleophas!»

Man aß bei der Mahlzeit Vögel, Fische, Honig und Brote. Es waren ungemein viele Turteltauben und andere Tauben hier und andere bunte Vögel. Sie liefen wie die Hühner in Menge um die Häuser. Sie hatten hier einen schönen Ausflug nach der Ebene Iezrael. Bei dem Mahl sprach Issachar von der Mutter Jesu, wie sie in seiner Jugend in diesem Hause gewesen, wie die Eltern seiner Frau oft davon erzählt, wie jung und schön und fromm sie gewesen sei.

Joseph sei auch ein bejahrter Mann gewesen. Er hoffe, dass Gott, der ihn durch den Sohn Josephs geheilt habe ihm auch Nachkommen geben könne. Er kannte nicht den Ursprung seines Heilandes.

Die Jünger herbergten alle hier. Es waren große offene Säulenhallen um das Haus, welche mit Stellwänden zugesetzt wurden, worin ihnen die Lager bereitet wurden. Dothan ist eine alte, kräftige Stadt. Es sind sehr gute und sehr schlechte Leute hier. Dothan erscheint gegen andere Städte hier im Land in der alten herkömmlichen Art ihrer festen Häuser, wie Köln bei uns gegen andere deutsche Städte.

Erste Begegnung des hl. Thomas mit Jesus

3. November: Am Morgen ist Jesus mit den Jüngern vor der Stadt in den Gärten spazieren gegangen und hat mit ihnen gesprochen. Einige Jünger haben in der Stadt und umher die Leute zu einer Lehre Jesu gegen Mittag und zu einem Mahl eingeladen, das Issachar zur Feier seiner Genesung geben will. Hier auf diesem

Weg nahte Thomas, der mit hinausgegangen war, dem Herrn und bat ihn, unter die Zahl seiner Jünger aufgenommen zu werden. Er wolle ihm folgen und tun, was Er von ihm verlange. Er sei durch seine Lehre und durch seine Wunder, die er gesehen, überzeugt, dass Johannes und alle die, welche er von seinen Jüngern kenne, wahr von ihm gesprochen. Er bitte, Er möge ihn teilnehmen lassen an seinem Reiche.

Jesus sagte ihm, dass Er ihn kenne und gewusst habe, dass er zu ihm kommen werde. Thomas aber wollte dies nicht annehmen und behauptete, er habe nie sonst daran gedacht, denn er sei kein Freund von Absonderung und habe sich erst jetzt dazu entschlossen, da er durch seine Wunder überzeugt sei. Jesus sagte zu ihm: «Du sprichst wie Nathanael. Du hältst dich für weise und redest töricht. Soll der Gärtner nicht die Bäume des Gartens, der Winzer nicht seine Reben kennen, und soll er einen Weinberg bauen und die Knechte nicht kennen, die er hinsenden will?» Er sprach dann auch noch eine Gleichnisrede vom Sammeln der Feigen an den Dornen.

Johannesjünger bei Jesus

Zwei Johannesjünger, von dem Täufer zu ihm gesandt, welche schon in Meroz seiner Berglehre und den Wundern beigewohnt hatten, sprachen hier auch mit Jesus und kehrten dann nach Machärus zurück. Sie gehörten zu mehreren Jüngern, welche sich dort aufhielten und von Johannes vor seinem Kerker gelehrt wurden. Sie hingen heftig an ihm, und weil sie die Taten Jesu noch nicht gesehen hatten, sandte er sie zu ihm, dass sie sich von der Wahrheit dessen überzeugen sollten, was er von ihm lehrte.

Er ließ auch Jesus durch sie abermals bitten, Er möge doch öffentlich und klar aussprechen, wer Er sei und möge sein Reich auf Erden gründen. Sie sagten zu Jesus, dass sie von allem überzeugt seien, was Johannes von ihm verkünde, ob Er aber nicht bald kommen wolle, Johannes aus seinem Kerker zu befreien. Johannes hoffe durch ihn aus seinem Kerker befreit zu werden und sehne sich danach, Er möge doch sein Reich vollbringen und ihren Meister befreien. Sie glaubten, dies würde noch ein nützlicheres Wunder sein als seine anderen Heilungen.

Jesus sagte zu ihnen, Er wisse, dass Johannes sich sehne und hoffe, bald aus diesem Kerker befreit zu werden, und dass er auch daraus werde befreit werden. Aber dass Er nach Machärus kommen solle und ihn befreien, das glaube Johannes nicht, der seine Wege bereitet habe. Sie sollten dem Johannes verkünden, was sie gesehen, und dass Er seine Sendung vollbringen werde.

Ich weiß nicht, ob Johannes wusste, dass Jesus werde gekreuzigt werden, und dass sein Reich kein irdisches sei. Ich meine, dass er auch glaubte, Jesus werde das Volk bekehren und befreien und ein heiliges Reich auf Erden einführen.

Lehre beim Hause des geheilten Issachar

Gegen Mittag ging Jesus mit den Jüngern zur Stadt zurück in das Haus Issachars, wo schon viele Leute versammelt waren, und alles Gesinde und die Hausfrau mit Bereitung von Speisen und dem dazu gehörigen Gerät beschäftigt war.

Wenn man hinten aus Issachars Haus trat, kam man auf einen schönen Platz, wo ein sehr trefflicher Brunnen der Stadt mit allerlei Gebäuden umgeben stand. Dieser Brunnen war ihnen heilig, denn Elisäus hatte ihn gesegnet, und es war ein öffentlicher, schöner, steinerner Lehrstuhl daselbst und alles eingerichtet mit Einzäunungen und schattigen Bäumen, um eine große Volkszahl von dem Lehrstuhl aus zu unterrichten.

Es wurden hier auch mehrmals im Jahr besonders um Pfingsten solche öffentlichen Lehren gehalten. Es waren außerdem auch Schranken und lange Steinbänke oder schmale Terrassen in der Gegend des Brunnens, wo Karawanen oder große Züge von Reisenden gespeist wurden, die aufs Osterfest nach Jerusalem zogen. Das Haus Issachars aber hatte, als nahe gelegen, die Aufsicht über diesen Brunnen und Platz und manche Einrichtungen daselbst zum Gebrauch, denn es hatte dieses Haus eine Art Frachtgeschäft. Die

Karawanen packten hier um und legten ab, und Issachar versandte die Güter weiter. Es herbergten und aßen daher oft viele reisende Kaufleute und Knechte hier, ohne dass es doch gerade eine allgemeine Herberge war. Es war ein Geschäft, wie das des Vaters von der Braut zu Kana in Galiläa.

Der schöne Brunnen hier hatte nur die Unbequemlichkeit, dass die Quelle sehr tief lag und dass das Wasser mit vieler Mühe heraufgepumpt werden musste. Dann lief es in Becken, die rings umher standen.

Hier nun waren um den Brunnen sehr viele Menschen auf Jesu und Issachars Einladung versammelt, und Jesus hielt auf dem Lehrstuhl eine Lehre an das Volk von der Erfüllung der Verheißung, von der Nähe des Reiches, der Buße und Bekehrung, und von der Art, die Barmherzigkeit Gottes anzuflehen, und die Gnaden und Wunder zu empfangen.

Er sprach auch von Elisäus, der hier gelehrt, und wie die Syrer ihn fangen wollten und mit Blindheit geschlagen wurden und wie Elisäus sie nach Samaria in die Hände der Feinde führte und sie bewirten ließ und nicht erschlagen hat, sondern wie er seine blinden Feinde sehend machte und zurücksandte zu ihrem König, und legte dieses auf des Menschen Sohn und die Verfolgungen der Pharisäer aus. Er lehrte auch noch lange vom Gebet und den guten Werken, vom betenden Pharisäer und Zöllner und wie man sich beim Fasten schmücken und salben solle und nicht vor den Leuten prahlen mit seiner Andacht usw.

Die Leute, welche hier sehr von den Pharisäern und Sadduzäern unterdrückt wurden, waren sehr getröstet durch Jesu Lehre. Die Pharisäer und Sadduzäer aber waren schrecklich ergrimmt, da sie diese freudige Versammlung sahen und die Lehre Jesu vernahmen.

Vor allem aber, da sie Issachar gesund unter dem Volk erblickten und wie er nachher mit den Seinigen und den Jüngern freudig dem Volk, welches an den Steinbänken entlang lagerte, die Speisen austeilte, wurden sie erbittert, so dass sie sich ungestüm gegen Jesus andrängten. Es war fast, als wollten sie ihn gefangen nehmen und sie fingen wieder an, gegen die Heilung am Sabbat zu schmähen. Jesus sagte zu ihnen, sie möchten ihn ruhig anhören und stellte sie im Kreise umher, und Er brauchte abermals sein gewöhnliches

Sprichwort, indem Er zu den Vorlautesten von ihnen sagte: «Wenn du am Sabbat hier im Brunnen lägest, würdest du nicht verlangen, herausgezogen zu werden?», und so lehrte Er fort, dass sie sich beschämt einzeln zurückzogen.

Jesus aber verließ nun mit einigen seiner Jünger die Stadt, in das Tal hinabsteigend, das westlich von ihr von Süden gegen Norden lief.

Issachar hat in Dothan reichlich ausgeteilt. Er hat Esel mit mannigfaltigem Vorrat nach Herbergen der Gemeinde gesandt und den Jüngern Speisen und Getränke, das schon zu alt war, ausgetauscht und besseres mitgegeben.

Er gab ihnen auch Becher, wie die zu Kana waren, auf den Tisch, und platte Krüge von weißer Materie mit Ringen und Anhängen. Die Pfropfen waren wie eine Art Schwamm fest zusammengepresst. Es war ein kühlender Saft, auch Balsam darin. Er gab jedem Jünger auch einen Teil Münzen für die Armen und andere Bedürfnisse.

Judas Ischariot kehrte von hier nach Hause zurück. Auch viele andere Jünger. Jesus behielt nur etwa neun bei sich. Darunter waren Thomas, Jakobus der Jüngere, Judas Barsabas, Simon Thaddäus, der kleine Kleophas (Nathanael), Manahem, Saturnin und einige andere.

Als Jesus hinweg war, ging das Schwätzen und Höhnen der Pharisäer erst recht an. Sie sagten zu den versammelten armen Leuten, man sehe wohl, wer Er sei, Er habe sich von Issachar tüchtig spendieren lassen. Seine Jünger seien zusammengelaufenes, faules Volk, das Er auf fremde Unkosten füttere und schlemmen lasse. Wenn Er etwas Rechtes wäre, würde Er zu Hause bleiben und seine arme Mutter ernähren. Sein Vater sei ein armer Zimmermann gewesen, ihm habe aber das ehrliche Handwerk nicht behagt. Nun ziehe Er herum und mache das Land unruhig.

Als Issachar austeilte, sagte er immer: «Nehmt vorlieb! Nehmt! Es ist nicht das Meine, es gehört dem Vater im Himmel, dem dankt, es ist mir nur geliehen!»

DRITTES KAPITEL

Jesu Aufenthalt in Galiläa

Vom 4. bis 14. November 1822

Jesus zieht von Dothan gegen Endor – Heilung eines besessenen Heidenknaben

3. und 4. November: Jesus ging mit den Jüngern anfangs nordwestlich im Tal bis gegen das in ihm gegen Norden fließende Flüsschen, und dann wandten sie sich mehr nördlich und kamen nach etwa fünf Stunden Weges in der Nacht an einer einsam liegenden Herberge an, welche nur ein Obdach, Feuerstelle und Lagerstellen enthielt.

Es war ein Brunnen in der Nähe, der noch von Jakob herrührte. Die Jünger holten Reiser und Früchte von den östlichen Anhöhen und machten Feuer. Unterwegs hatte Jesus oft längere Zeit mit den Jüngern gesprochen, und zwar besonders zur Unterweisung des Thomas, Simon, Manahem, des kleinen Kleophas, und der Neueren überhaupt.

Er sprach von der Nachfolge, von dem Verlassen all des Seinigen ohne Rückblick und Sehnsucht, sondern mit dem ganzen Gefühl des Unwerts irdischer Güter. Sie würden das alles tausendfältig in seinem Reich wiedererhalten.

Er sagte ihnen auch, wenn sie nun von ihm schieden, sollten sie sich reiflich prüfen, ob sie das könnten. Einzelnen Jüngern hatte Judas Ischariot nicht sonderlich gefallen und besonders dem

Thomas nicht. Er sagte es gerade heraus zu Jesus: Dieser Judas gefalle ihm nicht, er sage ihm zu leicht ja, und zu leicht nein. Warum Er denn diesen angenommen habe, da Er doch gegen andere schwieriger gewesen sei? Jesus antwortete ausweichend, dieser sei, wie alle, in dem Ratschlusse Gottes von Ewigkeit.

Als die Jünger sich zur Ruhe begeben hatten, ging Jesus allein ins Gebirge und betete in der Nacht.

4. November: Heute in der Frühe kamen einige Einwohner von Sunem, welches ein paar Stunden östlich liegt, zu Jesus in die Herberge und baten ihn sehr, Er möge doch morgen zu ihnen kommen. Sie hätten so gefährlich kranke Kinder, Er möge sie heilen. Sie hätten ihn schon früher vergebens erwartet. Jesus aber sagte ihnen, Er könne jetzt nicht kommen, weil andere ihn erwarteten. Er wolle ihnen aber Jünger senden. Die Leute entgegneten, darauf hätten sie kein Vertrauen, es seien schon einmal einige bei ihnen gewesen, und es sei ihnen die Heilung nicht gelungen. Er möge doch selbst kommen. Jesus ermahnte sie zur Geduld, und sie verließen ihn.

Jesus ging nun mit den Jüngern gegen Endor. Den Weg von Dothan bis gegen Endor herauf liegen zwei Brunnen Jakobs, wo seine Herden gingen, und er hatte immer dabei mit den Amoriten zu fechten und zu streiten. Endlich wollten sie ihn auch aus dem Gute Josephs von Samaria, wo Jesus neulich war, verdrängen, da widersetzte sich Jakob, und sie entschieden es in einem Wettkampf, wo Jakob gewann und sich mit ihnen vertrug.

Bei Jezrael vor Endor hat Lazarus ein Feld. Joachim und Anna hatten ein Feld etwa zwei Stunden gegen Nordost von Endor, wohin Anna Maria begleitete, da sie nach Bethlehem ging. Von diesem Feld gaben sie Joseph noch einen Esel mit, der frei vorauslief. Joachim und Joseph hatten auch ein Feld dicht beieinander jenseits des Jordan, südöstlich an die Wüste und den Wald Ephraim grenzend, nicht weit von Gaser. Auf diesem Feld hatte sich Joachim zum Gebet verborgen, als er so traurig vom Tempel kam. Hier erhielt er auch die Weisung, nach Jerusalem zu gehen, wo Anna ihm unter der goldenen Pforte begegnete.

Jesus wanderte von seiner Nachtherberge noch etwa ein paar Stunden nördlicher gegen Endor. Er ging aber nicht in die Stadt, sondern blieb vor derselben bei einer Herberge in einer Reihe von Häusern, die sich an Endor den Berg hinan anschloss. Er lehrte viele Leute, welche sich bald auf die Einladung der Jünger um ihn einfanden und ging auf Bitten der Leute in einzelne Häuser und heilte Kranke, deren auch mehrere aus Endor herausgebracht wurden. Unter den letzteren waren Heiden, welche sich etwas entfernt hielten. Es kam auch ein Heide aus Endor zu Jesus mit einem etwa siebenjährigen Knaben, der einen stummen Teufel hatte und oft gar nicht zu bändigen war. Als der Mann sich Jesus nahte, wurde der Knabe ganz wild, riss sich von seinem Vater los und verkroch sich in eine Höhle des Berges.

Da kam der Mann zu Jesus, warf sich vor ihm nieder und klagte ihm seine Not. Jesus ging gegen die Höhle und befahl dem Knaben, vor seinen Herrn zu kommen. Da kam er demütig heraus und warf sich vor Jesus nieder. Er legte ihm die Hände auf und befahl dem Satan zu weichen. Da sank der Knabe wie in eine kurze Ohnmacht und ich sah wie einen dunklen Dampf von ihm weichen, worauf er sich aufrichtete, seinem Vater zulief und ihn anredete. Dieser umarmte ihn und warf sich mit dem Kind danksagend vor Jesus nieder. Jesus ermahnte den Vater und befahl ihm, sich zu Ainon taufen zu lassen.

Nach Endor hinein ging Jesus nicht. Die Vorstadt, wo Jesus war, hat jetzt schönere Gebäude als Endor selbst, weil sie mehr gegen den Weg liegt. Endor hat etwas Totes und Abgelegenes. Es liegt ein Teil der Stadt wüst und es sind zerbrochene Mauern dort. Es ist, als wenn Gras auf den Straßen wächst. Es wohnen viele abhängige Heiden dort, die zu allerlei öffentlichen Arbeiten verpflichtet sind. Die wenigen reichen Juden, die dort sind, gucken so scheu aus den Türen und ziehen die Köpfe zurück, als wenn sie fürchteten, man stehle ihnen ihr Geld hinter dem Rücken weg.

Von hier ging Jesus etwa noch ein und eine halbe oder zwei Stunden nordöstlich in den Eingang eines Tales, das aus der Ebene Esdrelon gegen den Jordan an der Nordseite des Gebirges Gilboe hinläuft. In der Mitte dieses Tales liegt ein hoher Rücken und fließt ein Wässerchen durch in den Jordan, welches am Anfang der Südseite dieses hohen Rückens fließt und ihn dann durchschneidet und an seiner Nordseite im Tal gegen den Jordan strömt. In diesem Tal liegt auf einem Hügel wie eine Insel eine mittelmäßige Stadt, Abez, von Gärten und Alleen umgeben.

Das Flüsschen fließt bei ihr hin, und eine Viertelstunde östlicher im Tal ist ein schöner Brunnen, den sie Saulsbrunnen nennen, weil Saul hier verwundet wurde. Jesus ging noch nicht in diese Stadt, sondern an dem nördlichen Abhang des Gebirges Gilboe, um das Er herum kam, der Stadt gegen Süden, wandelte Er zu einer Reihe Häuser, welche mit Gärten und Feldern vermischt war. Es lagen da auch hohe Getreidehaufen. Hier begab sich Jesus in eine Herberge, wo ihn viele ihm verwandte alte Männer und Frauen erwarteten. Sie wuschen ihm die Füße und bezeigten ihm eine aufrichtige vertrauliche Ehrerbietung.

Diese Leute waren etwa fünfzehn an der Zahl, neun Männer und sechs Frauen. Sie hatten ihm gemeldet, dass sie hier mit ihm zusammentreffen wollten. Mehrere unter ihnen hatten Knechte und einige Kinder bei sich. Es waren lauter sehr alte Leute, Verwandte von Anna, Joachim und Joseph. Einer war ein jüngerer Halbbruder Josephs, der, glaube ich, am Tal Zabulon wohnte. Ein anderer war der Vater der Braut von Kana. Auch die Verwandte Anna aus der Gegend von Sephoris, bei welcher Er vor der letzten Anwesenheit in Nazaret den blinden Knaben heilte, war darunter. Die anderen sind mir entfallen.

Sie hatten sich alle vereinigt und waren auf Eseln hierher gereist, um Jesus zu sehen und zu sprechen. Ihr Wunsch war, Er möge doch irgendwo einen festen Aufenthalt erwählen und nicht mehr herumziehen. Sie wollten ihm einen Ort aussuchen, wo Er ruhig lehren könne und wo keine Pharisäer seien. Sie stellten ihm die große Gefahr, die Er laufe, vor, da die Pharisäer und andere

Sekten so erbittert gegen ihn seien. «Wir erkennen wohl», sagten sie, «welche Wunder und Gnaden von dir ausgehen, nur habe nun auch eine Heimat und lehre daselbst in Ruhe, damit wir nicht immer in Sorge um dich sind.» Und sie begannen sogar, ihm schon verschiedene Orte vorzuschlagen.

Diese alten einfältigen frommen Leute taten Jesus diesen Antrag aus großer Liebe, sie waren geärgert durch die steten Stichelreden der Übelgesinnten, die ihnen zu Gehör gebracht wurden. Jesus sprach viel und sehr kräftig und liebevoll mit ihnen, aber ganz auf eine andere Weise als mit dem Volk und den Jüngern. Er redete deutlicher heraus, Er setzte ihnen die Verheißung auseinander und wie Er den Willen seines Vaters im Himmel erfüllen müsse. Er sei nicht gekommen zu ruhen, nicht für einzelne Menschen, nicht für seine Verwandten, sondern für alle. Alle seien seine Brüder und Verwandten. Die Liebe ruhe nicht. Wer zu helfen gesandt sei, müsse die Armen aufsuchen. Auf die Bequemlichkeit dieses Lebens sei es nicht abgesehen. Sein Reich sei nicht von dieser Welt usw. Er gab sich sehr viel Mühe mit diesen guten alten Leuten, welche immer mehr erstaunten über seine Reden und denen die Erkenntnis immer mehr aufging.

Ihre Liebe und ihr Ernst zu ihm wuchsen immer mehr. Er ging mit den Einzelnen abgesondert auf dem Berg im Schatten umher und belehrte und tröstete sie und redete dann wieder mit allen zusammen. So brachte Er den Tag zu und sie aßen alle zusammen ein einfaches Mahl von Broten, Honig und getrockneten Früchten, welche sie mitgebracht hatten.

An diesem Abend wurde auch der Sohn eines Schullehrers aus dem vorliegenden Ort durch die Jünger zu ihm gebracht. Er war ein Studierter und wollte auch Lehrer an einer Schule werden. Er bat Jesus, dass Er ihn zum Jünger annehme. Er sei unterrichtet, Er könne ihn gleich gebrauchen, Er möge ihm ein Amt geben usw. Jesus sagte ihm, das könne nicht sein, seine Wissenschaft sei eine andere. Er klebe an der Erde usw. Er wies ihn ab. Ich habe das Nähere vergessen.

5\. November: Am Morgen war Jesus noch mit seinen Verwandten und belehrte sie und sie reisten gegen Mittag von hier gegen den Berg Tabor ab, wo sie sich nach verschiedenen Richtungen trennten. Er hatte die guten alten Leute ganz erquickt, getröstet und erleuchtet. Und wenn sie auch nicht alles verstanden hatten, so waren sie doch alle still in sich geworden und reisten mit der festen Überzeugung hinweg, dass Er göttliche Worte gesprochen und dass Er Recht tue und seine Wege besser kenne als sie.

Noch rührender als diese Zusammenkunft war es, als sie Abschied nahmen und unter Tränen und ehrerbietig scheuer Vertraulichkeit mit Lächeln und freundlichem Winken teils auf Eseln, teils zu Fuß mit langen Stäben, in ihren einfach geschürzten Kleidern durchs Tal hinaufgezogen. Jesus und die Jünger begleiteten sie auf den Weg, nachdem sie ihnen beim Aufpacken und Aufsitzen freundlich Hilfe geleistet hatten.

Jesus zieht in Abez ein

Jesus ging sodann mit den Jüngern im Tal etwa eine Viertelstunde östlich von Abez zu einem schönen Brunnen, wo sich mehrere Frauen aus der Stadt befanden, um Wasser zu holen. Als sie ihn kommen sahen, eilten einige in die Abez umgebenden Häuser und es kamen bald mehrere Männer und Frauen mit ihnen zurück. Sie brachten Becken, Tücher und Brote und kleine Früchte in Körben und wuschen ihnen die Füße und speisten ihn und die Jünger. Es versammelte sich noch mehr Volk und Jesus lehrte es.

Dann führten sie ihn in die Stadt, wo ihm gleich unter dem Tor und aus allen Häusern und Straßenecken viele Kinder, Mädchen und Knaben, entgegenkamen, mit Blumenkränzen und Gehängen um ihn herumwandelnd. Es schien den ihn umgebenden Jüngern des Gedränges zu viel zu werden und sie wollten die Kinder wegreißen. Jesus aber sagte zu ihnen: «Geht ihr zurück und lasst sie heran!» Da drangen die Kinder alle zu ihm, und Er umfasste, drückte sie an sich und segnete sie.

Die Mütter und Väter standen in den Türen und auf den Galerien der Vorhöfe. Er zog in die Synagoge, wo sich alle versammelten, und lehrte. Am Abend heilte Er noch einige Kranke in den Häusern. Es war auch ein Mahl, wobei viele Leute der Stadt teilnahmen unter einer noch stehenden Laubhütte. Thomas ist, ehe Jesus in dieses Tal kam, von Endor aus nach Apheke abendwärts von hier liegend zurückgegangen. Hier in Abez sah ich, dass einige verhüllte blutflüssige Frauen unter der Menge hinter Jesus gingen und den Saum seines Rockes küssten und geheilt wurden. An anderen größeren Orten mussten solche Frauen entfernt bleiben, hier in kleineren Orten nahm man es nicht so genau.

6. November: Ich habe das meiste von Jesu Tagewerk heute vergessen. Ich weiß nur noch, dass Er hier sehr willkommen war und einige Kranke in den Häusern heilte. Er lehrte auch gegen Mittag wieder an dem Brunnen vor der Stadt, wo sich viele benachbarte Leute befanden.

Hier kam ein Bote von Kana zu ihm. Der Vorgesetzte der Stadt ließ ihn bitten, doch gleich zu seinem schwerkranken Sohn zu kommen. Jesus beruhigte ihn, er möge noch warten. Dann kamen auch zwei jüdische Boten aus Kapharnaum. Sie waren von dem heidnischen Manne gesandt, der Jesus schon durch die Jünger wegen seines kranken Knechtes hatte bitten lassen. Sie flehten sehr dringend, Er möge mit ihnen nach Kapharnaum eilen, der Knecht sterbe sonst. Jesus aber sagte ihnen, Er werde zu seiner Zeit kommen, der Knecht sterbe noch nicht. Die Boten hörten sodann seine Lehre.

Die Einwohner von Abez waren meist Gileaditer von Jabes. Sie hatten sich zu der Zeit von Helis Priestertum hier niedergelassen in Folge einer Streitigkeit unter den Einwohnern in Gilead, der durch den damaligen Richter, der hinreiste, so geschlichtet wurde, dass sie sich hier niederließen. Bei dem Brunnen von Abez ist Saul verwundet worden und auf der südlichen Anhöhe gestorben. Sie nennen ihn daher den Sauls-Brunnen. Die Leute leben hier im Mittelstand. Sie machen Körbe und Matten von Binsen, welche reichlich in einigen Sümpfen von Bergwasser in der Nähe stehen. Sie bereiten auch leichte Hütten von Flechtwerk zum Zusammensetzen und haben außerdem Ackerbau und Weide.

Ich hatte ein Bild von Sauls Geschichte hier und erinnere mich an folgendes. Die Israeliten standen gegen Abend vor Endor bei Jezrael, und die Philister zogen von Sunem gegen sie an. Der Kampf war schon angegangen, als Saul mit zwei Männern, alle drei in Prophetenkleidern, im Abenddunkel nach Endor zu der Hexe gingen. Sie wohnte außerhalb der Stadt in einem alten Gemäuer. Es war ein verachtetes Weib ohne Nahrung. Sie war noch nicht alt, ein starkes gebrüstetes Frauenmensch. Ich sah, dass ihr Mann mit einem Kasten auf dem Rücken, worin Puppen waren, im Lande bei den Soldaten und anderem Gesindel umherzog und allerlei Gaukelei trieb.

Als Saul zu ihr kam, war er schon halb verzweifelt. Sie wollte nicht daran, sein Begehren zu erfüllen. Sie meinte, er würde sie bei Saul angeben, der die Zauberei ausgemerzt hatte. Er schwor ihr hoch und teuer, dass dies nicht geschehen solle. Da führte sie ihn aus ihrer Stube, in der es ganz ordentlich aussah, in einen Keller. Saul verlangte, sie solle ihm Samuels Geist rufen. Sie zog einen Kreis um Saul und seine Begleiter und schrieb Zeichen um den Kreis, und spannte Fäden von bunter Wolle in allerlei Figuren vor Saul hin und wieder. Sie stand ihm gegenüber und hatte noch einen Seitenraum neben sich. Vor ihr war ein Becken mit Wasser in der Erde, und sie hatte dabei Platten wie einen Spiegel von Metall in den Händen, die sie gegeneinander und über das Wasser bewegte. Sie sprach dabei Worte aus und rief einige Male ganz laut und hatte auch dem Saul gesagt, durch welchen Raum der gekreuzten Fäden er durchschauen sollte.

Sie konnte so allerlei Kriegszüge und Gefechte und Gestalten erscheinen machen durch teuflische Künste und wollte auch dem Saul so ein Blendwerk vormachen. Als sie aber anfing, ihre Gaukelei zu treiben, sah sie neben sich eine Erscheinung und ließ die Spiegel über das Wasserbecken fallen und war wie außer sich und schrie: «Du hast mich betrogen, du bist Saul!»

Da sagte Saul, sie solle sich nicht fürchten. Was sie denn sehe? Sie sagte: «Es steigen Heilige aus der Erde.» Saul sah noch nichts und fragte: «Wie sieht er aus?» Das Weib war in großem Schrekken und sagte: «Ein alter Mann in priesterlicher Kleidung.» Und sie zog Saul heran und entfloh aus dem Gewölbe. Saul aber sah Samuel und warf sich auf sein Angesicht. Da sagte Samuel, warum er ihn beunruhige, die Strafe Gottes werde sich an ihm erfüllen. Morgen werde er bei ihm unter den Toten sein, die Philister werden Israel schlagen, David werde König werden.

Nach diesen Worten lag Saul vor Trauer und Entsetzen platt auf der Erde wie tot. Sie richteten ihn auf und lehnten ihn an die Wand. Er wollte nicht essen. Die Begleiter wollten ihn bereden, die Frau brachte Brot und Fleisch. Ich habe nicht gesehen, dass sie erst geschlachtet hat, vielleicht habe ich es übersehen, aber in der Weise, wie ich es gesehen, schien mir die Zeit zu kurz, um erst zu schlachten. Die Frau riet dem Saul, nicht in die Schlacht, sondern nach Abez zu gehen, wo die Leute als Gileaditen ihm wohlwollten. Saul kam in der Morgendämmerung dahin.

Nun wurden die Israeliten über das Gebirge Gilboe hinausgeschlagen. Das ganze Heer kam nicht über Saul, sondern nur eine Streitpartie drang von dieser Seite herein. Saul saß auf einem Wagen, und einer stand hinter ihm. Die vorbeistürmenden Philister schossen Pfeile und Speere nach ihm und wussten nicht einmal, dass es Saul sei. Da wurde er schwer verwundet, und sein Begleiter führte den Wagen auf die südliche Anhöhe des Tales aus dem Wege, wo Jesus gestern mit seinen Anverwandten gewesen.

Als Saul fühlte, dass er sterben müsse, begehrte er, sein Begleiter solle ihn töten, der aber wollte nicht. Da lehnte sich Saul in den Wagen, der vorne eine Lehne hatte, auf die Spitze seines Degens, vermochte aber nicht mehr sich hineinzustürzen. Nun öffnete sein Begleiter diese bewegliche Vorderlehne des Wagens, dass sie niederfiel, und so stürzte Saul in seinen Degen. Und dann stürzte der Begleiter sich auch in sein Schwert.

Hierauf kam ein Amalekiter vorbei und erkannte Saul, nahm sein Geschmeide und brachte es zu David. Nach der Schlacht trug man Sauls und seiner Söhne Leiber zusammen.

Diese waren östlicher als er gefallen und waren schon weiter zurück, als man ihn tötete. Die Philister zerhackten die Leiber, und ich sah alles wie es in der biblischen Geschichte steht. Ich war heute nacht auf diesem ganzen Gebirge Gilboe, das liegt ganz wunderlich durch- und übereinander.

Der Bach hier im Tal heißt Kadumim und kommt in Lied der Debbora vor. Ich weiß nicht mehr, was damals hier geschehen, ich habe auch davon gesehen. Es hat auch der Prophet Malachias sich bisweilen hier aufgehalten und hat hier prophezeit. Abez liegt hier etwa drei Stunden von Scythopolis, einer Heidenstadt.

Jesus zieht nach Dabrath am Tabor und wohnt bei einem Neffen des hl. Joseph

Jesus ging mit den Jüngern nachmittags von dem Brunnen noch eine Strecke östlicher, und nun wandte sich sein Weg gegen Norden. Er überstieg die nördliche Höhe des Tals und so gingen sie etwa drei Stunden bis zu einem Tal am Aufgang des Tabors von der Morgenseite, in welcher der Bach Kison, der von seiner nordöstlichen Seite kommt, um ihn herum nach der Ebene Esdrelon fließt. Hier an dem östlichen Fuß liegt die Stadt Dabrath in einer Bucht der ersten Terrasse des Tabor und schaut grade über die hohe Ebene Saron nach der Gegend, wo der Jordan aus dem See kommt. Der Kisonbach läuft durch sie durch. Es ist ein Teil diesseits gebaut. Jesus blieb vor der Stadt in einer Herberge. Ich habe ihn nicht schlafengehen sehen. Er lehrte noch spät Leute aus der Umgebung.

7. November: Ich habe heute das meiste vom Leben Jesu vergessen. Ich erinnere mich nur, dass Er mit den Leuten, wo Er übernachtete, gestern am Berge umhergegangen ist und gelehrt hat. Heute gegen Mittag ging Er in die Stadt Dabrath hinein, und es drängten sich viele Leute um ihn. Ich weiß nicht mehr, wie alles aufeinander folgte. Er heilte heute einige Kranke. Es sind nicht viele Kranke hier, die Luft ist sehr gesund.

Die Stadt ist ganz schön gebaut. Ich erinnere mich noch eines Hauses, das ein großer Vorhof mit Säuleneingang umgibt. Dieser Vorhof stößt an das Haus, auf die Säulengänge führen Treppen, und von dieser Höhe führen wieder Treppen auf das Dach des

Hauses. Ich sah, dass Leute beim Eingang Jesu in die Stadt da herabkamen. Die Stadt hat einen Vorhügel des Tabors hinter sich und es führen Schlangenwege hinauf. Sie ist etwa zwei Stunden von seiner Spitze. Es liegen in der Stadt in einer Straße, den Mauern entlang, römische Soldaten. Es ist hier eine Steuereinnahme. Außerdem hat die Stadt fünf Straßen und jede wird von einem besonderen Gewerbe bewohnt.

Dabrath liegt nicht an der Landstraße. Die nächste Handelsstraße zieht wohl eine halbe Stunde von hier vorbei. Es ist aber allerlei Gewerbe hier. Die Stadt mit ihrem Einkommen ist eine Levitenstadt. Die Grenzpfähle von Issachar laufen kaum eine Viertelstunde von hier. Die Synagoge liegt auf einem freien Platz und jenes Haus, von dem ich erst gesprochen, liegt an diesem Platz.

Ich erinnere mich, dass Jesus hineinging und das Laufen der Leute von den Treppen geschah, da Er empfangen wurde. Denn hier wohnt ein Verwandter von ihm, ein Sohn von einem der ältesten Brüder Josephs, seines Nährvaters.

Dieser Bruder Josephs hieß Elia und hatte fünf Söhne, von welchen einer namens Jesse hier wohnt, der bereits ein alter Mann ist. Seine Frau lebt noch und sie haben sechs Kinder, drei Söhne und drei Töchter. Zwei von den Söhnen sind schon achtzehn bis zwanzig Jahre alt. Sie heißen Kaleb und Aaron. Ihr Vater bat Jesus, sie zu Jüngern anzunehmen, was Er auch tut. Sie sollen mit ihm gehen, wenn Er wieder das Land herunterkommen wird. Dieser Jesse hat eine Einnahme für die Leviten und steht einer Tuchbereitung vor. Er kauft Wolle auf, die hier gewaschen, gesponnen und gewebt wird. Sie machen feines Tuch. Es ist hier eine ganze Straße, die für ihn arbeitet. Er hat auch in einem langen Gebäude eine Presserei, wo verschiedene Kräuter, die teils am Tabor wachsen, teils aus der Fremde kommen, ausgepresst werden. Teils sind es Pflanzen zum Färben, teils werden Saft, auch Getränke und Wohlgerüche bereitet. Ich sah runde hohle Stämme in Trögen stehen, in welchen durch einen beschwerten Stempel die eingelegten Pflanzen ausgepresst werden.

Die Röhren, aus denen das Ausgepresste ausfließt, reichen nach draußen und sind mit Zapfen versehen. Wenn die Stempel nicht mehr pressen sollen, werden die Keile vorgeschoben. Sie bereiten auch ein Myrrhenöl. Jesse ist mit seiner ganzen Familie sehr fromm, und seine Kinder gehen täglich, und er oft mit ihnen an den Tabor beten. Jesus wohnte mit den Jüngern bei ihm und heilte in der Stadt und lehrte in der Synagoge.

Es waren hier Pharisäer und Sadduzäer. Es war wie eine Art Konsistorium hier. Sie hielten nachher auch Rat zusammen, wie sie Jesus widersprechen wollten. Jesus ging am Abend mit den Jüngern an den Berg Tabor, wo eine Schar Menschen hinbeschieden war, und lehrte sie im Mondschein bis tief in die Nacht.

An der Südostseite des Tabor liegt eine Höhle mit einem Gärtchen, wo der Prophet Malachias oft gewohnt hat, und oben auf dem Tabor ist eine Höhle mit einem Garten, wo sich Elias und seine Schüler wie auf dem Karmel aufgehalten haben. Ich habe beide Orte gesehen. Diese Gegenden sind Gebetsorte von frommen Juden.

Am Tabor liegt auf der Nordseite viel höher und dichter am Berg ein Ort, Tabor genannt, wovon der Berg den Namen hat. Eine kleine Stunde westlicher gegen Sephoris schauend liegt noch ein fester Ort. Chasaloth aber liegt am Fuß im Tal an der Südseite nördlich von Naim, gegen Apheke schauend. Es ist der weiteste Vorsprung von Zabulon auf dieser Seite. Ich habe noch einen späteren Namen davon gehört, ich meine Affa (sehr ungewiss). Ich sah, dass an diesem Ort Verwandte Jesu gewohnt haben, nämlich eine Schwester der Elisabeth, eine Tochter von der Mutterschwester der hl. Anna. Sie hieß Rhode, wie die Magd der Maria Markus.

Rhode hatte drei Töchter und zwei Söhne. Eine dieser beiden Töchter war eine der drei Witwen, Freundinnen Marias, welche so oft in dieser Geschichte vorkommen. Sie hatte zwei Söhne unter den Jüngern.

Einer von Rhodes Söhnen heiratete die Maroni und starb. Seine kinderlose Witwe heiratete in zweiter Ehe nach dem Gesetz aus demselben Geschlecht den Eliud, einen Neffen der hl. Mutter Anna, sie hatte von ihm den Martialis und zog nach Naim. Sie war zum zweitenmal Witwe und ist die sogenannte Witwe von Naim, deren Sohn Martialis der Herr von den Toten erweckte.

Bekehrung einer Ehebrecherin –
Jesus lehrt in der Synagoge zu Dabrath

8. November: Jesus hatte heute morgen in seines Verwandten Haus gelehrt und in der Stadt einige Kranke geheilt. Nach der Mahlzeit hat Er auf einem Platz vor der Synagoge gelehrt. Es waren sehr viele Kranke aus der Nachbarschaft gekommen, die Pharisäer aber waren sehr erbittert. Es war aber Noemi, eine reiche Frau, in Dabrath. Sie hatte ihren verstorbenen Mann sehr betrogen und im Ehebruch gelebt, so dass er in vielem Kummer gestorben ist. Jetzt hatte sie einen Geschäftsführer, dem sie längst die Ehe versprochen. Aber sie betrog ihn nur und hatte fortwährend andere Buhlen.

Diese Frau hatte Jesu Lehre in Dothan gehört und war dadurch ganz verwandelt worden. Sie war voll Reue und verlangte nur, ihn um Vergebung und Buße zu bitten. Sie war hier bei Jesu Lehre und Heilung zugegen und suchte ihm auf alle Weise zu nahen, aber Er wandte sich immer wieder von ihr. Sie war eine vornehme bekannte Frau und nicht in öffentlicher Verachtung.

Als sie auf alle Weise vordringen wollte, traten die Pharisäer ihr in den Weg und fragten sie, ob sie sich denn nicht schäme und baten sie, nach Hause zu gehen. Sie ließ sich aber nicht halten und wurde wie von Sinnen vor Begierde nach Vergebung und drang durch die Anwesenden durch. Sie warf sich vor Jesus auf die Erde nieder und rief: «Herr, ist noch Gnade und Vergebung für mich? Herr, ich kann so nicht mehr leben!»

Jesus beruhigte sie, und sie sagte zu Jesus: «Ich habe schwer an meinem Mann gesündigt. Ich habe den Mann betrogen, der jetzt meinem Hause vorsteht.» Und so sagte sie ihre Schuld vor allen. Jedoch hörten es nicht alle, denn Jesus war abseits getreten, und es war ein großes Getöse umher, das die drängenden Pharisäer machten.

Als aber Jesus zu ihr sagte: «Steh auf! Deine Sünden sind dir vergeben!», verlangte sie eine Buße.

Jesus beschied sie auf ein anderes Mal und sie nahm all ihr Geschmeide ab. Sie hatte Perlen um den Kopfputz, Ringe und Spangen, und Schnüre um Arme und Hals, und sie reichte es den Pharisäern hin, dass sie es den Armen geben sollten, und verschleierte ihr Gesicht.

Jesus aber ging in die Synagoge, denn der Sabbat ging an, und die ergrimmten Pharisäer und Sadduzäer folgten ihm. Es wurde heute abend gelehrt von Jakob und Esau (Gen 25,19-34; Mal 1 und 2). Jesus legte die Geburt Esaus und Jakobs auf seine Zeit aus. Esau und Jakob stießen sich im Mutterleibe, so auch die Synagoge und die heilig Gesinnten. Das Gesetz ist wild und roh und zuerst geboren wie Esau, aber es verkauft seine Erstgeburt um ein Gericht Speise, um den Wohlgeruch von allerlei kleinen Gebräuchen und Äußerlichkeiten an Jakob, der nun den Segen empfängt, und Jakob werde ein großes Volk und Esau müsse ihm dienen usw. Diese ganze Auslegung war sehr schön.

Die Pharisäer konnten nichts vorbringen, aber sie disputierten sehr lange gegen ihn. Ich habe alles gehört, kann es aber nicht vorbringen. Die Pharisäer warfen ihm hier auch vor, Er mache sich Anhang, stifte Herbergen im ganzen Land, dahin flösse viel Gut und Geld der reichen Witwen, welches der Synagoge und den Lehrern hätte zugute kommen können. So werde es nun auch mit der Noemi gehen. Wie Er ihr die Sünden vergeben könne?

Jesus übernachtete und lehrte noch bei dem Verwandten Josephs.

Spiel der Frauen am Sabbat – Jesus lehrt wieder in der Synagoge

9. November: Am Morgen war Jesus nicht in der Synagoge, sondern in der Schule der Knaben und Mädchen. Diese Kinder waren noch vor dem Mittagsmahl bei ihm im Vorhof seines Verwandten, wo Er sie ermahnte und segnete. Es ist auch die bekehrte Frau von gestern mit ihrem Verwalter bei ihm gewesen.

Jesus redete mit beiden erst allein und dann zusammen. Die Frau sollte bei ihrer jetzigen Gesinnung nicht mehr heiraten, besonders weil der Mann aus einem geringeren Stamme war. Sie trat ihm einen Teil ihres Vermögens ab, das übrige, bis auf ihren Lebensunterhalt, erhielten die Armen. Nach dem Mahl am Sabbat, wenn sonst die Juden spazieren zu gehen pflegten, kamen viele jüdische Frauen zu der Hausfrau des Jesse, und Jesus hatte mit ihnen ein belehrendes Sabbatspiel. Die bekehrte Noemi war auch dabei.

Ich weiß den Gang dieses Spieles nicht mehr, aber es war eine Verbindung von versteckten Parabeln oder Rätseln, wodurch jede tief getroffen und gerührt wurde. Z.B. wo jede ihren Schatz habe, ob sie damit wuchere, ihn verheimliche, mit dem Mann teile, ihn dem Gesinde überlasse, ihn mit in die Synagoge schleppe, ob ihr Herz dabei sei? Ebenso allerlei von Kinderzucht, vom Gesinde usw. Ich erinnere mich, dass Er auch vom Öl und der Lampe sprach, und vom Brennen der gefüllten Lampe, und vom Verschütten des Öles und zwar immer ganz in geistlichem Sinne, und dass eine Frau dann gefragt wurde und als sie ganz freudig sagte: «Ja, Meister! Ich besorge die Sabbatslampe immer ganz gut», wurde sie von der Nächstsitzenden belacht, weil sie Jesus gar nicht nach der Bedeutung verstanden hatte. Er gab dann immer eine sehr treffende Auslegung, und die verkehrt geantwortet hatte, musste ein Geschenk für die Armen geben, welches sie alle vorher zusammengetragen hatten. Diese gab ein Stück Tuch.

Jesus schrieb auch mit einem Rohr vor jeder ein Rätsel in den Sand nieder, und sie mussten die Antwort darauf schreiben. Hierüber lehrte Er dann, indem Er alle ihre verkehrten Neigungen und Fehler nannte, so dass sie selbst sehr erschüttert wurden, doch ohne dass eine vor der anderen sich zu schämen brauchte. Es bezogen sich diese Ermahnungen auch besonders auf die Vergehen, die sie sich bei dem Laubhüttenfest hatten zu Schulden kommen lassen, wo in der größeren Freiheit und Freude des Festes leicht gesündigt wurde. Mehrere dieser Frauen sprachen nachher mit Jesus allein und bekannten ihm ihre Gebrechen und begehrten Buße und Vergebung von ihm, und Er tröstete und versöhnte sie.

Bei dieser Lehre saßen die Frauen auf Teppichen und Kisten gegen Steinbänke gelehnt unter den Säulen des Vorhofs in einem Halbkreis. Die Jünger und Hausfreunde standen auf beiden Seiten in einiger Entfernung. Es wurde aber nicht sehr laut gesprochen, weil sonst Lauerer auf der Straße hätten an der Mauer aufklettern und Störung machen können, denn es war unter freiem Himmel.

Die Frauen hatten auch allerlei Gewürze, Konfekt und Wohlgerüche Jesus zum Geschenk mitgebracht.

Er gab es den Jüngern, um es den armen Kranken auszuteilen, an die nie so etwas komme. Ehe Jesus nun nach der Synagoge zum Schluss des Sabbats ging, sendeten Herodianer zu ihm, Er möge doch an einen bestimmten Ort in der Stadt kommen, sie wollten mit ihm sprechen. Jesus sagte den Boten mit ernstem Ausdruck: «Sagt diesen Heuchlern, sie sollen ihre zweizüngigen Mäuler in den Synagogen gegen mich auftun, da will ich ihnen und den anderen antworten.» Er gab ihnen nochmals harte Benennungen, die ich nicht mehr weiß, und ging nachher zur Schule.

Ich weiß die Sabbatslehre nicht mehr, aber sie handelte von Jakob und Esau, von Gnade und Gesetz, von Kindern und Knechten des Vaters, und Er sprach so scharf gegen die Pharisäer und Sadduzäer und Herodianer, dass sie immer mehr ergrimmt wurden. Er legte auch das Umherziehen Isaaks von einem Ort zum anderen im Lande in der Hungersnot und das Verstopfen der Brunnen durch die Philister auf sein Lehramt und die Verfolgung der Pharisäer aus, und aus Malachias lehrte er, wie es nun erfüllt werde, was er geweissagt: «Mein Name soll groß werden in den Grenzen Israels, vom Aufgang zum Niedergang soll mein Name herrlich werden unter den Heiden», und Er sagte ihnen alle Wege, die Er gewandert sei, den Namen des Herrn zu verherrlichen diesseits und jenseits des Jordan und Er werde sie wandern bis zum Ziel, und legte dessen Worte: «Ein Sohn soll seinen Vater ehren und ein Knecht seinen Herrn» usw. sehr streng gegen sie aus. Sie waren sehr beschämt und vermochten nichts gegen ihn.

Als aber das Volk die Synagoge verließ und Jesus mit den Jüngern auch von dannen ging, wurde ihm in einem Vorhof von allen der Weg versperrt, und sie umgaben ihn in einer Halle und verlangten, Er solle ihnen Rede stehen, es sei nicht nötig, dass man dem gemeinen Volk alles zu Gehör spreche.

Sie taten ihm allerhand verfängliche Fragen, besonders über ihr Verhältnis zu den Römern, die hier lagen; ich weiß es nicht mehr, wie es war. Er antwortete ihnen so, dass sie schweigen mussten, und als sie zuletzt ihn schmeichelnd und drohend aufforderten, Er solle sein Herumziehen mit Jüngern, sein Lehren und Krankeheilen lassen, sonst würden sie ihn als Ruhestörer und Aufwiegler verklagen und verfolgen, sagte Er ihnen: «Bis zum Ziele werdet ihr die Jünger, die Unwissenden, die Sünder, die Armen, die Kranken finden, wo ich wandern werde, welche ihr unwissend, sündhaft, arm und krank lasst.» Als sie ihm gar nichts mehr anhaben konnten, verließen sie mit ihm die Synagoge und waren zum Schein ganz höflich. Innerlich waren sie voll Grimm und voll Verwunderung.

Jesus lehrt zur Nachtzeit am Tabor – Der Heide Cyrinus aus Zypern

Jesus ging von der Schule in der Abenddämmerung mit den Jüngern und mehreren Leuten, die ihn vor der Synagoge erwarteten, am Tabor zwischen Ost und Nord hinan. Hier waren schon andere Leute und seine Verwandten versammelt.

Er saß am Berg, unter ihm lagen und saßen seine Zuhörer zu seinen Füßen; es war sternhell und auch etwas Mondschein. Er lehrte bis tief in die Nacht. Er tut dies öfter mit einzelnen Gruppen guter Leute, wenn schon ein schweres Tagewerk vorüber ist. Es ist dann stiller, die Menschen werden durch nichts zerstreut, der Himmel, die Sterne, die weite Aussicht, die angenehme Kühle und der Friede machen den Menschen viel ruhiger, und sie vernehmen seine Stimme viel klarer, bekennen leichter, schämen sich nicht so leicht und nehmen dann die Lehre mit nach Haus und sinnen unzerstreut darüber nach. So war es nun auch hier ganz besonders, in der herrlichen Gegend und der weiten Aussicht des Tabor. Auch war dieser Berg den Einwohnern wegen Elias und Malachias, die sich hier aufgehalten, besonders heilig.

Als Jesus mit der Schar spät in der Nacht nach Hause kehrte, näherte sich ihm auf dem Rückweg ein heidnischer Kaufmann aus Zypern, welcher seine Lehre mit angehört hatte. Er wohnte in den Gebäuden des Jesse, mit dessen Kräuterpresserei er in Handelssachen zu tun hatte. Aus Bescheidenheit hatte er sich bisher ganz zurückgehalten. Nun begab er sich zu Jesus allein in eine Halle des Hauses, und Jesus saß mit ihm wie mit Nikodemus und unterrichtete ihn über alles, was er mit großer Begierde und Demut fragte. Dieser Heide war ein sehr edler und weiser Mann, er hieß Cyrinus und sprach über alles sehr gründlich und nahm Jesu Lehre mit unbeschreiblicher Demut und Freude an.

Jesus war auch sehr liebreich und vertraut mit ihm. Cyrinus sagte zu dem Herrn, dass er schon lange die Nichtigkeit des Götzendienstes eingesehen und ein Jude habe werden wollen, aber es sei ein Einziges, was ihm einen unwiderstehlichen Abscheu bringe, nämlich die Beschneidung: ob es denn nicht möglich sei, ohne die Beschneidung zum Heile zu gelangen? Jesus sprach sehr tiefsinnig und vertraut zu ihm über dieses Geheimnis und sagte, er möge seine Sinne von Fleischeslust beschneiden, und sein Herz und seine Zunge, und möge nach Kapharnaum zur Taufe kommen.

Hierauf fragte Cyrinus Jesus, warum Er das nicht öffentlich lehre, er glaube, dass alsdann mehrere Heiden, welche sich sehnten, sich bekehren würden. Jesus erwiderte, wenn Er dem blinden Volk dieses sagen würde, so würden sie ihn töten, man müsse die Schwachen nicht ärgern. Auch könnten allerlei Sekten daraus entstehen, und für viele Heiden stehe dieses Gesetz noch als eine Prüfung und ein Opfer da.

Es sei aber, da das Reich sich nahe, der Bund der Beschneidung im Fleische erfüllt, und jetzt müsse die Beschneidung des Herzens und des Geistes an dessen Stelle treten. Der Mann fragte auch von der Hinlänglichkeit der Bußtaufe Johannes', und Jesus sprach mit ihm darüber, was ich nicht mehr weiß. Cyrinus sprach auch von vielen Leuten, die sich in Cypern nach Jesus sehnten, und klagte ihm, dass seine beiden Söhne, deren Tugend er übrigens lobte, so große Feinde des Judentums seien. Jesus tröstete ihn darüber und verhieß ihm, dass seine Söhne noch eifrige Arbeiter im Weinberge werden würden, wenn Er sein Werk vollendet haben werde. Sie hießen, glaube ich, Aristarchus und Trophimus und sind nachher Aposteljünger geworden, ich meine bei Petrus oder Paulus.

(Sie sprach jedoch hiervon sehr unbestimmt; sagte aber später einmal für gewiss, dass unter den Jüngern zwei Aristarche gewesen seien; sonach wäre der hier erwähnte Aristarchus der nicht, welcher in der Apostelgeschichte genannt ist.)

Bis in den Morgen hinein währte das nächtliche Gespräch Jesu mit diesem Heiden, es war sehr rührend und tiefsinnig, der Mann war voll Geist und edlem Willen, und es erinnerte mich an die Nacht Jesu mit Nikodemus.

Am Tabor hat Jesse auch an der Sonnenseite in ausgehauenen Stellen an den Felsenwänden Gefäße stehen, worin Wohlgerüche aus Kräutern oder anderen Substanzen bereitet werden; es tropft etwas aus den Gefäßen in andere nieder und wird oft umgewendet, ich weiß nicht, ob das destilliert ist.

Jesus zieht nach Gischala, dem Geburtsort des hl. Paulus

10. November: Noch am Vormittag ging Jesus mit den Jüngern drei Stunden nordöstlich bis etwa eine kleine Stunde vor Bethulien nach dem Feld und Ort Gischala. Im Anfang seines Weges lag ihm ein Ort gegen Morgen, ich meine Japhia und einer gegen Abend dem Ort Tabor nördlich gegenüber. Ich meine, dort ist einer der Berge der Brotvermehrungen. Gischala liegt auf einer Anhöhe, aber niedriger als die Höhe, worauf Bethulien liegt. Holofernes hat hier auch gelegen. Der Ort war damals aber noch nicht, sondern nur einige Häuser. Gischala ist eine Festung voll heidnischer Soldaten, ich meine Römer. Herodes muss sie besolden, und die Juden wohnen in einem kleinen Städtchen eine halbe Viertelstunde davor.

Gischala ist gar nicht wie eine andere Stadt; einige Plätze und Gebäude umgeben allerlei Staketen, wie um Pferde anzubinden, und rund umher sind einzelne freistehende Türme mit Stockwerken und von Mauern umgeben, worin sich eine Schar verteidigen konnte. Dies zusammen machte die wunderliche Stadt aus. An einem dieser Türme waren Gebäude an den vier Seiten mit Säulen angebaut, und darin war der heidnische Tempel.

Die Juden in dem Städtchen davor waren ganz gut mit ihnen, sie arbeiteten allerlei Lederwerk, Pferde- und Soldatenzeug und waren teils Besitzer, teils Aufseher und Verwalter der wunderbar fruchtbaren Gegend hier, denn von hier an bis Kapharnaum ist die herrliche Gegend Gennesaret. Die Festung liegt oben auf der

Höhe, es führen gemauerte, abgesetzte Wege hinauf. Das Judenstädtchen liegt offen am Abhang; und davor ist ein Brunnen, oder vielmehr ein Röhrenkasten, eine Tränke. Das Quellwasser läuft durch Röhren hinein. An diesen Brunnen setzte sich Jesus mit den Jüngern bei seiner Ankunft.

Die Einwohner des Judenortes hatten ein Fest, denn Groß und Klein war in den Gärten und Feldern umher zerstreut. Die heidnischen Kinder aus der Stadt waren auch herausgekommen und waren im Hintergrund etwas abgesondert versammelt.

Als die Leute Jesus zum Brunnen ziehen sahen, kamen die Vorsteher und ihr wohlunterrichteter Schullehrer heran. Sie hießen Jesus und die Jünger willkommen, wuschen ihnen die Füße und reichten ihnen allerlei Früchte. Jesus lehrte am Brunnen in einer Parabel von der Ernte, denn diese Gegend war jetzt in der zweiten Ernte von Trauben und allerlei Früchten. Jesus ging auch noch zu den heidnischen Kindern, sprach mit den Müttern, segnete sie und heilte einige, die krank waren. Die Juden von Gischala hatten heute ein Fest, als an dem Gedächtnistage ihrer Befreiung von einem tyrannischen Mann, welcher der erste Urheber der Sadduzäer war. Er lebte über zweihundert Jahre vor Christus, ich habe seinen Namen vergessen; es klang wie Man, Melan, kurz ‹an› war drin, und fing mit ‹M› glaube ich an.

Auch ein Mann Antigonus hatte Wirkung auf die Entstehung der Sadduzäer, aber diesen meine ich nicht, dieser hatte es von jenem. Er war ein Beamter beim Synedrium in Jerusalem und hatte die Glaubenssachen, die nicht im Gesetz standen, zu bewahren. Er quälte die Leute hier entsetzlich mit seiner Strenge und war ein abscheulicher Kerl. Er sagte, man müsse von Gott gar keinen Lohn hoffen und alles ganz sklavisch tun. Er war von hier. Sie dachten mit Schrecken an ihn und hatten heute ein Fest wegen seines Todes. Ich sah den ganzen Ursprung der Sadduzäer, es ist mir entfallen. Es war noch einer aus Samaria mit ihm. Der Sadoch setzte seine Lehre fort, er war ein Schüler von dem anderen (Antigonus) und sagte, es sei gar keine Auferstehung, er hatte auch den Samariter mit sich. (Sie beschreibt den Hass der Gischaleser so heftig, und die Tyrannei so groß, und spricht so, dass man glauben sollte, es müsse mehr als Gewissensquälerei dabei gewesen sein.)

Jesus ging mit seinen Jüngern zu dem Synagogenvorsteher im Ort zum Übernachten. Er lehrte dort im Vorhof, man brachte auch einige Kranke zu ihm, die Er heilte, unter anderen eine alte wassersüchtige Frau. Dieser Synagogenlehrer war ein guter und gelehrter Mann. Die Leute hatten hier einen Widerwillen gegen Pharisäer und Sadduzäer und hatten selbst um diesen Lehrer für sich gesorgt. Sie haben ihn weit herum auch nach Ägypten reisen lassen. Jesus sprach noch lange mit ihm und den Jüngern, und der Mann kam wieder wie gewöhnlich auf Johannes zu sprechen. Er lobte ihn sehr und sagte zu Jesus auch, wenn Er denn so erleuchtet und mächtig sei, wie es sich zeige, und das Geschrei gehe, warum Er dann keine Anstalt mache, dass dieser herrliche Mann frei werde?

Jesus sprach auch heute in einer schönen Lehre prophetische Reden von diesem Ort zu den Jüngern. Drei Eiferer sollten von Gischala kommen. Jener erste, wegen dessen die Juden heute das Fest hatten und der die Sadduzäer stiftete, dann ein künftiger großer Bösewicht, Johann von Gischala, der hier in Galiläa großen Aufruhr erregt und bei der Belagerung von Jerusalem greuliche Sachen getrieben hat; ich sah einen anderen, der ihm seine Schande ins Gesicht sagte.

Und auch ein dritter, der schon lebe und aus dem Zorn in die Liebe übergehen werde, und hier sehr für die Wahrheit lehren und alles wiedergutmachen würde. Dieser Dritte war Paulus, er war hier geboren, seine Eltern waren aber nach Tarsus gezogen.[14]

Ich sah auch, dass er hier nach seiner Bekehrung auf der Reise nach Jerusalem sehr eifrig das Evangelium gepredigt hat. Seiner Eltern Haus stand noch hier und war verpachtet. Es liegt am Ende dieser Vorstadt gegen Gischala zu, und es sind weitläufige Anlagen von Staketen und kleinen Häuschen, wie Bleichhütten dabei, die schier bis Gischala reichen. Seine Eltern müssen eine Fabrikation, ich meine von Tuch, gehabt haben, vielleicht eine Weberei. Dieses Haus hier hat ein heidnischer Offizier namens Achias gepachtet und wohnt da.

Fruchtbarkeit um Gischala –
Heilung des Sohnes eines heidnischen Hauptmanns

11. November: Es ist unaussprechlich, welche Fruchtbarkeit hier in der Gegend ist. Die Leute haben jetzt die zweite Ernte an Wein, Obst und Würzkräutern und Baumwolle. Es steht hier ein Rohr, ich nenne es immer Zuckerrohr, es steht gruppenweise, hat unten größere, oben kleinere Blätter; daraus quillt tropfenweise wie in Beeren übereinander gleich Harz, ein Zucker. Auch stehen hier die Bäume, worauf die Laubhüttenfrüchte wachsen. Sie nannten sie Patriarchen-Äpfel, weil sie von den Patriarchen aus dem wärmeren Morgenland mitgebracht worden waren. Die Stämme wachsen nicht gerade herauf, sondern waren alle, wie bei uns die Spalierbäume, krumm zu Wänden ausgebreitet, wenngleich der Baum oft mehr als schuhdick war.

Auch sehr viele Baumwollstauden waren hier, und ganze Felder voll wohlriechender Kräuter, unter anderen auch jenes, woraus das Nardenöl gemacht wurde. Ich meine, es wächst eine unedle Art davon auch bei uns, wo guter Grund ist.

Es sind hier auch viele Feigen, Ölbäume, Weinstöcke und unzählig herrliche Melonen liegen in den Feldern und am Wege hin. Auch viele Palm- und Dattelbäume sind hier. Das Vieh weidet in großer Menge zwischen all dieser Herrlichkeit in den schönsten Gras- und Kräuterauen. Auch wachsen hier große Bäume mit dicken Nüssen. Ich weiß nicht, was es für eine Art ist, und ein schöner Baum zu Bauholz, ungemein zäh und fest.[15]

Ich sah heute morgen Jesus durch die Felder und Gärten gehen, welche voll von einsammelnden Menschen waren. Hie und da sammelte sich eine Schar um ihn, und Er lehrte sie in kurzen Reden und Parabeln, welche Er von den Gegenständen ihrer Arbeit hernahm. Die heidnischen Kinder waren hier mit den jüdischen in der Ernte ziemlich vertraut, doch waren sie etwas anders gekleidet.

In dem Geburtshaus von Paulus wohnt jetzt ein Hauptmann von den heidnischen Soldaten aus der Festung. Er heißt Achias und hat einen kranken siebenjährigen Sohn, dem er den jüdischen Heldennamen Jephte gegeben hat. Achias war ein guter Mann und sehnte sich nach der Hilfe Jesu, aber es wollte ihn keiner der Einwohner bei Jesus melden, und die Jünger waren teils mit Jesus, teils zerstreut bei den Ernteleuten, denen sie von Jesus erzählten und einzelne seiner Lehren wiederholten. Andere waren voraus als Boten gegen Kapharnaum und in die nächste Gegend gegangen. Die Einwohner liebten den Hauptmann nicht, der ihnen zu nahe wohnte, und hätten ihn gerne hinweg gehabt, überhaupt waren sie nicht sehr freundlich, auch selbst um Jesus nicht sehr bekümmert. Sie taten ihre Arbeit so hin und hörten zu, erwiesen aber keine lebhafte, heftige Teilnahme.

Der bekümmerte Mann war also Jesus selbst in der Ferne heimlich gefolgt, und als sich der Herr ihm zuwandte, trat er vor ihn, verbeugte sich und sagte: «Meister, verschmähe deinen Knecht nicht, und erbarme dich meines kranken Söhnleins, das hier in meinem Hause liegt.» Jesus erwiderte ihm: «Es geziemt sich, erst den Kindern des Hauses das Brot zu brechen, ehe man es den Fremden gibt, die draußen stehen.» Achias sagte aber zu ihm:

«Herr! Ich glaube, dass du der Gesandte Gottes bist und die Erfüllung der Verheißung, ich glaube, dass du mir helfen kannst und weiß, dass du gesprochen, die solches glauben, seien Kinder und nicht Fremde, Herr erbarme dich meines Kindes!»

Da sagte Jesus zu ihm: «Dein Glaube hat dir geholfen» und ging mit einigen Jüngern in das Geburtshaus des Paulus, worin Achias wohnte. Dieses Haus war etwas vornehmer als die gewöhnlichen jüdischen Häuser, jedoch ziemlich mit derselben Einteilung. Vorn war ein Vorhof, dann trat man in einen großen Saal, in welchem zu beiden Seiten Schlafräume mit beweglichen Scheidewänden angebracht waren, dann kam man zu der Feuerstelle mitten in dem Haus, und rings um diese lagen einige große Zimmer und Säle. Sie hatten breite Steinbänke an den Wänden, auf welchen Teppiche und Kissen lagen, die Fenster waren alle hoch oben.

Achias führte Jesus in die Mitte des Hauses. Seine Knechte trugen den Knaben in seinem Bett vor den Herrn. Die verschleierte Frau des Achias folgte ihm, verbeugte sich scheu und stand in banger Erwartung etwas zurück. Achias war voll Freude. Er rief sein Hausgesinde, die Knechte und Mägde, welche sich schon neugierig genaht hatten, sie standen entfernt.

Der Knabe war ein schönes Kind von etwa sechs Jahren, er hatte ein langes wollenes Hemd an und um den Hals einen rauhen Streifen Fell, der über der Brust gekreuzt war. Das Kind war stumm und ganz unbeweglich lahm, aber es sah sehr klug und lieblich aus, es sah mit großer Rührung Jesus an. Jesus sprach mit den Eltern und Anwesenden. Er sprach von dem Beruf der Heiden, von der Nähe des Reiches, von der Buße, vom Eingehen ins Haus des Vaters durch die Taufe. Er betete und nahm den Knaben von seinem Lager in seine Arme und legte ihn an seine Brust, beugte sich zu ihm und fuhr ihm mit den Fingern unter seine Zunge hin, stellte ihn auf die Erde und führte ihn gegen den Hauptmann, der mit der vor Freude zitternden Mutter entgegen stürzte und das Kind unter heftigen Tränen umarmte.

Das Kind breitete gleich die Arme gegen die Eltern aus und sagte: «Ach Vater! Ach Mutter! Ich kann gehen, ich kann wieder reden!» Jesus aber sagte: «Nehmt den Knaben hin, ihr wisst nicht, welch ein Schatz euch an ihm gegeben worden ist. Euch ist er wiedergegeben, und wird von euch wieder gefordert werden!»

Die Eltern brachten das Kind nun wieder zu Jesus und warfen sich mit ihm unter Tränen dankend vor dem Herrn nieder. Er segnete das Kind und redete sehr lieblich mit ihm. Der Hauptmann bat Jesus, mit ihm in ein Gemach zu treten und eine Erquickung anzunehmen, was der Herr mit den Jüngern tat. Sie nahmen stehend Brote, Honig, kleine Früchte und tranken. Jesus sprach noch mit Achias, er solle nach Kapharnaum kommen, wo getauft werde, er könne sich dort an Serobabel anschließen, was er hernach mit seinem Gesinde getan hat. Der Knabe Jephte ist später ein sehr fleißiger Jünger des Thomas geworden. Diese Soldaten hier in Gischala sind bei der Kreuzigung Christi als Wachen gewesen. Sie wurden bei solchen Gelegenheiten wie Polizeidiener verwendet. Ich weiß jetzt nicht, was für Landsleute es waren.

Jesus verließ hierauf die Wohnung des glücklichen Achias und sprach mit seinen Jüngern von diesem Kind, dass es noch einst Früchte tragen würde; und auch von diesem Haus hat Er gelehrt, dass hieraus noch einer ausgegangen sei, der Großes in seinem Reiche tun werde.

Jesus ging hierauf von Gischala[16] nicht nach dem nahen Bethulien, was ich gleich ahnte. Es ist mir immer, als wohnten in diesem jetzt öden abgelegenen Ort lauter Totengräber. Er ließ die Höhe von Bethulien links und ging im Tal nordöstlich zwischen Bergen bis zur Ebene, wo das Bad von Bethulien liegt. Hier ging Er etwa noch drei Stunden in die ziemlich bedeutende Stadt Gabara, die am westlichen Fuß desselben Berges liegt, in dessen südöstlicher zerrissener Seite das wunderlich versteckte Herodianernest Jotapata liegt, wo Er neulich war.

Jotapata liegt von Gabara, wenn man um den Berg herumgeht, etwa eine Stunde entfernt. Der Berg steigt wie eine steile Wand hinter Gabara hinan, man geht auf gehauenen Stufen hinauf. Die Einwohner der Stadt arbeiten in Baumwolle, die wie Seide ist. Sie machen Zeuge und auch eine Art Matratzen von roter, gelber und blauer Baumwolle für vornehme Leute. Solche Decken werden an Haken ausgespannt und festgeschnürt, das ist das ganze Bett. Sie salzen auch Fische ein und versenden sie.

In Gischala habe ich auch gesehen, dass Saul einige Zeit vor der unglücklichen Schlacht in Jezrael, als er sein Heer am Gebirge Gelboe zusammenzog, mit etlichen Männern hier herumzog, um Wahrsager aufzusuchen, deren er einige dort in der Gegend hatte leben lassen. Sie waren aber alle vor ihm entflohen. Er hatte sich zu weit gewagt, und seine Nähe war den Philistern verraten, welche ihn mit einer Schar schier gefangen hätten, aber ein paar treue Männer der Stadt retteten und versteckten ihn. David hat der Stadt nachher Wohltaten deswegen erwiesen; auch wegen dieser Rettung wurde am Jahrestag hier ein Fest gefeiert.

Jesus wurde in Gabara nicht besonders empfangen. Er ging in eine Herberge und es kamen noch viele Herodianer von Jotapata zu ihm und stellten sich ganz freundlich, fragten ihn über allerlei Fälle. Er beantwortete ihre Schmeichelei ganz frei und lehrte auch in der Synagoge.

Zustand Magdalenas – Sie wird von Martha zur Bergpredigt bei Gabara eingeladen

11. November: Vor etwa zehn Tagen ist, wie gesagt, Martha, Veronika und Johanna Chusa, nebst Anna Kleophä von Betanien nach Kapharnaum gereist, und unterwegs hat sich Dina die Samaritin und Maria die Suphanitin von Ainon in einer Herberge an sie angeschlossen, wohin sie einige jerusalemische Jünger gebracht hatten, die mit Lazarus zu Jesus, ich meine bei Ophra, gekommen waren; daher rührte auch die Nachricht vom Gemütszustand Magdalenas, der neulich erwähnt wurde. Der Besuch Jakobus des Älteren bei Magdalena fällt in die Zeit, da Jesus sich zu Meroz aufhielt. Ich habe heute gesehen, dass die heiligen Frauen etwa drei Stunden südlich von Kapharnaum in eine ebengelegene Levitenstadt Damna gegangen sind, wo sie eine Herberge hatten, und dass Martha von hier mit Anna Kleophä eine Stunde südöstlich nach Magdalum zu Magdalena reiste.

Magdalum mit seinen Schlössern und Gärten liegt nördlich des Berges, woran westlich Gabara, und etwa eine Stunde von diesem südöstlich Jotapata liegt. Magdalum liegt in einem Busen der Südhöhe eines Tals, welches sich von West nach Ost gegen den See Gennesaret zieht, etwa eine halbe Stunde vom westlichen Ende des Tals. Es ist von der Höhe hinab gebaut. Tiberias liegt etwa eine kleine Meile südöstlich von Magdalum am Seeufer. Man kann von oben und unten nach Magdalum.

Martha ging besonders zu Magdalena, um sie zu bewegen, mit Maria der Suphanitin und Dina der Samaritin einer großen Bergpredigt beizuwohnen, welche Jesus am Mittwoch auf dem Berg über Gabara halten wird. Magdalena empfing sie ziemlich wohlwollend an der einen Seite ihres etwas verödeten Schlosses und führte sie in einen Raum nicht weit von ihren Prachtzimmern, doch nicht eigentlich in dieselben selbst. Es war ein Gemisch von wahrer und falscher Scham in ihr; teils schämte sie sich ihrer einfachen, frommen, schlecht gekleideten Schwester, welche mit der von ihren Lustgesellen verachteten Gesellschaft Jesu herumzog; teils schämte sie sich vor Martha, sie in die Gemächer zu bringen, welche der Schauplatz ihrer Torheiten und Laster waren.

Magdalena war in ihrem Gemüt etwas zerknirscht; sie hatte nur nicht die Kraft, sich loszureißen, sie war bleich und etwas abgehärmt. Ich habe schon die letzten Male, da ich Blicke in ihre Verhältnisse tat, ihre Lage weniger frei und glänzend gesehen. Der Mann, mit dem sie in Sünden lebte, war ihr beschwerlich, und sie war etwas abhängig, denn er war von gemeiner Gesinnung. Auch war sie von Jesu Lehre schon einmal gerührt worden.

Martha behandelte sie sehr klug und liebevoll. Sie sagte zu ihr: «Dina die Samaritin, Maria die Suphanitin, welche du kennst, zwei liebenswerte, geistreiche Frauen, laden dich ein, mit ihnen die Lehre Jesu auf dem Berg anzuhören. Es ist dir so nahe; sie möchten gern in deiner Gesellschaft dabei sein. Du brauchst dich ihrer vor dem Volk nicht zu schämen; du weißt, sie sind anständig und mit Auswahl gekleidet und haben feine Sitten. Es ist ein so wundervolles Schauspiel: die Menge der Menschen, die wunderbare Rednergabe des Propheten, die Kranken, die Heilungen, die Er tut, die Kühnheit, womit Er die Pharisäer anredet!

Veronika, Maria Chusa und die Mutter Jesu, welche dir so wohl will, wir alle sind überzeugt, du wirst uns für die Einladung danken. Ich denke, es soll dich ein wenig aufmuntern. Du scheinst hier ganz verlassen jetzt, es fehlt dir an Leuten, welche dein Herz und deine Talente zu schätzen wissen. O, wenn du eine Zeit lang bei uns in Betanien sein wolltest! Wir hören so viel Wunderbares und haben so viel Gutes zu tun und du bist ja immer so voll Liebe und Barmherzigkeit gewesen. Aber nach Damna musst du morgen wenigstens mitkommen; da sind wir Frauen in der Herberge. Du kannst abgesondert wohnen und nur mit denen sprechen, die du kennst.»

Auf diese Weise sprach Martha mit ihrer Schwester und wusste alles Verletzende zu vermeiden. Magdalena war in ihrer Schwermut ganz willig. Sie machte zwar kleine Einwände, aber sie gab nach und versprach Martha, morgen früh mit nach Damna zu reisen. Sie aß auch mit ihr und kam mehrmals aus ihren Gemächern am Abend zu ihr. Martha und Anna Kleophä beteten am Abend noch zu Gott, Er möge diese Reise an Magdalena fruchtbar werden lassen. Magdalena scheint einer großen Rührung nahe; ich meine aber, sie fällt noch einmal zurück. Wie sie von sieben Teufeln befreit wurde von Jesus, habe ich noch nie gesehen.

Kurze Schilderung des hl. Petrus und Andreas – Warum in den heiligen Evangelien nur wenige Persönlichkeiten genannt sind und warum von ihnen nur Einzelnes berichtet wird

12. November: Es war eine große Lehre auf dem Berg über Gabara für morgen, den 23. Marcheswan, schon mehrere Tage durch ausgesandte Jünger angesagt worden. Es zogen von allen Orten mehrere Stunden weit umher große Scharen von Menschen auf den Berg und lagerten sich ringsum, denn es war ein geschlossener Platz und ein steinerner Lehrstuhl oben, der lange nicht gebraucht worden war. Es kamen auch Heiden von Cydessa und aus der Gegend von Adama am See Merom.

Alle diese Menschen brachten bedeutenden Mundvorrat mit und sehr viele Kranke aller Art. Nach Gabara kamen auch Petrus, Andreas, Jakobus, Johannes und alle anderen Jünger, auch Nathanael Chased, zu Jesus; ebenso waren die meisten Johannesjünger und die drei Söhne von Marias ältester Schwester hier. Es waren wohl an sechzig Jünger, Freunde und Verwandte von Jesus da. Er hatte an diesem Tag einige Gespräche mit den Pharisäern und heimlichen Herodianern, lehrte und heilte hie und da in der Stadt und brachte die übrige Zeit mit Umhergehen und Gesprächen mit den angekommenen Freunden zu. Die verwandten und vertrauten Jünger werden mit dem Fassen der beiden Hände und Anlehnung der Wangen wie mit einem brüderlichen Kuss empfangen.

Petrus ist ein wunderbarer Charakter, wo es das Gute und Rechte angeht, unbeschreiblich eifrig und heftig, und wenn er sich dabei irgend verschnappt und etwas Verkehrtes sagt oder tut, ist er auf den Verweis ganz scheu und sich zurückziehend. Andreas handelt ganz ruhig, stet und ohne zu ermüden, ohne große Angst und Sorge.

Im Evangelium ist nur von jenen Personen und Jüngern besonders die Rede, welche mit ihrer Persönlichkeit eine gewisse Gattung in der Kirche bezeichnen. Es ist alles Überflüssige und Doppelte herausgelassen. So sind die Geschichten der vielen Sünderinnen bloß durch die Geschichte Magdalenas repräsentiert, auch stehen nur einige besonders bezeichnende Reden der Apostel darin. Es ist so, als wenn man von einem Menschen spricht und sagt: «Er hat einen hellen Kopf, ein sanftes Herz, fleißige Hände und tüchtige Füße, manchmal läuft ihm die Galle über.»

Da erwähnt man auch nur diese bezeichneten Teile, von den Knien, Schultern, Ohren, Magen, der Brust usw. spricht man aber nicht, es sei denn, es sei eine überwiegende Tugend oder Untugend in denselben.

So ist von Maria sehr wenig die Rede, von Magdalena und Martha mehr, alles zum Nutzen und Heil der Menschen nicht einer, sondern aller Zeiten; denn manches ist verschwiegen, was eine Zeit, ein Volk hätte erbauen können, die anderen aber geärgert hätte. So enthalten die einzelnen Predigten und Lehren Jesu auch nur die Hauptsätze und Kernaussprüche seiner oft mehrere Stunden langen Lehren und Ermahnungen und sind nur die Summen seiner verschiedenen Richtungen, Absichten und Verstärkungen seiner Lehren an das Volk; denn Er lehrte, was jeder Volksart nötig war, und wie Er an dieselben Orte öfter zurückkehrte, so wiederholte Er auch verstärkend seine Lehre bis zu seinem Ende.

(Dies war der Sinn ihrer Erklärung bei dieser Gelegenheit.)

Magdalena begibt sich nach Damna, wo die heiligen Frauen Jesus erwarten

12. November: Maria Magdalena sah ich heute mittag nebst ihrer Magd mit Martha und Anna Kleophä von Magdalum nach Damna zu den heiligen Frauen reisen. Sie saß auf einem Esel, denn sie war das Gehen nicht gewohnt. Sie war zwar zierlich gekleidet, aber doch nicht so übermütig und übertrieben wie ein späteres Mal, als sie sich zum zweiten Mal bekehrte. Damna mag etwa zwei Stunden von Magdalum sein. Sie kam dahin in dieselbe Herberge, nahm aber ein getrenntes Gemach ein und sprach nicht mit Maria und Veronika. Die Suphanitin und Samaritin besuchten sie abwechselnd. Ich sah sie zusammen ganz sanft und höflich vertraut, die bekehrten Sünderinnen jedoch in einer gewissen fremden Vertrautheit, so als wenn ein Offizier seinen ehemaligen Kameraden, der Priester geworden ist, wiederfindet.

Diese Befremdung löste sich jedoch bald in Tränen und Äußerungen weiblicher Teilnahme auf. Ich sah nach Mittag Magdalena mit der Suphanitin und Samaritin, ihrer Magd und Anna Kleophä an dem Fuß des Lehrberges in eine Herberge ziehen. Die anderen Frauen gingen nicht zur Lehre, um Magdalena nicht zu stören.

Sie waren aber nach Damna gekommen, weil sie wünschten, Jesus möge hier zu ihnen kommen und nicht nach Kapharnaum gehen, wo die Pharisäer, wie das letzte Mal sich etwa zu sechzehn versammelt hatten. Sie wohnten wieder in demselben Haus und waren wieder aus allen Gegenden beisammen. Sie werden nun immer da sitzen, weil Kapharnaum der Mittelpunkt der Wanderungen Jesu ist. Der junge Pharisäer aus Samaria, der das letzte Mal da war, ist nicht dabei, es ist ein anderer an seiner Stelle.

Auch in Nazaret und anderen Orten haben sie sich verschworen. Die heiligen Frauen und besonders Maria waren sehr bekümmert, denn die Pharisäer hatten ihre Drohungen schon laut ausgesprochen. Sie sandten einen Boten an Jesus mit der Botschaft, Er möge doch in Damna nach seiner Lehre zu ihnen kommen und sich nicht nach Kapharnaum begeben. Er möge lieber links oder rechts gehen, am besten über den See in die Heidenstädte, damit Er nicht in Gefahr komme. Er ließ ihnen aber zurücksagen, sie sollten ihn sorgen lassen, Er wisse was Er zu tun habe, Er werde in Kapharnaum zu ihnen kommen.

Bergpredigt bei Gabara – Magdalenas erste Bekehrung

13. November – 23. Marcheswan: Magdalena mit ihrer Magd, Maria die Suphanitin, Dina und Anna Kleophä waren morgens schon bei guter Zeit auf dem Berg, der mit verschiedenen Hügeln von der Seite von Magdalum anstieg. Es waren schon unzählige Menschen umhergelagert und Leute mit Eseln hatten Speise heraufgebracht. Kranke aller Art wurden heraufgetragen und geführt und nach ihrer Gattung zusammen an verschiedenen Stellen näher und entfernter gestellt. Es waren teils leichte Gezelte, teils Lauben für sie zum Schatten erbaut.

Jesu Jünger waren oben, welche die Leute mit viel Liebe ordneten und ihnen auf alle Weise halfen. Um den Lehrstuhl war ein gemauerter Halbkreis, doch kein tiefer Kessel; über dem Stuhl war eine Decke, und hie und da über die Zuhörer Zeltdächer gespannt. Magdalena und die vier Frauen hatten in einiger Entfernung einen bequemen Sitz auf der Anhöhe. Die Frauen waren zusammen.

Jesus kam mit den Jüngern gegen zehn Uhr oben an, die Pharisäer, Herodianer und Sadduzäer kamen auch mit. Jesus ging auf den Lehrstuhl, die Jünger standen an einer Seite, die Pharisäer an der anderen im Kreis. Es wurden in der Lehre mehrere Pausen gemacht, wo die Leute wechselten und eine andere Abteilung hervortrat. Mehreres wurde in der Lehre wiederholt, und in Zwischenräumen nahmen die Leute, und auch Jesus einmal eine kleine Erquickung: Man gab ihm einen Bissen und reichte ihm zu trinken. Die Lehre, die Jesus hielt, war eine der strengsten und gewaltigsten, die Er je gehalten.

Ehe Er betete, gleich am Anfang sagte Er zu ihnen, sie sollten sich nicht an ihm ärgern, wenn Er Gott seinen Vater nenne, denn wer den Willen des Vaters im Himmel tue, der sei sein Sohn, und dass Er des Vaters Willen tue, bewies Er ihnen dann. Hierauf betete Er laut zu seinem Vater und begann eine strenge Bußpredigt auf Art der prophetischen Lehren. Er umfasste alles, was geschehen war von der Zeit der Verheißung an; führte die Drohungen der Propheten, die Erfüllung derselben als Vorbilder an von der jetzigen Zeit und der nächsten Zukunft. Er bewies die Ankunft des Messias aus der Erfüllung der Prophezeiungen. Er sprach von Johannes, dem Vorläufer und Wegbereiter, und wie er seine Vorbereitung redlich erfüllt habe, wie die Menschen aber immer verstockt blieben. Er führte alle ihre Laster, ihre Heuchelei, ihre Abgötterei mit dem sündhaften Fleisch an.

Er schilderte die Pharisäer, Sadduzäer und Herodianer sehr scharf. Er sprach mit großem Eifer von dem Zorn Gottes und dem nahenden Gericht. Er sprach von der Zerstörung Jerusalems und des Tempels und dem Wehe über dieses Land. Er sprach auch Vieles aus dem Propheten Malachias und erklärte es und führte es aus: vom Vorläufer, vom Messias, von einem reinen, neuen

Speiseopfer, was ich deutlich von dem Heiligen Messopfer verstand – die Juden verstanden es nicht – und vom Gericht über die Gottlosen und der Rückkehr des Messias am Jüngsten Tag, und vom Vertrauen und Trost der Gottesfürchtigen. Er sprach vom Weggehen der Gnade zu den Heiden.

Er redete die Jünger an, forderte sie zur Treue und Ausdauer auf, Er sagte ihnen, dass Er sie senden wolle zu allen, um das Heil zu lehren. Er sagte ihnen, sie sollten sich nicht zu den Pharisäern, nicht zu den Sadduzäern halten und nicht zu den Herodianern, die Er alle öffentlich scharf beschrieb und mit treffenden Vergleichen belegte, ja auf die Er geradezu hinzeigte. Das war nur um so verdrießlicher für sie, weil keiner öffentlich Herodianer heißen wollte, sie waren dieser heimlichen Sekte meist heimlich zugetan.

Jesus hat an dieser Lehre meist aus den Propheten gesprochen. Einmal sagte er, wenn sie das Heil nicht annehmen würden, werde es ihnen schlimmer gehen als Sodoma und Gomorrha. Damit nun, glaubten die Pharisäer, könnten sie ihn fangen, und als eine Pause war, sagten sie zu ihm: ob denn dieser Berg, diese Stadt, das ganze Land versinken solle mit ihnen allen? Und wie dann noch etwas Schlimmeres möglich sei?

Da antwortete er: in Sodoma seien die Steine versunken, aber nicht alle Seelen, denn sie hätten die Verheißung nicht gekannt und das Gesetz nicht gehabt und keine Propheten, und Er sprach noch Worte, welche ich von seiner Höllenfahrt verstand, und der Rettung vieler. Die Juden verstanden das nicht; ich aber hatte eine kindliche Freude, daraus zu sehen, dass diese Menschen nicht alle verloren seien. Von den jetzigen Juden aber sprach Jesus: ihnen sei alles gegeben, sie seien auserwählt von Gott, zu seinem Volke gemacht, sie hätten alle Weisung und Warnung, Verheißung und Erfüllung, so sie dieselbe aber zurückstießen und im Unglauben beharrten, würden nicht die Steine, die Berge, die ihrem Herren gehorchten, sondern ihre steinharten Herzen, ihre Seelen vom Abgrund verschlungen werden. Dies sei ärger als das Schicksal Sodomas.

Als Jesus die Sünder so streng zur Buße gerufen, die Strafgerichte so scharf ausgesprochen hatte, wurde Er wieder ganz voller Liebe, und rief alle Sünder zu sich, ja Er vergoss Tränen der Liebe. Er betete, sein Vater möge die Herzen rühren, wenn nur eine Schar, nur einige, nur einer zu ihm käme, auch mit aller Schuld belastet; wenn Er nur eine Seele gewinnen könne, Er wolle alles mit ihr teilen, Er wolle alles für sie hingeben, Er wolle gerne mit seinem Leben für sie bezahlen! Er streckte die Hände gegen alle aus, Er rief: «Kommt, kommt ihr, die ihr mühselig und belastet seid! Kommt ihr Sünder, tut Buße, glaubt und teilt das Reich mit mir!» Auch zu den Pharisäern und allen seinen Feinden streckte Er die Arme aus, wenn auch nur einer zu ihm kommen wolle!

Magdalena hatte anfangs wie eine schöne, vornehme, etwas selbstsichere, doch wenigstens so scheinen wollende Dame bei den anderen Frauen gesessen, doch war sie schon innerlich beschämt und bewegt heraufgekommen. Anfangs sah sie umher unter der Menge; als Jesus aber erschien und lehrte, wurden ihr Blick und ihre Seele immer mehr von ihm gefesselt. Sie wurde von seiner Bußrede, von seiner Lasterschilderung, von den Drohungen der Strafe heftig erschüttert; sie konnte nicht widerstehen, sie bebte und weinte unter ihrem Schleier.

Als Er nun so liebevoll und flehend den Sündern zurief, sie sollten zu ihm kommen, waren viele Menschen hingerissen, und es war eine Bewegung in dem Kreis, das Volk drängte sich näher heran; auch Magdalena und die Frauen, auf ihre Veranlassung, nahten sich. Als Er aber sagte: «Ach! Und wenn es nur eine Seele wäre, die mir nahte!» war Magdalena so bewegt, dass sie zu ihm hin wollte. Sie tat einen Schritt vorwärts, die anderen aber hielten sie zurück, um keine Störung zu machen, und sagten: «Nachher! Nachher!»

Es erregte diese ihre Unruhe kaum unter den Nächsten Aufmerksamkeit, weil alle ganz auf Jesu Worte gespannt waren. Jesus aber, als wisse Er um Magdalenas Rührung, antwortete sogleich mit Trost auf dieselbe, indem Er fortfuhr: Wenn auch nur ein Funke der Buße, der Reue, der Liebe, des Glaubens, der Hoffnung durch seine Worte in ein armes verirrtes Herz gefallen sei, es solle Früchte tragen, es solle ihm angerechnet werden, es solle leben und wachsen; Er wolle es nähren und großziehen und zum Vater zurückführen! Diese Worte trösteten Magdalena, sie fühlte sie durch und durch und setzte sich wieder zu den anderen.

Hierüber wurde es etwa sechs Uhr. Die Sonne stand schon tief dem Berg im Rücken. Jesus war bei der Lehre gegen Abend gerichtet, dahin ging die Aussicht des Lehrortes; hinter ihm standen keine Menschen. Er betete, segnete und beurlaubte die Menge. Er sagte zu den Jüngern, sie sollten bei den Leuten, welche Speise hätten, sie kaufen und den Armen und Bedürftigen austeilen; überhaupt sollten sie alles, was Einzelne überflüssig hätten, kaufen und den Armen austeilen, auch selbst, um es mit nach Hause zu nehmen. Sie sollten nichts Überflüssiges übrig lassen und mit freundlicher Bitte oder um Geld alles verteilen. Ein Teil der Jünger ging sogleich an dieses Geschäft; die meisten Leute gaben gern, und die anderen verkauften gern. Die Jünger aber waren meist hier in der Gegend bekannt und taten es mit großer Liebe, und so wurden die Armen gut versorgt und dankten der Milde des Herrn.

Die anderen Jünger gingen unterdessen mit Jesus zu den vielen Kranken, welche an einer Seite des Weges hinab an einem Busen des Berges gebettet waren. Die meisten Pharisäer und dergleichen kehrten geärgert, gerührt, verwundert, ergrimmt nach Gabara zurück, und Simon Zabulon, der Vorsteher, erinnerte Jesus noch vorher, dass er ihn zur Abendmahlzeit in seinem Haus geladen habe. Jesus sagte ihm, Er werde kommen.

So gingen sie dann einstweilen hinab und mäkelten und krittelten unterwegs so lange über Jesus und seine Lehre und sein Wesen, indem sich einer vor dem anderen schämte, seine Rührung merken zu lassen, dass sie, in die Stadt gekommen, ganz in ihrer Selbstgerechtigkeit wieder hergestellt waren.

Magdalena und die vier anderen Frauen aber folgten Jesus sogleich und stellten sich unter das Volk bei den kranken Frauen und schienen da helfen zu wollen, wie sie konnten. Magdalena war sehr gerührt, und das Elend, das sie sah, erschütterte sie noch mehr. Jesus war erst lange mit den Männern beschäftigt. Er heilte Kranke aller Art, und der Lobgesang der wegziehenden Geheilten und ihrer Begleiter drang durch die Luft.

Als Er mit den Jüngern den kranken Frauen nahte, wurden durch die andrängende Menge und den Raum, den Jesus und die Seinigen brauchten, Magdalena und die Frauen etwas mehr entfernt. Sie suchte aber jede Gelegenheit, jede Lücke, um dem Herrn zu nahen, der sich aber immer wieder hinweg wandte. Jesus heilte auch einige blutflüssige, abgesonderte Frauen und wie wurde es der weichlichen, vom Anblick des Elends ganz entwöhnten Magdalena zu Mut, und welche Erinnerung, welcher Dank kam in die Seele der Maria Suphanitis, als sechs zu drei und drei aneinander gebundene Frauen von anderen starken Mägden an langen Tüchern oder Riemen mit Gewalt gegen Jesus herangeführt wurden!

Sie waren auf schreckliche Art von unreinen Geistern besessen. Es sind die ersten besessenen Frauen, die ich öffentlich zu ihm bringen sah. Sie waren teils über den See Gennesaret, teils von Samaria hergebracht, ich meine, es waren auch Heidinnen dabei. Man hatte sie erst hier oben so zusammengebunden. Sie waren manchmal ganz still und sanft, sie taten auch einander nichts, wenn sie aber in die Nähe von Männern kamen, wurden sie ganz rasend, stürzten gegen sie an, schrien, wurden hin und her geschleudert und wälzten sich unter greulichen Konvulsionen auf der Erde. Es war ein schauderhafter Anblick, man band sie und hielt sie abgesondert, während Jesus lehrte, und jetzt wurden sie zuletzt herangeführt.

Als sie Jesus und den Jüngern nahten, fielen sie in heftigen Widerstand, der Satan fürchtete den Herrn, und zerrte sie entsetzlich. Sie schrien die widerlichsten Töne aus und verdrehten ihre Glieder auf die grässlichste Art. Jesus wandte sich zu ihnen hin und gebot ihnen zu schweigen und zu ruhen; da standen sie still und starr. Nun nahte Er ihnen, ließ sie losbinden, befahl ihnen niederzuknien, betete und legte ihnen die Hände auf, und sie sanken unter seiner Hand in Ohnmacht. Da sah ich den Feind wie einen dunklen Dampf von ihnen weichen, und nun wurden sie von ihren Angehörigen aufgenommen und standen weinend und verschleiert vor Jesus, beugten sich vor ihm zur Erde und dankten. Jesus ermahnte sie zur Bekehrung, Reinigung und Buße, damit das Übel nicht noch grässlicher zurückkehre.

Jesus wird im Hause des Simon Zabulon von Magdalena gesalbt

Nun war es schon in der Dämmerung und Jesus ging von den Jüngern begleitet nach Gabara hinab. Es zogen viele Leute in Scharen, auch einige der Pharisäer vor und hinter ihm. Magdalena aber, ihrer Empfindung immer ohne äußere Rücksichten hingegeben, folgte dicht nach ihm in der Schar der Jünger, und ihretwegen ebenso die vier anderen Frauen. Sie suchte Jesus immer so nahe wie möglich zu sein. Da dies für Frauen etwas ganz Ungewöhnliches war, so sagten einige der Jünger es Jesus. Er wandte sich aber zu ihnen und sprach: «Lasst sie gehen, dies ist nicht eure Sache!» So kam Jesus zur Stadt, und als Er dem Festhause nahte, in welchem Simon Zabulon die Mahlzeit angerichtet hatte, war der Vorhof wieder voller Kranker und Armer, welche bei seiner Annäherung gekommen waren, und sie riefen die Hilfe Jesu an, der sich sogleich zu ihnen begab und sie ermahnte, tröstete und heilte.

Indem aber kam Simon Zabulon mit einigen anderen Pharisäern und sagte zu Jesus, Er möge doch zum Mahle kommen, sie warteten. Er habe doch heute wohl schon genug getan, diese Leute möchten bis auf ein anderesmal warten, und die Armen wollte er gar hinwegweisen. Jesus sagte ihm aber, dies seien seine Gäste, die Er eingeladen, und Er müsse sie erst erquicken. Wenn Er ihn aber zum Mahl eingeladen habe, so habe Er diese auch eingeladen, und Er werde erst zu seinem Mahl kommen, wenn diesen geholfen sei, und werde mit diesen kommen! Da mussten die Pharisäer wieder abziehen und noch dazu Tische für die genesenen Kranken und Armen in den Hallen um den Vorhof herrichten. Jesus heilte sie aber alle, und die Jünger brachten jene, welche bleiben wollten, an die Tische, welche für sie gerüstet waren, und es wurden ihnen Lampen angezündet.

Magdalena und die Frauen hatten Jesus hierher begleitet und hielten sich in den Hallen des Vorhofs auf, wo sie an den Speisesaal stießen. Jesus kam nachher mit einem Teil der Jünger zu Tisch. Es war ein reichliches Mahl und Jesus sendete oft von den Speisen an die Tische der Armen durch die Jünger, welche ihnen dienten und mit ihnen aßen. Er lehrte unter dem Mahl und die

Pharisäer waren eben in einem heftigen Disput mit ihm, ich habe vergessen worüber, weil ich immer auf Magdalena sah, welche sich mit ihren Begleiterinnen dem Eingang der Halle genähert hatte. Magdalena trat immer etwas näher, und die Frauen folgten in einiger Entfernung.

Auf einmal ging sie in demütiger Beugung des Leibes, das Haupt verschleiert, in der Hand eine kleine weiße Flasche haltend, die mit einem Büschel Kräuter verstopft war, mit raschen Schritten in die Mitte des Saales hinter Jesus und goss ihm das Fläschchen auf das Haupt aus, und fasste das lange Ende ihres Schleiers zwischen beide Hände zusammengefaltet und streifte einmal über das Haupt Jesu, als wolle sie die Haare glatt streichen und den Überfluss der Salbe damit abtrocknen.

Als diese Handlung geschehen war, trat sie einige Schritte zurück. Das ganze heftige Gespräch war unterbrochen. Alles war still und schaute auf das Weib und Jesus. Wohlgeruch verbreitete sich. Jesus war ruhig. Viele steckten die Köpfe zusammen, blickten unwillig gegen Magdalena und flüsterten.

Simon Zabulon schien besonders verärgert, und Jesus sagte zu ihm: «Ich weiß wohl, was du denkst, Simon! Du denkst, es sei nicht schicklich, dass ich von diesem Weib mir das Haupt salben lasse. Du denkst, sie ist eine Sünderin; aber du hast Unrecht, denn sie hat aus Liebe getan, was du unterlassen hast. Du hast mir die Ehre, die dem Gast gebührt, nicht erwiesen!», und nun wandte Er sich zu Magdalena, die noch da stand, und sagte: «Gehe in Frieden! dir ist vieles vergeben.»

Da ging Magdalena zu den anderen zurück und sie verließen das Haus. Jesus aber sprach mit der Gesellschaft von ihr und nannte sie ein gutes Weib, welches viel Mitleid habe, und sprach von dem Richten anderer, von dem Beschuldigen offener, bekannter Schuld, während man oft viel größere heimliche in seinem Herzen trage. Er sprach mit ihnen und lehrte noch lange und ging sodann mit den Seinigen zur Herberge.

Magdalena war gerührt und erschüttert von allem, was sie gehört und gesehen, sie war in ihrem Innern überwältigt; und weil eine gewisse heftige Hingebung und Großmut in ihr waren, wollte sie Jesus ehren und ihm ihre Rührung bezeugen. Sie hatte mit Kummer gesehen, dass ihm, dem wunderbarsten, heiligsten, geistvollsten Lehrer, ihm, dem liebevollsten, wundertätigsten Helfer, von diesen Pharisäern keine Ehre, keine gastfreundliche Auszeichnung beim Empfang und während des Mahles geschehen war, und fühlte sich in ihrem Innern bewogen, es statt aller zu tun, denn die Worte Jesu «wenn auch nur einer gerührt sei und kommen wolle» hatte sie nicht vergessen.

Die kleine Flasche, welche etwa eine Hand groß war, trug sie meist bei sich, wie vornehme Damen dies hier wohl tun. Sie trug ein weißes Oberkleid mit großen roten Blumen und kleinen Blättchen durchstickt; es hatte weite, mit Armringen kraus gefasste Ärmel, war auf dem Rücken weit ausgeschnitten und hing von da ohne Taille in einem Stück nieder. Es war vorn offen und erst über den Knien mit Riemen oder Schnüren verbunden. Die Brust und den Rücken bedeckte ein festes mit Schnüren und Geschmeide verziertes Stück, skapulierartig über die Schultern gelegt und an den Seiten verbunden; darunter war ein anderer bunter Rock.

Sie hatte diesmal den Schleier, der sonst um den Hals geschlungen war, weit über alles ausgebreitet. Sie war größer als alle die anderen Frauen, mächtig, fleischig und doch schlank; sie hatte sehr schmale und schöne spitze Finger, kleine aber schmale Füße, eine edle Bewegung, sehr schöne, reiche lange Haare.

Magdalena bei den heiligen Frauen – Sie geht wieder nach Magdalum – Kurze Schilderung der allerseligsten Jungfrau

14. November: Die heiligen Frauen sind von Damna etwa eine Stunde weiter an den Badesee von Bethulien gezogen. Im Tal an der Nordseite des Sees liegt eine Reihe Häuser, wo auch Jesus übernachtete, als Er das letzte Mal von Kapharnaum hier in das Bad reiste. An dieser Seite liegen auch die Wohnungen der Frauen, welche das Bad benutzen. Die heiligen Frauen sind gestern von Damna hierher Magdalena und den anderen entgegen gezogen. Sie hatten hier einen langen Saal inne; es war eine Lampe darin

und Sitze mit Decken, die Schlafstellen waren durch Vorhänge geschieden und vorne mit einem Stellschirm geschlossen.

Martha und eine der anderen Frauen kamen gestern abend Magdalena halbweg Gabara mit einem Esel entgegen. Sie hatten von Gabara etwa eine Stunde. Ich sah nun gestern abend und heute nacht Magdalena und die heiligen Frauen zusammen. Maria sprach auch mit Magdalena. Sie erzählte von Jesu Lehre; von ihrer Salbung und seinen Worten sprachen die beiden anderen.

Ich sah die heiligen Frauen miteinander auf und ab gehen und sprechen; Magdalena aber saß mehr. Alle baten sie, doch gleich bei ihnen zu bleiben und wenigstens eine Zeit lang mit nach Betanien zu gehen; sie sagte aber, sie müsse erst nach Magdalum, ihr Hauswesen in Ordnung zu bringen. Das war ihnen allen nicht lieb.

Sie konnte übrigens nicht aufhören, von ihrer Rührung und Jesu Herrlichkeit, Macht, Sanftmut und Wundern zu sprechen: sie fühle, dass sie ihm folgen müsse, ihr Leben sei ihrer nicht wert, sie wolle zu ihnen kommen, usw. Dabei war sie sehr innig und nachdenklich, weinte oft; aber es war ihr auch leichter und heiterer ums Herz. Sie ließ sich nicht erbitten und kehrte mit ihrer Magd nach Magdalum zurück. Martha begleitete sie ein Stück Wegs und traf dann mit den heiligen Frauen wieder zusammen, welche nach Kapharnaum zurückkehrten.

Magdalena, fürchte ich, wird noch einmal zurückfallen, denn ich sah sie später so hoffärtig und unwillig mit Martha zu einer Lehre Jesu auf einem Berg bei Dothaim kommen und erst dort bekehrt werden. Sie ist größer und schöner als die anderen Frauen. Dina die Samaritin ist auch schön, aber viel tätiger und behender als Magdalena, ist sie sehr lebendig, freundlich und hilfreich an allen Ecken, wie eine rasche, kluge und liebevolle Magd, sie ist sehr demütig.

Alle aber übertrifft die heilige Jungfrau Maria an wunderbarer Schönheit. Wenngleich ihre Gestalt wohl ihresgleichen an Schönheit hat und an auffallendem Wesen von der Figur Magdalenas übertroffen wird, so leuchtet sie doch aus allen hervor durch unbeschreibliche Zucht, Einfalt, Einfachheit, Ernst, Sanftmut und Ruhe. Sie ist so sehr rein und ohne alle Nebeneindrücke, dass man in ihr nur das Ebenbild Gottes im Menschen sieht. Niemandes

Wesen gleicht ihr, als nur das ihres Sohnes. Ihr Angesicht aber übertrifft das aller Frauen um sie und die ich jemals sah, an unaussprechlicher Reinheit, Unschuld, Ernst, Weisheit, Friede und süßer andächtiger Lieblichkeit. Sie sieht ganz erhaben und doch wie ein unschuldiges, einfaches Kind aus. Sie ist sehr ernst, sehr still, oft traurig, aber nie zerrissen und ungebärdig; die Tränen laufen ganz sanft über das ruhige Angesicht.

VIERTES KAPITEL

Jesus auf dem Gut des Hauptmanns Serobabel und im Hause seiner Mutter

Vom 14. November bis 2. Dezember 1822

14. November: Ich sah schon gestern und in der Nacht viele Jünger, welche in der Nähe wohnten, nach Hause, Petrus, Andreas und andere nach Kapharnaum und Bethsaida gehen. Jesus lehrte und heilte noch Einzelne am Vormittag und ging dann von den übrigen Jüngern und einigem Volk begleitet an der Nordseite des Berges von Gabara, östlich von Magdalum in das Tal hinab, und dann auf einer Höhe über dem Seeufer zu einem Hügel hinauf, welcher das Ende der südlichen Höhen des Tals von Kapharnaum gegen den See zu ist.

Hier liegt ein kleiner Ort von etwa fünfzig Wohnungen, welcher zu einem Gut des Hauptmanns von Ka-pharnaum, Serobabels, gehört, und hierhin führt jene Schlucht mit allerlei schönen Tieren und Anlagen, in welche Jesus sich bei seiner letzten Anwesenheit zu Kapharnaum begab, ehe Er die Gegend verließ. Die zwei Aussätzigen von hier, die Er damals geheilt, kamen heute zu ihm und dankten ihm für ihre Genesung, denn Er hielt sich damals nicht lange bei ihnen auf.

Dieser Ort bestand aus einzelnen, mit Mauern umgebenen, mannigfaltigen Gärten, und die etwa fünfzig Wohnungen, die ich gesehen, waren schier alle einzelne Hütten und kleine Kellerwohnungen, in die untermauerten Gartenhügelwände hinein gebaut. Es wohnten lauter Gärtner, Dienstleute, Sklaven und Pächter des Hauptmannes Serobabel darin, dem diese Feldmark gehörte, zu der aus dem Tal zu Kapharnaum jene angenehm angelegte wilde

Schlucht führte, die eine Art Tiergarten war, durch welche Jesus damals sich heimlich hierher begab.

Es war heute der Verwalter und sämtliches Hausgesinde und der geheilte Sohn Serobabels hier, die alle getauft waren. Jesus lehrte sie und die Einwohner des Orts und seine Begleiter und heilte noch mehrere Kranke hier. Er nahm auch ein kleines Mahl ein. Erst in der Dämmerung begab Er sich ins Tal von Kapharnaum zu dem Hause seiner Mutter, nachdem sich seine Jünger vorher verteilt hatten, jeder zu den Seinigen.

Alle die heiligen Frauen waren hier versammelt, und es war eine große Freude. Petrus und die Verwandten waren auch bei dem Mahl. Ich habe hier nochmals Maria und die heiligen Frauen Jesus bitten hören, Er möge doch noch morgen früh von hier etwa über den See gehen, weil die Kommission der Pharisäer so sehr über ihn erbittert sei. Er verwies sie aber zur Ruhe.

Maria empfahl ihm nochmals den Hauptmann Cornelius wegen seines kranken Sklaven: Dies sei ein sehr guter Mann, er habe als ein Heide den Juden aus Zuneigung eine Synagoge erbaut; auch bat sie ihn, die kranke Tochter des Synagogen-Vorstehers Jairus zu heilen. Dieser wohnt, glaube ich, in einem kleinen Ort nahe bei Kapharnaum.

Der Hauptmann Cornelius – Heilung seines Knechtes und eines Aussätzigen

Mt 8,2-13; Lk 7,1-10 – 15. November: Heute morgen ging Jesus mit mehreren Jüngern gegen Kapharnaum, Er wollte zu dem Heidenhauptmann Cornelius gehen; da Er aber vor der Stadt in die Nähe des Hauses kam, welches Petrus gehört, kamen ihm die zwei jüdischen Männer entgegen, welche Cornelius schon neulich zu ihm gesandt hatte. Sie baten ihn abermals, Er möge sich doch seines Dieners erbarmen; Cornelius verdiene es wohl, er sei ein Freund der Juden und habe ihnen eine neue Synagoge erbaut und es sich noch zur Ehre gerechnet, es tun zu dürfen. Jesus sagte ihnen, sie sollten ihm sagen, dass Er zu ihm komme.

Da sandten die jüdischen Männer einen Boten voraus zu Cornelius. Dieser wohnte an der Nordseite von Kapharnaum dicht vor der Stadt und also über ihr an der Höhe. Jesus ging gleich rechts vom Tor den Weg zwischen der Stadt und der Stadtmauer hinauf und an der Hütte eines Aussätzigen in der Mauer vorüber, dem vergönnt war, hier zu wohnen.

Als Er aber eine Strecke weiter das Haus des Cornelius sehen konnte, war dieser demütige Mann nahe gekommen und kniete nieder; sein Bote aber lief Jesus entgegen und sagte ihm: «Der Hauptmann lässt dir sagen: ‹O Herr! Ich bin nicht würdig, dass du unter mein Dach kommst, aber sprich nur ein Wort, so wird mein Diener gesund. Denn, wenn ich, der ich ein geringer Mensch bin und ein Untertan meiner Obern, zu meinen Knechten sagen kann: Tue dies! Tue jenes!, und sie tun es, wie viel leichter muss es dir sein, deinem Knecht zu befehlen, er solle gesund sein, und dass er es sei!›»

Als der Bote diese Worte des Cornelius, der sich nicht würdig hielt, in die Nähe Jesu zu kommen und selbst mit ihm zu sprechen, dem Herrn gesagt hatte, da wandte Er sich zu den Umstehenden und sprach: «Wahrlich ich sage euch, unter den Israeliten habe ich keinen solchen Glauben angetroffen. So wisset denn! Viele werden vom Auf- und Untergang der Sonne kommen und werden mit Abraham, Isaak und Jakob im Himmel sein; und viele Kinder des Reiches Gottes, der Israeliten, werden in die äußerste Finsternis hinausgestoßen werden, wo Heulen und Zähneknirschen sein wird!»

Er wandte sich dann gegen den Hauptmann und sagte: «Gehe hin! Dir geschehe wie du geglaubt hast!» und der Bote rief diese Worte, zu dem knienden Hauptmann eilend, diesem entgegen. Er beugte sich zur Erde und stand auf und eilte nach Hause. Vor dem Hause aber kam ihm sein Diener schon entgegen; er war in ein Laken gehüllt und hatte den Kopf umwunden, er war kein hiesiger Mensch, sondern von gelbbrauner Farbe.

Jesus war unterdessen sogleich nach der Hütte des Aussätzigen zurückgekehrt, um an ihr vorüber in die Stadt zu gehen. Da trat der Aussätzige aus seiner Hütte, warf sich nieder und sagte: «Herr! Wenn du willst, so kannst du mich reinigen!» Da sagte Jesus: «Strecke die Hand aus!» und rührte sie an und sagte: «Ich will es, sei rein!» Da fiel der Aussatz von dem Mann und Jesus befahl ihm, sich den Priestern zu zeigen und die Opfer zu bringen, sonst aber nicht weiter davon Gerede zu machen. Da ging der Mann, der sehr bekannt in der Stadt war, zu den Pharisäern und ließ sich prüfen, ob er geheilt sei; und sie waren ganz ergrimmt, untersuchten ihn sehr scharf und mussten ihn freisprechen. Sie hatten aber doch ein Gezanke mit ihm, dass sie ihn schier von sich stießen.

Jesus redet in einer Herberge mit Frauen aus Naim

Jesus lenkte hierauf in die Straße ein, welche in die Mitte der Stadt führte. Es waren sehr viele Kranke hierher gebracht, auch Besessene führte man heran, und Er heilte wohl noch eine Stunde. Die Kranken lagen auf einem Platz, meist um einen Brunnen, wo sich Hütten befanden. Jesus begab sich hierauf mit mehreren Jüngern aus der Stadt durch das Tal etwa anderthalb Stunden weit in die Schlucht über Magdalum nicht weit von Damna, wo eine offene Herberge war. Hier harrten mehrere Frauen, die mit ihm sprechen wollten; es waren dies Maroni, die Witwe von Naim, die Heidin Lais von Naim und ihre zwei Töchter Sabia und Athalia, welche beide Er zu Meroz aus der Ferne vom Teufel befreit hatte, und ich weiß nicht mehr welche andere Frau.

Maroni, die Witwe von Naim, kam, um Jesus anzuflehen, Er möge zu ihrem zwölfjährigen Sohn Martialis kommen, der so krank sei, dass sie fürchte, ihn tot zu Hause zu finden. Jesus sagte ihr, ruhig nach Hause zu gehen zu ihrem Kind. Er werde kommen, aber wann, sagte Er nicht. Sie kam mit einem Esel und brachte Geschenke für die Gemeinde, welche zur Herberge nach dem nahen Damna gebracht wurden. Jesus tröstete sie und sie eilte sogleich mit dem Knecht auf dem Esel zurück. Es war von hier etwa neun Stunden. Ich weiß nicht, ob sie bei solcher Gefahr heute abend in den Sabbat hinein reisen durfte, ich glaube, dass Jesus es ihr erlaubte. Sie war eine reiche vortreffliche Frau und eine Mutter aller armen Kinder in Naim. Ich meine, sie war nicht Petrus' Vaters, sondern Schwiegervaters Brudertochter.

Es war hier auch Bartholomäus angekommen und hatte seiner verwitweten Schwester Söhnchen Joses mitgebracht; vielleicht um ihn taufen zu lassen. Auch Thomas war da und mit ihm Jephta, des Hauptmanns Achias von Gischala neulich geheiltes Söhnchen. Thomas war bei einem Verwandten gewesen, und ich weiß nicht mehr, durch welche Verbindung er diesen Knaben mitbrachte.

Der Vater Achias war nicht mit dabei, aber Judas Ischariot von Meroz war mitgekommen. Die Lais und ihre zwei Töchter Sabia und Athalia waren bereits in Naim Jüdinnen geworden, und hatten sich vor den Priestern von allem losgesagt. Es war bei dieser Handlung eine Art Taufe durch die Priester, welche aber nur in einer Besprengung mit einem Wedel bestand und außerdem aus verschiedenen Reinigungen. In diesem Falle wurden bei den Juden auch die Weiber getauft, aber bei Jesu und Johannes' Taufe vor Pfingsten nicht.

Jesus sprach hier mit diesen Frauen allerlei über ihre Absichten und ihr ferneres Tun, wozu in Kapharnaum keine Zeit war. Sie hielten außer Maroni in Damna den Sabbat, weil sie zu müde waren, noch vor dem Sabbat nach Kapharnaum zu gehen.

Jesus lehrte und tröstete sie und nahm nebst den Jüngern auch einige Speise mit ihnen ein, welche sie mitgebracht hatten. Er ging sodann mit den anwesenden Männern und den Jüngern nach Kapharnaum zum Sabbat zurück, und die Frauen gingen nach Damna.

Jesus lehrt in der Synagoge von Kapharnaum und heilt einen rasenden Besessenen

In Kapharnaum ging Jesus in die Synagoge. Alle künftigen Apostel außer Matthäus waren darin und sehr viele Jünger und Verwandte Jesu, und viele Verwandte und ihm verbundene Frauen. Auch Maria Heli, Marias älteste Schwester, wohl beinahe siebzig Jahre alt, nebst ihrem zweiten Mann Obed, war mit einem Esel und Geschenken bei Maria angekommen. Sie wohnte zu Japha, einem kleinen Ort höchstens eine Stunde von Nazaret, wo Zebedäus sonst gewohnt hat und seine Söhne geboren sind. Sie hatte sich sehr gefreut, ihre Söhne, die drei Johannesjünger, Jakob, Sadoch und Heliachim wiederzusehen und alle anderen.

Dieser Jakob war schon so alt wie Andreas und ist derselbe, welcher nebst einem Jünger Kephas und einem Johannes einmal mit Paulus in jüdischen Beschneidungssachen zu tun hatte. Er wurde auch Priester nach Jesu Tod und war einer der vornehmsten und ältesten von den siebzig Jüngern; er ist mit Jakobus dem Älteren in Spanien und auf den Inseln, auch in Cypern und in den heidnischen Landen an der Judengrenze gewesen. Nicht er, sondern Jakobus der Jüngere, des Alphäus Sohn aus Maria Kleophä, war der erste Bischof zu Jerusalem.[17]

Die Pharisäer und Sadduzäer hatten sich heute in der Synagoge entschlossen, Jesus ernsten Widerstand zu tun und ihn förmlich in einem vorbereiteten Tumult, wozu sie Leute gedungen hatten, hinauszustoßen oder gefangen zu nehmen: aber es kam ganz anders. Jesus begann seine Lehre in der Synagoge mit einer sehr heftigen und strengen Anrede und sprach unverhohlen, wie einer, der die Macht und die Gewalt hat, so zu sprechen.

Der Grimm der erbitterten Pharisäer stieg dermaßen, dass sie eben gegen ihn losbrechen wollten, als plötzlich ein großer Aufstand in der Synagoge entstand, denn ein Mann in der Stadt, der von einem Unzuchtsteufel besessen war und der wegen seiner Raserei festgebunden lag, hatte seine Bande zerbrochen, während seine Wächter in der Synagoge waren. Er stürzte wie eine Furie in die Synagoge, drang mit fürchterlichem Geschrei durch das Volk, das er zur Seite stieß und welches auch zu schreien begann, und rannte so bis zu der Stelle, wo Jesus lehrte, und schrie:

«Jesus von Nazaret! Was haben wir mit dir zu tun? Du bist gekommen, uns zu vertreiben? Ich weiß, wer du bist. Du bist der Heilige Gottes!» Jesus aber, unbewegt, wandte sich kaum vom erhöhten Stand zu ihm, Er drohte seitwärts mit der Hand und sprach ruhig: «Schweig und fahre aus von ihm!»

Da wurde der Mensch still, aber hin und her gerissen sank er nieder, und ich sah den Satan von ihm weichen wie einen starken schwarzen Dampf. Der Mensch aber war nun bleich und sanft und sank auf sein Angesicht und weinte. Alle hatten dieses schreckliche und wunderbare Schauspiel der Macht Jesu gesehen. Der Schrecken der Anwesenden ging in ein Geflüster der Verwunderung über, und die Pharisäer hatten alle ihren Mut verloren; ja sie sagten stutzend zueinander: «Was ist das mit diesem Menschen? Er gebietet den Geistern und sie fahren aus!»

Jesus fuhr nun ohne Hindernis in seiner Lehre fort. Der befreite Besessene, ganz schwach und mager, wurde von den Seinigen und seiner Frau, die in der Synagoge war, nach Hause gebracht.

Nach der Synagoge kam er beim Herausgehen zu Jesus, dankte und holte sich Rat. Jesus ermahnte ihn, von seinen Lastern abzulassen, damit es ihm nicht ärger ergehe, und wies ihn zur Buße und Taufe. Dieser Mann ist ein Tuchweber, er macht solche schmale, leichte, baumwollene Tücher, die sie um den Hals hängen haben. Er ging nachher wieder ruhig und gesund an seine Arbeit.

Ein solcher unreiner Geist bemächtigte sich oft der Menschen, welche ihren fleischlichen Gelüsten übermäßig und ohne Bändigung ergeben waren.

Nach diesem Auftritt hatten die Pharisäer allen Mut verloren, heute Jesus anzufallen, sie waren ganz ruhig und Er lehrte diesen Abend über die Sabbats-Lesung aus Mose und Hoseas ohne weitere Störung bis zum Schluss, da Er noch sehr ernst und streng sprach. Sein Wesen und seine Worte waren heute viel strenger als sonst, und Er sprach ganz wie einer, der Gewalt hat. Er ging hierauf zum Hause Marias, wo die Frauen alle und viele Verwandte und Jünger versammelt waren.

Hier nahmen sie zum Teil ein kleines Mahl. Ich habe heute in der Nacht alle heiligen Frauen der hilfreichen Gemeinde bis zu Jesu Tod gezählt. Es waren ihrer siebzig, jetzt habe ich schon siebenunddreißig gezählt, die bereits teilnehmen. Die Töchter der Lais von Naim, Sabia und Athalia, waren zuletzt auch bei den Wandernden und Helfenden. Ich habe sie zu den Zeiten des hl. Stephanus bei den Ansiedlungen in Jerusalem gesehen.

Die Wunderheilungen – Moralischer Charakter der Krankheiten

17. November: Jesus lehrte am Morgen ungehindert in der Synagoge. Die Pharisäer hatten zueinander gesagt: «Wir können jetzt nichts mit ihm anfangen, sein Anhang ist zu groß, wir wollen ihm nur dann und wann widersprechen, wollen alles nach Jerusalem melden und dann warten, bis Er am Osterfest zum Tempel kommt.» Es waren aber von Neuem sehr viele Kranke in den Straßen, die teils gestern kurz vor dem Sabbat angekommen, teils vorher ungläubig, nun aus den Winkeln der Stadt auf das Gerücht von den gestrigen Heilungen hervorgekommen waren; auch sah ich viele, welche schon mehrmals dagewesen, aber nur Linderung empfangen hatten und wiederkehrten.

Ich erhielt dabei die Erklärung: Diese Kranken sind die lauen, hinfälligen, trägen Seelen, welche sich schwerer bekehren, als die heftigen großen Sünder. Magdalena bekehrte sich mit Kampf nach mehreren Rückfällen, dann mit großer Gewalt. Dina, die Samaritin, schnell, Maria, die Suphanitin, lange sehnsüchtig, dann plötzlich. Alle die großen Sünderinnen bekehrten sich sehr schnell und kräftig, so auch der starke Paulus wie mit einem Blitzstrahl, Judas schwankte immer und ging zu Grunde.

So sind es auch die heftigen, großen Übel, welche ich Jesus nach seiner Weisheit sogleich lösen sehe, weil die damit Behafteten wie die Besessenen teils ganz willenlos in ihren Zuständen sind, teils wie die Schwerkranken durch ihre Leiden auch im Willen überwältigt werden. Andere Kränkelnde aber, welche bei ihren Leiden nur etwas unbequemer sündigen und ohne wahre Bekehrung sind, sehe ich oft von ihm entweder abgewiesen und zur Besserung ermahnt oder nur gelindert, um ihre Seelen mehr zu zähmen durch den Druck ihrer Fesseln.

Jesus kann sie alle gleich heilen, aber Er heilt nur die, welche glauben und Buße tun und warnt sie oft vor dem Rückfall. Ich habe auch oft gesehen, dass Er bloß Kränkelnde schnell geheilt, so es ihrer Seele gedeihlich war. Aber Er ist ja nicht gekommen, die Leiber zur Sünde gesund zu machen, sondern die Leiber zu heilen, um die Seelen zu retten und zu erlösen.

Ich sehe aber immer in jeder Art der Krankheit eine göttliche Absicht und ein Sinnbild irgendeiner auf dem Menschen haftenden eigenen oder fremden, ihm wissentlich oder unwissentlich zu tilgen zukommenden Schuld, oder ein ihm ganz eigen zugerichtetes Kapitel der Prüfung, der Führung, der Geduld, womit er in dem Ertragen wuchern soll, so dass eigentlich keiner unschuldig leidet. Denn wer ist unschuldig, da der Sohn Gottes die Sünden der Welt auf sich nehmen musste, damit sie getilgt wurden, und da wir ihm mit unserem Kreuze nachfolgen sollen, um ihm überhaupt nachzufolgen!

Da die höchste Geduld und Freude im Leiden und die Vereinigung unserer Schmerzen mit den Leiden Jesu Christi ja selbst zu der Vollkommenheit gehört, so ist die Begierde, nicht leiden zu wollen, schon selbst eine Unvollkommenheit. Wir waren aber vollkommen erschaffen und sollen vollkommen wiedergeboren werden. Alle Heilung ist darum reine, unverdiente Gnade und Barmherzigkeit mit armen Sündern, welche mehr als Krankheit, welche den Tod verdient haben, aus welchem aber der Herr durch seinen Tod jene errettet, die an ihn glauben und nach diesem Glauben wirken. So sah ich Jesus auch heute viele Besessene, Lahme, Wassersüchtige, Gichtkranke, Stumme, Blinde, Blutflüssige und Schwerkranke heilen. Bei mehreren, welche noch stehen konnten, sah ich ihn mehrmals vorüber gehen. Es waren auch solche darunter, die schon öfter Linderung von ihm erhalten hatten und ohne ernstliche Bekehrung wieder an Leib und Seele rückfällig geworden waren.

Als Jesus an ihnen vorüber ging, riefen sie: «Herr! Herr! Alle diese Schwerkranken heilst du, uns heilst du nicht! Herr, erbarme dich! Ich bin wieder krank!» Da sagte Jesus: «Warum streckt ihr eure Hände nicht nach mir aus?» Da streckten sie alle die Hände nach ihm und sagten: «Herr, hier sind unsere Hände!» Er aber sagte: «Diese Hände streckt ihr wohl aus, aber die Hände eures Herzens kann ich nicht fassen; ihr haltet sie zurück und geschlossen, denn ihr seid voll Finsternis.» Darüber lehrte Er noch einiges, und mehrere, die sich bekehrten, heilte er; andere erhielten abermals Linderung, an noch anderen ging Er vorüber.

Jesus wandert mit den Jüngern und beantwortet ihre Frage, warum Er in Gleichnissen rede

Er saß zu Mittag mit den Seinigen. Es waren sehr viele Verwandte zugegen, auch noch ein paar aus Nazaret. Nachmittags ging Er mit allen Jüngern und Verwandten gegen den See zu umher und lehrte. Es war an der südlichen Seite des Tals von dem Bach von Kapharnaum aus ein Park und Badegarten bewässert; hier waren sie auch. Ich glaube, dass hier getauft werden wird. Ich hatte anfangs geglaubt, bei dem Hause Marias, wo auch ein schöner Taufbrunnen ist, aber das hätte doch zu viele Störungen gemacht.

Die heilige Jungfrau Maria ist auch mit mehreren der anderen Frauen, worunter Dina, Maria, Lais, Athalia, Sabia, Martha, bei Bethsaida noch oberhalb des Hauses der Aussätzigen spazieren gegangen. Es lagert dort eine Karawane von Heiden, wobei viele Frauen sind. Ich meine von jenen aus Obergaliläa. Die heilige Jungfrau besuchte, tröstete und belehrte sie. Die Frauen saßen an der Anhöhe im Kreis und Maria saß und wandelte unter ihnen. Sie fragten dies und jenes, was sie nicht wussten, und Maria erklärte es ihnen und tröstete sie und erzählte manches von den Altvätern, von den Propheten und von Jesus.

Jesus lehrte eine große Menge Volkes auf der Anhöhe der Gärten Serobabels. Er sprach in mehreren Parabeln. Die Jünger verstanden ihn noch nicht, und da Er sich nachher mit den näheren Jüngern absonderte, erklärte Er ihnen eine Parabel vom Sämann und dem Unkraut unter dem Weizen und der Gefahr, Weizen mit dem Unkraut auszureißen. Es war besonders Jakobus der Ältere, der ihm gesagt hatte, sie verstünden ihn nicht, und warum Er nicht deutlicher rede.

Jesus sagte, Er werde ihnen alles erklären, aber wegen der Schwachen und Heiden dürfe das Reich Gottes nicht unverhüllt dargestellt werden. Da sie jetzt schon davor erschräken, weil es ihrer Versunkenheit zu schwer scheine, so müssten sie es erst in der Hülle des Gleichnisses kennen lernen, und es müsse wie ein Samenkorn in ihnen aufgehen, in welchem die Ähre verhüllt sei und das wieder selbst in die Erde verborgen werde.

Ihnen aber erklärte Er die Parabel, die sich auf ihren Beruf, in der Ernte zu arbeiten, bezog. Er sprach überhaupt von der Nachfolge, und dass sie bald alle mit ihm immer umherziehen würden und Er ihnen alles erklären würde. Ich erinnere mich auch, dass ihn Jakobus der Ältere fragte: «Warum, Meister, willst du es uns erklären, die wir unwissend sind, auf dass wir es verkünden? Sage doch lieber dem Täufer, der so großen Glauben hat, wer du eigentlich bist, der es ausbreiten und verkünden könnte.» Ich weiß die Antwort hierauf nicht mehr.

Jesus ging gegen Abend wieder in die Synagoge und beendigte die Sabbatslehre. Die Pharisäer waren wieder ein wenig zu Atem gekommen und fingen zuletzt noch an, mit ihm über sein Sündenvergeben zu disputieren.

Es waren einige hier, die zu Gabara bei dem Gastmahl gewesen, und sie warfen ihm vor, dass Er zu Maria Magdalena gesagt habe, die Sünden seien ihr vergeben. Woher Er das wisse? Wie Er das könne? Dies sei eine Gotteslästerung! Jesus brachte sie durch seine Antworten immer zum Schweigen. Sie wollten ihn reizen, dass Er sagen solle, Er sei kein Mensch, Er sei ein Gott, so etwas suchten sie herauszulocken. Jesus aber machte ihre Reden immer zu Schanden. Dies geschah vor der Synagoge im Vorhof. Es war zuletzt ein großes Geschrei und Tumult von ihnen und Jesus entzog sich unter der Menge, so dass sie nicht wussten, wo Er hingegangen war.

Er ging aber durch die Gartenschlucht hinter der Synagoge zu den Gärten Serobabels und kam dann auf Umwegen in das Haus seiner Mutter. Er verweilte hier einen Teil der Nacht und sprach mit ihr und den anderen Frauen. Er ließ von hier dem Petrus und vielen der anderen Jünger sagen, ihn am folgenden Morgen nach Naim zu begleiten und auf der anderen Seite des Tales über Petrus' Schifferstelle mit ihm zusammenzutreffen. Es hat, was ich gestern vergaß, ihn auch der Hauptmann Cornelius und sein Knecht fragen lassen, was er tun solle. Er sagte ihm, sich mit allen den Seinigen taufen zu lassen.

17. bis 18. November: Lk 7,11-16 – Ich sah heute Sonntag schon ganz früh Jesus mit den künftigen Aposteln, vielen Jüngern und manchen anderen Leuten, die zu Gabara und von da zu Kapharnaum gewesen waren, nach dem Feld Esdrelon reisen.

Es waren zwei Scharen, eine ging vor, die andere nach; Jesus meist in der Mitte mit Einzelnen. Er lehrte hie und da auf dem Felde, wo sich Leute darboten und sie etwas ruhten. Der Weg führte oberhalb des Petrus' Fischerstelle quer durchs Tal Magdalum, östlich längs dem Berg, der über Gabara liegt, dann im Tal östlich von Bethulien und Gischala und durch die Gegend der zwei Städte durch, die neulich bei der Reise von Dabrath nach Gischala rechts und links am Wege lagen.

Jesus mochte heute etwa neun bis zehn Stunden gewandert sein. Sie kehrten in einer Herberge etwa drei bis vier Stunden von Naim bei Hirten am Wege ein. Sie hatten den Bach Kison schon einmal überschritten. Jesus hat viel unterwegs gelehrt, unter anderem, wie sie die falschen Lehrer unterscheiden sollten.

18. November: Naim ist ein schöner Ort mit festen Häusern und hat auch Engannim geheißen. Es liegt auf einem angenehmen Hügel am Bache Kison gegen Mittag, etwa eine kleine Stunde vom Aufsteigen der Unterlage des Berges Tabor, und sieht zwischen Mittag und Abend gegen Endor. Jezrael liegt ihm mehr im Mittag, aber man kann es wegen der Anhöhen nicht sehen.

Es hat die schöne Ebene von Esdrelon vor sich und mag ungefähr drei bis vier Stunden in Südost von Nazaret liegen. Es liegt an der Nordseite des Kison. Jesus hatte ihn von Nordost gegen West gehend überschritten. Es ist ungemein fruchtbar hier an Getreide, Obst und Wein, und die Witwe Maroni besitzt einen ganzen Berg voll der schönsten Weinreben.

Jesus kam mit etwa dreißig Begleitern gegen Naim; es hatten sich mehrere unterwegs schon, nach ihrer Heimat reisend, getrennt. Der Weg über die Hügel wurde hier schmäler. Es war ungefähr neun Uhr morgens, als sie Naim nahten. Ich hatte neulich schon die Weisung, dass Jesus, als Er sehr nahe war, mit Fleiß nicht nach Naim ging, da der Knabe doch schon krank war, weil er durch ihn vom Tod erweckt und der Glaube dadurch ausgebreitet werden sollte.

Als die Jünger sich auf der schmalen Straße dem Tor nahten, sah ich einen Trupp in Trauermänteln gehüllter Juden mit der Leiche zu dem Tor herauskommen. Ich habe immer sagen hören, die Juden liefen so unordentlich mit ihren Toten, und es war auch hier so. Sie waren wie ein Schwarm drum her. Vier Männer trugen die Leiche zwischen sich in einem Kasten, auf in der Mitte eingebogenen Querstangen gelegt. Der Kasten war auf Art eines menschlichen Leibes geformt und leicht wie ein geflochtener Korb und hatte oben einen angehefteten Deckel.

Jesus ging durch die Jünger, welche sich in zwei Reihen am Wege stellten, den ankommenden Leichenbegleitern entgegen und sprach: «Bleibt stille stehen!», und indem Er die Hand auf den Sarg legte, sagte er: «Setzt den Sarg nieder.» Da setzten sie den Sarg nieder, die Leute traten zurück, die Jünger standen zu beiden Seiten.

Die Mutter mit mehreren Frauen, worunter die bekannten drei Witwen, deren einer der Bruder von Chasaloth ihr erster Mann gewesen war, waren der Leiche gefolgt und standen, so eben aus dem Tor herausgetreten, mehrere Schritte vom Herrn. Sie waren verschleiert und sehr traurig. Die Mutter stand voran, sie war gar stille und weinte und mochte wohl denken: «Ach, nun kommt Er zu spät!» Jesus sagte zu ihr sehr freundlich und doch ernsthaft: «Weine nicht, Weib!» Der Kummer aller Leute umher rührte ihn, denn man liebte die Witwe sehr in der Stadt wegen ihrer so großen Wohltätigkeit gegen die Waisen und Armen aller Art. Es waren aber doch auch manche tückische und böse Menschen umher und sammelten sich noch mehrere aus der Stadt. Jesus begehrte Wasser und einen Zweig; man brachte einem der Jünger ein kleines Kesselchen mit Wasser und brach ein Ysop-Zweiglein in einem Garten, und dieses wurde dem Herrn gereicht, welcher den Trägern sagte: «Öffnet den Sarg und wickelt die Binde los.»

Während sie damit beschäftigt waren, erhob Jesus seine Augen zum Himmel und sprach: «Ich preise dich Vater, Herr des Himmels und der Erde, weil du dies alles vor den Weisen und Klugen verborgen und den Einfältigen offenbar gemacht hast. Ja, Vater! So war es vor dir wohlgefällig. Alles ist mir von meinem Vater übergeben, und niemand erkennt den Sohn als der Vater, und niemand erkennt den Vater als der Sohn und wem es der Sohn offenbaren will. Kommt alle zu mir, ihr Mühseligen und Belasteten! Ich will euch erquicken. Nehmt mein Joch auf euch und lernt von mir, denn ich bin sanftmütig und demütig von Herzen. Ihr werdet Ruhe finden für eure Seele, denn mein Joch ist sanft und meine Bürde ist leicht!»

Als sie den Deckel aufgelegt hatten, sah ich den Leib wie eine Wickelpuppe eingewickelt in dem Sarg liegen. Sie machten die Binde, den Leib mit den Händen unterstützend, von ihm los und rollten sie auf, entblößten das Angesicht und die angebundenen Hände, und er lag nur noch in einem Tuch eingeschlagen. Jesus aber segnete das Wasser, tauchte den Zweig hinein und besprengte das Volk rings umher.

Da sah ich viele kleine dunkle Gestalten, wie Insekten, Käfer, Kröten, Schlangen und kleine dunkle Vögel von manchen aus der Umgebung wegschweben. Das schien zwar sonst niemand zu sehen, die Leute aber wurden inniger und gerührt, und es war, als würde alles heller und reiner. Nun besprengte Jesus mit dem Zweig den Jüngling und machte mit der Hand ein Kreuz über ihn. Da sah ich wie eine dunkle schwarze Gestalt gleich einer Wolke von dem Körper weichen, und Jesus sagte zu dem Jüngling: «Steh auf!» und er richtete sich in sitzende Stelle und schaute neugierig und verwundert rundumher.

Da sprach Jesus: «Gebt ihm ein Kleid!», und sie legten ihm einen Mantel um. Nun richtete sich der Jüngling stehend auf und sagte: «Wie ist das? Wie komme ich hierher?» Sie legten ihm Sohlen an. Da trat er heraus und Jesus nahm ihn bei der Hand und führte ihn der entgegeneilenden Mutter in die Arme und sagte: «Hier hast du deinen Sohn zurück; aber ich fordere ihn wiedergeboren von dir in der Taufe.» Die Mutter war so außer sich vor Freude, Staunen, Ehrfurcht, dass da gar kein Danken war, sondern nur Tränen und Umarmungen des Jünglings.

Sie zogen mit ihm nach Hause, das Volk sang Lobgesänge. Jesus folgte mit den Jüngern in das Haus der Witwe, welches sehr groß und von Gärten und Höfen umgeben ist. Da angekommen, mehrten sich die Freunde von allen Seiten. Alles drängte sich, den Jüngling zu sehen. Er wurde gebadet und legte ein weißes Röckchen und einen Gürtel an. Jesus und den Jüngern wurden die Füße gewaschen und ein Imbiss gereicht, und sogleich ging es in dem Haus an ein ganz heiteres und überfließendes Austeilen und Schenken an die Armen, welche sich um das Haus glückwünschend versammelten. Es wurden Kleider, Laken, Getreide, Brot, Lämmer, Vögel, auch Münzen ausgeteilt, und Jesus lehrte dazwischen die versammelte Menge im Hof der Witwe.

Martialis in seinem weißen Röckchen war ganz fröhlich und lief hin und her, ließ sich besehen und teilte aus. Er war ganz kindlich vergnügt; und es war lustig anzusehen, als die Schulkinder, seine Kameraden, von den Lehrern in den Hof geführt wurden und er sich ihnen nahte. Da waren viele von den Kindern ganz scheu, als sei er vielleicht ein Geist, und er lief auf sie zu und schreckte sie mit scherzhaften Tönen; da wichen sie zurück, andere lachten sie aus und spielten die Tapferen und gaben ihm die Hand und sahen mit Selbstgefühl auf die Furchtsamen, wie ein größerer Knabe ein Pferd oder ein anderes Tier berührt, wovor der kleinere bangt.

Es wurde ein Mahl im Haus und in den Höfen gerüstet, woran alles teilnahm. Petrus als der Verwandte der Witwe, denn sie war seines Schwiegervaters Bruders Tochter, war besonders froh und vertraut im Hause und machte gewissermaßen den Hausvater. Jesus nahm den geheilten Knaben vor den versammelten Scharen öfters vor und belehrte ihn, und ich hörte wohl, dass Er das, was Er ihm sagte, den Anwesenden zu Gehör sprach, und dass sie dadurch getroffen wurden. Ich habe aber nie gehört, dass Er von ihm als einem Gestorbenen gesprochen. Er sprach immer, als habe ihn der Tod, der durch die Sünde in die Welt gekommen, gebunden, gefesselt und ihn so in der Grube erwürgen wollen; als habe er blind in die Finsternis geworfen werden und dort zu spät die Augen auftun sollen, wo kein Erbarmen, keine Hilfe mehr ist.

Vor dem Eingang aber habe ihm die Barmherzigkeit Gottes, eingedenk der Frömmigkeit seiner Eltern und einiger seiner Voreltern, die Fesseln gelöst; nun aber solle er sich durch die Taufe auch lösen lassen von der Krankheit der Sünde, auf dass er nicht noch in schrecklichere Gefangenschaft komme.

Er lehrte über die Tugenden der Eltern, die in später Zeit den Kindern zugute kommen, und wie um der Gerechtigkeit der Altväter willen Gott bis jetzt Israel geführt und geschont habe; nun aber, da es vom Tod der Sünde gebunden und bedeckt, wie dieser Knabe am Rande des Grabes stehe, sei seine Barmherzigkeit zum letztenmal seinem Volk nahe gekommen. Johannes habe die Wege bereitet und mit starker Stimme zur Erweckung der Herzen aus dem Todesschlaf gerufen, und der Vater erbarme sich nun zum letzten Mal und öffne die Augen derer zum Leben, welche sie nicht hartnäckig verschließen wollten.

Er verglich das Volk in seiner Blindheit dem in Leichentüchern und dem Sarg verschlossenen Jüngling, welchem, dem Grabe nah, schon außer den Toren der Stadt das Heil entgegen trete. Er stellte ihnen vor: wenn nun die Träger seine Stimme nicht gehört, den Sarg nicht niedergesetzt, nicht geöffnet, den gebundenen Leib nicht gelöst hätten, hartnäckig vorüber eilend, den Lebendigen, aber schwer Gefesselten des Todes lebendig begraben hätten, wie furchtbar und schrecklich das gewesen wäre!

Er verglich damit die falschen Lehrer, die Pharisäer, welche das arme Volk vom Leben der Buße abhielten, mit den Binden ihrer Gesetze einschnürten, in den Sarg ihrer Gewohnheiten verschlössen und es so in das ewige Grab würfen. Er flehte und ermahnte, die angebotene Barmherzigkeit seines himmlischen Vaters anzunehmen und zum Leben, zur Buße, zur Taufe zu eilen!

Merkwürdig war, dass Jesus hier mit geweihtem Wasser segnete; ich meine aber, es sei gewesen, die bösen Geister zu vertreiben, welche eine Gewalt an verschiedenen Anwesenden hatten, die teils geärgert, teils neidisch, teils voll heimlicher Schadenfreude waren und meinten, Er werde ihn wohl nicht erwecken. Ich sah diese böse Stimmung in allerlei Insektengestalten von ihnen weichen. Bei der Erweckung des Jünglings sah ich auf den Segen mit dem Wasser sich auch eine kleine Wolke von vielen kleinen und größeren Ungeziefergestalten oder Schatten von dem Leib erheben und in die Erde verschwinden.

Ich dachte dabei, wie ich andere durch Jesus vom Tod erwecken gesehen. Da rief Er die Seele des Toten zurück, die ich fern von ihm getrennt in dem Kreis ihrer Schuld stehen sah, und sie kam über den Leib und senkte sich in ihn hinein, worauf er sich erhob. Hier aber bei dem Jüngling von Naim war es anders; ich sah die Seele nicht getrennt, nicht zurückkehren, ich sah, als hebe sich der Tod als eine erstickende Last von dem Leibe weg.

Nach dem Mahl ging Jesus mit den Jüngern, als der Abend nahte, nach einem schönen Garten der Witwe Maroni am mittäglichen Ende der Stadt. Es war der ganze Weg durch die Stadt mit allerlei Bresthaften und Kranken besetzt, welche Er heilte.

Es war eine große Bewegung in der Stadt. Es war schon dunkel, als Jesus in den Garten kam. Dort waren Maroni, die drei Witwen, die Hausgenossen und Freunde und einige Synagogenlehrer versammelt. Der Jüngling und einige andere Knaben waren auch zugegen. Es waren mehrere Festhäuser in dem Garten, und vor einem schöneren, dessen Dach auf Säulen stand, die man mit Setzwänden schließen konnte, war eine Fackel unter Palmbäumen hoch aufgestellt, welche in den Saal leuchtete.

Das Licht schimmerte so schön an den langen grünen Blättern, und an den Bäumen, wo noch Früchte waren, konnte man sie, wo die Fackel hinschien, deutlicher und glänzender als bei Tage sehen. Anfangs lehrte und erzählte Jesus umhergehend. Nachher aß man einige Früchte zur Erquickung, und Jesus hielt eine schöne Lehre in dem Festhaus. Auch mit dem auferweckten Knaben sprach Er oft den anderen zu Gehör. Es war ein gar wunderschöner Abend in dem Garten. Nachher gingen sie in der Nacht in das Haus der Maroni, in dessen Seitengebäuden sie alle Raum hatten.

Jesus schlichtet in Naim Ehezwistigkeiten und heilt Kranke und Blinde

19. November: Auf die Nachrichten von Jesu Anwesenheit in Naim und die Erweckung des Knaben waren viele Menschen und Kranke aus der ganzen Gegend noch gestern in der Nacht hergekommen und die ganze Straße vor dem Hause Maronis war in langen Reihen von ihnen angefüllt. Jesus heilte einen Teil des Morgens und stiftete auch Frieden in mehreren Haushaltungen. Es

kamen nämlich mehrere Weiber zu ihm und fragten, ob Er ihnen keinen Scheidebrief geben könne, und klagten mehreres über ihre Männer, mit denen sie nicht leben könnten. Es war dies aber ein listiger Anschlag der Pharisäer; da sie durch seine Wunder beschämt ihm hier nichts anhaben konnten und alles doch mit einem geheimen Grimm ansahen, wollten sie ihn in Versuchung führen, etwas in Scheidungssachen gegen das Gesetz auszusprechen, um ihn darüber als einen Irrlehrer zu verklagen.

Jesus aber sagte zu den klagenden Ehefrauen: «Bringt mir ein Gefäß mit Milch und ein Gefäß mit Wasser, dann will ich euch antworten!» Sie gingen in ein nahes Haus und brachten zwei Schalen voll Milch und voll Wasser, und Jesus goss beides durcheinander und sagte: «Scheidet mir dieses, dass es wieder Milch allein und Wasser allein sei, dann will ich euch scheiden!»

Da sie sagten, wir können es nicht, sprach Er von der Unauflöslichkeit der Ehe, und wie nur um der Verstocktheit der Menschen willen Mose die Scheidung erlaubt habe; ganz getrennt aber könnten sie nie werden, denn sie seien ein Leib und ein Fleisch, und wenn sie gleich nicht zusammen lebten, müsse der Mann die Frau und Kinder doch ernähren, und sie sollten nicht wieder heiraten. Er ging auch mit ihnen in die Häuser ihrer Männer und sprach mit diesen allein, und dann mit den Frauen und Männern zugleich, und beschuldigte beide Teile, die Frauen aber mehr, und versöhnte sie, und sie weinten beide und blieben beisammen getreuer und glücklicher als je vorher. Die Pharisäer aber ärgerten sich darüber, dass ihnen ihr Vorhaben misslungen war.

Jesus heilte an diesem Morgen mehrere Blinde, indem Er Erde mit Speichel in seiner Hand mischte und ihnen die Augen bestrich.

Jesus verlässt Naim und geht nach Megiddo

Gegen Mittag verließ Er die Stadt. Maroni, der Knabe Martialis, und alle die Ihrigen, die Geheilten und viele gute Leute der Stadt begleiteten ihn; teils erwarteten sie ihn vor dem Tor und lobsangen ihm Psalmen und hielten ihm grüne Zweige entgegen. Er ging mit den Jüngern abendwärts an der Nordseite des Kison. Die Berge, welche südlich das Tal von Nazaret umschließen, hatte Er zur Rechten und ging über ein Flüsschen, das von Nord nach Süd in den Kison fließt, als komme es von Nazaret her. Er lehrte jenseits dieses Flüsschens im Felde mit Säen beschäftigte Arbeiter.

Erst am Abend ging Er mit den Jüngern in die neuere Vorstadt von Megiddo, welches am Fuß eines Gebirges liegt, an dessen Abendseite man in das Tal Zabulon geht. Er ging hier in eine Herberge und lehrte vor derselben noch am Abend.

Als die Leute auf den Feldern Jesus mit seinem Zug nahen sahen, sah ich, dass sie liefen und ihre Kleider anlegten, die sie bei der Arbeit abgelegt hatten.

20. November – Megiddo selbst liegt auf der Höhe und ist etwas wüst und verkommen. In der Mitte der Stadt steht eine teils verschüttete, teils mit Rasen überwachsene Ruine; hie und da sieht man noch halbe Bogen. Es muss einmal ein Schloss der Könige von Kanaan gewesen sein.[18] Ich hörte, dass auch Abraham hier in der Gegend war. Auch ist hier in der Nähe der fromme König Josias von den Ägyptern geschlagen und verwundet worden. Ich sah, dass er in dieser Stadt gestorben ist. Ein neuer belebter Teil von Megiddo ist die Vorstadt, worin Jesus eingekehrt ist. Sie besteht aus einer langen Reihe von Gebäuden am Fuß der Anhöhe, über welche eine Handelsstraße von Ptolomais ausgeht.

Es sind deshalb viele große Herbergen darin, und es wohnen auch Zöllner hier, welche Jesu Lehre gehört hatten und heute bei ihm waren und sich auch zur Buße und Taufe entschlossen haben. Die Pharisäer des Ortes ärgerten sich daran. Es ist eine große Menge Kranker hier versammelt, und am Morgen kamen noch fortwährend mehrere an. Jesus ließ ihnen durch die Jünger sagen, dass Er gegen Abend zu ihnen kommen werde, und ordnete an, wie sie gelegt werden sollten, was die Jünger taten.

Es war aber am Eingang der Stadt Megiddo ein großer runder Rasenplatz mit halbzerfallenen Mauern und Hallen umgeben. In diesen Kreis wurden die Kranken nach ihrer Gattung rings gebettet. Jesus zog am Nachmittag wieder mit den Jüngern hinaus auf das Feld gegen Osten der Stadt in einen Talbusen und lehrte umhergehend die mit der Saat beschäftigten Leute in Parabeln.

Viele der unterrichteten Jünger lehrten auch; sie bereiteten entfernte Scharen vor, ehe der Herr zu ihnen kam, und erklärten denen, die Er verließ, manches, was sie noch nicht verstanden hatten; sie erzählten auch von den Wundern des Herrn.

Die Lehre war sich im meisten wiederholend, so dass, wenn die Leute zusammenkamen und darüber sprachen, alle dasselbe wussten; nur ging sie bei den denkenden Zuhörern etwas tiefer, welche nachher den anderen Aufklärung gaben. Da die Leute in dem heißen Land oft mit der Arbeit einhielten, so lehrte Jesus sie in diesen Pausen, oder auch, wenn sie sich niedersetzten, um eine Erquickung zu nehmen.

Das Auftreten ausgearteter Johannes-Jünger gegen Jesus und seine Jünger

Mt 11,1-15; Lk 7,17-30 – Als ich Jesus mit den Jüngern durch die Feldwege ziehen sah, sah ich mehrere, ich glaube vier, Johannes-Jünger reisend heranziehen, welche die Jünger begrüßten und bei ihnen verweilten und zuhörten. Sie hatten Fellstreifen um den Nacken und Riemen um den Leib. Diese waren nicht von Johannes gesandt, wenngleich sie mit ihm und seinen Jüngern verkehrten. Es waren abgeirrte Johannesjünger, sie steckten auch mit den Herodianern zusammen und waren ausgesandt, um zu lauern, besonders was Jesus von seinem Reich lehre. Sie waren viel strenger und höflicher als die Jünger Jesu. Es hatte sich das Fell des Johannes schon in eine Art Stola von Schaffell und seine Lehre in eine steife Sekte bei ihnen verwandelt. Etwa um fünf Uhr kam noch ein anderer Trupp von Johannes-Jüngern.

Es waren zwölf, von denen Johannes zwei gesandt hatte; die übrigen waren als Zeugen mitgegangen. Jesus ging, als sie eben herannahten, gegen Megiddo zurück, und sie folgten den anderen Jüngern nach. Einige davon waren bei den letzten Wundern Jesu gewesen und zu Johannes zurückgelaufen; auch als Er den Jüngling von Naim erweckt hatte, waren Johannes-Jünger gleich nach der Erweckung von der Schar ab gegen Machärus geeilt und sprachen zu Johannes: «Was ist das? Woran sind wir? Alles das haben wir von ihm gesehen, solche Worte von ihm gehört! Seine Jünger aber sind viel freier als wir im Fasten und allen Gesetzessachen! Wem sollen wir folgen? Wer ist Er und warum heilt Er alle, tröstet und hilft fremden Leuten, und dich zu befreien tut Er keinen Schritt?»

Johannes hatte immer seine Not mit den Jüngern. Sie wollten nicht von ihm ablassen und er sandte sie allein so oft zu Jesus, damit sie ihn kennen lernen und ihm folgen sollten. Es wurde ihnen aber schwer, weil sie schon einen Dünkel auf ihre Johannes-Jüngerschaft im Kopf hatten.

Darum ließ Johannes auch Jesus so oft bitten, doch öffentlich zu sagen, wer Er sei, damit es seine Jünger erführen und sich mit allen Menschen zu ihm bekehrten. Als sie ihm nun diesmal wieder mit ihren Zweifeln kamen, gedachte er, Jesus zu nötigen, laut zu bekennen, dass Er der Messias, der Sohn Gottes sei, und schickte die zwei mit der bestimmten Frage an ihn ab. Jesus ging in der Stadt sogleich mit seinen Jüngern zu dem runden Platz, wo sich die Kranken aus der ganzen Gegend gelagert hatten.

Es waren auch Leute aus Nazaret darunter, welche ihn kannten: Lahme, Blinde, Stumme, Taube, Kranke aller Art, auch mehrere Besessene. Er heilte, den Kreis durchwandelnd, auf manche Weise die Besessenen. Diese waren nicht so wütend wie andere Male, aber sie hatten Zuckungen und schreckliche Verziehungen der Glieder. Jesus heilte sie mit Befehl aus der Ferne im Vorübergehen. Ich sah den gewöhnlichen dunkeln Dampf von ihnen weichen, sie etwas ohnmächtig werden und dann, zu sich gekommen, ganz verändert. Der Dampf steigt dann dünn von ihnen aus und zieht sich verdichtend zusammen. Manchmal verschwindet er in der Luft, manchmal sinkt er in die Erde, dies geschah hier. Oft wenn der böse Geist wie ein dunkler Schatten mehr in einer menschlichen Gestalt von ihnen weicht, sehe ich ihn nicht augenblicklich verschwinden, sondern umherirrend zwischen den Menschen kreisen und dann erst entweichen.

Jesus war am Anfang der Reihe am Heilen, da traten die abgesandten Johannesjünger mit einem gewissen Amtseifer wie eine Kommission ihm in den Weg und wollten ihn anreden. Er achtete aber nicht auf sie und fuhr in seinem Heilen fort. Dies gefiel ihnen nicht, weil sie nicht wussten warum.

Überhaupt waren viele Johannesjünger sehr engherzig und hatten eine Art Zunftneid. Johannes tat keine Wunder, Jesus tat Wunder; Johannes sprach so bedeutend von Jesus, und dieser half ihm nicht aus dem Gefängnis. Wenn sie von seinen Wundern und Lehren überwältigt waren, ließen sie sich wieder von dem allgemeinen Geschwätz überwältigen: wer Er denn sei? Seine armen Verwandten kenne man ja überall!

Dann konnten sie auch wieder nicht aus den Worten von seinem Reich klug werden; sie sahen kein Reich, auch keine Anstalten dazu. Weil Johannes von den meisten geehrt und geachtet im Kerker saß, meinten sie wohl gar mitunter, Jesus helfe ihm nicht und lasse ihn schmachten, um seinen eigenen Ruhm zu verbreiten, und ärgerten sich an der Freiheit seiner Jünger. Sie hielten es wohl teils für eine übertriebene Demut von Johannes, dass er Jesus so pries und sie immer zu ihm sandte mit Bitten, sich zu erklären, sich öffentlich kund zu tun. Da Jesus immer ausweichend sprach und sie nicht ahnten, dass Johannes sie diese Wege machen ließ, auf dass sie Jesus erkennen sollten, war ihnen dies bei ihrer Meinung von sich selbst schwerer als dem einfältigsten Kind.

Jesus heilte im Kreis umher und kam auch an einen Kranken von Nazaret, der von seiner Bekanntschaft mit ihm zu sprechen begann: Ob Er sich noch erinnere von seinem fünfundzwanzigsten Jahre her, da sein Großvater gestorben sei, da wären sie öfters beisammen gewesen. Er meinte damit den zweiten oder dritten Mann Annas, ich weiß es nicht mehr recht. Jesus ging nicht darauf ein. Er sagte ihm: Ja, ja, Er kenne ihn und ging sogleich auf seine Sünden und Leiden über, und da Er ihn reumütig und glaubend fand, heilte und ermahnte Er ihn und begab sich zu den folgenden. Als Er an dem entgegengesetzten Ende des Kreises angelangt war, traten ihm die Abgesandten des Johannes, welche die ganze Zeit alle seine Wunder, von der Mitte des Kreises aus, wo sie standen, angestaunt hatten, in den Weg und sagten: «Johannes der Täufer hat uns zu dir gesandt und lässt dich fragen, bist du der, der da kommen soll, oder sollen wir auf einen anderen warten?»

Da sagte Jesus zu ihnen: «Geht hin! Und verkündet dem Johannes, was ihr gesehen und gehört habt: die Blinden sehen, die Tauben hören, die Lahmen gehen, die Aussätzigen werden rein und die Toten stehen auf, die Witwen werden getröstet und den Armen wird das Wort Gottes verkündigt, und was krumm ist, wird gerade gemacht, und selig ist, wer sich an mir nicht ärgert!»

Nun wandte sich Jesus wieder von ihnen weg, und sie gingen sogleich von dannen. Jesus aber konnte nicht deutlicher von sich sprechen, denn wer hätte ihn verstanden? Seine Jünger waren alle nur gute, einfache oder edle fromme Leute, aber zu solcher Erkenntnis nicht fähig; sie waren ihm teils nach dem Fleische verwandt und hätten sich geärgert oder wären auf verkehrte Gedanken gekommen. Das Volk war ganz unreif, die Wahrheit zu hören, und von Lauerern war Er umgeben. Selbst unter den Johannesjüngern hatten die Pharisäer und Herodianer ihre Kreaturen.

Als die Boten des Johannes weg waren, begann Jesus auf dem Platz zu lehren. Die geheilten Kranken, vieles Volk, mehrere Schriftgelehrte des Ortes und seine Jünger, auch die fünf Zöllner, die hier wohnten, hörten ihm zu. Er lehrte noch lange bei Fackelschein, denn die letzten Kranken waren schon geheilt worden.

Er nahm von seiner Antwort an die Johannesjünger die Veranlassung seiner Lehre. Er sprach, wie man die empfangenen Wohltaten Gottes anwenden müsse, ermahnte zur Buße und Bekehrung, und weil Er wusste, dass einige anwesende Pharisäer aus seiner allgemeinen kurzen Antwort an die Gesandten des Johannes Gelegenheit genommen hatten, dem Volk zu sagen, Er halte nichts von Johannes und lasse ihn zu Grunde gehen, um selbst berühmter zu werden, so erläuterte Er seine Antwort auf die Frage: wer Er sei und seine Lehre zur Buße, indem Er sie selbst auf Johannes zurück wies, den sie doch gehört hätten, was er von ihm gesagt habe. Warum sie dann noch immer zweifelten? Was sie denn bei Johannes suchten?

Er sagte: «Was zu sehen seid ihr denn hinausgegangen, als ihr zu Johannes gingt? Wolltet ihr ein Rohr sehen, das im Winde schwankt? Oder einen weichlich und prächtig gekleideten Menschen? Geht! Leute, die sich schön kleiden und weichlich leben, sind bei Königen an ihren Höfen. Was habt ihr dann sehen wollen?

Ja, ich sage euch, wohl mehr als einen Propheten saht ihr in ihm. Dieser ist es, von dem geschrieben ist: ‹Siehe ich sende meinen Boten vor deinem Angesichte her, dass er deinen Weg vor dir bereite.› Ja, ich sage euch, unter den vom Weibe Geborenen ist kein größerer Prophet, als Johannes der Täufer, und doch ist der Kleinste im Himmelreich größer als er.

Aber von der Zeit Johannes des Täufers an leidet das Himmelreich Gewalt, und die Gewalt brauchen, reißen es an sich. Denn alle Propheten und das Gesetz bis auf Johannes haben davon geweissagt, und wenn ihr es annehmen wollt, so ist eben er der Elias, der da kommen soll. Wer Ohren hat zu hören, der höre!»

Es waren auch alle Anwesenden sehr gerührt und ganz eins mit Jesu Worten und wollten sich taufen lassen; aber es waren Schriftgelehrte da, welche murrten und sich besonders an Jesus ärgerten, weil Er gestern abend und heute morgen mit den Zöllnern verkehrt hatte, die hier auch zugegen waren. Da lehrte Jesus noch, für was alles man Johannes und ihn schon verschrien habe, und wie man ihm vorwerfe, dass Er mit Zöllnern und Sündern umgehe.

Nachher ging Jesus noch in das Haus eines Zöllners, wo auch die vier anderen Zöllner waren, mit den Jüngern zu einem Mahl und lehrte sie. Es waren Leute, die sich alle zur Bekehrung und Taufe entschlossen hatten. Dieses Haus war dicht bei dem Platz, wo Jesus geheilt hatte. Ein anderes Zöllnerhaus war am Eingang der Stadt, noch andere lagen weiter hinaus.

Dabbeseth, wo Bartholomäus zu Hause war, konnte man auf dem ersten Teil des Weges von Naim hierher sehen; näher verbarg es die vorspringende Anhöhe von Megiddo. Es lag etwa ein und eine halbe Stunde westlich davon, vor dem Tal Zabulon am Kison.

Jesus verlässt Megiddo – Er unterweist auf dem Wege seine Jünger in Gleichnissen

21. November: Jesus trat heute seinen Rückweg nach Kapharnaum an. Es war gestern schon das Neumondfest eingetreten. Etwa vierundzwanzig Jünger und die vier gestern vor Megiddo

dazugekommenen verdächtigen Johannesjünger gingen mit. Auch einige der Zöllner von Megiddo hatten sich angeschlossen und wollten in Kapharnaum getauft werden.

Sie gingen sehr langsam und standen und saßen oft an angenehmen Plätzen, denn Jesus lehrte den ganzen Weg, welcher von Megiddo nordöstlich über die Höhen, durchs Tal vor Nazaret vorüber nach der Nordwestseite des Tabors führte. Seine Lehre war so, dass ich sie ganz als eine Vorbereitung zur baldigen, völligen Berufung und Sendung der Apostel verstand. Ich habe heute morgen noch viel davon gewusst, aber alles leider wegen Störungen vergessen.

Er mahnte sie sehr zur Ablegung aller irdischen Sorgen und zur Losschälung von allen Gütern. Er sprach sehr rührend und lieblich, und brach eine Blume am Wege und sagte: «Diese sorgt nicht! Seht ihre Farbe, ihre feinen Fädchen! War der weise Salomo wohl schöner gekleidet in seiner Pracht?»

(Der Pilger suchte die Stelle, wo diese Worte Jesu erwähnt sind; sie sagte aber: «Nein, das war es nicht, es war hier keine Lilie, sondern andere Blumen. Jesus hat so etwas auch sehr oft getan.»)

Einmal lehrte Er so, dass ein jeder der Apostel sein eigenes Bild treffend darin finden konnte, und ich habe etwas gehört, aber wieder vergessen, wobei ich dachte: Das merkt Judas doch ganz gewiss! Er sprach ihnen auch von seinem Reich, sie sollten doch nicht so begierig nach Ämtern darin sein und es sich nicht so zeitlich vorstellen. Er sprach mit Fleiß so, weil die vier Johannesjünger als heimliche Anhänger der Herodianer besonders darauf lauerten. Er ermahnte die Jünger auch, vor welchen Leuten sie sich künftig hüten sollten, und beschrieb diese nämlichen Herodianer so scharf, dass sie nicht zu verkennen waren.

Es ist mir leid, dass ich einige Gleichnisse von ihrer Kleidung vergessen habe. Er sprach unter anderem: Sie sollten sich vor gewissen Leuten in Schafspelzen und mit langen Riemen hüten! Er nannte sie mit einem Namen, den ich nicht verstand; Er nannte sie auf eine Art, wie man das feinste Öl bei uns nennt; es lautet wie Provanz,«Provanz!» wat is dat? Er sagte: «Hütet euch vor den Profanen in Schafsfellen mit langen Gürteln!» Er verstand aber diese lauernden herodianischen Johannesjünger darunter, welche nach Art der rechten Johannesjünger eine Art Stola von Schafsfell um den Nacken und über die Brust trugen.

Er sagte auch, sie sollten sie daran erkennen, dass sie einem nicht gerade ins Gesicht sehen könnten, und wenn ihr, nämlich seiner Jünger, Herz über etwas vor Freude und Eifer überfließe und sie teilen es jenen mit, so sollten sie dieselben daran erkennen, dass ihr Herz auszuweichen suche, und dass es sich hin und her wende wie ein Tier, hier nannte Er einen Käfer, ein Insekt, das ich vergessen, das eingesperrt sei, und ein Loch zum Entschlüpfen suche. Er bog auf einmal einen Dornbusch zurück und sagte: «Seht, ob ihr Früchte hier findet!»

Einige der Jünger sahen einfältig hin. Jesus aber sagte: «Sucht man Feigen auf Disteln, und Trauben an Dornen?»

Auf diese Art kamen sie gegen Abend drei Stunden ungefähr von Megiddo zu einer Reihe von etwa zwanzig Häusern mit einer Schule an der Nordwestseite des Fußes vom Tabor. Der Ort liegt etwa anderthalb bis zwei Stunden gegen Morgen von Nazaret und eine halbe Stunde von der Stadt Tabor, die gegen Morgen von ihm an der Nordseite des Tabors liegt. Es liegt noch ein Ort südlich von diesem an der Südwestseite des Taborfußes. Die Leute hier waren sehr gutmütig. Sie kannten Jesus von seinen früheren Jahren her, wenn Er mit seinen Freunden um Nazaret wanderte. Sie waren meistens Hirten und waren mit Viehhüten beschäftigt und mit Baumwolle Einsammeln, welche sie, als sie Jesus kommen sahen, in Matten steckten und nach Hause trugen. Sie liefen schnell und kamen dann Jesus entgegen. Ich sah, dass sie ihre rauhen Mützen von Fell in den Händen hatten, in der Schule aber hatten sie den Kopf bedeckt.

Man empfing Jesus am Brunnen, wusch ihm und den Jüngern die Füße und gab ihnen eine Erquickung. Es war keine Synagoge, aber eine Schule und ein Schullehrer im Ort. Jesus ging dahin und lehrte die Leute. Nachher aßen sie, und Er lehrte in Parabeln in der Schule und in einer Herberge.

Es gehörte dieser Ort wie ein Gut einem vornehmen Mann, der mit seiner Frau in einem größeren, abgelegenen Haus und Hof wohnte. Ich sah, dass dieser Mann sich versündigt hatte und elend aussätzig war. Er hatte sich darum von seiner Frau getrennt; sie wohnte oben im Haus und er in den Nebengebäuden.

Er hatte seine Krankheit nicht gemeldet, um der beschwerlichen Absonderung zu entgehen. Man hatte es jedoch erfahren und sah ihm aber durch die Finger. Im Ort wusste man davon und ging die Straße längs seiner Wohnung nicht vorüber, obschon es der gewöhnliche Weg war; man nahm einen Umweg.

Auch wurde am Abend von den Leuten zu den Jüngern davon gesprochen. Der aussätzige Mann hatte schon lange ernstliche Reue gehabt und sich immer sehr nach Jesu Ankunft gesehnt.

Nun rief er einen Knaben von etwa acht Jahren zu sich, der sein Sklave war und ihm seine Bedürfnisse reichte und sagte ihm: «Gehe hin zu Jesus von Nazaret und lauere auf, wenn Er sich von seinen Jüngern etwas entfernt, vor oder zurück abgesondert geht, und falle vor ihm nieder und sprich: Rabbi! Mein Herr ist krank und glaubt, dass du ihm helfen kannst, so du nur den Weg an unserem Hause vorübergehen wolltest, den die Leute nicht gehen. Aber er bittet dich demütig, du mögest dich seines Elends erbarmen und den Weg vorübergehen, dann wird er gewiss gesund!»

Der Knabe kam zu Jesus und brachte seinen Auftrag sehr gut vor, und Jesus sagte zu ihm: «Sage deinem Herrn, dass ich morgen kommen werde» und fasste ihn bei der Hand, indem Er ihm die andere lobend auf den Kopf legte.

Dies war, als Er aus der Schule zur Herberge ging. Jesus aber, der die Ankunft des Knaben wohl wusste, war mit Fleiß etwas hinter den Jüngern zurückgeblieben. Der Knabe hatte ein gelbes Röckchen an.

Das Gut Annas liegt westlich von Nazaret auf der Höhe etwa eine Stunde entfernt zwischen dem Tal von Nazaret und dem von Zabulon. Es führte eine Schlucht vom Gut, mit Bäumen besetzt, durch Nazaret, und Anna konnte zum Haus Mariens, ohne in die Stadt zu gehen.

22. November: Jesus ging am Morgen noch in der Dämmerung mit den Jüngern aus der Herberge, und da Er den Weg bei der Wohnung des Aussätzigen vorübergehen wollte, sagten sie ihm, dahin solle Er nicht gehen, man habe es ihnen gesagt.

Jesus aber ging den Weg und befahl ihnen zu folgen; sie waren scheu, weil sie fürchteten, es möge ein Gerede davon über sie nach Kapharnaum kommen. Die Johannesjünger gingen hier nicht mit vorüber.

Der Knabe hatte den Ausgang Jesu schon beobachtet und es seinem Herrn gemeldet. Dieser kam an einen Pfad seines Hauses, der nach dem Weg führte, und stand in der Ferne.

Da Jesus nahte, rief er: «Herr! Komme nicht zu mir! Wenn du nur willst, dass ich geheilt sei, so ist mir geholfen!»

Die Jünger blieben da stehen und Jesus sagte zu dem Mann: «Ich will es», und ging zu ihm und rührte ihn an und sprach mit ihm. Der Mann aber lag auf seinem Angesicht vor ihm und war rein, sein Aussatz fiel ab. Er erzählte Jesus seine Lage und Jesus sagte ihm, er solle wieder zu seiner Frau gehen, und nach und nach wieder unter den Leuten erscheinen.

Er ermahnte ihn auch wegen seiner Sünden, befahl ihm die Bußtaufe und ein gewisses Almosen. Dann ging Er zu den Jüngern zurück und sprach mit ihnen davon, dass man, um zu helfen, so man glaube und reinen Herzens sei, auch die Aussätzigen berühren könne. Ich sah hierauf, dass der Geheilte an diesem Tag, da er sich gebadet und angekleidet hatte, zu seiner Frau ging und ihr das Wunder Jesu erzählte und dass einige tückische Menschen des Ortes es den Pharisäern und Priestern der eine halbe Stunde östlich davon liegenden Stadt Tabor meldeten.

Und dass diese wie eine Untersuchungskommission den armen Mann überfielen, ihn scharf untersuchten und zur Rede stellten über die verheimlichte Krankheit, und ob er auch wirklich geheilt sei; und dass sie nun aus Neid gegen Jesus ein großes Spektakel über seine Sache machten, welche vorher offenkundig von ihnen geduldet worden war.

Ich sah Jesus mit den Jüngern den ganzen Tag sehr schnell gehen, nur dann und wann ruhten sie etwas und nahmen eine Erquickung. Er lehrte sie unterwegs vom Verlassen zeitlicher Güter, sprach in Parabeln von dem Reich Gottes und sagte, dass Er ihnen jetzt unmöglich alles deutlich machen könne; es werde aber eine Zeit kommen, da sie alles verstünden.

Er sprach vom Aufgeben irdischer Sorge um Kleidung und Nahrung; es würden bald mehr Hungernde als Speisen da sein, und sie würden zu ihm sprechen: Woher nehmen? Und es würde dennoch Überfluss da sein. Sie sollten sich Häuser bauen und sie befestigen! Und Er sprach das so, als wenn sie durch Aufopferung und Anstrengung in seinem Reich diese Häuser, nämlich Stellen und Ämter, erhalten würden. Sie verstanden es aber weltlich, und Judas war sehr froh und vorlaut und sagte vor allen anderen, er wolle schon arbeiten und das Seine tun.

Da blieb Jesus im Wandern stehen und sagte: «Wir sind noch nicht am Ende, es wird nicht immer so sein, dass ihr gut aufgenommen und gespeist werdet, und alles die Fülle ist; es wird eine Zeit kommen, da man euch verfolgt und ausstößt, da ihr kein Obdach, kein Brot, keine Kleider, keine Schuhe haben werdet.»

Er sagte auch, sie sollten sich wohl bedenken und vorbereiten und alles verlassen, denn Er habe etwas Wichtiges mit ihnen vor.

Er sprach auch von zwei Reichen, die sich entgegen sind; niemand könne zwei Herren dienen. Wer in seinem Reich dienen wolle, müsse das andere verlassen. Er sprach von den Pharisäern und ihren Gesellen, Er erwähnte etwas wie von Larven oder Brillen, die sie trügen, und wie sie immer die tote Form lehrten und beobachtet haben wollten, und wie sie aber den Kern und Inhalt, die Liebe, die Versöhnung, die Barmherzigkeit so ganz vernachlässigten.

Er aber lehre das Gegenteil, die Schale ohne den Kern sei tot und fruchtlos, erst müsse der Inhalt, dann das Gesetz sein, der Kern müsse mit der Schale wachsen. Er lehrte sie auch von dem Gebet, wie sie in der Einsamkeit und nicht prahlerisch beten sollten, und noch vieles dergleichen.

Wenn Er mit ihnen wanderte, lehrte Er die Jünger immer auf diese Weise vorbereitend, auf dass sie besser verstünden, was in seinen öffentlichen Lehren wieder vorkam, und es dem Volk nachher deutlich machen könnten.

Er lehrte sehr oft ganz Ähnliches nur mit verschiedenen Worten und in anderer Folge.

Unter den heute Mitgehenden fragte ihn besonders oft Jakobus der Ältere, auch Judas Barsabas, manchmal Petrus. Judas spricht oft vorlaut, Andreas ist alles mehr schon gewohnt. Thomas denkt für sich und ist wie nachrechnend, Johannes nimmt alles kindlich und lieblich; die gelehrteren Jünger schweigen teils aus Bescheidenheit, teils weil sie nicht immer zeigen wollten, sie verstünden ihn nicht.

So kamen sie, immer durch die Täler wandelnd, kurz vor Sabbatseintritt im Tal östlich von Magdalum an, wo der Heide Cyrinus von Dabrath und der Hauptmann Achias von Gischala, welche zur Taufe nach Kapharnaum reisten, mit dem Zuge Jesu zusammentrafen.

Schon in der Nähe von Kapharnaum lehrte Jesus die Jünger besonders darüber, wie sie sich als Vorbereitung zu ihrer Sendung jetzt schon im Gehorsam üben und sich überhaupt auf ihren Wegen verhalten sollten, wenn Er sie aussenden werde, das Volk zu lehren.

Er gab ihnen auch einige allgemeine Regeln, wie sie sich auf dem Weg gegen gewisse Gesellen verhalten sollten, und sprach dies, wie ich wohl merkte, kurz vor dem Abschied den mitgekommenen vier Herodianern zu Gehör.

Er sagte ihnen, wenn sich auf ihren künftigen Wegen Profane zu ihnen gesellen, die sie wohl erkennen könnten an sanftem, lächelndem, aushorchendem und ausfragendem Geschwätz, und die sich nicht abweisen ließen und immer halb einstimmend, halb gelinde widersprechend von Dingen fragten und sprächen, wobei ihnen das Herz überströme, dann sollten sie sich auf alle Weise von ihnen loszumachen suchen, weil sie noch zu schwach und treuherzig wären und leicht in eine Schlinge dieser Lauerer geraten könnten. Er wolle ihnen nicht ausweichen, denn Er kenne sie und wolle, dass sie seine Lehre hörten usw.

Jesus in Kapharnaum – Er lehrt in der Synagoge – Er heilt zwei Aussätzige – Toben der Pharisäer

Jesus ging, so wie Er ausgereist war, beim Dorf des Hauptmanns Serobabel vorüber. Es war schon der Anfang des Sabbats nah, und sie eilten. Es waren aber hier in den Gärten durch die Barmherzigkeit Serobabels zwei jungen Schriftgelehrte von etwa fünfundzwanzig Jahren, welche durch ihre Ausschweifungen in einen schändlichen Aussatz gefallen waren, Wohnungen vergönnt worden. Sie waren ganz heruntergekommen und in ihrem Elend der größten Verachtung preisgegeben. Sie waren in rote Mäntel gehüllt und voll von Geschwüren und auf eine ekelhafte Weise aufgedunsen und geschwollen.

Sie waren durch ausschweifendes Leben so weit gekommen und hatten sich früher auch mit den geistreichen Gesellschaften in Magdalum bei Magdalena herumgetrieben und sich dann wieder nach anderen Seiten gewandt, bis sie in dies äußerste Elend gekommen waren. Als neulich Jesus bei Tag hier war, schämten sie sich, vor ihn zu kommen; nun aber durch die vielen Erfahrungen von seinen Wundern und seiner Barmherzigkeit überzeugt, ließen sie sich in die Nähe des Weges schleppen, wo Er vorüber kam, und riefen seine Hilfe an.

Jesus aber eilte vorüber und sagte zwei Leuten des Serobabel, welche für die Unglücklichen bittend ihm nacheilten, sie sollten sie nach Kapharnaum an die Synagoge bringen, und wenn man darin versammelt sei, sie auf die angebauten, ein Stockwerk hohen Hallen hinaufstellen, dass sie die Lehre von draußen mit anhören könnten. Da sollten sie beten und bereuen, bis Er sie rufen werde. Sogleich eilten die Boten zurück und brachten die armen Menschen durch die näheren Wege der wilden Gartenschlucht nach Kapharnaum und schleppten sie mit Mühe die Stufen an den Mauern hinauf auf die Terrasse der Hallen, wo sie, an die Öffnung der Synagoge gelehnt, einsam unter freiem Himmel die Lehre Jesu hören und reumütig ihres Erlösers harren konnten.

Jesus kam mit den Jüngern, nachdem sie sich die Füße gewaschen und die Kleider niedergeschürzt hatten, auch in die Synagoge, und da Er sich dem Gesetzespult nahte, an welchem schon einer saß und vorlas, stand dieser auf und überließ Jesus seinen Platz, der sogleich die Rollen nahm und zu lehren begann über Jakobs Dienst bei Laban, den Kampf mit dem Engel, die Versöhnung mit Esau, Dinas Verführung, und dann aus Hoseas. Als Jesus die Rollen nahm und las, ohne es abzulehnen, lachten die Pharisäer höhnisch, um ihn für unhöflich zu erklären.

Sie waren von neuem über Jesu Wiedererscheinen erbittert, denn die Nachricht von der Erweckung des Jünglings von Naim war schon in Kapharnaum bekannt wie auch die vielen Heilungen in Megiddo. Sie spannten schon darauf, was Er nun hier wieder anfangen würde. Es waren heute die meisten von Jesu Familie und die Frauen alle hier in der Synagoge.

Als das Volk aus der Synagoge ging und Jesus, die Jünger und Pharisäer auch folgten, gedachten die Pharisäer, noch mit ihm im Vorhof zu disputieren. Sie kamen jedoch vor Überraschung nicht dazu, denn Jesus wandte sich vor der Tür nach der Halle, worauf die zwei unreinen Männer standen, und rief ihnen, herabzukommen. Sie waren aber so furchtsam und verschämt, dass sie aus Angst vor den Pharisäern nicht gleich kamen, und Jesus befahl ihnen in einem Namen, den ich nicht mehr weiß, herabzukommen.

Da konnten sie zu ihrem großen Erstaunen auf den Treppen allein herabsteigen. Es war aber der Vorhof mit Fackeln für die Ausgehenden beleuchtet und wie ergrimmten die Pharisäer, als sie die beiden armen verachteten Sünder an ihren roten Mänteln in der Nacht erkannten.

Sie sanken zitternd vor Jesus auf die Knie. Er aber legte die Hand auf sie und hauchte ihnen ins Gesicht und sagte: «Eure Sünden sind euch vergeben!» und ermahnte sie zur Enthaltung und Bußtaufe. Er gebot ihnen auch, ihre Schriftgelehrtheit fahren zu lassen, Er wolle sie die Wahrheit und den Weg lehren. Sie standen auf, und ihre Verunstaltung hörte merklich auf, ihre Geschwüre trockneten und die Rinden fielen ab.

Sie dankten unter Tränen und gingen mit Serobabels Knechten von dannen. Viele gutgesinnte Menschen drängten sich nun um sie und lobten sie wegen ihrer Buße und Heilung.

Die Pharisäer aber waren wie rasend, sie schrien Jesus an: «Am Sabbat heilst du, und Sünden vergibst du! Wie kannst du Sünden vergeben? Er hat den Teufel, der ihm hilft! Er ist ein Rasender, man sieht es wohl daran, wie Er herumrennt. Kaum hat Er hier sein Spektakel getrieben, so ist Er auch wieder zu Naim und erweckt Tote, und dann zu Megiddo, und dann wieder hier! Das kann kein gerechter Mensch, der bei Sinnen ist; Er hat einen bösen mächtigen Geist, der ihm hilft!» Ich hörte auch noch die Pharisäer sagen: «Wenn Herodes nur erst einmal mit Johannes fertig ist, wird die Reihe auch an ihn kommen, wenn Er sich dann nicht vorher aus dem Staube macht!»

Jesus aber ging durch sie durch von dannen, und ich hörte, dass die ihm angehörigen, verwandten Frauen weinten und jammerten über die laute Wut der Pharisäer; denn sie hatten beim Nachhausegehen in der Nähe auf ihn geharrt.

Jesus ging aus der Stadt den Weg nordöstlich auf die Höhe über dem Tal, wo das Haus Marias war und wo Er einmal Heiden geheilt hatte. Man ging da von Bethsaida gerade nach Kapharnaum herüber, ohne durch das Tal zu gehen, welches etwas um ist. Es sind da viele Büsche und Höhlen, wo Er betete. Ich sah Jesus später zum Hause Marias kommen, die Frauen trösten und belehren, und dann wieder hinausgehen und die Nacht hindurch beten.

Taufe der Heiden und Geheilten

23. November: Petrus muss wohl von Maria den Ort, wo Jesus heute nacht im Gebet lag, erfahren haben. Ich sah ihn am Morgen zu Jesus dahin kommen und ihm sagen, dass Jairus, der Vorsteher der Synagoge, in seinem Hause sei. Jesus ließ aber dem Jairus sagen, er solle nur ruhig sein, das Töchterchen sterbe noch nicht, Er werde nach Tisch kommen. Ich sah nachher Jesus noch einige Kranke bei dem Haus von Petrus heilen und etwa gegen neun Uhr zu dem Taufort gehen, wo viele versammelt waren. Der Taufort war nicht fern von Petrus' Haus, jedoch mehr südlich im Tal in einem umzäunten Garten, worin mehrere runde Badezisternen waren, in welche man das Wasser des vorbeifließenden Baches einlassen konnte.

Es war eine lange Laube darin, durch Vorhänge und Stellwände in kleine Räume geteilt, in welchen sich die Täuflinge umkleideten. Es war alles zur Taufe eingerichtet. Jesus hatte eine erhöhte Lehrstelle. Die Jünger waren alle zugegen und etwa fünfzig Täuflinge. Es waren darunter mehrere Verwandte Jesu, ein alter Mann und drei Jünglinge aus Sephoris, darunter der früher stumme Knabe, den Jesus bei Sephoris geheilt und dessen alte Verwandte neulich bei Abez auch bei Jesus war; ferner Cyrinus aus Cypern, neulich zu Dabrath bekehrt, der römische Hauptmann Achias und sein geheiltes Söhnchen Jephte von Gischala, der Hauptmann Cornelius und sein geheilter gelber Sklave und mehrere seines Gesindes, auch mehrere andere Heiden aus Obergaliläa.

Weiter ein dunkelfarbiger Sklave von Serobabel oder Cornelius, dann auch die fünf Zöllner von Megiddo und mehrere Knaben, darunter Joses, des Bartholomäus Neffe, desgleichen alle neulich hier umher geheilten Aussätzigen und Besessenen, wie auch die zwei gestern abend geheilten unreinen Männer. Diese letzteren sahen elend aus, sie waren zwar nicht mehr dick und geschwollen, auch hatten sie kein Geschwüre mehr, aber ihr Angesicht war eingefallen, abgehärmt und hie und da schwarzgelb und glänzend von abgefallenen Malstellen, und die Haut hie und da rauh und sich abschälend.

Alle Täuflinge hatten wollgraue Bußkleider an und wie ein viereckiges Totentuch über den Kopf hängen. Jesus lehrte und bereitete die Täuflinge vor; sie gingen dann in die Laube, wo sie sich in den Abteilungen getrennt aus den Bußkleidern in die Taufkleider kleideten. Es war dies ein langes, weites weißes Hemd. Sie hatten nun das Haupt entblößt und jenes Tuch über den Schultern liegen. Sie gingen mit auf der Brust gekreuzten Händen an den Wasserrand der Zisterne.

Andreas und Saturnin tauften, Thomas, Bartholomäus, Johannes und andere legten die Hände auf und waren Paten. Der Täufling hatte die Schultern entblößt und beugte sich über den Brunnen auf eine Lehne; ein Jünger trug das von Jesus gesegnete Wasser in einem Becken, und der Täufer schöpfte mit der Hand dreimal auf das Haupt des Täuflings. Thomas war Pate von Jephte, des Achias Sohn. Es wurden immer mehrere zugleich getauft, und doch währte die Handlung bis gegen zwei Uhr des Nachmittags.

Erweckung der Tochter des Synagogen-Vorstehers Jairus

Jesus nahm hierauf etwas Nahrung, und auch die Jünger, und dann ging Er hinauf nach Kapharnaum vor die Synagoge auf den Platz, wo Er mehrere Kranke heilte. Als Er mit ihnen beschäftigt war, kam Jairus, der Vorsteher der Synagoge, warf sich vor Jesus nieder und bat ihn, mit zu seiner kranken Tochter zu gehen, welche in den letzten Zügen liege, und sie zu heilen. Jesus war aber mit anderen Heilungen beschäftigt, und als Er mit Jairus gehen wollte, baten ihn die Kranken sehr, zu bleiben und wollten ihn nicht gehen lassen; Er sagte ihnen aber, Er werde vor dem Schluss des Sabbats zu ihnen zurückkehren.

Da Er nun fortging, kamen Boten vom Hause zu Jairus und sagten: «Deine Tochter ist gestorben; du brauchst den Meister nicht weiter zu bemühen.» Da sagte Jesus zu Jairus: «Fürchte dich nicht! Glaube mir, so wird dir geholfen!» Sie gingen hierauf die Nordseite der Stadt hinan, wo Cornelius wohnte, von dessen Haus das Haus Jairus nicht weit entfernt war.

Als sie schon in der Nähe desselben waren, sah man auch gleich viele Trauerleute und Klageweiber vor der Tür und im Vorhaus, und Jesus nahm nur den Petrus und Jakobus den Älteren und Johannes mit sich hinein. Im Hof sagte Er zu den Klagenden: «Warum jammert und weint ihr so? Geht hinweg! Das Mädchen ist nicht tot, es schläft nur.»

Es fingen die Klageleute an, ihn spöttelnd zu verlachen, weil sie wussten, dass sie tot war. Jesus aber sagte, sie sollten hinaus weichen, und sie mussten aus dem Hof hinaus, der geschlossen wurde. Er trat nun in die Küche, wo die betrübte Mutter und ihre Magd mit der Vorbereitung der Totenhüllen beschäftigt waren, und ging mit dem Vater, der Mutter und den drei Jüngern in die Kammer, wo die Tochter lag. Jesus trat an das Lager, die Eltern standen hinter ihm und die Jünger rechts zu Füßen des Bettes. Die

Mutter gefiel mir gar nicht, sie hatte kein Vertrauen und war kalt; der Vater, eigentlich auch kein begeisterter Freund Jesu, war so, dass er es mit den Pharisäern nicht zu verderben suchte, und nur die Angst und Not hatten ihn zu Jesus getrieben. Heilte dieser das Kind, so hatte er es wieder, wo nicht, so war es ein Triumph für die Pharisäer. Doch hatte ihn zuletzt die Heilung von Cornelius' Knecht besonders bewegt und ihm mehr Vertrauen gegeben. Das Töchterchen war nicht sehr groß und sehr abgezehrt, ich hielt es höchstens für elf Jahre alt, doch von den Kleinsten dieses Alters, denn man findet Judenmädchen von zwölf Jahren, die ganz vollkommen ausgebildet sind. Es lag in einem langen Kleid eingewickelt auf dem Lager. Jesus nahm es leicht auf seine Arme und legte es gegen seine Brust und hauchte es an; und da sah ich etwas Wunderbares.

Ich hatte neben dem Leichnam an der rechten Seite eine kleine lichte Gestalt in einem hellen Kreis gesehen, und da Jesus das Mägdlein anhauchte, sah ich das Licht in dessen Mund wie eine kleine Menschenfigur einsinken, nachdem es dahingeschwebt war. Jesus legte den Leib wieder auf das Lager, fasste den Arm des Mägdleins wie ein Arzt über der Hand und sagte: «Mägdlein, richte dich auf!»

Da richtete sie sich sitzend im Bett auf, und Er hatte sie fortwährend an der Hand, und sie richtete sich ganz auf, hatte die Augen offen und stieg an der Hand Jesu vom Lager, und Er führte sie, die noch schwach war und schwankend ging, in die Arme der Eltern, die der ganzen Handlung anfangs kalt und bang, dann mit Zittern und Beben zugesehen hatten und jetzt vor Freude ganz außer sich waren.

Jesus sagte ihnen, dem Kind etwas zu essen zu geben und keinen unnötigen Lärm von der Sache zu machen, und Er kehrte nach dem Dank des Vaters hinab zur Stadt. Die Frau war verschämt und verblüfft und dankte nicht viel. Es war aber gleich unter den Klageleuten erschollen, das Mädchen lebe. Sie traten aus dem Weg, schämten sich teils, teils hohnlächelten doch noch manche Niederträchtige, gingen in das Haus und sahen das Mädchen essen.

Jesus sprach auf dem Rückweg mit den Jüngern von dieser Heilung und sagte, diese Leute hätten zwar keinen rechten Glauben gehabt und keine aufrichtige Gesinnung; ihre Tochter aber sei vom Tod erweckt um ihrer selbst willen und zur Ehre des Reiches Gottes. Dies sei ein unschuldiger Tod, sie müsse sich vor dem Tod der Seele hüten. Er ging dann wieder auf den Platz der Stadt und heilte noch viele Kranke, die ihn erwarteten, und lehrte dann in der Synagoge bis zum Sabbatschluss. Die Pharisäer aber waren so erbittert, ergrimmt und unruhig, dass sie leicht Hand an ihn gelegt hätten, wenn Er sich noch nachher mit ihnen eingelassen hätte.

Sie fingen schon wieder davon an, dass Er seine Wunder durch Zauberei tue. Jesus verlor sich aber unter der Menge und verließ die Stadt durch die Gärten Serobabels; auch die Jünger mussten sich zerstreuen.

Anmerkung des Pilgers

(Die Erzählerin sah die Heilung der blutflüssigen Frau nicht zwischen der Einladung Jesu durch Jairus und der Heilung der Tochter im Gedränge unterwegs, wie sie doch bei Matthäus, Markus und Lukas steht. Sie sah dies Ereignis heute gar nicht und sagt, es sei gar kein Gedränge gewesen auf dem Weg, auch nicht beim Heilen, heute morgen aber wohl etwas an des Petrus Haus. Sie entsann sich dieser Heilung gar nicht heute, auch nicht unter den anderen Heilungen, welche ganz gewöhnliche gewesen seien.

Sie sagte, sie erinnere sich dieser Heilung als früheres Evangelien-Bild wohl, und der Ausdruck Jesu, dass Er eine Kraft aus sich ausgehen gefühlt, sei ihr noch so erklärt worden: die Frau habe das Göttliche in Jesu gefühlt und lange mit Sehnsucht danach gerufen und im Vertrauen und Verlangen, dieses Göttliche möge ihr helfen, seinen Mantel berührt; da habe es ihr geholfen, und Jesus habe es gefühlt, dass eine Wirkung von ihm ausgehe. Die Frau ist ihr wohlbekannt, denn sie erzählte früher von dem Monument, das sie errichtet hat, und von seiner Wirkung.)

24. November: Jesus hat wieder einen Teil der Nacht abgesondert im Gebet zugebracht. Dieses sein Gebet trägt viel dazu bei, die Sünder zu bekehren und die Absichten der Pharisäer zu verwirren und zu vereiteln, denn Er tat alles auf eine menschliche Weise, auf dass wir ihm nachfolgen sollten. So betete Er auch zu seinem himmlischen Vater zur Vollendung seines Werkes. Nach unserer Art zu denken, sollte man glauben, sie würden ihn zerreißen.

Er entzieht sich ihnen am folgenden Tag, selbst am Sabbat heilt Er wieder vor der Synagoge und lehrt in derselben.

Warum vertrieben sie die Kranken nicht? Warum verboten sie ihm das Lehren in der Synagoge nicht? Es hatten aber die Propheten und Lehrer das Recht, in den Synagogen von jeher zu lehren, zu helfen und zu heilen, und sie konnten ihn nur auf Gotteslästerung und Irrlehre angreifen. Diese aber konnten sie nicht erweisen. Um seine Taufe bekümmerten sie sich gar nicht und kamen auch nicht hinzu; es führte keine Landstraße durch das Tal, sie ging oben über die Höhe nach Bethsaida. Durch das Tal gingen nur die Pfade der Fischer und Landleute zum See.

Blick auf die heiligen Frauen und die rückfällig gewordene Magdalena

Martha und die heiligen Frauen von Jerusalem, Dina und andere waren schon gleich nach Jesu Abreise nach Naim auch wieder nach Hause gereist. Ich habe auch gesehen, dass Maroni nebst ihrem Sohn so von den Leuten umher überlaufen wurde, welche den Erweckten sehen wollten, dass sie sich verbergen mussten. Ich sah auch, ich weiß nicht mehr bei welcher Gelegenheit, dass Magdalena leider bereits wieder in ihrem alten Geleise ist.

Sie hat Besuche von Männern aus der Gegend gehabt. Man hat über den Wandel Jesu und seinen Umgang und Zusammenhang mit allerlei Gesindel gesprochen, sie ausgelacht über das, was man von ihr gehört; sie übrigens sehr viel schöner und angenehmer gefunden, als in der letzten Zeit, denn sie hat sich seit einigen Tagen körperlich besonders erholt.

Sie hat sich leider von diesen Gesprächen befangen lassen und ist auf dem Weg in neue Sündenhändel, und weil rückfällig, noch tiefer zu fallen. Ach wäre sie doch nicht wieder nach Magdalum gegangen! Sie hat auch eine gar schlechte Nachbarschaft, außer in Damna, wo noch gute Leute wohnen; in Gabara und Jotapata und Tiberias ist viel schlechtes und leichtsinniges Volk. Es mögen vielleicht gar manche darunter sein, die, Jesus hassend, von ihrer neulichen Bewegung gehört haben und sie in ihrem Elend zu befestigen suchen. In Jotapata sind auch die vier herodianischen Johannesjünger, die neulich mit Jesus zogen, ansässig, sie haben sich nach dem Sabbat nicht mehr bei ihm sehen lassen.

Fest bei Cornelius – Näheres über Saturnin

Es war heute ein Fest beim Hauptmann Cornelius wegen seines geheilten Knechts; es sind sehr viele Heiden und besonders Arme zu seinem Haus gezogen. Er hatte gleich nach der Heilung Jesus sagen lassen, er wolle viele Brandopfer von allen Tiergattungen bringen lassen. Jesus ließ ihm aber antworten, er solle lieber seine Feinde einladen und sich mit ihnen versöhnen, und auch seine Freunde und sie belehren und die Armen und sie erquicken und mit den Opferspeisen bewirten, denn Gott habe keine Freude an Brandopfern. Ich sah darum sehr viele Heiden über Bethsaida und die Höhe nach dem Haus des Cornelius ziehen, wo das Fest war.

Am Morgen sah ich Jesus und viele der Jünger am Taufort. Saturnin hatte eine große Freude, zwei jüngere Brüder und seinen Oheim zu taufen, sie waren Heiden. Seine Mutter ist auch mit ihnen gekommen, sie ist schon eine Jüdin, sein Vater ist tot.

Saturnin ist ein Nachkomme von Königen. Seine Eltern lebten in Patras. Saturnin erfuhr zuerst durch einen braunen Mann, der von den Angehörigen des dunkelfärbigeren der drei Könige war und den Zug mitgemacht hatte, die Geschichte von dem Stern und der Geburt Jesu. Er war, glaube ich, im Krieg oder auf Reisen mit ihm in Berührung gekommen. Hierauf zog Saturnin nach Jerusalem und als Johannes zuerst auftrat, war er einer seiner ersten Jünger und ging gleich nach Jesu Wiedererscheinen nach der Taufe mit Andreas zu ihm. Die Knaben waren bei einem Oheim zurückgeblieben und jetzt angekommen. Sie waren reich.

Es wurden am Morgen noch ungefähr zwölf andere Menschen getauft. Wenn sie in den Graben um das Becken treten, schürzen sie sich das lange Gewand auf und lehnen sich, wenn sie die Taufe empfangen, über den Rand des Beckens; dann gehen sie wieder in die Laube und ziehen andere Kleider an.

Das weiße lange Hemd ist, glaube ich, nur ein Taufmantel, unter dem sie bis auf die Leibbinde nackt sind. Die Juden bekümmern sich nicht um die getauften Heiden; wenn sie nicht kommen und von den Priestern die Beschneidung begehren, so ahnen sie dieselbe nicht, und es scheint ihnen auch daran nicht viel zu liegen, denn sie sind ganz lau und scheuen die Mühe.

Cornelius, der unter ihnen wohnt und die Synagoge bauen ließ, wird wohl die Beschneidung annehmen müssen, wenn er Gemeinschaft mit ihnen haben will.

Jesus aß noch bei seiner Mutter und sprach mit jenen Frauen, die noch da waren, und sagte mehreren Kranken, die geheilt werden wollten, was sie einstweilen tun sollen, bis Er wiederkomme.

Dann sah ich ihn nachmittags am See lehren, nicht weit von Petrus' Schiffstelle. Er war mit den Jüngern über die Höhe hinter Marias und Petrus' Wohnung gegen Bethsaida und wieder herab bis hierher gewandert.

Das Ufer bei Bethsaida ist hoch; hier ist es sanft zum See abhängig und gut anzufahren. Petrus' Schiff und das Schifflein Jesu lagen hier; es war kleiner und fasste höchstens fünfzehn Mann.

Es war hier eine große Menge von Heiden versammelt, welche bei Cornelius' Fest gewesen waren. Jesus lehrte sie und als das Gedränge zu stark ward, bestieg Er mit einigen Jüngern sein Schiff, die anderen aber und die Zöllner bestiegen Petrus' Schiff, und nun lehrte Er vom Schiff aus die Heiden und andere am Strand über die Parabel vom Sämann und vom Unkraut im Acker; und sie fuhren nachher hinüber.

Das Schiff von Petrus ruderte, das Schifflein Jesu war daran gehängt. Es ruderten auch die Jünger abwechselnd. Er saß auf der erhöhten Stelle an dem Mast, die anderen umher und auf dem Rande des Schiffes von Petrus. Sie fragten ihn, was dieses Gleichnis bedeute, und warum Er in Gleichnissen rede. Da legte Er es aus.

(Sie erinnert sich hier an Mt 13,1-24. Aber nicht weiter, welches ihr der Pilger vorliest und sagt: «Er hat dies im Überfahren getan, es war vier Uhr abends.»)

Ich meine auch, es wird jetzt wohl die Berufung von Matthäus geschehen, denn ich habe sie landen sehen zwischen dem Tal von Gerasa und Bethsaida-Julias. Erst stieg man noch über eine Anhöhe und dann liegen die Wohnungen der Zöllner hintereinander. Auch habe ich gehört, dass Er unterwegs gesagt hat, sie würden sich an ihm ärgern. Ich meine nun, das wird sein, weil Er Matthäus den Zöllner als Jünger aufnehmen wird.

25. November – (Am folgenden Tag sagte sie:) Als Jesus herüberkam, war es höchstens fünf Uhr, es muss also früher gewesen sein, da sie abfuhren. Es führte ein Weg gleich vom Ufer nach den Häusern der Zöllner, den die vier Zöllner, die bei Jesus waren, einschlugen. Jesus aber ging einen Weg am Seeufer rechts ab mit den Jüngern, so dass sie in einiger Entfernung vom Haus des Matthäus vorüber gingen. Von diesem Weg lenkte aber wieder ein Weg nach der Zollstätte des Matthäus, und da Jesus sich dahin wandte, blieben die Jünger scheu stehen.

Als Matthäus, vor dessen Zollhaus ich Knechte und Zöllner mit allerlei Waren beschäftigt sah, Jesus und die Jünger von einer Anhöhe zu ihm nahen sah, schämte er sich und zog sich in seine Hütte zurück. Jesus aber nahte und rief ihm über den Weg. Da kam Matthäus eifrig aus der Hütte und warf sich vor Jesus auf sein Angesicht nieder und sagte, er habe sich nicht würdig geglaubt, dass Jesus mit ihm rede.

Jesus aber sagte ihm: «Matthäus, steh auf und folge mir nach!» Und Matthäus stand auf und sagte ihm, dass er alles sogleich mit Freuden verlassen und ihm folgen wolle, und er ging nun mit Jesus zu dem Weg, wo die Jünger standen.

Diese grüßten ihn und reichten ihm die Hände, und besonders waren Thaddäus, Simon und Jakobus der Jüngere froh, denn sie waren vom Vater Alphäus her Brüder, der vor seiner Ehe mit Maria Kleophä Tochter den Matthäus mit einer früheren Frau gezeugt hatte. Er wollte, sie sollten doch gleich alle seine Gäste sein. Jesus sagte ihm aber, dass sie morgen zu ihm essen kommen wollten, und so gingen sie weiter.

Matthäus eilte nun nach seinem Haus zurück, welches eine Viertelstunde vom See an einer Bucht der Anhöhe liegt. Das Flüsschen, das von Gerasa in den See läuft, fließt nahe dabei vorüber. Es hat Aussicht auf den See und auf das Feld. Matthäus setzte gleich einen guten Mann vom Schiff des Petrus an seine Stelle, das Amt bis zur näheren Anordnung zu verwalten.

Er war verheiratet und hatte vier Kinder. Er sagte seiner Frau freudig das Glück, das ihm widerfahren, und wie er alles verlassen und Jesus ganz folgen wolle, worüber auch sie voller Freude war. Hierauf befahl er ihr, das Mahl auf morgen zu bereiten und beschäftigte sich selbst mit den Einladungen und Anordnungen dazu. Matthäus war schier so alt wie Petrus und hätte wohl seines jüngeren Halbbruders Josef Barsabas Vater sein können. Er war ein schwerer starkknochiger Mann mit schwarzem Bart und Haar. Seit er Jesus auf dem Weg nach Sidon kennen gelernt, hatte er die Johannestaufe empfangen und sein ganzes Leben nach der größten Gewissenhaftigkeit eingerichtet.

Jesus ging über die Höhe hinter Matthäus Haus gegen Mitternacht in das Tal Bethsaida-Julias hin; Er musste über ein kleines Wasser, es waren dort Lager von Karawanen und ziehenden Heiden, die Er lehrte. Sie übernachteten in einer Herberge von Bethsaida-Julias.

25. November: Jesus hat am Morgen noch bei den lagernden Heiden in der Gegend gelehrt und kehrte gegen Mittag mit den Jüngern zum Haus des Matthäus zurück, wo sehr viele eingeladene Zöllner versammelt waren.

Unterwegs schlossen sich einige Pharisäer und Johannesjünger an, gingen aber nicht mit in das Haus, sondern gingen draußen mit den Jüngern im Garten umher und sagten zu ihnen: «Wie könnt ihr es dulden, dass Er sich immer mit Sündern und Zöllnern so vertraut macht?» Da antworteten diese: «Sagt es ihm selber!»

Die Pharisäer aber erwiderten: «Mit einem Menschen, der immer Recht haben will, kann man nicht sprechen.»

Matthäus empfing Jesus und die Seinigen gar liebevoll und demütig und wusch ihnen die Füße. Seine Halbbrüder umarmten ihn herzlich. Er brachte Jesus sein Weib und seine Kinder. Jesus sprach mit ihr und segnete die Kinder; hernach erschienen die Kinder nicht mehr. Ich habe mich oft gewundert, dass die Kinder, wenn Er sie gesegnet hatte, gewöhnlich nicht mehr zum Vorschein kamen. Ich sah aber, dass Jesus saß und Matthäus vor ihm kniete, und dass Jesus ihm die Hand auflegte, ihn segnete und einige belehrende Worte dabei sprach. Matthäus hatte Levi geheißen und erhielt jetzt den Namen Matthäus.

Es war eine große Mahlzeit an einer ins Kreuz gestellten Tafel in offener Halle. Jesus saß von den Zöllnern umgeben, man stand in Zwischenräumen auf und besprach sich und saß wieder nieder bei neuen Gerichten.

Es kamen vorübergehende arme Reisende heran, die Jünger teilten ihnen Speise aus. Es führte hier die Straße zur Überfuhr vorüber. Dazwischen nahten die Pharisäer den Jüngern, und es traten die Reden und Widerreden ein, welche im Evangelium des hl. Lukas 5,30 bis 39 stehen. Sie sprachen aber hauptsächlich vom Fasten, weil heute abend bei strengen Juden ein Fasttag eintrat, wegen der Verbrennung der Bücher des Jeremias durch König Joachim, und auch weil es bei den Juden besonders in Judäa nicht gewöhnlich war, auf dem Weg Früchte abzupflücken, was Jesus seinen Jüngern erlaubte.

Als Jesus die Antworten gab, lag Er zu Tisch mit den Zöllnern, die Jünger aber, an welche die Rede der Pharisäer ging, standen und gingen umher. Jesu drehte das Haupt um und antwortete.

Ich meine, dass Jesus hier über Nacht blieb, die Jünger aber, welche Fischer waren, blieben in den Schiffen. Das Schiff des Zebedäus war auch mit den Knechten herübergekommen. Ich weiß nicht mehr ganz bestimmt, ob sie heute nacht fischten, aber es schwebt mir dunkel vor, als hätten sie gefischt.

Blick auf Kapharnaum – Die Familie des Jairus und die blutflüssige Frau

Kapharnaum wird nun viel lebendiger als es sonst war, es ziehen sehr viele Menschen und Fremde hin um Jesu willen, Gegner und Freunde, besonders Heiden, die sich an Serobabel und Cornelius anschließen.

Ich habe auch heute nacht sehr vieles von Jairus und seiner Tochter und von der blutflüssigen Frau in Kapharnaum gesehen, ich habe aber heute das meiste wieder vergessen. Nur so viel weiß ich noch, dass die Tochter des Jairus zur Strafe ihrer Eltern und der Verwandten, welche Jesus selbst nach der Heilung noch mit Hohnlächeln begegneten, noch einmal zurückfällt, und dass Jesus ihr abermals hilft, und dann, glaube ich, tritt die Heilung der Blutflüssigen ein.

Ich weiß nicht mehr, inwiefern die Tochter selbst mitschuldig wird, aber bei ihrer neulichen Erweckung war alles sehr lau und die Mutter besonders unwürdig in ihrem Betragen.

Die blutflüssige Frau ist noch nicht geheilt. Sie ist schon lange in Kapharnaum und braucht viele Ärzte, sie ist ganz mager und abgezehrt, sie ist eine Heidin, Witwe eines Juden von Paneas oder Cäsarea, der Hauptstadt des Philippus. Sie hatte bis jetzt noch immer den vollen Glauben nicht und ist in den Händen der Ärzte. Sie ist nun aber mit der Mutter Jesu bekannt geworden, welche die Kranken besucht, und diese hatte sie getröstet und im Glauben sehr gefördert.

Letzte Berufung des hl. Petrus, Andreas und der Söhne des Zebedäus, Jakobus und Johannes – Deren erste Aussendung zum Lehren und Taufen

26. November: Jesus kam am Morgen an den See, der etwa eine Viertelstunde von der Wohnung des Matthäus liegt, wo Er mit seinen Begleitern übernachtet hatte. Ich sah Petrus und Andreas beschäftigt, das Netz auszuwerfen und hinauszufahren; da rief ihnen Jesus zu: «Kommt und folgt mir, ich will euch zu Menschenfischern machen!» Da ließen sie gleich ihre Arbeit sein, lenkten ans Land und kamen ans Ufer.

Jesus ging noch eine Strecke weiter am Ufer, wo des Zebedäus Schiff lag, der mit seinen Söhnen Jakobus und Johannes die Netze auf dem Schiff in Ordnung brachte, und Er rief auch ihnen zu, dass sie kommen sollen. Da kamen sie gleich ans Land. Zebedäus blieb mit den Knechten im Schiff.

Ich sah, dass Jesus sie an der einen Seite ins Gebirge sandte mit dem Befehl, die Heiden, welche es dort verlangen würden, zu taufen. Er hatte sie gestern früh und vorgestern schon vorbereitet. Er selbst ging mit dem Täufer Saturnin und den anderen Jüngern nach einer anderen Seite. Am Abend sollten sie wieder bei Matthäus zusammenkommen. Ich sah, wie Er ihnen diese Wege, mit der Hand deutend, bestimmte. Die anderen Jünger harrten oben am Weg, während Er diesen rief. Als sie alle beisammen waren, gab Er ihnen den Auftrag, ihres Weges zu ziehen und zu taufen.

Da die Evangelien nicht den umständlichen Lebenswandel Jesu mit den Jüngern enthalten sollten, sondern nur einen kurzen Auszug, so wurde dieses Abrufen der Fischer von ihren Schiffen und dem vorgehabten Fischzug zum Fischen der Menschen, als den ganzen Beruf des hl. Petrus, Andreas, Johannes und Jakobus umfassend, an den Anfang hingesetzt und manche Wunder und Parabeln und Lehren Jesu als eine Beispielsammlung nachher, ohne irgendeine genaue Ordnung.

Ich sah nun Jesus und einen Teil der Jünger, darunter Saturnin als Täufer, in die Gegend von Bethsaida-Julias ziehen, und Petrus mit Andreas als Täufer, und die anderen Fischer nebst einigen anderen Jüngern gingen nordöstlich den Berg hinan und dann in ein Tal, wo ein Bächlein fließt. In dieser Gegend lagerten sehr viele Heiden, von denen Jesus an den vorigen Tagen schon einen Teil zur Taufe bereitet hatte. Ich sah nun, dass diese den Jüngern entgegenzogen und die Taufe verlangten, und sah, dass Andreas sie auf eine neue, von der früheren abweichenden Art taufte.

Aus dem Bach wurde Wasser in einem Becken gebracht; die Täuflinge schlossen einen Kreis und knieten nieder, sie hatten die Hände vor der Brust gekreuzt.

In dem Kreis standen auch Knaben von drei bis sechs Jahren – so klein wie ich sie sonst noch nicht dabei gesehen habe. Petrus hielt das Becken und Andreas sprengte mit der Hand schöpfend dreimal den Täuflingen Wasser über das Haupt und sprach die Taufworte. Die anderen Jünger gingen von außen herum und legten ihnen die Hände auf. An die Stelle der Getauften traten immer wieder neue ein.

Es wurden dazwischen Pausen gemacht, und die Jünger erzählten die ihnen schon gangbaren Parabeln, sprachen von Jesus, seinen Lehren und Wundern und erklärten den Juden, was sie noch nicht von den Gesetzen und Verheißungen Gottes wussten.

Petrus konnte besonders eifrig und mit vieler Aktion erzählen; auch Johannes sprach sehr schön und auch Jakobus. Jesus lehrte seinerseits in einem anderen Tal und bei ihm taufte Saturnin.

Stillung des Seesturmes

Mt 8,23-27; Mk 4,36-40; Lk 8,22-25 – Ich erinnere mich vom Verlauf des Tages an nichts mehr, als dass sie am Abend wieder bei des Matthäus Haus zusammenkamen, dass auch hier noch sehr viele Menschen waren, welche Jesus drängten; deswegen bestieg Er mit allen künftigen zwölf Aposteln und Saturnin das Schiff des Petrus und befahl ihnen, gegen Tiberias zu fahren, welche Richtung über die ganze Breite des Sees führt. Es schien mir aber, als wollte Jesus nur von dem Andrang der Leute ausruhen, denn Er war sehr erschöpft. Er lag in der mittleren Terrasse der stufenförmigen Umgebung des Mastbaums in einem der Behälter, wo die Wächter gewöhnlich liegen, und war eingeschlafen, so müde war er. Die Rudernden standen über ihm. Man konnte von diesen Ruhestätten frei heraussehen, und oben war man bedeckt.

Es war ganz still und schön, als sie abfuhren. Sie waren ungefähr mitten auf dem See, als ein heftiges Ungewitter entstand. Es war mir seltsam, dass der Himmel ganz schwarz war und man doch die Sterne sehen konnte. Es war ein schrecklicher Wind, und die Wellen schlugen ins Schiff; das Segel hatten sie herabgelassen. Ich sah auch oft einen lichten Schein über das bewegte Wasser hinfliegen, es muss auch geblitzt haben.

Als die Gefahr immer größer wurde, kamen die Jünger in große Angst und weckten Jesus und sagten: «Meister! Bekümmerst du dich nicht um uns? Wir gehen zu Grunde!» Da richtete sich Jesus auf, schaute hinaus und sagte ruhig und ernst, als rede Er mit dem Sturm: «Schweige! Verstumme!» Da wurde eine plötzliche Meeresstille, und alle waren sehr erschrocken und sprachen zueinander flüsternd: «Wer ist Er, dass Er den Wellen gebieten kann?»

Er aber verwies ihnen ihren geringen Glauben, dass sie sich gefürchtet hatten, und befahl ihnen, gegen Chorazin zurückzufahren, so heißt die Gegend bei der Zollstätte des Matthäus wegen der Stadt Chorazin, wie die Gegend jenseits von Kapharnaum bis gegen Gischala Gennesaret genannt ist. Des Zebedäus Schiff kehrte auch mit zurück; ein anderes mit Überfahrenden ging nach Kapharnaum. Es waren aber Boten Jesu gekommen, Er möge eilen, Marias Nichte, nämlich Maria Kleophä, sei so krank.

*Lehre bei Chorazin –
Heilung eines Mannes mit verdorrter Hand*[19]

27. November: Als die beiden Schiffe vor Tag wieder gelandet waren, blieben sie still und Jesus und alle schliefen. Mit Jesus waren in allem etwa fünfzehn Männer auf dem Schiff bei dem Sturm. Man muss sich nicht wundern, dass die Rudernden über Jesu Schlafort standen und dieser doch auch über das Schiff wegsah. Weil die Ruder auf dem hohen Schiffsrand aufliegend weit

hinaus in das Wasser griffen, hatten sie einen langen Hebel und die Ruderer standen hoch, deswegen waren auch die Terrassen um den Mast.

Ich sah nachher Jesus mit den Jüngern auf die Höhe gegen Süden des Tals von Chorazin gehen, wo unzählige Volksscharen sich versammelt hatten und noch immerwährend heranzogen. Der Ort war etwa eine Stunde von Chorazin südwestlich und etwas weiter nördlich von Gergesa, das tiefer lag.

Ich habe in diesen Tagen auch gesehen, dass der Sumpf, östlich von Gergesa, nördlich unter dem Bergrücken von Gamala, wie ein ganz schilfiger und grüner Teich liegend, einen Abfluss südwestlich in eine finstere Schlucht und aus dieser in den See hat. In diesen Teich stürzten sich die Schweine, in welche Jesus die Teufel trieb, von dem höheren Bergrücken hinab. Dies ist aber noch nicht geschehen.

Hier, wo Jesus heute lehrte, war ein steinerner Lehrstuhl. Er hatte diese Lehre vor ein paar Tagen schon angesagt. Die Scharen zogen heran und wieder ab, und es haben heute gewiss ein paar tausend Leute zugehört. Er heilte auch eine große Menge Menschen, Blinde und Lahme, Stumme und Aussätzige.

Als Er zu lehren begann, lärmten und rasten viele Besessene, welche man herbeigeführt hatte. Er befahl ihnen zu schweigen und sich auf die Erde zu legen, und sie legten sich auf die Erde wie furchtsame Hunde und rührten sich nicht bis zum Ende der Lehre, da Er zu ihnen ging und sie befreite.

Unter den vielen Heilungen erinnere ich mich eines Mannes mit ganz ausgedörrtem Arm und geschwundener, verkrümmter Hand. Jesus fuhr ihm an dem Arm herab, nahm seine Hand, machte ihm seine einzelnen Finger gerade, indem Er sie sanft bog und drückte. Dies alles war so geschwind geschehen, als man Zeit braucht, um einem zu zeigen, wie Er es machte; und die Hand des Mannes war gerade und lebendig und er konnte sie bewegen, wenn sie gleich noch dünn und schwach war; aber sie wurde schnell immer stärker.

Es waren bei diesem Volk viele Frauen mit Kindern jeden Alters. Jesus ließ einmal alle Kinder nach und nach zu sich bringen, segnete sie, zwischen ihnen umhergehend, und lehrte über sie, so dass die Leute es hörten. Ich sah, dass Er ein Kind bei dieser

Lehre bei der Hand hin und her wandte und lehrte, wie auch die Menschen so ruhig und geduldig sich von Gott ohne Widerspruch führen lassen müssten. Er hatte viel mit den Kindern zu tun. Die meisten dieser Leute waren Heiden und auch ein Teil Juden aus Syrien und den zehn Städten, die auf Jesu Ruf in großen Scharen und Karawanen mit ihren Knechten und Kindern und Kranken zur Lehre, Heilung und Taufe herangezogen waren.

Jesus war ihnen hier herüber entgegen gekommen, damit die Menge in Kapharnaum nicht gar zu groß werde. Ich sah unter ihnen auch aus Paneas die Verwandten der in Kapharnaum sich aufhaltenden blutflüssigen Frau des Evangeliums. Es war der Oheim ihres verstorbenen Mannes, in dessen Haus sie geheiratet hatte, ihre erwachsene Tochter und noch eine Frau.

Sie sprachen mit den Jüngern, um am Abend von ihnen nach Kapharnaum übergeführt zu werden und erkundigten sich auch nach ihrer kranken Verwandten. Sie hörten die Lehre Jesu, und der Oheim wurde mit sehr vielen anderen getauft.

Es wurde den ganzen Tag getauft, auf dieselbe Art wie gestern, so dass sie im Kreise knieten. Ich sah auch, wie viele kleine Knaben getauft wurden. Sie standen mit den Händchen vor der Brust im Kreis in ihren kleinen Röckchen. Das Wasser wurde in Schläuchen heraufgebracht aus dem Tal Chorazin. Auch bei dieser Lehre waren wieder lauernde Pharisäer aus der Umgebung, auch verkehrte Johannesjünger dabei. Am Abend zog Jesus mit den Jüngern nach dem Haus des Matthäus.

Er erzählte noch eine Parabel von dem Schatz, der in einem fremden Acker verborgen liege, und wer ihn finde, der lasse ihn liegen und kaufe den Acker und lasse alles um den Acker.

Das deutete Er auf die große Begierde der Heiden und dass sie das Reich an sich reißen würden. Jesus saß aber noch mit einigen wegen des Gedränges in einem Schiff und lehrte sie. Er fuhr aber nicht weit, sondern kehrte zurück und war nachts im Gebet. Bei Matthäus hatten sie sich erquickt.

Die Jünger fuhren noch die Verwandten der blutflüssigen Frau über. Auch fuhren Johannesjünger über, die über Jesus klagten, dass Er ihrem Meister nicht helfe und dass die Jünger nicht fasteten.

Jesus fährt fort zu lehren und schifft dann nach Bethsaida über

28. November: Die Jünger sind am Morgen von ihrem Überfahren zurückgekehrt. Sie brachten auch Jesus die Botschaft, dass Maria Kleophä in Petrus' Haus vor Kapharnaum sehr krank sei, dass seine Mutter ihn bald zu kommen bitte, und wie sehr viele Kranke auch selbst von Nazaret ihn erwarteten. Jesus lehrte und heilte noch sehr viele Menschen am Ufer des Sees. Es waren auch wieder viele Besessene zugegen, die Er befreite. Die Anzahl und das Gedränge der Menschen wird immer größer, und es ist nicht zu sagen, wie unermüdlich Er arbeitet und hilft.

Nach Mittag fuhr Er mit allen Aposteln hinüber nach Bethsaida. Matthäus hat die Zollstätte einem von den Schiffern übergeben. Seit er des Johannes Taufe empfangen hatte, übte er sein Geschäft auf sehr redliche Weise aus. Auch alle anderen Zöllner wurden in ihrem Amt sehr redliche und milde Menschen und teilten besonders in diesen Tagen sehr viel den Armen aus. Judas ist jetzt noch sehr gut und ungemein gewandt und dienstfertig und bei dem Austeilen besonders klug und berechnend.

Es fuhren heute auch noch viele Heiden über. Jene, welche nicht weiterziehen als bis nach Kapharnaum, lassen die Kamele zurück; die anderen Kamele und Esel stehen auf Kasten, die an den Schiffen hängen, oder werden über die Jordanbrücke oberhalb des Sees geführt.

Jesus kam gegen vier Uhr nach Bethsaida, wo Maria und Maroni mit ihrem Sohn, die seit zwei Tagen hier sind, nebst anderen ihn erwarteten. Er nahm einen Imbiss. Mariä Kleophä Söhne gingen zu ihrer kranken Mutter. Jesus lehrte und heilte vor dem Haus des Andreas noch bis in die Nacht viele versammelte Menschen.

29. November: Der Andrang der Fremden und Juden nach Kapharnaum ist in dieser Zeit über alle Begriffe groß. Es lagern in der ganzen Gegend große Züge, und mein Führer sagte mir heute, es seien um diese Zeit an die zwölftausend Fremde um Jesu willen in der Gegend. In allen Tälern und Winkeln in der Umgegend grasen Esel und Kamele.

Diesen aber wird das Futter öfter erhöht vorgesetzt und sie sind angebunden. Sie fressen sehr viele Knospen von den Hecken ab und schaden denselben sehr.

Überall umher sind Lager aufgeschlagen. Kapharnaum wird seit Jesu Aufenthalt reicher und größer. Es lassen sich viele Familien hier nieder, und die vielen Fremden bringen Vermögen in die Stadt. Es wird auch viel gebaut und das Haus Serobabels und des Cornelius werden bald mit der Stadt zusammenhängen.

Das Besitztum des Petrus –
Über die Berufung der Apostel

Das Haus von Petrus, welches dicht vor der Stadt liegt, ist groß und lang und hat an der einen Seite einen großen Hof, umgeben von kleinen Häusern, Hallen und Schuppen. Der Bach von Kapharnaum fließt auch hier vorüber und ist an der anderen Seite des Hauses zu einem hübschen Teich gestaut, in welchem Fische bewahrt werden.

Es sind auch Rasenplätze umher, auf welchen Zeug gebleicht wird, und Netze sehe ich ausgespannt. Ein Teil der Häuschen umher ist vermietet, auch Knechte wohnen hier, denn Petrus hat Feldbau und Vieh und überhaupt eine große Wirtschaft.

Es wird ihm darum auch schwerer als den anderen, von seinem Haushalt ganz loszukommen; hinzu kommt das Gefühl seiner Unwürdigkeit. Ich habe gesehen, dass Jesus seit seiner Lehrzeit die Fischer schon zweimal von ihrer Arbeit abberufen hat, dass sie aber immer wieder zurückkehrten, und zwar nicht wider seinen Willen, um so weniger, da ihre Schiffahrt und Überfuhr und ihr Verkehr mit den heidnischen Karawanen sie bei seinem Aufenthalt in Kapharnaum in ihrem Stande sehr nützlich machte, und solange sie nicht selbst lehrten, es auch nicht nötig war, dass sie ganz mitzogen.

Andreas war schon länger bei dem Täufer gewesen und mehr vom Geschäft getrennt und zog schon früher als Petrus als Täufer mit Jesus.

Jakobus und Johannes kehrten auch bis jetzt immer wieder zur Fischerei zurück, denn sie waren sehr gehorsame Söhne, und der alte Zebedäus wie auch ihre Mutter Maria Salome waren etwas besorgt und meinten, die Söhne sollten ein Amt bei Jesus erhalten, und harrten darum einigermaßen auf das weltliche Reich.

Jetzt glaube ich jedoch, dass Petrus, Andreas, Jakobus und Johannes mehr bei Jesus bleiben werden und dass deswegen neulich, nachdem auch Matthäus als der Zwölfte zugetreten war, das Abrufen Jesu dieser vier Fischer von ihren Kähnen und ihrer Arbeit, da Er sie gleich zum Taufen sandte, als das Sinnbild ihres Berufs und ihrer Nachfolge geschrieben steht.

Als nach den letzten Ostern, da sie alle mit bei Jesus und seinen Taufen waren, Jesus sich nach Sidon und Tyrus flüchtete, haben sie teils schon hie und da gelehrt und selbst geheilt, aber es war ihnen aus Mangel an Glauben nicht immer gelungen.

Sie waren auch in Gennabris gebunden vor die Pharisäer geführt worden.

Jesus hat sie damals schon gelehrt, das Wasser zur Taufe zu segnen. Er gab ihnen damals die Vollmacht dazu nicht mit Handauflegung, sondern mit einem Segen. So haben sie auch neulich das Taufwasser bei Bethsaida-Julias, Chorazin und Kapharnaum gesegnet.

Blick auf die Kranken in Kapharnaum

Es ist schon seit ein paar Tagen eine große Menge von Kranken hier, und zwar selbst aus entlegenen Orten, denn durch die Erweckung des Jünglings von Naim und die vielen anderen großen Heilungen ist alles in Bewegung gekommen, und selbst aus Nazaret sind viele hergebracht, ja man hat lange für unheilbar Erkrankte, und viele dem Tode nahe Kranke im Vertrauen auf Jesus hierher gebracht.

Es liegt das Haus des Petrus an der Stadt im Vorhof und allen Anbauten und Schuppen voll von ihnen; sein Weib und Gesinde hat während seiner Abwesenheit große Anstalten machen müssen, um sie alle unterzubringen. Man hat Zelte und Lauben aller Art aufgeschlagen und für Speisung gesorgt. Die Witwe von Naim, welche dem Petrus verwandt ist, und auch Maria Kleophä, die ihm durch ihren dritten Mann verwandt ist, wohnen hier.

Die letztere wohnt gewöhnlich in Kana; von daher hat sie die Witwe von Naim, Maroni, mit ihrem Sohn hierher reisend, nebst Simeon, ihrem achtjährigen Sohn aus dritter Ehe, mitgenommen. Sie ist aber schon fiebrig hier angekommen, und ihre Krankheit nimmt zu. Jesus war jedoch noch nicht bei ihr. Er heilte heute und lehrte noch hie und da die Heiden in der Gegend. Es sind auch Leute aus Griechenland und namentlich aus Saturnins Vaterstadt, aus Patras, hier.

Botschaft Johannes des Täufers an die Synagoge

Heute Nachmittag vor dem Sabbat kamen mehrere Johannesjünger, von ihm gesandt, aus Machärus nach Kapharnaum. Sie gehörten zu den ältesten und vertrautesten Jüngern; die Brüder Mariä Kleophä, Jakobus, Sadoch und Heliachim, glaube ich, waren darunter.

Sie beriefen die Vorsteher und die Kommission der Pharisäer vor die Synagoge in die Vorhalle und überreichten ihnen eine lange schmale Rolle, tütenförmig geschlossen.

Es war ein Brief von Johannes an sie, sein strenges deutliches Zeugnis über Jesus enthaltend. Während sie dieses nun lasen und etwas bestürzt hin und her redeten, versammelte sich viel Volk, und die Boten sagten demselben laut, was Johannes in einer großen Rede zu Machärus vor Herodes und seinen Jüngern und vielem Volk ausgesprochen habe. Ich habe jene Rede des Johannes auch mit angesehen.

Als die Jünger, welche Johannes zu Jesus nach Megiddo gesandt hatte, mit der Antwort Jesu zu ihm zurückgekommen waren und ihm noch viele Nachrichten von seinen Wundern und Lehren und von der Verfolgung der Pharisäer mitgebracht hatten, wie auch die verschiedenen Gespräche über Jesus und die Klagen mancher, dass

Er ihn nicht befreie, fühlte sich Johannes gedrängt, nochmals ein lautes Zeugnis von Jesus zu geben, weil er vergebens versucht hatte, ihn durch seine Anfrage zu bewegen, von sich selbst zu zeugen.

Er ließ also dem Herodes sagen, er möge ihm vergönnen, allen seinen Jüngern, und wer ihn sonst hören wolle, eine Rede zu halten, denn bald werde er schweigen. Ich sah, dass Herodes es ihm gern zugestand. Es wurden nun auf einem Platz im Schloss alle seine Jünger und viel Volk eingelassen, und Herodes und sein böses Weib saßen auch auf einem erhöhten Ort, von vielen Soldaten umgeben.

Da kam Johannes aus seinem Kerker und lehrte sie. Herodes ließ es gern geschehen, er wollte sich, um das Volk zu versöhnen, das Ansehen geben, als genieße Johannes eine sehr leichte Gefangenschaft.

Ich hörte aber den Täufer mit großer Begeisterung von Jesus sprechen, wie er allein gesandt sei, ihm den Weg zu bereiten, wie er niemanden verkündet habe als ihn, wie aber dieses hartnäckige Volk ihn nicht erkennen wolle! Ob sie denn vergessen hätten, was er von ihm gelehrt? Er wolle es ihnen nochmals deutlich wiederholen, denn sein Ende sei nicht mehr fern!

Als er dies sagte, wurden alle Anwesenden sehr bewegt, und viele seiner Jünger weinten. Herodes kam in Unruhe und Verlegenheit, denn er hatte keineswegs den Vorsatz, ihn zu töten; sein Kebsweib aber verstellte sich so gut sie konnte, und Johannes fuhr mit großem Eifer fort und sprach von dem Wunder bei der Taufe Jesu, und dass Er der liebe Sohn Gottes sei, der von den Propheten verkündet worden ist.

Alles, was Er lehrte, sei die Lehre seines Vaters, und was Er tue, tue der Vater, und niemand komme zum Vater als durch ihn. So sprach er lange und widerlegte alle Vorwürfe, welche ihm die Pharisäer machten, und besonders auch jenen der Sabbatsentheiligung. Er sagte, jeder müsse den Sabbat heiligen, die Pharisäer aber entheiligen ihn, weil sie den Lehren Jesu nicht folgten, des Sohnes dessen, der den Sabbat eingesetzt habe. Noch viel Ähnliches sagte er und verkündigte Jesus als den, außer dem kein Heil zu finden sei, und wer nicht an ihn glaube und seiner Lehre nicht folge, werde verdammt werden.

Er ermahnte auch alle seine Jünger, sich zu Jesus zu wenden, und nicht verblendet bei ihm auf der Schwelle stehen zu bleiben, sondern in den Tempel selbst hineinzugehen.

Am Schluss der Rede sandte er mehrere mit einem Brief an die Synagoge von Kapharnaum, in welchem er sein ganzes Zeugnis wiederholte, dass Jesus der Sohn Gottes und die Erfüllung der Verheißung und dass alles sein Tun und Lehren recht und heilig sei, und widerlegte ihnen alle ihre Einwände, drohte ihnen mit dem Gericht und ermahnte sie, das Heil nicht von sich zu stoßen.

Er befahl auch den Jüngern, einen anderen Brief dem Volk vorzulesen, der dasselbe sagte, und ihm alles zu wiederholen, was er hier geredet habe. Ich sah nun die Johannesjünger in Kapharnaum dieses tun. Es versammelten sich ungemein viele Menschen, denn Kapharnaum wimmelte von Menschen an diesem Sabbat. Es waren Juden aus allen Gegenden hier, und sie hörten die Worte des Johannes über Jesus mit großer Freude an, und viele waren voll Jubel und gaben sich ihrem Glauben mit neuer Kraft hin.

Die Pharisäer mussten der Menge weichen und konnten nichts vorbringen, sie guckten sich an, zuckten die Achseln, schüttelten die Köpfe und stellten sich ganz geneigt, behaupteten jedoch ihre Autorität und sagten zu den Johannesjüngern, sie würden Jesus nichts in den Weg legen, wenn Er die Gesetze nicht verletzen und die Ruhe nicht stören würde.

Es sei wahr, Er sei wunderbar ausgerüstet, aber sie müssten auf Ordnung sehen, und alles habe sein Maß. Johannes sei ein guter Mann und möge in seinem Gefängnis nicht alles so recht wissen, er sei ja nie viel mit Jesus zusammen gewesen.

Es ging nun hierüber der Sabbat an, und alles begab sich zur Synagoge. Jesus kam auch mit den Jüngern, und alles hörte ihn heute mit der größten Bewunderung.

Er lehrte vom Verkauf Josephs Gen 37,1 bis 41 und aus Amos 2,6 bis 3,9 über die Drohungen gegen die Sünden Israels.

Ich erinnere mich noch, dass in der Lehre gleich anfangs von Unterdrückung der Armen, von Blutschande und Unzucht vorkam. Man störte ihn nicht, und die Pharisäer hörten mit geheimem Neid und Staunen zu. Das Zeugnis des Johannes, vor allem Volk verkündet, hatte sie etwas verschüchtert.

Plötzlich aber entstand ein fürchterliches Gebrüll in der Synagoge; es hatten Leute einen rasenden Besessenen, einen Mann aus Kapharnaum, mit hereingebracht. Er bekam auf einmal einen Anfall und wollte die Menschen um sich her mit Zähnen zerreißen. Da wandte sich Jesus nach der Seite hin und sagte: «Schweige! Bringt ihn hinaus!» Da wurde der Mensch ganz ruhig. Sie brachten ihn hinaus, und er legte sich vor der Synagoge ruhig auf die Erde und war ganz furchtsam.

Als Jesus die Sabbatslehre geschlossen hatte und hinweg ging, trat Er vor der Tür zu dem Menschen und befreite ihn vom Teufel. Er begab sich hierauf mit den Jüngern zu des Petrus Haus, das gegen den See liegt, weil es dort ruhiger war. Hier aßen sie etwas, und Er lehrte. Nachts entfernt Er sich gewöhnlich zum Gebet.

Ich habe unter allen, die Jesus heilte, nie sogenannte Wahnsinnige gesehen; sie wurden alle als Dämonische und Besessene geheilt.

Die Pharisäer waren noch beisammen und schlugen allerlei alte Schriften auf über die Propheten und ihr Wesen, besonders über Malachias, von dem man noch einiges wusste, über ihre Lehren und ihren Wandel, und verglichen es mit Jesu Lehre und mussten ihm den Vorzug eingestehen und seine Gaben bewundern, und mäkelten am Ende doch über seine Lehre.

Jesus heilt Maria Kleophä und andere Kranke – Johannesjünger bei Jesus

30. November: Jesus hatte am Morgen in der Synagoge vor einer großen Menge Volkes gelehrt. Maria Kleophä wurde aber so krank, dass die heilige Jungfrau zu Jesus sandte und ihn um seine Hilfe bat. Jesus kam nun gegen Mittag in das Haus des Petrus dicht vor der Stadt. Maria die Mutter Jesu, die Witwe von Naim, Maroni, waren im Haus, auch die Söhne (Jesu Jünger) und die Brüder der Kranken (Johannesjünger).

Besonders teilnehmend an ihrer Krankheit war Simeon, ihr etwa achtjähriges Söhnlein aus dritter Ehe mit Jonas, einem jüngeren Bruder von Petrus Schwiegervater, der bei ihm auf dem Schiff gewesen, und vor etwa einem halben Jahr gestorben ist. Jesus trat an ihr Lager, betete, legte ihr die Hand auf. Sie war vom Fieber ganz ermattet. Dann ergriff Er sie bei der Hand und sagte ihr, sie solle nicht mehr krank sein. Er befahl, ihr zu trinken zu geben, und sie brachten ihr ein Getränk in einer Schale. Sie musste auch einen Bissen essen.

Er befahl dies schier bei allen Kranken, die Er heilte, und ich hörte, dass es auf das Heilige Sakrament deute. Er segnete meistens diese Speise. Die Freude ihrer Söhne und besonders des kleinen Simeon war unbeschreiblich groß, als die Mutter gesund wurde und aufstand und den andern weiblichen Kranken diente, denn Jesus begab sich sogleich hinaus und begann, die vielen Kranken in der Umgebung des Hauses zu heilen. Es waren schier lauter längst aufgegebene und für unheilbar gehaltene Kranke aller Art, ja Sterbensnahe, von weit hergebracht, selbst aus Nazaret, Jugendbekannte von Jesus. Ich sah Leute wie tot zusammengesunken von andern vor ihn auf dem Rücken hingetragen. Noch nie habe ich so viele und schwer elende Leute von ihm heilen sehen.

Es kamen hier auch die Johannesjünger zu ihm, die gestern angekommen waren, und klagten sich an, dass sie unwillig über ihn gewesen, weil Er sich ihres Meisters Gefangenschaft nicht angenommen, und sagten, wie sie besonders so streng gefastet, um Gott zu rühren, dass Er ihn bewegen möge, ihren Meister zu befreien. Sie dauerten mich sehr, denn sie hingen sehr an ihrem Meister Johannes. Jesus tröstete sie. Ich weiß seine Worte nicht mehr, aber Er lobte Johannes nochmals als den heiligsten Menschen.

Nachher hörte ich diese Jünger mit Jesu Jüngern sprechen, warum Jesus denn nicht selbst taufe. Ihr Meister habe sich doch so gewaltig damit angestrengt. Sie antworteten ihnen so viel als: Johannes habe getauft, weil er der Täufer sei, Jesus aber heile, weil Er der Heiland sei. Johannes habe ja auch nicht geheilt.

Es kamen auch Schriftgelehrte aus Nazaret zu Jesus. Sie waren ganz höflich und ersuchten ihn, Er möge doch auch wieder einmal nach Nazaret, seiner Vaterstadt, kommen.

Es schien, als wollten sie entschuldigen, was dort geschehen war. Jesus antwortete ihnen, dass kein Prophet in seiner Vaterstadt etwas gelte, und mehreres, was sich mit dieser Rede verband. Er ging nachher zur Synagoge und hielt die Sabbatlehre bis zum Schluss und es war ein Blinder in der Synagoge, den Er beim Hinausgehen heilte. Er war auch noch zum Mahl in Petrus' Haus, und Maria Kleophä war schon wieder so gesund, dass sie mithelfen konnte aufzuwarten. Der Haushaltung in diesem Haus am Tor steht die Frau des Petrus vor, im andern gegen den See zu seine Schwiegermutter und Stieftochter.

Jesus begab sich hierauf hinweg zum Gebet, und den Fischerjüngern gestattete Er auf ihr Begehren, zu ihren Schiffen zu gehen und die Nacht zu fischen, denn es war ein großes Bedürfnis nach Fischen bei der erstaunlichen Menge der anwesenden Fremden; auch waren immer so viele Menschen da, die überfahren wollten.

Der reiche Fischzug

Lk 5,1-11 – Sonntag, 1. Dezember: Die Fischerei treibenden Jünger waren die ganze Nacht mit Fischen beschäftigt und fuhren heute morgen wohl auch noch Leute über; Jesus aber mit den zurückgebliebenen Jüngern beschäftigte sich mit der Austeilung von Almosen an die Armen der geheilten Kranken und andere bedürftige Reisende.

Er lehrte dabei und reichte jedem mit eigenen Händen, was er bedurfte, unter Trost und Ermahnung. Es bestand dieses in Kleidern, Stoffen und Decken, in Broten und auch in Münzen. Es wurde von den Frauen aus ihrem Vorrat gereicht und aus Gaben der Wohlhabenden bestritten. Die Jünger trugen die Gewänder und Brote in Körben und teilten nach Jesu Befehlen aus.

Mt 8,18-20 – Nachmittags lehrte Er bei Petrus' Schiffstelle unter ungemeinem Gedränge. Es standen die Schiffe von Petrus und Zebedäus nicht fern vom Ufer, und die Fischer-Jünger waren am Ufer etwas entfernt von der Menge mit der Reinigung der Netze beschäftigt. Das Schifflein Jesu lag auch in der Nähe der großen Schiffe. Als aber das Gedränge zu groß wurde, denn die Uferebene ist hier schmal, und die Höhe steigt felsig hinter derselben an, da winkte Jesus den Fischern und sie führten sein Schifflein heran.

Währenddessen nahte ihm ein Schriftgelehrter von Nazaret, der mit Kranken, die Jesus geheilt hatte, hierher gekommen war, und sprach: «Meister, ich will dir überall hin folgen, wo du auch hingehst!» Da sagte Jesus zu ihm: «Die Füchse haben ihre Höhlen, die Vögel des Himmels ihre Nester; der Sohn des Menschen aber hat nichts, wo Er sein Haupt niederlegen kann.»

Da nahte das Schifflein und Er bestieg es mit einigen Jüngern, und sie fuhren etwas vom Land weg und hielten bald an dieser, bald an einer anderen Stelle; und Jesus lehrte die Zuhörer am Land und erzählte mehrere Parabeln vom Reich Gottes, unter anderem: Das Himmelreich ist gleich einem Netz, das ins Meer geworfen wird, und vom Feind, der Unkraut unter den Weizen sät.

Als nun schon der Abend nahte, sagte Jesus zu Petrus, er solle seine Schiffe hinaus aufs Meer fahren lassen und die Netze zum Fischen auswerfen. Petrus erwiderte aber mit einigem Verdruss: «Wir haben heute die ganze Nacht gearbeitet und nichts gefangen; auf dein Wort aber will ich die Netze auswerfen.»

Und sie bestiegen ihre Schiffe mit den Netzen und fuhren hinaus. Jesus entließ das Volk und fuhr mit seinem Schifflein, worauf auch Saturnin, der Sohn Veronikas, der gestern gekommen, und einige der anderen Jünger waren, hinter Petrus' Schiff her und erklärte ihnen nochmals die Gleichnisse und sagte ihnen, als sie auf der Höhe des Sees waren, wo sie auswerfen sollten. Dann fuhr er mit seinem Schifflein hinüber an die Anlände von Matthäus.

Es war unterdessen Nacht geworden. Am Rande der Schiffe, gegen das Netz zu, brannten Fackeln. Die Fischer warfen das Netz auf der Höhe in einer Tiefe aus und fuhren gegen Chorazim zu; aber sie vermochten es nicht empor zu ziehen. Als das Netz endlich bei ihrem Fortrudern gegen Osten aus der Tiefe auf den Grund kam, wurde es so schwer, dass es hie und da riss.

Sie fuhren darum mit kleinen Kähnen in den Netzumfang hinein und griffen die Fische mit Händen in kleinere Netze und in Kasten, welche schwammen und neben den Schiffen hingen und sie riefen dem Schiff des Zebedäus zu, der auch einen Teil ausleerte. Sie waren aber ganz erschrocken über diesen Fischzug, denn niemals war ein solcher getan worden.

Petrus war ganz betroffen und fühlte, dass sie Jesus immer noch nicht genug erkannt hätten, er fühlte, dass ihre Sorge ums Fischen ganz nichtig sei, denn mit eigener Bemühung hatten sie vergebens gearbeitet, und auf sein Wort hatten sie plötzlich mehr als sonst in Monaten gefangen.

Als das Netz nun erleichtert war, fuhren sie ganz an Land und zogen es heran und erschraken nochmals über die Menge der Fische. Jesus stand am Ufer, und Petrus warf sich ganz beschämt vor ihm nieder und sagte:

«Herr! Verlasse mich, denn ich bin ein sündhafter Mensch.» Jesus sagte aber zu ihm: «Fürchte dich nicht, Petrus! Künftig sollst du ein Menschenfischer werden.» Petrus war ganz zerknirscht über seine Unwürdigkeit und unnötige Erwerbssorge. Es war ungefähr drei bis vier Uhr und begann zu tagen.

Jesus lehrt die Jünger beten und heilt Kranke

2. Dezember: Als die Jünger die Fische in Sicherheit gebracht hatten, schliefen sie noch etwas auf ihren Schiffen. Jesus aber ging mit Saturnin und Veronikas Sohn allein östlich aufsteigend auf das nördliche Ende des Bergrückens, auf dessen südlichem Ende Gamala liegt. Die Stelle liegt etwa eine Stunde östlich über dem Lehrstuhl, wo Er neulich gelehrt hat. Es sind da viele Hügel und Gebüsche.

Er unterrichtete dort Saturnin und Veronikas Sohn vom Gebet und gab ihnen auch mehreres davon zu betrachten; dann entfernte Er sich von ihnen in die Einsamkeit. Sie aber sprachen, saßen, ruhten, gingen umher, beteten.

Die Jünger brachten den Tag mit dem Unterbringen ihrer Fische zu. Ein großer Teil wurde schon den Armen verteilt, und allen erzählten sie das Ereignis. Vieles kauften die Heidenlager diesseits, vieles führten sie nach Kapharnaum und Bethsaida. Alle waren sie nun fest überzeugt, dass ihre Nahrungssorge töricht sei, denn wie das Meer im Sturm ihm gehorcht hatte, so gehorchten ihm auch die Fische und wurden auf sein Wort gefangen.

Gegen Abend kamen sie wieder an die Landestelle der Ostseite und Jesus mit den beiden Jüngern fuhr mit ihnen gegen Kapharnaum. Er ging nach Petrus' Haus vor der Stadt und heilte dort viele ganz verlassene unreine Kranke, Männer und Frauen bis in die Nacht bei Fackelschein. Es waren solche, welche nicht öffentlich mit den anderen hatten gebracht werden dürfen.

Er heilte sie hier einsam in der Nacht im Hof des Petrus. Es waren Leute darunter, die schon viele Jahre abgesondert und verkommen waren. Die Nacht hindurch war Jesus im Gebet.

Jairus und seine Familie

Ich sah heute auch von Jairus, warum seine Tochter wieder krank werden würde. Jairus ist ein lauer, nachlässiger Mann, wenngleich nicht bös, doch ganz ohne Eifer. Er ist sechsunddreißig Jahre alt, sein Weib etwa fünfundzwanzig, sie ist nicht fromm, sondern eitel und sinnlich. Die Tochter ist ein verweichlichtes, schwaches, geziertes Mädchen, sehr schwach für ihr Alter, denn sie kann wohl schon elf Jahre alt sein, ist aber wie ein Mädchen von acht Jahren gegen die anderen Judenkinder.

Sie haben die Heilung der Tochter sehr obenhin angenommen und sich gar nicht gebessert, und es ist ihre Hauptsünde, dass sie vor dem Kind in Reden und Handlungen nicht sehr züchtig sind, und dass dadurch in dem schwächlichen Geschöpf unreine Lust erwacht, weswegen sie zurückfallen wird.

Die Verwandten der Blutflüssigen sind noch hier, da sie aber nach jüdischen Gesetzen lebt, haben sie keinen Verkehr mit ihr. Sie ist auch bloß der Unreinheit wegen von Paneas hierher gezogen. Ihr Glaube wächst aber sehr.

FÜNFTES KAPITEL

Die Bergpredigt

Vom 3. bis 31. Dezember 1822

Jesus auf dem Lehrberge bei Bethsaida-Julias – Selig die Armen im Geiste, denn ihrer ist das Himmelreich

3. Dezember: Heute morgen schiffte Jesus mit vielen Jüngern über und landete eine Stunde nördlicher als das Haus des Matthäus. Es hatten sich schon sehr viele Heiden und Geheilte und neu Getaufte nach dem Berg, östlich von Bethsaida-Julias begeben, wo Er lehren wollte. Es waren dort umher ein Teil der Lager der Heiden. Die Fischer-Jünger und mehrere andere, darunter Saturnin, gingen nicht mit dorthin, außer dass sie überfuhren.

Sie hatten Jesus gefragt, ob sie mit sollten; denn der neuliche Fischzug hatte sie von allen Nahrungssorgen befreit, sie fühlten, dass alles in seine Hand gegeben war. Jesus sagte ihnen aber, sie sollten diejenigen heute taufen, welche noch in Kapharnaum zurückgeblieben seien und die übrige Zeit mit ihrem Geschäft zubringen, denn es war wegen der Menge von Menschen in der ganzen Gegend auch viel Nahrung nötig.

Vor der Überfuhr hatte Er eine allgemeine Lehre mit ihnen. Er gab ihnen einen Begriff von der ganzen Lehre, die Er jetzt vorhabe, und sagte ihnen die acht Seligkeiten und dass Er längere Zeit darüber lehren und dazwischen die Sabbate halten werde. Zu ihnen sagte Er auch, dass sie das Salz der Erde seien, dass sie auserwählt seien, die anderen zu erfrischen und zu erhalten und dass sie nicht kraftlos werden dürften. Das legte Er ihnen weitläufig mit Beispielen und Parabeln aus und fuhr dann über. Die Fischerjünger und Saturnin tauften im Tal von Kapharnaum. Es wurde der Sohn der Witwe von Naim getauft und erhielt nachher den Namen Martialis. Ich habe die Ursache gewusst, warum, ich weiß sie aber nicht mehr. Saturnin legte ihm die Hände auf; auch wurden noch sehr viele von den neulich und gestern Geheilten getauft.

Die Frauen waren Jesus nicht zu der Lehre gefolgt. Sie blieben bei der Witwe von Naim und dem Tauffest ihres Sohnes. Es waren mit Jesus Simons Sohn, die Vettern Josephs von Arimathäa, die vorgestern von Jerusalem gekommen waren, Nathanael, der abwesend gewesen war, Manahem von Koreä und viele andere Jünger, deren in letzter Zeit wohl dreißig in Kapharnaum waren. Jesus kam mit ihnen ungefähr gegen zehn Uhr auf den Berg.

Wenn man unter dem Einfluss des Jordans an der Ostseite des Sees gelandet hatte, ging man östlich die Höhe hinan und wandte sich, oben angekommen, wieder etwas westlich bis zu der Lehrstelle. Man konnte auch nördlich vom See über die Jordanbrücke gehen. Es war aber dort wegen des wilden, schluchtigen Landes nicht gut auf den Berg zu kommen. – Bethsaida-Julias liegt dicht im östlichen Winkel des Jordans-Einflusses in den See, es hat ein hohes Ufer an der Wasserseite, wo eine Straße herumführt; aber wer nicht hinein will, landet da nicht, und es wurde daher bis jetzt immer von Jesus umgangen.

Auf dem Berg war kein Lehrstuhl, aber ein Hügel mit einem Wall umher und einem Zeltdach für Jesus ausgespannt. Es war gegen West und Südwest die Aussicht auf den See und die jenseitigen Berge und Ufer und man konnte auch den Tabor hervorragen sehen.

Es waren sehr viele Menschen und vorzüglich sehr viele, meist getaufte Heiden umher gelagert, es waren aber auch Juden da. Sie waren hier nicht sehr streng geschieden, weil hier immer ein großer Verkehr unter ihnen war und auf dieser Seite die Heiden das Recht hatten, wie sie dann überhaupt seit der Herrschaft der Römer über Judäa nicht mehr sehr abgesondert waren.

Jesus lehrte zuerst von den acht Seligkeiten und dann legte Er die erste heute aus: «Selig sind die Armen im Geiste, denn ihrer ist das Himmelreich.» Er erzählte manche Beispiele und Parabeln und sprach auch vom Messias. Besonders aber redete Er von der Bekehrung der Heiden und erzählte vom Propheten Haggäus und sagte, es sei nun eingetroffen, was dieser vom Trost der Heiden geweissagt hatte, alle Heiden will ich bewegen, denn kommen soll der Trost der Heiden[20]. Es wurde heute hier nicht geheilt, denn die Kranken waren schon alle an den vorigen Tagen geheilt worden.

Auch die Pharisäer waren mit einem eigenen Schiff herübergefahren und hörten mit Neid und Ärger zu. Die Leute hatten sich Speise mitgebracht und aßen in den Pausen.

Auch Jesus und die Jünger hatten Fische, Brot und Honig und kleine Krüge mit einem Saft oder Balsam, davon man ein Weniges unter das Wasser mischte. Gegen Abend kehrten die Leute von Kapharnaum, Bethsaida und anderen nahen Orten nach Hause zurück, die Schiffe erwarteten sie am See. Jesus und seine Jünger gingen eine Strecke nördlich gegen das Jordantal hinab, in eine Hirten-Herberge, wo sie blieben. Es gingen da viele Esel und Kamele der Heiden herum auf der Weide. Er lehrte und bereitete die Jünger noch immer vor auf ihre künftige Bestimmung.

Ich habe eine Weisung über die Bergpredigt gehabt, dass Jesus über die acht Seligkeiten an vierzehn Tagen lehren und dazwischen den Sabbat in Kapharnaum halten wird. Er wird auch nach Obergaliläa gehen und über eine Seligkeit wohl zwei Tage lehren; es wird darin vieles von den Propheten, dem Reich und dem Messias vorkommen. Die Anweisungen an die Jünger werden immer vor und nach der Lehre zu ihnen allein gesprochen werden.

So war heute «Ihr seid das Salz der Erde», und wie ich glaube, wird nächstens in der Synagoge vorkommen: «Du sollst nicht töten.» Ich meine auch die erste Speisung der Fünftausend schließt sich zuletzt an diese Lehren. Es ist gar kein Wunder, dass endlich die Speise gemangelt hat, weil immer so viele Leute da herum gezehrt.

Die Summe der Hauptfrüchte und Unterweisungen der Jünger ist in der sogenannten Bergpredigt zusammengefasst. Es ist aber sehr viel Zeit und Handlung dazwischen gewesen.

4. und 5. Dezember: Heute hat Jesus auf dem Berg seine Lehre fortgesetzt und hat die zweite von den acht Seligkeiten angefangen. Maria, Maria Kleophä, Maroni von Naim und noch zwei andere Frauen waren zugegen; auch alle Apostel. Die heiligen Frauen gingen früher weg. Ich sah Jesus mit den Aposteln und Jüngern zurück bis zum See gehen. Er lehrte sie von ihrem Beruf: «Ihr seid das Licht der Welt», von der Stadt auf dem Berge, vom Licht auf dem Leuchter, vom Erfüllen des Gesetzes. Als sie abfuhren, blieb Er noch zurück mit zwei unbekannten Jüngern, die Er lehrte, und fuhr nachher hinüber nach Bethsaida und blieb im Haus des Andreas. Die Muttergottes reist morgen mit Maroni von Naim und deren Sohn und Maria Kleophä nach Kana. Jesus sprach noch mit ihr und den heiligen Frauen vor ihrer Abreise.

Es war auch die betrübte Rede von Magdalenas Rückfall in ihre Ausschweifung, und ob die Frauen nicht zu ihr senden sollten. Jesus sagte aber, Geduld zu haben. Ich habe aber gesehen, dass bei ihrem Rückfall der Teufel größere Gewalt über sie erhalten hat, und dass sie öfters Konvulsionen und Krämpfe hat. Der Satan ficht sie jetzt heftiger an, weil er gesehen, dass er sie verlieren kann. Vielleicht ist das ihre Besessenheit.

Ich meine, ihre Hauptbekehrung wird bald bei einer Lehre Jesu an einem Ort höchstens eine Tagesreise von Magdalum sein.

5. Dezember: Jesus setzte heute seine Lehre von der zweiten Seligkeit auf dem Lehrberg fort und erklärte auch vieles aus den Propheten. Maria ist heute mit der Witwe von Naim und Maria Kleophä nach Kana abgereist. Bei Kapharnaum taufte Saturnin nebst einigen Jüngern fortwährend. Unter anderen waren viele Juden aus Achaia zur Taufe gekommen. Ihre Voreltern waren bei der babylonischen Gefangenschaft dorthin geflüchtet.

Die Jünger haben Jesus heute ein Zelt auf dem Berg abgesondert aufgeschlagen. Ich habe sie auch etwas zusammen darin essen sehen. Sie haben dieses Zelt aus Bethsaida-Julias geholt. Ich schaute dabei ein wenig in diesen Ort. Es werden dort viele Zelte und große grobe Decken gemacht. Es ist eine schöne, neue, heidnisch gebaute Stadt; es wohnen auch Juden darin, sie sind spitz und aufgeklärt. Es ist eine gelehrte Schule dort von allen Wissenschaften. Jesus war noch nicht darinnen, aber sie kommen zu der Lehre hierher, auch nach Kapharnaum, und ihre Kranken wurden auch dort geheilt.

Es liegt ganz schön da im engen Jordantal, etwas die Höhe hinan gebaut an der Ostseite, etwa eine starke halbe Stunde nördlich führt eine dicke gemauerte Brücke über den Fluss.

Jesus lehrte heute die Jünger wieder von ihren künftigen Leiden und von schwerer Verfolgung. Er schlief auf dem Schiff des Petrus.

Herodes' Geburtstag und also Johannes' Enthauptung muss bald eintreten. Denn ich habe gesehen, dass man in Machärus Anstalten zu den Festlichkeiten trifft, dass man in den Sälen baut und verziert, und dass sich Gut und Bös dort auf das Fest freut, besonders aber die Tochter Salome der Herodias, welche sich schon mit anderen Weibsbildern allerlei Kleider bereitet und Tänze einübt.

Fortsetzung der Bergpredigt – Heilung des Gichtbrüchigen[21]

6. Dezember: Am Morgen begab sich Jesus vom Ufer wieder zu dem Berg, wo Er die Auslegung der acht Seligkeiten fortsetzt. Ich meine, bei der vierten Seligkeit wird Er hier abbrechen und eine Reise nach Obergaliläa machen. Von dem Ufer bis zu dem Lehrort war es etwa so weit wie von Dülmen nach Fischbeck, anderthalb Stunden, und von Kapharnaum dahin so weit, wie von Dülmen nach dem Annenberg bei Haltern, zwei und eine halbe Stunde.

Gegen Mittag sah ich Jesus und die Jünger von einem großen Volksgedränge umgeben an der Schifflände des Matthäus. Es fuhren sehr viele Menschen über, und ich sah, dass im Gedränge einige unbekannte blutflüssige Frauen heimlich sein Gewand berührten und geheilt wurden.

Er fuhr mit einigen Jüngern in seinem kleinen Schiff, und dieses wurde an Petrus' Schiff angehängt, denn es war stürmisches Wetter. In Jesu Schiffchen hatten höchstens fünfzehn bis zwanzig Mann Platz. An dem Schiff von Petrus waren drei bis vier Ruder an jeder Seite in der Mitte, und hinten und vorn war ein Steuer, so dass sie nicht zu wenden brauchten.

Sie ließen während dem Gewitter die Segel nieder. Es war ein starker Wind, Donner und Regen. Um die Berge in den Tälern liegt jetzt oft Nebel, und es gibt Reif an den Winterseiten der Berge, während es an der Sommerseite sehr schön ist; besonders schön grün und angenehm ist noch das Tal des Badesees bei Bethulien und die ganze Strecke bis zum Tabor hin.

Als Jesus im Tal vor Kapharnaum landete, war schon viel Volk versammelt und bewillkommnete ihn. Er begab sich in ein Haus in Kapharnaum; es lag gleich, wenn man von der Talseite zum Tor hineinkam, rechts. Petrus hatte es für Jesus und die Jünger gemietet. Es war von einem großen Hof umgeben, und wenn Jesus hinkommen wollte, um zu heilen und zu lehren, ließ Petrus die Pforte aufschließen und dann wurden die Kranken einstweilen hereingelassen.

Als es bekannt wurde, dass Jesus mit den Jüngern in dem Hause sei, versammelten sich viele Menschen um ihn, und auch die Pharisäer und Schriftgelehrten kamen herein und der ganze Hof war erfüllt um die offene Halle her, in der Jesus mit den Jüngern und Schriftgelehrten saß und lehrte. Es wurden vorher auch viele Kranke geheilt und viele, die ihn bloß anrührten.

Als Er nun saß und lehrte, sprach Er unter anderem zu den Pharisäern über die zehn Gebote und beschuldigte sie, dass sie dieselben nur nach dem Buchstaben auslegten und lehrte über eine Stelle, welche auch im Evangelium in der Bergpredigt vorkommt: «Ihr habt gehört, dass zu den Alten gesagt worden, ihr sollt nicht töten», dann aber sagte Er ihnen seine Lehre vom Verzeihen und von der Feindesliebe.

Sie waren gerade mitten im Disputieren, als über dem Saal auf dem Dach ein Getöse entstand und durch die gewöhnliche Öffnung der Decke von vier Männern ein Gichtbrüchiger in seinem Bett unter dem Rufen: «Herr, erbarme dich eines armen Kranken!», an zwei Stricken mitten in die Versammlung vor Jesus niedergelassen wurde. Die Leute hatten schon die ganze Zeit vergebens versucht, mit dem Kranken durch die Volksmenge durchzudringen und waren endlich auf den Treppen, die neben am Hause angemauert waren, auf das Dach des Saales gestiegen, hatten sich Stricke geholt und ließen den Kranken herab, indem sie oben die Luke des Saales losdrückten. Es war dadurch eine plötzliche Unterbrechung entstanden, alles schaute auf den Kranken, der herabgelassen wurde; die Pharisäer ärgerten sich, es schien ihnen dies ein Unfug, eine Frechheit.

Jesus aber freute sich über den Glauben der Leute, trat hinzu und sagte zu dem unbeweglichen Kranken: «Sei getrost, mein Sohn, deine Sünden sind dir vergeben!» Diese Worte nun waren den Pharisäern immer besonders ärgerlich und sie dachten wieder «das ist Gotteslästerung; wer außer Gott kann Sünden vergeben?», und sie hatten allerlei Grimm und Ärger in ihren Gedanken.

Jesus aber sah ihre Gedanken und sagte einem jeden ins Gesicht, was er dachte. Er sagte ihnen auch etwas aus Jesaias, das ich vergessen habe und sprach: «Warum habt ihr denn solch arge Gedanken in eurem Herzen? Ist es denn leichter, zu dem Gichtbrüchigen zu sagen: Deine Sünden sind dir vergeben, oder zu sagen: Steh auf, nimm dein Bett und wandle? – Damit ihr aber wisst, dass der Menschensohn auf Erden die Gewalt hat, die Sünden zu vergeben, so sage ich dir – hierbei wandte Er sich zu dem Gichtbrüchigen – steh auf! Nimm dein Bett und geh nach Hause!»

Da stand der Mann sogleich gesund vor ihren Augen auf, rollte sein Bett auf, legte die Traglatten seines Lagers zusammen, nahm es unter den Arm und auf die Schulter und ging, von seinen Führern und Freunden begleitete, lobsingend hinweg, und alles Volk jubelte vor Freude.

Die Pharisäer aber waren unterdessen einzeln voll Grimm hinweggeschlichen, und Jesus war mit den Seinigen und dem Volk allein. Er sprach noch einiges und da es Sabbat wurde, ging Er von der Menge begleitet zu der Synagoge. Der Geheilte war aus der Nähe von Kapharnaum aus einzeln liegenden Häusern.

In der Synagoge wurde von der Traumauslegung Josephs im Kerker in Ägypten und vom Urteil von König Salomo gelesen und ausgelegt[22]. Er setzte auch einen Teil der Bergpredigt fort. Es war keine besondere Störung in der Synagoge.

Jairus und seine rückfällige Tochter – Heilung der blutflüssigen Frau

Mt 9,18-26; Lk 8,41-56 – Jairus, der Vorsteher, war auch in der Synagoge; er war sehr traurig und voller Gewissensbisse. Als er sein Haus verlassen hatte, war seine Tochter bereits wieder dem Tode nahe und zwar einem gefährlichen Tod; denn er war die Strafe ihrer Eltern und ihrer Sünden. Schon am vorigen Sabbat war sie wieder ins Fieber gefallen. Die Mutter und deren Schwester und des Jairus Mutter, die im Hause mitwohnten, hatten samt der Tochter die Heilung Jesu sehr leichtsinnig aufgenommen, ohne Dank, ohne Sinnesänderung, und Jairus, zwar fromm, aber doch lau und hinfällig und von seiner schönen eitlen Frau sehr eingenommen, hatte alles nach ihrem Willen gehen lassen. Es war in dem Haus eine eitle Weiberwirtschaft, sie schmückten sich mit dem neuesten heidnischen Putz.

Als das Mädchen wieder gesund war, lachten und spöttelten die Weiber mit ihr selbst über Jesus und sie stimmte mit ein. Das Mädchen war aber im elften Jahr und auf dem Punkt ihrer Mannbarkeit. Neulich war sie noch ganz in der Unschuld gewesen, aber der Leichtsinn der Eltern in ihrer Gegenwart, allerlei Schmausereien und Geschenke und Putz nach ihrer Genesung und der Besuch und das Getändel mit einigen jungen Freiern, bei welchen sie von unreinen Begierden und Küssen und Augenlust nicht rein blieb, hatten ihre Unschuld befleckt.

Sie fiel in ein Fieber, hatte ungemein brennende Hitze und Durst, und dies stieg in der letzten Woche bis zum steten Delirieren. Sie sprach und wimmerte immer, dass ihre Freier sie so peinigten. So war sie nun heute dem Tod ganz nahe, die Eltern hatten stillschweigend, jeder für sich allein, schon seit der ganzen Woche die Strafe ihres Leichtsinns darin geahnt und endlich es sich selbst einander eingestanden, und die Mutter war so beschämt und erschüttert, dass sie selbst zu Jairus sagte: «Wird wohl Jesus sich nochmals über uns erbarmen?» Ja, sie trug ihrem Mann auf, ihn nochmals demütig anzuflehen. Jairus aber schämte sich, vor den Herrn zu kommen und wartete bis nach der Sabbatslehre; denn er hatte den Glauben, Jesus werde ihm zu jeder Zeit helfen können, wenn Er es wolle; auch schämte er sich vielleicht bei Tage vor den Leuten, noch einmal um Hilfe zu flehen.

Als Jesus aus der Synagoge heraus ging, war ein großes Gedränge um ihn. Es waren viele Leute und Kranke da, die zu ihm wollten. Und Jairus nahte und warf sich betrübt vor ihm nieder und bat, sich nochmals seiner Tochter zu erbarmen, welche er sterbend verlassen.

Jesus versprach ihm, mitzugehen. Es kam aber jemand aus des Jairus Haus und suchte ihn, weil er so lange ausgeblieben und die Frau deshalb glaubte, Jesus wolle nicht kommen. Der Bote sagte, die Tochter sei schon tot. Jesus aber tröstete ihn und sagte ihm, er solle nur vertrauen.

Es war nun schon dunkel, die Jünger und Freunde und die lauschenden Pharisäer machten ein großes Gedränge um Jesus. Die blutflüssige Frau war hier im Dunkeln unter dem Volk. Ihre Wärterinnen hatten sie unter den Armen stützend hergeleitet. Sie wohnte nicht weit von der Synagoge. Die Frauen, welche auch – obschon nicht in dem Grade wie sie krank – durch die Berührung des Kleides Jesu im Gedränge heute mittag bei der Überfuhr geheilt worden waren, hatten mit ihr gesprochen, und der lebendige Glaube war in ihr erwacht. Sie hoffte, in der Dämmerung unter den Leuten, welche mit ihm die Synagoge verließen, ihn unbemerkt berühren zu können.

Jesus wusste wohl ihre Gedanken und zögerte, sprechend, etwas in seinen Schritten. Da war sie ihm nahe geführt, auch ihre Tochter Lea, die andere Frau und der getaufte Oheim ihres Mannes waren in ihrer Nähe. Sie setzte sich aber in die Knie und lehnte sich vorwärts auf die eine Hand und berührte durch das Gedränge hindurch mit der anderen den Saum von Jesu Kleid und fühlte sich augenblicklich geheilt. Jesus aber blieb stehen und schaute sich zu den Jüngern um und fragte: «Wer hat mich angerührt?» Da sagten Petrus und andere zu ihm: «Du fragst, wer dich angerührt? Das Volk drückt und drängt dich, wie du siehst.» Jesus aber sagte: «Es hat mich jemand angerührt, denn ich fühlte, dass eine Kraft von mir ausging.»

Da schaute Er umher und indem etwas Raum um ihn ward, konnte das Weib sich nicht mehr verbergen; sie nahte ihm beschämt und furchtsam, warf sich vor ihm nieder und sagte vor allem Volk, dass sie es getan habe, dass sie so lange am Blutfluss gelitten und sich durch dieses Anrühren geheilt glaube, und sie bat, Er möge ihr vergeben. Da sprach Jesus zu ihr: «Sei getrost, meine Tochter, dein Glaube hat dir geholfen! Gehe hin im Frieden und sei frei von deinem Leiden!» Da ging sie mit den Ihrigen von dannen.

Sie ist in den Dreißigern, groß, aber sehr mager und bleich. Sie heißt Enue. Ihr verstorbener Mann ist ein Jude gewesen; sie hat nur eine Tochter, welche bei ihrem Oheim erzogen wird, der nun mit dieser Tochter hierher zur Taufe gekommen ist mit einer Schwägerin von ihr, die Lea heißt und deren Mann unter den Pharisäern, den Feinden Jesu ist.

Enue hat in ihrem Witwenstand eine Verbindung eingehen wollen, welche ihren reichen Verwandten zu gering schien, sie hatten sich widersetzt. Indessen war sie nicht ohne Sünde geblieben; sie ist auch deswegen nach Kapharnaum weggezogen.

Jesus ging nun in schnellerem Schritt mit Jairus zu seinem Haus. Es waren Petrus, Jakobus, Johannes, Saturnin und Matthäus mit ihm. Im Vorhaus standen wieder die Klagenden und Weinenden; sie spotteten aber diesmal nicht. Jesus sagte diesmal auch nicht: «Sie schläft nur.» Er ging durch die Leute durch und die Mutter des Jairus, seine Frau und ihre Schwester kamen ihm weinend und schüchtern in Trauerkleidern und verschleiert entgegen.

Jesus ließ Saturnin und Matthäus bei den Leuten im Vorhaus und ging mit Petrus, Jakobus und Johannes und mit dem Vater, der Mutter und Großmutter hinein, wo die Tote lag. Es war ein anderer Raum als das erste Mal, wo sie in einer kleinen Kammer lag. Jetzt lag sie in einem Raum hinter der Feuerstelle.

Jesus hatte sich ein Zweiglein im Garten brechen lassen und ließ sich ein Becken mit Wasser reichen, das Er segnete. Die Leiche lag ganz erstarrt und sah nicht so angenehm aus wie das letzte Mal. Neulich hatte ich ihre Seele in einem lichten Kreis dicht an der Seite ihres Leibes gesehen, jetzt sah ich sie nicht. Neulich sagte Er «sie schläft», jetzt sagte Er nichts. Sie war tot.

Er besprengte sie mit dem kleinen Zweig mit geweihtem Wasser, betete und nahm sie bei der Hand und sprach: «Mädchen, ich sage dir, stehe auf!» Als Er betete, sah ich ihre Seele in einer dunklen Kugel sich ihrem Mund nahen und in denselben hineinziehen. Sie schlug die Augen auf, folgte dem Zuge seiner Hand, richtete sich auf, stieg von ihrem Lager und Er wandte sie zu ihren Eltern, welche sie unter heftigem Weinen und Schluchzen empfingen und zu den Füßen Jesu sanken. Er sagte aber, man solle ihr etwas zu essen bringen, und zwar Trauben und Brot. Dies geschah.

Sie aß und sprach und Jesus ermahnte die Eltern ernstlich, die Barmherzigkeit Gottes dankbar anzunehmen, Eitelkeit und Weltlust ganz zu verlassen und der verkündeten Buße zu folgen, auch ihr Kind, welches zum zweiten Mal zum Leben gekehrt, ferner nicht zum Tod zu erziehen. Er verwies ihnen ihr ganzes Wesen und ihre leichtfertige Annahme der ersten Gnade und wie sie nachher getan, und wie in dieser kurzen Zeit das Mädchen einem viel schwereren Tod, nämlich dem Tod der Seele entgegen gegangen.

Das Mädchen aber war sehr gerührt und weinte, und Jesus warnte sie vor Augenlust und Sünde und sagte ihr, als sie von den Trauben und dem Brot aß, das Er gesegnet hatte, sie solle künftig nicht mehr fleischlich leben und den Trieben ihres sündigen Blutes folgen, sondern vom Brot des Lebens, dem Worte Gottes solle sie essen, sie solle büßen, glauben, beten und gottselige Werke tun.

Die Eltern waren ganz bewegt und verwandelt. Der Mann versprach, sich von allem loszumachen und seinen Befehlen zu folgen, und auch die Frau und alle anderen, die nun hereingekommen, versprachen, sich zu bessern, weinten und dankten. Jairus hat sich auch ganz verändert und sogleich einen großen Teil seiner Güter den Armen gegeben. Die Tochter hieß Salome.

Es waren viele Leute vor das Haus gekommen, und Jesus sagte zu Jairus, sie sollten kein unnötiges Geschrei und Gerede hiervon machen. Er sagte dies sehr oft den Geheilten und zwar in mancherlei Absicht. Meist geschah es, weil das viele Schwätzen und Prahlen von einer Gnade die Rührung der Seele und die Betrachtung der Barmherzigkeit Gottes störte.

Er wünschte, die Genesenen sollten innig sein und auf Besserung sinnen und nicht herumlaufen und sich mit dem geschenkten Leben belustigen, wodurch sie leicht in Sünde fielen.

Oft geschah es auch, die Jünger aufmerksam zu machen, dass sie immer allen eitlen Ruhm meiden müssten und dass das Gute allein aus Liebe und für Gott geschehen müsse. Einige Male geschah es auch, die Menge der Neugierigen und Störer nicht zu vermehren und keine Kranken herbei zu locken, welche nicht die innere Regung des Glaubens zu ihm bewege; denn viele kamen, um es zu probieren und fielen dann wieder in Sünden und Krankheit, wie es dann bei der Tochter des Jairus selbst der Fall war.

Heilung der zwei Blinden

Mt 9,27-31 – Jesus ging mit den fünf Jüngern durch das Hinterhaus des Jairus hinweg, um dem Volk an der Türe auszuweichen, Die erste Heilung in Jairus' Haus, die neulich gleich nach Mittag geschehen war, geschah heute nach dem Sabbat beim Schein der Lampen.

Das Haus lag an der Nordseite der Stadt, und Jesus ging nun nach der Nordwestseite gegen den Wall zu. Es hatten ihn aber ein paar Blinde mit ihren Führern doch aufgespürt. Es war schier, als hätten sie ihn gerochen, denn sie folgten nach und riefen: «Jesus, du Sohn Davids! Erbarme dich unser!»

Jesus aber ging in das Haus eines vertrauten Mannes, das in den Wall eingebaut war und auf der anderen Seite einen Ausgang aus der Stadt hatte. Die Jünger kehrten da manchmal ein. Der Mann war ein Wächter an diesem Teil der Stadt. Die Blinden folgten ihm in das Haus und flehten: «Erbarme dich unser, Sohn Davids!» Da wandte sich Jesus zu ihnen und sagte: «Glaubt ihr, dass ich dies tun kann?» und sie antworteten: «Ja, Herr!»

Da nahm Er ein Fläschchen aus dem Gewand, ich meine es war Balsam oder Öl darin, und goss davon in eine kleine, einen Taler große Schale, die braun und nicht tief war. Er hielt sie in der Fläche der linken Hand und tat etwas Erde hinein, rührte sie mit dem Daumen und Zeigefinger der rechten Hand und berührte dann die Augen der Blinden damit und sprach: «Es geschehe euch nach eurem Willen!»

Da taten sie die Augen auf und sahen und fielen auf ihre Knie und dankten, und Jesus sagte auch diesen, sie sollten doch ja kein

Geschrei davon machen. Jetzt sagte Er dies auch, damit die Leute ihn nicht auch hierher verfolgten und besonders um die Pharisäer nicht noch mehr zu ärgern.

Das Geschrei der Blinden, als sie ihm folgten, hatte aber schon seine Anwesenheit in dieser Gegend verraten, und sie erzählten ihr Glück gleich auf dem ganzen Weg. Da nahte sich das Volk abermals.

Der mit dem stummen Teufel besessene Pharisäer Joas

Mt 9,32-34 – Jesus hatte kaum ein wenig Ruhe gehabt, da kamen mehrere weitläufig Verwandte von Annas Seite aus der Gegend von Sephoris und brachten einen von einem stummen Teufel besessenen Mann herein. Sie hatten ihm die Hände gebunden und führten und zerrten ihn an Stricken um den Leib herein. Man band und führte ihn so, denn er war ganz rasend und sehr scheußlich und entblößte sich sonst auf die schändlichste Art.

Dieser Mann war einer der Pharisäer von der Kommission, die auf Jesus lauerten, er hieß Joas und war bei jenen gewesen, mit welchen Jesus am 16. August – 23 Ob – in der einzeln liegenden Schule zwischen Sephoris und Nazaret disputiert hatte.

Der Teufel hatte sich vor ungefähr vierzehn Tagen seiner bemächtigt, als Jesus von Naim zurückkam. Da hatte er nämlich gegen seine innere Überzeugung aus bloßer Schmeichelei zu den anderen Pharisäern in die Lästerungen über Jesus eingestimmt: Er müsse einen Teufel haben, Er laufe wie ein Rasender herum.

Jesus hatte mit ihm bei Sephoris über Ehescheidung disputiert. Er war in unreinen Sünden. Er war wie rasend, als er hereinkam und fuhr auf Jesus zu, als wolle er ihm ins Gesicht speien. Jesus aber winkte ihm mit der Hand, da stand er still, und Er gebot dem Teufel auszufahren. Da zuckte der Mensch, und ich sah einen dunklen Dampf aus seinem Mund fahren und er sank vor Jesus in die Knie und sprach und bekannte seine Sünden und bat um Vergebung, und Jesus vergab ihm und legte ihm eine Buße von einer Reihe von Fasttagen und Almosen auf.

Er musste sich mehrerer Speisen, zum Beispiel des Knoblauchs, welchen die Juden sehr viel essen, für längere Zeit ganz enthalten. Es war aber ein großes Staunen hierüber, denn es wurde für sehr schwer gehalten, die stummen Teufel zu vertreiben, und die Pharisäer hatten sich schon viele Mühe mit ihm gegeben. Wären seine Landsleute von Nazaret nicht hierher gekommen, die ihn zu Jesus brachten, er wäre nicht zu ihm gekommen.

Die Pharisäer waren nun sehr ergrimmt, dass selbst einer aus ihrer Mitte Hilfe von ihm erhielt und öffentlich seine Sünde bekannte, an welcher sie teilgenommen. Als er hinwegging, verbreitete sich der Ruf seiner Befreiung in Kapharnaum. Die Leute sagten, solch ein Wunder sei unerhört in Israel.

Die Pharisäer aber waren ganz wütend und sagten: «Er treibt die Teufel durch den Obersten der Teufel aus.» Jesus ging nun mit den Jüngern durch die hintere Tür des Hauses hinaus und ging an der Westseite der Stadt außerhalb herum bis zu Petrus' Haus vor der Stadt, wo Er etwas aß und die Nacht zubrachte.

Fortsetzung der Bergpredigt

7. Dezember: Am Morgen wurden am Taufbrunnen im Tal vor Kapharnaum mehrere Heiden und Juden getauft. Dann lehrte Jesus in der Synagoge, besuchte darauf den Hauptmann Cornelius, lehrte und bestärkte sein ganzes Haus und Gesinde. Er ging auch zu Jairus, tröstete und ermahnte die Familie und besonders Salome, das erweckte Töchterlein. Ich sah, dass Er sie an der Hand den Eltern vorführte und sie zur Eingezogenheit, Gehorsam und besonders zu Keuschheit und Gebet ermahnte.

Die Leute waren nun aufrichtig verändert. Ich sah auch, dass dies Mädchen später mit einem Schriftgelehrten aus Nazaret, der jetzt hier ist, verheiratet wird und nach Jesu Tod zu der Gemeinde in Jerusalem kommt.

Dieser Schriftgelehrte heißt Saraseth und ist einer von denen, welche mit neulich geheilten Kranken von Nazaret gekommen sind; ich meine, er ist weitläufig mit Jesu Familie verwandt.

Jesus lehrte auch noch und heilte einige in dem Haus in der Stadt am Tor. Er lehrte die Jünger über Johannes und wiederholte sein neuliches Zeugnis. Ja, Er lobte ihn beinahe noch mehr, er sei rein wie ein Engel, nie sei Unreines in seinen Mund gekommen noch eine Sünde und Unwahrheit aus seinem Mund; und als sie ihn fragten, ob er wohl sein Leben noch lange behalten werde, sagte Jesus, er werde sterben, wenn seine Zeit komme, seine Zeit aber sei nicht fern.

Er wolle ihnen dieses ein anderes Mal deutlicher allein sagen. Die Jünger wurden über diese Nachricht sehr traurig. Er lehrte sie auch noch einiges, was in der Bergpredigt vorkommt.

Heilung eines Mannes mit verdorrter Hand

Nachher ging Er in die Synagoge, um zu lehren, und da die Pharisäer früher hinausgingen, sprach Er zu seinen Jüngern von dem Ehebruch, wie es in der Bergpredigt angeführt ist, und vom Schwören, und Ja! Ja! Nein! Nein! Wie eben daselbst. Die Pharisäer hatten aber noch eine Bosheit vor.

In einem Winkel der Synagoge war ein Mann mit einer verdorrten Hand, der nicht gewagt hatte, vor Jesus zu erscheinen, und jetzt, da die Pharisäer hinabgekommen waren, sich auch vor diesen fürchtete.

Die Pharisäer hatten aber Jesus vorgeworfen, wie Er nur mit einem Zöllner wie Matthäus hier zusammenkommen möge, und Jesus hatte ihnen unter anderem gesagt, weil Er gekommen sei zum Trost und zur Bekehrung der Sünder und keine Pharisäer zu Jüngern gebrauchen könne. Sie kamen nun wieder in die Synagoge und sagten spottend: «Meister, hier ist noch einer, willst du ihn vielleicht auch noch heilen?»

Da rief Jesus den Menschen mit der verdorrten Hand, er solle herankommen und sich in die Mitte stellen, und sagte nun: «Deine Sünden sind dir vergeben!» Die Pharisäer aber verachteten den Mann, der in keinem guten Ruf stand und sagten: «Seine verdorrte Hand hat ihn aber nicht gehindert zu sündigen.»

Nun fasste Jesus seine Hand und bog die Finger gerade und sagte: «Brauche deine Hand!» Da streckte der Mann die Hand aus und war geheilt und ging dankend von dannen, und Jesus entschuldigte den Mann noch gegen ihre Verleumdung und äußerte Mitleid gegen seine Schwäche und nannte ihn einen gutherzigen Menschen.

Die Pharisäer waren ganz beschämt und voll Gift und nannten Jesus einen Sabbatschänder, den sie verklagen würden, und gingen von dannen. Es waren Herodianer in der Nähe der Synagoge und sie überlegten mit denselben, wie sie ihm zu Jerusalem auf dem Fest nachstellen wollten.

Jesus aß und schlief in des Petrus Haus.

Selig der Leib, der dich getragen!

8. Dezember: Am Morgen ist getauft worden. Dann heilte Jesus einige in dem Haus, das in der Stadt rechts beim Tor liegt und lehrte dann die Jünger vor allem Volk noch über einige Punkte, die in der Bergpredigt vorkommen.

Es waren auch Frauen zugegen, unter anderen Lea, die Schwägerin der geheilten blutflüssigen Enue. Ihr Mann war ein Pharisäer und heftiger Gegner Jesu, sie aber war sehr durch ihn gerührt. Ich sah sie anfangs ruhig und schwermütig hin und her ihre Stelle unter dem Volke wechseln, als suche sie jemanden; es war aber nur der Drang, der sie bewegte, laut zu bezeugen, wie sehr sie Jesus verehre.

Da es nun Nachmittag geworden, kam die Mutter Jesu von mehreren Frauen begleitet von ihrer Reise zurück. Sie scheint den Sabbat nicht in Kana gehalten zu haben, weil sie schon wieder hier war. Mit ihr waren Martha, Susanna von Jerusalem, Dina die Samaritin und Susanna Alphäi, eine Tochter der Maria Kleophä und Schwester der Apostel.

Sie war wohl schon dreißig Jahre alt und hatte große Kinder, ihr Mann lebte in Nazaret, woher die Frauen sie mitgebracht hatten. Susanna von Jerusalem war eine natürliche Tochter von dem

Bruder des hl. Joseph. Susanna Kleophä wollte nun auch in die Gemeinde der dienstleistenden Frauen eingehen.

Maria und diese Frauen traten nun in den Hof um die Lehrhalle Jesu ein. Er hatte in seiner Lehre den Pharisäern ihre Tücken und Unreinheit vorgeworfen, und weil Er immer die Lehre von den acht Seligkeiten miteinflocht, sagte Er eben: «Selig, die reinen Herzens sind, denn sie werden Gott schauen!» Da konnte Lea, indem sie auch Maria eintreten sah, sich nicht mehr bändigen und rief in einer Art Freudentrunkenheit mitten durch das Volk: «Seliger – so habe ich bestimmt verstanden – seliger der Leib, der dich getragen und die Brüste, die du gesogen hast!»

Da sah Jesus sie ruhig an und sagte: «Ja, selig vielmehr, die Gottes Wort hören und es bewahren!»[23]

Jesus lehrte hierauf ruhig fort. Lea aber nahte Maria und begrüßte sie und sagte ihr freudig die Genesung von Enue, ihres Bruders Witwe, und wie sie entschlossen sei, alles das Ihrige auch zu der Gemeinde zu geben. Maria möge ihren Sohn doch bitten, dass Er ihren Mann bekehre. Er war ein Pharisäer aus Paneas. Maria sprach ganz still und gelassen mit ihr, sie ahnte ihren Ausruf gar nicht und begab sich mit den Frauen hinweg.

Maria war unbeschreiblich einfach. Jesus zeichnete sie nie anders vor anderen Menschen aus, als dass Er sie würdig behandelte. Sie ließ sich auch mit niemand ein als mit Kranken und Unwissenden und erschien immer ganz demütig, innig und unbeschreiblich still und einfach. Alle, selbst die Feinde Jesu, ehren sie, und doch sucht sie niemanden und ist still und allein.

Abweisung einiger Schriftgelehrter

Jesus war später an der Schiffländе von Petrus gewesen mit einer ungemeinen Menge Volkes und lehrte in Parabeln vom Reich. Erstens: das Reich Gottes ist so beschaffen, als wenn ein Mensch Samen auf das Land ausstreut; zweitens vom Senfkorn, drittens vom Sauerteig. Er lehrte wieder auf seinem Schiffchen von dem See aus. Als ein Schriftgelehrter von Nazaret namens

Saraseth sich erbot, ihm überallhin zu folgen, sagte Jesus auch zu ihm: «Die Füchse haben ihre Höhlen...»

Dieser war der künftige Ehemann der Salome, der Tochter des Jairus, und nach Jesu Tod kamen beide zu der Gemeinde.

Ich sah Jesus außer diesem Schriftgelehrten noch zwei andere abweisen, welche eine Zeit lang als Jünger mitgegangen waren. Einer sagte zu Jesus, ob Er denn noch nicht anfangen wolle, das Reich in Besitz zu nehmen. Er habe seine Sendung ja schon genug bewiesen. Ob Er sich denn noch nicht bald auf den Stuhl Davids setzen wolle? Als ihn Jesus darüber zurechtwies und ihm die Nachfolge gebot, sagte er, er wolle vorher zu Hause Abschied nehmen. Da antwortete Jesus: «Wer die Hand an den Pflug legt...»

Ein dritter, der schon bei Sephoris zu Jesus gekommen war, sagte, er möge gern erst seinen Vater begraben. Da erwiderte Jesus: «Lass die Toten ihre Toten begraben.» Es hatte dieses aber eine andere Bedeutung, die ich nicht mehr recht weiß, denn sein Vater war nicht gestorben. Ich meine, dies war eine Redensart für Teilung des Vermögens und Versorgung des Vaters. – Gegen Abend ist Jesus übergefahren und nach und nach ist ihm vieles Volk gefolgt. Er sprach drüben noch vor dem Volk und ließ von den Jüngern alles Brot und alle Fische, die sie noch hatten, unter dasselbe austeilen.

Dann ging Er mit einigen Jüngern ins Gebirge und blieb die Nacht in einem Zelt oder einer Höhle bei Chorazin im Gebet.

Fortsetzung der Bergpredigt – Segnung der Brote und Fische

9. Dezember: Jesus hat die Nacht unter einem Zelt auf dem Berg bei Chorazim mit ein paar Jüngern im Gebet zugebracht. Am Morgen kam Er mit den anderen Jüngern wieder zusammen und begab sich auf den gewöhnlichen Berg zur Bergpredigt. Er legte heute die vierte Seligkeit und die Stelle aus Jesaias aus: «Siehe, mein Knecht, den ich auserwählt habe, mein Geliebter, an dem

meine Seele Wohlgefallen hat! Meinen Geist will ich auf ihn legen und Er wird das Gericht den Völkern verkünden.»[24]

Es sind auch mehrere bedeutende Heilungen geschehen, die ich vergessen habe. Es waren heute ungemein viele Menschen da, unter anderen auch eine Schar von römischen Kriegsleuten aus verschiedenen Besatzungen in der Gegend. Sie waren hierher gesandt, um Jesu Lehre und sein Wesen zu sehen und darüber zu berichten. Man hatte aus Gallien und anderen Provinzen nach Rom um Nachricht von dem Propheten in Judäa geschrieben, weil dieses Land unter den Römern stand, und von Rom aus waren die Kriegsherren wieder gefragt worden.

Die hatten nun ihre Leute geschickt; es waren wohl an hundert Soldaten hier, welche diese mitgebracht hatten. Sie standen, wo sie gut sehen und hören konnten.

Nachmittags begab sich Jesus mit den Jüngern hinab in das Tal südlich vom Berg, es war eine Quelle da. Hier war unterdessen von den anderen Jüngern mit Hilfe von Martha, Susanna und deren Mägden und von Petrus', Andreas', und ich meine Jakobus des Älteren Frauen Speise bereitet worden, nämlich Brot und Fische. Die Menge lagerte sich an dem Abhang, und alle Gruppen sandten einen, der Speise holte. Die jedoch selbst etwas bei sich hatten, deren es sehr viele gab, kamen gar nicht hierher. Die Brote und Fische standen in Körben auf einer Rasenterrasse. Jesus segnete alle die Körbe und teilte selbst mit den Jüngern den Kommenden aus. Es schien mir bei weitem nicht genug zu sein, aber es erhielten alle, die dessen bedurften. Ich hörte die Leute auch sagen: «Es mehrt sich in seinen Händen.»

Die römischen Soldaten aber begehrten von den Jüngern auch von den gesegneten Broten, um sie als ein Wahrzeichen nach Rom zu senden, das zu bezeugen, was sie gehört und gesehen. Jesus gebot aber, ihnen von dem zu geben, was übrig bleibe, und es waren genug Brote übrig, so dass alle die Vornehmsten davon erhielten, die sie behutsam bewahrten und mit sich nahmen.

Jesus übergibt den Zwölfen die Gewalt zu heilen und Teufel auszutreiben

Mt 10,1; Mk 3,13; Lk 6,12 – Jesus verließ nun mit den Aposteln und einigen anderen Jüngern die Stelle und nahte sich mehr dem See. Er hatte sie in den letzten Tagen schon öfters auf ihren Beruf vorbereitet, und zwar immer in den Zwischenzeiten der öffentlichen Lehre und Bergpredigt, auf dem Weg und auf dem Wasser und wann Er mit ihnen allein war.

Er hatte sie schon gestern im Hause zu Kapharnaum unterrichtet, die Ernte sei groß und wenige Arbeiter im Weinberg, Er wolle sie in den Weinberg senden. Nun, auf einem grünen, schönen, abgesonderten Platz, stellte Er die Zwölf zusammen und zwar, wie sie im Evangelium angeführt sind, und nannte den Simon Petrus, und Jakobus und Johannes die «Donnersöhne» und sagte ihnen noch mehreres, wie sie sich verhalten sollten, denn sie sollten nun anfangen, in seinem Namen zu heilen und Teufel auszutreiben.

Er hielt eine rührende Rede an sie, sagte ihnen aber nichts Erschreckendes, jedoch, dass Er immer bei ihnen sein und alles mit ihnen teilen wolle.

Er gab auch den Zwölfen Gewalt zu heilen und Teufel auszutreiben, und den anderen anwesenden Jüngern, zu taufen und die Hände dabei aufzulegen. Er gab ihnen diese Gewalt mit einem Segen. Sie weinten alle, und Jesus war auch sehr bewegt. Er sagte ihnen auch noch am Schluss, es sei noch vieles zu verrichten und dann wollten sie nach Jerusalem gehen, denn die Zeit der Erfüllung sei nahe. Da sie alle sehr begeistert sagten, dass sie alles tun wollten, was Er befehle, und ihm in allem getreu sein, sagte Er, es werde noch Betrübtes und Schweres folgen und es werde auch unter ihnen sich Böses zeigen. Damit meinte Er den Judas.

Unter solchen Lehren und Reden kamen sie zum Schiff und fuhren, Jesus und die Zwölf und etwa fünf Jünger, worunter Saturnin, den See an der Ostseite hinab, an Hippos vorüber, etwa eine Stunde südlicher, und landeten nächst einem kleinen Ort Magdala, der dicht am See etwas nördlicher als jene finstere, neblige Schlucht liegt, in welche sich das Wasser aus dem höher liegenden Sumpf bei Gergesa ergießt.

Der Ort Magdala ist nicht größer als Haus Dülmen (ein Landgut bei Dülmen). Es reicht vorn an einem Felsvorsprung in den See, hinten ist es von der Anhöhe umgeben. Es liegt so, dass nur die Mittags- und die Abendsonne hineinscheint. Es ist dort feucht und neblig, besonders in der nahe gelegenen Schlucht. Sie gingen nicht gleich in den Ort, das Schiff von Petrus lag an einer Sandbank, zu der man über eine Brücke ging.

Als sie ans Land traten, kamen schon mehrere Besessene gelaufen und schrien Jesus zu, was Er hier wolle. Er solle sie doch in Ruhe lassen, und doch kamen sie von selbst. Er befreite sie, und sie dankten und gingen in den Ort, und es kamen Leute heraus mit anderen Besessenen; von den Jüngern gingen Petrus, Andreas, Johannes, Jakobus und seine Vettern mit den Leuten in den Ort und heilten mehrere Kranke und Besessene. Es waren konvulsionäre Weiber dabei.

Die Jünger trieben die Teufel aus und befahlen das Weichen der Krankheit im Namen Jesu von Nazaret, und ich hörte einige auch wohl dabei sagen: «Dem der Sturm des Meeres gehorcht», oder ein ähnliches Wunder. Es kamen noch einige der von ihnen Geheilten zu Jesus und hörten seine Ermahnungen und Lehren. Er erklärte ihnen und den Jüngern, warum die Besessenheit hier so sehr herrsche. Diese Leute waren sehr ihren Leidenschaften ergeben und auf das Zeitliche versessen. Es waren bei diesen Besessenen auch mehrere von Gergesa, welches etwa eine Stunde östlicher auf der Höhe lag. Sie trieben sich hier auf dem Feld und in der Gegend umher.

Es waren viele Höhlen und Gräber in der zerrissenen, unebenen Gegend, wo sie sich aufhielten. Jesus heilte noch in der Dämmerung. Er schlief mit den Jüngern auf dem Schiff. Aus der Gegend von Gergesa, die wohl vier Stunden im Umkreis hatte, waren keine Leute zu seiner Lehre und Bergpredigt gekommen; auch neulich nicht, da Er so nahe lehrte, und Jesus hat damals mit den Jüngern davon gesprochen. Sie übernachteten auf dem Schiff.

Jesus war am Morgen am Eingang von Magdala und heilte; die Apostel taten es im Ort. Dann stieg Er zu der Anhöhe hinauf, wo ihm zwei besessene vornehme Jünglinge von Gergesa entgegen kamen. Sie waren noch nicht ganz rasend, sie hatten nur manchmal Anfälle. Sie streiften aber immer unruhig umher. Sie waren schon damals, als Er von Tarichäa über den Jordan, durch das Hieromax-Flusstal bei Gergesa vorüberkam und sie noch nicht besessen waren, zu ihm gekommen und hatten begehrt, seine Jünger zu werden, und Er hatte sie abgewiesen.

Als Er sie nun befreite, verlangten sie wieder, bei ihm zu sein und sagten ihm, die Besessenen um Gergesa, die zu heilen sie ihn damals schon gebeten, hätten, seit Er gesagt, Er werde zu seiner Zeit kommen, immer in Fesseln gelegen, aber sie zerbrächen alle Ketten und liefen zum Schrecken der Menschen rasend umher. Sie selbst aber würden nicht in das Unglück gekommen sein, wenn Er sie damals mitgenommen hätte. Er sagte ihnen aber, vielmehr wäre es nicht geschehen, wenn sie nicht gesündigt hätten und in Unzucht gefallen wären. Er ermahnte sie zur Bekehrung und sagte ihnen, sie sollten nach Hause gehen und verkünden, wie ihnen Heil widerfahren sei. Da gingen sie von dannen.

Es kamen aber auf seinem Wege, wo Er hier und da vor Hütten und Hirtenhäusern Gruppen von Leuten lehrte, noch mehrere Besessene und Wahnsinnige hinter Hecken und hohen Hügeln hervor, schrien ihn an und winkten, Er solle nicht hierher kommen, Er solle sie in Ruhe lassen. Er rief sie aber herbei und befreite sie und es schrien manche, Er solle sie doch nicht in den Abgrund treiben! Einige der Apostel heilten in der Gegend mit Handauflegung und bestellten die Leute auf die Höhe südlich über Magdala.

Nach Tisch sah ich Jesus hier vor einer großen Menge versammelter Menschen in Gegenwart der Jünger lehren. Er ermahnte sie zur Buße und sprach von der Nähe des Reiches Gottes und verwies ihnen ihr Hängen an zeitlichen Gütern.

Er sprach vom Wert einer Seele. Sie sollten sehen, dass Gott mehr daran liege als an großem irdischen Besitz der Menschen. Wie ich verstand, bezog sich das auf die Schweineherde, die bald in den See stürzen sollte, denn die Leute luden ihn wieder ein, nach Gergesa zu kommen.

Er sagte ihnen aber, Er werde ihnen noch zu früh kommen und sie würden ihn nicht sehr willkommen heißen. Sie sagten ihm auch, Er solle nicht durch die Schlucht hinauf dahin gehen, denn die zwei Rasenden, welche alle Ketten zerbrächen, liefen nackt dort in den Wegen und Höhlen umher und hätten schon Menschen erwürgt. Jesus entgegnete aber, eben um dieser willen werde Er hingehen, wenn es Zeit sei, denn der Elenden wegen sei Er gesandt.

Er sprach hier auch eine Stelle aus, die im Evangelium vorkommt, es heißt darin,[25] wenn Sodom und Gomorrha diese Dinge gehört und gesehen hätten, die hier in Galiläa geschehen, sie würden sich bekehrt haben.

Als Er hinweggehen wollte, baten die Leute, Er möge bleiben, nie hätten sie so liebliche Lehre gehört, es sei als wenn die Morgensonne ihren düstern, nebligen Ort bescheine, die Sonne kann nie dahin. Er solle doch bleiben, es werde ja auch schon Nacht. Da antwortete Jesus in einem Gleichnis von der Nacht. Er fürchte sich nicht vor dieser Nacht, aber sie sollten sich fürchten, in der ewigen Finsternis zu bleiben in einer Zeit, da das Licht des Wortes Gottes zu ihnen gekommen sei.

Er begab sich dann mit den Jüngern nach dem Schiff und sie fuhren, als wenn sie hinüber nach Tiberias fahren wollten, wendeten aber dann wieder östlich und legten etwa eine Stunde südlicher von der Schlucht an und aßen und schliefen auf dem Schiff.

Dieses Magdala hier ist keine Festung, noch ein Schloss, sondern nur ein unbedeutender Ort, kleiner als Bethsaida. Man kann von hier nicht gut in die Schlucht, weil die eine Bergwand derselben sich weit hervor an den See zieht und unwegsam ist. Es ist hier nur eine Schifflände. Der Ort lebt meist von Hippos, welches viel Verkehr und Gewerbe hat. Eine Landstraße zieht bei Gergesa vorüber von Osten nach Hippos herab, wo Handel getrieben wird. In den Grenzen von Magdala heißt auch in den Grenzen von Dalmanutha, welches ein paar Stunden davon südlicher jenseits der Schlucht liegt.

Jesus in Gergesa heilt Besessene und treibt ihre Teufel in die Schweine

Mt 8,2-34; Mk 8,1-17; Lk 8,26-37 – 11. Dezember: Jesus hat diese Nacht mit den Jüngern auf dem Schiff des Petrus geschlafen, und als Er am Morgen ans Land trat und dem Ufer entlang ging, kamen mehrere dämonische Kranke zu ihm, die Er mit Handauflegung heilte. Ich hörte, dass die Leute in dieser Gegend oft in allerlei scheußlichen, zauberischen Absichten von einem Kraut aßen, welches hier in der Schlucht und an den Bergen häufig wuchs. Sie wurden dadurch berauscht, unsinnig, unzüchtig und fielen in Krämpfe.

Es war auch ein anderes Kraut als Gegenmittel da, wollte aber seit einiger Zeit nicht mehr helfen, weshalb sie nun ganz ihrem Elend hingegeben waren. Das Land der Gergesener ist ein ungefähr fünf Stunden langer und hier und da etwas mehr auch weniger als eine halbe Stunde breiter Landstrich, der zusammengehört durch die Geschichte und den Charakter der Einwohner, die nicht viel taugen.

Es nimmt von der Schlucht zwischen Dalmanutha und Magdala, die Schlucht mit eingeschlossen, südlich seinen Anfang und enthält mit den Städten Gergesa und Gerasa, womit es sich schließt, zehn Flecken, welche teils Dörfer sind. Sie liegen alle in einer Reihe über den schmalen Landstrich zerstreut. Hinter Gerasa begrenzt es mit der Gegend Chorazin das Land Zin, auch so einen Distrikt, worin viel Wüstes ist. Im Osten ist die Grenze der Gergesener der lange Bergrücken, auf dessen Südende die Festung Gamala liegt, gegen Süden die Schlucht, gegen Abend das Ufertal des Sees, an welchem hier Dalmanutha, Magdala und Hippos liegen, die nicht dazu gehören, wie überhaupt dieses ganze Ufertal nicht, außer der Schlucht südlich von Magdala. Gegen Norden endet es mit Chorazin. Es liegt auf der ersten Terrasse der Morgenseite des Sees auf dem schmalen Strich unterhalb von Gamala.

Man muss diesen Distrikt der zehn Flecken nicht mit dem Distrikt der zehn Städte verwechseln, welcher weit ausgedehnt um ihn her liegt und von dem er ganz abgesondert ist. Ich habe einen Blick auf die Geschichte dieser Gegend gehabt, wovon ich noch folgendes weiß: Bis zum Krieg Gideons mit den Madianiten gehörten diese zehn Flecken den Juden. Beim damaligen Krieg aber wollten sie Gideon nicht helfen und schlugen sich zu den Heiden und Gideon ließ sie laufen. Seit jener Zeit haben die Heiden darin immer die Oberhand gehabt und die Juden auf die ärgste Weise unterdrückt und geplagt.

Alle diese Orte nun halten den Juden, die da wohnen, recht zum Ärger eine große Menge von Schweinen, und alle diese Herden von mehreren Tausenden gehen zusammen über der nördlichen Höhe der Schlucht um einen großen, grünen Sumpf in der Mast. Es sind wohl an hundert heidnische Hirten und Hirtenjungen dabei von den einzelnen Besitzern.

In dem Sumpf wühlen sie und wälzen sich und wimmeln auf der felsigen, zerrissenen, buschigen Talwand, und es ist ein großes Gequieke und Gegrunze da umher. Der Sumpf, der etwa dreiviertel Stunden südöstlich von Gergesa am Fuß des Gebirges von Gamala liegt, hat südlich einen Abfluss in die Schlucht, und zwar mit einem Sturz über eine Hemmung von Balken und Bohlen, welche den Bach oben zu einem Sumpf stauen.

Durch die Schlucht fließt er dann in das galiläische Meer. Es stehen viele ungeheuer dicke Eichen bei dem Sumpf und auch den Abhang der Schlucht herab. Die ganze Gegend ist nicht sehr fruchtbar. An wenigen Sonnenstellen bauen sie Wein. Sie haben auch solches Rohr, woraus man Zucker machen kann. Es wird als Rohr verschickt. Es ist nicht nur Götzendienst, der sie so sehr in die Macht des Teufels gibt, sondern auch eine große Versunkenheit in Zauberei. Gergesa und die umliegenden Orte sind voll von niedrigem Zaubergesindel, Männern und Weibern. Sie haben allerlei Handel mit Katzen, Hunden, Kröten, Schlangen und anderen Tieren vor. Sie ließen solche Tiere erscheinen.

Es war, als gingen sie selbst in der Gestalt solcher Tiere umher, Menschen und Vieh zu verwunden oder zu töten. Ich kann mich der Erklärung ihres greulichen Zustandes nicht mehr deutlich erinnern, ich weiß nur noch, dass ich erfuhr, sie wären gleich den Werwölfen. Sie schadeten den Menschen auch in die Ferne, rächten sich noch lange nachher an denen, die sie nicht liebten, erregten plötzliche Ungewitter und Sturm auf dem See.

Die Frauen brauten auch Zaubertränke zu allerlei tödlichen und schändlichen Wirkungen und mischten ekelhafte Ausleerungen hinein. Es kostet mich immer eine große Überwindung, von solchem empörenden Zaubergreuel zu sprechen, ich sage bei solchen Gelegenheiten lieber, sie hätten mit allerlei bösen Künsten, Gaukeleien und Kunstwerken zu schaffen gehabt.

Mehrmals standen in Kriegen große Lager hier; ich weiß die Zeiten nicht mehr genau, ich meine einmal nicht lange vor Jesu Zeiten und dann auch noch nach Jesu Tod, wo Vespasianus Gamala eroberte. Bei diesen Gelegenheiten übten sie auch so arg Zaubergreuel an den Soldaten, dass die Feldherren einen der letzten Propheten mussten kommen lassen, um zu helfen.

Auch mit Balaam haben sie einmal Händel gehabt, deren ich mich jetzt nicht mehr deutlich erinnere. Aber sie wurden dabei von zwei Propheten so gestraft, dass sie darum die Propheten gar nicht mehr leiden konnten und nun auch platterdings nichts von Jesus wissen wollten.

Sie haben sich deshalb auch bis jetzt immer von seinen Lehren ferngehalten. Der Satan hatte sich von jeher dieser Gegend bemächtigt, und es waren unzählige Besessene, Rasende und konvulsionäre Menschen hier.

Ich meine, es war gegen zehn Uhr, als ich Jesus mit einigen Jüngern auf einem Kahn, der zu diesem Zweck sich immer da befand, eine Strecke Wegs auf dem Bach gegen den Strom in die Schlucht hineinfahren sah. Dieser Weg war näher als auf dem Fußweg. Die Jünger waren teils noch mit Heilungen beschäftigt. Jesus stieg nachher aus und ging bei der nördlichen Wand der Schlucht hinan und die Jünger kamen nach und nach auch wieder mit ihm zusammen. In einer höheren Gegend sah ich schon, während Jesus sich näherte, zwei wütende ganz nackte Menschen mit zerstreuten fliegenden Haaren hin und her rennen.

Sie schlugen einander selbst mit großen Steinen, und warfen sie sich nach, und bald rannten sie in Grabhöhlen, die dort waren, bald stürzten sie wieder hervor und warfen und schlugen sich mit Gebeinen von Toten.

Sie schrien ganz grässlich und waren wie gebannt, denn sie entflohen nicht, sondern kamen Jesus immer näher. Als sie nun auf einer gewissen Entfernung hinter Hecken und Steinen etwas höher vor ihm standen, rasten sie entsetzlich und schrien: «Kommt herbei, ihr Kräfte, ihr Mächte helft! Es kommt ein Stärkerer als wir!» Jesus hob die Hand gegen sie und befahl ihnen, sich niederzulegen.

Da fielen sie platt auf ihr Angesicht, und ich fühlte, dass Jesus dieses aus Schamhaftigkeit wegen ihrer Nacktheit wollte. Sie hoben aber die Köpfe empor und schrien gräßlich: «Jesus, du Sohn des Allerhöchsten! Was haben wir mit dir zu tun? Warum bist du gekommen, uns vor der Zeit zu quälen, wir beschwören dich bei Gott, quäle uns nicht!»

Nun waren Jesus und die Jünger näher gekommen und jene zitterten und bebten am ganzen Leib auf eine schreckliche Art. Jesus befahl den Jüngern, ihnen eine Bedeckung zu geben, und den Besessenen, sich zu bedecken. Da warfen die Jünger ihnen von den Zeugbahnen zu, welche sie um den Hals zu tragen und in welche sie das Haupt zu hüllen pflegen, und die Besessenen wickelten sie unter stetem krampfhaften Zittern und Zucken, wie gegen ihren Willen gezwungen, um ihre Lenden.

Nun standen sie und schrien fortwährend, Jesus möge sie nicht peinigen. Er sprach aber: «Wie viele seid ihr?»

Da sagten sie: «Legion». Ich erinnere mich, so gehört zu haben; sie sprachen auch aus den Besessenen in der Mehrzahl und sagten, die Begierden dieser Menschen seien unzählige gewesen.

Hierin sagte aber einmal der Teufel die Wahrheit, denn siebzehn Jahre hatten diese Menschen in teuflischer Gemeinschaft und allerlei Zauberei gelebt und dann und wann schon solche Anfälle gehabt; seit zwei Jahren aber sind sie aus den Fesseln gebrochen und immer in der Wüste herumgeirrt. Sie sind auch in allerlei Zauberlaster verwickelt gewesen.

An diesem Ort war noch ein Weinberg an einer kleinen Sonnenstelle, und eine große gezimmerte Kufe stand darin, die oben mit Balken zusammengefügt war. Sie war nicht ganz mannshoch und so breit, dass wohl zwanzig Menschen darin stehen konnten. Die Gergesener pflegten Trauben mit jenem tollmachenden Kraut vermischt darin zu stampfen.

Der Saft lief in kleinere Tröge an der einen Seite, und aus diesen wieder in große irdene Gefäße mit engem Hals, die sie gefüllt im

Weinberg unter die Erde vergruben. Dies war jenes giftige, berauschende Getränk, wovon die Menschen solche Anfälle kriegten. Die berauschende Pflanze war etwa armlang mit vielen fetten grünen Blättern übereinander wie Hauswurz und hatte oben einen Knopf. Sie brauchten den Saft auch, sich in teuflische Entzückung zu bringen. Das Getränke wurde seiner berauschenden Dünste wegen im Freien hier bereitet, sie spannten jedoch bei der Arbeit ein Zelt über die Kufe.

Die Kelterer waren eben zu dieser Arbeit genaht; da befahl Jesus den Besessenen oder vielmehr der Legion in ihnen, diese Kufe umzustürzen, und sie liefen wie unsinnig hin und fassten die große volle Kufe und stellten sie ganz leicht auf den schmalen Rand, so dass der ganze Inhalt herausströmte und die Arbeiter mit großem Geschrei davon flohen.

Die Besessenen kehrten, noch immer zitternd und bebend, zurück, und die Jünger waren sehr erschrocken. Die Teufel schrien ganz entsetzlich aus den Besessenen, Er solle sie doch nicht in den Abgrund stürzen. Er solle sie doch nicht aus dieser Gegend treiben, und endlich: «Lass uns in die Schweine fahren!»

Da sagte Jesus: «Fahrt hin!» Auf diese Worte sanken die elenden Leute unter heftigen Zuckungen nieder und es ging eine ganze Wolke von Dampf aus ihrem ganzen Leib und ich sah unzählige Gestalten wie von vielerlei Insekten und Kröten und Würmern in diesem Dampf, besonders viele Maulwurfsgrillen. Ich sah diese Wolke sich weit über die Gegend ausbreiten und in wenigen Augenblicken entstand ein grässliches Grunzen, Quieken und Wüten unter der großen Schweineherde und ein Gejage und Geschrei unter den Hirten. Die Schweine, einige tausend an der Zahl, rasten aus allen Winkeln hervor und stürzten von allen Abhängen durch das Gebüsch nieder, und es war wie ein Donnerwetter mit rasendem Tiergekreisch vermischt.

Es war dies aber nicht die Sache von wenigen Minuten, sondern gewiss von ein paar Stunden, denn die Schweine rasten lange hin und her, stürzten und wurden geschleudert und bissen sich. Viele stürzten oben in den Sumpf und kamen den Wasserfall niedergerast. Alle aber tobten dem See zu. Die Jünger Jesu waren gar nicht zufrieden damit, weil sie das Wasser, auf dem sie fischten, und daher auch die Fische verunreinigt glaubten. Jesus merkte ihre Gedanken und sagte ihnen, sie sollten sich nicht fürchten, die Schweine würden alle in dem Strudel am Ausgange der Schlucht untergehen.

Es war hier eine Art stehender Sumpf, der durch eine mit Schilf und Gesträuch bewachsene Sand- oder Strandbank, die bei hohem Wasser manchmal überschwemmt wurde, von dem eigentlichen See getrennt war. Es war ein tiefer Abgrund, der einen Einfluss von dem See durch die Bank, aber keinen Ausfluss in den See hatte. Es war ein Wirbel darin. In diesen Kessel stürzten sich alle die Schweine.

Die Hirten, welche alle im Anfang nachrannten, kamen zu Jesus, sahen die geheilten Besessenen, hörten alles und jammerten gewaltig über den Schaden, und Jesus sagte ihnen, es sei mehr am Heil dieser Seelen als an allen Schweinen der Welt gelegen. Sie sollten hingehen und es den Herren der Schweine sagen, die Teufel, welche die Gottlosigkeit des Landes in die Menschen schicke, seien durch ihn aus den Menschen vertrieben und in die Schweine gefahren. Die geheilten Besessenen aber sandte Er nach Hause, sich Kleider zu holen, und ging mit den Jüngern hinan gegen Gergesa. Mehrere Hirten waren schon nach der Stadt gelaufen, und es liefen von allen Seiten Menschen herbei, auch die gestern bei Magdala und aus der Gegend Geheilten waren schon an einer bestimmten Stelle, ihn zu erwarten, so auch die gestern geheilten zwei jüdischen Jünglinge und die meisten Juden der Stadt. Die geheilten zwei Besessenen kamen sehr schnell anständig gekleidet zurück und hörten Jesu Lehre an. Sie waren vornehme Heiden aus der Stadt, und zwar mit heidnischen Priestern verwandt.

Die Leute, welche mit der Weinbereitung beschäftigt gewesen waren und denen die volle Kufe umgestürzt worden war, waren auch in die Stadt gelaufen und hatten den Schaden, den die Besessenen angerichtet, gemeldet und es entstand ein großer Lärm und Aufruhr in der Stadt. Viele Leute daraus und aus der Gegend liefen nach den Schweinen, ob sie noch etwas retten könnten, andere liefen zum Weinfass. Es dauerte bis in die Nacht.

Alle Juden und sehr viele Heiden sammelten sich um Jesus, der etwa eine halbe Stunde von Gergesa auf einem Hügel lehrte. Die

Oberen der Stadt aber und die Götzenpriester suchten das Volk zurückzuhalten und machten bekannt, Jesus sei ein mächtiger Zauberer und es stehe ihnen große Not durch ihn bevor. – Als sie sich beratschlagt hatten, ging eine Deputation von ihnen hinaus zu Jesus, drängte sich zu ihm und bat ihn, Er möge sich hier nicht aufhalten und ihnen nicht noch größeren Schaden tun, sie erkennen ihn als einen großen Magier, aber bäten ihn, von ihren Grenzen zu weichen.

Sie lamentierten sehr über die Schweine und das verschüttete Gebräu und waren auch wieder ganz verwundert und erschreckt, da sie die beiden Besessenen geheilt und bekleidet unter den Zuhörern zu seinen Füßen sitzen sahen.

Jesus erklärte ihnen, sie sollten ohne Sorge sein, Er werde sie nicht lange beschweren, Er sei allein um dieser elenden Besessenen und Kranken willen hierhergekommen und wisse wohl, dass ihnen die unreinen Schweine und das scheußliche Getränk mehr wert seien als das Heil ihrer Seelen – so aber nicht dem Vater im Himmel, der ihm die Macht gegeben, diese armen Menschen zu erretten und die Schweine zu verderben.

Nun hielt Er ihnen alle ihre Schändlichkeiten, ihr sündhaftes, zauberisches Treiben, ihre Unzucht, ihren Wucher und ihren Teufelsdienst vor und erwähnte noch besonders ihre Frauen, die alle diese Greuel heimlich trieben.

Er rief sie zur Buße, zur Taufe und bot ihnen das Heil an. Sie hatten aber ihren Schaden und Verlust an Schweinen im Kopf und blieben bei ihrem dringenden, halb furchtsamen Begehren, Er möge sich hinweg begeben, worauf sie in die Stadt zurückkehrten. Judas Ischariot war heute hier bei diesem Volk besonders tätig und geschäftig, denn er war hier bekannt. Seine Mutter hatte hier eine Zeit lang, als er noch jung war, gleich nachdem er aus der Familie, wo er heimlich erzogen worden, entwichen, mit ihm gewohnt, und die beiden Besessenen waren Jugendbekannte von ihm. Deswegen meinte ich ehedem aus dunkler Erinnerung, er sei hier zuerst zu Jesus gekommen.

Die Juden hier waren heimlich sehr froh über den Schaden der Heiden mit den Schweinen, denn sie waren sehr von den Heiden unterdrückt und stets durch die vielen Schweine geärgert. Es waren aber auch viele Juden hier, die sich mit den Heiden vermischt und mit ihren abergläubischen Händeln besudelt hatten.

Jesus lehrte noch und bereitete zu der Taufe vor; denn es wurden hier von den Jüngern alle, welche heute und gestern geheilt worden waren und auch die beiden letzten Besessenen getauft. Diese Leute waren sehr gerührt und ganz verwandelt. Sie, wie auch die beiden Jünglinge, flehten, Er möge ihnen doch erlauben, bei ihm zu bleiben und seine Jünger zu werden.

Als sie aber getauft worden waren und ihn darum anflehten, sagte Er zu den beiden zuletzt Geheilten, Er wolle ihnen ein Amt geben, sie sollten durch die zehn Orte der Gergesener gehen und sich überall zeigen und überall erzählen, was mit ihnen geschehen sei und was sie gehört und gesehen, und die Leute zur Buße und Taufe rufen und zu ihm senden. Sie sollten sich nicht stören lassen, wenn man auch mit Steinen hinter ihnen herwerfe.

Wenn sie diesen seinen Willen recht vollbrächten, sollten sie es daran erkennen, dass sie den Geist der Weissagung empfingen. Es werde dann nachts über sie kommen, dass sie aufstünden und Gesichte sähen. Sie sollten dann auch immer wissen, wo Er sei und die Leute, die zu seiner Lehre verlangten, zu ihm senden und sollten die Hände auf die Kranken legen, und diese sollten gesund werden. Als Er ihnen dies gesagt, segnete Er sie.

Sie begannen am folgenden Tag schon ihre Sendung und sind später auch Jünger geworden. Die Apostel tauften hier mit Wasser, das sie in einem Schlauch heraufgebracht; sie tauften wie neulich. Die Leute knieten im Kreis um sie und sie tauften aus dem Becken, das einer hielt, drei und drei mit der Hand dreimal übersprengend.

Jesus ging am Abend nebst den Jüngern in Gergesa zum Synagogen-Vorsteher, und sie aßen etwas. Die Vorsteher der Stadt kamen aber nochmals und drohten dem Vorsteher, er solle Jesus wegzubringen versuchen, sonst solle er alles entgelten, wenn noch größerer Schaden über die Stadt komme.

Jesus verließ hierauf die Stadt und sie übernachteten in einem Hirtenhaus. Ich hörte auch, dass Jesus den Jüngern sagte, Er habe den Teufeln zugelassen, die Kufe umzuwerfen und in die Schweine zu fahren, damit diese übermütigen Heiden sähen, dass Er der Prophet der Juden sei, welche sie so schmählich unterdrückten und höhnten, und damit durch den Anteil an dem Verlust der Schweine, welchen so viele Heiden gehabt, diese auf die Gefahr, die ihren Seelen drohe, aufmerksam würden, auf dass dieses schläfrige, in Lastern ersoffene Volk weithin erwache und herankomme zur Lehre. Das scheußliche Getränk habe Er umwerfen lassen als eine Hauptquelle der Sünden und Besessenheit dieses Volkes.

12. Dezember: Die Apostel haben in der Gegend umher geheilt: Wassersüchtige, Lahme, Gichtbrüchige. Um Jesus aber, bei dem immer einige der Jünger zurückblieben, versammelte sich gegen 10 Uhr des Morgens auf einer Höhe eine große Anzahl von Menschen, welche durch seine und der Jünger Wunder und besonders durch das Ereignis mit den Schweinen herbeigelockt worden waren. Es konnten wohl ein paar tausend Menschen sein. Jesus machte sie nochmals auf ihren traurigen Zustand aufmerksam, und es bekehrten sich viele; auch wollten viele Juden sich von den Heiden losmachen und hinwegziehen.

Nach Mittag kamen die Apostel, welche geheilt hatten, mit mehreren der Geheilten zu Jesu Lehre. Es waren Frauen dabei, welche einige Vögel in Körben zur Speise mitbrachten, die sie den Aposteln gaben. Während um Jesus viel Gedränge war, nahte sich in der Dämmerung eine Frau aus Magdala, die blutflüssig war. Sie hatte sonst nicht gehen können, hatte sich aber durch den Glauben zusammengerafft und war allein heimlich herzugekom-men, küsste sein Gewand und war genesen.

Jesus lehrte dann noch und sagte nach einer Weile: «Ich habe jemanden geheilt, wer ist es?» Da nahte sich die Frau und dankte. Sie hatte von der Heilung der Enue gehört und tat nun dasselbe.

Am Abend fuhr Jesus mit den Jüngern und den zwei dämonisch gewesenen jüdischen Jünglingen aus Gergesa, die Er am Dienstag geheilt hatte, um Magdala herum nordwärts von Hippos, welches nicht dicht an dem See, sondern an der Anhöhe hinan liegt. Jesus stieg mit ihnen ans Land und sie aßen in einem Hirtenhaus von den Vögeln, dem Brot und Honig.

Jesus hörte ich hier auch mit den Jüngern sprechen, dass bald der Geburtstag des Herodes sei, und dass Er gegen Jerusalem hinaufgehen wolle. Sie rieten ihm aber ab, es nahe ja das Fest (Ostern) und dann müssten sie ja doch hin.

Jesus sprach aber, als wenn Er am Fest nicht öffentlich dort sein werde. Hernach sagte Er ihnen, sich einzuschiffen. Die beiden Gergesener Jünglinge baten ihn nochmals, sie mit sich zu nehmen.

Jesus sagte ihnen aber, Er habe ihnen ein anderes Amt vorbehalten, und Er gab ihnen die Sendung, in den ganzen zehn Städten vor Kedar bis Paneas hinauf, umherzugehen und den Juden zu verkünden, was sie gehört und gesehen, und gab ihnen den Segen und die nämliche Verheißung. Wenn sie ihr Amt recht versehen würden, sollte der prophetische Geist auch über sie kommen: Sie sollten wissen, wo Er sei, Strafgerichte verkünden und Kranke in seinem Namen heilen.

Dies war jedoch bei ihnen wie bei den beiden anderen für eine gewisse Zeit nachher gemeint. So sollten die anderen ihn auch erst in den zehn Gergesener Flecken verkünden und später den Heiden in der Dekapolis.

Die Jünglinge verließen ihn hierauf, und Er befahl den Jüngern, nach Bethsaida zu fahren. Er selbst blieb allein gegen alles ihr Bitten zurück und begab sich längs dem Ufer hinwandelnd in eine Wildnis, um zu beten.

Ich sah ihn zwischen steilen Felsenhügeln hingehen; es waren einige Felsen da, die sahen aus wie schwarze Menschengestalten in der Nacht.

Jesus und Petrus gehen auf dem See

Es war schon ganz dunkel, als ich Jesus gerade über das Meer hingehen sah. Es war ungefähr Tiberias gegenüber, östlicher als in der Mitte des Sees, wo Er in einer ziemlichen Entfernung an dem Schiff der Jünger schien vorübergehen zu wollen. Es war ein ganz heftiger Gegenwind und die Jünger ruderten sehr mühselig.

Da sahen sie die Gestalt und waren erschrocken und wussten nicht, ob Er es sei oder sein Geist. Und sie schrien alle laut auf vor Furcht. Jesus aber sagte: «Fürchtet euch nicht, ich bin es!»

Da rief Petrus: «Herr! Wenn du es bist, heiße mich auf dem Wasser zu dir zu kommen!» Da sprach Jesus: «Komm!» und Petrus stieg auf dem Leiterchen in seinem Eifer aus dem Schiff und eilte eine sehr kleine Strecke auf dem bewegten Wasser wie auf ebenem Land zu ihm. Er schien mir drüber zu schweben, denn das bewegte Wasser hinderte ihn nicht.

Als er aber sich verwunderte und mehr an das Wasser und Wind und Wellen als an das Wort Jesu dachte, kam er in Angst und fing an zu sinken und in seiner Not schrie er: «Herr, rette mich!» und sank wohl bis an die Brust und streckte die Hand aus. Da war Jesus zugegen, fasste die Hand und sagte: «Du Kleingläubiger! Warum zweifelst du?» Nun waren sie an dem Schiff, stiegen hinein, und Jesus verwies ihm und den anderen ihre Furcht.

Der Wind legte sich sogleich, und sie fuhren nach Bethsaida. Wahrscheinlich schliefen sie abwechselnd auf der Fahrt, während Einzelne ruderten. Beim Einsteigen wurde eine Treppe herausgeschlagen.

(Nach dieser Mitteilung las der Pilger der Erzählenden das Wandern Jesu und das Sinken des Petrus auf dem See aus den Evangelien vor und fragte sie, ob sie vielleicht auch manches vergessen habe, was dort mit diesem Ereignis in Verbindung gestellt sei, worauf sie entgegnete, sie könne wohl einzelne Züge des Bildes zu erzählen vergessen haben, würde sich ihrer aber doch erinnern, da sie dieselben jetzt lesen höre. Es müsse die Begebenheit nach der Erzählung der Evangelien wohl eine andere als jene sein, die sie heute nacht gesehen und werde vielleicht erst später eintreten. Sie erinnere sich heute nicht, gesehen zu haben, dass die Jünger im Schiff vor Jesu niedergefallen und gesagt: «Wahrlich, du bist Gottes Sohn!» Im Evangelium stehe das Wandeln Jesu auf dem Wasser nach Johannes' Tod, Johannes sei aber noch nicht tot, denn der Geburtstag Herodes' trete erst im Januar ein, was sie gehört, da Jesus davon gesprochen, dass Er nach Judäa ziehen wolle.

In dem Evangelium stehe dieses Wunder nach der sogenannten ersten Brotvermehrung, die sei aber noch nicht gewesen.

Am Montag sei am Berg der acht Seligkeiten im Tal zwar auch eine Brotvermehrung gewesen, aber nicht von sieben Broten und zwei Fischen, sondern das Brot sei bloß bei weitem nicht zureichend gewesen und sei doch so genug worden, dass man den römischen Kriegsleuten davon noch als Andenken mitgeben konnte.

Diese Brotvermehrung am Montag sei im Evangelium übergangen, wo überhaupt alle Lehren dieser mehrfachen acht Seligkeiten-Predigt und die Zwischenlehren ganz in die Hauptsätze als eine Lehre zusammengezogen seien, wie auch die Parabeln.

Es komme noch später das Vermehren der fünf Brote und zwei Fische, und sie glaube auch noch ein Wandeln auf dem Wasser. Es hätten sich diesmal auch keine Leute über seine Ankunft verwundert, weil sie ihn nicht mit abfahren gesehen, denn es habe niemand außer den Jüngern gewusst, dass Er zurückgeblieben sei. Es ist nun zu warten, ob sich dies so ausweisen werde wie die neuliche Differenz mit des Jairus Tochter und der Blutflüssigen.)

Jesus heilt in Bethsaida und kommt wieder nach Kapharnaum

Mk 3,20-21 – 13. Dezember: Als Jesus in Bethsaida Land betreten hatte, schrien ihm gleich zwei Blinde entgegen, welche einander selbst gegen das Sprichwort zu ihm führten. Er heilte sie, so auch Lahme und Stumme, und wo Er nur hinging, drängte ihn das Volk mit den Kranken, und viele rührten ihn an und wurden gesund. Das Volk harrte überall auf ihn, weil sie wussten, Er komme vor dem Sabbat wieder.

Die Geschichte von den Besessenen und den Schweinen war gestern schon hier bekannt geworden, und es war ein großes Aufsehen und Verwundern darüber. Ein Teil der Jünger taufte am Morgen bei Petrus' Haus viele Geheilte, und da Jesus immerfort heilte und gar nicht zur Ruhe kommen konnte, so dass sie nicht einmal Zeit zum Essen hatten, suchten ihn die Jünger auf und wollten ihn bewegen zu ruhen und zu essen.

Mt 12,22; Lk 11,14 – Als Er weiter gegen Kapharnaum ging, wurde ihm ein Besessener, der stumm und blind war, entgegengebracht und Er heilte ihn sogleich. Über diese Heilung war auch ein großes Erstaunen, denn dieser Mensch bekam schon in der Nähe Jesu seine Sprache wieder und rief: «Jesus, du Sohn Davids, erbarme dich meiner!»

Jesus bestrich ihm auch die Augen und er wurde sehend. Dieser Mensch hatte sehr viele Teufel in sich, denn er war ganz unter die Heiden von jenseits geraten. Die Gaukler und Wahrsager vom Gergesener Land hatten sich seiner bemächtigt, schleppten ihn an einem Strick mit herum und ließen ihn an anderen Orten sehen, wo er mit seiner Stärke allerlei Gewaltkünste machen musste; auch zeigten sie, wie er als blind und stumm doch alles tat und wusste und verstand und überall hinging und alles holte und erkannte auf gewisse Beschwörungen, denn das alles tat der Teufel in ihm.

So brauchten die heidnischen Gaukler, welche häufig aus Gergesa die Dekapolis und sonst die Städte durchziehen, den Teufel in dem armen Menschen, um ihr Brot zu verdienen. Wenn sie über den See fuhren, war er nicht im Schiff, sondern musste auf ihren Befehl nebenher schwimmen wie ein Hund.

Niemand bekümmerte sich mehr um ihn. Man hielt ihn für verloren. Er hatte meist kein Obdach, lag in Gräben und Löchern, und die ihn gebrauchten, misshandelten ihn noch dazu. Er war schon länger in Kapharnaum, hatte jedoch bisher niemanden, der ihn zu Jesus brachte. Nun aber kam er selbst und wurde geheilt.

Jesus lehrte und heilte am Anfang des Sabbats noch im Heilhaus am Tor in Kapharnaum. Er lehrte noch über einige Stellen, die in der Bergpredigt vorkamen. Er sagte auch den Jüngern, Er werde sie nach dem Sabbat aussenden und werde ihnen seinen Segen geben. Sechs wolle Er bei sich behalten und sechs aussenden und jedem Teil eine Schar von Jüngern beigeben.

Mt 12,23; Mk 3,22; Lk 11,15 – Es war vor dem Sabbat während seiner Lehre ein großer Tumult in der Stadt. Der Vorgang mit den Schweinen und die Befreiung des stummen und blinden Besessenen hatten großes Aufsehen gemacht. Es waren auch heute Nachmittag mehrere Schiffe voll Gergesener Juden herübergekommen, welche die Wunder erzählten, die sie gesehen. Die Pharisäer aber verbreiteten überall das Gerücht, Jesus treibe die Teufel durch die Teufel aus. Das gefiel dem Volk nicht und es kam ein großer Teil desselben vor der Synagoge zusammen.

Der blinde und stumme Besessene war, als sich Jesus der Stadt näherte, ihm ohne Führer ganz wütend durch die Straßen entgegen gerannt und es waren ihm viele Menschen gefolgt, die nun das Wunder sahen. Die Leute waren von dem allen so hingerissen, dass sie sich heftig an den Pharisäern ärgerten, welche in der Zeit, da Jesus über dem See gewesen und auch jetzt wieder über ihn loszogen: Er heile durch den Teufel. Ich sah, dass viele von den versammelten Bürgern ein kurzes, wunderliches Schießgewehr trugen, es hatte einen runden, dicken Teil, wie einen Kolben, mit Leder überzogen und es war noch ein dünner Stab dabei, durch das Gewehr waren Löcher, auch hatten sie kurze Spitzen, die sie herausziehen konnten.

Wahrscheinlich eine Art Armbrust, der dünne Stab ist der Bogen, welcher durch die Löcher quer gesteckt wurde. Die Leute ließen die Pharisäer hervorrufen und drangen darauf, sie sollten aufhören, auf Jesus zu schmähen, sie sollten ihn anerkennen und zugestehen, dass nie solche Taten in Israel geschehen seien, dass nie ein Prophet dergleichen getan.

Wenn sie von ihrem hartnäckigen Widerstand nicht ablassen würden, so möchten sie Kapharnaum verlassen, sie könnten die Lästerungen und den Undank nicht mehr länger anhören.

Die Pharisäer wurden hierauf ganz artig, und es trat aus ihnen ein breiter, dicker Mann hervor, der mit großer Arglist das Volk belehrte. Er sagte, es sei wahr, nie seien solche Wunder, solche Taten, solche Lehren in Israel erhört worden, kein Prophet habe jemals dergleichen getan; aber er bitte das Volk, nun auch zu vernehmen, was von dieser Teufelsaustreibung in Gergesa und der heutigen hier bei dem Mann, der so gut als zu den Gergesenern gehöre, zu bedenken sei, denn in der Beurteilung solcher Dinge könne man nicht besonnen genug sein.

Nun machte er eine weitläufige Beschreibung vom Reich der bösen Geister und sagte, wie darin eine Ordnung und verschiedene Würden seien und wie einer dem anderen zu befehlen habe, und wie Jesus einen sehr mächtigen in seinem Bund habe; denn warum habe Er den hiesigen Besessenen nicht schon lange geheilt? Warum habe Er, wenn Er der Sohn Gottes sei, die Teufel im Gergesener Land nicht von hier aus ausgetrieben? – Nein! Er habe erst hinüber gehen, und mit dem Obersten der Gergesener Teufel einen Vertrag abschließen müssen, Er habe mit ihm akkordieren müssen und ihm die Schweine zur Beute geben, denn dieser sei zwar niedriger als Belzebub, aber doch schon von Bedeutung. Und nun da er jenen zu Gergesa befriedigt, vermöge Er durch Belzebub auch hier den Mann zu erledigen.

Solcherlei Zeug brachte er mit vieler Feinheit und Beredsamkeit vor und bat das Volk, zu ruhen und das Ende abzuwarten; man sehe ja an ihrem Treiben selbst, welche Früchte es bringe: an den Arbeitstagen arbeite das Volk nicht mehr und laufe dem Lehrer und den Mirakeln nach und am Sabbat sei ein Geschrei und Getobe. Sie sollten doch den heutigen Tag bedenken und sich zur Ruhe begeben und sich zum herannahenden Fest bereiten. Es gelang ihm auch, das Volk zum Auseinandergehen zu bringen, und viele der leichtsinnigen Menschen waren halb von seinem Geschwätz beeindruckt. Es war aber heute Freitag, der 24 Kisleu, und weil abends der Sabbat mit dem 25 Kisleu, dem Tempelweihfest, zusammentraf, so wurde dies Fest schon gestern abend mit dem Anfang des 24 Kisleu begonnen.

In den Häusern und Schulen brannten viele pyramidalisch zusammengestellte Lampen, auch in Gärten, Höfen und an Brunnen waren Lampen und Fackelfeuer in allerhand Figuren errichtet. Jesus kam mit den Jüngern zum Sabbat in die Synagoge und lehrte ungestört – denn sie fürchteten sich – aus der Geschichte Josephs (Gen 44,18-47,17) und aus Ezechiel. Auch aus dem Propheten Daniel erklärte Er einiges. Er wusste aber wohl ihre Gedanken und was sie dem Volk vorgeschwätzt hatten und stellte sie darüber zur Rede und sagte ihnen: «Jedes Reich, das mit sich selbst uneinig ist, wird nicht bestehen, und wenn der Satan den Satan austreibt, so ist er gegen sich entzweit, wie soll dann sein Reich bestehen? Wenn ich aber durch den Beelzebub die Teufel austreibe, durch wen treiben eure Söhne sie denn aus?»

Mit solchen Worten brachte Jesus sie zum Schweigen und kam noch ohne heftigen Widerspruch aus der Synagoge. Er übernachtete im Haus des Petrus.

(Als sie diese Worte mitteilte, las ihr der Pilger vor, was die Evangelisten alles bei dieser Rede zusammenstellten; sie erinnerte sich aber, heute nur so weit und dies, wie immer, etwas weitläufiger auseinandergesetzt, gehört zu haben. Meistens, wenn sie solche Reden Jesu erwähnt, pflegt der Pilger ihr die Worte des Evangeliums zu lesen und dann niederzuschreiben, woran sie sich erinnert. Sehr häufig will sie dann vieles damals nicht gehört haben und sagt, das übrige sei bei anderer, ähnlicher Gelegenheit gesprochen.

Da diese anderen Gelegenheiten aber nicht in den Evangelien erwähnt sind, so kann der Pilger sie nicht wieder daran erinnern, und sie selbst holt bei dem wunderbaren, ganz unbekannten Leben und Weben in ihrer Seele nur selten das Übergangene nach, wodurch es dann notwendig der Erzählung verloren geht.)

Jesus besucht Jairus, den Hauptmann Cornelius und Serobabel und seine Mutter

14. Dezember: Die Apostel haben heute wieder bei Petrus getauft. Jesus besuchte mit einigen Jüngern die Familie von Jairus, ermahnte und tröstete sie. Sie sind sehr demütig und ganz verändert. Sie haben das Ihrige in drei Teile geteilt, einen Teil für die Armen, einen Teil für die Gemeinde, einen Teil für sich.

Die alte Mutter des Jairus ist besonders sehr gerührt und gut geworden. Die Tochter kam nicht eher als sie gerufen wurde, sie war verschleiert und sehr demütig. Sie ist jetzt wie gewachsen, geht aufrecht und hat das Aussehen einer Genesenen. Sie ist jedoch ein von Natur aus kleines schwächliches Mädchen.

Jesus ging hierauf zum heidnischen Hauptmann Cornelius, tröstete und lehrte ihn, seine Familie und seine Knechte und begleitete ihn dann zu dem Hauptmann von Kapharnaum Serobabel und lehrte und tröstete auch hier. Es kam hier die Rede auf des Herodes Geburtstag und auf Johannes. Die beiden, Serobabel und Cornelius, sagten, Herodes habe alle Vornehmen und auch sie zum 8. Januar, seinem Geburtstag, nach Machärus eingeladen; und sie fragten Jesus, ob Er es ihnen wohl erlaube, dahin zu gehen.

Jesus sagte ihnen, wenn sie in Allem, was dort vorfalle, sich teilnahmslos zu halten getrauen, sei es nicht unerlaubt für sie, dahin zu gehen. Besser sei es jedoch, wenn sie sich entschuldigen könnten und zurückblieben. Sie äußerten auch ihren Unwillen über des Herodes ehebrecherisches Leben und Johannes' Gefangenschaft und hofften für gewiss, Herodes werde ihn an seinem Geburtstag frei geben.

Jesus besuchte noch seine Mutter, bei welcher Susanna Alphäi, Maria Kleophäs Tochter aus Nazaret, Susanna von Jerusalem, Dina die Samaritin und Martha sich jetzt aufhielten. Er sprach, dass Er morgen abreisen werde. Martha war sehr traurig über Magdalenas Rückfall und jetzigen dämonischen Zustände. Sie fragte Jesus, ob sie nicht zu ihr gehen solle. Er sagte ihr aber zu warten.

Magdalenas Zustand

Ich habe ihre Besessenheit gesehen. Sie ist oft ganz unsinnig, zornig und hoffärtig, sie schlägt um sich und schimpft, sie quält ihre Mägde und ist dabei immer im übermütigsten Putz. Ich sah, dass sie den Mann schlug, der in ihrem Haus lebt und alles beherrscht, und dass er sie wieder misshandelte. Dazwischen fällt sie in schreckliche Traurigkeit, Weinen und Wehklagen, läuft im Haus umher und sucht nach Jesus und ruft: «Wo ist der Lehrer, wo ist er? Er hat mich verlassen!»

Dann ist sie nach einigen Tagen wieder ganz frei und frech und schmaust und sündigt, denn es kommen noch immer allerlei Buhler aus Neugier und Bosheit zu ihr. Sie ist ganz in den Händen des schlechten Mannes, der mit ihr wohnt, und er lässt sich von ihren Buhlern bezahlen. Es ist mir dunkel, als sei ihrer Verschwendung durch Lazarus Einhalt getan und sie sei auf ein gewisses Einkommen gesetzt. Sie ist in einem grässlichen Zustand: ihre Hoffart, Ausschweifung, Eitelkeit, Zorn beherrschen sie mit einer Gewalt, die offenbar ihre Besessenheit beweist. Dabei leidet sie an Krämpfen wie an der fallenden Sucht.

Man kann sich den Schmerz in der Familie ihrer Geschwister denken, ein so herrliches Geschöpf von edler Familie diesem schrecklichen Zustand preisgegeben zu sehen.

Von Jesu Persönlichkeit

Es ist gar rührend, wenn Jesus so durch die Straßen geht; bald das Kleid lang, bald geschürzt, ohne viele Bewegung und doch ohne alle Starrheit; so ruhig und wie schwebend, einfacher und mächtiger als alle Menschen. Nichts Auffallendes, kein Schwanken, kein Fehltritt, kein Schritt vergeblich, kein Blick, keine Wendung umsonst und doch keine auffallende Absichtlichkeit in allem!

*Sorgfalt der heiligen Frauen –
Vorbereitung der Jünger auf ihre Sendung*

Ich habe auch jetzt wieder gesehen, was ich neulich zu sagen vergaß, als Maria gegen Kana gereist war und mit den anderen Frauen hierher zurückkehrte. Martha mit Susanna hatte die Herbergen durch Galiläa bis gegen Samaria besucht. Sie hatte eine Art Oberaufsicht; die näher wohnenden Frauen aber besorgten die kleineren Distrikte. Ich sah die Frauen an mehreren Herbergen zusammentreffen, es wurde allerlei Vorrat auf Eseln hingetragen.

Ich sah auch einmal Maria die Suphanitin bei ihnen und wie an dem Ort unter den Leuten das Gespräch von ihr ging, da sei nun die Maria Magdalena bei den Weibern, die für Anhänger des Propheten von Nazaret sorgten; denn Maria die Suphanitin war in ihrer Gestalt Magdalena sehr ähnlich und man kannte sie nicht viel diesseits des Jordans.

Dazu kam, dass sie auch Maria hieß, auch bei einem Pharisäer-Gastmahl Jesus gesalbt, und auch einen üblen Ruf gehabt hatte, und so wurde sie jetzt schon vom öffentlichen Geschwätz mit Magdalena verwechselt. Später aber geschah diese Verwechslung von allen, die nicht mit der Gemeinde ganz vertraut waren, noch mehr.

Die Frauen sorgten für Decken, Lager, Binden, wollene Kleider, Sohlen, Becher, Krüge mit Balsam, Öl und dergleichen, denn so wenig auch Jesus brauchte, so wollte Er doch, dass die Jünger nicht anderen zur Last fielen und die nötigste Pflege fänden, um den Pharisäern alle Gelegenheit zu Vorwürfen zu nehmen.

Jesus war vor dem Schluss des Sabbats noch in dem Haus neben dem Tor. Er lehrte das Volk fortwährend von den Seligkeiten und wiederholte vieles des schon Gesagten und hat bis jetzt überhaupt erst vier der Seligkeiten ausgelegt. Er lehrte heute von «Selig sind die Armen im Geiste» und wendete die Lehre gegen die Pharisäer an. Die Frauen hörten seine Lehren mit an.

Nachher unterrichtete Er die Jünger noch allein und sagte ihnen, dass Er sie morgen aussenden werde: sechs sollten mit ihm gehen und sechs nach Obergaliläa, und diese sollten achtzehn, ihn selbst aber zwölf Jünger begleiten. Er wolle ihnen seinen Segen geben, sie sollten lehren, heilen und Teufel austreiben. Er bereitete sie nochmals hierauf vor.

Er tat dies besonders auch, um das heftige Zusammenströmen des Volkes auf einen Haufen zu verhindern und den Aufruhr von Menschen etwas zu verteilen; denn Er konnte hier nicht mehr bleiben, die Volksmenge war zu aufgeregt, zu groß und bedrängte ihn von allen Seiten. Er entließ auch viele Jünger nach ihrer Heimat, welche ihm sehr gerne gefolgt wären.

Falsche Anhänger

Es waren auch sehr viele Gergesener herübergekommen, darunter viele Arme, welche mit ihm ziehen wollten und die meisten, weil arm und ans Herumziehen gewohnt, glaubten, bei ihm immer vollauf zu haben. Sie sprachen auch öfter von seinem Reich, ob Er es nicht bald in Besitz nehme, und hatten stets den falschen Begriff, Er werde nun bald, etwa wie Saul oder David, gesalbt werden, das Reich Israel empfangen und in Jerusalem auf den Thron steigen. Da machten sie sich Hoffnung, als seine Anhänger mit aufzutreten. Jesus redete mit diesen Leuten und sagte ihnen, nach Hause zu gehen, Buße zu tun und die Gesetze zu befolgen und das zu üben, was sie gehört. Er erklärte ihnen, dass sein Reich, welches anders sei, als sie glaubten, keine Sünder aufnehme. So entließ und tröstete Er verschiedene Scharen.

Zum Schluss des Sabbats lehrte Er wieder streng in der Synagoge gegen die Behauptung der Pharisäer, Er treibe Teufel durch Teufel aus und habe einen unreinen Geist. Heute hörte ich, dass Er sie aufforderte, ihm zu sagen, ob seine Lehren und seine Handlungen nicht übereinstimmten, ob Er nicht halte, was Er lehre! Da konnten sie nichts vorbringen und Er sagte: «Nehmt an, der Baum sei gut, so ist auch seine Frucht gut» bis zur Stelle «Nach deinen Worten wirst du verdammt werden».[26]

Aussendung der Zwölf und der Jünger

15. Dezember: Jesus ist heute morgen etwa gegen zehn Uhr mit den zwölf Aposteln und dreißig Jüngern von Kapharnaum mitternachtswärts gezogen. Es gingen auch viele Scharen Volkes diesen Weg. Er machte oft Stillstand und lehrte bald diese bald jene Gruppe, welche sich dann nach der Richtung ihrer Heimat von ihm trennten.

So kam Er etwa gegen drei Uhr am Nachmittag auf einen schönen Berg etwa drei Stunden von Kapharnaum und nicht so weit vom Jordan. Es führen fünf Wege auf denselben. Er hat schon einmal am 10. Januar (12. Thebet) darauf gelehrt. Es liegen ungefähr fünf kleinere Orte umher. Das Volk, das noch bis hierher mitgezogen, entließ Jesus unten und begab sich dann mit den Seinen allein auf die Höhe, nachdem sie vorher am Fuß des Berges noch einige Speise zu sich genommen hatten.

Oben auf dem Berg, wo ein Lehrstuhl war, hielt Jesus den Aposteln und Jüngern nochmals eine Lehre über ihre Sendung. Er sagte ihnen, sie sollten nun zeigen, was sie bis jetzt gelernt, sie sollten verkünden, das Reich habe sich genaht, die letzte Zeit zur Buße sei herangekommen, Johannes' Ende sei sehr nahe. Sie sollten taufen, Hände auflegen, Teufel austreiben.

Er lehrte sie, wie sie sich in Streitigkeiten verhalten, wie sie eigennützigen Anhang und falsche Freunde erkennen und abweisen sollten. Er sagte ihnen, dass jetzt keiner mehr als der andere sei. In den Orten sollten sie zu frommen Leuten gehen, sehr arm und gering leben, niemandem lästig fallen. Er sagte ihnen auch, auf welche Weise sie sich verteilen und wieder vereinigen sollten, wie zwei Apostel und einige Jünger zusammengehen und andere Jünger vorausgehen sollten, die Leute zu sammeln und Botschaft zu bringen.

Die Apostel trugen kleine Fläschchen mit Öl bei sich, und Er lehrte sie, dasselbige zu weihen und bei Heilungen zu gebrauchen.[27] Er gab ihnen heute noch alle die Lehren, welche bei der Aussendung im Evangelium stehen, denn Er machte ihnen noch keine Gefahren bekannt, sondern sagte: «Heute werdet ihr noch überall willkommen sein, es wird aber die Zeit kommen, wo man euch verfolgen wird!»

Nachher knieten sie im Kreis um ihn nieder und Er betete und legte ihnen die Hände auf den Kopf; die Jünger segnete Er nur. Dann umarmten sie sich und schieden. Er hatte ihnen eine Richtung und eine feste Zeit bestimmt, wo sie ihm wieder näher kommen würden, und dann sollten die Jünger bei ihnen und ihm sich auswechseln und Botschaft bringen.

Es gingen mit ihm die sechs Apostel Petrus, Jakobus der Jüngere, Johannes, Philippus, Thomas und Judas, außerdem zwölf Jünger, worunter die drei Brüder Jakobus, Sadoch und Heliachim (Mariä Heli Söhne), Manahem, Nathanael, der kleine Kleophas genannt, und mehrere andere der Jüngsten.

Die sechs anderen Apostel hatten achtzehn Jünger bei sich, darunter Joses Barsabas, Judas Barsabas, Saturnin, Nathanael Chased. Der Bräutigam von Kana, Nathanael, zog nicht mit, er hatte andere Geschäfte für die Gemeinde und wirkte in seinem näheren Kreis, wie Lazarus. Sie weinten alle, als sie sich trennten. Die scheidenden Apostel gingen den Weg östlich gegen den Jordan hinab, wo ich einen Ort liegen sah, Lekkum genannt, etwa eine Viertelstunde vom Jordan. Ich weiß nicht, ob sie heute dort noch hinkamen oder in einem der naheliegenden kleinen Orte zu arbeiten anfingen. Jesus wurde am Fuß des Bergs schon wieder von einer Gruppe der von Kapharnaum zu ihrer Heimat rückkehrenden Leute umgeben, und ich meine, Er blieb in dem kleinen Ort am Fuß des Berges über Nacht.

Jesus in Hukok – Heilung eines Blinden

16. bis 18. Dezember: Ich sah Jesus heute morgen mit den Jüngern von dem Ort am Fuß des Berges ausgehen. Ich habe ihn südlich von Saphet gesehen, das auf einem hohen Berg liegt, den man weit sieht. Der Ort hat viele halbrunde Türme und liegt höher als die Stelle, wo Jesus die Jünger aussandte. Ich meinte, Jesus würde dahin gehen; aber ich sah ihn gegen drei oder vier Uhr bei einem Ort etwa drei Stunden südlicher als Saphet ankommen. Der Weg ging meist abwärts, stieg aber doch einige Male wieder. Man konnte den Ort nicht sehen vor vielem Gebüsch und Bäumen, wenn er gleich auf einem Hügel war.

Es ist Hukok (Hukala) und zwar die eine Viertelstunde davon entlegene Vorstadt. Vor dem Ort schon kamen ihm viele Leute entgegen, mit großer Freude ihn und die Jünger empfangend. Es war nicht weit von einem Brunnen, wo auch ein Blinder und mehrere Lahme seiner harrten und ihn um Hilfe baten. Der Blinde hatte unreine Augen. Jesus befahl ihm, sein Angesicht am Brunnen zu waschen; als er dies getan, salbte ihm Jesus die Augen mit Öl und brach ein kleines Zweiglein von einer Staude, hielt es ihm vor die Augen und fragte ihn, ob er etwas sähe.

Da sagte der Mann: «Ja, ich sehe einen sehr großen Baum!» Da bestrich ihm Jesus die Augen noch einmal und fragte ihn wieder, und der Mann warf sich ganz freudig vor ihm nieder und sagte: «Herr! Ich sehe Berge, Bäume, Menschen, ich sehe alles!» Es war da eine große Freude unter den Menschen, und sie führten den Mann in die Stadt zurück.

Jesus heilte noch die Lahmen und Gichtbrüchigen, welche auf Krücken umherstanden. Die Krücken waren von dünnem, sehr festem Holz und hatten jede drei Füße, so dass sie allein standen, und man konnte sie verbinden, dass die Kranken sich mit der Brust darauf lehnten. Als der Blinde jubelnd in die Stadt gekommen war, zogen noch viele Leute voll Freude hinaus, auch die Vorsteher der Synagoge und Schullehrer mit vielen Kindern, und Jesus zog mit vielem Volk in die Schule und lehrte einige von den acht Seligkeiten und auch Parabeln. Er ermahnte alle zur Buße, denn das Reich sei nahe. Er legte die Parabeln weitläufig aus, und seine Jünger waren zugegen. Er hatte ihnen aber gesagt, sehr gut acht zu geben und dann dasselbe, wenn sie sich zerstreuten, in den umliegenden Örtchen und Häusern wieder zu lehren.

So lernten sie in seinen öffentlichen Lehren, was sie wieder in der Gegend aussäten; denn die Apostel nebst mehreren Jüngern verteilten sich gewöhnlich in die umliegenden Orte, heilten und lehrten und kamen dann am Abend vor dem nächsten Ort, wo Jesus hingegangen, wieder zusammen. Er kehrte hier mit den Jüngern bei dem Vorsteher der Synagoge ein und sie aßen Fische, Honig, kleine Brote und Früchte.

Die abgereisten Apostel, meine ich, waren heute in Lekkum und Umgebung.

17. Dezember: Hukok liegt etwa fünf Stunden nordwestlich von Kapharnaum, fünf Stunden südwestlich von dem Berg der Aussendung und etwa drei Stunden südlich von Saphet. Es sind lauter Juden hier, ziemlich gute Leute. Sie haben meist die Johannestaufe. Die Leute machen hier feine Stoffe, feine wollene, schmale Bahnen, auch Quasten und Fransen von Seide, sie haben viel mit Seide zu tun; auch stricken sie Sohlen, unter welche zwei Absätze kommen, in der Mitte sind sie biegsam und sehr bequem; der Staub fällt durch die Löcher durch.

Am Morgen lehrte und heilte Jesus noch in der Vorstadt. Gegen Mittag sah ich ihn von vielen Menschen begleitet in Hukok selbst einziehen. Die Apostel und mehrere Jünger mit ihnen verteilten sich wieder paarweise in der Stadt und umher. Die Stadt muss einmal eine starke Festung gewesen sein. Es sind mehrere Gräben umher und man geht über eine Brücke hinein. Man sieht durchs Tor weit in die Stadt hinein auf die schöne Synagoge. Die Gräben sind jetzt trocken.

Es sind auch Alleen und viele Bäume um die Stadt, man sieht die Häuser nicht bis dicht davor. Der Vorsteher und seine Gehilfen aus der Vorstadt dienen auch bei der Synagoge in der Stadt, welche außerordentlich schön ist. Sie ist rings mit Säulen umgeben, dass man sie bei großer Menge eröffnen und erweitern kann; hinten, wo sie geschlossen ist, ist sie halbrund. Sie liegt auf einem freien Platz und gerade am Ende vor der Straße, wo man eingeht. Die ganze Stadt ist reinlich und angenehm gebaut. Es versammelte sich alles in der Synagoge.

Jesus ging aber noch vorher in zwei getrennte Hallen und heilte in der einen mehrere kranke Männer, in der anderen kranke Frauen aller Art. Sie brachten ihm auch viele kranke Kinder, manche auf beiden Armen getragen, die Er heilte; viele gesunde Kinder segnete Er. In der Synagoge lehrte Jesus vom Gebet und vom Messias. Er sei schon da, sie lebten in seiner Zeit, Er lehre seine Lehre. Er sprach vom Anbeten Gottes im Geiste und in der Wahrheit und ich fühlte, dass dies wieder so viel heiße, als vom Anbeten Gottes im Heiligen Geist und in Jesus Christus, denn Er war die Wahrheit, der wahre, der lebendige, fleischgewordene Gott, der Sohn, empfangen aus dem Heiligen Geist.

Die Lehrer sagten hierauf ganz freundlich zu ihm, Er solle doch sagen, wer Er eigentlich sei und woher Er wäre, und ob denn seine Eltern nicht seine Eltern, seine Verwandten nicht seine Verwandten wären. Er solle doch deutlich sagen, ob Er denn der Messias, der Sohn Gottes sei! Es wäre doch gut, wenn die Schriftgelehrten recht wüssten, woran sie wären; sie seien doch die Vorgesetzten, und es wäre gut, wenn sie ihn erkennten.

Jesus sprach aber ausweichend: wenn Er sage: «Ich bin es!», würden sie es nicht glauben und sagen, Er sei dieser Leute Sohn.

Sie sollten nicht nach seinem Herkommen fragen, sie sollten seine Lehren und Handlungen betrachten: Wer den Willen des Vaters erfülle, der sei der Sohn des Vaters.

Er sprach aber so schön hierüber und vom Gebet, dass viele ausriefen: «Herr, du bist der Christus! Du bist die Wahrheit!» und sich niederwarfen und ihn anbeten wollten. Er sagte aber wieder: «Betet den Vater an im Geiste und in der Wahrheit!» und begab sich wieder aus der Stadt nach der Vorstadt mit dem Vorsteher, wo Er mit den Jüngern aß und übernachtete. Es ist hier in der Vorstadt nur eine Schule, keine Synagoge; es wird aber sehr viel da gelehrt. Es ist noch immer das Lichterfest.

18. Dezember: Am Morgen lehrte Jesus noch in Hukok auf ihre Fragen, ob Er der Messias sei, und legte die Parabel vom Sämann und der verschiedenen Aufnahme des Samens aus; dann lehrte Er vom guten Hirten, der gekommen sei, die verirrten Schafe zu suchen, und wenn Er auch nur eines auf seinem Nacken zurückbringe. Er sagte, so werde der gute Hirt tun, bis die Feinde ihn töten würden; seine Knechte und seiner Knechte Knechte sollten auch so tun bis ans Ende der Tage. Wenn am Ende auch nur ein Schaf gerettet würde, sei die Liebe doch erfreut. Er lehrte gar lieblich hiervon.

Jesus geht nach Bethanath und heilt auf dem Weg einen blinden Mann

Die Apostel und einige Jünger zogen ihm voraus, Er selbst ging gegen Mittag mit einigen Jüngern etwas in der Richtung, aus der Er gekommen war, wieder zurück nach Bethanath anderthalb Stunden südöstlich von Saphet. Etwa eine halbe Stunde von Bethanath kam ihm auf dem Weg schon ein Blinder entgegen, geführt von zwei feinen Knaben. Sie hatten gelbe kurze Röckchen an und Hüte wie Schirme von Bast geflochten auf, sie waren Levitenkinder.

Der Mann war alt und von Stand; er hatte schon lange auf Jesus gehofft. Er eilte ihm entgegen, da die ihn führenden Knaben ihn kommen sahen und rief von weitem:

«Jesus, du Sohn Davids, hilf mir! Erbarme dich meiner!» und als er vor ihm war, warf er sich nieder und sagte: «Herr, du wirst mir gewiss das Licht wieder geben! Schon lange habe ich auf dich geharrt, schon lange habe ich innerlich gefühlt, du würdest kommen und mich heilen.»

Jesus sagte: «So du es glaubst, geschehe dir nach deinem Glauben!» und Er ging mit ihm zu einem Wasserquell im Gebüsch und befahl ihm, die Augen zu waschen.

Die Augen des Mannes waren aber mit der ganzen Stirne geschwürig und mit einer Rinde bedeckt, und als der Mann sich gewaschen, fielen die Schuppen von seinen Augen und Jesus salbte sie mit Öl und auch seine Stirn und Schläfe. Da sah der Mann und dankte und Jesus segnete auch die beiden Knaben und sagte, sie würden einstens das Wort Gottes verkünden.

Nun nahten sie der Stadt, vor welcher die Apostel und andere Jünger wieder mit ihm zusammentrafen. Es waren hier viele Menschen aus der Stadt versammelt; als sie den Blinden sehend zurückkommen sahen, war die Freude ganz ungemein.

Der Geheilte heißt auch Ktesiphon, es ist aber nicht jener geheilte blinde Ktesiphon, welcher nachher Jünger wurde und mit Lazarus nach Gallien kam.

Jesus ging mit Leviten und allem Volk zu der Synagoge und lehrte. Es ist noch immer das Lichterfest und eine Art Feierzeit. Jesus legte hier nochmals die Parabeln vom Sämann und vom guten Hirten aus. Die Leute waren ganz gut und glücklich über seine Ankunft. Er wohnte und aß im Haus der Leviten bei der Schule. Es waren keine Pharisäer hier. Die Leviten lebten zusammen wie in einem Kloster und sandten Leute aus an andere Orte.

Dieser Ort Bethanat war einst fest und voll Heiden, denn die Kinder Nephtalim hatten sie lange zinsbar bestehen lassen und nicht ausgerottet. Jetzt aber sind keine mehr darin. Sie sind vertrieben worden, als der Tempel wieder hergestellt wurde und Esdras und Nehemias die Juden zwangen, sich von ihren heidnischen Frauen zu scheiden.

Die schweren Drohungen Gottes durch die Propheten gegen sein Volk, wenn sie in solchen Ehen verharrten und auch wenn sie die Heiden nicht aus dem Land vertrieben und dadurch immer in der

Versuchung zu solcher Vermischung blieben, sind auch richtig eingetroffen; denn um den Tabor und da im Gebirge zwischen Endor und Scythopolis, wo die Berge so verwirrt sind und wo ich unter der Erde so viel Gold unausgegraben sehe, haben sie die Heiden nicht so vertrieben und da ist nun alles eine Wüste geworden.

Ich hatte in den Tagen, da Jesus zu Abez und bei Endor war und als ich Sauls Niederlage sah, ein genaues Gesicht von jener verwickelten Gebirgsmasse zwischen Endor bis Dothaim und Scythopolis und Aser Michmethath hin. Ich sah sehr viele wilde Esel dort laufen und meine auch Kamele gesehen zu haben, welche ihre noch ungeschickten Jungen in der Gefahr bei der Flucht mit dem Maul auf den Rücken hoben.

Vielleicht aber waren es auch andere Tiere. Damals sah ich in diesen Gebirgen sehr viel Erz wie Gold schimmernd, das nie gegraben worden ist und einst zu Tage kommen wird – wenn dies nicht eine Täuschung mit einem anderen glänzenden Metall gewesen ist. Ich kann die Verschlingung jenes Gebirges jetzt nicht mehr beschreiben. Ich sah damals auch das Feld, wo Joseph verkauft worden ist, in einer Schlucht gegen das Jordantal ein paar Stunden östlich von Dothan und nördlich von Aser Michmethath.

Blick auf Martha und Magdalena

Ich habe heute nacht auch gesehen, dass Martha mit den heiligen Frauen bei Maria überlegt hat, wie sie, wenn Jesus einmal eine große Lehre irgendwo halte, zu Magdalena gehen und sie bitten und auf alle Weise bewegen wolle, mit ihr zu gehen und die Lehre anzuhören; und dann wollten sie alle Jesus bitten, ihr zu helfen. Sie hoffen, dass sie ihre arme Schwester dann gegen Ostern wieder in Betanien zurückhalten könne.

19. Dezember: Heute ging Jesus mit den Aposteln und Jüngern bis gegen Abend um Saphet herum. Die Apostel zerstreuten sich in der Gegend und fanden sich einige Male paarweise, andere Male zu mehreren wieder bei ihm ein. Von Bethanath ging Jesus nördlich nach Galgala, einem schönen Ort, an beiden Seiten einer großen Landstraße liegend. Er ging mit mehreren Jüngern zur Synagoge.

Es waren Pharisäer hier, und Er lehrte sehr streng gegen sie. Er legte alle Stellen des Propheten Malachias aus, welche vom Messias, vom Vorläufer Johannes und vom neuen, reinen Opfer sprechen und verkündete, dass diese Zeit jetzt gekommen sei.

Er ging von hier weiter ostwärts nach Elkese, im Norden von Saphet, wo der Prophet Nahum geboren ist. Hier lehrte Er auch eine kleine Weile. Es ist hier in der Nähe ein Brunnenteich und das Wasser fließt in zwei Armen westlich und südlich um Saphet her in den oberen Jordan und das galiläische Meer. Bei Elkese nahe bei diesem Teich ist ein Haus der Aussätzigen und Jesus heilte etwa acht davon und befahl ihnen, sich vor den Priestern in Saphet zu zeigen. Er lehrte auch Hirten. Es ist dort Gras von außerordentlicher Höhe und es grasen viele Kamele darin. Jesus war auch heute bei einem Berg mit vielen Höhlen, worin Heiden wohnten, und lehrte sie. Er war den ganzen Tag wandelnd, lehrend und heilend, denn überall auf dem Wege brachte man ihm Leidende.

Er kam gegen Abend nach Bethan, westlich unter Saphets Höhe liegend und etwa eine Stunde von Bethanath, wo Er am Morgen ausgegangen war. Dieser Ort ist klein und ein Tochter-Städtchen von Bethanath, Leute von hier haben sich da angebaut. Es liegt so zu Füßen an der sehr steilen Westseite von Saphet, dass man von dort oben hineinschaut. Jesus kehrte hier mit den Jüngern bei Verwandten ein. Hier war die Tochter einer Schwester von Elisabeth, die ich sonst noch nicht kannte, verheiratet.

Sie hatte fünf Kinder, wovon das jüngste Mädchen etwa zwölf Jahre alt war. Die Söhne waren schon achtzehn bis zwanzig Jahre alt. Diese Familie lebte abgesondert mit anderen ähnlich Gesinnten an den Mauern der Stadt in einer Reihe. Ihre Wohnungen lagen teils in der Mauer, teils im Felsen. Sie waren alle von den verheirateten Essenern, und der Mann von Elisabeths Nichte war ihr Vorsteher. Diese Familie hatte ein Gut hier von den Vorfahren stammend. Es waren sehr fromme Leute. Sie sprachen mit Jesus von Johannes und fragten betrübt, ob Er bald frei werde. Jesus sprach auf eine solche Weise mit ihnen davon, dass sie ganz ernsthaft wurden und traurig; aber sie blieben still.

Johannes war bei ihnen gewesen, als er zuerst von den Quellen des Jordans aus der Wüste herabkam, und sie waren mit von den ersten zu seiner Taufe gezogen. Sie sprachen auch mit Jesus von ihren Söhnen, dass sie sie nächstens nach Kapharnaum zur Fischerei schicken wollten. Jesus sagte hierauf, diese Fischer hätten eine andere Fischerei angefangen, und diese Jünglinge würden zu ihrer Zeit ihm auch nachfolgen. Sie sind auch unter den Zweiundsiebzig gewesen. Jesus lehrte und heilte hier. Ich hörte ihn hier, ich weiß nicht mehr bei welcher Gelegenheit, sagen, dass die anderen Jünger im Grenzgebiet von Sidon und Thyrus seien und dass Er nach Judäa hinauf wolle.

Ich bemerkte dabei, dass Thomas sich sehr auf diese Reise freute, weil er dort den Widerspruch der Pharisäer heftiger vermutete und mit ihnen zu disputieren hoffte, und dass er dies den anderen Jüngern äußerte, welche nicht so gerne dahin wollten. Jesus strafte aber seinen übertriebenen Eifer und sagte ihm, er werde noch einst selbst nicht glauben wollen. Das konnte Thomas gar nicht begreifen.

Jesus wird nach Saphet eingeladen

20. Dezember: Am Morgen heilte und lehrte Jesus mit den Jüngern in Bethan. Er legte wieder in der Schule die zweite Seligkeit aus. Nachmittags unterwies Er die Jünger, wie sie lehren sollten. Es waren aber Pharisäer von Saphet herabgekommen, um ihn zum Sabbat einzuladen. Er legte eben die Parabel vom verschiedenen Boden, worauf der Samen fällt, wieder aus und sie wollten das Bild vom steinigen Acker nicht begreifen und disputierten mit ihm darüber. Er brachte sie aber zum Schweigen, und da sie ihn zum

Sabbat einluden, sagte Er, Er wolle der verlorenen Schafe wegen mitgehen, aber sie, die Sadduzäer, es waren deren dabei, würden sich an ihm ärgern.

Sie sagten: «Rabbi! Das lass unsere Sache sein.» Er sagte noch zu ihnen, wie Er sie wohl kenne und wie ihre Ungerechtigkeit das Land erfülle. Er zog dann in Begleitung von vielen Leuten aus Bethan nach Saphet hinauf, das an dieser Seite so steil den Berg hinan gebaut ist, dass zu Füßen eines Hauses das Dach des anderen steht. Die Wege liegen tiefer als die Häuser, zu denen man am Felsen auf eingehauenen Treppen hinaufsteigt. Man hat wohl eine halbe Stunde bis auf die Höhe zur Synagoge zu gehen, wo der Berg eine größere Fläche gewinnt und nicht so steil gegen Nordost abfällt. Vor der Stadt wurde Jesus von vielen guten Leuten ganz festlich empfangen. Sie zogen mit grünen Zweigen um ihn her und sangen. Man wusch ihm und den Jüngern die Füße und reichte ihm einen Imbiss. So kam Er bis zur Synagoge, wo sehr viele Menschen versammelt waren, denn es schloss sich heute das Lichterfest und war Neumondfest und Sabbat und alles hatte sich seiner und der Jünger wegen versammelt.

Hier in Saphet waren viele Pharisäer, Sadduzäer und Schriftgelehrte, auch einfache Leviten. Es war eine Art Gesetzesschule hier, in der viele junge Leute in allen jüdischen freien Künsten und in ihrer Theologie unterrichtet wurden. Thomas war hier auch vor ein paar Jahren als Studierender gewesen und so besuchte Er seinen Hauptlehrer, einen Pharisäer, wieder, der sich wunderte, ihn in dieser Gesellschaft zu sehen. Thomas aber sprach so eifrig von Jesu Taten und Lehren, dass er ihn zum Schweigen brachte.

Es hatten aber Pharisäer und Sadduzäer von Jerusalem sich hier bei der Schule eingenistet, welche sehr eigenmächtig handelten und den einwohnenden Pharisäern und Lehrern selbst zur Last waren. Von diesen waren einige bei jenen, welche Jesus abgeholt hatten, und sie sprachen sehr glattzüngig von seinem Ruhm und seinen Wundern. Er möge aber doch keine Störung und Aufruhr hier machen; denn sie hatten sich schon sehr an seinem festlichen Empfang geärgert.

Jesus antwortete ihnen hierauf in der Vorhalle vor allem Volk, da der Sabbat noch nicht angegangen war, und sprach sehr scharf von der Störung und dem Ärgernis, die durch sie das Land erfüllten, sagte aber noch nichts deutlich heraus und forderte sie auf, ihm irgendetwas vorzuwerfen, worin Er das Gesetz verletze, da Er, es zu erfüllen, von seinem Vater gesandt sei. Indem Er so gegen sie disputierte, kamen sieben oder acht von ihm gestern geheilte Aussätzige von Elkese, sich nach seinem Befehle zur Besichtigung vor den Priestern zu stellen, und Jesus sagte: «Da seht ihr, wie ich das Gesetz erfülle! Ich befahl diesen Leuten, vor euch zu erscheinen, welches sie nicht einmal nötig hätten, da sie durch Gottes Befehl plötzlich und nicht durch menschliche Arznei rein geworden sind.»

Dieses Zusammentreffen ärgerte die Pharisäer sehr, und sie gingen, die Leute loszusprechen. Es wurde solchen bloß die Brust beschaut; wenn diese rein war, waren sie ganz rein; die Pharisäer mussten sie mit Staunen und Ärger lossprechen.

Jesus lehrte in der Synagoge außer der Sabbatslektion aus dem Buch Genesis und dem ersten Buch der Könige, auch über die zehn Gebote, und hob verschiedene Punkte heraus, bei welchen sich die Pharisäer und Sadduzäer heimlich getroffen fühlten. Er sprach auch über die Erfüllung der Verheißungen und verkündete die Strafgerichte Gottes über alle, welche die Ermahnung zur Buße nicht annehmen würden. Er sprach von der Zerstörung des Tempels und der Verwüstung vieler Städte. Er sprach vom wahren Gesetz, das sie nicht verständen, und von ihrem Gesetz von gestern, wie Er es nannte, das Er gänzlich verwarf, und ich hatte die Empfindung, dass Er etwas wie die heutigen Bücher der Juden, ich meine den Talmud, dabei meinte, weil sie hier besonders viel darauf hielten und dergleichen studierten.

Nach der Synagoge ging Er mit den Jüngern zu Gastmahl und Herberge bei einem hiesigen Pharisäer, der die öffentliche Herberge für Lehrer und Rabbiner hatte, und die anderen Pharisäer aßen auch mit. Bei dieser Mahlzeit hielt Jesus gegen die Pharisäer eine heftige Strafrede, weil sie den Jüngern das Nichtwaschen der Hände bei Tisch und die Vernachlässigung von allerlei Speisebeobachtungen vorwarfen und weil sie auch die Auftragenden über allerlei kleine Makel an Speise und Geschirr anfuhren. Es war ganz ähnlich, wie es einigemal in der Schrift vorkommt[28].

Krankenheilungen – Öffentliche Beschämung der Pharisäer

21. Dezember: Am Morgen waren sehr viele Schwerkranke, teils alte Leute, mit Mühe aus der unwegsamen Stadt vor Jesu Wohnung in den Hof zusammengebracht worden. Er begann sie der Reihe nach zu heilen. Es waren Taube, Blinde, Gichtbrüchige, Lahme, Kranke aller Art darunter.

Jesus heilte sie heute mit Gebet, Handauflegung, geweihtem Öl und mit mehr Zeremonien als sonst und sprach mit den Jüngern und lehrte sie, diese Heilarten anzuwenden und ermahnte die Kranken nach ihrer verschiedenen Gattung.

Die Pharisäer und Sadduzäer von Jerusalem, die hier waren, ärgerten sich sehr darüber, sie wollten mehrere neu hinzugekommende Kranke wegweisen und fingen zu zanken an. Sie wollten diese Störung des Sabbats auf keine Weise dulden, und es wurde ein großer Lärm, so dass Jesus sich zu ihnen wandte und sie fragte, was sie wollten. Sie fingen nun einen Disput mit ihm über seine Lehre an, wie Er immer vom Vater spreche und vom Sohn, man wisse ja doch, wessen Kind Er sei! Jesus antwortete auf seine gewöhnliche Art, wer den Willen des Vaters tue, sei der Sohn des Vaters, wer aber die Gebote nicht halte, habe kein Recht hier zu richten, sondern müsse froh sein, dass er nicht als ein anmaßender Fremdling aus dem Haus hinausgewiesen werde.

Da sie aber noch allerlei gegen das Heilen vorbrachten und auch, dass Er sich gestern vor dem Mahl nicht gewaschen habe, und da sie sich gar nicht geschlagen geben wollten in dem, dass sie das Gesetz nicht halten sollten, kam es so weit, dass Jesus zu ihrem großen Schrecken ihre heimlichen Sünden und Verbrechen mit Buchstaben, welche sie allein lesen konnten, an die Wand des Hauses schrieb.

Ich weiß aber nicht mehr, womit Er schrieb, ich meinte mit dem Finger, es ist aber auch möglich, dass Er die Farbenbüsche in der Hand hatte, womit ich ihn einst den Brief an Abgar schreiben sah. Er sagte aber zu den Pharisäern, ob sie wollten, dass dies hier stehen bleibe und öffentlich bekannt werde, oder ob sie ihn ruhig wollten heilen lassen und Er es auslösche.

Da waren sie sehr erschrocken; Er kehrte zum Heilen zurück und sie löschten es aus und gingen weg. Sie hatten aber verschiedene öffentliche Stiftungsgelder für Witwen und Waisen unterschlagen und hatten sie zu Unrecht zu allerlei Bauten verwendet. Saphet war reich an manchen solchen Stiftungen und doch waren viele arme elende Leute hier. Abends schloss Jesus die Lehre in der Synagoge und übernachtete in demselben Haus. Bei der Synagoge ist ein Springbrunnen. Der Berg von Saphet ist schön grün mit vielen Bäumen und Gärten. Auf dem Weg hierher wächst viel wohlriechendes Myrtenholz. Es sind viele große viereckige Häuser hier oben, auch Grundlagen, um Zelthäuser darauf zu bauen. Die Stadt macht viel Priesterkleider und ist voll von Gelehrten.

Jesus in Kirjathaim

22. bis 24. Dezember: Jesus ist am Morgen mit den Jüngern in den äußeren Umgebungen der sehr zerstreuten Stadt gewesen und hat viele Kranke geheilt, welche man ihm vor die Häuser an den Weg brachte. Schon ganz früh am Morgen waren einer der Neffen Josephs von Arimathäa und ein Sohn der Seraphia nach dem westsüdlichen beinahe drei Stunden von hier gelegenen Kirjathaim gegangen, die Herberge dort vorzubereiten.

Jesus selbst ging gegen Mittag von Saphet aus dahin. Die Jünger sind dann unterwegs immer hier und dort zerstreut, und Jesus lehrt und heilt auch, sich öfter verweilend. Er ging zwischen Bethan und Elkese abendwärts, später wendete sich der Weg nach Süden. Etwas hinter Elkese, wo ein schöner Brunnen ist, liegt ein kleiner Landsee, so groß wie der beim Bad von Bethulia. Er ist oval und es fließt ein Bach südlich herab in das Tal, das vor Kirjathaim südöstlich in das Tal von Kapharnaum abfällt. Das Tal ist bald enger, bald weiter und bis Kapharnaum wohl an sieben Stunden lang. Auf dem Weg nach Kirjathaim musste Jesus das Flüsschen, das aus dem See fließt, überqueren.

Es kamen auf diesem Weg einige dämonische Leute zu ihm, welche ihn um Hilfe baten. Sie sagten, die Jünger hätten ihnen nicht geholfen; sie hätten auch geglaubt, Er könne es wohl besser. Jesus erwiderte ihnen, so die Jünger ihnen nicht geholfen, sei es nicht der Jünger, sondern ihre Schuld, weil sie nicht geglaubt hätten, und Er befahl ihnen, nach Kirjathaim zu gehen und zu fasten, bis Er sie heilen wolle. Er ließ sie warten und Buße tun.

Etwa ein halbe Stunde von Kirjathaim kamen ihm die Leviten des Ortes und viele gute Leute und die Schullehrer mit den Kindern entgegen. Die beiden Jünger, welche die Herberge bestellt hatten, waren auch dabei. Sie empfingen ihn bei einem Park. Es war ein Badegarten, der sein Wasser durch einen Kanal aus jenem Flüsschen empfing.

Der Garten war voll schöner Bäume, Lauben und bedeckter Gänge und mit einem Wall und einer erstaunlich dicken Hecke umgeben. Sie wuschen Jesus und den Jüngern die Füße und bewirteten sie mit einem Imbiss. Jesus lehrte hier kurze Zeit die Kinder und segnete sie.

Es mochte gegen fünf Uhr sein, als sie zur Stadt zogen. Sie liegt auf einem Hügel und sieht ins Tal hinab. Den ganzen Weg bis zur Synagoge heilte Er viele Kranke aller Art in den Straßen.

In der Synagoge lehrte Jesus wieder von den Seligkeiten und auch von der Strafe der Leviten, welche Hand an die Bundeslade gelegt, und wie noch größere Strafe über die kommen werde, welche Hand an den Sohn des Menschen legen werden, denn die Lade sei nur ein Vorbild von ihm gewesen.

Er wohnte hier in seiner eigenen gemieteten Herberge. Sie war leer und ich sah sie von den Jüngern mit hierher gesandten Geräten ausrüsten.

Sie wurden aus einem Haus in der Stadt bewirtet, welches auch für Kranke kochte. Es aßen Leviten mit ihm.

23. Dezember: Kirjathaim ist eine Levitenstadt. Es sind keine Pharisäer hier. Es wohnen ein paar Familien da, welche mit Zacharias verwandt sind. Jesus besuchte sie, sie waren bekümmert um Johannes. Jesus stellte ihnen alles vor Augen, was der Geburt des Johannes vorhergegangen und bei ihr vorgefallen war, und seinen wunderbaren Lebenswandel und Beruf. Er brachte ihnen auch vieles von der Geburt des Sohnes Marias in Erinnerung und wies sie darauf hin, dass des Johannes Geschick in den Absichten

Gottes liege und dass Er sterben werde, wenn Er seinen Beruf vollendet habe. Er bereitete sie auf seinen Tod vor.

Jesus wurde von den gestern hierher gewiesenen Besessenen und vielen anderen Kranken bei der Synagoge um Heilung angesprochen. Er heilte mehrere, andere aber wies Er ab und gab ihnen vorerst gewisse Fasten und Almosen und Beten auf. Er tat dies hier mehr als noch irgendwo, ich meine, weil dieser Ort vielleicht ernster im Gesetz war. Nachher zog Er mit den Jüngern nach dem Park, in dem Er gestern empfangen worden war.

Hier lehrte Er, und die Jünger tauften. Es lagen einige Züge von Heiden unter Zelten in der Nähe, sie erwarteten ihn hier. Sie waren schon zu Kapharnaum hierher beschieden worden. Es wurden auch einige geheilte Juden getauft, im Ganzen wohl an hundert Menschen. Sie standen im Wasser um ein Becken, Petrus und Jakobus der Jüngere tauften, die anderen legten die Hände auf.

Am Abend kehrte Jesus in die Stadt zurück. Er lehrte von den acht Seligkeiten und auch von dem falschen Trost der falschen Propheten, welche den Drohungen der wahren Propheten widersprochen hätten; es seien aber die Weissagungen erfüllt worden. Er wiederholte seine Prophezeiungen über die, welche den Gesandten Gottes nicht annehmen.

Die Verwandten, welche Leviten waren, und andere aßen bei ihm.

Jesus in Abram

24. Dezember: Jesus ist mit den Jüngern heute gegen Mittag aus Kirjathaim südwärts gegangen. Bei seinem Auszug wurde Er ebenso feierlich von den Leviten und Schulkindern begleitet wie bei seinem Einzug.

Die Leute haben hier Durchzug von Waren und haben auch allerlei Bereitung von Priesterzeug und Seide, die sie aus der Fremde erhalten. Sie haben auch auf der anderen Seite des Tals auf der südlichen Höhe, wo ein Ort Naasson liegt, eine Pflanzung von Zuckerrohr, welches sie verkaufen. Jesus zog durch das Tal über diese Höhe. Die Jünger zerstreuten sich nach der dort gelegenen Stadt und nach einigen anderen Orten mehr östlich im Tal. Jesus lehrte auf einer Höhe bei Naasson. Er traf noch Leute aus Kapharnaum zurückkommend, auch Heiden. Es zogen oft streckenlang Scharen mit ihm.

Ich sah ihn auch bei Hirten und überhaupt heute mehrere heilen, unter anderen ein paar Leute, welche ganz verdreht an der Landstraße lagen, ein Bein ganz angezogen und eins weit weg gestreckt. Er nahm sie bei der Hand und befahl ihnen aufzustehen. Sie wollten ihm gern nachziehen, aber Er verbot es ihnen. Er durchschritt noch ein Tal und kam auf eine Höhe vor eine Stadt, ich meine, Abram in Aser kann es sein. Er blieb davor in einer Herberge.

Vor der Stadt sind schöne Gärten und Anlagen und Spaliere. Er kam nur mit zwei Jüngern hier in die Herberge, ich glaube, die anderen werden noch nicht mit ihm zusammengetroffen sein. Diese Höhe zieht sich östlich gerade zwischen dem Tal von Magdalum und dem Dorf des Hauptmanns Serobabel zu, wovon es wohl sieben bis acht Stunden entfernt ist. Die Gegend hier an dieser Ostseite des hohen Rückens, der vom Libanon nieder gegen das Tal Zabulon läuft, ist sehr angenehm und reich an Weiden; es grast viel Vieh und Kamele im hohen Gras. Östlicher gegen den See ist mehr Obst.

Thisbe lag, als Jesus von Bethanath nach Galgala ging, ihm unterwegs zur Rechten; wenn man von Saphet nach Adama am Meronsee geht, liegt es links.

Nach Machärus zum Fest des Herodes reisen schon viele seiner Anhänger.

Ich meine, Jesus hält bald noch eine große Lehre in Galiläa und da könnte wohl Magdalena bekehrt werden.

Abram liegt etwa drei Stunden südlich von Kirjathaim. Jesus ist aber auf Umwegen gewiss etwa fünf Stunden gegangen.

25. Dezember: Die Stadt, vor welcher Jesus gestern in der Herberge angekommen, ist Abram, sie liegt im nordöstlichen Winkel vom Stamme Aser, und dicht vor der Stadt ist das nordwestliche Ende vom Stamme Zabulon. Im Tal nördlich, vom Abend gegen Morgen laufend, ist die Grenze zwischen Naphtali und Zabulon.

Die Stadt liegt auf dem Berg an der Nord- und Ostseite und es geht ein hoher Rücken hindurch, der Aser und Zabulon scheidet.

Am Abend kamen Thomas, Johannes und Nathanael wieder zu Jesus in die Herberge. Die anderen Jünger waren noch in den Städten umher. Die Grenze zwischen Naphtali und Zabulon teilt den Berg, worauf Abram liegt, der Länge nach. Ich glaube, sie gestern zu weit nördlich verlegt zu haben.

Jesus blieb gestern abend in der Herberge vor der Stadt und lehrte daselbst. Viele Leute waren da versammelt. Heute morgen legte ihm der Inhaber der Herberge einen Streit zur Entscheidung vor, der über einen nahen Brunnen zur Tränke des Viehes war, über den er die Aufsicht hatte. Weil die Stämme hier sich so nahe waren, und es sehr viele Weiden hier oben gab, zankten sie immer über den Brunnen. Der Wirt sagte: «Herr, wir lassen dich nicht gehen, du entscheidest denn unseren Streit.»

Jesus entschied auf eine Weise, die ich nicht mehr genau weiß, es war aber ungefähr so: Sie sollten eine gleiche Anzahl Vieh von beiden Seiten gehen lassen, und von welcher Seite ungetrieben am meisten Vieh zu dem Brunnen eilte, diese habe das größere Recht an dem Brunnen. Er führte hieraus eine sehr tiefsinnige Lehre vom lebendigen Wasser, das Er ihnen geben wolle, und die es am heftigsten begehrten, denen gehöre es. Es war eine Lehre noch tiefsinniger als die, welche Er Dina, der Samaritin am Brunnen Jakobs, hielt.

Er lehrte noch bis gegen zehn Uhr vor der Stadt und zog dann hinein. Abram liegt in zwei Teilen an zwei Straßen, wie zwei große Dörfer, und ist mit vielen Gärten und angebauten Flecken vermischt. Die Einwohner und Lehrer an den Schulen kamen Jesus wieder vor der Stadt entgegen und wuschen ihm die Füße, reichten den Imbiss und geleiteten ihn zur Synagoge.

Am Weg dahin heilte Er noch mehrere Kranke, meist verkrüppelte, am Wege liegende Menschen, auch ausgezehrte alte Leute und einige dämonische Kranke, welche noch nicht rasend waren, sondern vor sich hinmurrend, einzelne Worte oft wiederholend, auch wohl schimpfend umhergingen, wie man noch jetzt wohl einzelne schwachsinnige tückische Menschen in Städten herumziehen sieht.

Sie kamen unwillkürlich an die Orte heran, wo Jesus war, und wiederholten dieselben Worte: «Jesus von Nazaret! Jesus, Prophet! Du Sohn Gottes! Jesus von Nazaret!», immer wieder. Er befreite sie durch Segnen.

In der Synagoge lehrte Er eine von den Seligkeiten durchgehend und außerdem aus dem Propheten Malachias die Stellen von Johannes, vom Messias, vom neuen Opfer.

Es waren Pharisäer, Sadduzäer und Leviten hier und es gab zwei Synagogen in den beiden Teilen des Ortes. Die Sadduzäer waren in einer besonderen Synagoge, wo Jesus nicht lehrte. Die Pharisäer waren hier ganz ordentlich gegen ihn. Am Abend begab Er sich nach seiner Herberge. Sie lag wohl eine gute Viertelstunde vor dem südlichen Ende der Stadt.

Es ist eine eigene Herberge, von Lazarus für Jesus und die Jünger hier angelegt. Lazarus ist neulich hier gewesen. Er ist wegen einzelner Herbergen mit Martha aus Judäa nach Galiläa gereist, aber nicht mit nach Kapharnaum gegangen, sondern zurückgekehrt. Anverwandte Jesu aus dem Tal Zabulon verwalten die Herberge. Sie sind von den verheirateten Essenern. Der Mann ist ein Nachkomme aus der Familie eines Zacharias, der zwischen Tempel und Altar erschlagen wurde; die Frau ist eine Enkelin von einer der Schwestern Annas, deren Namen mir nicht gegenwärtig ist. Sie haben erwachsene Kinder.

Diese Leute sind Herdenbesitzer, und haben auch Weiden drüben in der Nähe von Jazer, bei dem Felde, wo Joachim vor Mariä Empfängnis gebetet hat.

Jetzt, wo sie weniger Beschäftigung zu Hause haben, sind sie hierher gezogen; später werden sie von anderen abgelöst.

Die Herberge war wie alle ganz ordentlich und mäßig eingerichtet. Sie erhielten Brot, Honig, Früchte und Fische zur Speise. Es ist Garten, Feld und Brunnen dabei. Auch in dieser Stadt sind, wie in Saphet, mehrere steinerne Grundlagen, worauf Zelthäuser gebaut werden können, auch in Kirjathaim und Naasson sind einzelne dergleichen. Hier gibt es keine Heiden, aber am Berg hinab in einzelnen Häusergruppen.

26. Dezember: Heute früh sind andere Apostel und Jünger, welche Jesus vor Kirjathaim verlassen, hier zur Herberge zurück-

gekehrt; auch sind Andreas und Matthäus von den anderen Sechsen gekommen und Thomas und Jakobus der Jüngere sind statt ihrer nach Achzib am Meer in Aser, wo die anderen jetzt sind, ungefähr zehn bis zwölf Stunden westlich von hier, gegangen. Es sind mit Andreas ungefähr fünfzehn bis zwanzig Mann gekommen, Fremde und Geheilte, welche Jesu Lehre hören wollen.

Die beiden Apostel haben viel erzählt, wie es ihnen überall gut gegangen und wie ihnen alles gelungen sei: Heilen, Teufelaustreiben, Lehren und Taufen. Es kamen am Morgen sehr viele Kranke und Rat- und Trostbegierige zu Jesu Herberge.

Es waren wieder meist Lahme mit verzerrten Gliedern, alte ausgedörrte Leute, solche murmelnde dämonische Leute, auch kranke Frauenspersonen, welche in einem Raum allein waren.

Die Gichtbrüchigen, welche Jesus gestern geheilt hatte, wollten ihm gestern bei anderen Kranken Handreichung tun, Er wies sie aber zurück und sagte, Er sei gekommen zu dienen und nicht um bedient zu werden.

Jesus heilte und lehrte am ganzen Morgen und hatte abermals einen Brunnenstreit zu schlichten. Weil hier drei Grenzen von Aser, Nephtali und Zabulon zusammenstoßen und die Leute viel Hirtenwesen treiben, haben sie immer Händel um die Brunnen. Einer klagte, dass andere den Brunnen, den ihre Väter gegraben, benützten; doch was Jesus sage, wollten sie tun, aber sie wollten nicht leichthin die Rechte ihrer Nachkommen veräußern.

Jesus entschied – die Gründe vergaß ich – er solle sich einen Brunnen auf einem anderen Feld bohren, dessen Gegend er ihm zeigte, er werde da viel mehr und besseres Wasser finden. Jesus und die Jünger nahmen hier in der Herberge noch ein kleines Mahl und gingen dann zur Stadt. Unterwegs und bis zur Synagoge heilte Jesus noch viele Leute.

Ich habe vergessen zu sagen, dass am Morgen etwa zwanzig bis dreißig Juden, worunter von denen, die mit Andreas und Matthäus gekommen waren, getauft wurden. Es war hier kein Wasser zum Hineinstehen, sie wurden im Kreis kniend aus einem Becken mit der Hand getauft.

Die Leute, welche Jesus in der Stadt heilte, waren meistens von der schon beschriebenen Art, ihr Zustand muss mit der hohen

Lage der Stadt und der Lebensart zusammenhängen. Er heilte auch in ein paar Häusern und machte sich viel mit den Kindern zu schaffen, welche in Reihen an den Ecken der Straßen und wo Platz war zusammenstanden und auf ihn harrten.

Er fragte, lehrte und segnete sie. Die Mütter brachten auch einige kranke Kinder, die Er heilte. Es waren hier sehr viele Menschen aus der Gegend zusammengezogen.

In der Synagoge waren die Pharisäer sehr höflich, sie räumten ihm gleich die oberste Stelle ein und gaben seinen Jüngern Plätze rund um ihn her, legten ihm auch eine Schriftrolle vor. Er lehrte wieder von einer der acht Seligkeiten und dann noch von den großen Verfolgungen, die über ihn und die Seinen kommen würden, und von den großen Strafen und Zerstörungen über das Land und Jerusalem. Die Pharisäer forderten ihn unterbrechend auf, dies und jenes zu erklären. Es ist dies so Brauch.

Die Leute hier sind sehr arbeitsam, sie verarbeiten Baumwolle schön zum Verkauf, machen mittelfeine breite Stoffe und weben auch etwas wie Flachs. Es ist kein Flachs noch Hanf wie bei uns. Sie machen auch Zeltdecken und leichte Splint- und Mattenwände.

27. Dezember: Jesus und die Apostel gingen den ganzen Morgen und einen Teil des Nachmittags in einzelne Häuser des südlichen Teils der Stadt, lehrten, trösteten, versöhnten und ermahnten zu Einigkeit, Liebe, Friede.

Wo die Familie groß war, lehrte Er sie allein, meist wurden mehrere Nachbarn durch Jünger zu Jesus zusammengerufen. Es waren auch alle Hausgenossen zugegen. Alles wurde geschlichtet und ausgeglichen. Diese Besuche geschahen meist in Häusern, wo ganz alte bettlägerige Leute waren, die seiner Lehre nicht mehr in der Synagoge beiwohnen konnten. Ich sah auch, dass einige ganz alte Männer auf ihrem Lager die Taufe empfingen, ein paar konnten nur mit Unterstützung aufrecht sitzen. Sie wurden aus einem Becken getauft.

Schon am ersten Tag seines Einzugs in Abram ermahnte Jesus zwei Brautpaare und wohnte der Trauung bei. Heute waren wieder drei Paare in einem Haus zusammen.

Die Eltern und nächsten Verwandten und auch die Pharisäer waren dabei und Jesus belehrte sie über die Ehe. Er sprach von der Untertänigkeit der Frauen aus Gehorsam gegen das Gesetz, das auf die erste Sünde folgte; dass aber die Männer in den Frauen die Verheißung ehren sollten: «Der Same des Weibes soll der Schlange das Haupt zertreten.»

Jetzt aber besonders, da die Zeit der Erfüllung nahe gekommen ist, trete die Gnade an die Stelle des Gesetzes, jetzt sollten die Frauen aus Ehrfurcht und Demut gehorchen, und die Männer sollten mit Liebe und Billigkeit befehlen.

Es kam auch in dieser Lehre vor, sie sollten nicht fragen, wie die Sünde in die Welt gekommen. Sie sei durch den Ungehorsam gekommen, das Heil aber durch den Gehorsam und den Glauben. Ich kann es nicht so recht wiedergeben, wie Er es sagte.

Er sprach auch von der Scheidung, es sei Mann und Weib ein Leib und sie könnten nicht geschieden werden; es sei denn, dass große Sünde durch ihr Zusammenleben entstünde, dann mögen sie sich voneinander absondern, jedoch könnten sie nicht wieder heiraten. Die Gesetze seien teils für die Kindheit und teils wegen der Rohheit der Völker; nun aber, da sie keine Kinder mehr seien und da die Fülle der Zeit eingetreten sei, sei das Wiederverheiraten der Geschiedenen eine Verletzung des ewigen Gesetzes der Natur, die Absonderung aber sei eine Zulassung gegen die Gefahr der Sünde und nur nach ernster Prüfung erlaubt.

Er hielt diese Ermahnung in einem ansehnlichen Familienhaus von den Eltern des einen Brautpaares; es waren aber alle Brautpaare versammelt und durch einen Vorhang die Bräute von den Bräutigamen getrennt. Jesus stand an dessen Ende und lehrte; die Mütter und Väter standen auch dabei, jeder hinter seinem Geschlecht, einige Jünger und Pharisäer standen bei Jesus.

Diese Lehre über die Ehe war der erste Fall, wo Er hier einigen Widerspruch von den Pharisäern hatte. Sie begannen diese Disputation jedoch nicht hier, sondern am Abend nach der Sabbats-Lesung in der Synagoge.

Er lehrte in der Synagoge von der Bedrückung der Kinder Israels in Ägypten und aus Jesaias, wo die Stelle von dem kostbaren Eckstein vorkommt (Jes 28,16): Siehe ich lege in Sions Grundfesten einen Stein, einen bewährten Stein, einen kostbaren Eckstein, in der Grundfeste[29] fest begründet.

Ich weiß nicht mehr, welches Gleichnis Er in der Auslegung von einem Mantel vorbrachte, aber es wurde mir dieses Gleichnis zu einem Bild, das ich sah, während Er es erzählte. Es war erst wie eine Mantelbahn, welche sich immer mehr ausbreitete und zuletzt wie eine ganze Welt von Menschen umfasste. Es wurde mir dieses Bild, indem ich es beschaute, ein Sinnbild bis auf die heutige Zeit und ich sah, dass einzelne Geistliche einen Riss in den Mantel machten und hinausguckten; ich kannte viele davon.

Ich sah auch das Gleichnis vom Eckstein, ich weiß es aber nicht mehr recht. In der Synagoge begannen die Pharisäer seine heutige Lehre über die Ehe zu bestreiten. Sie waren ihnen in Bezug der Untertänigkeit der Weiber zu gelind, in Bezug auf die Scheidung zu streng; sie hatten vorher allerlei Schriften nachgeschlagen und konnten sich trotz seiner abermaligen Auseinandersetzung der Lehre nicht fügen. Doch blieb ihr Widerspruch, wiewohl lebhaft, noch in den Schranken der Schicklichkeit.

Jesus war heute bei der Trauung der Ehepaare mit ein paar Jüngern gleichsam wie ein Zeuge zugegen gewesen. Sie wurden vor der Gesetzlade unter freiem Himmel getraut. Es war nämlich die Kuppel in der Synagoge losgedeckt. Ich sah, dass beide Teile Blut aus dem Ringfinger in ein Glas tropfen ließen und es tranken, und dass sie Ringe wechselten und noch andere Zeremonien.

Nach der Synagoge war der Anfang der Hochzeit mit Tanz und einem Mahl und Spiel, wozu Jesus und die Jünger eingeladen waren. Es war in dem schönen, mit Säulen gestützten öffentlichen Festhaus.

Die Brautpaare waren nicht alle aus der Stadt; mehrere, worunter auch ärmere, waren aus nahgelegenen Orten. Sie feierten aber ihre Hochzeiten heute alle hier zusammen, weil sie sich dazu bei der Nachricht von Jesu Ankunft verabredet hatten. Ein Teil der jungen Männer und Eltern waren bei den Lehren in Kapharnaum gewesen. Die Leute waren überhaupt gutartig hier und gesellig und die Hochzeiten der Ärmeren wurden nun mit denen der Reichen festlicher und wohlfeiler gestaltet.

Ich bemerkte, dass die Gäste gewisse Gaben brachten und dass auch Jesus für sich und seine Jünger ein Geschenk an Geld machte, das sie ihm aber mit einigen Körben von feinen Hochzeitsbroten vermehrt wieder nach seiner Herberge zurücksandten, worauf Er es den Armen austeilen ließ.

Es war hier anfangs ein Brauttanz sehr mäßig und mit langsamen Schritten, die Bräute waren verschleiert, die Paare standen sich gegenüber und jeder Bräutigam tanzte einmal mit jeder Braut. Sie berührten sich nicht, sondern fassten an das Ende von Tüchern, die sie in den Händen hatten.

Der Tanz währte, weil jeder mit allen einmal tanzte und dann alle zusammen und weil es sehr sanft herging etwa eine Stunde; dann ging man zu dem Mahl, und Männer und Frauen trennten sich. Die Musikanten waren Kinder, Knaben und Mädchen mit Wollkränzchen an den Armen und auf dem Kopf, sie hatten Pfeifen und auch krumme Hörnchen und andere Instrumente.

Die Tische des Mahles waren so getrennt, dass man sich hören, aber sich nicht sehen konnte. Jesus nahte dem Brauttisch und erzählte ihnen eine Parabel nach der Art der zehn weisen und törichten Jungfrauen und legte dieselbe ganz häuslich und zeitlich und zugleich ganz geistlich aus. Er sagte jeder, wie sie dieses und jenes in ihrem neuen Hausstand besorgen und in Vorrat halten müsse, und das hatte dann auch immer wieder eine geistliche Bedeutung und war auf den Charakter und die Fehler einer jeden ganz passend; das Sinnbild der Lampe kam auch darin vor.

Nach der Mahlzeit wurden auch noch Rätselspiele gespielt. Die Rätsel fielen in Beutel durch ein durchlöchertes Brett, auf welches sie geworfen wurden, und jeder musste das auflösen, das in seinen Beutel gefallen war oder Strafe bezahlen.

Die unaufgelösten Rätsel aber kamen immer wieder ins Spiel, und der Auflöser gewann, was schon auf dies Rätsel verloren war. Jesus sah zu und machte immer heitere und lehrreiche Anwendungen. Leider bin ich so krank und durch Besuch zerstreut, dass ich das Nähere vergessen habe, sonst wüsste ich gewiss eines der Rätsel, denn mir ist, als hätte ich heute nacht mitgespielt.

Nach dem Fest ging Jesus mit den Jüngern nach seiner Herberge vor der Stadt, und es wurde ihm von mehreren mit Fackeln das Geleit gegeben. Die Stadt hat dicke Mauern und Türme. Vom Donnerstag abend bis zum Sabbatsanfang war ein Fasttag gewesen, und ich sah den ganzen Tag alles Essen unterbleiben; sie tranken nur und nahmen einen Imbiss.

Jesus besucht die Mädchenschule zu Abram

28. Dezember: Jesus lehrte am Morgen in der Synagoge und besuchte dann die Schule der Knaben und Jünglinge, fragte und lehrte sie und nahm bei mehreren Leuten Abschied. Nach Tisch, zur Zeit, wo sie sonst gewöhnlich am Sabbat spazieren gingen, besuchte Er mit zwei Jüngern eine Jungfrauen-Schule, welche zugleich eine Art Fabrik von Stickereien war.

Die Mädchen waren von sechs Jahren bis zum Alter von etwa vierzehn hier, es waren ihrer sehr viele; sie waren heute alle schön geputzt. Auch zwei Lehrer waren zugegen, welche täglich das Gesetz dort lehrten, sie waren auch in ihren Feierkleidern, hatten breite Gürtel und lange zottige Manipel an ihren Ärmeln. Es waren ungefähr zehn Witwen, welche der Anstalt vorstanden.

Außer dem Unterricht im Lesen des Gesetzes, Schreiben und Rechnen, arbeiteten die Mädchen an Stickereien, welche verkauft wurden. Durch eine Reihe von Sälen waren lange Bahnen von verschiedenen Stoffen, eine Elle breit, und auch schmälere, bis zur Breite der breiten Gürtel ausgespannt, und das fertige Ende wurde immer aufgerollt. Die Muster, nach denen sie arbeiteten, standen auf Stoffe gemalt vor ihnen. Es waren Blumen und Blätter und Bäumchen und Schlangenlinien in großen Figuren. Der Stoff war sehr feines Wollgewebe nach der Art wie die leichten Mäntel der Heiligen Drei Könige, nur etwas stärker und von verschiedener Farbe. Sie arbeiteten mit feiner bunter Wolle, auch mit Seide, gelb war eine der häufigsten Farben.

Sie hatten keine Nadeln, sondern kleine Häkchen. Einige arbeiteten auch auf weißem Zeug, das in schmaleren Bahnen bestand. Andere arbeiteten Gürtel und stickten Buchstaben hinein; die Mädchen standen dabei eine neben der anderen. Ihre Geschäfte waren verteilt, sie schritten nach Alter und Talent vorwärts. Ich sah Kleinere Fäden bereiten, andere Wolle streichen, andere spinnen, und den Stickenden wurden von den Kleineren immer alle Fäden und Werkzeuge, deren sie bedurften, gereicht.

Sie arbeiteten heute nicht; indem aber die Kinder Jesus ihre Arbeiten zeigten und Er mit den Vorsteherinnen durch die Säle ging, wurde mir das ganze Treiben der Anstalt im Bild gezeigt. Ich sah, dass einige auch große und kleinere Figuren auf einzelne Flächen gestickt zeigten. Diese Arbeiten wurden bestellt und auf den Verkauf bereitet. Die Heiden tauschten auch gegen Stoffe und allerlei andere Dinge davon ein.

Die Mädchen wohnten teils ganz im Haus, teils kamen sie aus der Stadt. Das Haus hatte zwei Stockwerke und alles diente der Anstalt. Es war ein Lehrsaal dabei und Jesus lehrte und fragte die Kinder, welche ihre kleinen Rollen in der Hand hatten. Die Kleinsten standen voraus und die Lehrerinnen zurück. Sie traten reihenweise eine Stufe zu Jesu Lehrstuhl heran. Als Er die Kinder gesegnet hatte und alle in Gleichnissen von ihrer Arbeit ermahnt, verließ Er das Haus und sie machten ihm ein Geschenk von Stoffen und Gürteln, welches sie ihm in seine Herberge sandten und das nachher wieder an Synagogen geschenkt wurde.

Jesus schloss nun noch die Sabbatslehre in der Synagoge. Die Stadt war voller Menschen, die ganze Gegend war versammelt. Mehrere Jünger waren heute noch um die Stadt her in einzelnen Häusern gewesen. Jesus nahm in der Synagoge von allen Anwesenden Abschied und wiederholte, was Er sie bisher gelehrt hatte. Die Menschen waren alle sehr gerührt und wünschten, Er möge bleiben.

Nun ging Jesus abermals zu der Hochzeit. Es wurde gespielt, gelehrt und abermals gegessen und nachher alles, was von heute und gestern übrig war, den Armen ausgeteilt, denn am morgigen Tag wurde alles neu bereitet. Es wurde nicht getanzt, aber wohl wieder von den Kindern Musik gemacht. Sie hatten gelbe Röckchen an in einem Stück, vorn mit bunten Riemen von Stoff und Leder geheftet. Auch hier nahm Jesus Abschied und segnete die Versammlung und kehrte zur Herberge zurück.

Zwei Apostel sind mit einer Botschaft gleich nach dem Sabbat gegen Kapharnaum gezogen, zwei andere gegen Cydessa, meine ich, südöstlich. Andere Jünger sind auch vorausgegangen. Jesus hat nur Andreas und Matthäus bei sich und ein paar von den jüngsten neuen Jüngern. Ich meine, Jesus wird nächstens auf einem Berg, der nicht weit von Kana liegt, eine große öffentliche Lehre halten; der Berg schaut auf das Tal des bethulischen Badesees herunter und liegt ein paar Stunden im Norden vom Tabor.

Zu Machärus sind schon sehr viele Gäste angekommen und es beginnen schon Feste. Es ist auch Besuch zu dem Weib des Herodes gekommen, die in einem getrennten Schloss wohnt. Johannes ist freier als je, er lehrt und geht im Schloss umher; jedermann denkt darum, er werde auf den Geburtstag frei gelassen werden.

Jesus in Dothaim

29. und 30. Dezember: Jesus ging heute auf dem nämlichen Bergrücken etwa fünf Stunden südöstlich nach Dothaim. Ich sah ihn mit wenigen Jüngern gehen. Ein Teil derselben war nordöstlich nach Nephtali, ein anderer nach Arbel südwestlich ein paar Stunden von Abram gegangen. Unterwegs sah ich mehrere halbnackte wahnsinnige Menschen aus Bergwinkeln und Gebüschen hervor Jesus mit wiederholten Worten anmurmeln und rufen: «Du Sohn Gottes! Du bist der Sohn Gottes, Prophet!» «Prophet Jesus von Nazaret! Sohn Gottes!» Er heilte sie nicht und gebot ihnen zu schweigen. Unterwegs zogen oft Leute mit ihm.

Er verweilte hier und da und lehrte. Zuletzt sah ich ihn vor Dothaim von vielen Leuten umgeben. Sie zogen ihm, glaube ich, aus der Stadt entgegen. Es waren viele Pharisäer darunter und die Leute hier überhaupt etwas kalt gegen ihn.

30. Dezember: Es ist Dothaim, wo Jesus gestern abend eingezogen war. Es liegt auf einer ebenen Höhe von zwei Hügeln

umgeben, es wächst Öl und Wein da. Der Ort ist groß, aber nicht dicht bebaut, es sind viele Gärten darin. Die vielen Leute, welche ich gestern vor Dothaim bei Jesus sah, waren Leute aus ganz Galiläa umher, denn Jesus will eine große Lehre hier in der Nähe halten. Dothaim liegt etwa zwei Stunden von Magdalum, anderthalb bis drei von Kapharnaum, eine von Damna, vom Berg Bethulia nordöstlich etwa eine halbe Stunde; dieser ist es, auf dem Cydessa liegt. Holofernes hat einen Teil seines Lagers darauf gehabt, von der Stadt Bethulien liegt Dothaim etwa drei Stunden nördlich.

Martha ist mit ihrer Magd zu Magdalena gegangen und Maria mit den anderen Frauen hierher. Von Jesu heutiger Arbeit weiß ich nichts mehr, als dass Er schon heute nebst den Jüngern allerlei Vorbereitungen zu der großen Lehre traf, die Er morgen in der Nähe auf einer Höhe halten will.

Er wohnte hier in einer eigenen Herberge, wo Er mit Lazarus zusammentraf, der mit zwei Jüngern aus Jerusalem, Söhnen von seiner Mutter Brüder, gekommen war.

In Begleitung des Lazarus waren auch die Frauen von Jerusalem gekommen, teils um die Herbergen zu besorgen, teils in Angelegenheiten der Magdalena.

SECHSTES KAPITEL

Bekehrung der rückfälligen Magdalena

Vom 31. Dezember 1822 bis 7. Januar 1823

Jesus auf dem Lehrberge bei Azanoth

31. Dezember, 31. Azanoth: Heute morgen ist Jesus etwa eine Stunde von Dothaim und ebenso weit von Magdalum nach einem kleinen Ort gegangen, der eine Schule hat und an einem Hügel entlang liegt, auf welchem ein schöner Platz mit einem Lehrstuhl ist. Der Ort liegt etwa eine Stunde südöstlich von Dothaim am Fuß des Berges von Bethulien, auf dessen Rücken auch Cydessa liegt.

Ich meine, in seinem Namen mich des Klanges «asa» oder «aza» zu erinnern. Ich dachte noch dabei an den Engel des Tobias –Azaria; jetzt fällt mir der Name ein, der Ort heißt Azanoth. Er liegt am Nordostende des Berges um eine hervorragende Höhe, auf welcher der Lehrstuhl ist, darauf schon die Propheten in früheren Zeiten gelehrt haben.

Azanoth ist der letzte Ort des Gebietes von Sephoris nach dieser Seite; wenn man über den Berg geht und Cydessa zur Linken lässt, so ist es in südwestlicher Richtung drei bis vier Stunden von Sephoris hierher. Es sind bei Azanoth sehr viele Grabhöhlen, ich glaube, es werden die Toten aus vielen umliegenden Orten hier begraben. Der Ort hat durch viele Gärten und Alleen eine Ähnlichkeit mit Betanien und ich habe darum, wenn ich die Bekehrung

Magdalenas allein sah, die hier geschehen, manchmal geglaubt, es sei in Betanien geschehen. Es ist großer Gartenbau hier.

Das Wetter ist jetzt wunderschön hier und gegen den Tabor schon alles in Blüte. Es waren sehr viele Menschen, auch viele Kranke und Besessene aus einem Umkreise von mehreren Stunden hier versammelt.

Auf dem Weg hierher traf Jesus mit Maria, seiner Mutter, und den heiligen Frauen zusammen, welche von Damna zu der Lehre hergereist sind. Auch Lazarus war hier und die sechs Apostel und viele Jünger. Maria sagte zu Jesus, dass Martha bei Magdalena gewesen sei und sie zur Lehre kommen werde. Mit der heiligen Jungfrau Maria waren mehr als zwölf Frauen hier versammelt, darunter: Anna Kleophä, Susanna Alphäi, Susanna von Jerusalem, Veronika, Johanna Chusa, Maria Johanna Markus, Maria die Suphanitin, Dina, Maroni von Naim, auch noch Marthas Magd.

Maria Kleophä war nicht da. Sie waren in einer von den Männern getrennten Herberge, wohin später auch Marta kam, da Magdalena, welche sie abgeholt hatte, mit anderen weltlichen Frauen in einer besonderen Herberge zurückblieb. Magdalena war in allen ihren Lastern ganz unsinnig geworden und hatte Martha ganz schnöd und hoffärtig behandelt. Nur mit vieler Mühe war es dieser gelungen, sie hierher zu bewegen; sie hatte sich in den auffallendsten, unschicklichsten Putz gekleidet.

Martha holt Magdalena zur Lehre ab

(Das folgende über den Besuch Marthas bei Magdalena ist aus den Anschauungen, welche Anna Katharina im Juli und August 1821 während und nach der Oktav des hl. Magdalena-Festes von deren Bekehrung hatte, ergänzend hier eingefügt.)

Mit Magdalena war es zum Äußersten gekommen. Seit ihrem Rückfall nach ihrer Bekehrung bei Gabara war sie von sieben Teufeln besessen. Ihr Umgang war immer schlechter geworden. Die heiligen Frauen, besonders die heiligste Jungfrau, hatten fortwährend dringend für sie gebetet und so war dann Martha mit ihrer Magd – am verflossenen Sonntag nach Mittag – zu ihr nach Magdalum gekommen. Sie wurde schnöde empfangen, und man ließ sie warten. Es war gerade ein Schwarm von frechen Männern und freien Weibern aus Tiberias bei Magdalena zu einem Gelage eingezogen. Magdalena war mit ihrem Putz beschäftigt, sie ließ Martha sagen, sie könne sie jetzt nicht sprechen.

Martha harrte unter Gebet mit unaussprechlicher Geduld. Endlich kam die unglückliche Magdalena schnöde, trotzig und heftig, sie war sehr verlegen, sie schämte sich der einfachen Kleidung Marthas, sie fürchtete, diese möchte von den Gästen bemerkt werden und begehrte von ihr, sie möge sich wieder wegbegeben. Martha bat nur um einen Winkel zur Ruhe; sie wurde mit ihrer Magd in eine wüste Stube im Nebengebäude gebracht und ohne Speise und Trank verlassen oder vergessen.

Es war dies am Nachmittag. Indessen schmückte sich Magdalena und saß auf einem verzierten Sitz bei dem Gastmahl. Martha und ihre Magd aber beteten indessen sehr betrübt. Am Ende der Schwelgerei kam Magdalena und brachte Martha etwas auf einem Tellerchen und auch etwas zu trinken, das Tellerchen hatte einen blauen Rand. Sie sprach heftig und verächtlich mit ihr; ihr Wesen war stolz, frech, bang und in sich zerrissen.

Martha lud sie mit großer Liebe und Demut ein, doch wieder die große Lehre Jesu in der Nähe mit anzuhören; alle Freundinnen, die sie neulich dabei gefunden, seien dabei und freuten sich sehr auf sie, sie selbst habe ja schon Zeugnis davon gegeben, wie sehr sie Jesus ehre, sie solle ihr und Lazarus doch die Freude antun und hinkommen; sie werde wohl nicht so bald wieder die Gelegenheit haben, den wunderbaren Propheten so sehr in ihrer Nähe zu hören und zugleich alle ihre Freunde zu sehen.

Sie habe neulich durch die Salbung Jesu bei dem Mahl in Gabara bewiesen, dass sie alles Hohe und Herrliche zu ehren wisse, wo es erscheine, sie solle doch nun auch wieder begrüßen, was sie einmal so edel und ohne Scheu öffentlich gewürdigt habe.

Es ist gar nicht zu sagen, mit welcher Liebe und Geduld Martha ihr zuredete und wie sie ihr entsetzliches schnödes Wesen ertrug. Endlich sagte ihr Magdalena: «Ich werde hingehen, aber nicht mit dir! Du kannst vorausgehen, denn ich will nicht so schlecht gekleidet einherziehen, ich will mich meinem Stande gemäß schmücken und mit meinen Freundinnen hingehen.»

Hierauf trennten sie sich. Es war sehr spät. Am folgenden Morgen sah ich sie ihren Putz anlegen. Sie ließ Martha rufen und sprach in ihrer Gegenwart immer schnöde und spitz. Martha gab ihr nach, übte große Geduld und war immer heimlich betend, dass sie mitgehen und gebessert werden möge. Ich sah, wie Magdalena sich von ihren zwei Mägden waschen und salben ließ. Sie saß auf einem niederen Stuhle, hatte ein feines wollenes Schürzchen bis gegen die Knie und ein feines wollenes Tuch mit einer Halsöffnung über Rücken und Brust hängen. Zwei Mägde waren beschäftigt, ihr die Füße und Arme zu waschen und mit wohlriechendem Wasser zu salben. Auch ihre Haare, in drei Teile über den Ohren hinten gescheitelt, wurden sehr glatt gelegt, gekämmt, gesalbt und geflochten. Sie legte dann ein ganz feines wollenes Hemd an und ein grünes Kleid mit gelben großen Blumen, von welchem ich ein Stück habe, darüber und hierüber noch ein faltiges Gewand. Auf dem Kopf hatte sie eine krause hohe Mütze, über der Stirn hervorstehend. Haar und Mütze waren mit vielen Perlen durchwunden. Sie trug lange Ohrgehänge. Ihre Ärmel waren oben weit bis zu den Ellbogen, am Unterarm eng gefasst durch breite glänzende Spangen, das Gewand war kraus. Ihr Unterkleid war an der Brust offen und mit glänzenden Schnüren gebunden.

Sie hatte während ihres Ankleidens einen runden glänzenden Spiegel an einem Stiel in der Hand. Sie hatte ein Bruststück vor, das stark mit Gold, allerlei eckigen Steinen und Perlen verziert, ihre Brust ganz bedeckte. Über dem Unterkleid mit engen Ärmeln trug sie ein Oberkleid mit kurzen weiten Ärmeln, das weit hinten wegflog und schleppte. Es war von violett schillernder Seide, mit vielen großen, bunten und goldenen Blumen durchwirkt.

Ihre Haarflechten waren mit Rosen von roher Seide und Perlenschnüren und hervorstehendem, durchbrochenem Zeug wie mit Spitzen durchflochten; man konnte die Haare vor Schmuck gar nicht viel sehen. Es bildete eine Höhe vorne um das Gesicht. Über diesem Hauptschmuck hatte sie eine durchsichtige, feine, reiche Kappe, die vorn in die Höhe ging, hinten zusammengezogen niederhing und sich auch an den Wangen auf die Schultern niederließ. Sie putzte sich auf diese Weise ganz auf, und zeigte sich Martha, welche sie bewundern musste.

Sie legte hierauf einiges dieser Kleidung wieder ab und nahm einen Reisemantel um, und ihre Mägde mussten ihr ihre Kleider verpacken und auf das Lasttier befestigen, auf dem sie mit ihrem Zug sich gen Azanoth begab. Martha verließ sie nebst ihrer Magd. Beide gingen zu Fuß voraus nach dem Bad bei Bethulien.

Magdalena war bei all diesem voll Grimm und Übermut gewesen und Martha übte ungemeine Demut und Geduld. Der Teufel peinigte sie sehr, um sie abzuhalten, dass sie nicht zu Jesu Lehre gehe; und sie würde es auch nicht getan haben, wenn die anderen Sünderinnen aus Tiberias, die bei ihr waren, sich nicht verabredet hätten, auch mit hinzugehen, um, wie sie meinten, das Spektakel mitanzusehen. Sie rüsteten nun auch ihren Zug, sie ritten auf Eseln und hatten bepackte Esel und Gesinde bei sich, denn Magdalena ließ sich ihren prächtigen Sitz nachführen, und auch die anderen Frauen hatten solche Sitze und Kissen und Teppiche bei sich.

Sie zogen heute nur bis in die Frauenherberge bei dem Badesee Bethulien. Hier legte Magdalena wieder den Reisemantel ab und schmückte sich, um mit ihren Gefährtinnen zu essen.

Sie übernachteten hier, und es wunderte mich, dass Magdalena doch zu Martha, derer sie sich vor den anderen schämte und die allein gegessen hatte, nachts in die Herberge ging und die anderen Frauen allein zusammen ließ.

Magdalena auf dem Lehrberg bei Azanoth wird von bösen Geistern befreit

Heute Dienstag kamen sie nach einem Stündchen bis nach Azanoth zur Lehrstelle. Martha begab sich zu den heiligen Frauen und erzählte, wie es ihr gelungen, ihre Schwester hierher zu bewegen.

Nachdem Magdalena mit ihren Gesellinnen in einer Herberge ihre Reisemäntel abgelegt und sich wieder in den üppigsten Putz gekleidet hatte, erschienen sie nun auch auf dem Lehrplatz. Mit einem großen Geräusch und Aufsehen, plaudernd und schnöd umhergaffend, setzten sie sich abgesondert von den heiligen Frauen weit voraus.

Es waren auch Männer ihres Gelichters bei ihnen. Sie hatten sich ein offenes Zelt aufschlagen lassen; unter diesem saßen nun die vornehmen, geputzten, sündhaften Weltweiber auf ihren weichlichen Stühlen, Kissen und Teppichen allen zur Schau. Magdalena saß ganz frech, frei und schnöd vorn an. Sie war eine Ursache zu allgemeinem Geflüster und Gemurr, denn sie war hier herum noch mehr gehasst und verachtet als in Gabara.

Die Pharisäer und andere Leute, welche ihre erste auffallende Bekehrung bei der Mahlzeit in Gabara und ihren nachmaligen Rückfall wussten, ärgerten sich besonders an ihr und hielten sich darüber auf, dass sie hier erscheinen dürfe. Nachdem Jesus viele Kranke geheilt hatte, begann Er eine große und strenge Lehre. Ich erinnere mich des einzelnen nicht mehr genau, doch weiß ich noch, dass Er Wehe über Kapharnaum, Bethsaida und Chorazim ausrief, auch glaube ich gehört zu haben, dass Er sagte, die Königin von Saba sei von Mittag gekommen, Salomos Weisheit zu hören, aber hier sei mehr als Salomo. Dabei war es gar wunderbar, dass öfter unter seiner Rede von verschiedenen Seiten her Kinder, die noch nie gesprochen hatten, auf den Armen ihrer Mütter laut ausriefen: «Jesus von Nazaret! Heiligster Prophet! Sohn Davids! Sohn Gottes!»

Dadurch wurden viele Menschen und auch selbst Magdalena erschüttert. Unter anderem erinnere ich mich, dass Jesus mit Bedacht auf Magdalena sagte, wenn der Teufel ausgetrieben und das Haus gefegt sei, dann kehre er mit sechs Gesellen zurück und treibe es ärger als vorher. Ich sah, dass dies Magdalena sehr erschreckte. Nachdem Er auf diese Weise die Herzen vieler gerührt hatte, gebot Er im allgemeinen nach allen Seiten sich wendend dem Teufel, von denen auszufahren, welche sich nach Befreiung sehnten, die aber mit ihm verbunden bleiben wollten, sollten ihn mit sich von dannen nehmen und diesen Ort verlassen. Auf diesen Befehl schrien die Besessenen rings im Kreis: «Jesus, du Sohn Gottes!» und es sanken hie und da Menschen in Ohnmacht.

Auch Magdalena, welche auf ihrem stolzen Sitz aller Augen auf sich gezogen, sank unter heftigen Krämpfen nieder, die anderen Sünderinnen umher rieben sie mit Wohlgerüchen ein und wollten sie hinweg bringen, um bei dieser Gelegenheit selbst anständig fortzukommen, denn sie wollten den Teufel behalten. Da nun das Volk umher schrie: «Halt ein, Meister! Halt ein! Dieses Weib stirbt!», hielt Jesus in seiner Lehre ein mit den Worten: «Setzt sie auf ihren Stuhl, der Tod, den sie jetzt stirbt, ist ein guter Tod, er wird sie lebendig machen!»

Nach einiger Zeit traf sie wieder ein Wort Jesu, sie sank abermals in Krämpfen zusammen und ich sah dunkle Gestalten wie bei Besessenen von ihr weichen. Es war dann immer ein großer Lärm und ein Gedränge, indem ihre Umgebung sich um sie drängte, sie wieder zu sich zu bringen. Sie setzte sich aber bald wieder auf ihren schönen Sitz und stellte sich, als habe sie eine gewöhnliche Ohnmacht erlitten. Das Aufsehen wurde aber immer größer, als auch andere Besessene hinter ihr auf dieselbe Weise zusammensanken und befreit wurden.

Als Magdalena nun zum dritten Mal in heftigen Krämpfen niederfiel, wurde der Lärm noch größer, Martha eilte zu ihr und da sie wieder zu sich kam, war sie wie von Sinnen, weinte heftig und wollte zu dem Sitz der heiligen Frauen hin. Ihre Gefährtinnen hielten sie mit Gewalt zurück, sagten ihr, sie solle doch keine Närrin sein, und man brachte sie hinab in den Ort.

Nun gingen Lazarus, Martha und einige andere zu ihr und nahmen sie in die Herberge der Frauen, welche auch alle hinab gingen. Das weltliche Gesindel aber, das mit Magdalena gekommen war, hatte sich bereits aus dem Staub gemacht. Jesus heilte noch mehrere Blinde und andere Kranke und ging dann hinab in seine Herberge. Er heilte die Kranken, welche teils unten in Azanoth lagen, und lehrte dann noch in der Schule. Magdalena war abermals zugegen, sie war noch nicht ganz geheilt, aber sehr erschüttert, und nicht mehr so üppig gekleidet, sie hatte die überflüssigen Zieraten abgelegt, welche besonders aus ganz feinem, spitzenartig ausgeschnittenem Stoff in vielen Krausen bestanden, die man wegen ihrer Vergänglichkeit nur einige Male tragen konnte, auch war sie verschleiert.

Jesus lehrte nochmals ihr sehr zu Gehör, und als Er sie durchdringend anblickte, wurde sie abermals ohnmächtig, und es verließ sie wieder ein böser Geist. Ihre Mägde brachten sie hinweg, Martha und Maria empfingen sie vor der Synagoge und brachten sie zur Herberge. Sie war aber ganz wie unsinnig, sie schrie und weinte und rannte durch die Straße und schrie den Leuten zu, sie sei eine Lasterhafte, eine Sünderin, ein Auswurf der Menschheit.

Die Frauen hatten die größte Mühe, sie zu beruhigen, sie riss ihre Kleider von sich, löste ihre Haare auf, hüllte sich ganz ein. Als Jesus nachher in seiner Herberge mit den Jüngern und einigen Pharisäern war, wo sie stehend etwas aßen, wusste Magdalena sich von den Frauen zu entfernen, sie kam mit aufgelösten Haaren und großem Wehklagen in die Herberge Jesu, drang durch alle durch, warf sich zu seinen Füßen, jammerte und flehte, ob noch Rettung für sie sei. Die Pharisäer und Jünger ärgerten sich an ihr und sagten zu Jesus, Er solle doch nicht länger dulden, dass dieses verworfene Weib überall Unruhe bringe, Er solle sie doch für immer abweisen. Jesus aber sprach: «Lasst sie weinen und jammern, ihr wisst nicht, was mit ihr vorgeht!» Und Er tröstete sie, sie solle von Herzen bereuen, glauben und hoffen, sie werde bald Ruhe gewinnen, jetzt möge sie vertrauend zurückkehren.

Indessen waren die Mägde und Martha ihr gefolgt und holten die Unsinnige wieder nach Hause, sie tat aber nichts als die Hände ringen und jammern, denn sie war noch nicht ganz befreit und der Teufel zerriss und peinigte sie mit den fürchterlichsten Gewissensbissen und Verzweiflung, es war keine Ruhe in ihr und sie glaubte sich verloren. Lazarus ging auf die Bitte Magdalenas sogleich nach Magdalum, um dort das Ihrige in Besitz zu nehmen und ihren dortigen Aufenthalt und alle ihre Verhältnisse aufzulösen. Sie hatte bei Azanoth und überhaupt in der Gegend Felder und Weingüter, welche Lazarus vorher schon ihrer Verschwendung halber in Beschlag gelegt hatte.

Das Gedränge war heute so groß, dass Jesus mit den Jüngern heimlich in der Nacht etwa anderthalb Stunden nordöstlich ging, um seine Lehre auf einer anderen Höhe fortzusetzen.

Jesus setzt seine Lehre in Damna fort –
Magdalena wird von drei bösen Geistern befreit

1. Januar 1823: Jesus ist schon in der Nacht von Azanoth des großen Gedränges wegen mit den Jüngern nach dem östlichen Ende der Höhen, woran Dothaim liegt, in die Nähe von Damna gegangen, wo auch ein schöner Lehrhügel und eine Herberge mit ein paar Leuten ist. Heute morgen früh zogen auch die Frauen mit Magdalena dorthin und fanden Jesus schon von vielen Menschen umgeben, welche Hilfe suchten. Es strömten, gleich als sein Wegziehen bekannt wurde, ihm viele nach, und alle, welche ihn in Azanoth hatten aufsuchen wollen, zogen ihm ebenfalls nach, und so kamen während der ganzen Lehre immer neue Scharen herzu.

Magdalena saß nun bei den heiligen Frauen, sie war ganz elend und zermalmt. Der Herr lehrte sehr streng von den Sünden der Unreinheit und sagte, dass in denen, die ein Gewerbe daraus machen, alle Laster und Arten der Unzucht seien, welche das Feuer auf Sodom und Gomorrha herabgerufen. Er sprach aber auch von der Barmherzigkeit Gottes und der jetzigen Gnadenzeit und flehte beinahe zu den Menschen, diese Gnade anzunehmen.

Dreimal blickte Er in dieser Lehre Magdalena an und dreimal sah ich sie niedersinken und dunklen Dampf von ihr weichen. Das dritte Mal aber brachten die Frauen sie hinweg und sie war ganz wie vernichtet, sie war bleich und abgezehrt und kaum mehr zu erkennen. Ihre Tränen flossen unaufhörlich; sie war ganz verwandelt, jammerte sehnlich, ihre Sünden Jesus zu bekennen und Vergebung zu erhalten.

Jesus kam nun auch zu ihr an einen abgesonderten Ort, seine Mutter selbst und Martha führten sie entgegen. Sie lag mit aufgelöstem Haar weinend vor ihm auf dem Angesicht. Jesus tröstete sie, und als die anderen sich zurückgezogen, schrie sie um Vergebung und bekannte ihre vielen Verbrechen und fragte immer: «Herr! Ist noch Rettung für mich?»

Jesus vergab ihr die Sünden und sie flehte, Er möge verleihen, dass sie nicht mehr zurückfalle. Jesus versprach es ihr und segnete sie und sprach mit ihr von der Tugend der Reinheit.

Er sprach zu ihr von seiner Mutter, welche rein von aller Sünde des Fleisches sei; Er pries sie hoch und auserwählt, was ich sonst nie aus seinem Mund gehört habe, und gebot Magdalena, sich ganz an Maria anzuschließen und allen Rat und Trost von ihr anzunehmen. Als sie wieder mit Jesus zu den Frauen kam, sagte er: «Sie war eine große Sünderin, aber sie wird auch das Muster aller Büßenden für ewige Zeiten sein.»

Magdalena war durch die heftigen Erschütterungen und durch ihre Reue und Tränen nicht mehr wie ein Mensch, sie war wie ein schwankender Schatten; aber sie war nun ruhig und weinend und müde. Es trösteten und liebten sie alle; sie flehte alle um Vergebung an. Da nun die anderen Frauen nach Naim aufbrachen und sie zu schwach war, um zu folgen, ging Martha, Anna Kleophä und Maria die Suphanitin mit ihr nach Damna, um nach einiger Ruhe am anderen Morgen zu folgen. Die anderen Frauen gingen über Kana nach Naim zu, ich glaube, in Kana übernachteten sie.

Jesus lehrte und heilte noch und ging dann mit den Jüngern etwa um drei Uhr nachmittags südwestlich quer durch das Tal des Badesees etwa vier bis fünf Stunden weit nach Gatepher, einer großen Stadt, welche zwischen Kana und Sephoris an einem Hügel liegt; sie hat gegen Mittag keine Aussicht.

Jesus ging am Abend noch nicht in die Stadt, sondern etwas westlicher in eine Herberge, welche bei einer Höhle ist, die sie die Johanneshöhle nennen. Hier übernachtete Er mit den Jüngern; sie waren spät angekommen und noch im Mondschein gewandert.

Jesus in Gatepher

2. Januar: Jesus nahte am Morgen Gatepher, und ich sah, dass die Vorsteher der Schulen und Pharisäer ihm entgegenkamen und ihn empfingen. Sie machten ihm allerlei Vorstellungen und baten ihn, die Ruhe der Stadt nicht zu stören und besonders das Zusammenlaufen und Rufen der Frauen und Kinder nicht zu dulden. Er könne ruhig in ihrer Synagoge lehren, das Beunruhigen des Volkes

aber sähen sie nicht gerne. Jesus antwortete ihnen sehr ernst und streng, dass Er zu denen komme, welche nach ihm schrien und verlangten, und wies ihre Gleißnerei ab.

Es hatten aber diese Pharisäer bei der Nachricht, dass Jesus hierher kommen werde, der Gemeinde befehlen lassen, es sollten die Weiber sich enthalten, mit den Kindern auf der Straße zu erscheinen und dem Nazarener entgegenzuziehen und zu schreien. Das Ausschreien von «Sohn Gottes», von «Christus» sei durchaus sehr ärgerlich und verkehrt, da man ja sehr wohl hier wisse, woher Er sei, wer seine Eltern und seine Verwandten seien. Die Kranken möchten sich vor der Synagoge versammeln und sich heilen lassen, allen Lärm und Spektakel aber wollten sie nicht dulden.

Sie hatten auch die Kranken nach ihrem Gutdünken um die Synagoge gestellt, als hätten sie hier über alles, was Jesus tun sollte, zu disponieren. Als die Pharisäer nun mit Jesus zur Stadt kamen, sahen sie zu ihrem großen Ärger, dass die Mütter mit ihren Kindern um sich her und den Säuglingen auf den Armen die Straße füllten und die Kinder Jesus die Hände entgegenstreckten und entgegen schrien: «Jesus von Nazaret! Sohn Davids!

Sohn Gottes! Heiligster Prophet!» Die Pharisäer wollten die Frauen und Kinder zurücktreiben, allein es war vergebens, sie drangen aus allen Straßen und Häusern heran und die Pharisäer verließen verärgert das Gefolge Jesu. Die Jünger, die um Jesus gingen, waren auch etwas scheu und furchtsam und wünschten, es möchte stiller und ungefährlicher zugehen und wollten die Kinder zurückweisen und machten Jesus Vorstellungen. Jesus aber verwies den Jüngern ihren Kleinmut, wies sie zurück und ließ die Kinder dicht um sich und war sehr lieblich und freundlich mit ihnen.

So kam Er bis auf den Platz vor der Synagoge, unter stetem Rufen der Kinder: «Jesus von Nazaret!» Heiligster Prophet!» Aber auch die Säuglinge, die nie gesprochen, riefen ihn einzeln aus zum Zeugnis und zur rührenden Überzeugung des Volkes. Vor der Synagoge stellten sich die Kinder auf, Knaben und Mädchen gesondert und die Mütter mit den Säuglingen hinter sie. Jesus lehrte und segnete die Kinder. Er lehrte auch die Mütter und ihr Hausgesinde, welches herannahte und von dem Er sagte, dass es auch ihre Kinder seien. Er lehrte auch die Jünger über den Wert der

Kinder vor Gott. Er sprach viel Derartiges aus, was Er bei anderen Gelegenheiten von den Kindern im Evangelium sagt.

Den Pharisäern war dies sehr zum Verdruss, und die Kranken mussten warten. Er ging nachher zu ihnen und heilte mehrere und lehrte dann in der Synagoge etwas von Joseph und sprach auch von der Würde der Kinder, weil die Pharisäer nochmals von der heutigen Störung zu sprechen anfingen.

Als Jesus aus der Synagoge trat, kamen auch noch drei Frauen zu ihm und wollten mit ihm allein sprechen. Da Er sich abgesondert hatte, fielen sie vor ihm nieder und klagten über ihre Männer, Er möge ihnen helfen, ihre Männer seien mit unreinen Geistern geplagt; denn wenn sie sich ihnen näherten, würden sie auch mit denselben angefochten. Sie hätten gehört, dass Er Magdalena geholfen, Er möge sich doch auch ihrer erbarmen!

Jesus wies sie weg und versprach, in ihre Häuser zu kommen. Er ging aber mit den Jüngern noch in das Haus eines gewissen Simeon, eines einfachen Mannes, ich meine Er gehörte zu den verheirateten Essenern. Er war nebst seiner Frau von mittlerem Alter und der Sohn eines Pharisäers von Dabrath am Tabor. Jesus nahm mit den Jüngern hier stehend einen Imbiss. Dieser Simeon wollte auch das Seine zur Gemeinde geben, er sprach davon mit Jesus.

Jesus ging nun noch in die Häuser der Frauen und sprach mit ihnen und ihren Männern. Es war aber nicht, wie sie sagten; sie hatten die Schuld auf ihre Männer schieben wollen, sie waren aber selbst von Unreinheit angefochten. Jesus ermahnte die Männer und Frauen zu Einigkeit und Gebet, Fasten und Almosen. Nach dem Sabbat zogen diese kranken Frauen ihm nach zu seiner Bergpredigt, etwas nördlich vom Tabor.

Jesus in Kisloth-Tabor – Es kommen Jugendgespielen aus Ägypten zu ihm

Jesus blieb nicht hier, sondern ging noch südlich gegen Kisloth, wo die heiligen Frauen auf dem Weg nach Naim und auch die mit Magdalena zurückgebliebenen heute schon durchgekommen waren. Jesus belehrte auf dem Weg nochmals die Apostel, die bei ihm waren, über das, was bevorstehe und wie sie sich verhalten sollten, jetzt, da sie nach Judäa hinaufgingen, wo sie nicht so gut wie bisher würden aufgenommen werden. Er gab ihnen von neuem Anweisungen für ihr Verhalten und zu ihrem Händeauflegen und Teufelaustreiben und gab ihnen nochmals seinen Segen als eine neue Stärkung und Füllung der Gnade.

Ich habe vergessen zu sagen, dass mit Lazarus ein paar Jünger von Jerusalem, Verwandte von ihm, ich meine von seiner Mutter Bruder, hergekommen waren, welche sich besonders über Magdalenas Befreiung freuten. Auch waren mit ihm drei Jünger aus Ägypten nach Dothaim gekommen, welche Jesus dort angenommen und ihnen alle Beschwerden vorgestellt hatte. Einer hieß Cyrinus.

Sie waren Gespielen Jesu in Ägypten gewesen und etwa dreißig Jahre alt. Ihre Eltern hatten dort die Wohnung und den Brunnen der Heiligen Familie als einen Ort der Erinnerung heilig gehalten. Sie besuchten Bethlehem und Betanien und besuchten auch Maria in Dothaim und brachten Grüße ihrer Eltern.

3. Januar: Am Morgen kamen Pharisäer von Nazaret nach Kisloth zu Jesus, um ihn in seine Vaterstadt einzuladen.

Jene Pharisäer, welche ihn das vorige Mal von dem Felsen hatten hinabstürzen wollen, waren nicht mehr dort; es waren andere aus einer großen Stadt, wo sehr viele von dieser Sekte sind. Sie sagten Jesus, Er werde doch hoffentlich in seine Vaterstadt kommen und auch dort Zeichen und Wunder tun. Sie seien da alle begierig, seine Lehren zu hören, und dann könne Er auch seine kranken Landsleute heilen; sie bäten sich aber ein- für allemal aus, dass Er am Sabbat nicht heile.

Jesus sagte ihnen, Er werde kommen und den Sabbat halten, sie würden sich aber an ihm ärgern, und was das Heilen anbetreffe, wolle Er ihrem Willen folgen, ihnen selbst zum Schaden. Da gingen sie wieder nach Nazaret und Jesus folgte nachher, seine Jünger lehrend, dahin.

Jesus kam gegen Mittag nach Nazaret und es kamen ihm viele Neugierige und auch manche gute Menschen entgegen, wuschen den Ankommenden die Füße und gaben ihnen einen Imbiss.

Jesus hatte zwei Jünger von Nazaret, Parmenas und Jonadab. Er kehrte mit seiner Begleitung bei der Mutter Jonadabs, einer Witwe, ein. Diese Jünger waren Jugendfreunde von ihm gewesen. Es waren jene, welche bei seinem ersten Ausgang gegen Hebron nach Josephs Tod mit ihm gegangen waren. Ich meine, sie waren nachher eine Zeit lang etwas abwendig von ihm. Er brauchte sie viel zu Sendungen, zu allerlei Botengängen.

Jesus ging zu einigen Kranken, welche ihn um Hilfe bitten ließen und von denen Er wusste, dass sie es bedurften und dass sie glaubten. An manchen unterwegs, die nur aus Neugier oder unter dem Vorwand, Er solle sie heilen, zu ihm traten, ging Er vorüber. Da aber ein Essenerjüngling, der von Geburt her an der einen Seite ganz lahm war, ihm entgegengebracht wurde und ihn um Hilfe anflehte, heilte Er ihn auf der Straße, wie auch ein paar Blinde. Dann ging Er in einzelne Häuser und heilte mehrere sehr Kranke und auch alte Leute, Männer und Frauen.

Darunter waren Wassersüchtige im höchsten Grad, und auch eine Frau, die ganz schrecklich aufgeschwollen war.

Im Ganzen heilte Er jedoch nur fünfzehn Menschen.

(Sie zählte hier diese nach der Reihe, sich einzeln besinnend, her «soviel Blinde, soviel Stumme und Taube, soviel Lahme».)

Jesus ging nachher zur Synagoge, wo sich auch Kranke versammelt hatten; aber Er ging an ihnen vorüber. Er hielt den Sabbat und ich erinnere mich keiner Störung. Die Sabbatslesung war aus dem Alten Testament, wie Gott mit Mose in Ägypten redet, und aus Ezechiel 28 und 29. Jesus hat im Hause des Jüngers Jonadab gegessen und geschlafen. Die Eltern des Parmenas waren der Heiligen Familie nachgezogen, als sie Nazaret verließ.

4. Januar: Ich sah Jesus am Morgen in der Synagoge lehren, aber niemanden mehr heilen. Mittags sah ich ihn mit Jüngern und einigen guten Leuten von Nazaret den Weg nach Sephoris zu lustwandeln bis in einen nahegelegenen kleinen Ort, wie dies am

Sabbat gewöhnlich ist. Der Weg von Nazaret gegen Sephoris geht ziemlich eben gegen Norden zu; nahe bei Sephoris steigt man etwa eine Viertelstunde. Ich hörte gelegentlich, dass Jesus nie wieder nach Sephoris geht. Auf diesem Weg in den kleinen Ort sah ich Jesus einzelne Gruppen von Menschen lehren.

Einige Haushaltungen, in denen Streit und Uneinigkeit war, warfen sich vor ihm nieder und Er machte Frieden zwischen Mann und Weib und Nachbarn. Er heilte aber nicht. Auf diesem Weg nahten ihm abermals die zwei Jünglinge, die schon oft von ihm hatten aufgenommen werden wollen. Er fragte sie aber nochmals, ob sie Haus und Eltern verlassen, ihr Gut an die Armen verteilen, blind gehorchen, und Verfolgung leiden wollten; sie zuckten aber die Achseln und entfernten sich.

Ich sah Jesus noch in Nazaret das Haus seiner Eltern besuchen. Es war wohlgeordnet, aber unbewohnt. Er besuchte auch Marias älteste Schwester, die Mutter Mariä Kleophä, die es verwaltete, aber nicht darin wohnte. Diese alte Frau, meine ich, ist nochmals verheiratet. Sie wohnt hier und treibt Hirtenwirtschaft.

Jesus ging dann mit den Jüngern zur Synagoge, lehrte sehr streng und scharf, nannte Gott seinen himmlischen Vater und sprach Strafgerichte über Jerusalem und alle, die ihn verfolgen würden, aus. Er redete auch seine Jünger öffentlich an und sprach von einer Verfolgung, die ihnen bevorstehe und ermahnte sie zur Ausdauer und Treue. Da aber die Pharisäer hörten, dass Er nicht bleiben und niemanden mehr hier heilen wollte, fingen sie an, ihrem Ärger Lauf zu lassen und fragten sich hin und her: «Wer ist Er denn? Wer will Er denn sein? Wo hat Er seine Lehre her? Ist Er doch von hier, sein Vater war der Zimmermann, seine Verwandten, Brüder und Schwestern sind von hier!»

Sie meinten mit diesen Letzteren auch Maria Heli, Annas erste Tochter und deren Kinder, Jakob, Heliachim, Sadoch, die Johannesjünger, ihre Schwester Maria Kleophä und deren Söhne und Töchter.[30]

Jesus antwortete ihnen nicht und lehrte die Jünger ruhig weiter. Ein fremder Pharisäer aber, aus der Gegend von Sephoris, war besonders frech und sagte: «Wer bist du denn? Hast du denn vergessen, dass du noch vor einigen Jahren kurz vor deines Vaters

Tod mit demselben in meinem Hause Holzwände gemacht hast?» Da Jesus nicht antwortete, schrien sie ihm zu: «Antworte! Ist das Sitte, würdigen Männern nicht zu antworten?»

Jesus antwortete darauf dem frechen Mann, soviel wie: «Ich habe damals dein Holz bearbeitet und dich angeblickt und bedauert, dass ich dich selbst nicht von der harten Rinde deines Herzens würde befreien können, wie es sich nun als wahr erweist. Du wirst keinen Teil an meinem Reich haben, wenngleich ich dir deine Kammer auf Erden bauen half.»

Jesus sagte auch: «Nirgends gilt ein Prophet weniger als in seiner Vaterstadt, in seinem Hause, bei seinen Verwandten.» Worüber sie sich aber besonders ärgerten, das war ein großer Teil der Lehren an seine Jünger, welche im Evangelium auf eine Stelle zusammengerückt sind. Es waren besonders solche, wie: «Ich sende euch wie Lämmer unter die Wölfe – Sodom und Gomorrha soll es am Gerichte besser ergehen als denen, die euch nicht aufnehmen – ich bin nicht gekommen, den Frieden zu bringen, sondern das Schwert.»

(Anna Katharina führt noch mehrere solcher Stellen an, welche bei Mt 10,5-42 stehen; einzelne derselben aber will sie jetzt noch nicht gehört haben. Diese Reden bezögen sich auch nur auf jene Jünger, welche jetzt den Weg mit Jesus nach Judäa machten, wo Er Verfolgungen entgegensah.)

Nach dem Sabbat waren noch viele da, welche geheilt werden wollten, Er heilte aber nicht, zum großen Ärger der Pharisäer. Einzelne Leute setzten hie und da die Unverschämtheit des einen Pharisäers in der Synagoge fort und riefen Jesus zu: «Weißt du noch dieses oder jenes?», wo sie ihn ehemals gesehen hatten. Die Pharisäer sagten ihm auch, Er habe ja dieses Mal ein kleineres Gefolge als das erste Mal, und ob Er nicht wieder bei den Essenern einkehren wolle, welche sie nicht leiden konnten.

Die Essener gingen im Ganzen nicht viel zu Jesu öffentlichen Lehren; Er sprach auch selten viel von ihnen. Die Erleuchteten aus den Essenern gingen später zur Gemeinde. Sie hatten keinen Widerspruch und erkannten Jesus als den Sohn Gottes.

Jesus ging auch noch zu den Essenern, bei welchen Er das letzte Mal gewesen war, und hielt dort ein kleines Mahl mit den Jüngern und lehrte noch bis in die Nacht. Gegen zehn Uhr kamen Petrus, Matthäus und Jakobus der Ältere von den Aposteln in Obergaliläa zurück, welche sie in der Gegend um Seleuzia östlich vom See Merom gelassen hatten; Andreas, Thomas, Saturnin, der neulich auch gekommen war, und ich meine noch ein Apostel kehrten statt ihrer dahin zurück.

Jesus verließ etwa um ein Uhr in der Nacht mit den Jüngern Nazaret und ging etwa zwei Stunden gegen den Tabor, nach dem Ort, wo Er neulich, von der Erweckung des Jünglings zu Naim nach Kapharnaum zurückgehend, den aussätzigen Gutsherrn geheilt hat.

Es ist morgen auf einer Höhe, dicht an der Südwestseite des Tabor, etwa eine halbe Stunde vom Fuße des eigentlichen Tabor selbst, schon seit einigen Tagen eine Berglehre angezeigt, was ich in meiner Krankheit zu melden vergessen habe.

Auf dem ganzen Weg hierher durch die Nacht kamen Einzelne heran, welche Hilfe suchten. Jesus kehrte wieder bei dem Schullehrer des Ortes ein, der schon manche Kranke, auf seine Ankunft rechnend, aufgenommen hatte.

Er heilte hier einen Stummen. Jener Knabe, welcher damals Jesus so geschickt die Botschaft von seinem aussätzigen Herrn gebracht hatte, war bei dem Schullehrer. Jesus sprach mit ihm. Er heißt Samuel und wird einst ein Jünger.

Jesus auf dem Lehrberg am Tabor – Art und Weise seiner Heilungen – Aussendung der hl. Apostel und Jünger

5. Januar: Es kam hier auch noch der am 22. November geheilte aussätzige Besitzer des Ortes selbst zu Jesus und dankte ihm. Er bat ihn für mehrere Aussätzige, welchen er vor dem Ort am Weg, wo Jesus vorüber kam, eine Zelthütte hatte erbauen lassen; er machte auch Eröffnungen über Teile seines Vermögens, welche er zu den Lehrreisen Jesu geben wollte.

Es war noch in der Morgendämmerung, als Jesus aus dem Hause auf den Weg ging. Er wusste wohl, dass ihn einige reuige Sünder erwarteten. Es waren dies etwa fünf Männer und Frauen.

Sie flehten abseits des Weges zu ihm hin. Jesus trat zu ihnen, sie warfen sich ihm zu Füßen und eine Frauensperson sagte: «Herr! Wir sind von Tiberias, wir wagten es bis jetzt nicht, dich um Hilfe anzuflehen.

Die Pharisäer hatten uns gesagt, du seist hart und streng gegen die Sünder. Wir haben aber gehört, wie du dich selbst der Magdalena erbarmt hast, und sie befreit und ihr die Sünden vergeben hast. Da haben wir den Mut gefasst und sind dir hierher gefolgt. Herr, erbarme dich unser! Du kannst auch uns heilen und reinigen, du kannst auch uns die Sünden vergeben.»

Die Männer und Frauen standen getrennt. Sie waren teils in Folge von Unzucht mit Aussatz und Krankheiten behaftet, und die eine Frau war von einem unreinen Geist gequält und hatte Krämpfe. Jesus beruhigte sie und trat mit Einzelnen zur Seite, ihre näheren Geständnisse anzuhören, je nachdem dies zur Erhöhung ihrer Reue und zur Mehrung ihrer Zerknirschung nötig war. Bei anderen tat Er dies nicht, weil Er wusste, dass es dessen bei ihnen nicht bedurfte. Er heilte sie sodann und vergab ihnen ihre Sünden, und sie zerflossen in Tränen des Dankes und baten ihn um seine Befehle. Er befahl ihnen aber, nicht nach Tiberias zurückzukehren, sondern an einen anderen Ort zu ziehen.

Ich hörte auch dabei, dass Er nie nach Tiberias kommen werde, wo ich ihn auch niemals gesehen habe. Sie zogen nachher nach dem Berg zu seiner Lehre. Jesus ging nun noch zu dem Zelt der Aussätzigen, deren auch vier bis fünf hier waren. Er heilte und ermahnte und befahl ihnen, nach Nazaret zu gehen und sich vor den Priestern zu zeigen. – Bei solchen Heilungen verweilt Jesus nicht lange, doch haben sie auch nie etwas Eiliges, und es geht dabei alles würdig und mit Maß zu, aber bestimmt, ohne Überfluss der Worte, alles schlagend und treffend; in Trost und Ermahnung, Milde und Strenge genug, in Geduld und Liebe ganz überfließend und doch ohne Eile und doch zielbewusst. Manchen geht Er entgegen, ja Er scheint, vom Weg abzweigend, ihnen zuzueilen, wie ein liebender Menschenfreund, der retten will. Anderen weicht Er aus, lässt sie nachfolgen und länger flehen.

Von der Berglehre selbst weiß ich krankheitshalber nichts mehr Bestimmtes zu erzählen. Es ist ein schöner Bergplatz, worauf Jesus lehrte, mit einem steinernen Lehrstuhl, auf dem auch Propheten gelehrt haben. Man sieht hier über das Tal Esdrelon und auch in die Gegend von Megiddo. Es waren sehr viele Leute hier aus den Städten umher, und viele Kranke, mehrere davon auch aus Nazaret, welche Jesus dort nicht geheilt hatte und hier nun heilte. Es waren auch Besessene hier, die Er befreite und welche ihn verkündeten. Er lehrte hier wieder aus den vier ersten der acht Seligkeiten und einige Parabeln, und von der Buße und Ankunft des Reiches und bat alle sehr rührend um Annahme der Gnade, da es noch Zeit sei. Die Apostel hörten zu, weil sie diese Lehre in ihrer Art auf ihrem nächsten Ausgang wieder verbreiten sollten.

Um die Mittagszeit sah ich Jesus die Apostel und Jünger allein um sich unten am Berge versammeln. Er sandte sie aus bis auf Petrus und Johannes und einige Jünger, welche bei ihm bleiben sollten. Sie sollten zwei und zwei gehen auf drei Wegen: ein Teil im Jordanstal, ein Teil im Tale gegen Dothan zu, und ein Teil an der westlichen Seite des Landes gegen Jerusalem zu.

Hier habe ich gehört, wie Er sagte, sie sollten ohne Geld, ohne Tasche, nur mit einem Kleid geschürzt, und einen Stab in der Hand gehen, nicht zu Heiden und Samaritern, sondern zu den verlorenen Schafen Israels; und wie sie sich in den Häusern verhalten sollten, wie sie den Staub von den Füßen schütteln und Buße predigen sollten[31]. Es geschah dies aber, weil sie in einen feindlicheren Teil des Landes kamen, und weil ihnen nach dem nahen Ende des Johannes Verfolgung droht. Sie hatten hier in der Gegend viele eingerichtete Herbergen. Darum brauchten sie kein Geld. Die Apostel aber, welche oben in Galiläa und jenseits des Jordan ausgesandt worden, hatten einiges Geld, doch sehr mäßig, empfangen. Nun erwartete sie eine neue Zeit und ein neues Arbeitsfeld. Vor dem Abschied segnete sie Jesus und gab ihnen nochmals einige Anweisungen über Heilung und Austreibung von Teufeln, und segnete ihnen das Öl zum Gebrauch bei der Heilung der Kranken. Er sagte einigen auch, wo sie ihn wieder antreffen sollten.

Jesus heilte noch mehrere Leute, entließ das Volk und ging dann mit Petrus, Johannes und den Jüngern südlich etwa drei Stunden weiter nach Sunem. Es begleiteten ihn mehrere Leute von dort, unter anderen ein Mann, welcher ihn, als Er das letzte Mal von

Samaria nach Galiläa zog, in der Herberge abends, nicht weit von Endor, gebeten hatte, zu seinem kranken Sohn zu kommen. Dieser bat Jesus heute wieder, und Er ging nun mit ihm.

Ich habe vergessen zu sagen, dass die zwei dämonischen Frauen von Gatepher Jesus hierher zur Bergpredigt gefolgt sind, und dass Er sie durch Handauflegung befreit hat.

Von dem sogenannten Brotberg, auf dem Jesus hier lehrte – Melchisedech und sein vorbereitendes Wirken

Ich sah in der frühesten Zeit, lange vor Abrahams Ankunft, drei Männer von braunerer Farbe als Abraham hier in Höhlen wohnen. Sie hatten nichts als Felle an und banden ein großes Blatt gegen die Sonne auf ihren Kopf. Ich meine, sie waren schon während des Turmbaues zu Babel am Leben, denn ich erinnere mich dunkel, der eine sei dabei gewesen. Sie müssen aus dem Lande des großen Jägers gewesen sein, der auf dem Berg wohnte. (So nennt sie gewöhnlich Nimrod oder Belus.) Sie waren Leute von der Art des Henoch, führten ein heiliges Leben, hatten eine einfache geheime Religion und allerlei Offenbarungen und einfache Geschäfte.

Es hieß in ihrer Religion, dass Gott sich mit den Menschen verbinden wolle und dass sie dazu alles Mögliche vorbereiten müssten. Sie opferten auch, indem sie von ihrer Speise den dritten Teil von der Sonne verzehren ließen, oder vielleicht legten sie es für andere Hungernde hin, welches ich wohl auch gesehen habe. Diese Leute sah ich ganz einsam und abgesondert von der noch nicht sehr großen Menge der Einwohner des Landes leben, die weit getrennt in einzelnen Orten wohnten, welche auf Art der festen Zeltstädte gebaut waren. Ich sah diese Männer in den verschiedenen Teilen des Landes umhergehen, Brunnen graben, einzelne Wildnisse ausroden und Grundsteine an einzelnen Stellen legen, wo später Städte gebaut wurden.

Ich sah sie von ganzen Gegenden die bösen Geister aus der Luft hinwegtreiben und in andere schlechte, sumpfige, neblige Orte verbannen. Ich sah da wieder, dass die bösen Geister sich mehr in solchen schlechten Gegenden aufhalten. Ich sah diese Männer oft mit diesen Geistern ringen und gegen sie kämpfen.

Ich wunderte mich anfangs, wie an den Stellen, wo sie die Steine hinlegten, welche doch ganz wieder überwuchsen und verwilderten, Städte entstehen sollten, und sah doch in einem Bild eine Menge von Orten, die über ihren Steinen gebaut worden sind, z.B. Saphet, Bethsaida, Nazaret, wo sie an der Höhle arbeiteten, in welcher später die Botschaft des Engels an Maria geschah.

Gatepher, Sephoris, in der Gegend von dem nachmaligen Haus der Anna bei Nazaret, Megiddo, Naim, Ainons Brunnen, die Höhlen von Bethlehem, und auch Steine bei Hebron, und auch Michmethath sah ich sie gründen, und viele andere Orte, die ich vergessen habe.

Auf diesem Berg aber sah ich sie alle Monate mit Melchisedech zusammenkommen, der ihnen ein großes viereckiges Brot brachte; es war dieses Brot wohl drei Quadratschuh (wie sie es beschreibt) groß und ziemlich dick und in sehr viele kleine Abteilungen geteilt. Es war bräunlich und in der Asche gebacken. Ich sah Melchisedech immer allein zu ihnen kommen; manchmal sah ich ihn das Brot ganz leicht tragen, als schwebe es in seiner Hand, manchmal, wenn er ihnen nahte, hatte er es schwer auf seinem Nacken. Ich glaube, es war dies, weil er ihnen nahend wie ein Mensch erscheinen sollte.

Sie betrugen sich gegen ihn sehr ehrerbietig und warfen sich auf das Angesicht nieder. Melchisedech kam alle Monate und immer allein zu ihnen mit dem Brot. Auch sah ich ihn am Jordan damals noch nicht mit allerlei Dienern in einem Zeltschloss wohnen.

Er legte auch erst später die Grundsteine und führte einiges Gemäuer auf dem Tempelberg zu Jerusalem auf. Melchisedech lehrte diese Männer auch den Weinstock bauen am Tabor, und sie streuten an vielen Stellen des Landes allerlei Samen von Gewächsen aus, die er ihnen gab, und die noch jetzt wild dort wachsen. Ich sah sie vom Brot täglich einen Teil mit dem braunen Spaten abstechen, mit dem sie arbeiteten. Sie aßen auch Vögel, die ihnen in großer Menge zuflogen.

Sie hatten Feiertage und kannten die Sterne, sie feierten den achten Tag mit Opfer und Gebet und einige Tage des Jahreswechsels. Ich sah sie auch in dem noch sehr unwegsamen Land mehrere

Wege bahnen nach den Orten, wohin sie die Steine getragen, die Brunnen gegraben, die Pflanzen gesät hatten, so dass nachher die einziehenden Menschen diesen Wegen folgend, sich von selbst an den Brunnen und fruchtbringenden, bequem gemachten Plätzen ansiedelten. Ich sah sie bei ihren Arbeiten oft von Scharen böser Geister umgeben, sie konnten sie sehen, und ich sah, wie sie dieselben mit Gebet und Befehl nach sumpfigen, wüsten Orten verbannten und wie sie wichen und wie die Männer in ihrer Arbeit ruhig fortfahrend räumten und reinigten.

Nach Kana, Megiddo, Naim machten sie Wege, auch veranlassten sie auf diese Weise die Geburtsorte der meisten Propheten. Von Abelmehola und Dothaim legten sie den Grund und machten den schönen Bade-Brunnen von Bethulia. Melchisedech zog noch fremd und einzeln im Land umher, und man wusste nicht, wo er sich aufhielt. Diese Leute waren alt, aber noch sehr rasch. Am nachmaligen Toten Meer und in Judäa waren schon Städte, auch einige oben im Land, in der Mitte aber noch nicht.

Diese Leute haben sich selbst ihr Grab gemacht und sich hineingelegt. Der eine bei Hebron, der eine hier am Tabor, der andere in den Höhlen nicht weit von Saphet. Sie waren im allgemeinen das für Abraham, was Johannes für Jesus gewesen. Sie bereiteten und reinigten das Land und die Wege und säten gute Früchte und führten das Wasser hervor für den Stammvater des Volkes Gottes. Johannes aber bereitete die Herzen zur Buße und zur Wiedergeburt in Jesus Christus. Sie taten für Israel, was Johannes für die Kirche tat. Ich habe auch an anderen Orten einzelne solche Männer gesehen, ich meine, sie waren von Melchisedech dahin versetzt.[32] Ich habe vergessen zu sagen, dass Jesus, als Er von der Bergpredigt herab kam, noch ehe Er den Bach Kison überschritt, einen armen Aussätzigen heilte, der ganz verachtet und verlassen war. Er war schon zwanzig Jahre in diesem Elend, und man hatte ihn nicht heranbringen wollen und ihm eine Zelthütte allein hier am Weg gemacht. Jesus eilte zu ihm, heilte ihn und sandte ihn den anderen nach, sich in Nazaret den Priestern zu zeigen.

Jesus in Sunem – Wunderbare Heilung von vier kranken Kindern

Jesus kam in der Dämmerung in Sunem an und kehrte mit Petrus und Johannes bei dem Mann ein, der ihn zu seinen kranken Kindern gerufen hatte. Alle Kinder dieses Mannes waren elend; ein Sohn von etwa sechzehn Jahren und sehr groß war taub und stumm. Er lag platt auf der Erde und hatte die schrecklichsten Verdrehungen und Zuckungen, so dass er sich bäumte und den Kopf bis an die Fersen zog; doch konnte er nicht gehen und war ganz lahm. Ein anderer Sohn war schwachsinnig und furchtsam, und zwei Töchter waren auch ganz simpel und scheu.

Jesus heilte den konvulsiven Stummen noch heute abend. Petrus und Johannes waren in die Stadt gegangen. Jesus war mit den Eltern allein in der Kammer, Er kniete sich über des Knaben Angesicht, indem Er sich auf die Hand stützte, als sage oder hauche Er ihm etwas in den Mund; dann fasste Er ihn bei der Hand und stand auf, und der Knabe richtete sich gerade und lang auf seinen Füßen auf und Jesus führte ihn einige Schritte hin und wieder. Dann führte Er ihn allein in eine andere Kammer, machte eine Salbe aus Speichel und Erde und strich sie ihm mit den Fingern in die Ohren und fuhr ihm mit den zwei ersten Fingern der rechten Hand unter der Zunge weg; da hob der Knabe an mit einer ungewohnten, quiekenden Stimme zu rufen: «Ich höre! Ich kann sprechen!» und die Eltern und Dienstboten stürzten herein und umarmten ihn und weinten und schrien vor Freude.

Sie warfen sich auf die Erde vor Jesus und legten sich vor Freude schluchzend mit ihrem Kinde vor seine Füße.

Jesus sprach aber noch am Abend mit dem Vater allein, weil eine Schuld von seinem Vater auf dem Mann ruhte. Der Mann fragte Jesus, ob sie denn gestraft werden bis ins vierte Glied. Jesus sagte ihm, wenn er Buße tue und sühne, so könne Er sie tilgen.

6. Januar: Am Morgen heilte Jesus noch den anderen Sohn und die zwei Töchter seines Wirtes vom Schwachsinn durch Handauflegung. Als sie geheilt waren, waren sie ganz verwundert und wie vom Traum erwacht. Sie hatten vorher immer geglaubt, man wolle sie umbringen, und sich sehr vor dem Feuer gefürchtet. Als

Jesus gestern den Knaben geheilt hatte, sagte er, was ungewöhnlich ist, er solle hingehen und es allen Menschen erzählen, was ihm geschehen sei.

Die Folge davon war ein großer Zusammenlauf von Menschen und Kranken und heute morgen sah ich Jesus noch das Volk auf der Straße lehren und viele Kinder heilen und segnen.

Dann sah ich ihn mit Petrus und Johannes den ganzen Tag und die Nacht durch das Feld Esdrelon in der Richtung von Ginnim sehr schnell wandern, sie ruhten selten. Ich hörte Jesus unterwegs sagen, das Ende von Johannes sei nahe, und man werde ihm dann auch nachtrachten. Es sei aber nicht recht, sich preiszugeben.

Ich glaube verstanden zu haben, dass sie gen Hebron wollen, um die Verwandten des Johannes zu trösten, damit kein Aufstand entsteht. Ich habe Jesus mehrmals auf diesem Weg in verschiedener Gegend gehen sehen und manches gehört, was mir nicht mehr gegenwärtig ist.

Blick auf die heiligen Frauen

Ich sah in dieser Nacht, dass die heiligen Frauen zu Dothan bei Samaria sind, nämlich Maria, Veronika, Susanna, Magdalena und Maria die Suphanitin. Sie wohnen bei dem kranken Ehemann Issachar, den Jesus neulich, am 2. November oder 12. Maracheswan, geheilt hat. Diese Frauen gehen nie nach den Herbergen; es sind aber Martha, Dina, Johanna Chusa, Susanna Alphäi, Anna Kleophä, Maria Johanna Markus, und die Maroni, paarweise ausgegangen, um in den Herbergen nachzusehen, was fehlt. Es sind dieser Frauen etwa zwölf.

7. Januar: Am frühen Morgen sah ich Jesus und die beiden Apostel südlich von Samaria und sah die neuen ägyptischen Jünger und den Sohn der Johanna Chusa von Osten her zu ihnen kommen. Diese ägyptischen Jünger sind wohl schon über ein Jahr in Hebron gewesen, wo sie studierten, und waren schon lange in Bethlehem und Betanien mit Lazarus und anderen Jüngern Jesu vertraut, so dass sie ganz unterrichtet sind. Ich sah später Jesus mit seiner Begleitung bei den Hirtenhäusern angekommen, wo die heiligen Frauen damals mit ihm zusammenkamen, als Er die erste Unterredung mit der Samaritin hatte, und wo Er den kranken Sohn des Wirtes geheilt hat, von dem ich immer meine, es sei einer der drei Jünglinge, die ihn nachher zu den drei Königen begleitet haben. Sie nahmen hier eine Erquickung und ruhten etwas.

Ich hatte ein Bild, wie Jesus die Feldarbeiter der Umgegend bei einem Brunnen unterrichtete und ihnen die Parabeln erzählte von dem Schatz im Acker und von der verlorenen und wiedergefundenen Drachme. Bei dieser Parabel lachten einige der Zuhörer, dass die Frau wegen der verlorenen Drachme das ganze Haus ausfegte, da sie oft mehr verloren und solche Mühe nicht angewandt hatten. Als Jesus ihnen aber ihre Torheit verwies und ihnen erklärte, was diese Drachme sei, und welche Tugend dieses Ausfegen, da schämten sie sich und lachten nicht mehr.

Diese Leute waren beschäftigt, Getreide, welches in Haufen auf dem Felde liegen geblieben, auszudreschen. Es geschah dies vermittelst Hämmern von Holz, die sich durch eine Walze hoben und niederfielen. Das Getreide wurde von mehreren Männern darunter geschoben und weggefegt. Diese Vorrichtung war in einem reinlich ausgehauenen Felsenbecken von festem, buntgeadertem Stein angebracht. Ein großer Baum bedeckte das Ganze.

Jesus lehrte noch auf dem Feld und ging dann mit einigen der Feldarbeiter nach Thänath-Silo, wo sie her waren. Die Einwohner empfingen ihn sehr freundlich vor der Stadt, reichten ihm den Imbiss, wuschen ihm die Füße und wollten ihm andere Kleider geben, die Er aber nicht annahm. Er lehrte hier in der Synagoge die Parabel von dem König, der ein großes Gastmahl gibt.

SIEBENTES KAPITEL

Enthauptung des hl. Johannes des Täufers

Vom 8. bis 18. Januar 1823

Feste in Machärus am Vorabend von des Herodes Geburtstag

8. Januar: Schon seit vierzehn Tagen wohl sah ich viele Gäste und vornehme Leute zu Herodes nach Machärus kommen, besonders sah ich vieles vornehme Gesindel von Tiberias über Ainon jenseits des Jordan nach Machärus ziehen. Auch sah ich vielen Weiberanhang zur Herodias kommen und eine stete Reihe von Festen und Schmausereien. Es war auch nahe bei dem Schloss ein rundes, offenes Gebäude mit vielen Sitzen, wo Tiere und Fechter miteinander kämpften, und wo sie zusahen. Ich sah auch Tänzer und Tänzerinnen, die allerlei üppige Tänze machten, und sah, dass Salome, die Tochter der Herodias, vor Metallspiegeln in Gegenwart ihrer Mutter sich mit diesen einübte.

Serobabel und Cornelius von Kapharnaum kamen nicht hin, sie hatten sich entschuldigt. Johannes hatte in der letzten Zeit ganz frei innerhalb des Schlosses umhergehen können, und seine Jünger konnten aus und eingehen. Er hatte auch einigemal im Schloss öffentlich gelehrt, und Herodes hatte ihm zugehört.

Man hatte ihm auch die Freiheit versprochen, wenn er die Ehe des Herodes billigen, oder doch wenigstens nie davon reden wollte, er hatte aber immer gewaltig gegen dieselbe gesprochen. Dennoch gedachte Herodes, ihm an seinem Geburtstag die Freiheit zu geben. Sein Weib aber dachte heimlich anders. Herodes wünschte, Johannes möge während des Festes sich öffentlich sehen lassen, um sich vor den Gästen mit seiner leichten Haft weiß zu waschen. Kaum aber begannen die Gelage und Spiele und herrschten alle Laster in Machärus, als Johannes nicht mehr seinen Kerker verließ und auch seinen Jüngern befahl, sich zurückzuziehen. Die meisten begaben sich in die Gegend von Hebron, woher viele waren. Ich sah während dieser Feste und auch sonst oft einen Mann bei der schändlichen Herodias, und sehr vertraut auch in der Nacht an ihrem Bett und ich sah, als sei es der Teufel in der Gestalt eines Liebhabers oder des Herodes. Ich habe dieses Weib immer in allen Lastern ersoffen gesehen und in allen Arten der Unzucht und Verräterei.

Ihre Tochter war ganz von ihr unterrichtet und ihre Gehilfin von Jugend auf, und auch bereits eine Lustdirne. Sie war jung und blühend, und hatte eine volle üppige Gestalt, bewegte sich sehr frech und war ebenso gekleidet. Herodes sah sie längst mit lüsternen Augen an, und darauf baute die Mutter ihren Plan.

Herodias hatte ein auffallendes, sehr freches Aussehen und wandte alle Künste und Mittel an, ihre aufreizende Schönheit noch hervorstechender zu machen.

Sie war nicht mehr jung und hatte etwas ganz sonderbar Spitziges und Teuflisches in ihrem Gesicht, das die frechen Männer gerne ansahen, aber mir einen Unwillen und Ekel erregte, wie die schreckliche Schönheit einer Schlange. Ich kann sie mit nichts vergleichen, als wenn ich sage, sie sah ganz wie eine Göttin, ganz wie die Göttinnen aus.

(Dieser Ausdruck hat nichts Lächerliches, wenn man bedenkt, dass Anna Katharina die Derketo, die Mutter der Semiramis, und ähnliche vergötterte Weiber und viele aus den Töchtern der Menschen als Göttinnen sieht, und die Götter und Göttinnen alle als unter zauberischen Einflüssen in höllischen Mysterien erzeugte, wunderbar ausgerüstete, zauberische, vom Teufel regierte Menschen.)

Heute am Abend sah ich das Geburtsfest des Herodes beginnen. Herodias wohnte in einem Schloss an einer Seite eines großen Hofes. Es liegt etwas höher als der gegenüberliegende große Saal, in welchem das Fest war, und in dessen offene Säulenhallen man aus den offenen Galerien des Schlosses der Herodias hinabsieht.

Vor dem Saal des Herodes war im Hof ein prächtiger Triumphbogen errichtet, zu dem man auf Stufen hinaufstieg und der in den Saal hineinführte. Man sah so tief hinein, als nehme es kein Ende, und alles glänzte von Spiegeln, Blumen, Gold und grünen Büschen. Man wurde ganz blind, denn alles bis tief zurück und alle Säulen und Gänge waren voll Fackeln und Lampen und Feuer und durchsichtigen und schimmernden Sprüchen, Bildern und Gefäßen.

Herodias und ihre Weibergesellschaft standen alle in den höheren Galerien ihres Schlosses in prächtigem Putz und beleuchtet schauten sie herab, als Herodes, von vielen prächtig gekleideten Gästen umgeben, von singenden Chören begrüßt, durch den Hof über Teppiche nach dem Triumphbogen zog, auf welchem viele schöne, wie nackte, mit Kränzen geschmückte Knaben und Mädchen mit allerlei Instrumenten und Blumengewinden musizierend und winkend standen.

Als er die Stufen zu dem Triumphbogen hinauftrat, kam ihm Salome zwischen anderen Knaben und Mädchen tanzend entgegen und überreichte ihm eine Krone, die zwischen allerlei glänzenden Verzierungen lag und von Kindern ihres Gefolges unter einer durchsichtigen Decke getragen wurde. Diese Kinder waren alle mit wenigem dünnen Gewand bedeckt, und mit anliegendem Stoffe, wie nackt, bekleidet, und hatten eine Art Flügel.

Salome war auch mit anliegendem Stoff überzogen und hatte ein ganz durchschimmerndes langes Kleid, das auf den Beinen hie und da mit schimmernden Haften aufgeheftet war.

Ihre Arme waren mit goldenen Ringen, Perlenschnüren und kleinen Federkränzen umgeben, ihr Hals war nur mit vielen Perlen und glänzenden Kettchen bedeckt und so auch ihre Brüste, welche durchsichtig bekleidet waren. Sie tanzte eine Zeit lang vor Herodes, der ganz entzückt und verblendet, ihr seine Bewunderung zu erkennen gab, wie auch alle seine Gäste, und ihr auch sagte, sie solle ihm nochmal morgen diese Freude machen.

Nun zogen sie in den Saal, wo das Schmausen anging. Die Weiber aßen auch in dem Palast der Königin. Den Johannes aber sah ich in seinem Kerker mit ausgebreiteten Armen kniend gegen den Himmel schauen und beten. Alles war licht um ihn, es war aber ein ganz anderes Licht als das in dem Saal des Herodes, das rot und trüb wie eine Höllenglut dagegen aussah, wenngleich Machärus von Fackeln beleuchtet, wie brennend, weit in den Bergen umher schimmerte.

Jesus in Thänath-Silo – Die achtzehn verschütteten herodianischen Baumeister

8. Januar: Jesus hatte am Morgen in Thänath-Silo in der Synagoge gelehrt und unter anderem die Parabel vom König, der ein Gastmahl gibt, ausgelegt. Hier in Thänath erzählten ihm auch Leute, die aus Jerusalem kamen, was schon die vier bei Samaria zu ihm gekommenen Jünger als Gerücht erzählt hatten, es sei ein großes Unglück in Jerusalem geschehen bei einem Bau des Pilatus, wobei außer sehr vielen anderen Leuten achtzehn Baumeister des Herodes verschüttet worden seien.

Jesus bedauerte die unschuldig Verschütteten mit der Empfindung, wie wir an die unschuldigen Kinder denken, und sagte, jene achtzehn Baumeister, welche Herodianer waren, seien keine größeren Sünder als die Pharisäer und Sadduzäer und alle, welche dem Reich entgegen arbeiteten, und auch diese würden unter ihrem verräterischen Bau zu Grunde gehen. Er erzählte auch die Parabel vom Feigenbaum.

Herodes hatte dem Pilatus zu seinem Bau eine besonders gute Steingattung und Mörtel und auch Baumeister aus seiner Gegend angeboten, und Pilatus hatte es angenommen. Alles aber war eine Verräterei, den Pilatus verhasst zu machen; und so hatte Herodes achtzehn Baumeister nach Jerusalem geschickt, welche Herodianer waren oder Leute, die man jetzt Freimaurer nennt.

Sie leiteten einen Bau an der Nordseite des Tempelberges, auf der Seite des Schaftores, der ein Kanal werden sollte, um die Unreinigkeiten vom Tempel abzuleiten. Es wurde aber mit arglistiger Absicht so gebaut, dass die Mauern zusammenstürzen sollten, und

Herodes dachte, dass wohl dreihundert Menschen umkommen sollten, welche als Sklaven da arbeiteten.

Es waren dies Menschen, welche Herodes hasste, denn sie waren meist Anhänger Johannes' des Täufers und es waren auch viele von Jesus geheilte Männer dabei. Sie bauten unten ganz breit aber hohl und oben immer enger, schwerer und sehr hoch. Es lag eine ganze Straße von armen Leuten und Arbeitern drüber, die am Tempelberg hinauf wohnten, und da sah ich auch die achtzehn Herodianer auf einer Terrasse stehen, welche den verräterischen Bau leiteten. Auf einmal stürzte alles über die Leute zusammen; aber, womit gar nicht gerechnet war, die achtzehn Herodianer kamen auch um, denn die Stelle, worauf sie standen, rutschte ein und vieles nach, und sie wurden ganz verschüttet. Es stürzten auch viele der kleinen Wohnungen am Tempelberg ein und die Leute kamen unschuldig um. Es mögen wohl an hundert Menschen verschüttet worden sein. Es geschah dies zu Beginn der Feste zu Machärus. Pilatus wurde deswegen sehr erzürnt über Herodes und es war mit eine Hauptursache ihrer Feindschaft.[33]

Jesus heilte hier auch noch mehrere, darunter Blinde; dann verließ Er Thänath mit Petrus und Johannes. Die vier Jünger gingen gerade gegen Bethoron zu, wohin Maria, Martha, Magdalena und die anderen jerusalemischen Frauen von Dothan aus jetzt ziehen und wo ich meine, dass Jesus sie treffen wird.

Jesus ging nach Antipatris, indem Er vor Thänath gegen Sichem, das Er rechts liegen ließ, über den Brunnen Jakobs westlich von dem Berge Garizim zog, wo sie in einem Tal in jener Herberge einkehrten, in welcher sie den Tag vor dem Gespräch mit Dina gewesen waren. Es ging eine Straße von Sichem nach Jerusalem hier vorüber. Unterwegs fragten Petrus und Johannes mehrmals, ob Er nicht in Aruma oder anderen Orten hier einkehren wolle; Jesus äußerte aber, sie würden ihn nicht aufnehmen, und setzte den Weg nach Antipatris fort.

8. Januar: Ich sah heute mittag ein großes Schmausen im Saal des Herodes. Er war an der Seite gegen den höherliegenden Festsaal der Weiber offen, so dass durch diese offene Seite das ganze Bild der geschmückten, schmausenden und spielenden Frauen quer über den Hof in eine abschüssige Spiegelfläche fiel. Ich wusste nicht, ob es Wasser war, denn es waren viele springende, wohlriechende Wässer in seinen Strahlen und viele Blumenpyramiden und grüne Bäume dazwischen angebracht.

Als man gegessen und viel getrunken hatte, baten die Gäste den Herodes, die Salome wieder tanzen zu lassen, und man räumte den Platz dazu und setzte sich an den Wänden entlang.

Herodes und nächst ihm einige Vertraute, ich meine auch der Tetrarch Philippus war darunter, und nur solche, die Herodianer waren, saßen an einem erhöhten Platz, Herodes aber auf dem Thron. Salome erschien mit einigen Tänzerinnen wieder sehr frech und ganz durchsichtig gekleidet, ihre Brust ruhte auf Bändern, ihre Haare waren teils mit Perlen und Edelsteinen durchwebt, teils flogen sie wie Locken um sie her. Sie hatte eine Krone auf.

Sie tanzte in der Mitte, die anderen umher. Dieser Tanz ist nicht so wild und rasch wie unsere Bauerntänze hierzulande; es ist aber ein stetes Biegen, Beugen und Drehen des Leibes, als wenn sie gar keine Knochen darin hätten, und kaum stehen sie in dieser Stellung, so sind sie auch schon wieder in eine andere übergegangen. Es ist ein beständiges Drehen und Wiegen und Biegen, wie eine Schlange; dabei haben sie Kränze und Tücher in den Händen, die sie um sich her schwenken und schlingen.

Ich habe sonst auch jüdische und besonders heidnische Tänze gesehen, welche mir wegen ihrer Sanftheit und Anmut sehr wohl gefielen. Dieses Tanzen hier aber war auf lauter Unzucht gegründet und ahmte die schändlichsten Leidenschaften nach. Salome übertraf alle und ich sah den Teufel an ihrer Seite, als drehe und biege er ihr alle Glieder, diesen Greuel hervorzubringen.

Herodes war ganz hingerissen und verwirrt von ihren verfluchten Stellungen und als sie schließend vor seinen Thron kam, tanzten die anderen Tänzerinnen weiter und beschäftigten die Aufmerksamkeit der Gäste, so dass nur wenige der Nächsten hörten, wie Herodes zu ihr sagte: «Begehre, was du von mir willst, ich will es dir geben! Ja, ich schwöre dir! So du mein halbes Reich begehrst, will ich es dir geben!» Salome aber sagte: «Ich will meine Mutter fragen, was ich begehren soll!» und verließ den Saal und ging zu dem Saal der Frauen und fragte ihre Mutter. Die befahl ihr, das Haupt des Johannes auf einer Schüssel zu begehren.

Salome eilte zu Herodes zurück und sagte: «Ich will, dass du mir sogleich das Haupt des Johannes auf einer Schüssel gibst!» Sie sagte ihm das, und wenige der nächsten Vertrauten hörten es.

Herodes war wie vom Schlage gerührt vor Schrecken; sie mahnte ihn aber an seinen Schwur, und er ließ durch einen Herodianer seinen Scharfrichter rufen und befahl diesem, Johannes zu enthaupten und das Haupt auf einer Schüssel der Salome zu geben. Da ging der Scharfrichter weg, und Salome folgte ihm nach kurzer Zeit. Herodes aber verließ den Saal mit einigen Vertrauten, die es gehört, als sei ihm nicht wohl, und er war sehr traurig, und ich hörte, dass sie ihm sagten, diese Bitte zu bewilligen, hätte er nicht nötig gehabt; sie versprachen aber einstweilen die größte Verschwiegenheit, um das Fest nicht zu stören. Er war aber sehr betrübt und ging wie unsinnig in den entferntesten Gemächern umher. Das Fest nahm indessen seinen Fortgang.

Johannes war im Gebet. Der Scharfrichter und sein Knecht ließen die beiden Soldaten, welche den Zugang seines Gefängnisses bewachten, mit hereintreten. Die Soldaten hatten Fackeln bei sich; aber ich sah es so licht bei Johannes, dass die Flammen der Fackeln mir wie ein Licht am Tage vorkamen.

Salome harrte in den Vorhallen des weitläufigen Gefängnisses mit einer Magd, und diese hatte dem Henker die mit einem roten Tuch verhüllte Schüssel gegeben. Der Scharfrichter sagte zu Johannes: «Herodes der König sendet mich, dein Haupt auf dieser Schüssel seiner Tochter Salome zu bringen.» Johannes aber ließ ihn nicht aussprechen, er blieb knien und wandte bei seinem Eintritt das Haupt gegen ihn und sagte: «Ich weiß, warum du kommst. Ihr seid meine Gäste, die ich längst erwartet habe. Wüsstest du, was du tust, du würdest es nicht tun. Ich bin bereit.»

Da wandte er sein Haupt von ihm und betete weiter vor dem Stein, vor dem er immer kniend betete. Der Scharfrichter enthauptete ihn mit einer Maschine, welche ich mit nichts vergleichen kann als mit einer Fuchsfalle. Denn ein eiserner Ring wurde ihm um die Schulter gelegt, und durch einen Stoß oder Druck des Henkers fuhren schneidende Eisen durch seinen Hals und trennten augenblicklich das Haupt vom Rumpf.

Johannes blieb knien, das Haupt flog auf die Erde und ein dreifacher, aufspringender Blutstrahl übersprengte das Haupt und den Leib des Heiligen, der so in seinem Blut getauft wurde. Der Knecht des Richters aber hob das Haupt an den Haaren auf, verhöhnte es und legte es auf die Schüssel, welche der Scharfrichter hielt und der harrenden Salome brachte.

Sie empfing es mit Freude und einem heimlichen Grauen und weichlichem Ekel, welchen der Wollust ergebene Menschen vor Blut und Wunden haben. Sie trug das heilige Haupt in der rot bedeckten Schüssel, von der ihr vorleuchtenden Magd begleitet, durch die unterirdischen Gänge, indem sie die Schüssel scheu vor sich weg hielt und den geschmückten Kopf mit ekelnder Miene schief abwandte.

So ging sie durch einsame Wege aufsteigend in eine Art Küchengewölbe unter dem Schloss der Herodias, welche ihr sogleich entgegentrat, die Decke von dem heiligsten Haupt riss, es beschimpfte und misshandelte. Dann nahm sie eine spitze Küchennadel von der Wand, wo mehrere solche Instrumente steckten, zerstach ihm Zunge, Wangen und Augen und schleuderte es, mehr einem Teufel als Menschen gleich, auf die Erde, stieß es mit den Füßen von sich und durch eine runde Öffnung in einen Graben hinab, in welchen man den Abfall und Unrat der Küche zu fegen pflegte. Darauf kehrte das Scheusal nebst ihrer Tochter zu dem Lärm und den Lastern des Festes zurück, als sei nichts geschehen.

Den heiligen Leib sah ich mit dem Fell bedeckt, das er gewöhnlich trug, von den beiden Soldaten auf sein Steinlager gelegt.

Diese Leute waren sehr gerührt, sie wurden aber abgelöst und selbst eingesperrt, damit sie nicht sprechen sollten. Allen, die davon wussten, wurde ein strenges Schweigen auferlegt. Die Gäste dachten nicht an ihn.

(An den folgenden Tagen erzählte Anna Katharina:)

9. Januar: Ich sah den heiligen Leib noch immer liegen. Noch immer stehen die Wachen da, man bringt noch immer Nahrung hin. Sein Tod bleibt verborgen, wahrscheinlich bis zu einer bequemeren Zeit. Das Fest dauert fort, aber Herodes nimmt nicht teil. Ich habe ihn in einem entlegenen Garten mit seinen Vertrauten sehr verwirrt und traurig herumlaufen sehen. Es ist allerlei Spiel und Gaukelei den ganzen Tag, und sie berauschen sich so weit, dass sie zu aller Frechheit aufgelegt sind.

Sie saufen sich nicht von Sinnen, wie bei uns, ich habe niemand berauscht umfallen sehen. Die Frauen trinken auch, und ihre hergebrachte Absonderung ist übler als wenn sie offen bei den Männern wären, denn sie folgen ihrer Augenlust, bestellen sich, wen sie wollen, unter allerlei Verlarvungen, und treiben alle Schande. Es ist ein schreckliches Lasterleben.

10. Januar: Der heilige Leib liegt noch still, wie sonst. Im Schloss, in einem runden Theater auf Stufen, saß heute alles voll; die Weiber waren auch da, Herodes nicht. Ich sah allerlei Gaukelwerk, und braune, gelbe und schwarze Männer nur mit einer Binde um die Mitte des Leibes, schmierten sich mit Öl und sprangen und liefen sich nach und prügelten sich und warfen sich nieder.

Auch sah ich wilde Tiere untereinander und Leute mit Tieren kämpfen und sie töten. Es waren allerlei Possen da, manchmal wollte einer in ein Häuschen auf eine Säule springen, da lief das Haus und die Säule fort, es stand ein Kerl darin und prügelte den anderen. Auch sah ich, dass sie leichte Ballen, wie Blasen auf hohen Säulen stehen hatten; sie schossen und stachen mit feurigen Spießen hinein, da zerknallten die Blasen und flogen brennend in die Höhe und lagen hie und da auf den Dächern.

11. Januar: Ich habe den heiligen Leib noch immer liegen sehen, und alles geschieht zum Schein wie sonst. Im Schloss geht es noch immer wüst her. Heute haben sie einen hohen Turm vorgestellt, der voll Pech und Schwefel war. Arme Sklaven stiegen drum her und steckten ihn an und es stieg eine schreckliche Feuersäule daraus in die Höhe. Alle Berge waren voll davon und man muss es in Jerusalem haben sehen können. Leider verbrannten ein paar Sklaven dabei.

Die Art der Spiele, Kleidungen, Einrichtungen und Gebräuche sind ganz, wie auf der Hochzeit der Datula auf der Insel Kreta[34], (dies bezieht sich auf die Geschichte einer in den ersten Jahrhunderten christlich gewordenen Königstochter von Kreta, deren Leben die gottselige Anna Katharina geschaut und erzählt hat); wie dies an geeignetem Ort einmal wird mitgeteilt werden, nur dass hier alles greulich und sündhaft getrieben wird, während in Kreta alles rein und unschuldig war.

Auch sind hier in Machärus alle Gebäude, Spielplätze, Höfe und Säle eng bei- und übereinander, und dort war alles so geräumig und angenehm von Wegen und Gärten und schönen Plätzen, Galerien, Stufen und Säulengängen unterbrochen.

Ich meine, es muss auch noch ein Krieg des Herodes mit dem Vater seiner ersten Frau eintreten, denn diese hatte erfahren, dass er sie verstoßen und dieses Weib nehmen werde, als er sie noch nicht bei sich hatte und eben von der Reise zurückkam, wo er sie gesehen hatte. Sie bat den Herodes damals um Erlaubnis, nach Machärus gehen zu dürfen, ging aber statt dessen zu ihrem Vater Aretas und blieb bei diesem, der sehr erbittert ist und auch einmal heimlich bei Johannes war. Ich glaube der Krieg wird sein, während Jesus abwesend in Thyrus oder sonst wo ist.

Jesus in Antipatris –
Heilung eines lahmen Mädchens

8. Januar: Jesus ging heute noch von der Herberge westlich meist in einem Tale längs einem Flüsschen. Sie umgingen mehrere kleine Orte und Jesus lehrte Petrus und Johannes vom Gebet, und ich hörte ihn unter anderem das Gleichnis aussprechen, wie ein Freund in der Nacht an die Tür seines Freundes pocht und ihn bittet, ihm drei Brote zu leihen. – Am Abend kamen sie in eine sehr baumreiche Gegend vor Antipatris und blieben in der Herberge daselbst.

Antipatris ist eine sehr schöne und von Herodes neu zur Ehre Antipaters an der Stelle eines kleineren Ortes Kaphar Saba gebaute Stadt. Ich habe viel von diesem Ort gesehen und weiß nur noch, dass im Kriege mit den Makkabäern ein Feldherr Lysias in Kaphar Saba lag, dass es damals schon Türme und Mauern hatte, und dass dieser Lysias, als er immer von Judas Makkabäus geschlagen wurde, sich hier mit ihm vertrug, auch andere Völker von Judäa abwendete und noch selbst große Geschenke zur Wiederherstellung des Tempels brachte.

Ich sah viel von ihm, was ich nicht mehr weiß. Es geschah dies, als ein schändlicher Kerl, der, wie ich meine, Schamai geheißen hat, in Samaria war, von dem ich auch allerlei vergessen habe. Später sah ich vor diesem Ort, der sechs Stunden vom Meer entfernt liegt, eine mehrere Stunden lange Mauer, und mehrere hölzerne Türme dazwischen, auch von einem der Makkabäer bauen. Ich sah auch, wie Paulus als Gefangener durch diese Stadt nach Cäsarea geführt wurde.

9. Januar: Am Morgen ging Jesus mit Petrus und Johannes und noch mehreren Leuten in die Stadt, ohne weiteren Empfang der Bürger. Antipatris liegt an einem Flüsschen und ist von vielen ungemein großen Bäumen umgeben, auch im Innern der Stadt sind viele Gärten und stattliche Alleen; es ist ganz in Grün gehüllt. Antipatris ist groß und auf heidnische Weise gebaut, man kann auf der Straße fast immer unter Säulengängen gehen.

Jesus ging nach dem Haus eines Stadtobersten, der Ozias hieß, Er war hauptsächlich wegen dieses Mannes gekommen, dessen Kummer ihm wohl bekannt war. Er hatte ihm schon gestern abend einen Boten in die Herberge vor die Stadt gesandt und ihn zu sich eingeladen, denn seine Tochter war sehr krank, und Jesus hatte ihm sagen lassen, dass Er heute kommen wolle.

Ozias empfing ihn und die beiden Apostel sehr ehrerbietig, wusch ihnen die Füße und wollte ihnen einen Imbiss geben. Jesus aber ging sogleich zu der Kranken und die beiden Apostel gingen durch die Stadt, seine Lehre in der Synagoge anzuzeigen.

Ozias war ein Mann von etwa vierzig Jahren, seine Tochter hieß, wie eine Tochter Sauls, Michol. Sie mochte etwa 14 Jahre alt sein und lag gerade ausgestreckt auf einem Lager, war bleich und abgezehrt und so lahm, dass sie keines ihrer Glieder regen konnte, nicht einmal den Kopf heben oder bewegen, man musste ihr selbst die Hände von einer Stelle auf die andere legen.

Die Mutter war zugegen und verbeugte sich verschleiert demütig vor Jesus, der dem Lager der Jungfrau nahte. Die Mutter lag gewöhnlich an der anderen Seite des Lagers auf einem Polster, um der Tochter zu helfen. Da aber Jesus bei dem Lager der Tochter niederkniete, denn es war sehr niedrig, stand sie jenseits ehrerbietig, und der Vater stand zu den Füßen des Lagers.

Jesus sprach mit der Kranken, betete und hauchte ihr ins Angesicht und winkte der Mutter, ihm gegenüber zu knien, und sie tat es. Nun goss Jesus etwas Öl, das Er bei sich trug, in die flache Hand und salbte mit den beiden ersten Fingern der rechten Hand der kranken Jungfrau die Schläfe und Stirn und dann die Gelenke ihrer rechten und linken Hand und ließ seine Hand einige Augenblicke auf ihren Handgelenken ruhen. Dann befahl Er der Mutter, über der Magengegend Michols das lange Kleid zu öffnen, und berührte auch diese Stelle mit Öl. Darauf zog die Mutter den Saum der Decke von den Füßen ihrer Tochter, und Jesus salbte auch diese. Nun sagte Jesus: «Michol, gib mir deine Rechte, und deiner Mutter die Linke!» Da erhob sie zum ersten Mal die beiden Hände und reichte sie dar, und Jesus sagte: «Stehe auf, Michol!» und erhob sich selbst, wie auch die Mutter, und das hagere bleiche Kind richtete sich erst sitzend auf und dann auf die Füße, schwankend und ungewohnt.

Jesus und die Mutter führten sie dem Vater in die offenen Arme und auch die Mutter empfing sie, und sie weinten vor Freude und warfen sich alle drei Jesus zu Füßen.

Es kamen nun auch die Diener und Mägde des Hauses heran und waren voll Freude und priesen den Herrn. Jesus aber befahl, Brot und Weintrauben zu bringen, die sie auspressen mussten. Er segnete beides und befahl der Jungfrau, hiervon ein wenig zu essen und zu trinken und dies einige Male zu wiederholen.

Das Mädchen war auf seinem Lager mit einem langen Hemd von feiner, natürlicher Wolle bekleidet. Das Bruststück war auf den Achseln angeheftet, so dass man es öffnen konnte. Ihre Arme waren mit breiten Streifen desselben Stoffes, welche am Rückenteil fest waren, umwickelt. Unter diesem Hemd trug sie eine Decke über Brust und Rücken, welche durch Achselbänder wie ein Skapulier verbunden, an der Seite aber offen waren.

Als das Mädchen aufgestanden war, umhüllte die Mutter sie noch mit einem großen leichten Schleier. Sie ging im Anfang noch sehr schwankend und ungeschickt, wie eine, die das Gehen und Aufrechtstehen ganz verlernt hat. Sie legte sich dann wieder nieder und aß. Da nun aber ihre Freundinnen und Gespielen voll scheuer Neugierde kamen, ihre bekannt gewordene Heilung mit Augen zu sehen, richtete sie sich auf und ging ihnen gar rührend und schwankend entgegen, und die Mutter führte sie wie ein Kind.

Die Mädchen waren so froh und freudig, umarmten und führten sie. Ozias fragte auch Jesus, ob die Krankheit seines Kindes wegen einer Schuld seiner Eltern auf sie gekommen sei, und ich meine, Jesus sagte: «Durch eine Fügung Gottes.»

Auch alle die Gespielen der Genesenen dankten dem Herrn und Jesus hielt vor einer zahlreichen Versammlung eine Ermahnung und ging nach dem Vorhof des Hauses, wo viele Menschen mit Kranken auf die Nachricht von seiner Anwesenheit hingekommen waren. Hier befanden sich auch Petrus und Johannes.

Jesus heilte noch mehrere Kranke aller Art; dann begab Er sich von vielen Menschen begleitet zur Synagoge, wo ihn die Pharisäer und eine große Volksmenge bereits erwarteten. Er erzählte unter anderem eine Parabel von einem Hirten und sagte, Er suche verlorene Schafe und habe seine Knechte gesandt, sie aufzusuchen, und Er wolle für seine Schafe sterben. Er sagte auch, Er habe eine Herde auf seinem Berg, die sei sicher, und wenn der Wolf eines fresse, sei es selber schuld daran. Er erzählte auch eine Parabel, indem Er von seiner Sendung sprach und sagte: «Mein Vater hat einen Weinberg.»

Da sahen sich die Pharisäer schon spöttelnd an, und als Er nun die ganze Parabel erzählte, wie alle Diener seines Vaters von den schlechten Rebleuten misshandelt würden und Er seinen Sohn nun selbst schicke und sie diesen hinausstoßen und töten würden, lachten und spotteten sie und fragten sich: «Wer ist er? Was will er? Wo hatte sein Vater je einen Weinberg? Er hat den Verstand verloren! Er ist ein Tor, da sieht man es ja!» und sie lachten ihn aus und schmähten ihn. Jesus aber verließ mit Petrus und Johannes die Synagoge, und sie höhnten hinter ihm her, seine Wunder aber schrieben sie der Zauberei und dem Teufel zu.

Jesus ging nochmals mit Ozias in sein Haus, heilte im Vorhof noch einige Kranke, aß ein wenig und erhielt noch Brot und Balsam mit auf den Weg.

Über die Heilungsarten des Herrn

Ich hatte noch eine innere Weisung, dass jede der verschiedenen Heilungsarten Jesu eine eigene geheimnisvolle Bedeutung habe. Ich kann das jedoch nicht so wiedergeben, wie ich es sah. Es hatte einen Bezug auf die geheime Ursache und Bedeutung der Krankheit und auf das Seelenbedürfnis des Menschen.

So empfingen beispielsweise die mit Öl gesalbten eine gewisse geistliche Stärkung und Kraft, welche mit der Bedeutung des Öls gegeben wird, und keine dieser Handlungen war ohne eigentlichen Inhalt. Jesus setzte mit diesen Formen allerlei Gebräuche ein, welche die Heiligen und heilenden Priester nachher in seinem Namen wieder geübt, und teils von der Tradition empfangen, teils durch den Heiligen Geist in Jesu Namen wieder geübt haben.

So wie der Sohn Gottes, um Mensch zu werden, den Leib des reinsten Geschöpfes erwählte, und nicht außer der Natur als Mensch herabkam, so gebrauchte Er auch oft reine und durch seinen Geist gesegnete einfache Kreaturen als Heilungsstoffe, z.B. Öl, und gab den Genesenen nachher Brot und Weinbeersaft.

Andere Male heilte Er durch Befehl selbst in die Ferne, denn Er war gekommen, das Verschiedenste zu heilen auf verschiedenen Wegen und für alle, die glaubten, genugzutun in dem einen Kreuzestod, in welchem alle Peinen und Schmerzen und Bußen und Genugtuungen enthalten waren. Er schloss erst die Fesseln und Bande zeitlicher Not und Strafe mit verschiedenen Schlüsseln der Liebe auf, lehrte mannigfaltig, heilte mannigfaltig, half auf alle Weise und schloss dann das Tor der Sühnung des Himmels und der Vorhölle mit dem Hauptschlüssel, dem Kreuzschlüssel, auf.

Michol, die Tochter des Ozias, war von Jugend auf lahm, durch eine Gnade war sie so lange mit Ohnmacht gebunden. Während der Zeit zur Sündengefahr war sie durch Krankheit gefesselt und ihren Eltern zur Übung der Liebe und Geduld gegeben.

Wäre sie von Jugend auf gesund gewesen, was wäre vielleicht aus ihr und ihren Eltern geworden? Jesus wäre nicht von ihnen ersehnt worden, hätte sie nicht beglückt, sie hätten nicht an ihn geglaubt, sie wäre nicht von ihm geheilt und gesalbt worden, was ihr eine große Kraft und Stärkung an Leib und Seele gab.

Ihre Krankheit war Prüfung, eine Folge von innerer Sündenmitgift, oder eine wohltätige Zucht und Heilstat für ihre und ihrer Eltern Seelen. Ihre Geduld und die Ausdauer der Eltern war ein Mitwirken mit der Gnade und brachte allen die Krone des ihnen verhängten Kampfes, die Heilung durch Jesus an Leib und Seele. Welche Gnade, gebunden zu sein zu allem Bösen und doch frei zum Guten im Geist, bis der Herr kommt und Leib und Seele löst!

Jesus sprach noch mit Ozias. Dieser erzählte ihm auch von dem Einsturz des Turmes von Siloe und von den verunglückten Menschen und sprach mit Abscheu von Herodes, den einige insgeheim in Verdacht hatten. Jesus sagte auch hier, es würden größere Plagen über die Verräter und falschen Baumeister kommen als über jene, und wenn Jerusalem das Heil nicht annehme, werde der Tempel dem Turme wohl folgen. Auch von der Taufe des Johannes sprach Ozias und hoffte, Herodes werde ihn an seinem Geburtsfest freilassen. Jesus sagte, zu seiner Zeit würde er frei sein. Die Pharisäer in der Synagoge hatten ihm auch gesagt, Er solle sich in Acht nehmen, dass Herodes ihn nicht zu Johannes einsperre, wenn Er so fortfahre. Er hat nicht darauf geantwortet.

Jesus ging etwa um fünf Uhr nachmittags mit Johannes und Petrus aus Antipatris südwestlich gegen Ozensara, welches vier bis fünf Stunden davon entfernt ist. Hier in Antipatris liegen römische Soldaten, und es werden hier viele ganz große Holzstämme durchgebracht nach der See hin zum Schiffbau. Auf dem Weg nach Ozensara begegneten sie mehreren solchen Balken, die mit vielen großen Ochsen bespannt und von römischen Soldaten begleitet waren. Auch wurden Bäume in der Gegend gefällt und behauen. Jesus belehrte mehrere solcher Arbeiter.

Sie kamen spät nach Ozensara. Es ist ein von einem Flüsschen in zwei Teile getrennter Ort. Jesus kehrte hier bei bekannten Leuten ein, lehrte und ermahnte viele Leute, die sich bei der Herberge versammelt hatten. Er ist bei seinem Weg zur Taufe schon einmal hier gewesen. Er heilte einige und segnete kranke Kinder.

Jesus in Bethoron und Betanien

10. bis 12. Januar: Es sind ungefähr sechs Stunden von Ozensara nach Bethoron. Ich sah mehrere Städte am Weg dahin und seitwärts liegen, wie Ajalon, Bealoth, aber ich kann nicht alle mehr nennen. Jesus ist mit den Aposteln um alle diese Orte herumgegangen. Etwas vor Bethoron gingen Johannes und Petrus voraus. Jesus ging allein hinein und die drei ägyptischen Jünger nebst dem Sohn der Johanna Chusa kamen ihm dort entgegen.

Er ging mit ihnen in ein bekanntes Haus an der Mauer. Sie brachten ihm Nachricht, dass die heiligen Frauen vier Stunden nördlich von hier in Machmas den Sabbat hielten, welches auch vier Stunden nördlich von Betanien an einem Engpass liegt. Sie hatten dort Freunde. Machmas ist der Ort, wo Jesus in seinem zwölften Jahr das Gefolge seiner Eltern verließ und zum Tempel zurückkehrte. Hier vermisste ihn Maria und glaubte ihn in Gophna voraus, von wo sie, ihn auch hier nicht findend, wieder voll Trauer und Angst nach Jerusalem zurückkehrte. Es ist ein Schullehrer dort, welchen die heiligen Frauen kennen.

Hier in Bethoron ist an der anderen Seite gegen Betanien zu auch eine Levitenschule, wo die Heilige Familie bekannt ist und wo Anna und Joachim übernachteten, als sie Maria zum Tempel brachten, wie auch sie selbst, da sie als Braut Josephs nach Nazaret zurückkehrte. Es sind heute mehrere jerusalemische Jünger, unter anderen Josephs von Arimathäa Neffen, dort angekommen und dann mit Johannes und Petrus, die vorausgegangen waren, die Herberge zu bestellen, zu Jesus gegangen, der in dem Haus an der Abendseite Fußwaschung und Imbiss erhielt und einige Leute heilte, auch sagte, dass Er nach der Synagoge wiederkehren wolle. Er ging hierauf in die Synagoge, wo Er die Sabbatslektion unter manchen Einwürfen der Pharisäer auslegte.

Nach der Lehre kehrte Er in das Haus zurück, wo die Kranken seiner warteten, und heilte noch viele, auch einige blutflüssige Frauen, und segnete kranke Kinder. Die Pharisäer hatten ihn zu einem Mahl eingeladen und als Er ihnen zu lange ausblieb, kamen sie, ihn zu rufen und sagten ihm, alles habe seine Zeit, auch das Heilen, der Sabbat gehöre Gott, es sei nun genug. Jesus sagte zu ihnen: «Ich habe keine andere Zeit und kein anderes Maß, als den Willen des himmlischen Vaters.» Und als Er mit Heilen fertig war, ging Er hierauf mit den Jüngern zu ihrem Mahl.

Die Pharisäer brachten bei dem Mahl noch allerlei vor, unter anderem, man sage, es ziehen schlechte Weiber mit ihm umher. Sie hatten von der Bekehrung Magdalenas, Maria Suphanitis und der Samaritin gehört. Jesus erwiderte, so sie ihn erkennten, würden sie anders sprechen. Er sei gekommen, sich der Sünder zu erbarmen. Er sprach auch von offenen Schäden, welche geheilt, den Menschen rein machen, und von innen versteckten Geschwüren, wodurch rein Erscheinende innerlich voll Schmutz seien.

Sie sagten ferner, dass seine Jünger sich vor dem Mahl nicht waschen, und Jesus hielt eine nachdrückliche treffende Lehre über und gegen die Heuchelei und Scheinheiligkeit der Pharisäer. Er erzählte eine Parabel, als sie von den schlechten Weibern sprachen, deren Inhalt war, welcher Schuldner besser sei, der, welcher große Schuld hat und demütig um Erlass fleht, und dennoch alles treu abarbeiten will, oder der, welcher auch alles schuldig ist, aber immerfort prasst, und so wenig zu zahlen gedenkt, dass er noch das Eingeständnis des Schuldners schmäht.

Er erzählte noch vom guten Hirten und vom Weinberg, wie zu Antipatris, allein sie nahmen alles kalt und obenhin. Jesus herbergte an der anderen Seite von Bethoron in der Leviten-Schule mit den Jüngern. Ober-Bethoron liegt so hoch, dass man es von Jerusalem aus sehen kann, Nieder-Bethoron liegt am Fuß des Berges.

11. Januar: Jesus lehrte und heilte heute wieder in Bethoron und hatte nochmals mit den Streitigkeiten der Pharisäer zu tun. (Die Erzählende ist zu schwach, um mehr mitteilen zu können.)

12. Januar: Von Bethoron sind es ungefähr sechs Stunden nach Jerusalem. Jesus umging alle zwischenliegenden Orte, nur durch Anathot musste er, es liegt nicht weit von Betanien. Er verweilte

hier, heilte und lehrte. Die heiligen Frauen hatten von Machmas nur noch vier Stunden nach Betanien und sind gestern nach dem Sabbat noch nach Hause gegangen. Der Ort, wo sie den Sabbat gehalten, war wirklich Machmas. Ich habe den Namen vor dem Ort auf einem Stein eingehauen gesehen. (Als Anna Katharina dies sagte, las sie wieder die einzelnen Buchstaben auf dem Stein und sprach sie aus, als stehe Machemas geschrieben, nannte aber doch das ganze Wort «Machmas».[35])

Magdalena

Lazarus ist bereits wieder in Betanien angekommen. Er hat alles in Magdalum geordnet und einen Mann, den er mitgebracht, dort zur Verwaltung des Schlosses und des Gutes zurückgelassen, und ich hoffe, dass der Mann, welcher bis jetzt mit Magdalena dort in Sünden gelebt hat, sich auch bekehren wird, denn er ist nicht verstoßen worden, sondern Lazarus hat ihn ernstlich ermahnt und ihm Wohnung und Unterhalt auf dem hochliegenden Gut bei Ginnim angewiesen, was er auch ohne Trotz angenommen hat.

Magdalena bezog bei ihrer Ankunft in Betanien gleich die Wohnung ihrer verstorbenen Schwester, der stillen Maria, von welcher sie so sehr geliebt worden war. Sie brachte die ganze Nacht in Tränen zu, und als Martha sie am Morgen aufsuchte, fand sie Magdalena auf dem Lager der Schwester mit zerzausten Haaren weinend liegen, sie hatte schon lange so gelegen.

Die Frauen aus Jerusalem waren gleich dahin zurückgekehrt. Sie hatten alle die Reise zu Fuß zurückgelegt, und so schwach von ihrer Krankheit und Seelenerschütterung und so ungewohnt Magdalena des Fußreisens auch war, wollte sie doch nicht anders reisen und hatte sich die Füße ganz blutig gelaufen. Die Frauen, welche sie seit ihrer Bekehrung unaussprechlich liebten, führten sie oft. Sie war bleich und von Tränen ganz verzehrt, dennoch konnte sie ihre Sehnsucht, Jesus zu danken, nicht bezwingen.

Sie entfernte sich heimlich mit ihrer Magd, ging ihm über eine Stunde weit entgegen und warf sich vor seinen Füßen nieder und benetzte sie mit Tränen der Reue und des Dankes. Jesus reichte ihr die Hand, hob sie auf und sprach freundlich, auch von ihrer verstorbenen Schwester Maria, mit ihr. Er sagte ihr, sie solle in deren Fußstapfen treten und büßen, wie diese gebüßt, obschon sie nicht gesündigt habe. Magdalena kehrte mit ihrer Magd auf einem anderen Weg zurück.

Jesus verteilte vor Betanien seine Jünger, welche teils nach Jerusalem zogen, und ging mit Petrus und Johannes in die Gärten des Lazarus, welcher ihm entgegen kam und ihnen wie gewöhnlich in der Halle die Füße wusch und den Imbiss reichte.

Nikodemus, der sich mehr in Acht nahm, war nicht hier, aber Joseph von Arimathäa. Jesus hielt sich ganz innerhalb des Hauses auf und sprach mit niemandem als den Hausgenossen und Frauen.

Ich habe ihn auch mit Maria, seiner Mutter, allein sprechen hören vom Tod des Johannes. Sie wusste davon durch eine innere Offenbarung, so auch Jesus. Er sagte ihr, binnen acht Tagen etwa wieder nach Galiläa zurückzukehren, ehe die galiläischen Gäste des Herodes aus Machärus dahin zurückkehrten, um desto ungestörter auf den ruhigen Wegen reisen zu können.

Mir fällt hier ein, dass ich vergessen habe zu sagen, wie die Jünger Jesu, welche mit ihm, jedoch getrennt, nach Judäa wanderten, zerstreut und oft nicht sehr entfernt von seinem Aufenthalt von Ort zu Ort in alle einzelnen Hütten und zu Hirten gingen und fragten: «Sind keine Kranken hier, auf dass wir sie heilen im Namen Jesu unseres Meisters, und ihnen das umsonst geben, was Er uns umsonst gegeben?»

Und sie salbten die Kranken mit Öl und diese genasen. Wie ich sah, taten das viele Jünger, denn Er hatte auch ihnen diese Gabe und das Öl gegeben.

Einiges vom Tod des hl. Johannes

Sein Tod wird noch ganz verschwiegen, ja es begegnete Jesus auf der Reise nach Betanien sogar das Gerücht, Johannes habe seine Freiheit erhalten und wohne frei dem Fest in Machärus bei.

Ich weiß nicht, ob man dies mit Absicht so ausgestreut hat. Das Fest währt noch längere Zeit fort, sobald Herodes aufgehört hat zu traktieren, dann fängt noch das schändliche Weib an, ihm ein Fest zu geben.

Fünf Menschen, welche darum wussten, sind auf Befehl der Herodias eingekerkert und außer alle Verbindung gebracht; es sind dies die zwei Wachen, der Scharfrichter und sein Knecht, und die Magd der Salome, welche ein Mitleid zeigte.

Niemand ahnte etwas, außer den Vertrauten, welche es wussten. Die Feste gehen weiter, Herodes ist zwar noch zurückgezogen, wenn aber die Feste beginnen, welche das Weib gibt, wird er wohl durch das Scheusal wieder zum Vorschein gelockt werden.

Über abweichende Gesichte

(Der Schreiber teilte hier der gottseligen Anna Katharina mit, dass Maria von Agreda in ihrem Leben Mariä erzähle, Herodes habe den Johannes dreimal von sechs Männern geißeln und peinigen lassen und Jesus und Maria seien ihm erschienen und hätten ihn geheilt. Er sei in Ketten und Banden gelegen und schier verhungert, wenn ihn Jesus und Maria nicht ernährt hätten. Sie seien ihm mit unzähligen Engeln bei seiner Hinrichtung erschienen, Maria habe sein Haupt mit ihren Händen aufgefangen, und zu all diesem sei Zeit genug gewesen, weil die Henker sich gezankt, wer das Haupt überbringen solle. Hierauf erwiderte Anna Katharina:)

«Ich habe oft solche Sachen gehört, welche ganz missverstanden sind; denn es sind die Gesichte bei Vielen nicht historisch, wie die Sachen geschahen, sondern Betrachtungen, und werden dann, wie es auch Abbildungen gibt, für wirklich genommen, aber ganz mit Unrecht, obschon sie der Bedeutung nach allerdings wahr sind. Wenn man selten und nicht zusammenhängend sieht, würde man das Ganze seinem Inhalt nach nicht fassen können, wenn nicht alles ineinander vermischt und verbunden erschiene.»

Wenn einer sehen sollte, dass ein Hingerichteter betet: «Herr, ich lege mein Haupt in deine Hände», und auch, dass Gott dieses

Gebet erhört, so könnte er leicht sehen, dass der Enthauptete seinen Kopf dem Herrn, der neben ihm steht, in die Hände legt, und es wäre dies zwar geistlicher Weise wahr, obschon sein Haupt irdischer Weise vor aller Augen auf die Erde fiel.

So mag dieser Seligen mit den Ketten und Banden die Wut der Herodias und die Schandtaten und Sünden im Schlosse, die Johannes fühlte, vorgestellt worden sein, und dass er Marias, in welcher er, selbst noch im Mutterleibe, Jesus vor seiner Geburt schon begrüßte und verkündigte, auch vor seiner Geburt in das ewige Leben gedachte. Man kann auch alle Gedanken und Gebete eines Menschen in Bildern sehen, ohne dass sie je körperlich geschehen sind. Hierdurch scheinen oft manche Gesichte verschiedener Personen sich zu widersprechen und werden missverstanden. Sie sind aber Betrachtungen und durch die Art und das Verständnis der Sehenden verschieden.

Ich habe gesehen, dass Johannes vor seiner Entlassung aus der ersten Gefangenschaft gegeißelt wurde, jedoch nur unbedeutend und mehr zum Scheine, weil er statt der Aufforderung, des Herodes Verbindung mit dem Weib zu billigen, ihm und ihr ins Angesicht vor allen Anwesenden dieselbe nur noch heftiger als je gerügt hat. Hierauf wurde er freigelassen; es sollte dies nur eine Warnung sein und war auch sonst so gebräuchlich.

Ich habe auch gesehen, dass der Kerker um Johannes oft ganz licht war und besonders vor und während seiner Enthauptung, dass er auch oft ganz in Liebe und Anbetung zu Jesus versunken, innerliche Anschauungen von Jesus empfing, und an die Mutter des Herrn gedenkend, sie lebhaft vor sich sah, wie ihm das schon als Kind und Mann in der Wüste geschah.

Jesus in der Umgebung von Jerusalem

13. und 14. Januar: Ich sah Jesus heute morgen über den Ölberg und dann mittagwärts gehen, und am Fuß des Berges in einer Art Dorf oder Lagerort von Handwerksleuten, Maurern und Sklaven verweilen, die Leute lehren und trösten und sehr viele heilen.

Es war dieser Ort ein Aufenthalt von lauter armen Taglöhnern und Maurern, die an den steten Bauten am Tempelberg und anderen öffentlichen Werken arbeiteten. Es waren einige Küchen dort und arme Frauen kochten ihnen für ein geringes Entgelt Speise. Es waren sehr arme Leute und viele Galiläer darunter, auch Leute, welche Jesu Lehren und Wunder in Galiläa beigewohnt und selbst solche, die Er geheilt hatte. Es waren Leute von Gischala, des Hauptmannes Serobabel von Kapharnaum Gütern, und besonders viele aus einem Örtchen nicht weit von Tiberias an der Nordhöhe des Tales von Magdalum gelegen, wo es sich gegen das Galiläische Meer öffnet, südlich von dem Gartendorf Serobabels. Es liegt dort, wo die Orte von der Ostseite des Sees, besonders die Eisen führenden Schiffe von Chorazin her ihren Hafen haben.

Es wohnen meistens solche Arbeitsleute dort. Jesus heilte mehrere Kranke unter diesen Leuten und sie jammerten gegen ihn über das große Unglück, das vor etwa vierzehn Tagen bei dem Einsturz der Bauwerke geschehen war, und baten ihn, doch auch zu mehreren Verwundeten zu gehen, welche noch mit dem Leben davongekommen waren.

Hundert weniger sieben Menschen sind dabei außer den achtzehn Verrätern getötet worden. Jesus ging zu jenen Verwundeten und tröstete und heilte sie.

Er heilte mehrere, welche Kopfquetschungen hatten, durch Ölsalbung und Drücken des Kopfes; zerschmetterte Hände, an denen Knochensplitter vorstanden, durch Zusammenschieben der Trümmer, Salben und Halten der Hand; zerbrochene Arme, in der Binde ruhend, salbte er, hielt die Bruchstellen in der Hand und sie waren heil, so dass sie sie aus der Binde lösen und bewegen konnten; Er schloss die Wunden verlorener Glieder.

Ich hörte, wie Er zu den versammelten Leuten sagte, sie würden noch mehr zu beweinen haben, wenn das Schwert die Galiläer treffen werde. Er ermahnte sie, dem Kaiser alle Abgaben ohne Murren zu zahlen und sagte einigen, wenn sie es nicht vermöchten, so wolle Er es ihnen geben, sie sollten nur den Lazarus darum bitten in seinem Namen, der werde es ihnen geben.

Jesus sprach hier ungemein rührend und ich hörte die Leute klagen, sonst habe man noch am Teiche Bethesda Hilfe erlangen können, jetzt aber hätten die armen Leute keine Hilfeleistung mehr dort und müssten ewig schmachten, auch höre man seit langem von keiner Genesung mehr dort.

Ich sah Jesus weinen, als Er über den Ölberg ging; Er sagte auch zu den Leviten: «Wenn diese Stadt das Heil nicht annimmt, so wird der Tempel zerstört werden, wie jetzt diese Gebäude zusammengestürzt sind, und eine sehr große Zahl wird unter ihm versinken», sie sollten sich das Ereignis von neulich zur Warnung dienen lassen, es solle ihnen ein Vorbild sein.

Von dem eingestürzten Turm Siloe

Ich habe nun auch gesehen, wie das Bauwerk eingestürzt ist, es geschah an der Mittagsseite des Tempelberges. Es sollte da eine große Wasserleitung gebaut werden, um das Blut aus dem Tempel in das Tal zu schwemmen, wohin der Teich Bethesda seinen Abfluss hat. Pilatus hatte auf allerlei Weise Geld dazu erpresst und es ist da ein infamer Kerl im Synedrium – (der Name fällt ihr nicht ein) – der hält es heimlich recht mit den Herodianern und lauert allerlei für den Herodes auf.

Der hat nun dem Pilatus, dem es an tauglichen Steinen und Baumeistern fehlte, von dem Herodes solche verschafft und hat auf Veranlassung des Herodes und der Herodianer, von welcher Sekte diese Baumeister auch waren, den ganzen Bau so verräterisch eingerichtet, dass alles zusammenstürzen, viel Unglück geschehen und der Groll gegen den Pilatus vermehrt werden sollte. – Die achtzehn herodianischen Baumeister standen dem Tempelberge gegenüber auf der Höhe auf einem Gebäude und befahlen, die Holzgerüste, über welche alles gewölbt war, abzunehmen, es sei jetzt alles fest.

Die armen Leute standen überall an den hohen Bogen arbeitend, da brach alles auseinander, und die ungeheuren Mauern stürzten auseinander und nieder, und man hörte nichts als Jammergeschrei und alles floh und schrie. Krachen und Staubwolken erfüllten die Gegend, viele kleine Wohnungen wurden mit hinabgerissen, und eine Menge von Arbeitern und auch Leute am Fuße des Tempelberges kamen um.

Der Ort aber, wo die achtzehn Verräter standen, rutschte durch die Erschütterung auch ein, und sie wurden im Schutt ganz zerschmettert und begraben. Es geschah dies in den Tagen kurz vor den Festlichkeiten zu Machärus, und darum ist wohl auch kein einziger römischer Offizier oder Beamter auf das Fest gekommen, denn Pilatus ist sehr auf den Herodes erbittert und gedenkt sich an ihm zu rächen. Noch jetzt wird an dem Schutt geräumt und werden Leichname herausgezogen. Es ist ein sehr weitläufiger Bau gewesen und der Schaden ist sehr groß.

Bei dem Bau dieser Wasserleitung, der durch Verräterei des Herodes einstürzte, entzweiten sich Pilatus und Herodes und bei dem Tode Jesu oder der Zerstörung des wahren Tempels versöhnten sie sich wieder. Jener Einsturz vergrub die Verräter mit, diese Zerstörung führte das Gericht über die ganze Judenschaft.

Jesus in der jerusalemischen Herberge von Maria und Joseph

Ich sah Jesus mit seiner Begleitung um Mittag vor dem Tor, durch das man nach Bethlehem geht, etwa eine Viertelstunde vor der Stadt, in dem Haus, wo Maria und Joseph an seinem vierzigsten Lebenstag mit ihm verweilten, da sie zum Tempel gingen, ihn darzustellen. Hier hatte auch Anna, zur Krippe reisend, übernachtet, und Jesus in seinem zwölften Jahr, als Er bei Machmas die reisenden Eltern verließ und zum Tempel zurückkehrte.

Es wohnen sehr fromme einfältige Leute in dieser kleinen Herberge, in welcher Essener und andere fromme Menschen einkehren. Es waren jetzt die Kinder jener Eltern, die damals hier gelebt, und auch noch ein alter Mann da, der sich an alles wohl erinnerte. Sie kannten Jesus nicht mehr, Er war seitdem nicht dort gewesen, und meinten, Er sei vielleicht Johannes der Täufer, von dem auch hier das Gerede ging, er sei jetzt freigelassen.

Ich sah hier etwas sehr Rührendes. Sie zeigten Jesus in einem Winkel des Hauses eine Windelpuppe, genau so gekleidet, wie

Maria ihn zum Tempel trug und in einer ähnlichen Krippe liegend, und es brannten Lichter und Lampen, wie aus Papierblüten heraus, dabei. Sie sagten ihm: Jesus von Nazaret, der große Prophet, vor dreiunddreißig Jahren in Bethlehem geboren, sei mit seiner Mutter hier gewesen. Was von Gott komme, dürfe man ehren, und so feiern sie seinen Geburtstag sechs Wochen lang, so gut wie Herodes' Geburtstag gefeiert wurde, der kein Prophet sei.

Diese Leute waren durch den Umgang mit Anna und allen Vertrauten der Heiligen Familie und durch die Hirten, welche auch hier einkehrten, wenn sie nach Jerusalem gingen, noch jetzt glaubende Verehrer Jesu und der ganzen Heiligen Familie. Als Jesus sich ihnen zu erkennen gab, war ihre Freude unbeschreiblich.

Sie zeigten ihm alle Orte im Haus und Garten, wo Maria und Joseph und Anna gewesen waren. Jesus lehrte und tröstete sie, und sie beschenkten sich gegenseitig. Er ließ ihnen Münzen durch einen Jünger geben, und sie gaben ihnen dagegen Brot, Honig und Früchte mit auf den Weg und gingen noch eine gute Strecke als Geleit. Diese Leute stammten von den Hirten bei Bethlehem und hatten hier in die Herberge geheiratet.

Jesus in Juta – Er macht den Tod des Johannes des Täufers bekannt

13. und 14. Januar: Jesus ging mit seiner Begleitung von hier neben Bethlehem und den meisten Orten umher, fünf Stunden bis nach Juta, eine Stunde von Hebron, nach dem Geburtsort des Täufers. Maria, Veronika, Susanna, Johanna Chusa, Maria Johanna Markus, Lazarus, Josef von Arimathäa, Nikodemus und mehrere jerusalemische Jünger waren auch getrennt schon morgens ohne Verweilen dorthin gereist, und einen näheren Weg durch Jerusalem gehend, mehrere Stunden vor Jesus dort angekommen.

Das Haus des Zacharias liegt eine Viertelstunde vor Juta als ein einzelner Hof auf einem Hügel abgesondert. Das Haus und die Güter, besonders aus Weinbergen bestehend, sind das Erbteil des

Täufers. Der Brudersohn seines Vaters, welcher auch Zacharias heißt, wohnt hier und verwaltet alles.

Er ist ein Levit und derselbe, der mit Lukas gut Freund, von ihm noch vor kurzem in Jerusalem besucht wurde, und dem er so vieles von der Heiligen Familie erzählte. Er ist jünger als der Täufer und von dem Alter des Apostels Johannes. In seiner Jugend, als der Täufer in der Wüste war, ist er immer bis zum Tode der hl. Elisabeth wie ein Kind im Hause gewesen. Er gehörte zu einer Art Leviten, welche etwas Ähnliches wie die Essener hatten, und von ihren Voreltern her gewisser Geheimnisse teilhaftig, auf die Ankunft des Messias mit besonderer Andacht harrten. Er war erleuchtet und verheiratete sich nicht.

Jesus und seine Begleitung wurden mit Fußwaschung und Imbiss von ihm empfangen, und als alle Anwesenden ihn begrüßt hatten, ging Er nach Juta zur Synagoge. – Es war heute ein Fasttag und heute abend begann der Sabbat eines örtlichen Festes in Juta und Hebron zum Gedächtnis des Sieges Davids über den Aufstand Abschaloms, den dieser in Hebron, als seinem Geburtsort, zuerst begonnen hatte. Es wurden bei diesem Fest viele Lampen selbst den ganzen Tag hindurch in der Synagoge und den Häusern angezündet. Sie dankten an diesem Fest für die Erleuchtung, dass sie damals das Rechte erwählt hatten, und flehten um Erleuchtung, dass sie es auch ferner erwählen möchten. Jesus lehrte vor vielem Volk in der Synagoge und empfing viel Liebe und Achtung von den Leviten. Sie nahmen auch eine Mahlzeit zusammen ein. Jesus lehrte von David.

14. Januar: Jesus ging heute, nachdem Er seine galiläischen Jünger verteilt hatte, in der ganzen Gegend von Juta und Hebron lehrend und heilend umher und lehrte und heilte auch in Juta.

Als Maria mit den Frauen hierher reiste, erzählte sie diesen vieles von ihrer Reise mit Joseph zu Elisabeth, und zeigte ihnen die Stelle, wo Joseph wieder abgereist war und sagte, wie ihr so bange gewesen, was Joseph wohl denken werde, wenn er wiederkehrend ihren veränderten Zustand erblicken werde.

Sie erzählte auch heute und gestern den heiligen Frauen, indem sie mit ihnen alle die Orte besuchte, alle die Geheimnisse, welche hier bei ihrem Besuch und bei der Geburt des Johannes vorgefallen waren. Sie sprach von dem Aufhüpfen des Johannes im Mutterleib, vom Gruß der Elisabeth, und wie Gott ihr das Magnificat eingegeben, welches sie immer abends mit Elisabeth gebetet. Sie erzählte von der Stummheit des Zacharias, und wie Gott ihm durch das Aussprechen des Namens Johannes die Sprache wiedergegeben.

Alle diese ihnen bis jetzt unbekannten Geheimnisse erzählte sie vertraulich und unter Tränen andächtiger Erinnerung den heiligen Frauen, welche auch an den Stellen Tränen vergossen, doch freudigere als Maria, welche zugleich um den Tod des Johannes weinte, der ihnen noch unbekannt war. Auch den Brunnen zeigte sie ihnen, der auf ihr Gebet in der Nähe des Hauses entsprungen war, und sie tranken daraus.

Am Abend sah ich ein gemeinsames Mahl, wobei Jesus lehrte. Die Frauen saßen abgesondert, doch konnten sie zuhören. Nachdem sich die Frauen bis auf die heilige Jungfrau zurückgezogen hatten, ging sie mit Jesus, Petrus und Johannes und den drei Johannesjüngern Jakobus, Heliachim und Sadoch, den Söhnen ihrer älteren Schwester Maria Heli, in die Stube, worin Johannes geboren war. Eine große seltsame Decke war auf der Erde auseinandergerollt und sie knieten und saßen um sie her.

Jesus aber stand und sprach mit ihnen von der Heiligkeit und Laufbahn des Johannes. Die heilige Jungfrau erzählte ihnen die Umstände, unter denen diese Decke gemacht war. Sie hatte sie bei ihrer Heimsuchung mit Elisabeth zusammen verfertigt vor der Geburt des Johannes, welcher auf ihr geboren wurde. Diese Decke, das Lager Elisabeths bei der Geburt des Johannes, war von gelblicher Wolle, die wie gesteppt und mit Blumen verziert war. Am oberen Rande waren Sprüche aus dem Gruß Elisabeths und dem Magnificat mit großen Buchstaben eingenäht.

Ich las aber auch einen Spruch darunter, der nicht in der Bibel steht, habe ihn aber leider vergessen. In der Mitte der Decke war eine Art Hülle für die Wöchnerinnen befestigt, in welche man die Füße wie in einen Sack hineinknöpfen konnte; oben bildete diese Hülle eine Art Mantel, den man umschlagen konnte, und hatte eine Kapuze. Diese Hülle war von gelblicher Wolle mit braunen Blumen. Es war ungefähr, als wenn man einen Schlafrock mit seiner unteren Hälfte auf einer gesteppten Decke befestigt.

Ich sah, dass Maria den oberen Rand der Decke vor sich emporhielt und den Anwesenden die eingenähten Sprüche und Prophezeiungen vorlas und erklärte. Sie sagte auch, dass sie der Elisabeth prophezeit habe, Johannes werde Jesus nur dreimal von Angesicht sehen, und wie dies auch wahr geworden. Er habe ihn nur dreimal gesehen, das erstemal als Kind in der Wüste, als sie auf der Flucht nach Ägypten in einiger Entfernung bei ihm vorüberkamen; das zweitemal bei der Taufe; das drittemal, als er ihn am Jordan vorübergehen sah und Zeugnis von ihm gab. Als sie vorbereitet waren, eröffnete ihnen Jesus, dass Johannes von Herodes getötet worden sei, und eine große Betrübnis ergriff sie alle und sie begossen die Decke mit Tränen, und besonders sah ich den Evangelisten Johannes weinend auf der Erde knien. Es war ganz herzzerreißend zu sehen, wie sie schluchzend und wehklagend mit dem Angesicht auf der Decke lagen.

Jesus und Maria aber standen an den beiden Enden, und der Herr tröstete sie ernst und auf noch Härteres vorbereitend, und gebot ihnen zu schweigen, weil außer ihnen es bis jetzt nur noch die Täter wüssten. Ich musste heute nacht entsetzlich auf meiner Reise laufen, um noch dazu zu kommen. Ich kniete auch mit auf die Decke nieder und weinte mit und brachte drei Blumenkronen mit, die ich der Mutter Gottes gab, zwei kleinere und eine große, die erst halb fertig war.

Ich schämte mich darüber, aber Maria nahm sie gütig an und legte sie auf die Decke: die halbe große für Jesus in die Mitte, die zweite für sie und die dritte für Johannes an die Seite. Ich meine auch, sie hat sie nachher mit der Decke wieder zusammengerollt.[36]

Jesus am Grabe Abrahams und in Bethain

15. Januar: Jesus lehrte heute morgen bei dem Haine Mambre südlich von Hebron an der Höhle Machpelah, wo Abraham und die anderen Altväter begraben sind, und heilte auch in der Gegend meistens Landleute, welche dort einzeln wohnen. Der Hain Mambre ist ein Tal südlich von Hebron, voller weit voneinander

stehender Eichen, Buchen und Nussbäumen. Dieses Tal öffnet sich in ein anderes Tal und es sind dicht vor dem Haine Mambre allerlei Höhlen, auch die große Höhle Machpelah, wo Abraham, Sara, Jakob, Isaak und andere Altväter begraben sind. Die Höhle ist zweifach, wie zwei Keller; die Grablager sind teils vorspringende, teils in die Wand eingehauene Steinbänke.

Es ist dieses Grab noch in großen Ehren und ein Baumgarten und Lehrplatz sind davor. Der Felsen ist ganz bekleidet mit Weinreben, oben drauf aber wächst Getreide. Jesus war mit den Jüngern in der Höhle. Es wurden mehrere Gräber aufgedeckt; einige Gerippe waren zerfallen, aber das Abrahams lag noch in Ordnung auf seinem Lager. Es wurde eine dicke braune Decke davon abgerollt, sie war wie von fingerdicken Stricken von Kamelhaaren geflochten. Jesus lehrte vor der Höhle von Abraham, von der Verheißung und der Erfüllung der Verheißung.

Er heilte auch mehrere kranke Bauern. Die Kranken sind hier teils lahm, teils schwindsüchtig oder wassersüchtig. Rasende Besessene sah ich keine, aber wohl Schwachsinnige und Mondsüchtige. Es ist hier im Lande sehr fruchtbar und das wunderschöne Getreide ist ganz gelblich. Es gibt hier ganz vortreffliches Brot und schier jedermann hat seinen Weinberg. Die Berge sind oben flach und es ist Getreide darauf; um die Berge her sind Weinpflanzungen und in ihren Gründen sind seltsame Höhlen.

Als Jesus mit den Jüngern in die Höhle Machpelah ging, legten sie ihre Sohlen vor der Tür ab und gingen barfuß hinein. Sie standen um das Grab Abrahams und waren sehr ehrerbietig,

Jesus allein redete. Er ging heute dann noch ungefähr eine Stunde südöstlich von Juta oder Hebron in ein Leviten-Städtchen Bethain, zu welchem man sehr steil hinaufsteigen muss. Oben liegt es ziemlich flach und es ist wohl so groß wie Dülmen.

Er heilte hier einige Leute und lehrte von der Lade des Zeugnisses und von David; denn hier in Bethain ist die Bundeslade fünfzehn Tage lang gewesen. Es steht dieses nicht in der Schrift, ich habe es aber gesehen, da David auf Befehl Gottes die Bundeslade heimlich in der Nacht aus dem Hause Obededons hierher bringen ließ und selbst barfuß davor herging. Ich habe die Veranlassung vergessen; sie durfte aber im Hause Obededons nicht mehr bleiben.

Als David sie wieder von hier wegnahm, war das Volk so erbittert darüber, dass es ihn schier steinigte.

(Sie hat den eigentlichen Hergang vergessen.)

Es war hier oben ein sehr tiefer Brunnen, sie zogen das Wasser in einem großen, ledernen Schlauch herauf. Ich weiß nicht mehr recht, wie sie ihn zuschlossen, aber wenn sie ihn vom Strick losmachten, so fiel er nieder wie ein dickes, fettes Schwein. Der Felsenboden ist auf den Wegen hier in der Gegend weiß, auch die kleinen Steine sind weiß. Nikodemus, Joseph von Arimathäa, Lazarus, die jerusalemischen Frauen und Maria sind heute früh wieder zurückgereist. Lazarus ist nach Jerusalem gegangen; er hat sieben Tage Dienst im Tempel.

Maria geht nicht wieder nach Betanien, sondern gerade nach Galiläa über Machmas, wo sie morgen bei dem Schullehrer bleibt und den Sabbat hält. Sie hat Anna Kleophä und eine Verwandte Elisabeths von Sapha, nördlich von Nazaret gegen Sephoris zu, bei sich, die mit herabgereist ist; ich hatte es vergessen.

Es ist der Ort, wo Jakobus und Johannes geboren sind, und derselbe, wo Jesus am letzten Samstag von Nazaret aus hingegangen und einige geheilt und versöhnt hat.

Sie haben noch Knechte bei sich. Die Decke der Elisabeth hat Maria mitgenommen, ein Knecht trägt sie zusammengerollt in einer Korbtasche. Ich glaube, sie ging auch in der Absicht nach Hebron, um diese Decke zu holen.

Ein Bild aus der Jugend des hl. Johannes

Jesus hatte bei der Decke, die Anwesenden tröstend, auch erzählt, welch heftige Begierde Johannes gehabt hatte, ihn zu sehen, und doch habe er sich bezwungen und nichts verlangt, als seiner Sendung zu genügen, welche die des Vorläufers und Wegbereiters, nicht aber die des Mitwandelnden und Arbeitsgenossen gewesen sei. Als kleiner Knabe habe er ihn gesehen. Da seine Eltern mit ihm durch die Wüste nach Ägypten gezogen, sei ein paar Stunden von Hebron der Knabe Johannes in der Wüste gewesen.

Der Weg habe sie einen Pfeilschuss weit von Johannes vorübergeführt, der höher zwischen Gesträuch an einem Bach hervorgelaufen und mit einem Stäbchen, worauf eine Wimpel von Bast gewesen, freudig hüpfend dem Bach entlang getanzt und gewinkt habe, bis sie vorübergezogen seien.

Seine Eltern hätten ihn noch emporgehoben und gesagt: «Sieh den Johannes in der Wüste!» Es habe der Geist den Knaben hergeführt, seinen Meister zu grüßen, den Er im Mutterleibe schon gegrüßt hatte. Während Jesus dies erzählte, weinten die Jünger, seines Todes gedenkend, und ich sah jenes unbeschreiblich rührende Bild wieder. Johannes war nackt und hatte nur ein Fell quer über eine Schulter und um den Leib gegürtet.

Er fühlte die Nähe seines Heilandes und dass Er dürste. Da betete der Knabe und stieß dann mit einem Stäbchen in die Erde; nun entsprang eine reiche Quelle und Johannes eilte ihrem Laufe voraus und stand, Jesus und die Heilige Familie vorüber reisen sehend, wo die Quelle niederstürzte, und tanzte freudig und winkte mit seinem Fähnchen. Dann sah ich ihn zurückeilen, und wie an einem großen überhängenden Felsen, in dessen Nähe der Grund einsank und eine Höhle bildete. Ein Strahl jener Quelle aber floss dahin in ein Grübchen, das Johannes sich zum Brunnen bereitete. Er wohnte nachher eine Zeit lang in dieser Höhle.

Die Reise der Heiligen Familie ging damals über einen Teil des Ölberges, eine halbe Stunde östlich von Bethlehem hielten sie Rast und zogen dann, immer das Tote Meer zur Linken, sieben Stunden südlich von Bethlehem, zwei Stunden jenseits von Hebron, wo sie die Wüste betraten, in der Johannes der Knabe war.

Ich habe sie dieses neue Bächlein überschreiten und an einer bequemen Stelle an demselben rasten und sich erquicken sehen.

Als sie aus Ägypten zurückkehrten, sah ihn Johannes auch im Geiste und sprang und jubelte gegen die Richtung seines Weges hin; aber er sah ihn nicht von Angesicht, denn ihr Weg war ein paar Stunden entfernter.

Jesus sprach auch von der großen Überwindung des Johannes; selbst bei der Taufe habe er sich nur in den Schranken der feierlichen Anschauung gehalten, wenngleich sein Herz vor Sehnsucht und Liebe schier gebrochen sei; nachher sei er demütig mehr vor ihm gewichen, als dass er seiner Liebe nachgegeben und ihn aufgesucht habe.

Jesus in Hebron – Blick auf Pilatus und Herodes

16. Januar: Ich sah Jesus heute Vormittag und Nachmittag in Hebron bei einem Fest in der Synagoge lehren, welches wegen der Austreibung der Sadduzäer aus dem Synedrium gefeiert wurde, die unter Alexander Jannäus die größte Partei darin gewesen waren. Es waren drei Triumphbogen in Hebron um die Synagoge gebaut, an denen Weinlaub, Ähren und allerlei Blumenkränze angebracht waren.

Sie zogen auch in einer Prozession durch die Straßen und es wurden Blumen gestreut, denn es wurde heute auch das Neumondfest begangen und das Fest, wenn der Saft in die Bäume tritt und die vor vier Jahren gepflanzten Bäume reif werden. Darum waren die vielen Laub- und Blumenbogen errichtet.

Es geschah dieses wohl schon heute, weil morgen der Sabbat anfing mit dem Neumond. Das Sadduzäer-Vertreibungsfest passte gut zu dem Tage, da die Bäume aufleben, da diese die Auferstehung leugneten. Jesus lehrte in der Synagoge sehr stark gegen die Sadduzäer und sprach von der Auferstehung der Toten.

Es waren auf das heutige Fest Pharisäer von Jerusalem hierher gekommen. Sie stritten nicht mit Jesus und waren ganz höflich. Er hat überhaupt hier noch keinen Widerspruch erlitten, die Leute sind hier alle sehr wohlgesinnt und gerecht. Jesus heilte auch viele Kranke in den Häusern und vor den Synagogen, meistens Arbeitsleute, Lahme, Ausgezehrte, Gichtbrüchige und einige Schwachsinnige und Angefochtene.

Ich habe nun gesehen, dass Juta und Hebron zusammenhängen, und wenn ich glaubte, Jesus sei in der Stadt Juta, so war Er in Hebron. Juta ist eine Art von Vorstadt, es ist meist zerstreut, hängt aber durch eine Reihe Häuser zusammen mit Hebron. Ehemals müssen sie wohl getrennt gewesen sein, denn es ziehen sich zerstörte Mauern mit Türmen zwischen beiden Orten hindurch, und es ist eine kleine Vertiefung zwischen ihnen. Das Haus des Zacharias enthält die Synagoge oder Schule von Juta. Es liegt eine Viertelstunde von der Stadt ab auf einem Hügel, hat sehr schöne Gärten und Weinberge und auch noch einen entfernteren schönen Weingarten mit einem Häuschen. Die Schule stößt an der einen Seite an die Stube, in der Johannes geboren wurde. Ich habe es gesehen, als sie die Decke darin ausbreiteten.

Ich habe heute auch gesehen, dass Pilatus, wegen des eingestürzten Baues sehr erbittert, einige seiner Beamten zu Herodes nach Machärus geschickt hat, um ihm Vorwürfe zu machen; dass Herodes sie aber nicht vor sich lassen wollte und ihnen erklären ließ, dass er abwesend sei.

Der Schaden ist auch ungemein, der Bau war wohl eine Viertelstunde lang, er sollte Wasser zu dem Tempel leiten und die Unreinigkeiten hinausleiten. Drei gewölbte Gänge führten weit unter den Tempelberg, lange Bogenstellungen führten über das Tal gegen Mittag; das dort aus dem Teich Bethesda abfließende Wasser sollte in den Tempel geleitet werden. Bisher war immer da unten ein tiefer grüner Morast.

Alles stürzte nun aber da zusammen, und nun ist der ganze Abfluss verstopft und alles in Verwirrung. Der Teich Bethesda liegt in dieser Schlucht höher und hat sein Wasser von der Quelle Gihon. Die Wasserleitung führte von Siloah über das Tal von Mittag gegen Mitternacht am Tempelberg auf hohen Bogenbrücken hinauf.

Es stand ein hoher Turm dabei, in welchem das Wasser durch Räder vermittelst Schläuchen aus der Tiefe in die Höhe gehoben ward. Oben an diesem Turm standen Leute, welche beim Einsturz weit geschleudert wurden, aber in das Wasser im Tal stürzend nicht verletzt worden sind. Es wurde seit langer Zeit daran gearbeitet und in der letzten Zeit erst, da es dem Pilatus an Material fehlte, den Baumeistern des Herodes übergeben. Das ganze Abflusstal vom Teich Bethesda ist jetzt verschüttet und der Abfluss schwillt an wie ein großer Teich. Es ist eine große Störung in allem dadurch entstanden.

Blick auf den heiligen Leichnam Johannes' des Täufers

Bei Gelegenheit der Gesandten des Pilatus in Machärus sah ich den Leib des Täufers noch immer, wie sonst, in seinem Kerker liegen. Niemand dort ahnt seinen Tod. Die Wachen werden wie gewöhnlich vor dem Raum der Gefängnisse abgelöst, und da sie nicht nahe vor dem Gefängnis stehen und immer wie gewöhnlich ein Vertrauter des Herodes mit Speise hingeht, so ahnen sie nichts. Sie denken nicht daran, den Leib hinweg zu schaffen, weil es dadurch vor der Zeit aufkommen könnte.

Ich selbst sehe den ganzen Kerker mit Licht erfüllt, und wie einen Engel mit einem Schwert bei dem heiligen Leib stehen. Ich meine immer, wenn die Soldaten auch nur durch ein Loch hineinsähen, so wagten sie es nicht hineinzugehen.

Jesus offenbart den Tod Johannes' des Täufers

17. Januar: Ich sah Jesus heute in Hebron lehren und heilen. Er heilte den Tag hindurch viele Menschen und lehrte dann vor der Synagoge. Ich sah die Synagoge von allen Seiten offen und einen hohen Lehrstuhl auf Stufen an den Eingang gesetzt, worauf er stand. Alle Einwohner der Stadt und viele andere Menschen aus umliegenden Orten standen umher.

Die Kranken lagen auf kleinen Betten und saßen teils auf Matten um den Lehrstuhl und eine große Menge Volkes füllte den Platz. Die Festbogen standen noch; es sah sehr rührend aus, denn alle waren sehr bewegt und erbaut und es war überhaupt kein Widerspruch hier. Nach der Lehre heilte Jesus noch viele der anwesenden Kranken und hielt am Abend die Sabbatlehre. Bei dem gestrigen Baumfest wurden von den Einwohnern auch viele Früchte an Arme verschenkt.

Jesus hielt in der Synagoge eine sehr tiefsinnige Sabbatlehre. Die Lektion war von der Finsternis in Ägypten, der Einsetzung des Osterlammes und dem Auslösen der Erstgeburt und etwas aus Jeremias. Er gab eine wunderbar tiefe Erklärung von der

Auslösung der Erstgeburt. Ich entsinne mich daraus, dass Er einmal sprach: «Wenn Sonne und Mond sich verfinstern, bringt die Mutter das Kind zum Tempel zur Auslösung.»

Er braucht heute noch mehrmal den Ausdruck vom «sich Verfinstern der Sonne und des Mondes». Er sprach von der Empfängnis, Geburt und Beschneidung und Darstellung im Tempel in Bezug auf Verfinsterung und Lichtwerden. Ich verstand alles sehr gut, kann aber nichts mehr davon zusammenbringen.

Es war darin ganz geheimnisvoll der Auszug aus Ägypten in der heutigen Lektion auf die Geburt des Menschen angewendet. Er sprach auch von der Beschneidung als einer Bezeichnung, welche, wie auch das Gesetz vom Auslösen der Erstgeburt, einst abkommen werde. Es widersprach ihm niemand, alles war sehr still und aufmerksam.

Er sprach auch von Hebron und von Abraham und kam endlich auf Zacharias und Johannes. Er sprach von dem hohen Wert des Johannes deutlicher und ausführlicher als je, von seiner Geburt, seinem Leben in der Wüste, seiner Bußpredigt, Taufe und treuen Wegbereitung und endlich auch von seiner Gefangenschaft. Dann sprach Er von dem Schicksal der Propheten und dem Hohenpriester Zacharias, der zwischen dem Tempel und dem Altar ermordet wurde. Auch von Jeremias' Leiden in der Grube zu Jerusalem und der Verfolgung der anderen hat Er gesprochen.

Als Er von der Ermordung des ersten Zacharias zwischen Tempel und Altar sprach, gedachten die anwesenden Verwandten auch an den traurigen Tod des Vaters des Täufers, den Herodes nach Jerusalem locken und in der Nähe in einem Hause totschlagen ließ. Jesus erwähnte dies jedoch nicht. Zacharias war bei seinem Haus vor Juta begraben, ich meine in einem Gewölbe.

Als Jesus so rührend und auf eine ganz eigene Weise von Johannes und vom Tod der Propheten sprach, wurde die Stille in der Synagoge immer größer. Alles war sehr erschüttert. Viele Leute weinten und selbst die anwesenden Pharisäer waren sehr bewegt. Mehrere Verwandte und Freunde des Johannes aber erhielten ein inneres Licht, als sei Johannes wohl auch getötet, und sanken vor Betrübnis in Ohnmacht. Es kam dadurch zu einer Störung in der Synagoge. Jesus aber sagte, man solle die Ohnmächtigen nur unterstützen, sie würden schon wieder zu sich kommen, und so lagen sie einige Minuten in den Armen ihrer Freunde, während Jesus in seiner Lehre fortfuhr.

Für mich war etwas Deutliches in dem «Zwischen Tempel und Altar» bei der Ermordung jenes Zacharias, das sich auf den Tod Johannes des Täufers bezog, als stehe sein Tod auch im Leben Jesu zwischen Tempel und Altar, was aber die Anwesenden nicht fühlen konnten, denn er starb ja zwischen Jesu Geburt und Kreuzigung. Am Schluss der Lehre wurden jene Krankgewordenen nach Hause geführt.

Es war aber außer Zacharias, des Johannes' Vetter, auch eine Schwestertochter Elisabeths hier in Hebron verheiratet. Sie hatte wohl an zwölf Kinder, darunter erwachsene Töchter. Diese und auch einige andere Leute waren sehr erschüttert worden.

Jesus ging nun mit dem jungen Zacharias und den Jüngern in das Haus dieser Frau, wo Er noch nicht gewesen war, die heiligen Frauen aber mehrmals vor ihrer Abreise. Er sollte heute abend die Mahlzeit bei ihr einnehmen. Es war aber eine sehr traurige Mahlzeit.

Ich sah Jesus mit Petrus, Johannes, Jakobus Kleophä, Heliachim, Sadoch, Zacharias, und der Nichte Elisabeths und ihrem Manne und ich weiß nicht mehr, mit wem sonst, in einer Stube allein. Die Verwandten des Johannes fragten ihn zagend: «Herr! Werden wir wohl Johannes wiedersehen?» Sie waren aber eingeschlossen, dass sie niemand stören konnte. Und Jesus sagte ihnen, indem Er weinte: «Nein!» und sprach auf eine sehr rührende und tröstende Weise von seinem Tod.

Als sie in ihrer Trauer ihre Furcht äußerten, dass sein Leib misshandelt werden könne, sagte ihnen Jesus, nein, sein Körper liege unangetastet, sein Haupt sei misshandelt und weggeworfen, aber auch dieses werde bewahrt werden und einst zu Tage kommen. Er sagte ihnen auch, in einigen Tagen werde Herodes Machärus verlassen und das Gerücht von Johannes' Tod laut werden.

Die Jünger würden es, wo Er nächstens mit ihnen zusammentreffe, erzählen; dann könnten sie den Leib abholen. Er weinte inniglich mit den Anwesenden, und sie nahmen nachher ein kleines Mahl. Diese Mahlzeit erinnerte mich wegen der Abgesondertheit, der Stille und des Ernstes und der großen Rührung und Innigkeit Jesu an das Abendmahl.

Ich habe heute das Bild gesehen, wie Maria mit Jesus zur Opferung in den Tempel kam. Es ist erst am 43. Tag nach der Geburt geschehen; sie hatten nämlich wegen eines Festes drei Tage in der kleinen Herberge vor dem bethlehemitischen Tor bei den guten Leuten geharrt.

Außer dem gewöhnlichen Taubenopfer brachte Maria fünf dreieckige Goldplättchen von den drei Königen und mehrere Stücke feiner Stoffe zu Stickereien als Geschenke an den Tempel. Joseph hat den einen Esel, den er an seinen Verwandten verpfändet hatte, an denselben verkauft. Ich meine noch immer, der Esel, am Palmtag geritten, stamme von diesem.

18. Januar: Jesus lehrte heute auch in Juta. Nachmittags ging Er mit etwa zehn Leviten hinaus und heilte in umliegenden Häusern manche Kranke, Aussätzige, heftig Besessene; große Sünder oder Sünderinnen kommen hier herum gar nicht vor. Am Abend beschloss Er die Sabbatlehre und hatte mit den Leviten ein mäßiges Mahl, aus Vögeln, Brot, Honig und Früchten bestehend. Er hat dies hier schon öfter getan.

Ich erinnere mich, dass Joseph von Arimathäa und mehrere Jünger gekommen sind, ich weiß jedoch nicht recht, ob heute oder am Sonntag, um Jesus nach Jerusalem einzuladen, wo viele Kranke sich nach ihm sehnten. Er könne jetzt ruhig dort sein, weil Pilatus und Herodes über den eingestürzten Bau in Streit und die jüdischen Obrigkeiten ihre Aufmerksamkeit auch auf diesen Handel gerichtet hatten. Jesus wollte aber jetzt nicht gleich hingehen, versprach es aber, ehe Er nach Galiläa zurückkehre.

Ich habe auch gesehen, dass die Frauen der Verwandten des Johannes den Sabbat zu Hause hielten. Sie waren in Trauerkleidern und saßen auf der Erde, und es stand ein Stock voll Lichter oder Lampen in der Mitte der Stube. Es waren auch Essener von hier in der Nähe, nicht weit vom Grabe Abrahams.

Als Jesus bei demselben war, kamen sie paarweise zu ihm und sprachen mit ihm. Sie wohnten in der Nähe in Felsen-Zellen um einen Berg und hatten einen Garten über sich. In der Stadt habe ich sie nicht bei ihm gesehen.

Es sind sehr schöne Gärten um das Haus Zacharias, und unbeschreiblich hohe und dicke Rosenbüsche.

(Sie beschreibt es mit einem ländlichen, plattdeutschen Detail, welches nicht wiederzugeben ist und sagt noch dabei); wenn man von Jerusalem dahinkommt, liegt das Haus Zacharias auf einem Hügel; eine Viertelstunde weiter zur Rechten auf einem höheren Hügel liegt sein Weingut und am Fuße des Hügels der von Maria entdeckte Brunnen. Das Hebron Abrahams ist nicht das, worin Jesus war; es liegt in Ruinen, südlicher durch eine Vertiefung getrennt.

Zu Abrahams Zeiten, da es noch bestand, hatte es breite Straßen und zum Teil in Felsen gehauene Häuser. Nicht weit von Zacharias' Haus war ein Ort Jether, wohin ich Maria und Elisabeth mehrmals gehen sah.

ACHTES KAPITEL

Die Bestattung des heiligen Leichnams von Johannes dem Täufer – Jesus in Jerusalem – Heilung am Teich Bethesda

Vom 19. bis 29. Januar 1823

Jesus hilft im Grabgewölbe des Zacharias ein Totenlager für Johannes bereiten – Er geht nach Libna

19. und 20. Januar: In Juta geht ein leises Gerücht vom Tode des Täufers. Man scheint es aus der großen Traurigkeit der Verwandten und den öffentlichen Lehren Jesu zu vermuten.

Jesus war mit dem Neffen und den Jüngern im Grab des Zacharias, das sich nahe bei seinem Haus, ja teils unter demselben befindet.

Es ist nicht wie die gewöhnlichen Gräber, sondern besteht wie die Katakomben aus einem Gewölbe mit Säulen und ist ein sehr geehrter Begräbnisort für Priester und Propheten. Es war beschlossen worden, dass des Johannes' Leib in Machärus abgeholt und hier begraben werden sollte. Sie räumten daher in dem Grabgewölbe und richteten ein Totenlager her.

Es war rührend zu sehen, wie Jesus seinem Freund ein Grab bereiten half. Er erwies auch den Überresten des Zacharias Ehre.

Elisabeth ist nicht hier begraben, sondern bei der ersten Höhle, in der Johannes als Knabe in der Wüste war, auf einem höheren Berg.

Ich sah, dass die Jünger allerlei Leichentücher, Binden und Spezereien und eine Art Tragbahre von Leder auf einen Esel packten, um den Leib des Täufers abzuholen. Sie werden wahrscheinlich noch mit anderen zusammentreffen, denn sie begleiteten Jesus, der heute abreiste, mit dem Lasttier.

Jesus wanderte mit etwa zwanzig Freunden und Jüngern von Zacharias' Haus in der Richtung des Haines Mambre.

Draußen vor der Stadt kamen die verwandten Frauen mit ihren Töchtern und anderen Frauen zu ihm und gaben ihm das Geleite. Die Männer sah ich voraus gehen.

Die Frauen gingen wohl ein und eine halbe Stunde weit mit, da kehrten sie zurück. Sie knieten vor Jesus nieder und wollten ihm die Füße küssen; Er ließ es aber nicht zu. Sie weinten gar bitterlich, Jesus segnete sie und sie schieden.

Der Weg Jesu ging gegen Libna, sie kamen aber heute nicht mehr bis in die Stadt, sondern kehrten in der Herberge eines kleinen Ortes vor Libna ein, von wo aus die Männer von Juta und Hebron wieder heimkehrten, und wo Leute aus Libna Jesus empfingen. Libna liegt im Tal nicht weit von einem Flüsschen, das in das Meer fließt.

Die Gegend, wo die Leute von Hebron umkehrten, ist, wie die ganze Gegend, hoch und voll von Getreidefeldern. Man kann die Berge um Jerusalem von hier sehen.

Ich sah auch heute mancherlei von anderen Orten, von Kaphardagon zwei Stunden von Lydda, nicht weit vom Meer und von Sarona. Es sind Apostel und Jünger in der Gegend, die Jesus in Galiläa ausgesandt hat, sie werden wohl bald mit ihm zusammentreffen.

20. Januar: Heute kamen Saturnin, Judas Barsabas und zwei andere Jünger, die aus Galiläa nach Machärus gereist und dann hierher gezogen waren, um Jesus zu finden, hier zu ihm in die Herberge und erzählten ihm mit großer Betrübnis die Ermordung des Täufers, die Er schon wusste. Die Nachricht war folgendermaßen zu ihnen gelangt. Als Herodes mit seiner Familie von vielen Soldaten begleitet von Machärus nach Hesebon zog, ist das Gerücht von Johannes' Enthauptung durch einige Ausreißer verbreitet worden und auch an einige bei dem Bausturz zu Jerusalem verwundete Dienstleute des Hauptmannes Serobabel von Kapharnaum gekommen, welche es diesem dort berichteten.

Serobabel meldete das schreckliche Ereignis sogleich dem Judas Barsabas, der in der Nähe war, worauf dieser mit Saturnin und zwei anderen Jüngern in die Gegend von Machärus eilte, wo sie die Bestätigung der Nachricht, nachdem Herodes hinweggezogen war, überall empfingen.

Von Machärus eilten sie nun nach Johannes' Heimat, Anstalten zu dessen Leichen-Abholung zu treffen, und die Nachricht, dass Jesus hier sei, führte sie hierher in die Herberge.

Jesus war den ganzen Tag hier mit diesen zusammen. Am Abend gesellten sich noch aus Jesu Begleitung die Söhne der Maria Heli, Jakob Heliachim und Sadoch, der Neffe des Zacharias, die Neffen des Joseph von Arimathäa, die Söhne der Johanna Chusa und Veronika, zu ihnen. Und sie zogen mit dem Esel, der das nötige Gerät trug, nach Machärus, welches nun von allen Gästen verlassen und bis auf wenige Soldaten ganz leer steht.

Ich sehe Johannes' Leib noch dort liegen, ich sehe einen Engel mit dem Schwert bei ihm; alles ist voll Glanz um ihn.

Jesus verweilte allein hier in der Gegend, um dem Pilatus nicht zu begegnen, der von Soldaten begleitet, von Jerusalem über Bethzur und Antipatris nach Apollonia zog, um sich nach Rom einzuschiffen. Ich glaube, er will dort über Herodes klagen.

Jesus in Bethzur

21. Januar: Jesus ist auch in Libna selbst gewesen, aber Er hielt sich nicht lange dort auf. Die Leviten, welche ihn freundlich empfingen, geleiteten ihn auch bald wieder hinaus, denn Er zog von da noch nach Bethzur, das etwa zehn Stunden nördlich von Libna und zwei Stunden von Jerusalem entfernt ist.

Bethzur ist eine Festung mit Türmen, Wällen und Gräben, welche zwar etwas verfallen sind, doch nicht so sehr wie die von Bethulien. Die Stadt ist nicht kleiner, sie ist wohl so groß wie Bethoron. Von der Seite, woher Jesus kam, liegt sie keineswegs steil; zwischen Bethzur und Jerusalem liegt ein schönes Tal. Man kann von den Erhöhungen des einen aus den anderen Ort sehen.

Von einer Seite, die ich nicht recht gesehen habe, ist Bethzur steil und gerüstet, Feinde abzuwehren. Einmal war die Arche des Bundes eine Zeit lang und ganz öffentlich hier. Es sollte mich darum wundern, wenn es nicht in der Schrift stünde. Ich habe die Gelegenheit vergessen, es war, glaube ich, als sie wiedergebracht wurde. David ist mehrmals hier gewesen. Einmal, als Saul mit dem Spieß nach ihm geworfen und er jenseits des Jordan geflüchtet ist, hat Jonathan ihm wieder herübergeholfen und er ging hierher. Ich meine auch später einmal, da er vor Absolom flüchtete. Bethzur ist öfter von den Feinden der Makkabäer belagert worden und Judas Makkabäus hat bei einer dieser Belagerungen einen großen Sieg errungen (2 Makk 13,19.22; 1 Makk 6,31; 11,65.66).

Pilatus ist hier durch, und ich meine durch Saron und Antipatris nach Apollonia gezogen, wo er sich heute eingeschifft hat. Seine Frau war bei ihm und ein Gefolge von etwa fünfzig Männern und Soldaten. Er geht, wie ich glaube, nach Rom, um über Herodes zu klagen. Sie fuhren nur mit einem Schiff ab.

Gewöhnlich wohnte er in Cäsarea, seit einiger Zeit aber in Jerusalem. Ich meine, Jesus ist nur vorerst nach Libna gegangen, um seinem Zuge auszuweichen.

Pilatus hat schon mehrere Händel mit den Juden gehabt, und sie hassen ihn sehr. Einmal hat er römische Fahnenbilder in die Stadt bringen lassen, worüber die Juden in Aufruhr geraten sind.

Ein andermal sah ich seine Soldaten an einem Fest, wo die Juden keine Waffen führen, noch Geld berühren, in den Tempel gehen und den Opferstock erbrechen und alles Geld herausnehmen. Das war, als Johannes bei On am Jordan taufte und Jesus aus der Wüste kam.

Jesus wurde zu Bethzur heute abend sehr gut mit seinem Gefolge empfangen. Lazarus und andere jerusalemische Freunde waren schon hier. Man wusch ihm und den Jüngern die Füße und reichte ihnen alles, wessen sie bedurften, im Überfluss und mit viel Liebe. Er wohnte in einer Herberge bei der Synagoge.

Bei diesem Ort vorüber zogen auch die drei Könige von Jerusalem zur Krippe. Hier in der Gegend fanden sie den Stern wieder und fütterten die Tiere bei einer Karawanserei. Von hier nach Libna und weiter führt eine gute Straße.

Blick auf die heiligen Frauen

Die Mutter Gottes sah ich am Sonntag mit ihrer Begleitung. Es waren fünf Frauen, welche geschürzt und die Arme im Schleier haltend, in gleicher Entfernung hintereinander in der Gegend von der Herberge auf dem Erbe Josephs mit starken Schritten wanderten. Die begleitenden Knechten gingen voraus und ich sah die heiligen Frauen an einem Bach niedersitzen und einige Erquickung zu sich nehmen. Heute oder gestern sah ich sie in Kana.

Bethzur darf nicht verwechselt werden mit einem Bethsoron zwischen Bethlehem und Hebron, bei welchem Philippus den Diener der Königin Candaze taufte. Sie nennen dieses auch Bethzur.[37]

22. Januar: Ich sah heute Jesus in Bethzur ganz ohne besondere Störung in einzelnen Häusern schwerkranke, alte Leute heilen, unter anderem auch wassersüchtige. Die Leute waren hier sehr gut gesinnt, und die Vorsteher der Synagoge führten Jesus selbst in die Häuser.

Er lehrte auch in der Schule, und ich sah ihn eine große Anzahl von Kindern segnen, erst Knaben und dann Mädchen unten in der Synagoge. Er hatte viel mit den Kindern zu tun, heilte auch einige. Ich weiß noch nicht recht, ob Er nach Jerusalem geht. Es ist eine schöne Allee vor Bethzur.

Abholung des heiligen Leichnams des Täufers in Machärus

Ich sah schon gestern abend die Jünger vor Machärus ankommen, es waren zehn: Saturnin, Judas Barsabas, Jakobus Kleophä, Heliachim, Sadoch, die zwei Vettern des Joseph von Arimathäa, die Söhne der Johanna Chusa und Veronika und der Neffe des Zacharias. Sie ließen den Esel bei einem Bauernhaus und nahmen das, was er mitgeschleppt hatte, zu sich. Es waren dies drei dünne, handbreite, sehr leichte und feste Stangen, die sie unter dem Arm trugen, auch eine leichte lederne Hülle in zwei Teilen, mehrere lederne Schläuche, Beutelbüchsen und aufgerollte Tücher, Schwämme und einige Instrumente.

Sie stiegen damit den Schlossberg hinan. Einige der hier bekanntesten ältesten Jünger, die Verwandten Jesu, die immer hier aus- und eingegangen, verlangten, von der Schlosswache eingelassen zu werden. Die Soldaten aber sagten, dass sie es nicht dürften, so gern sie auch wollten. Da zogen sie sich zurück und gingen um den Wall, und in der Gegend von Johannes' Gefängnis stiegen sie, einer auf den Schultern des Anderen, über drei Wälle und zwei Gräben. Es war, als ob Gott ihnen helfe, so schnell und ohne Störung gelang es.

Nun aber stiegen sie durch eine runde Öffnung oben in das Gefängnis, und als die zwei Soldaten, welche die Vorhöfe bewachten, sie bemerkten und mit ihrer Fackel nahten, traten sie ihnen entgegen und sagten ihnen: «Wir sind die Jünger des Täufers und wollen den Leib unseres Meisters holen, den Herodes ermorden ließ.»

Die Soldaten aber taten ihnen nichts, sondern öffneten ihnen den Kerker, vielleicht, weil sie in ihrer Gewalt waren oder weil sie selbst über Herodes erbittert waren wegen des Todes des Johannes, an diesem guten Werk teilnehmen wollten; denn es hatten mehrere Soldaten schon vor einigen Tagen die Flucht ergriffen. Als sie in den Kerker kamen, erlosch ihre Fackel und ich sah den ganzen Kerker mit Licht erfüllt.

Ich weiß nicht, ob alle dieses Licht sahen, aber ich meine schier, es musste so gewesen sein, denn sie taten alles so schnell und fertig, als sei es heller Tag. Ich sah alle Jünger zu dem Leib des Johannes hineilen und sich weinend über ihn hinbeugen.

Aber ich sah außer ihnen die Erscheinung einer großen leuchtenden Frau in dem Kerker, die beinahe aussah wie die Mutter Gottes in ihrem Tode, und ich erkannte später die Erscheinung der hl. Elisabeth in derselben; denn anfangs war sie mir so natürlich, indem ich sie alles mittun sah, so dass ich mich manchmal besann, wer sie doch wohl sei, und wie sie nur mit hereingekommen wäre.

Der Leichnam lag noch wie im Anfang von seinem Fell überdeckt, und die Jünger gingen schnell an die Herrichtung der Leiche. Sie breiteten Tücher aus, legten den Leib darauf und wuschen ihn. Wasser hatten sie in Schläuchen bei sich, und die Soldaten brachten noch einige braune Schüsseln.

Judas Barsabas, Jakob und Heliachim waren mit der Herrichtung beschäftigt; die anderen taten Handreichungen. Die Erscheinung sah ich aber immer mitbeschäftigt, und es war, als tue sie alles: aufdecken, zudecken, legen, wenden, wickeln, und wonach jeder griff, das war da; es schien eine ungemeine Beschleunigung und Ordnung durch sie hervorgebracht.

Ich sah, dass sie den Leichnam öffneten und die Eingeweide herausnahmen und in einen Schlauch taten, dann packten sie allerlei Gewürze um ihn und wickelten ihn ganz fest in Binden. Er war um den Leib ganz erstaunlich dünn und schien überhaupt wie ausgetrocknet.

Ich sah unterdessen die anderen Jünger eine Menge seines Blutes, das geronnen auf der Stelle lag, wo sein Haupt hingefallen war und wo sein Leib gelegen hatte, aufnehmen und abwaschen und in die leeren Büchsen tun, worin das Gewürz gewesen.

Sie legten sodann den eingewickelten Leib in die lederne Hülle und schlossen sie durch einen oben durchgesteckten Stock und steckten die zwei leichten Stangen, welche von jenem festen Holz sein müssen, denn sie waren so dünn und schwankten doch gar nicht, durch Riemen, die an dem ledernen Trog waren. Darüber aber deckten sie das Fell des Johannes, womit er gewöhnlich bekleidet war, und trugen zu zweit den heiligen Leib hinaus.

Die anderen trugen die Eingeweide in dem ledernen Schlauch und das Blut in den Büchsen. Die beiden Soldaten aber verließen Machärus mit ihnen und führten sie durch schmale Wege hinter den Wällen durch jenen unterirdischen Gang hinaus, durch den Johannes in die Gefangenschaft hereingebracht worden war.

Alles ging mit unbeschreiblicher Rührung und Schnelligkeit von sich.

Ich sah sie anfangs ohne Licht mit eiligen Schritten den Schlossberg hinabziehen; später sah ich eine Fackel bei ihnen, und dass zwei den Leib zwischen den Stangen auf den Schultern trugen und die anderen nachzogen. Ich kann gar nicht sagen, wie rührend dieser Zug durch die Nacht mit der Fackel so still und schnell hinzog.

Ich bin mehrmals an verschiedenen Stellen dabei gewesen. Es war, als schwebten sie, und da sie ihn bei Tagesgrauen über den Jordan schifften, wo er zuerst getauft und sie ihm gefolgt waren, weinten sie sehr! Sie zogen aber dicht am Toten Meer herum immer durch einsame Pfade und durch die Wüste.

Jesus in Betanien – Magdalena

23. Januar: Jesus ist heute morgen mit Lazarus und den Jüngern von Bethzur nach Betanien gezogen. Sie hatten einen Weg von mehreren Stunden, denn sie gingen nördlich um Jerusalem herum. Sie kamen bei mehreren Orten vorüber, auch bei Emmaus. Jesus lehrte hie und da auf dem Wege. Sie kamen bei vielen Leuten vorüber, welche mit Aufbinden und Flechten der schon grünen Hecken beschäftigt waren.

Ungefähr eine Stunde von Betanien kamen ihnen Martha, Magdalena und eine Witwe Salome entgegen, welche schon lange in Betanien bei Martha wohnte. Diese Frau ist von Josephsbrüdern her auch unehelich stammend, wie Susanna, der Heiligen Familie verwandt. Ich weiß es jetzt nicht mehr genau wie. Ich meine, sie war bei Jesu Grablegung.

Diese Frauen kamen Jesus bis zu Lazarus' Herberge in der Wüste entgegen. Jesus verweilte auch hier noch eine Zeit lang mit ihnen und lehrte hier. Dann gingen sie in der Dämmerung nach Betanien, wo ein Mahl war.

Die vier Apostel und mehrere Jünger, welche Jesus am Tabor ausgesandt hatte, kamen an diesem Abend in Betanien wieder zu ihm und erfuhren hier erst mit großer Betrübnis den Tod des Johannes. Sie erzählten auch, wie sie gelehrt und geheilt hätten auf die Weise, wie Jesus sie gelehrt und wie man an einem Ort mit Steinen nach ihnen geworfen habe, sie seien aber nicht getroffen worden. Sie waren zuletzt in Saron gewesen, ganz nahe bei Lydda. Kaphar-Dagon ist auch nicht weit davon.

Als Petrus in Lydda nach Jesu Tod war, ist er auch nach Saron gerufen worden. Ich habe neulich vieles von der Lage dieser Orte gesehen, war aber zu krank, um es zu erzählen. Als alles in Lazarus' Haus zur Ruhe war, sah ich Jesus allein in der Nacht zum Ölberg gehen und an einer einsamen Stelle beten. Es war diese

Stelle nicht immer die im Garten Getsemani, das wäre zu weit von hier gewesen. Der Ölberg war sehr grün und mit vielen edlen Hölzern bewachsen, und hatte viele einsame Winkel.

Magdalena bewohnt die Wohnung der seligen stillen Maria. Es sind dies kleine Gemächer, und oft sehe ich sie in einem ganz engen Raum, wie in einem Turm sitzen, es ist dies, glaube ich, ein Bußwinkel. Sie weint noch sehr viel. Sie ist zwar nicht mehr krank, aber von Reue und Buße ganz zermalmt, bleich und abgezehrt.

Es waren in den letzten Tagen zwei Fasttage, einer wegen des Todes der Alten nach Josua, und es kommt jetzt ein Fest, welches mit allerlei Freuden verbunden ist. Es tritt gleich nach dem nächsten Sabbat ein und dauert drei Tage, ich habe allerlei davon gesehen, was ich nicht mehr recht weiß. Sie haben es bis hierhin verschoben, es wäre sonst schon früher gefallen. Es ist ein Fest, worin für alle Gnaden gedankt wird vom ersten Anfang des Auszuges aus Ägypten an. Es braucht aber nicht in Jerusalem gefeiert zu werden, man kann es überall feiern.

Es sind auch sehr viele von den obersten Priestern und größten Feinden Jesu von Jerusalem weggereist, da jetzt Pilatus abwesend ist und sie nichts zu fürchten haben und nicht so viel zu hüten, als wenn er da ist.

Blick auf Pilatus und Herodes

Bei dieser Gelegenheit fällt mir ein, dass Pilatus einmal, ich meine, es war als Jesus aus der Wüste kam, römische Kriegsbilder auf Fahnen nachts nach Jerusalem hatte bringen lassen und dass ein so großer Aufstand darüber war, dass er sie wieder wegschaffen musste.

Einmal hat er auch während des Sabbats, da die Juden sich nicht wehren dürfen, von seinen Soldaten den Opferstock erbrechen und einen großen Beutel mit Gold wegnehmen lassen.

Herodes ist in Hesebon, das Weib ist nicht bei ihm, sie ist mit ihrer Tochter anderswo hingereist. Dieses Weib sieht ganz aus wie eine von den verliebten Göttinnen aus der alten Heidenwelt, ihr ganzes Aussehen ist so frech und spitz auf unreine Lust gestellt, so giftig und doch reizend.

Der Ölberg hat drei Höhen, es sind sehr viele Gärten dort. Jerusalem liegt von der Nordseite nicht steil, aber sehr steil von der Mittagseite; östlich vom Ölberg ist ein Tal, worin ein Bach, der nicht immer Wasser hat, nach dem Kidron fließt.

Transport der Leiche des Johannes

Ich habe heute gegen Mittag die Jünger mit der Leiche des Johannes durch das Tal der Hirten kommen sehen auf einsamen Wegen. Ungefähr eine halbe Stunde von Bethlehem, wo das Tal der Hirten sich schließt, trugen sie ihn in eine Höhle und hielten sich still darin. Heute abend werden sie ihn weiter gegen Juta tragen, wohin schon einige voraus sind, das Gehörige zu bestellen. Sie sind immer auf unbetretenen Pfaden durch die Wüste ums Tote Meer herumgezogen. Ich habe jene Erscheinung der Elisabeth in der Dunkelheit noch öfter neben dem Zug hergehen sehen. Ich kann nicht sagen, wie rührend dieser Zug war: Mit eilenden Schritten schienen sie zu schweben.

Jesus in Jerusalem

Joh 5,1-13 – 24. Januar: Heute morgen sah ich Jesus mit den Jüngern nach Jerusalem gehen und bei Johanna Chusa einkehren. Martha und Magdalena waren nicht in Jerusalem. Gegen zehn Uhr morgens sah ich Jesus mit den Jüngern im Tempel. Er lehrte und las das Gesetz auf einem Lehrstuhl im Vorhof der Frauen. Man wunderte sich über seine Lehre und Weisheit. Es war niemand da, der ihn hinderte oder ihm Einwürfe machte.

Die Priester, welche zugegen waren, mochten ihn kaum kennen, und die ihn kannten, waren nicht gegen ihn. Seine Hauptfeinde, die Pharisäer und Sadduzäer, waren fast alle verreist.

Einige Lauerer waren wohl noch hier, sie waren aber unbedeutend. Er lehrte hier bis gegen Nachmittag, und sie gingen dann, um ein kleines Mahl im Hause der Johanna Chusa zu nehmen.

Ungefähr nach drei Uhr ging Jesus mit einigen Jüngern an den Teich Bethesda. Er ging an der äußeren Seite durch ein Tor hinein, welches sonst geschlossen war und nicht mehr gebraucht wurde. Da waren alle die Ärmsten und Verlassensten hingeschoben und bis an dieses Tor, den entferntesten Winkel, war auch ein 38 Jahre lang kranker, lahmer Mann zurückgedrängt.

Er lag in einer Kammer der Männer. Als Jesus an das geschlossene Tor kam, pochte Er an und es öffnete sich vor ihm. Er ging an den Kranken vorüber hinab zu den Gängen, welche dem Teich näher waren, wo allerlei Kranke saßen und lagen. Er lehrte hier die Kranken, und die Jünger teilten den Ärmeren Kleider und Brote aus, auch Decken und Tücher, welche die Frauen ihnen gegeben hatten. Den Kranken, welche hier sich selbst oder ihren Dienern überlassen lagen, waren dieser Trost und diese Liebesdienste eine ganz neue Erfahrung, sie waren sehr gerührt.

Und als sie Jesu Lehre gehört hatten, die Er an verschiedenen Stellen hielt, fragte Er mehrere, ob sie glaubten, dass Gott ihnen helfen könne, und ob sie wünschten, geheilt zu werden und ihre Sünden zu bereuen, Buße zu tun und sich taufen lassen wollten?

Da Er aber ihnen teils selber ihre Sünden gesagt, waren sie sehr erschüttert und sagten: «Meister, du bist ein Prophet, du bist wohl Johannes?», denn sein Tod war noch nicht allgemein bekannt und an vielen Orten ging noch das Gerede von seiner Befreiung.

Jesus sagte ihnen aber nur in allgemeinen Ausdrücken, wer Er sei und heilte mehrere, auch Blinde. Er ließ sie die Augen mit Wasser aus dem Teich waschen und mischte Öl darunter, und sagte ihnen, still nach Hause zu gehen und nicht viel davon zu reden bis nach dem Sabbat. Die Jünger heilten auch in anderen Gängen. Alle aber mussten sich in dem Teich waschen.

Joh 5,5-13 – Da aber durch mehrere Geheilte eine Art Aufsehen entstand, indem bald hier und bald dort einer zum Teich kam, sich zu waschen, ging Jesus mit Johannes wieder zurück nach jenem entlegenen Ausgang und kam an die Stelle, wo der Mann lag, der schon 38 Jahre krank war.

Der Mann war ein Gärtner, einer von denen, welche ich immer an den Hecken arbeiten sehe. Auch hatte er sonst Balsamstauden gezogen. Er war aber nun schon so lange krank und hilflos, dass er ganz verkommen war und als ein öffentlicher Armer hier lag, der die übrigen Brocken der anderen Kranken aß. Er war auch, weil er seit vielen Jahren hier lag, von jedermann, der einmal hier gewesen, gekannt als der unheilbar Kranke. Jesus redete ihn an, ob er gesund sein wolle, und der Mann, der gar nicht meinte, dass Jesus ihn heilen wollte, sondern ihn nur im Allgemeinen fragte, warum er hier liege, sagte ihm: dass er keine Hilfe habe, keinen Diener oder Freund, der ihm hinab in den Teich helfe, wenn das Wasser bewegt werde, und bis er hinabkrieche, seien ihm schon andere zuvorgekommen und hätten die Stellen, wo die Stufen in den Teich führen, eingenommen.

Jesus sprach aber noch länger mit dem Mann, stellte ihm seine Sünden vor Augen, erregte seine Reue und sagte ihm, er solle nicht mehr in Unreinigkeit leben und nicht wieder gegen den Tempel lästern, denn dadurch habe er sich früher seine Strafe zugezogen. Er sprach ihm auch zu, dass Gott alle wieder annehme und allen helfe, welche sich reumütig an ihn wenden.

Und als der arme Mann, dem nie ein Trost geworden und der in seinem Elend ganz verrottet war und auch oft murrte, dass ihm niemand helfe, durch diese Reden des Herrn ganz gerührt war, sagte Jesus zu ihm: «Steh auf, nimm dein Bett und geh!» Dies ist aber nur das Wichtigste von dem, was Jesus ihm sagte, denn Er hat ihm auch befohlen, zum Teich hinab zu gehen und sich zu waschen und hatte einem Jünger, der heran kam, gesagt, diesen Mann in eine der kleinen Wohnungen für Arme zu führen, welche die Freunde Jesu auf dem Berge Sion am Coenaculum eingerichtet hatten, welches Joseph von Arimathäa mit seiner Steinmetzenarbeit innehatte.

Der Mann, der ganz lahm und auch ganz unrein im Gesicht gewesen war, nahm sein verlumptes Lager zusammen und ging gesund zum Teich hinab und wusch sich, und war so eilig und freudig, dass er schier sein Bett vergessen hätte.

Der Sabbat war schon angegangen und Jesus ging unbemerkt mit Johannes durch das Tor bei des Kranken Hütte hinaus. Der Jünger, der den Kranken anweisen sollte, ging diesem voraus, um ihn anzumelden, denn der Kranke wusste schon, wo er hingehen sollte. Da er aber aus den Gebäuden des Teiches Bethesda hinausging und einige Juden sahen, dass er geheilt war, meinten sie, die Kraft des Teiches habe ihn geheilt, und sagten zu ihm: «Weißt du nicht, dass es Sabbat ist, du darfst dein Bett nicht tragen?»

Der Mann sagte aber: «Der mich geheilt hat, sagte mir, stehe auf, nimm dein Bett und geh!» Sie fragten ihn: «Wer ist der Mensch, der zu dir sagte: nimm dein Bett und geh?» Das wusste der Mann aber nicht, denn er kannte Jesus nicht und hatte ihn sonst nie gesehen. Jesus war aber schon hinweg und die anderen Jünger auch.

Was aber im Evangelium bei diesem Wunder steht, dass dieser Mann Jesus im Tempel sah und ihnen zeigte, dass dieser es sei, der ihn geheilt habe, und dass Jesus einen Disput deswegen über das Sabbatheilen mit den Pharisäern hatte[38], ist erst auf einem anderen Fest geschehen und von Johannes hier gleich zusammengeschrieben. Ich habe diese Erklärung ausdrücklich dabei erhalten.

Durch diese Juden, welche dem Geheilten das Tragen seines Bettes am Sabbat verwiesen, kam aber, nachdem Jesus Jerusalem verlassen hatte, die Heilung dieses Mannes, den viele Leute als unheilbar kannten, ins Gerede und machte viel Aufsehen.

Die anderen Kranken, die Er und die Jünger am Teich Bethesda geheilt hatten, wurden nicht weiter beachtet, man schrieb es dem Wunder des Teiches zu; auch erregten sie keine Aufmerksamkeit, weil es nicht am Sabbat geschehen war, und sie hatten Jesus auch an den Eingängen, wo sich die Wächter und Vorsteher des Teiches befanden, weder ein- noch ausgehen sehen.

Beim Teich Bethesda befanden sich um diese Zeit außer den armen Kranken, welche in den Mauerzellen liegen blieben, wenige Leute, da die Wohlhabenderen sich bereits hatten nach Hause bringen lassen; denn in der letzten Zeit erfolgte die Bewegung des

Wassers nur selten und meist nur bei Sonnenaufgang, da sich dann die, welche Bedienung hatten, herantragen ließen.

Überhaupt war diese Heilanstalt sehr in Verfall und ein Teil der Mauern an einer Seite etwas verwüstet. Es fanden sich auch meist nur gläubige Leute da ein, solche wie die, die bei uns die Wallfahrtsorte besuchen.

Es war dies der Teich, in welchem Nehemia das heilige Feuer verborgen hatte, und ein Stück des Holzes, womit es bedeckt gewesen war, ist nachher verworfen und ein Teil vom Kreuz Christi geworden. Die Wunderkraft des Teiches hat sich, nachdem das heilige Feuer darin gewesen, gezeigt. In den ersten Zeiten sahen wohl fromme und prophetische Kranke einen Engel sich niedersenken und das Wasser berühren. Später sahen dies Wenige oder Keine mehr und die Zeiten waren bereits so, dass jene, die es etwa noch sahen, es doch nicht mehr sagten; aber zu jeder Zeit sahen viele, wie das Wasser sich bewegte und aufsprudelte.

Dieser Teich wurde nach der Ankunft des Heiligen Geistes die Taufstelle der Apostel und der Teich selbst war mit dem Engel, der das Wasser bewegte, ein vorbildliches Geheimnis der heiligen Taufe zur Zeit des Paschalammes, welches das Vorbild des Abendmahles und des Erlösungstodes gewesen.

Jesus hat auch einige Leute am Morgen vor dem Tempel, wo die Verkäufer stehen, geheilt.

Das Fest Ennorum

Jesus ging nach diesem Wunder mit den Jüngern in eine Synagoge am Tempelberg, wo auch Nikodemus und die anderen Freunde den Sabbat hielten. Jesus lehrte heute nicht hier, sondern betete und hörte die Sabbatslesung mit an. Man las vom Auszug aus Ägypten und dem Durchzug durchs Rote Meer und auch von der Prophetin Debora (Ex 13,17-15,27 und Richter 4,4-5,32).

Es wurde aber auch noch ein Gesang vom Durchzug durchs Rote Meer gesungen, und in diesem kamen alle Wohltaten nach und nach vor, die Gott den Juden, besonders zu ihrem Gottesdienst und am Tempel, erwiesen hat. Es wird weitläufig von allen Kleidern und Zierden gesungen, die er am Berg Sinai verordnet hat und auch von Salomo und der Königin von Saba.

Dieser Sabbat heißt Beschallah und gleich nach ihm tritt jetzt das Fest ein, von welchem ich gestern berichtet habe. Das Fest dauert mehrere Tage, ich meine drei, und sein Name lautet wie Ennorum. Ich habe viele Gesichte von diesem Fest gehabt, habe es aber wieder über meinen Zuständen vergessen.

Es ist zugleich Schluss und Anfang[39], eine Danksagung für alles und für alle Feste. Sie danken in dem Gesang für sehr vieles, was ihnen Gott von Anfang an getan, für die Rettung aus Ägypten und dem Roten Meer, für Gesetz, Bundeslade, Stiftshütte, Priesterkleider und Tempel und für den weisen König Salomo, und bitten wieder um einen so weisen König. Es ist auch mit diesem Fest, welches schon vor Salomo und dem Tempel durch einen Propheten veranlasst worden, eine Belustigung verbunden, welche Salomo bei Gelegenheit der Geschenke der Königin von Saba, welche ihn so verehrt hatte, gestiftet hat. Von diesen Geschenken hatte er den Priestern und dem Volk eine Rekreation gegeben und es ist jetzt eine Art Vakanz daraus geworden, in der man sich belustigt und erholt. Weil man das Fest überall feiern kann, so reisen alle Pharisäer und Tempelbeamte, welche irgend nur loskommen können, auf Besuch aus, um für die bevorstehenden großen Feste Purim und Pascha neue Kräfte zu sammeln.

Es werden an diesem Fest auch viele Almosen gegeben. Sie backen sehr feine, weiße Brote und teilen sie zum Andenken des Mannas in der Wüste unter die Armen aus. Dieses Fest ist wie das Amen von den Festen, das Fest vom Anfang und Ende.

Am Schluss danken sie auch an diesem Fest, nachdem sie für alle Wohltaten im Tempel gedankt haben, dass Gott einen gewissen schlechten liederlichen Kerl habe sterben lassen, der mit Gewalt Hurenbilder, die Statuen von seinen Liebschaften, vorne in den Tempel setzen ließ, wo man eingeht und wo die Verkäufer stehen. Er war kein Jude, sondern Einer zu den Zeiten des Königs Sanherib. Er ist auf eine wunderbare Art umgekommen.

Als er zum Tempel gehen wollte, sah ich ihn am Tempel tot niederfallen, es platzte ihm der Bauch. (Dies ist offenbar der sogenannte Niscalenus, über dessen Tod am 22. Sebath ein Freudenfest in den jüdischen Kalendern steht; sie sagte neulich schon, dieses Fest folge auf das Fest Ennorum.)

Nach der Synagoge ging Jesus mit einigen Jüngern noch in den Tempel, es waren nur noch wenige Leute da. Die Leviten gingen hier und dort, räumten und füllten die Lampen mit Öl für morgen. Jesus ging an ungewöhnlichen Orten zu ihnen. Er kam bis in die Vorhalle des Heiligen, wo der große Lehrstuhl steht. Er sprach mit den Leviten allerlei tiefe Reden, sie hörten ihn eine Zeit lang an, dann kamen einige und verwiesen ihm seine Kühnheit, hier zu ungewöhnlicher Zeit und an ungewöhnlichen Stellen umher zu gehen und nannten ihn verächtlich Galiläer.

Jesus antwortete ihnen sehr ernst von seinem Recht und von dem Hause seines Vaters und ging von dannen. Sie verlachten ihn und hatten doch heimlich Schrecken vor ihm. Jesus blieb heute nacht in der Stadt.

Johannes des Täufers Bestattung

Gestern Mittag, Donnerstag den 6. Sebath, sah ich die Jünger mit Johannes' Leiche in einer Höhle bei Bethlehem. Sie blieben hier bis in die Nacht, da sie ihn gegen Juta trugen, und ich sah in der Nacht Elisabeths Erscheinung noch einigemal neben dem Zug. Heute vor Tagesanbruch sah ich sie den Leib in eine Höhle bringen, nicht weit von dem Grabe Abrahams und in der Nähe von den Zellen der Essener, von welchen einige zugegen waren und den Tag über den Leib bewachten.

Gegen Abend, um die Stunde, da unser Herr auch gesalbt und in das Grab gelegt worden ist und auch an einem Freitag, sah ich den Leib von den Essenern zu der Gruft bringen, wo Zacharias und viele Propheten liegen und wo Jesus neulich hat aufräumen lassen. Dieses Gewölbe liegt zwischen Zacharias' Haus und dem Brunnen Marias und dieser Brunnen liegt zwischen dem Haus und Zacharias' Weinberg. Der Weinberg liegt höher als das Haus und südwestlich eine halbe Stunde vom Haus.

Die verwandten Frauen und Männer des Täufers waren alle in tiefer Betrübnis in dem Grabgewölbe versammelt, ebenso die Jünger, die ihn geholt hatten und die beiden Soldaten von Machärus, welche mitgegangen waren, und mehrere Paare von Essenern, darunter sehr alte Leute in langen weißen Kleidern.

Es waren einige darunter, welche dem Johannes in seiner ersten Zeit in der Wüste Speise und Unterhalt gegeben hatten. Die Frauen waren weiß gekleidet in langen Mänteln und verschleiert, die Männer trugen schwarze Trauermäntel und hatten Tücher, schmale Bahnen, um den Hals hängen, welche an dem einen Ende in vielen Riemen zerrissen waren. Es brannten viele Lampen in dem Gewölbe. Der Leib wurde auf einen Teppich gelegt, nochmals losgewickelt und unter vielen Tränen mit Salben, Gewürzen und Myrrhen einbalsamiert.

Es war ein herzzerreißender Anblick, als sie den Leib ohne Kopf sahen. Sie waren so betrübt, ihm nicht in das Antlitz sehen zu können und suchten mit ihrer Seele noch immer in der Ferne. Jeder der Anwesenden fügte ein Myrrhen-Büschchen oder anderes Gewürz hinzu und dann legten seine Jünger ihn fest eingewickelt auf das Grablager, welches über dem seines Vaters eingehauen war, dessen Gebeine sie auch neu gereinigt und eingewickelt hatten.

Es wurde aber nun noch eine Art Gottesdienst von den Essenern hier gehalten, welche den Johannes als einen der Ihrigen, ja noch höher als einen ihnen verheißenen Propheten hielten. Es stand ein tragbarer Altartisch zwischen den beiden Reihen, die sie bildeten, und einer von ihnen mit zwei Gehilfen verrichtete den Dienst. Alle legten kleine Brote auf den Altar, in dessen Mitte die Figur eines Osterlammes lag. Sie bestreuten dieses Lamm mit allerlei kleinen Kräutern oder Zweiglein.

Es lag ein rotes und weißes Tuch darüber auf dem Altar. Ich weiß nicht mehr recht, wie es zuging, dass das Bild des Lammes anfangs rot und dann weiß schimmerte, ich meine, es waren vielleicht Lampen darunter und schienen durch die roten und dann weißen Decken.

Der Priester las aus Rollen, räucherte, segnete und sprengte mit Wasser. Alle sangen, wie ein Chor. Die Johannesjünger und

Verwandten standen auch in Reihen umher und sangen mit. Der Älteste hielt eine Rede von der Erfüllung der Prophezeiungen und sagte allerlei sehr Wundervolles von der Bedeutung des Johannes, und mehreres, was auf Christus deutete.

Ich erinnere mich noch, dass er vom Tod der Propheten und vom Tod des Hohepriesters Zacharias sprach, der zwischen Tempel und Altar ermordet wurde. Er sagte auch, dass Zacharias, des Johannes Vater ebenso ermordet worden sei zwischen Tempel und Altar, jedoch in höherer Bedeutung; Johannes aber sei der wahre Blutzeuge zwischen Tempel und Altar. Er deute damit auf Christi Leben und Tod. Ich kann es nicht mehr so recht wiederbringen, doch so ungefähr war der Inhalt.

Die Zeremonie mit dem Lamm hatte Bezug auf ein prophetisches Bild, das Johannes in der Wüste einem Essener mitgeteilt hatte, und das sich auf das Osterlamm, das Lamm Gottes, Jesus, auf Abendmahl, Passion und Opfertod bezog. Ich glaube nicht, dass sie dies ganz verstanden, sie taten es in einem prophetischen, vorbildlichen Geist, wie sie denn viel Prophetisches unter sich hatten.

Der Älteste teilte ihnen nach der Handlung die kleinen Brote wieder aus, die auf dem Altar gelegen und gab jedem ein Zweiglein, das auf dem Lamm gesteckt hatte. Die anderen Verwandten erhielten auch Zweige, aber nicht die vom Lamm. Die Essener aßen die Brote. Nachher gingen alle hinweg zum Sabbat und das Grablager wurde zugesetzt.

Das Wesen der Essener

Die Essener hatten unter ihren heiligeren Mitgliedern große Kenntnis und prophetische Einsichten von der Zukunft des Messias, auch von der inneren Bedeutung und dem Bezug der jüdischen Religionsgebräuche auf ihn.

Vier Generationen vor der Geburt der heiligen Jungfrau hörten sie auf, blutige Opfer zu bringen, weil sie die Annäherung des Lammes Gottes erkannten. Es war auch ihre Keuschheit und

Enthaltung ein Dienst, welchen sie dem künftigen Heiland verrichteten. Sie erkannten die Menschheit als seinen Tempel, dem Er nahe, und wollten alles tun, ihn rein und unbefleckt zu erhalten.

Sie wussten, wie oft die Annäherung des Heiles durch die Sünden und unreinen Versuchungen der Menschen aufgeschoben worden war und wollten mit ihrer Reinheit und Keuschheit für die Sünden der anderen genugtun.

Alles dieses war in ihrem Orden von einzelnen Propheten auf eine geheimnisvolle Weise eingerichtet worden, ohne dass sie jedoch insgesamt zur Zeit Jesu ein klares Bewusstsein davon gehabt hätten. Sie waren, was die Sitten und den Gottesdienst betrifft, Vorläufer der künftigen Kirche. Sie hatten früher vieles beigetragen zur geistlichen Pflege und Führung der Voreltern Marias und anderer heiligen Geschlechter und die Pflege des Johannes in seiner Jugend war ihr letztes größeres Werk.

Alle Erleuchteten unter ihnen gingen teils zur Zeit Jesu zu den Jüngern, teils nachher zur Gemeinde und bildeten den Geist der Entsagung und des geordneten Lebens durch ihre lange Gewohnheit in der Gemeinde aus und brachten auch den Grund zu dem ersten christlichen Einsiedler- und Klosterleben mit.

Eine große Menge unter ihnen aber, welche nicht zu den Früchten, sondern zu dem dürren Holz gehörten, blieben in ihren Gebräuchen abgesondert und erstarrten ganz zu einer Sekte, welche sich mit allerlei heidnischen Spitzfindigkeiten vermischte und gar eine Mutter vieler Ketzer ward, als die Kirche bereits bestand.

Jesus hatte nie eine besondere Gemeinschaft mit ihnen, noch irgend eine Ähnlichkeit in seinen Sitten. Er war auch mit einzelnen derselben in keiner genaueren Berührung als mit manch anderen frommen und wohlwollenden Leuten. Besonders kannte Er mehrere der verehelichten Essener, welche Freunde seiner Familie gewesen waren.

Da die Essener nicht gegen ihn stritten, hatte Er auch keinen Streit gegen sie, und sie werden nicht im Evangelium erwähnt, weil Er nichts anderes an ihnen zu rügen hatte, als was Er an allen Menschen rügte. Es wurde auch nicht ausgesprochen, dass viel Gutes unter ihnen sei, weil die Pharisäer sonst gleich gesagt hätten, Er sei von dieser Sekte.

25. Januar: Jesus und die Apostel heilten am Samstagmorgen eine große Anzahl von Kranken in den Seitengebäuden des Coenaculums, das von einem großen Hof eingeschlossen auf dem Berge Sion liegt. Joseph von Arimathäa besitzt es in Miete und hat seine Steinmetzarbeit dort.

Die heiligen Frauen von Jerusalem waren alle zugegen und übten mit den mannigfaltigsten Gaben alle möglichen Liebesdienste aus. Besonders wegen der hier versammelten Kranken hatte Joseph von Arimathäa Jesus in Hebron nach Jerusalem eingeladen. Es waren meistens gute, gläubige Leute von den Bekannten der heiligen Frauen und der Freunde Jesu. Sie waren in der Nacht in den Hof des Coenaculum gebracht worden und Jesus heilte sie den ganzen Morgen bis Mittag ungestört, und lehrte dazwischen bald bei dieser, bald bei jener Gruppe. Es waren Lahme, Blinde, Gichtbrüchige, Wassersüchtige, Leute mit verdorrten und verkrümmten Händen, Leute mit Geschwüren, Männer und Frauen und Kinder. Es waren auch viele beim Einsturz der Wasserleitung verletzte Männer darunter mit Kopfquetschungen und beschädigten Gliedern.

Man ist in Jerusalem sehr beschäftigt, im Tal den Schutt auszuräumen. Es sind auch Mauern eingestürzt, welche den Abfluss des Wassers hemmten, und sie lassen nun Leute hinab in die Schlucht, die ausgraben müssen. Sie werfen ganze Bäume hinein und Steine dahinter, um zu dämmen. An anderen Stellen, wo das Wasser fließen muss, ist es verschüttet und tritt über. Es wurde bis zum Sabbat gearbeitet. Jesus nahm nachmittags mit den Jüngern ein kleines Mahl im Coenaculum ein, und auch die Kranken erhielten Speise, die Jesus segnete.

Nach dem Imbiss ging Jesus mit den Jüngern bis zum Tempel und begab sich zu dem öffentlichen Lehrstuhl, wo die Gesetzrollen lagen, und begehrte die Rollen; Er wolle lehren. Es war kein besonderer Widerspruch da, man gab ihm die Rollen und Er las und erklärte die Sabbatslektion. Es wurde vom Durchgang durchs Rote Meer und von der Debora gelehrt, auch wieder etwas vom Lied gesungen, das von dem Fest handelt. Es steht darüber: Frühmorgens oder am Vorabende zu singen.[40]

Jesus lehrte zu aller Menschen Erstaunen. Niemand wagte, ihm zu widersprechen. Jedoch am Ende des Sabbats nahten sich ihm einige Pharisäer und fragten ihn, wo Er studiert habe, wo Er das Recht erhalten habe zu lehren und wie Er sich diese Freiheit nehmen könne. Und Jesus antwortete ihnen so fest und so ernst, dass sie nichts zu entgegnen wussten. Dann verließ Er den Tempel und ging mit den Jüngern und seinen Freunden nach Betanien.

Sein Aufenthalt wurde diesmal in Jerusalem wenig bemerkt, weil seine Hauptfeinde nicht anwesend waren. Nur da Er die Sabbatslehre im Tempel auf dem großen Lehrstuhl schloss, wurde die Menge seiner recht bewusst und sprach hie und da wieder von dem Galiläer. Alles war in Jerusalem jetzt nur mit dem Gerede vom Einsturz des Baues, vom Neid zwischen Herodes und Pilatus und der Abreise des Pilatus nach Rom beschäftigt, selbst von Johannes' Tod war nur wenig die Rede.

Wenn nicht gerade ein Spektakel war, so sprach man von Jesus nicht viel. Es ist dort wie in anderen großen Städten. Hie und da sagt man wohl: Jesus, der Galiläer, soll in der Stadt sein; ein Anderer sagt dann etwa, wenn Er nicht mit vielen Tausenden hier ist, wird Er nichts ausrichten.

Äußerungen des Pilatus über Jesus

Ehe Pilatus abreiste, hörte ich ein Gespräch zwischen ihm und seinen Beamten. Man sprach von Jesus dem Galiläer, der so große Wunder tue. Er solle jetzt in der Nähe von Jerusalem sein. Pilatus fragte: «Zieht viel Volk mit ihm? Sind sie bewaffnet?»

«Nein», erwiderte man ihm: «Er zieht nur mit wenigen friedlichen Schülern und Leuten ohne Amt und aus geringem Stand und manchmal auch ganz allein umher. Er lehrt auf Bergen und in Synagogen und heilt die Kranken und gibt Almosen. Bei solchen Lehren kommt oft viel Volk zusammen, wohl mehrere Tausend!» «Lehrt Er nicht gegen den Kaiser?» «Nein», sagten sie: «Er lehrt bessere Sitten und Barmherzigkeit. Er sagt auch, man solle dem Kaiser das Seine geben und Gott das Seine, aber Er soll oft von seinem Reich lehren und dass es nahe sei.» Da sagte Pilatus: «Solange Er nicht mit Kriegsvolk oder vielem bewaffneten Volk herumziehend seine Wunder tut, ist gar nichts von ihm zu besorgen. Wenn Er den Ort verlassen hat, wo Er Wunder tat, und an einen anderen geht, wird man ihn vergessen und verlästern und ich höre ja, die jüdischen Priester schelten selbst gegen ihn. Er bringt keine Gefahr. Zieht Er aber einmal mit bewaffnetem, vielem Volk herum, so muss man sein Treiben beenden!»

Dass Herodes sich mehr um Jesus kümmert, ihn zu sehen verlangt und fragt: «Ist Er Johannes, der von den Toten auferstanden?»[41], das kommt, glaube ich, jetzt daher, weil Jesus wieder in Galiläa ist.

Jesus in Betanien im Hause Simons des Aussätzigen

Ich sah heute abend, als sie nach Betanien zurückgekehrt waren, Jesus, die Jünger und Freunde bei einer Mahlzeit im Hause Simons zu Betanien. Simon war nicht bei dem Mahl zugegen, denn er war krank, sein Aussatz begann, er hatte viele rote Flecken an sich und war in einen weiten Mantel gehüllt in einem fernen Gemach. Jesus sprach mit ihm, die Frauen waren nicht zugegen.

Simon schien wie einer, der seine Krankheit noch nicht will merken lassen, aber er wird es nicht mehr lange können. Er zeigte sich mit Zurückhaltung.

Ich sah Jesus noch nachher im Haus des Lazarus, wo Er mit den Frauen sprach und von ihnen Abschied nahm.

Spät in der Nacht kamen noch die Jünger von Juta zurück, das sie nach dem Sabbat verlassen hatten. Sie erzählten Jesus, wie sie Johannes' Leib von Machärus geholt und ihn neben seinen Vater begraben hätten. Die beiden Soldaten von Machärus waren bei ihnen und Jesus sprach mit ihnen. Lazarus aber hielt sie bei sich verborgen und wollte für sie sorgen.

Jesus sagte nun zu den Jüngern: «Wir wollen uns an einen einsamen Ort begeben, ausruhen und trauern, nicht um Johannes' Tod, sondern dass dieses so kommen musste.» Ich dachte aber:

Wie wird Er ausruhen? Denn ich sah, dass die anderen Apostel und Jünger heute nach Kapharnaum zu Maria gegangen sind, und dass eine ganz erstaunliche Volksmenge von allen Orten, wo sie waren, und aus ferneren Gegenden, Syrien und Basan herangezogen ist, und dass bei Chorazin am Berg der Seligkeiten alles mit Lagern bedeckt ist, wo die Menschen auf Jesus warten.

Jesus in Lebona

26. Januar: Jesus verließ heute sehr früh Betanien mit den sechs Aposteln und vielen Jüngern, es waren wohl über zwanzig. Sie gingen ohne Aufenthalt und mit wenig Ruhe, alle Orte meidend, einen Weg von etwa elf Stunden nördlich bis nach Lebona, an der Südseite, wo der Berg Garizim aufsteigt. Der hl. Joseph hat vor seiner Vermählung mit Maria hier als Zimmermann gearbeitet und später noch Freunde hier im Ort gehabt.

Ich sah Jesus mit seinem großen Gefolge soeben in der Gegend, wo Joseph seine Zimmerwerkstelle gehabt hatte, spät hinangehen. Es war an der Seite des Ortes auf einem Vorsprung des Berges eine allein liegende Burg, wohin von Lebona ein Weg zwischen Gebäuden und alten Mauern aufsteigend hinführte. Auf diesem Weg war die Werkstelle Josephs. In diesem abgesonderten Ort kehrte Jesus mit allen seinen Jüngern bei guten Leuten ein und wurde, wenngleich unerwartet und zu später Zeit, mit ungemeiner Freude und Verehrung aufgenommen, ich meine, es war eine Levitenfamilie. Hier oben war die Synagoge, der Wirt war ein Levit.

Montag, 27. Januar: Jesus ging mit den Jüngern früh von Lebona aus. Sie gingen den ganzen Tag mit raschen Schritten immer durch Samaria gegen den Jordan in nordwestlicher Richtung. Sie kamen über Aser-Michmethath und weilten kurze Zeit in ihrer Herberge zu Aser, welches eine Stunde vom Jordan und zwei von Thirza liegt.

Sie gingen am Abend noch bis vor Thirza, welches eine halbe Stunde vom Jordan in einer ungemein reizenden Gegend liegt und zwei Stunden von Abelmehola.

28. Januar: Das Fest, welches in Jerusalem begonnen hatte, wurde überall unterwegs gefeiert. Gestern in Bezech und auch in der Stadt, vor welcher Jesus in einer Herberge einkehrte, waren die Leute sehr lustig. Sie hatten öffentliche Spiele und geschmückte Ehrenbogen. Sie spielten im Freien und sprangen wie die Kinder bei uns über Laubgewinde um die Wette. Sie hatten große Haufen Getreide und Früchte daliegen im Freien und teilten den Armen aus.

Dieser Ort liegt in zwei Teilen auf einem zerrissenen Grund auf einer Höhe, etwa eine Stunde vom Jordan, und von Sukkoth wohl sieben Stunden. Er heißt Thirza und liegt durch seine frühere Zerstörung sehr zerstreut, so dass ein dazugehöriger Teil bis eine halbe Stunde hin zum Jordan reicht.

Die Lage ist ungemein reizend, die Gegend ist ganz grünend, und so voll von Bäumen und Fruchtgärten, dass man die Stadt nicht eher sehen kann, als bis man vor ihr steht.

Thirza ist so von Gärten und verwüsteten Stellen unterbrochen, dass der vom Jordan entferntere Teil weniger einer Stadt als einzelnen, zwischen Gärten und Mauerwerk zerstreuten Häusergruppen ähnlich sieht. Der Teil gegen den Jordan aber ist am besten erhalten und liegt ganz beisammen, wohl so groß wie Dülmen. Er ist über ein Tal so hoch hinweg gebaut, dass er auf Pfeilern ruht, und eine Landstraße unter ihm, wie unter einer Brücke, hinwegführt. Der Weg ist sehr reizend, man sieht durch das Tal, welches ganz voll grüner Bäume ist, wie durch einen kühlen Keller wieder jenseits in das Freie.

Thirza liegt auf einer mäßig breiten Anhöhe, es hat eine unbeschreiblich schöne Aussicht über den Jordan ins Gebirge. Es sieht gegenüber auf das etwas nördlicher liegende, von Wald versteckte Jogbeha, es sieht rechts hinab nach Peräa hinein und man kann über den Spiegel des Toten Meeres sehen bis weit unter Machärus. Viele Blicke hat man auf den Jordan und sieht hie und da in seinen Krümmungen längere lichte Streifen seines Wassers zwischen grün bewachsenen Ufern hervorglänzen. Gegen Abend liegen von Thirza höhere Gebirge, welche es von Dothan trennen.

Albelmehola liegt nordwestlich zwei Stunden von ihm, in einer südlicheren Schlucht als die, wo Joseph von seinen Brüdern verkauft wurde. Ringsumher in der Nähe sieht Thirza auf die vielen grünen Gärten und Haine voll Fruchtbäumen, und man sieht längs Terrassen an Spalieren gezogene Balsam-Stauden und auch jene Bäume, woran die Paradies-Äpfel (Esrogim) wachsen, welche die Juden am Laubhüttenfest brauchen.

Diese Bäume werden im Land nur an sehr guten und sonnigen Lagen gezogen, so auch hier. Außerdem bauen sie Zuckerrohr, einen langen gelben Flachs, wie Seide, Baumwolle und ein Getreide mit dicken Stengeln an, worin Mark ist. Die Einwohner treiben diesen Fruchtbau und Gärtnerei und viele beschäftigen sich auch, Flachs, Wolle, Zuckerrohre roh zu bearbeiten für den Handel.

Die Straße, welche unter der Stadt durchgeht, ist die Heer- und Handelsstraße im Jordanstal die gerade nach Tarichäa und Tiberias führt, sie geht oft tief als Hohlweg zwischen Hügeln, und so auch hier, wo dann die Stadt auf Säulen über sie weggebaut ist.

Mitten in der Stadt, nämlich in ihrem ehemaligen Umfang, jetzt auf einem großen öden Platz etwas hoch, liegt ein großes weitläufiges Gebäude mit dicken Mauern und mehreren Höfen und großen runden turmartigen Gebäuden, in welchen inwendig auch Höfe sind. Es ist das alte zerstörte Schloss der Könige von Israel, teils wüst liegend, teils zu einem Krankenhaus und Gefängnis eingerichtet. Einzelne Teile davon sind ganz überwachsene Ruinen und es sind allerlei Gartenanlagen darauf.

Auf dem Platz vor diesem Haus ist ein Brunnen, das Wasser wird durch ein Rad, welches ein Esel bewegt, in ledernen Schläuchen gehoben und leert sich in ein großes Becken, von welchem es durch Rinnen nach allen Seiten rings in etwas entfernt stehende Tröge fließt, so dass jeder Teil des Ortes seinen Wassertrog hat.

An diesem Brunnen kamen fünf Jünger von jenseits des Jordan mit Jesus und seinem Gefolge zusammen; es waren die zwei geheilten besessenen Jünglinge und jene zwei Männer, aus denen Jesus die Teufel in die Schweine getrieben hatte, und noch ein Fünfter. Sie hatten in den Städtchen des Gerasener Landes und in der Dekapolis nach dem Befehl Jesu ihre Heilung und das Wunder von den Schweinen bekannt gemacht und die Nähe des Reiches verkündet. Sie umarmten die Jünger und wuschen sich untereinander die Füße am Brunnen.

Jesus kam von einem Haus vor der Stadt, wo Er mit den anderen Jüngern übernachtet hatte. Diese Jünger brachten ihm Botschaft, dass alle seine Jünger, die Er in Obergaliläa nach Kapharnaum ausgesandt hatte, zurück seien und auch, dass eine große Menschenmenge in der Gegend lagere und ihn erwarte.

Jesus ging mit den Jüngern in das Schloss hinein zu dem Vorsteher der Kranken und begehrte, zu denselben geführt zu werden. Der Vorsteher führte ihn hinein, und Jesus ging durch Hallen und Höfe in die Zellen und Winkel der Kranken aller Art, lehrte, tröstete und heilte. Die Jünger waren teils bei ihm und halfen die Kranken heben, tragen und führen, teils waren sie in anderen Räumen, heilten selbst und bereiteten die Kranken vor. Es waren auch in einem Hof mehrere Besessene an Ketten, sie schrien und tobten, als Jesus ins Haus trat, und Er gebot ihnen Ruhe.

Als Er aber zu ihnen kam, heilte Er sie und trieb die Teufel aus. Auch Aussätzige waren in einem ganz entlegenen Teil des Gebäudes und Er heilte sie, ging aber allein zu ihnen. Die Leute, welche aus Thirza selbst waren, wurden von ihren Angehörigen in Empfang genommen. Jesus ließ sie auch mit Speise und Trank erquicken und den Armen Kleider und Decken geben, welche aus der Herberge von Bezech nach Jesu Nachtquartier vor Thirza und von hierher durch die Jünger gebracht worden waren.

Jesus ging auch nach dem Turm der Weiber. Es ist dies ein rundes, turmhohes Gebäude um einen Hof. Man steigt in diesem Hof und auch von außen des Gebäudes auf vorspringenden, eingemauerten Stufen oder Pfaden von einem Stockwerk zum anderen empor. Im Innern des Gebäudes sind kleine Treppen, so wie bei uns. In den nach außen liegenden Räumen des Gebäudes befanden sich die kranken Frauen aller Art.

Jesus heilte viele. In den Räumen, die in den inneren, durch ein Tor geschlossenen Hof sehen, waren die gefangenen Frauen, einige wegen Ausschweifungen, andere wegen kühner Reden, manche auch unschuldig. Es saßen auch viele arme Männer in diesem Gebäude in schwerer und schwerster Gefangenschaft, teils wegen Schulden, teils wegen der Beschuldigung des Aufruhrstiftens, und manche auch, die man aus Feindschaft und Rache, oder um sie aus dem Weg zu bringen, hierher gesteckt hatte. Viele waren ganz vergessen und in ihren Kerkern ganz verkommen. Von den geheilten Kranken und anderen Leuten hörte Jesus bittere Klagen darüber. Er wusste es wohl und war hauptsächlich wegen des allgemeinen Elendes hierher gekommen.

Dieser Ort hat viele Pharisäer und Sadduzäer und unter diesen waren viele Herodianer. Das Gefängnis aber ist von römischen Soldaten bewacht und hat einen römischen Vorgesetzten. Vor den einzelnen Gefängnissen sind Wohnungen von Aufsehern und Soldaten. Jesus ging zu diesen und wurde von ihnen zu jenen Gefangenen gelassen, mit welchen man sprechen durfte. Jesus ließ sich von allen ihre Not und Leiden klagen, ließ sie erquicken, lehrte sie, tröstete sie und da viele ihm ihre Sünden bekannten, vergab Er sie ihnen. Mehreren wegen Schulden Gefangene und vielen anderen versprach Er Loslassung, anderen aber Linderung.

Jesus ging hierauf zum römischen Befehlshaber, der kein böser Mann war, und sprach mit ihm sehr ernst und rührend über die Gefangenen und erbot sich, ihre Schulden zu bezahlen und teils für ihre Unschuld und Besserung Kaution zu stellen. Er verlangte auch, mit mehreren lange und schwer Gefangenen zu sprechen. Der Vorsteher hörte Jesus sehr ehrerbietig an, erklärte ihm aber, dass alle diese Gefangenen Juden und unter Umständen hierher gebracht seien, wegen welcher er erst mit den jüdischen Vorstehern des Ortes und den Pharisäern sprechen müsse, ehe er ihn zu diesen Leuten lassen und sein Anerbieten annehmen könne.

Jesus sagte ihm, Er wolle mit den Vorstehern zu ihm kommen, wenn Er in der Synagoge gelehrt habe. Er ging sodann noch zu den gefangenen Frauen, tröstete sie und ermahnte sie, vernahm auch die Bekenntnisse und Buße mehrerer, vergab ihnen ihre Sünden, ließ ihnen Geschenke reichen und versprach ihnen Aussöhnung mit den Ihrigen.

So hatte Jesus von morgens neun Uhr bis nachmittags gegen vier Uhr in diesem Haus voll Not und Elend gearbeitet und hatte es ganz mit Freude und Trost erfüllt an einem Tag, wo hier allein alles betrübt war, während in der Stadt alles voll Freude jubelte, denn es war der erste von den Freudentagen, die durch Salomo dem Fest Ennorum wegen der Geschenke der Königin von Saba angefügt worden waren. Den Sabbat dieses ersten Tages hatte Jesus gestern abend schon in Bezech feiern sehen. Heute war hier in dem bewohnteren Teil der Stadt auch alles voll Freude, auch hier gab es Triumphbögen und Springen und Wettlaufen und Getreidehaufen, welche ausgeteilt wurden.

Bei dem Kranken- und Gefangenenhaus war aber alles still, und Jesus hatte allein an sie gedacht und die wahre Freude hierher gebracht. Er nahm mit den Jüngern in dem Haus vor der Stadt noch einen Imbiss von Brot, Früchten und Honig und sandte noch mancherlei Vorrat und Erquickung nach dem Gefängnis, während Er mit den übrigen zur Synagoge ging.

Es war nun bereits in der ganzen Stadt der Ruf von seinen Taten in dem Krankenhaus verbreitet. Viele Kranke kamen genesen in die Stadt zurück und gingen in die Synagoge, andere versammelten sich vor derselben, und sowohl Jesus als auch die Apostel heilten hier noch mehrere.

Es waren Pharisäer und Sadduzäer in der Synagoge, darunter viele heimliche Herodianer. Es waren einige von Jerusalem dabei, die hierher zur Erholung gekommen waren, und alle waren voll Gift und Bosheit über sein Tun, weil das Ihrige dadurch bloßgestellt wurde. Es waren sehr viele Menschen in der Schule, auch von Bezech, die ihm hierher gefolgt waren.

Jesus lehrte über das Fest und seine Bedeutung, sich zu erholen und anderen Freude und Wohltun zu erteilen. Er lehrte auch wieder von den acht Seligkeiten: «Selig sind die Barmherzigen» und erzählte die Parabel vom verlorenen Sohn, die Er auch schon den Gefangenen erzählt hatte, und Er sprach auch von diesen und den Kranken und ihrem Elend, wie sie vergessen und vernachlässigt seien, und wie andere sich mit dem bereicherten, was zu deren Unterhalt ausgesetzt sei.

Er redete scharf gegen die Pfleger dieser Anstalten, von welchen sich einige unter den anwesenden Pharisäern befanden, die mit stummem Grimm zuhörten. Die Parabel vom verlorenen Sohn erzählte Er mit der Auslegung auf die, welche wegen Verbrechen gefangen saßen und Reue hatten, um sie mit den anwesenden Ihrigen auszusöhnen, und alle waren sehr gerührt. Er erzählte hier auch die Parabel von dem barmherzigen König und dem unbarmherzigen Knecht und legte sie aus auf jene, welche die armen Gefangenen wegen kleiner Schuld verschmachten ließen, während ihnen selbst so große Schuld von Gott bis jetzt nachgelassen sei.

Es waren aber viele heimliche Herodianer hier, welche diese Leute teilweise durch allerlei Schikanen ins Gefängnis gebracht hatten. Jesus deutete einmal unbestimmt auf sie, als Er in seiner Strafrede gegen die Pharisäer heute abend sagte: «Es sind wohl viele unter euch, welche wissen mögen, wie es mit Johannes beschaffen ist.» Die Pharisäer schmähten auch noch gegen Jesus und bedienten sich unter anderem des Ausdrucks, Er führe Krieg mit Hilfe der Weiber und ziehe mit ihnen herum, Er werde keine großen Reiche mit diesem Heer erobern.

Jesus nötigte hierauf die Vorsteher, mit ihm zu dem römischen Aufseher der Gefangenen zu gehen, und verlangte, die ganz Verlassenen loszukaufen. Dies alles wurde öffentlich vor vielem Volk gesprochen, und die Pharisäer konnten ihm nicht widerstehen. Als Jesus nun mit seinen Jüngern zu den römischen Aufsehern ging, folgte vieles Volk, das ihn sehr lobte.

Der Aufseher war viel besser als die Pharisäer, welche aus Bosheit die Summen sehr hoch ansetzten, und für manchen musste Jesus das Vierfache bezahlen. Weil Er aber die Summen nicht bei sich hatte, gab Er als Pfand eine dreieckige Münze, woran ein Pergamentzettel hing, auf welchem Er einige Worte schrieb und die Summen auf Magdalums Preis aussetzte, welches Lazarus zu verkaufen im Begriff stand.

Der ganze Ertrag war von Magdalena und Lazarus für die Auslösung von Armen, Schuldnern und Sündern bestimmt.

Es war aber Magdalum ein bedeutenderes Gut als Betanien. Die Seiten der dreieckigen Münze waren wohl drei Zoll groß, in der Mitte war eine Schrift, den Wert bezeichnend, eingeschlagen. An dem einen Ende hing sie an einem gegliederten beweglichen Metallstreifen, wie an einer Kette, doch von wenig Gliedern; hieran wurde die Schrift geheftet.

Nachdem dies geschehen war, ließ der Aufseher die armen Gefangenen hervorholen und Jesus und die Jünger halfen treulich. Manche wurden aus dunklen Löchern heraufgezogen und waren ganz zerrissen und halb nackt und mit Haaren bedeckt. Die Pharisäer begaben sich grimmig hinweg. Manche der Leute waren ganz schwach und krank, sie lagen weinend zu Jesu Füßen, der sie tröstete und ermahnte.

Er ließ sie kleiden, baden, speisen und sorgte für ihre Wohnung und Freiheit, jedoch noch unter Aufsicht im Bezirk des Gefängnisses und Krankenhauses, bis die Lösung in wenigen Tagen entrichtet sei. So geschah auch den gefangenen Frauen. Alle wurden gespeist und Jesus und die Jünger bedienten sie und erzählten abermals die Parabel vom verlorenen Sohn.

So war dieses Haus auf einmal mit Freude erfüllt und das ganze Ereignis schien ein Vorbild auf die Befreiung der Altväter aus der Vorhölle, in welcher Johannes nach seinem Tode die Nähe des Erlösers verkündete. Jesus und die Jünger schliefen abermals in dem Haus vor Thirza.

Diese Ereignisse hier sind es, welche Herodes hinterbracht wurden und sein Augenmerk mehr auf Jesus lenkten, so dass er sagte: «Ist Johannes aus dem Grabe erstanden?» und ihn nachher zu sehen wünschte. Er hatte wohl schon vorher durch den allgemeinen Ruf und durch Johannes von Jesus gehört, aber nicht besonders auf ihn geachtet. Jetzt aber, da sein Gewissen ihn drückte, war er auf alles sehr aufmerksam.

Er wohnt in Hesebon und hat alle seine Soldaten zusammengezogen, auch Römer, die er besoldet. Die von Gischala, Tiberias sind alle dort umher gelagert. Ich kann mir denken, dass er mit Aretas, dem Vater seiner ersten Frau, bald in Kriegshändel kommt.

Jesus geht von Thirza gegen Kapharnaum – Die heiligen Frauen suchen des Haupt des Johannes

29. Januar 1823: Jesus trat heute ganz früh mit den Jüngern seine Reise von Thirza gegen Kapharnaum an, wohin achtzehn Stunden Weges sind. Sie zogen nicht in dem Jordanstal hinauf, sondern mehr abendlich am Fuße des Gebirges Gelboe und durchschnitten das Tal, worin Abez liegt.

So wanderten sie immer zwischen allen Städten hin, den Tabor zur Linken lassend, bis in eine der Herbergen am See bei Bethulia. Dies war ungefähr ein Weg, so weit wie von Billerbeck nach Bocholt. Von den Pharisäern in Thirza reisten auch einige nach Kapharnaum, wohin viele bereits in Vakanz gezogen sind. Es war auf dieser Reise im Gebirge etwas neblig.

Gestern sind Johanna Chusa, Seraphia (Veronika) und eine Verwandte des Täufers aus Hebron mit Knechten in Machärus gewesen. Dort hat besonders Johanna Chusa Bekannte unter den Frauen der Beamten. Sie haben dort Versuche gemacht, durch gute Worte und Geschenke das Haupt des Johannes zu erhalten; denn es ist ihnen schmerzlich, das heilige Haupt am schmählichen Ort und nicht bei dem Körper zu wissen. Wo es ist, das ist durch die Mägde der Herodias bekannt geworden. Man kann aber jetzt nicht hinzu, denn es ist eine überwölbte Kloake.

Man hat ihnen jedoch unter der Hand versichert, dass sie es erhalten sollen, sobald die Kloake geöffnet und abgelassen werde; was man sobald befördern wird, als es ohne Aufsehen geschehen kann. Ich habe das Haupt gesehen, es liegt nicht bei dem Unrat, sondern auf einem aus der Mauer hervorspringenden Stein, als wenn es ordentlich hingelegt worden wäre.

NEUNTES KAPITEL

Jesu Lehren und Wunder in und um Kapharnaum

Vom 30. Januar bis 8. Februar 1823

Jesus trifft auf dem Wege von Thirza nach Kapharnaum in Damna mit Maria und seinen heiligen Anverwandten zusammen – Anschläge und Wut der Pharisäer

30. Januar: Jesus ging heute ungefähr vier Stunden bis nach Damna, in die Herberge vor der Stadt. Er kam gegen Mittag da an. Er fand dort seine Mutter und mehrere Frauen und die sechs anderen Apostel und Jünger versammelt. Die Freude war sehr groß und sie umarmten sich alle sehr zärtlich. Die Trauer aber war noch größer, sie weinten ganz bitterlich, als sie die näheren Umstände von Johannes' Tod hörten.

Mit Jesus waren die zwei Soldaten von Machärus in anderen Kleidern und ein paar Jünger von Jerusalem gekommen. Sie waren nach Jesu Abreise von Lazarus den geraden Weg über Samaria gesandt worden und waren bei Azanoth, wo Magdalenas Bekehrung begann, mit Jesus wieder zusammengetroffen.

Unter den Verwandten Jesu waren drei Töchter Annas aus ihrer zweiten und dritten Ehe hier. Sie waren alle drei verheiratet mit Hirten, auch aus dem Stamme Davids, aber aus einem anderen Weibe Davids stammend. Sie wohnten im Feld von Sephoris. Eine Tochter von Annas zweitem Manne ist älter als Christus und hat erwachsene Kinder, sie hat Jünglinge bei sich.

Die beiden anderen Töchter Annas sind jünger, aus dritter Ehe. Sie haben ihre Kinder nicht bei sich. Sie alle führen eine Lebensart wie Joachim und Anna. Ich habe immer gesagt, dass Anna diese Ehe eingehen musste, weil ihr Segen nicht erschöpft war, und dass noch diese drei guten Mütter hervorgehen sollten.

Es war ein Geheimnis dabei, welches ich nicht deutlich aussprechen kann. Auch mehrere Brudersöhne von Joseph waren hier von Dabrath, von Nazaret und aus dem Tale Zabulon, und noch andere, auch die Witwe von Naim.

Alle Anwesenden schilderten den Zulauf des Volkes in Kapharnaum als übermäßig und erzählten alle Drohungen und Schritte der Pharisäer gegen Jesus und die Jünger. In Kapharnaum waren durch die Ferienreisen in dieser Zeit nicht weniger als vierundsechzig Pharisäer aus allen Gegenden zusammengekommen.

Schon auf der Herreise hatten sie den berühmtesten Heilungen nachgeforscht und die Witwe von Naim mit ihrem Sohne und Zeugen von Naim nach Kapharnaum berufen lassen, wie auch den Knaben des Hauptmanns Achias von Gischala.

Sie hatten den Serobabel und seinen Sohn, den Hauptmann Cornelius und seinen Knecht, Jairus und seine Tochter, mehrere Blinde und Lahme und alles, was von Geheilten in der Gegend war, sehr strenge verhört, untersucht und ausgefragt, und Zeugen abgehört, und waren noch ergrimmter, da sie bei allem bösen Willen nichts als Beweise für die Wahrheit der Wunder Jesu finden konnten.

Ihre Ausflucht war abermals, dass Er mit dem Teufel zu tun habe. Auch erklärten sie, Er ziehe mit schlechten Weibern herum, mache das Volk aufrührerisch, entziehe der Synagoge die Almosen, entheilige den Sabbat, und prahlten, sie wollten ihm nun das Handwerk legen. Von allen diesen Drohungen und der Menge des andringenden Volkes eingeschüchtert, und besonders furchtsam durch die Enthauptung des Johannes, waren alle Verwandten Jesu bemüht, ihn zu bitten, Er möge sich nicht nach Kapharnaum begeben, Er möge seinen Aufenthalt anderswo aufschlagen, und sie schlugen ihm vielerlei Orte dazu vor: Naim, Hebron, oder jenseits des Jordans. Jesus erklärte ihnen aber, sie sollten ruhig sein, Er werde nach Kapharnaum gehen, heilen und lehren; wenn Er jenen gegenüber stehe, würden sie schweigen.

Den Jüngern sagte Er auch, als sie fragten, was sie nun ferner tun sollten, Er wolle es ihnen nächstens sagen, und wolle den Zwölfen die Gabe erteilen, so über den Jüngern zu stehen wie Er über ihnen stehe.

Als sie einen Imbiss genommen hatten und der Abend herangekommen war, trennten sie sich. Jesus ging nebst Maria, den Frauen und Verwandten in getrennten Gruppen östlich über Serobabels Dorf nach dem Tal von Kapharnaum in Marias Haus.

Die Apostel und Jünger gingen andere Wege. In der Nacht war noch Jairus bei Jesus und erzählte ihm auch alle die Verfolgungen. Jesus beruhigte ihn. Jairus war von seinem Amt entlassen worden und nun ganz ein Anhänger Jesu.

Jesus in Kapharnaum

31. Januar: Alles ist voll von Fremden, Kranken und Gesunden, Juden und Heiden in Kapharnaum. Alle umliegenden Gründe und Höhen sind mit Lagern bedeckt. In allen kleinen Wüsten und Bergwinkeln grasen Kamele und Esel. Auch jenseits des Sees sind die Täler und Höhen mit Menschen besät und alle warten auf Jesus. Es sind Menschen aus allen Teilen des Landes, auch aus Syrien, Arabien, Phönizien, selbst aus Cypern hier.

Jesus besucht heute früh den Serobabel, Cornelius und Jairus. Dieser ist mit seiner Familie jetzt ganz bekehrt und seiner Stelle enthoben. Die Tochter ist viel gesünder als sonst und sehr züchtig und fromm. Jesus begab sich hierauf nach dem Heilhaus in der Stadt, das ganz mit Kranken angefüllt war. Auch Heiden waren nun hier, was sonst nicht der Fall war. Die Menge war so groß, dass die Jünger Gerüste gemacht hatten, um den einen Kranken höher als den anderen zu legen. Nicht allein Jesus wurde überall von ihrem Gedränge aufgesucht, auch die Apostel und Jünger wurden überall angerufen und angebettelt: «Bist du ein Jünger des Propheten? Erbarme dich meiner! Hilf mir! Bringe mich zu ihm!»

Jesus und die Apostel und etwa vierundzwanzig Jünger lehrten und heilten den ganzen Morgen. Es waren auch Besessene hier, welche Jesus anschrieen, und deren Teufel ausgetrieben wurden. Die Pharisäer waren nicht hier, aber doch mancher Lauerer und Halbgesinnte.

Nachdem Jesus viele geheilt hatte, begab Er sich in die Halle und lehrte. Es folgten ihm viele Genesene und andere Menschen dahin. Die Jünger fuhren teils fort zu heilen, teils waren sie um ihn. Er lehrte aber wieder von den Seligkeiten und erzählte mehrere Parabeln. Unter anderem lehrte Er vom Gebet, davon man nicht ablassen dürfe, und erzählte und erklärte das Gleichnis vom ungerechten Richter[42], welcher der immer wieder anpochenden Witwe endlich Recht schafft, um sie loszuwerden. Wenn dies nun vom ungerechten Richter geschehe, so werde der Vater im Himmel noch barmherziger sein.

Er lehrte auch, wie sie beten sollten, sagte die sieben Bitten des Vaterunsers[43] nacheinander und fing hierauf an, den Anfang zu erklären. «Vater unser, der du bist im Himmel.» Er hatte hiervon den Jüngern früher hie und da gerne einiges auf den Reisen erklärt, nun aber führte Er es in seinen öffentlichen Lehren wie die acht Seligkeiten ein und wird es neben diesen nach und nach erklären und überall wiederholen und durch die Jünger verbreiten lassen.

Er fährt zugleich mit den acht Seligkeiten fort. Er lehrte auch vom Gebet: Wenn ein Kind seinen Vater um Brot bittet, gibt er ihm keinen Stein, um einen Fisch, keine Schlange oder einen Skorpion.

Wer ist meine Mutter? Und wer sind meine Brüder?

Mt 12,46-50; Mk 3,31-35; Lk 8,9-21 – Es war schon gegen drei Uhr nach Tisch und Maria mit ihren Halbschwestern und anderen Frauen und die Söhne von Josephs Brüdern von Dabrath, Nazaret und aus dem Tale Zabulon hatten in einem Vorgebäude des Heilhauses Speise bereitet für Jesus und die Jünger, denn diese hatten bei großer Anstrengung mehrere Tage keine ordentliche Mahlzeit genommen.

Dieser Saal aber war von der Halle, in welcher Jesus lehrte, durch den von Menschen gedrängt vollen Hof geschieden, welche durch die offenen Säulenwände der Halle Jesu Lehre anhörten. Als Jesus nicht nachließ mit seiner Lehre, waren die Seinigen für ihn und die Jünger besorgt und Maria trat mit ihren Verwandten, um sich nicht allein der Menge zu nähern, an das Volk heran, und sie begehrten, mit Jesus zu sprechen, um ihn zu bitten, dass Er etwas Speise zu sich nehmen möge. Sie konnten aber unmöglich durch die Menge hindurch, und es kam die Rede von ihrem Begehren bis zu einem Mann in der Nähe von Jesus, der zu den Lauerern der Pharisäer gehörte.

Da nun Jesus eben mehrmals seinen himmlischen Vater erwähnt hatte, sagte dieser nicht ohne heimlichen Hohn zu ihm: «Siehe, deine Mutter und deine Brüder stehen draußen und wünschen mit dir zu sprechen!»

Jesus aber sah ihn an und sprach: «Wer sind meine Mutter und meine Brüder?» und Er schob die Zwölf auf einen Trupp und stellte die Jünger neben sie und streckte die Hand über sie aus und sagte auf die Apostel deutend: «Diese sind meine Mutter» und auf die Jünger: «und diese meine Brüder, welche das Wort Gottes hören und befolgen, denn wer den Willen meines Vaters, der im Himmel ist, tut, der ist mein Bruder, meine Schwester und meine Mutter!»

Jesus ist aber jetzt nicht essen gegangen und hat seine Lehre fortgesetzt. Seine Jünger hat Er aber abwechselnd entlassen, um Speise zu sich zu nehmen.

Heilung des Mannes mit der verdorrten Hand und des taubstummen Besessenen

Mt 12,9-14; 22-24; Mk 3,1-5; Lk 6,6-14 – Ich sah ihn hierauf mit den Jüngern nach der Synagoge gehen. Hier flehten ihn mehrere Kranke, welche noch gehen konnten, um Hilfe an und Er heilte sie. Als aber der Sabbat anging, trat ihm ein Mann in der Vorhalle der Synagoge entgegen und zeigte ihm seine ganz kleine, verkrümmte und verdorrte Hand und bat ihn um Hilfe. Jesus aber sagte ihm, er solle bis nachher warten. Auch schrien ihn noch Leute an, welche einen stummen und tauben Besessenen an Stricken führten, der schrecklich tobte.

Jesus befahl ihm, sich am Eingang der Synagoge ruhig niederzulegen und zu warten. Der Besessene setzte sich gleich mit unterschlagenen Beinen nieder, beugte den Kopf auf die Knie, blickte immer seitwärts auf Jesus und zuckte nur dann und wann etwas zusammen, sonst war er während der ganzen Lehre ruhig.

Die Sabbatlesung war von Jethro, der dem Mose Rat erteilte, wie die Israeliten an den Sinai kamen, Mose hinaufging und die zehn Gebote empfing, ferner aus dem Propheten Jesaias, wie er den Thron Gottes sieht und ein Seraph ihm den Mund mit einer glühenden Kohle reinigt (Ex 18-21; Jes 6,1-13).

Die Synagoge war ganz von Menschen überfüllt und eine große Menge stand noch draußen; denn alle Öffnungen waren aufgetan und viele schauten von den äußeren Anbauten hinein. Es waren sehr viele Pharisäer und Herodianer anwesend, sie waren voll Grimm und Bitterkeit, aber die Synagoge war voll von Geheilten. Alle Jünger und Verwandten Jesu waren zugegen und sowohl die Bürger von Kapharnaum als auch die vielen Fremden waren voll Ehrfurcht und Bewunderung für ihn und so wagten die Pharisäer nicht, ihn ohne einen Scheingrund zu stören.

Sie waren überhaupt mehr aus gegenseitiger Prahlerei hier, als ihm ernsthaften Widerstand zu leisten, was sie nicht vermochten, und sie liebten nicht mehr, ihm vielen offenen Widerspruch zu tun, weil sie durch seine Antworten meistens vor allem Volke beschämt wurden. Wenn Jesus aber weg war, suchten sie auf alle Weise die Leute von ihm abwendig zu machen und Lügen gegen ihn auszusprengen. Sie wussten aber, dass der Mann mit der verdorrten Hand zugegen war und wollten Jesus versuchen, ob Er am Sabbat heilen werde, um ihn zu verklagen. Es waren dies die neu von Jerusalem Angekommenen, welche gern etwas nach Hause vor das Synedrium mitbringen wollten.

Weil sie aber gar nichts anderes gegen ihn von Bedeutung wussten, und obschon ihnen seine Gesinnung hierin längst bekannt war, brachten sie immer dasselbe wieder vor, als ob sie es noch nicht wüssten, und Jesus gab ihnen mit unendlicher Geduld meist wieder dieselbe Antwort.

So fragten ihn also mehrere: «Ist es auch erlaubt, am Sabbat zu heilen?» Da wusste Jesus ihre Gedanken und rief den Mann mit der verdorrten Hand und da er nahte, stellte Er ihn in ihre Mitte und fragte sie: «Ist es erlaubt, am Sabbat Gutes zu tun oder Böses? Ein Leben zu retten oder es verderben zu lassen?»

Da gab keiner Antwort und Jesus sprach sein in solchen Fällen übliches Gleichnis aus:

«Wer unter euch wird sein eigenes Schaf, das am Sabbat in die Grube fällt, nicht herausziehen? Besser aber ist ein Mensch als ein Schaf. Also ist Gutes zu tun am Sabbat erlaubt.»

Er war sehr betrübt über die Verstocktheit dieser Männer, Er sah sie alle zürnend und ins Innere treffend an und nahm den Arm des Menschen mit seiner Linken, fuhr mit der Rechten daran herab und zog ihm die gekrümmten Finger auseinander und sagte: «Strecke deine Hand aus!»

Da streckte der Mann seine Hand aus und bewegte sie und sie war so lang und gesund wie die andere. Es war dieses das Werk eines Augenblicks. Der Mann warf sich dankend vor Jesus nieder, das Volk jubelte, die Pharisäer waren ganz ergrimmt und traten am Eingang zusammen und sprachen miteinander. Er aber trieb auch noch den Teufel aus dem daliegenden Besessenen und er wurde hörend und sprechend und als das Volk abermals voll Freude und Jubel war, sagten die Pharisäer erneut: «Er hat den Teufel, Er treibt den Teufel mit dem anderen aus.»

Jesus aber wandte sich zu ihnen und sagte ihnen: «Wer unter euch kann mich einer Ungerechtigkeit beschuldigen? Ist der Baum gut, so ist auch seine Frucht gut, ist der Baum schlecht, so ist auch seine Frucht schlecht. Aus der Frucht erkennt man den Baum. Ihr Schlangenbrut, wie könnt ihr Gutes reden, ihr seid ja böse. Der Mund läuft über, wovon das Herz voll ist.»[44]

Die Pharisäer aber erhoben ein großes Geschrei: Er solle ein Ende machen, es sei genug, und einer war gar so übermütig zu sagen, ob Er nicht wisse, dass sie ihn hinaustreiben könnten. Jesu Antwort ist mir entfallen, aber Er und die Jünger zerstreuten sich nach diesem Lärm in der Dämmerung unter der Menge.

Sie gingen auf verschiedenen Umwegen hinaus nach dem Hause Marias und dem Hause des Petrus gegen den See. Jesus aß mit seinen Verwandten bei Maria und lehrte und tröstete die Frauen. Er schlief aber nebst den zwölf Aposteln und ungefähr vierundzwanzig Jüngern im Hause von Petrus in der Nähe des Taufbrunnens. Die Frau des Petrus und der Haushalt ist, seit er mit Jesus wandelt, in seinem Haus dicht vor der Stadt.

Dieses Haus hier dient, weil es abgelegener ist, als ein Zufluchtsort für Jesus und seine Jünger.

Die Apostel und Jünger berichten dem Herrn von ihrer Sendung

Mk 6,30; Lk 9,10 – 1. Februar: Jesus hielt sich heute den ganzen Tag mit den zwölf Aposteln und den Jüngern im Haus von Petrus bei dem Taufbrunnen zurückgezogen auf. Das Volk erwartete und suchte ihn an vielen Orten; sie blieben aber verschlossen in dem Haus.

Hier erst ließ Jesus sich von den Aposteln und Jüngern, welche gesondert, je zwei und zwei, wie sie ausgezogen waren, vor ihn traten, alles erzählen, was ihnen auf ihrer Sendung begegnet war, löste ihnen ihre Zweifel und Sorgen, die sie bei gewissen Gelegenheiten gehabt hatten, auf und belehrte sie, wie sie künftig tun sollten. Er sprach auch abermals, dass Er ihnen morgen erneut eine Bestimmung geben wolle.

Die Sechs, welche in Obergaliläa gearbeitet, hatten viel mehr Aufnahme und Bereitwilligkeit gefunden. Sie hatten auch viele getauft. Die Anderen, welche nach Judäa gezogen waren, hatten nicht getauft und hie und da Widerstand gefunden. Sie brachten diesen Sabbat mit ihrer Erzählung und der Lehre Jesu zu, übrigens mit Gebet und einem mäßigen Mahle.

Aber am Schluss des Sabbats wurde die Menge der Menschen um das Haus groß und sie hielten sich noch immer zurückgezogen. Das Schiff von Petrus jedoch war an seiner Schiffstelle zur Überfahrt bereitet, und sie begaben sich in der Nacht heimlich auf dasselbe.

2. Februar[45]: In der Nacht nach dem Sabbat, als die Menschen in der Gegend des Hauses von Petrus, wo sie Jesu Aufenthalt bemerkt hatten, sich mehrten, sah ich Jesus und die Seinen sich stille aus dem Haus entfernen und an der Schiffstelle von Petrus einschiffen. Die Nacht war sternenhell und sie mussten zerstreut und auf Umwegen gehen, um nicht den Leuten, die überall harrten, in die Hände zu fallen.

Die Leute aber bemerkten doch bald ihre Abfahrt und eilten, um auch hinüber zu kommen. Die Nachricht breitete sich in allen Zeltlagern aus, und die bei Bethsaida liegenden Scharen fuhren teils über, teils gingen sie weiter oben über die Jordanbrücke. Es lagen aber auch noch viele Scharen drüben, und als diese beim anbrechenden Morgen das Schiff von Petrus sich dem Ufer nahen sahen, liefen sie alle zusammen.[46]

Jesus fuhr mit den Aposteln und mit den etwa vierundzwanzig Jüngern auf dem Schiff des Petrus, und sie landeten zwischen der Zollstätte von Matthäus und Kleinchorazin. Sie gingen von da auf den Berg, an dessen Fuß die Zollstätte des Matthäus liegt.

Jesus wollte sich mit den Jüngern in die Einsamkeit begeben, um sie zu unterrichten. Sie wurden aber bald von großen Scharen Volkes von allen Seiten umdrängt, und Jesus verweilte an einer bequemen Stelle des Berges. Die Jünger ordneten das Volk und Er lehrte sie von den Seligkeiten und vom Gebet und legte wieder den Anfang des Vaterunsers aus.

Nach einigen Stunden mehrte sich die Menge, die Leute kamen aus allen Städten umher gezogen, viele von Julias, Chorazin, Gergesa, und sie brachten Kranke und Besessene, und Jesus und die Jünger heilten sehr viele. Es kamen aber auch gegen Mittag alle noch übrigen Jünger herbei, die in Kapharnaum teils zurückgeblieben, teils nach dem Sabbat dort angekommen waren. Viele hatten sich auch mit Überfahren beschäftigt.

Nachmittags entließ Jesus die Menge und sagte ihnen, Er wolle sie morgen am Ort der Bergpredigt lehren, und Er begab sich mit den Aposteln und Jüngern höher auf den Berg an einen einsamen, schattigen Ort.

Es waren die zwölf Apostel und außer den zwei Soldaten von Machärus, welche mitgekommen waren, zweiundsiebzig Jünger; darunter waren mehrere, welche noch nicht mit auf den Sendungen gewesen und noch nicht förmlich aufgenommen waren. Sie waren erst in der letzten Zeit hinzugekommen. Die Brudersöhne Josephs waren auch dabei.

Hier lehrte Jesus die Jünger etwas strenger über alles Bevorstehende, jedoch kündigte Er ihnen noch nicht die ganze schwere Verfolgung an. Er sagte ihnen aber manches, was Er ihnen bei der letzten Aussendung noch nicht gesagt hatte, z.B. sie sollten keine Tasche, kein Geld, kein Brot, nur einen Rock und Sohlen mitnehmen. In den Städten, wo man sie unfreundlich aufnehme, sollten sie den Staub aus den Schuhen schütteln. Noch mehreres dergleichen sagte Er ihnen hier, sandte sie jedoch jetzt hier noch nicht von dannen. Es waren dies nur allgemeine Lehren für die Zukunft über das Apostel- und Jüngeramt.

Er sagte ihnen vieles, was im Evangelium bei der Aussendungslehre (Mt 10,1-42) beisammen steht und auch vieles wieder, was in der Bergpredigt vorkommt, und was Er ihnen auch früher schon gesagt hatte, wie z.B. «ihr seid das Salz der Erde» und vom Licht, das nicht unter den Scheffel gestellt werden darf, von der Stadt auf dem Berge, von der Sorglosigkeit.

Die Hauptsache aber war heute, dass Er die Apostel bestimmt den Jüngern vorsetzte und ihnen sagte, dass sie dieselben senden und rufen sollten, wie Er sie sende und rufe, nämlich in Kraft ihrer eigenen Sendung.

Auch unter den Jüngern machte Jesus mehrere Klassen und setzte die älteren und unterrichteteren den jüngeren und neueren vor, und Er stellte alle folgenderweise geordnet zusammen: die Apostel stellte Er zwei und zwei, Petrus und Johannes aber standen voraus, die älteren Jünger standen im Kreis um sie und hinter diesen die Jünger nach ihren Graden.

Da sie nun so standen, lehrte Er sie noch sehr ernst und rührend und legte den Aposteln abermals zu dieser Vorsetzung die Hände auf. Die Jünger aber segnete Er nur. Alles dies geschah mit großer Stille und Rührung, und ohne irgend einen Widerspruch oder ärgerliche Empfindung von einem.

Hierüber war es schon Abend geworden, und Jesus nahm Andreas, Philippus, Johannes und Jakobus den Jüngeren zu sich und ging mit ihnen tiefer ins Gebirge, wo Er die Nacht mit ihnen zubrachte. Er selbst schlief wenig, Er betete meist mit ausgebreiteten Händen zum Himmel schauend.

Um Mitternacht beteten sie alle. Jesus sprach auch lehrend mit ihnen. Die anderen gingen hinab, teils zu den Schiffen, teils in einzelne Gartenhäuser, um zu schlafen.

Die Speisung der Fünftausend

Mt 14,15-23; Mk 6,34-46; Lk 9,12-17; Joh 6,1-15 – 3. Februar: Heute morgen begab sich Jesus auf den Berg, auf welchem Er schon mehrmals von den acht Seligkeiten gelehrt hat. Alles Volk war schon hingezogen und viele Kranke lagen oder saßen bereits an einer bequemen geschützten Stelle. Die anderen Apostel und Jünger hatten schon alles vorbereitet und geordnet. Jesus und die Apostel begannen zu heilen und zu lehren. Es wurden auch noch viele, welche in diesen Tagen zum erstenmal nach Kapharnaum gekommen waren, getauft, und zwar im Kreise kniend, mit Wasser, das in Schläuchen herauf gebracht worden war, durch Besprengung über drei und drei.

Jesu Mutter und ihre Halbschwestern und andere Frauen waren auch gekommen und halfen den kranken Frauen und Kindern dienen. Sie sprachen aber nicht mit Jesus und kehrten nach Tisch noch beizeiten nach Kapharnaum zurück.

Jesus lehrte noch von den acht Seligkeiten und kam heute bis zu der sechsten. Auch fing Er an, der ganzen Versammlung die schon in Kapharnaum im Heilhause begonnene Lehre vom Gebet zu wiederholen und ihnen die einzelnen Bitten des Vaterunsers auszulegen.

Es war schon nach vier Uhr und die vielen Menschen hatten nichts zu essen. Gestern waren sie ihm schon nachgezogen und ihr kleiner Vorrat, den sie mit sich getragen, war aufgezehrt. Viele unter ihnen wurden ganz schwach, und auch die Frauen und Kinder schmachteten nach Nahrung. Als die Apostel dies erfuhren, traten sie zu Jesus und baten ihn, seine Lehre zu schließen, damit die Leute noch vor Nacht sich Herbergen suchen und Brot kaufen könnten, weil sie verschmachteten. Jesus sagte aber: «Sie brauchen darum nicht hinweg zu gehen, gebt ihr ihnen zu essen!»

Da sagte Philippus: «Sollen wir gehen, für ein paar hundert Denare Brot kaufen und ihnen zu essen geben?» Er sagte dies aber mit einem kleinen Verdruss, weil er meinte, Jesus mute ihnen die große Mühe zu, für alle diese Menschen Brot aus der Gegend zusammen zu schleppen. Jesus aber sprach: «Seht zu, wie viel Brot ihr habt!» und fuhr in seiner Lehre fort.

Es war aber ein Knecht da, der hatte den Aposteln fünf Brote und zwei Fische von seinem Herrn zum Geschenk gebracht, und Andreas sagte das zu Jesus mit der Bemerkung: «Aber was ist das für so viele?» Jesus befahl ihnen, dieses herbei zu bringen, und als die Brote und Fische neben ihm auf einem Rasen lagen, lehrte Er noch fort vom Vaterunser und namentlich von unserem täglichen Brot. Die Leute aber wurden teils ohnmächtig und die Kinder weinten hie und da nach Brot.

Da sagte Jesus zu Philippus: «Wo kaufen wir Brot, dass diese zu essen haben?» Er sagte dies, um ihn auf die Probe zu stellen, denn Er wusste, dass sie fürchteten, dass sie den Leuten Brot holen sollten. Da erwiderte Philippus: «Zweihundert Denare reichen nicht hin für alle diese.» Jesus sprach nun: «Lasst das Volk sich niedersetzen, die Hungrigsten zu fünfzig, die anderen zu hundert, und bringt mir die Brotkörbe, welche vorhanden sind», und sie setzten eine Reihe flacher, von breitem Bast geflochtener Brotkörbe, an Gestalt schier wie unsere Brotkörbe in Westfalen, vor ihn, und verteilten sich unter das Volk und es lagerte sich um den Berg, der treppenförmig und mit schönem langem Gras bewachsen war, zu hunderten und zu fünfzigen. Sie lagen nun alle tiefer als Jesus stand, am Abhang des Berges. Um die Lehrstelle Jesu war ein aufgeworfener Rand, wie eine hohe von mehreren Eingängen durchschnittene Rasenbank. Auf diese ließ Jesus eine Decke breiten und die fünf Brote und zwei Fische legen.

Die Brote lagen auf der bloßen Decke übereinander, sie waren länger als breit und etwa zwei Zoll dick, gelb mit dünner Rinde, doch inwendig nicht ganz weiß, aber fest und fein. Sie waren alle mit Streifen eingeteilt und leicht mit dem Messer einzuritzen und zu brechen. Die Fische waren einen starken Arm lang und hatten etwas hervorstehende Köpfe, und waren nicht wie unsere Fische. Sie waren schon aufgeschnitten und gebraten und zur Speise bereitet, sie lagen auf großen Blättern.

Ein anderer Mann hatte auch ein paar Honigwaben gebracht, die in Blättern auf dem Teppich waren. – Während nun die Jünger die Leute zu fünfzig und hundert zum Essen niederliegen ließen und sie dabei zählten, was Jesus ihnen befohlen hatte, ritzte Jesus alle fünf Brote mit einem beinernen Messer vor, und schnitt die Fische, die der Länge nach gespalten waren, in Querstreifen. Dann hob Er eines der Brote auf den Händen etwas empor und betete zum Himmel, und auch einen der Fische. Vom Honig erinnere ich mich es nicht mehr. Es waren ihm drei Jünger zur Seite.

Jesus segnete nun die Brote, die Fische und den Honig und begann, das Brot der Quere nach in Streifen zu brechen, und diese Streifen wieder in einzelne Teile. Und jeder Teil wurde wieder groß und hatte wieder Ritzen und Jesus brach die einzelnen Teile, die so groß waren, dass ein Mann daran satt wurde und gab sie hin und die Stücke Fische ebenso.

Saturnin, der zur Seite stand, legte immer ein Stück Fisch auf ein Stück Brot, und ein junger Jünger des Täufers, ein Hirtensohn, er ist nachher Bischof geworden, legte auf jede Portion ein Stückchen Honig, und die Fische nahmen nicht merklich ab, und auch die Honigwaben schienen zu wachsen. Thaddäus aber legte die Portionen Brot, worauf ein Fisch und etwas Honig war, in die flachen Körbe, welche nun zuerst zu den Hungrigen, die zu fünfzig saßen, gebracht wurden.

Sobald die leeren Körbe zurückkamen, wurden sie immer mit gefüllten umgetauscht, und diese Arbeit dauerte ungefähr zwei Stunden, bis alle gespeist waren. Jene, welche Weib und Kinder hatten, die von den Männern abgesondert saßen, fanden ihren Anteil so groß, dass sie diese auch sättigen konnten. Die Leute tranken auch Wasser aus Schläuchen, welche herauf gebracht worden waren, und hatten meist Becher von zusammengedrehter Rinde, wie eine Tüte, und auch hohle Kürbisse bei sich.

Die ganze Handlung ging in steter Tätigkeit geordnet vor sich. Die Apostel und Jünger waren meist mit Hin- und Hertragen und Austeilen beschäftigt. Alle aber waren still und voll Staunen, dass solcher Überfluss eintrat.

Die Größe der Brote betrug (Anna Katharina zeigte es an ihrer Elle) ungefähr zwei Spannen in der Länge, und ein Fünftel weniger in der Breite. Die Brote waren in zwanzig Teile gekerbt, fünf in die Länge und vier in die Breite, so dass sich die Substanz eines jeden Teils fünfzigmal vermehrte, um fünftausend Menschen zu speisen. Das Brot war stark drei Finger dick. Die Fische, der Länge nach in zwei Hälften gespalten, teilte Jesus in sehr viele Portionen, so dass es zwar immer nur zwei Fische blieben, dass sich jedoch ihre Substanz auf eine wunderbare Weise mehrte.[47]

Als nun alle Speise hatten und gesättigt waren, sagte Jesus zu den Jüngern, mit Körben umher zu gehen und die Brocken zu sammeln, damit nichts zugrunde gehe. Sie sammelten zwölf Körbe voll Brocken. Viele der Leute aber baten, einzelne Stückchen zu bewahren, und nahmen sie mit sich zum Andenken.

Da sah ich, dass schon damals die Menschen geheiligte Dinge, wie wir jetzt z.B. Osterholz und dergleichen, bewahrten. Dieses Mal waren gar keine Soldaten hier, wovon ich sonst immer bei so großen Lehren viele bemerkte. Sie waren jetzt alle um Hesebon, wo Herodes sich aufhält, zusammengezogen.

Nachdem sich nun die vielen Menschen wieder erhoben hatten, traten sie überall in Gruppen zusammen und waren voll von Staunen und Verwunderung über dieses Wunder des Herrn, und von Mund zu Mund lief das Wort: «Dieser ist es wahrhaftig! Dieser ist der Prophet, der in die Welt kommen soll, Er ist der Verheißene!»

Es dämmerte schon und Jesus sagte den Jüngern, sie sollten aufs Schiff gehen und vor ihm gegen Bethsaida fahren, Er wolle ihnen folgen und einstweilen das Volk entlassen. Da gingen die Jünger mit den Körben voll Brocken hinab zu den Schiffen und fuhren teils hinüber nach Bethsaida. Das Brot nahmen sie mit, um es jenseits den Armen auszuteilen.

Die Apostel und einige der älteren Jünger hielten sich noch etwas länger auf und gingen dann auch hinab auf des Petrus Schiff, welches noch allein da war, und fuhren ab. Jesus entließ nun das Volk, das sich wieder um ihn sammelte. Er sprach mit ihnen von der Wohltat Gottes und betete ein Dankgebet.

Das Volk war aber innerlich sehr bewegt, und kaum war Jesus von der Lehrstelle hinweggetreten, so erhoben sich hie und da Stimmen: «Er hat uns Brot gegeben! Er ist unser König! Wir wollen ihn zu unserem König machen!» und sie eilten nach der Seite, wo Er hingegangen. Jesus aber hatte dies voraus gemerkt und sie fanden ihn nicht, Er entwich auf einen Berg in die Wüste und betete daselbst.

Jesus geht zum zweiten Mal auf dem Meer

Mt 14,24-33; Mk 6,47-52; Joh 6,15-21 – Ich sah das Schiff von Petrus, worauf die Apostel und mehrere Jünger waren, durch widrigen Wind in der Nacht aufgehalten. Sie ruderten sehr und wurden doch aus der Richtung der Überfahrt mehr gegen Mittag getrieben. Ich habe auch gesehen, dass alle zwei Stunden diesseits und jenseits des Sees kleine Boote abfahren, die Fackeln bei sich haben. Sie bringen einzelne wenige Leute, die sich verspätet haben, den größeren Schiffen nach und sind diesen in der Dunkelheit ein Zeichen der Richtung.

Weil sie wie Soldaten um gewisse Stunden, alle zwei Stunden nämlich, sich ablösen, so heißen sie hier auch Nachtwachen. Ich sah die vierte Abwechslung dieser Boote unterwegs, das Schiff von Petrus aber aus der Bahn getrieben etwas südlicher.

Da wandelte Jesus über das Meer von Nordost gegen Südwest. Er leuchtete, es war ein Schimmer um ihn und man sah seine Gestalt zu seinen Füßen umgekehrt im Wasser. Von der Gegend von Bethsaida-Julias gegen Tiberias zu gehend, welchem das Schiff von Petrus sich ungefähr gegenüber befand, ging Er quer durch die beiden Nachtwachen-Boote durch, welche von Kapharnaum und von jenseits eine Strecke ins Meer gefahren waren.

Die Leute in diesen Booten sahen ihn, erhoben ein großes Angstgeschrei und bliesen auf dem Horn. Sie hielten ihn für ein Gespenst.

Die Apostel auf dem Schiff von Petrus, welches sich rudernd nach dem Licht jener Wachtschiffe richtete, um wieder in die rechte Bahn zu kommen, schauten auf und sahen ihn herankommen. Es war als schwebe Er schneller, als man geht, und da Er nahte, wurde das Meer still.

Es war aber Nebel auf dem Wasser und sie erblickten ihn erst in einer gewissen Nähe. Wenngleich sie ihn schon einmal so wandeln gesehen hatten, jagte ihnen doch der fremde, gespenstige Anblick einen großen Schrecken ein, und sie schrien.

Als sie sich aber an das erste Mal erinnerten, wollte Petrus erneut seinen Glauben beweisen und rief in seinem Eifer wieder: «Herr bist du es, so heiß mich zu dir zu kommen!» und Jesus rief abermals: «Komm!» Petrus lief diesmal eine viel größere Strecke zu Jesus, aber sein Glaube reichte doch nicht aus. Als er schon dicht bei Jesus war, dachte er wieder an die Gefahr und fing an zu sinken, streckte die Hand und rief: «Herr, rette mich!» Er sank aber nicht so tief wie das erste Mal, und Jesus sagte wieder zu ihm «du Kleingläubiger, warum zweifelst du?»

Als Jesus in das Schiff trat, eilten sie alle zu ihm und warfen sich ihm zu Füßen und sagten: «Wahrhaftig, du bist Gottes Sohn!» Jesus aber verwies ihnen ihre Furcht und Kleingläubigkeit und hielt ihnen eine ernstliche Strafrede, und dann lehrte Er noch vom Vaterunser. Ich weiß nicht, wo sie hinfuhren.

Er befahl ihnen mittäglich hinab zu fahren. Sie hatten einen guten Wind und fuhren sehr schnell, und schliefen etwas in den Kasten unter den Ruderstellen um den Mast. Diesmal war der Sturm nicht so groß wie neulich. Sie waren aber in den Strudel des Sees gekommen, der in der Mitte sehr stark ist und konnten nicht heraus.

Jesus lässt Petrus immer zu sich kommen auf dem Wasser, um ihn vor sich und den anderen zu demütigen, indem Er wohl weiß, dass er noch sinkt, denn Petrus ist sehr eifrig und stark glaubend und hat eine Neigung, im Eifer Jesus und den Jüngern seinen Glauben zu zeigen. Indem er aber sinkt, wird er vor Stolz bewahrt. Die anderen getrauten sich nicht, so zu wandeln, und indem sie Petrus' Glauben bewundern, erkennen sie doch, dass sein Glaube, obschon er den ihren übertrifft, doch noch nicht ausreicht.

4. Februar: Mit Sonnenaufgang sah ich das Schiff von Petrus an der Ostseite des Sees zwischen Magdala und dem etwa eine kleine Stunde vom See landeinwärts auf einem Hügel gelegenen Dalmanutha, einem kleinen Uferort von ein paar Häuserreihen, fahren, welcher zu Dalmanutha gehört. Dieser Ort ist gemeint, wenn es einmal heißt «in den Grenzen von Dalmanutha».[48] Ich habe den Namen vergessen.

Es kamen ihnen kleine Boote entgegen und die Leute baten, Jesus möge zu ihnen kommen. Sie stiegen hier ans Land. Die Leute hatten schon bei der Annäherung des Schiffes alle ihre Kranken in Bewegung gesetzt und kamen Jesus meistens am Ufer entgegen. Ich sah ihn und die Jünger in den Straßen heilen.

Er begab sich aber eine Strecke hinter die Stadt ins Land auf einen Hügel, wo sich alle Einwohner, Heiden und Juden, um ihn versammelten und ihre Kranken mitbrachten und wo Er heilte und von den acht Seligkeiten und dem Vaterunser lehrte. Sie blieben bis gegen Mittag hier und fuhren dann wieder weg.

Dieser Ort ist ein Überfahr- und Zollörtchen. Besonders haben sie viel zu tun mit Eisen aus der Eisenstadt Ephron in Basan, welches sie von hier nach den anderen Seestädten für ganz Galiläa überfahren. Vom Gebirge zu Ephron kann man hierher sehen.

Sie fuhren von hier hinüber nach Tarichäa, welches etwa drei bis vier Stunden südlich von Tiberias an einer Anhöhe, etwa eine Viertelstunde vom Meeresufer, liegt, aber es gehen Häuser bis herab. Es liegt an einem Busen, der mit einer weit vorspringenden Landecke endet, und von dieser bis zum Ausfluss des Jordan ist das Ufer von einer festen, schwarzen Mauer eingefasst, auf der ein Weg geht. Der Ort ist sehr schön neugebaut auf heidnische Art mit Säulengängen vor den Häusern. Er ist jedoch nicht groß und hat auf dem Markt einen sehr schönen bedeckten Brunnen mit Säulen. An diesen begab sich Jesus und alles Volk kam zu ihm mit vielen Kranken, die Er heilte.

Viele Weiber standen verschleiert mit ihren Kindern in einiger Entfernung hinter den Männern. Es kamen aber viele Pharisäer und Sadduzäer um ihn her, und es waren auch Herodianer darunter.

Er lehrte aus den acht Seligkeiten und vom Vaterunser.

Die Pharisäer fingen an, ihm auf allerlei Weise Vorwürfe zu machen, aber es sind immer die nämlichen Sachen: Umgang mit Zöllnern und Sündern, Umgang mit schlechten Weibern, Vernachlässigung der Händewaschungen bei den Jüngern, Heilen am Sabbat.

Ich erinnere mich, dass Jesus sie hier auch Füchse nannte. Er brach aber bald mit ihnen ab und rief die Kinder zu sich, die Er teils heilte, lehrte und segnete. Er stellte sie den Pharisäern vor und sagte, dass sie wie diese werden müssten. Er sprach vieles vom Wesen und Wert der Kinder, was Er später wieder sagte.

Tarichäa liegt niedriger als Tiberias, es liegt wie an den Halterschen Bergen. Es fließt unterhalb der Stadt, jenen Damm durchschneidend und ihn eine Viertelstunde breit lassend, ein Arm aus dem See nach dem Jordan und macht diesen Damm zu einer Insel. Anfangs ist der Arm schmal und eingeschlossen von gemauerten Ufern, nach einer Viertelstunde bindet ihn eine Brücke, dann bildet er eine schilfige Lache und fließt in den Jordan unterhalb seines Ausflusses.

Es fließt auch ein Bach durch Tarichäa, der aus einem Tal kommt und in diesen Arm fällt. Es werden hier sehr viele Fische gesalzen und getrocknet und man sieht sehr viele große, hölzerne Gerüste vor der Stadt, worauf die Fische zu diesem Zweck gelegt werden.

Das Land ist hier ungemein fruchtbar und grün, die Anhöhen um die Stadt sind mit Terrassen voll von allen möglichen Obstbäumen und mit Weinbergen bedeckt und die ganze Gegend bis zum Tabor und dem Badesee bei Bethulien ist über alle Begriffe blühend und voll Überfluss. Hier nennt man die Gegend auch besonders das Land Gennesaret. Zwischen hier und Tiberias westlicher liegt Gennabris.

Gegen Abend fuhr Jesus mit den Jüngern von hier ab. Sie fuhren nordöstlich den See hinauf. Es sind mehrere Jünger von hier mit einem kleineren Schiff nach Kapharnaum abgefahren. Jesus lehrte die Jünger während der Schiffahrt noch immer vom Vaterunser. Er lehrte von der vierten Bitte. Er bereitet sie so immer zu den tieferen Lehren vor, wenn Er sie allein hat. Ich weiß noch nicht, wo sie hinfuhren.

Joh 6,23-34 – 5. Februar: Am Morgen sah ich Jesus zwischen der Zollstätte von Matthäus und Bethsaida-Julias gelandet und nicht weit vom Ufer lehren. Es waren etwa hundert Menschen um ihn, meistens Leute aus der Gegend, und darunter einige Juden, welche die Wohnung des Matthäus eingenommen hatten, dessen Haushaltung nicht mehr hier war. Er lehrte hier auch vom Vaterunser. Das Volk, das bei der Brotvermehrung gewesen und ihn zum König hatte machen wollen, hatte ihn mit Verwunderung vergeblich gesucht, da es wusste, dass seine Jünger allein abgefahren und nur ein Schiff da gewesen, und war schon gestern teils weggezogen, teils nach Kapharnaum übergeschifft.

Jesus und die Jünger hatten heute nacht bei der Landestelle auf dem Schiff geschlafen und waren erst hierher gefahren, um etwas Ruhe zu haben, wie sich denn Jesus besonders gestern entfernt hatte, um die Begeisterung des Volkes, das ihn zum König machen wollte, etwas verrauchen zu lassen.

Gegen Mittag fuhren sie nach Kapharnaum und landeten unbemerkt. Jesus kam mit Lazarus im Haus des Petrus zusammen, der mit Veronikas Sohn und ein paar Leuten von Hebron gekommen war. Es waren auch etwa drei Frauen gekommen, darunter jene reiche Witwe Maria Salome, eine uneheliche Bruderstochter Josephs. Sie wohnte schon länger bei Martha, und sie ist auch am Kreuz und Grabe Christi gewesen, wie auch die Mutter des Johannes und Jakobus, die nur Salome allein heißt. Sie waren bei der Mutter Gottes.

Ich habe vergessen, was Jesus mit Lazarus gesprochen, Er ist aber, glaube ich, wegen des Verkaufes von Magdalum gekommen und es wird wohl von der Zahlung des Lösegelds für die Gefangenen in Thirza die Rede gewesen sein.

Ich sah Jesus am Nachmittag auf die Höhe gehen, hinter das Haus von Petrus, wo der kürzeste Weg von Kapharnaum nach Bethsaida hingeht und wo viele Fremde lagern. Er hat da früher schon einmal viele Menschen geheilt. Er ging mit den Aposteln und mehreren Jüngern nach einer bequemen Stelle, und alles Volk, das dort lagerte, lief herzu und Mehrere, welche mit bei der Brotvermehrung gewesen und ihn gestern und heute gesucht hatten, fragten ihn: «Meister[49], wann bist du herübergekommen? Wir haben dich gesucht drüben und hier!»

Jesus aber antwortete ihnen, indem Er seine Lehre begann: «Wahrlich, wahrlich! Ihr sucht mich nicht, weil ihr Wunder gesehen, sondern weil ihr von dem Brot gegessen habt und satt geworden seid. Bemüht euch nicht um vergängliche Speise, sondern um Speise, die bis zum ewigen Leben währt, die euch der Menschensohn geben wird; denn ihn hat Gott der Vater beglaubigt.» Er sagte dies viel weitläufiger, als es im Evangelium steht, wo nur die Hauptsätze stehen, und die Leute taten allerlei Fragen an ihn und manche flüsterten zusammen: «Was will Er nur mit dem Menschensohn? Wir sind ja auch Menschenkinder!»

Er sagte ihnen auch, dass sie Gottes Werke tun sollten und da sie fragten, was sie tun sollten, um Gottes Werke zu tun, erwiderte er: «An den glauben, den Er gesandt hat!» und hierauf fuhr Er fort, über den Glauben zu lehren. Sie fragten aber, was Er für ein Wunder tun wolle, auf dass sie glaubten, und sprachen, ihren Vätern habe Mose Brot vom Himmel gegeben, dass sie an ihn glaubten: das Manna. Was dann Er ihnen geben wolle?

Da antwortete Jesus: «Ich sage euch, nicht Mose hat euch Brot vom Himmel gegeben, sondern mein Vater gibt euch das wahre Brot vom Himmel, denn das Brot Gottes ist dieses, das vom Himmel herabkommt und der Welt das Leben gibt.»

Hierüber lehrte Er wieder ganz ausführlich und einige sagten: «Herr, gib uns doch immer solches Brot!» Andere aber sprachen: «Sein Vater gibt uns Brot vom Himmel! Was soll das sein? Sein Vater Joseph ist ja tot!» Jesus lehrte hierüber lang und mannigfaltig und erklärte es sehr deutlich; aber nur wenige verstanden ihn, weil sie sich klug dünkten und allerlei zu wissen glaubten.

Er lenkte aber hier ein und lehrte noch vom Vaterunser und aus der Bergpredigt und sagte heute noch nicht, dass Er das Brot des Lebens sei. Seine Apostel und die bedeutenderen Jünger aber fragten nicht, sie dachten nach und verstanden es teils oder ließen es sich nachher erklären.

Am Abend ging Jesus mit den Aposteln zu Serobabel, dem Hauptmann von Kapharnaum, zu einer Mahlzeit, auch Lazarus, der Hauptmann Cornelius und Jairus waren dabei, und es war viel von Johannes die Rede.

Fortsetzung Joh 6,35-51

6. Februar: Ich sah heute Jesus wieder auf der Anhöhe hinter dem Haus von Petrus lehren, und zwar setzte Er die gestrige Lehre fort. Es waren wohl ein paar tausend Menschen gegenwärtig, die abwechselnd vor und zurücktraten, um besser zu hören. Jesus geht auch manchmal von einer Stelle zur anderen und wiederholt seine Lehre oft mit großer Liebe und Geduld und widerlegt oft dieselben Einwürfe. Es waren auch viele Frauen verschleiert an abgesondertem Ort da, auch von den Freundinnen Jesu. Die Pharisäer gingen ab und zu, fragten und zischelten ihre Zweifel wieder unter dem Volke aus.

Jesus wiederholte kürzer, was Er gestern gesagt hatte und sprach heute aus: «Ich bin das Brot des Lebens, wer zu mir kommt, den wird nicht hungern und wer an mich glaubt, den wird nicht dürsten!» Wen der Vater ihm gebe, der komme zu ihm, und Er werde ihn nicht verstoßen. Er sei vom Himmel gekommen, nicht seinen, sondern des Vaters Willen zu tun.

Es sei aber des Vaters Wille, dass Er nichts verliere, was Er ihm gegeben, sondern am Jüngsten Tage erwecke. Es sei der Wille seines Vaters, wer den Sohn sehe und an ihn glaube, solle das ewige Leben haben, und Er werde ihn am Jüngsten Tage erwecken.

Es waren heute viele da, welche ihn nicht verstanden, und sie zischelten und murrten untereinander und die Pharisäer traten öfters heran und fragten ihn und zogen sich lächelnd und achselzuckend zurück und gaben den Schwachen Blicke voll eitlen Hohnes. Es sagten viele Leute zueinander:

«Wie kann Er sagen, Er sei das Brot des Lebens, Er sei vom Himmel herabgekommen? Er ist ja der Sohn des Zimmermanns Joseph, seine Mutter ist hier bei uns und seine Verwandten sind unter uns, und die Eltern seines Vaters Joseph kennen wir! Er spricht heute: Gott sei sein Vater und dann sagt Er wieder, Er sei des Menschen Sohn» und allerlei solche Sachen murrten und fragten sie. Jesus sagte ihnen, sie sollten nicht untereinander murren! Durch sich selbst könnten sie nicht zu ihm kommen, der Vater, der ihn gesandt habe, müsse sie zu ihm ziehen! Da konnten sie das wieder nicht begreifen und fragten, was das heißen solle: der Vater solle sie ziehen? und sie nahmen das ganz wörtlich.

Er sagte aber: «Es steht in den Propheten: Es werden alle von Gott gelehrt werden. Wer es also vom Vater hört und lernt, kommt zu mir!»

Da sagten wieder viele: «Sind wir nicht bei ihm, und wir haben es doch nicht vom Vater gehört, noch gelernt?» Da erklärte Er wieder: «Keiner hat den Vater gesehen, als der von Gott ist. Wer an mich glaubt, der hat das ewige Leben. Ich bin das Brot, das vom Himmel herabkam, das Brot des Lebens.»

Da sprachen sie wieder, sie kennten kein Brot, das vom Himmel gekommen ist, als das Manna. Er erklärte, dieses sei nicht das Brot des Lebens, denn ihre Väter, die es gegessen, seien gestorben. Hier aber sei das Brot, das vom Himmel gekommen, damit, wer davon esse, nicht sterbe. Er sei dieses lebendige Brot, und wer davon esse, werde ewig leben.

Alle diese Lehren waren weitläufig mit Erklärungen und Erwähnungen aus dem Gesetz und den Propheten. Aber die meisten wollten es nicht begreifen, und nahmen alles wörtlich und nach dem gemeinen fleischlichen Verstand, und sagten und fragten wieder, was das heißen solle, dass man ihn essen solle und ewig leben!

Wer dann ewig leben könne? Und wer von ihm essen könne? Henoch und Elias seien von der Erde genommen und man sage, sie seien nicht gestorben; auch von Melchisedek wisse man nicht, wo er hingekommen, man wisse seinen Tod nicht; aber sonst würden wohl alle Menschen sterben.

Jesus antwortete ihnen hierauf und fragte auch, ob sie wüssten, wo Henoch und Elias seien, und wo Melchisedek? Ihm sei es nicht verborgen. Ob sie aber wüssten, was Henoch geglaubt, was Elias und Melchisedek prophezeit? und Er erklärte mehreres von diesen Prophezeiungen.

Er lehrte aber heute nicht weiter, und es war eine außerordentliche Spannung und ein Nachdenken und Disputieren unter dem Volk. Selbst viele von den neueren Jüngern zweifelten.

Es waren dieses aber meistens die neu hinzugekommenen Johannesjünger, und zwar nicht die älteren, welche teils gleich bei Jesus waren, teils abwechselnd bei Johannes und ihm.

Die Zweifelnden waren die eifrigen, einseitigen Johannesjünger von der oberflächlichen Art. Sie waren es, welche die Zahl der Siebenzig jetzt voll gemacht hatten; denn Jesus hatte erst sechsunddreißig rechte Jünger. Jedoch waren viele dabei, die schon bei der letzten Apostelaussendung mit dabei gewesen waren. Der Frauen waren jetzt ungefähr vierunddreißig, aber es war ihre Anzahl im Dienst der Gemeinde mit allen Pflegerinnen, Mägden und Vorsteherinnen der Herbergen zuletzt auch siebzig.

Fortsetzung Joh 6,52-60

7. Februar: Lazarus ist schon wieder abgereist.

Jesus lehrte das Volk abermals auf der Höhe vor der Stadt, sprach aber nicht von dem Brot des Lebens, sondern aus der Bergpredigt und dem Vaterunser.

Es waren sehr viele Menschen da, aber weil die meisten Kranken unter den Anwesenden schon geheilt waren, so ist das Gedränge und Laufen nicht so groß, denn das Heran- und Wegtragen der Kranken macht immer so viel Unruhe und Gedränge, weil alle die ersten sein und bald wieder wegkommen wollen.

Alle Menschen und ein Teil der neueren Jünger, darunter besonders viele Johannesjünger, sind in großer Spannung über den Schluss der von Jesus angefangenen Lehre.

Am Abend in der Synagoge lehrte Jesus über die Sabbatslektion aus dem zweiten Buche Mose von allerhand Gesetzen, von Sklaven, Mördern, Diebstahl, Festtagen und Moses Aufsteigen auf den Sinai und aus Jeremias, auch vom Freigeben der Knechte.[50]

Jesus lehrte einiges darüber, aber sie unterbrachen ihn bald und fragten ihn wieder über seine gestrige Lehre vom Brot des Lebens: wie Er sich das Brot des Lebens nennen könne, das vom Himmel herabgekommen ist, da man doch wisse, wo Er her sei. Jesus aber wiederholte seine ganze bisherige Lehre hierüber und da die nämlichen Einwürfe von den Pharisäern erfolgten, indem sie von ihrem Vater Abraham und Mose sprachen und sagten, wie Er denn Gott seinen Vater nenne, fragte Er sie, wie sie denn Abraham ihren Vater nennen könnten und Mose ihren Lehrer, da sie Abrahams und Moses Geboten und Wandel nicht folgten, und Er stellte ihnen ihren ganzen verkehrten Wandel und ihr böses heuchlerisches Leben öffentlich vor Augen und sie waren beschämt und erbittert.

Er ging aber in seiner Lehre vom Brot des Lebens weiter und lehrte: «Das Brot, das ich geben werde, ist mein Fleisch, das ich für das Leben der Welt hingeben werde.»

Da war ein Murren und Flüstern: «Wie kann Er uns sein Fleisch zu essen geben?» Jesus lehrte aber fort und viel weitläufiger, als es im Evangelium steht, wer sein Blut und Fleisch nicht trinken und essen werde, der werde kein Leben in sich haben. Wer es aber tue, habe das ewige Leben und Er werde ihn am Jüngsten Tage auferwecken; «denn mein Fleisch ist wahrhaft eine Speise und mein Blut wahrhaftig ein Trank. Wer mein Fleisch isst und mein Blut trinkt, der bleibt in mir und ich in ihm. Wie mich der lebendige Vater gesandt hat und wie ich durch den Vater lebe, so wird, wer mich isst, durch mich leben. Hier ist das Brot, das vom Himmel herabgekommen ist, kein Brot, wie das Manna, das eure Väter aßen und doch starben! Wer dieses Brot isst, wird leben in Ewigkeit.»

Er legte alles aus den Propheten aus und besonders aus Malachias und zeigte die Erfüllung desselben in Johannes dem Täufer, von dem Er weitläufig sprach.

Und da sie fragten, wann Er ihnen denn diese Speise geben wolle, sagte Er deutlich: «Zu seiner Zeit» und bestimmte eine Zeit in Wochen mit einem eigenen Ausdruck und ich rechnete nach und erhielt ein Jahr, sechs Wochen und etliche Tage. Alles war sehr erregt, und die Pharisäer hetzten die Zuhörer auf.

8. Februar[51]: Jesus lehrte am Morgen und Abend vor einer großen Volksmenge in der Synagoge. Er lehrte und erklärte die sechste und siebente Bitte des Vaterunser, und aus den acht Seligkeiten: «Selig sind die Armen im Geiste.»

Er verwarf dadurch nicht die Wissenschaft, Er sagte nur, die, welche gelehrt seien, sollten es nicht wissen, und so sollten auch die Reichen nicht wissen, dass sie reich seien.

Da murrten sie wieder und sagten, wenn man es nicht wisse, könne man es auch nicht brauchen.

Er sagte aber: «Selig sind die Armen im Geiste!» Sie sollten sich arm fühlen und demütig sein vor Gott, von dem alle Weisheit sei und außer dem alle Weisheit ein Greuel sei.

Sie fragten ihn nun wieder aus seiner gestrigen Lehre vom Brot des Lebens und vom Essen seines Fleisches und Trinken seines Blutes, und da Jesus darin fortfuhr und es ihnen fortwährend scharf und bestimmt sagte, murrten viele seiner Jünger und sagten:

«Das ist ein hartes Wort, wer kann das anhören?» Er erwiderte ihnen aber, sie sollten sich nicht ärgern, es würden noch ganz andere Dinge kommen und Er sagte deutlich voraus, man werde ihn verfolgen, und die Getreuesten sogar würden ihn verlassen und fliehen. Da werde Er seinem Feinde in die Arme laufen und man werde ihn töten. Er werde aber die Fliehenden nicht verlassen, sein Geist werde bei ihnen sein. Das «seinem Feind in die Arme laufen» war nicht ganz so gesagt. Es war wie «seinen Feind umarmen, oder von ihm umarmt werden», ich weiß es nicht mehr recht. Es deutet, glaube ich, auf den Kuss des Judas und dessen Verrat.

Er sagte ihnen auch, da sie sich noch mehr hieran ärgerten: «Wie aber, wenn ihr den Menschensohn dahin auffahren sehen werdet, wo Er zuvor war? Der Geist ist es, der lebendig macht, das Fleisch nützt nichts. Die Worte, die ich zu euch geredet habe, sind Geist und Leben. Aber es gibt einige unter euch, die nicht glauben, daher sagte ich euch: niemand kann zu mir kommen, wenn es ihm nicht von meinem Vater gegeben wird.»

Da Er so in der Synagoge lehrte, war vieles Murren und Höhnen und etliche und dreißig der neueren Jünger und Anhänger, besonders die oberflächlicheren einseitigen Johannesjünger, traten näher zu den Pharisäern und flüsterten und murrten mit diesen; die Apostel und älteren Jünger aber traten mit Jesus näher zusammen und Er lehrte noch laut, es sei gut, dass jene zeigten, wes Geistes Kinder sie seien, ehe sie größeres Unheil verursachten.

Als Jesus die Synagoge verlassen wollte, wurde noch im Ausgang ein Gedränge. Die Pharisäer und abtrünnigen Jünger, welche sich unterdessen besprochen hatten, wollten ihn zurückhalten, Er solle noch mit ihnen disputieren, sie wollten noch mancherlei Erklärungen von ihm.

Die Apostel und seine Jünger und Freunde umgaben ihn aber, und Er entkam ihrer Zudringlichkeit unter großem Lärm, Gedränge und Geschrei. Ihr Reden und Schreien untereinander aber war ebenso, wie es heutzutage auch sein würde:

«Da haben wir es ja! Nun brauchen wir nichts mehr, Er hat es für jeden vernünftigen Menschen deutlich ausgesprochen, dass Er ganz unsinnig ist. Er bringt einen ganz wahnsinnigen Greuel, eine unerhörte Lehre vor: Man soll sein Fleisch essen! Sein Blut trinken! Er sei vom Himmel! Er will in den Himmel fahren!»

Jesus ging nun mit den Seinigen, die sich auf verschiedenen Wegen zerstreuten, bei den Wohnungen Serobabels und des Cornelius an der Nordhöhe der Stadt und des Tales hin, und als sie sich an einer bestimmten Stelle gefunden hatten, lehrte Er sie noch über die Ärgernisse dieses Abends und fragte die Zwölf, ob sie ihn auch verlassen wollten.

Da sprach Petrus für alle. «Herr, zu wem sollen wir gehen? Du hast Worte des ewigen Lebens, und wir haben geglaubt und erkannt, dass du Christus, der Sohn des lebendigen Gottes bist!»

Da erwiderte ihm Jesus unter anderem: «Ich habe euch Zwölf erwählt und doch ist einer unter euch ein Teufel!»

Sie gingen nachher nach dem Haus von Petrus am See und aßen. Jesus war noch bei Maria.

Wie Maria sich des Geheimnisses der Gottmenschlichkeit Jesu bewusst wurde

Ich hatte noch ein Bild, welches ich nicht mehr ganz vorbringen kann. Die Mutter Jesu war mit anderen Frauen auch bei den letzten Lehren Jesu auf der Höhe und in der Synagoge gegenwärtig gewesen.

Wenn sie gleich von allen Geheimnissen, die Jesus ansprach, eine innere Erkenntnis von früher her gehabt, so war sie sich derselben doch nicht so deutlich bewusst geworden. Denn, wie die zweite Person in der Gottheit in ihr Fleisch angenommen, ein Mensch und ihr Kind geworden war, so waren auch in ihr alle diese tieferen Erkenntnisse in eine demütige, ehrfurchtsvolle Mutterliebe zu Jesus gehüllt gewesen.

Als Jesus aber die Geheimnisse seines Ursprungs und seines Hierseins und seiner Rückkehr zum Ärgernis der Verblendeten heute deutlicher gelehrt hatte, wurde die Betrachtung Marias sehr auf diese Geheimnisse gerichtet, und ich sah sie in dieser Nacht in ihrer Kammer betend stehen und dass sie ein Gesicht, eine innere Anschauung hatte von dem Englischen Gruß, der Geburt und Kindheit Jesu, und von der Wirklichkeit ihrer Mutterschaft und seiner Kindschaft, und wie sie denjenigen wie ihr Kind behandelte, welcher der Sohn Gottes ist.

Und sie sah dieses ihr Kind als den Sohn Gottes und erkannte große Geheimnisse und wurde dermaßen von Demut und Ehrfurcht überwältigt, dass sie ganz in Tränen zerfloss, und alle diese Anschauungen hüllten sich abermals in dem Gefühl der mütterlichen Liebe zu dem göttlichen Sohne ein, wie die Gestalt des Brotes den lebendigen Gott im Sakrament verhüllt.

Ich hatte bei der Trennung der Jünger von Jesus auch noch ein großes Erklärungsbild, das ich mitzuteilen zu krank bin. Ich sah das Reich Satans und das Reich Jesu in zwei Sphären. Ich sah eine Stadt des Satans und ein Weib, die babylonische Hure, und seine Propheten und Prophetinnen, und seine Wundertäter und Apostel, und alles in großem Glanz und viel prächtiger und reicher und voller, als das Reich Jesu.

Ich sah Könige und Kaiser und selbst viele Priester mit Ross und Wagen hinjagen. Satan hatte einen prächtigen Thron.

Ich sah aber das Reich Christi auf Erden arm und unscheinbar und voll Not und Pein, und sah Maria als die Kirche und Christus am Kreuz auch als Kirche und einen Seiteneingang durch seine Seitenwunde. (Sie bricht ab.[52])

ZEHNTES KAPITEL

Jesus in Obergaliläa und an den Grenzen von Tyrus

Vom 9. Februar bis 4. März 1823

Jesus geht nach Kana, Gischala und Cydessa

9. Februar: Jesus ging heute mit den Aposteln und den treu gebliebenen Jüngern nach Kana. Der Bräutigam von Kana, Nathanael, war in Kapharnaum und hatte ihn gebeten mitzukommen. Es ist ungefähr sieben Stunden von Kapharnaum.

Maria ist in Kapharnaum von jedermann, selbst von den Feinden Jesu, als eine gute, tadellose Frau geschätzt.

Jesus ordnet die heiligen Apostel nach ihrer innerlichen Verwandtschaft

Montag, den 10. Februar: Heute sah ich Jesus bei Gischala mit den Aposteln und Jüngern wandern. Er lehrte sie und sagte den Zwölfen ihre Gesinnung, ihre ganze Gemütsart und stellte sie ordnend in drei Gruppen.

In die erste Petrus, Andreas, Johannes, Jakobus und Matthäus, in die zweite: Thaddäus, Bartholomäus, Jakobus und Judas Barsabas, in die dritte: Thomas, Simon, Philippus und Judas Ischariot.

Unter anderem sagte Jesus bei dieser Gelegenheit abermals: «Unter euch ist ein Teufel!» Er sagte ihnen hier alles, was sie dächten und erwarteten, und sie waren ganz erschüttert und bewegt davon. Es war dieses Charakterisieren in einer großen Lehre über ihre zukünftigen Beschwerden und Leiden. Er ordnete die einzelnen Gruppen nicht einander unter, sondern stellte sie nur nach ihren Anlagen zusammen. Judas Barsabas stand etwas nahe bei den Gruppen und vor den umgebenden Jüngern und so zählte Er ihn mit zu der einen Gruppe und sprach auch von ihm.

11. Februar: Jesus kam mit den Aposteln und Jüngern nach Cydessa, welches einige Stunden nördlich von Bethulien und westlich von Gabara, an der Nordseite des Tales, worin der bethulische Badesee an einer Höhe liegt, die sich von West nach Ost auf das Tal von Magdalum hinzieht. Es sind hier viele Heiden von tyrischer Abkunft und auch Juden. Es waren Pharisäer von der jerusalemischen Kommission aus Kapharnaum hier, um auf Jesus zu lauern.

12. Februar: Jesus hat hier gelehrt und geheilt, jedoch waren nur mehr wenige Kranke hier. Nach einer langen Lehre haben heute die Schriftgelehrten und Pharisäer hier ein Zeichen vom Himmel von Jesus zur Bestätigung seiner Sendung begehrt, und Er antwortete vor allem Volke, das herzudrang, um es auch zu sehen: «Dies böse, ehebrecherische Geschlecht begehrt ein Zeichen, aber es wird ihm kein Zeichen gegeben werden, als das des Propheten Jonas» (Mt 12,38-41).[53]

Jesus in Nephthali – Er übergibt den Aposteln die Kraft der Wunderheilungen

13. Februar: Jesus ist gestern noch einige Stunden nördlich nach Nephtali gegangen, wo Er noch nicht, aber die Jünger schon gewesen waren. Es liegt einige Stunden westlich von Kapharnaum und südlich von Saphet. Er lehrte heute hier in der Synagoge.

Mir war sehr merkwürdig, dass Er die Jünger und Apostel auf dem Weg und in der Herberge lehrte, wie sie fortan bei ihren Heilungen und Teufelsaustreibungen keinen anderen Gebrauch haben sollten, als den Er auch bei diesen Fällen haben würde. Er gab ihnen die Kraft und den Geist, mit Händeauflegung und Salbung immer das zu tun, was Er tun würde.

Es war diese Kraftmitteilung ohne Handauflegung und doch eine wesentliche Übergabe. Sie standen um Jesus her und ich sah Strahlen von verschiedener Farbe nach ihnen zustrahlen, nach den Arten der Gabe und ihrer Disposition, und sie sagten auch: «Herr! Wir fühlen eine Kraft in uns, deine Worte sind Wahrheit und Leben», und nun wusste jeder, wie Er in jedem Fall heilen sollte. Sie taten so ohne nachzusinnen.

Herodes lässt in Kapharnaum über Jesus Erkundigungen einziehen

Heute sah ich auch zehn Soldaten, darunter einige Offiziere von Herodes, aus Hesebon nach Kapharnaum kommen. Sie fragten erst bei dem Hauptmann Serobabel und dann bei den Pharisäern, wer Jesus sei, was Er für Wunder tue, und was Er lehre und sie verlangten, ihn mit sich zu führen, weil Herodes ihn sehen wolle. Der Hauptmann sagte ihnen natürlich nur Gutes von Jesus, erzählte das Wunder mit seinem Sohn und alle anderen größeren bekannten Wunder von Galiläa und stellte ihnen alles vor so gut er konnte.

Die Pharisäer aber sagten das Gegenteil. Sie erklärten, dass sie keine Gewalt über ihn hätten, dass Er ein Landstreicher von geringer Herkunft sei, der sich mit allerlei Gesindel herumtreibe, ganz unerhörte Lehren vorbringe und wahrscheinlich durch den Teufel allerlei Wunder tue. Übrigens sei gar nichts von ihm zu fürchten, denn sein Anhang bestehe aus armen unwissenden Männern, betörten Weibern und Sünderinnen.

Mit dieser Nachricht zogen die Soldaten wieder zu Herodes. Sie waren von einer ganz neuen Schar, die dem Herodes zunächst stand und die er durch sein ehebrecherisches Weib erhalten hatte.[54] Herodes Antipas war durch die Nachrichten von Thirza sehr aufmerksam auf Jesus geworden. Er ist seit dem Mord des Johannes sehr geängstigt und voller Zweifel und Sorgen. Er hat sich mit den Herodianern beraten und hat Sadduzäer aus Jerusalem kommen lassen, um sie über die Auferstehung der Toten zu fragen.

Er ist auf den Gedanken gekommen, Jesus könne der auferstandene Johannes sein. Er hat alles ausgefragt, was Johannes von Jesus gelehrt hatte. Er hat viele Soldaten zusammengezogen und jene, welche viel mit Johannes zu tun gehabt, von sich entfernt.

Blick auf das Haupt des Johannes

Ich hatte auch in diesen Tagen wieder Blicke in Bezug auf das Haupt des Johannes. Ich hoffe, dass seine Verwandten es bald erhalten, wenn die Kloake ausgeräumt wird. Die zwei Soldaten, welche Jesus gefolgt sind, haben auch Wege dazu eingeschlagen. Sie waren früher Herodianer und unter der Schar gewesen, welche Johannes gefangennahm.

Jesus in Elkese – Disput der Pharisäer

Mt 15,1-20; Mk 7,1-23 – 14. und 15. Februar: Der Ort, wohin Jesus mit den Jüngern gestern abend ging, liegt etwa anderthalb Stunden nördlich von Kapharnaum, dreiviertel Stunden vom Jordan, an dessen entgegengesetzter Seite etwas südlicher Bethsaida-Julias, und zwar nicht dicht an seinem Einfluss in den See liegt; denn zwischen Bethsaida-Julias und dem See liegt noch ein Tal vor dem Berg der Seligkeiten.

Eine Viertelstunde südlicher als die Lage des Ortes, wo Jesus jetzt ist, führt die Brücke über den Jordan. Der Name des Ortes klingt wie Elkasa oder Elkese. Er liegt in zwei Teile von einem Flüsschen geteilt, welches von hier nach dem Jordan und um den Berg von Saphet herumfließt. (Sie sprach früher schon von einem solchen Flüsschen.) Der eine Teil des Ortes liegt höher, der andere niederer gegen das Jordan-Tal. Es sind hier Juden und Heiden.

Jesus wohnte bei den Leuten, die ihn mit hierher genommen. Er heilte heute morgen mehrere Kranke in den Häusern und lehrte hie und da. Die Apostel verteilten sich in der Gegend und heilten und lehrten auch. Am Abend ging Jesus mit allen Jüngern zur Synagoge und hielt dort die Sabbatslehre, worin auch Salomos Tempelbau vorkam.

Mir ist noch gegenwärtig, dass Er die Apostel und Jünger als die Bauleute anredete, welche auf dem Gebirge Zedern fällten und zimmerten.

Er sprach auch von der inneren Auszierung des Tempels. Er hatte in seiner Lehre keinen besonderen Widerspruch. Nach der Synagoge aber, in welcher viele Pharisäer gewesen waren, auch von denen zu Kapharnaum, war Er zu einer Mahlzeit geladen.

Sie aßen in einem offenen Festhaus, es standen viele Menschen umher, zu hören, was Er sprach, und viele Arme wurden gespeist. Als die Pharisäer unter dem Essen bemerkten, dass seine Jünger die Hände nicht erst wuschen, stellten sie ihn zur Rede, warum seine Jünger die Vorschriften ihrer Vorfahren nicht hielten und nicht die gewöhnlichen Reinigungen beobachteten.

Da fragte Er sie wieder, warum sie die Gesetze nicht hielten und trotz der Traditionen Vater und Mutter nicht ehrten, und warf ihnen ihre Heuchelei und ihre Äußerlichkeit vor mit ihren Reinigungen.

Als über diesem Streit das Mahl endete, ging Er hinaus und rief alles Volk zusammen, das sich herzu drängte, und Er sagte: Hört es alle und fasst es doch! Nichts, was durch den Mund des Menschen von Außen hineingeht, verunreinigt ihn, aber was von Innen herausgeht, verunreinigt ihn. Wer Ohren hat zu hören, der höre!» Als Er wieder in die Herberge ging, sagten die Jünger, diese Worte hätten die Pharisäer geärgert, und Er sprach zu ihnen: «Jede Pflanze, die mein Vater nicht gepflanzt hat, wird von der Wurzel ausgerottet! Lasst sie! Es sind Blinde und Führer der Blinden, wenn aber Blinde Blinde führen, so fallen beide in die Grube.» Da sagte Petrus: «Erkläre uns dies!» Und Jesus sagte: «Seid ihr auch unverständig...» (wie bei Mt 15,17-20).

15. Februar: Jesus setzte heute noch hier die Sabbatslehre in der Synagoge fort und lehrte auch wieder, wie überhaupt in der letzten Zeit, aus dem Propheten Malachias. Er bereitete auch viele zur Taufe vor, Juden und Heiden, welche Er nach Tisch in ihren Stadtteilen besuchte. Es wurde am Bach, der die Stadt teilt, in einem Badegarten getauft.

Am Abend schloss Er die Lehre des Sabbats, und die Pharisäer fingen wieder an, ihm das unregelmäßige Fasten der Jünger vorzuwerfen. Jesus machte den Pharisäern ihren Geiz und ihre Unbarmherzigkeit zum Gegenvorwurf und sagte unter anderem: «Die Jünger aßen nach vieler Arbeit, wenn sie und auch die anderen etwas haben. So die anderen aber hungern, geben sie das Ihrige für sie her und Gott segnet es.» Er führte dabei die Brotvermehrung an, wo sie ihr Brot und ihre Fische den Hungernden gegeben hatten und fragte sie, ob sie dergleichen täten. Es wiederholte sich hier einiges, was gestern schon erwähnt wurde.

Jesus verließ am Schluss des Sabbats die Stadt. Sie gingen nordwestlich und ließen Saphet zur Linken und schliefen nachts in leeren Zelthütten heidnischer Lager, die hier gewesen waren.

Sie mögen wohl drei Stunden bis dahin gegangen sein. Jesus lehrte auf diesem Weg immer vom Gebet. Er legte ihnen das Vaterunser geistlicher Weise aus und sagte ihnen, dass sie bis jetzt noch kein würdiges Gebet gesprochen hätten, und als sie sich dagegen entschuldigen wollten, sagte Er ihnen: sie beteten wie Esau um das Fett der Erde, sie sollten aber wie Jakob um den Tau des Himmels beten, sie flehten nicht um geistliche Güter und den Segen der Erleuchtung, sie flehten nicht um das Reich Gottes nach Gottes Willen, sondern wie sie es sich dächten und zeitliche Versorgung erwarteten.

(Anna Katharina erzählte noch, jedoch zu unbestimmt, um es wiedergeben zu können, eine große Betrachtung mit vielen Erklärungen und Eröffnungen über den elenden Zustand sowohl des öffentlichen als Privat-Gebets heutzutage, die sich hieran für sie anschloss. Auch beschrieb sie die Lage mehrerer Ortschaften in dieser Gegend und nannte eine aus schwarzem Gestein über dem Jordantal erbaute Festung.) Sie liegt nordwestlich von Saphet am Gebirge. Westlich von diesem Gebirge und in dessen Schatten liegt, sich südlich erstreckend, ein wüster Strich, ich meine es ist das Land Chabul. Es sind viele Städte darin, sie sehen kurios aus, fast wie große Flotten, denn es sind so viele Stangen und gespannte Tücher über den Häusern. Es sind wahrscheinlich viele Webereien und Färbereien hier. Auch ist sehr viel Nebel dort und ich habe schon mehrmals gemeint, sie spannten das Zeug gegen den Nebel dort aus.

Jesus in Kades Nephthali

16. Februar: Heute mittag sah ich Jesus nebst den Jüngern nordwestlich von Saphet auf der Höhe durch jene schwarze Festung gehen. Sie heißt Kades, ist eine Leviten- und Freistadt; der Richter Barak, der den Sisara erschlug, ist hier geboren.

Diese Stadt ist eine Festung mit doppelten Mauern und Türmen von schwarzen, glitzernden Steinen. Sie liegt auf der Höhe einige Stunden nördlich von Saphet, doch niedriger als diese, und sieht auf einen kleinen Fluss hinab, der in den Jordan oder in den See Merom fließt. Man sieht nördlich und westlich von da noch viele Orte am Gebirge, über welches Jesus gegen Tyrus gehen wird.

Jesus ist hier nur durchgezogen. Kades liegt von dem Ort, wo Er den Sabbat gehalten, wohl an zehn Stunden. Es sind heute ab und zu öfters Scharen von Heiden und Juden von den Grenzen mit Jesus gezogen und Er hat wandernd sie unterwegs noch belehrt. Sie kamen teils von seinen Lehren und Heilungen in Kapharnaum und auch die Apostel heilten Einzelne. Es sind hier in der Nähe von Kades Nephtali Eisenbergwerke. Jesus ging durch Kades durch und kehrte auf der anderen Seite in einer Herberge ein, es sind da mehrere nebeneinander. Es folgten ihm Pharisäer in die Herberge nach und Er hatte auch einen Disput mit ihnen über etwas Bekanntes, über etwas Vorgegangenes, das ich vergessen habe, und ging, nachdem Er sich etwas erquickt hatte, von hier fort. Sie gingen nördlich hinab, und dann wieder hinauf, etwa vier Stunden.

(Dies erzählte Anna Katharina abends etwa um fünf Uhr, sie hatte es am Nachmittag von eins bis drei Uhr gesehen. Sie war aber den ganzen Tag über in Gesichten und indem sie sich etwas im Bette aufrichtete und ihren Kopf auf die angezogenen Knie mit den Armen stützte, sagte sie in völlig wachem Zustand: Da gehen sie jetzt durch schmale Bergwege mehr nördlich ein paar Stunden von Kades und mehr ins Tal hinab.

Sie sind allein und gehen in einer Linie hintereinander. Wie sie geschwind gehen! Mit langen Schritten weit vorgebeugt zieht sich die Schar wie eine Schlange durch die Wege. Jesus spricht noch immer vom Gebet. Er hat ihnen gesagt, selbst die Heiden achteten solches Gebet um zeitliche Güter nicht, sondern flehten um ewige Güter. Das hab ich auch noch nicht gewusst.)

Sie gehen nach einem kleinen Ort, der an der Sonnenseite des Talabhanges zerstreut zwischen vielen Gärten liegt. Es sind Spalierwände da und viele Gewächse und Gewürzkräuter und Bäume. Es scheint ganz ein Gartenort. Sie haben dort die letzte eigene Herberge. In Elkesa hatten sie auch eine.

Wenn Jesus über den hohen Bergrücken kommt, liegt jenseits etwas südlicher eine Wüste, da kommt Er durch die Nordspitze des Landes Chabul. Südlich von da hinab ist der Ort, auf dem eine Schuld lag und wo ich einmal im Gesicht die Kühe der Apostel hintrieb; und noch südlicher liegt der Ort, wo ich das Vogelnest aushob und dem Knaben spendete, nicht weit von der Wasserstadt (Sichor Libnath).55

Jesus in der Stadt Dan

17. Februar: Jesus ist gestern abends mit den Jünger in Dam oder Lais, man nannte es hier Leschem, angekommen. Sie hatten von Kades etwa vier Stunden erst abwärts, dann aufwärts zu gehen. Dan liegt am Aufgang eines hohen Gebirges. Es fließt ein Flüsschen nebenher, welches sie durchgeleitet haben. Es liegt sehr wunderlich weit zerstreut, mit vielen Hügeln, Terrassen und Spalierwänden unterbrochen. Es besteht wie aus vielen einzelnen Edelhöfen, deren jeder seine Leute um sich her wohnen hat, so dass die Gärten und Wohnungen aneinander stoßen.

Alles beschäftigt sich hier mit Gartenbau. Sie ziehen Früchte und Gewürze aller Art, auch Kalmus, Myrrhen, Balsam, Baumwolle und viele wohlriechende Kräuter. Sie handeln damit nach Tyrus und Sidon, und verpacken es in Körbe von Matten, Binsen, Splint und Rohr, die von Menschen weggetragen oder auf Eseln und Kamelen fortgeschickt werden.

Die Heiden und Juden wohnen hier durch Einrichtung der Stadt mehr vermischt als an anderen Orten. So angenehm und fruchtbar die Gegend ist, so muss sie doch ungesund sein, es ist viel Nebel vom Gebirge hier und viele Leute sind krank.

Jesus kehrte mit den Jüngern in einer eigenen Herberge ein, die mitten in der Stadt lag. Die Apostel und Jünger waren bei ihrer letzten Aussendung schon hier gewesen und hatten diese eingerichtet. Es waren, die Apostel mitgerechnet, etwa dreißig Jünger mit Jesus. Mehrere Jünger von Jerusalem und andere waren in eigenen oder in Geschäften für die Gemeinde zu Hause und auf anderen Sendungen.

Heute morgen führten die Jünger, welche schon hier gewesen waren, und an die sich darum die Einwohner wandten, Jesus zu verschiedenen Kranken und dann verteilten sich die Jünger in die umliegende Gegend.

Petrus, Johannes und Jakobus blieben bei Jesus und Er ging mit ihnen in verschiedene Häuser und heilte viele Wassersüchtige, Schwermütige, Besessene, mehrere Aussätzige von der nicht schlimmsten Art, Lahme und besonders viele Blinde und Leute mit geschwollenen Wangen und anderen Gliedern.

Blinde und solche geschwollene Gliederkranke waren viele hier, besonders unter den Gärtnern und Taglöhnern. Die Blindheit kam von einem kleinen Insekt, das in großer Menge hier herumflog und die Arbeiter in die Augen stach, worauf sie schnell blind wurden.

Jesus zeigte ihnen ein Kraut mit sanften Blättchen, es wächst nicht hier zu Land, mit dessen Saft sie sich einreiben sollten, so werde das Insekt sie nicht stechen. Er sagte ihnen auch eine moralische Anwendung von dessen Bedeutung.

Die Geschwülste, welche sich entzündeten und in Brand übergingen, dass die Menschen daran starben, kamen auch von einem kleinen Insekt, das von den Bäumen, wie Mehltau, geweht wurde.

Es wimmelt, wo es fällt und ist fahlschwarz, wie Schmiedstaub und kommt oft wie eine schwarze Wolke so dicht durch die Luft gezogen. Es beißt sich in die Haut und verursacht dann eine große Geschwulst.

Jesus zeigte den Leuten ein anderes Insekt, das sie zerdrückt oder ganz auf die Geschwulst legen sollten, womit sie sich in Zukunft helfen könnten. Es war ein Käfer fast wie ein Kellerwurm, weiß, mit fünfzehn Pünktchen auf dem Rücken. Er war platt fast von der Größe eines Ameiseneies und konnte sich ganz zusammenrollen. Es gibt auch bei uns ähnliche, aber mit weniger Punkten und von anderer Farbe, diese hier sind weiß.

Die Syrophönizierin bittet um Heilung ihrer besessenen Tochter

Mt 15,21-28; Mk 7,24-30 – Während all diesen Heilungen, bei welchen sich meist ein Haufen Menschen vor den Häusern in den Vorhöfen sammelte und dann Jesus weiter begleitete, zog auch eine bejahrte, auf einer Seite gekrümmte Heidenfrau aus Ornithopolis, nicht weit von Sarepta am Meer, Jesus immer nach und hielt sich demütig in einiger Ferne und flehte manchmal um Hilfe. – Jesus aber ließ sie immer unbeachtet und wich ihr aus, denn Er heilte jetzt nur die kranken Juden. Ein Diener begleitete sie mit ihrem Reisegepäck. Sie war ausländisch gekleidet in gestreiftem Zeug, hatte Schnüre um die Arme und um den Hals des Kleides. Auf dem Kopf hatte sie eine vorstehende spitze Mütze und ein buntes Tuch darum gewunden, außerdem einen Schleier.

Diese Frau hatte zu Hause eine Tochter, die von einem unreinen Geist besessen war, krank liegen und hatte schon lange hier auf Jesus gehofft. Sie war schon hier, als neulich die Apostel hier waren.

Die Apostel erinnerten Jesus mehrmals untertags an sie. Jesus aber antwortete, es sei noch nicht Zeit, Er wolle das Ärgernis nicht, Er wolle den Heiden nicht vor den Juden helfen.

Gegen Mittag, etwa gegen drei Uhr, ging Jesus mit Petrus, Jakobus und Johannes in das Haus eines hiesigen Judenältesten. Er war ein reicher Mann und sehr wohlgesinnt. Er war ein Freund des Lazarus, des Nikodemus und ein heimlicher Anhänger Jesu und der Gemeinde. Er gab sehr vieles zu dem Gemeinde-Almosen und den Herbergen her und hatte zwei erwachsene Söhne und drei Töchter von gesetztem Alter und war ein ganz gebrechlicher Greis. Die Kinder waren nicht verheiratet, sie waren wie in einem Gelübde.

Sie waren Nasiräer, hatten gescheitelte lange Haare und ungekürzte Bärte. Auch die Töchter hatten die gescheitelten Haare unter der Kopfverhüllung hervorstehend. Sie waren alle weiß gekleidet.

Der alte Vater mit langem weißem Bart wurde dem Herrn, von seinen Söhnen unter die Arme gestützt, entgegengeführt und konnte nicht allein gehen. Er weinte vor Ehrfurcht und Freude. Die Söhne wuschen Jesus und den Aposteln die Füße und gaben ihnen einen Imbiss von Früchten und kleinen Broten.

Jesus war hier sehr freundlich und vertraut und sprach auch von seinen nächsten Wegen, und dass Er zu Ostern nicht öffentlich auf dem Fest in Jerusalem sein werde. Er blieb nicht lange in dem Hause, denn das Volk hatte seinen Aufenthalt aufgespürt und sammelte sich umher und im Vorhof.

Es war etwa drei Uhr nachmittags, als Jesus in den Vorhof und den Garten des Hauses ging, und bald war sein ganzer Weg voll von Kranken. Er heilte und lehrte mehrere Stunden zwischen Terrassenmauern, welche Gärten stützten. Das heidnische Weib harrte schon lange in der Ferne. Jesus ging aber nicht in ihre Nähe, und sie wagte nicht, sich zu nähern. Sie rief aber einigemal, wie sie schon früher getan hatte: «Herr! Du Sohn Davids, erbarme dich meiner! Meine Tochter wird von einem unreinen Geist geplagt!»

Die Jünger sagten Jesus, Er möge ihr doch helfen. Jesus aber sagte ihnen: «Ich bin nur zu den verlorenen Schafen aus Israel gesandt.» Die Frau aber kam nun näher und in die Hallen hinein und warf sich vor Jesus nieder und sagte: «Herr, hilf mir!»

Jesus antwortete: «Lass zuerst die Kinder satt werden! Es ist nicht billig, den Kindern das Brot zu nehmen und es den Hunden vorzuwerfen.» Die Frau aber flehte und sagte: «Ja, Herr! Denn auch die Hündlein essen unter dem Tisch von den Brosamen, die von ihres Herrn Tische fallen.» Da sprach der Herr: «Weib, dein Glaube ist groß! Um dieses Wortes willen sei dir geholfen!»

Auf seine Frage, ob sie nicht auch selbst wolle geheilt sein, denn sie war zusammengekrümmt nach einer Seite hin, sie schätzte sich aber nicht würdig und flehte nur für ihre Tochter, legte ihr Jesus die eine Hand auf den Kopf, die andere in die Seite und sagte: «Richte dich auf! Es geschehe dir, wie du willst! Der Teufel ist von deiner Tochter ausgefahren.»

Da richtete sich die Frau in die Höhe, sie war ganz groß und schlank; und sie war einige Augenblicke still und hob die Hände in die Höhe und rief: «O Herr! Ich sehe meine Tochter ruhig und gesund im Bett liegen!» Die Frau war wie außer sich vor Freude und Jesus begab sich mit den Jüngern hinweg.

Sie hatten nachher eine Mahlzeit bei dem Nasiräer und es waren auch Leviten von Kades dabei und alle Apostel und Jünger, die in der Herberge wieder zusammengekommen waren. Es war eine reichliche Mahlzeit, wie lange keine gewesen war, und es wurde durch die Jünger viel an die Armen ausgeteilt. Jesus kehrte spät in die Herberge zurück. Gestern und heute war Neumondsfest.

Jesus heilt den taubstummen Begleiter der Syrophönizierin

18. Februar: Ich sah Jesus heute morgen in einer offenen Säulenhalle, wo man sonst Markt zu halten pflegt, heilen. Die gestern geheilte Frau war auch in einiger Entfernung mit ihrem Gefolge zugegen, denn es waren mehrere Leute mit ihr von Ornithopolis gekommen.

Es war aber ein Verwandter bei ihr, der lahm am rechten Arm, und stumm und taub war. Er war nicht mehr jung, die Frau bat Jesus um Hilfe für ihn und auch, Er möge doch in ihre Heimat kommen, damit sie ihm danken könnten.

Jesus nahm den Mann aus dem Gedränge zur Seite. Er legte ihm die Hand auf den lahmen Arm, betete und streckte ihm den Arm gesund aus. Dann spuckte Er ihm ein wenig Speichel in die Ohren und sagte ihm, die geheilte Hand an seine Zunge zu bringen. Das verstand der Mann deutlich und tat es. Jesus blickte empor und betete, und der Mann richtete sich empor und sprach und dankte. Und Jesus trat mit ihm zu dem andrängenden Volk.

Der Mann aber fing nun an, ganz wunderbar und prophetisch zu sprechen. Er warf sich vor die Füße Jesu nieder und dankte und wandte sich wieder zu den Heiden und Juden und sprach Drohungen gegen Israel aus und nannte die einzelnen Orte und Wunder Jesu und die Hartnäckigkeit der Juden und sagte: «Die Speise, die ihr verwerft, ihr Kinder des Hauses, sammeln wir Verworfene auf, und werden davon leben und danken; und an der Frucht der Brosamen, die wir sammeln, wird ersetzt werden, was ihr vom Brot des Himmels zu Grunde gehen lasst!» Er redete aber so wunderbar und begeistert, dass eine große Bewegung im Volk entstand.

Da entwich Jesus mit Mühe aus der Stadt und fand sich im Gebirge westlich von Leschem mit den Aposteln und Jüngern zusammen. Sie gingen mühsam aufkletternd bis auf eine sehr abgelegene unzugängliche Höhe und es war da eine geräumige saubere Höhle und Bänke darin ausgehauen. Es sind solche mehrere hier und jenseits im Gebirge. Es haben Leute darin gewohnt, jetzt aber sind es Ruheplätze für Reisende. Sie sind wohl ein paar Stunden bis dahin gegangen und die Nacht dort geblieben.

Jesus lehrte seine Apostel und Jünger von der Verschiedenheit der Heilungen und von dem Äußerlichen bei denselben; denn sie fragten ihn, warum Er den Stummen die eigene Hand habe in den Mund legen lassen und ihn bei Seite genommen habe. Er unterrichtete sie darüber, und lehrte auch wieder vom Gebet und lobte die heidnische Frau, welche um Erkenntnis des Wahren und nicht um zeitliche Güter gefleht habe. Sie hatten etwas Speise bei sich. In der Nacht standen sie mehrmals auf, um zu beten.

Jesus unterweist auf dem Weg nach Ornithopolis die Apostel und Jünger

19. Februar: Jesus ruhte in der Höhle mit den Jüngern etwas aus. Es war hier eine sehr schöne Aussicht in das Tal und auf Saphet und die vielen Städte, kleinen Flüsse und den See Merom unten. Jesus lehrte hier die Apostel und Jünger über alles, was bei der nächsten Aussendung zu beobachten sei. Jetzt im Anfang der Reise, in dem Heidnischen, werden sie sich nicht trennen, nachher wird ein Teil der Jünger südlich, ich meine durch Aser ziehen.

Jesus aber wird mit den anderen durch die Dekapolis wieder zum Galiläischen Meer kommen. Er sprach gestern zu der Syrophönizierin in Leschem, da sie ihn einlud, etwas von seinem Weg, Er nannte dabei das unselige Land Dekapolis, wo sie so ganz verlassen sind.

Die Frau hat in Leschem Geld zurückgelassen, sie will an der Stelle, wo Jesus sie und ihre Tochter geheilt hat, einen Denkstein mit ihrer Positur[56] aufrichten lassen. Die Frau hat in ihrem Namen, wie Adelaid, er ist ausländisch und Ai oder Lai kommen darin vor.

Es kamen in Jesu Unterricht an die Apostel mehrere Gebete vor, welche in den Aussendungslehren im Evangelium stehen, z.B. sie sollten nichts bei sich haben, denn der Arbeiter sei seines Lohnes wert. Auch lehrte Er sie eine gewisse Ordnung, wie sie zwei und zwei ausgehen, und wie sie das lehren sollten, was Er sie zuletzt gelehrt habe, und zwar alle dasselbe zugleich, und wie sie sich öfters wieder versammeln und sich mitteilen sollten, wie es ihnen ergangen sei und wie die Jünger dann von den Aposteln wieder empfangen sollten, was sie neuerdings gemeinschaftlich lehren sollten, und wie sie dann zusammen beten und unterwegs einzeln auch nur von der Lehre sprechen und vereint beten sollten. Er sprach auch von Ostern, wie Er heimlich aufs Fest kommen wolle, und wie sie sich dort zusammenfinden wollen. Sie fürchteten sich etwas vor dem Fest.

Unter diesen Lehren war es Mittag geworden und sie hatten schon längere Zeit bemerkt, dass vieles Volk sich im Tal gegen den Berg heranzog, auf dem sie verborgen waren. Ehe diese Leute aber Zeit hatten, den Berg selbst heran zu steigen, begab sich Jesus mit den Jüngern selbst auf die Reise. Als sie den Weg erreicht hatten, gingen sie eine Zeit lang südwestlich aufwärts und etwa eine Viertelstunde neben einer großen hochgelegenen Stadt, Hamathor, vorbei, die sie zur Linken ließen und sich nun nordwestlich wandten und eine gute Strecke sehr steil und unwegsam aufkletterten, bis sie auf den hohen Bergrücken kamen, wo man das Weltmeer sehen konnte.

Sie gingen nun mehrere Stunden bergab und setzten über einen Fluss, der im Norden von Tyrus in das Meer fließt. Sie fuhren auf daliegenden Balkenrosten hinüber. An der Nordseite dieses Flusses ist eine aufsteigende Gegend, wo sehr viele Städte liegen. Ich meine, Hetalon haben sie rechts liegen lassen. Sie kehrten jenseits in einer Herberge am Wege ein. Es war etwa noch drei bis vier Stunden von Ornithopolis.

Die Syrophönizierin war eine sehr vornehme Frau in ihrer Heimat. Sie war schon hier durch nach Hause gezogen und hatte Jesus eine sehr gute Herberge bestellt. Heiden kamen der Schar sehr demütig entgegen, führten sie abgesondert und taten alle Dienste sehr schüchtern und ehrfurchtsvoll und hielten Jesus für einen sehr großen Propheten.

*Jesus heilt Heiden und lehrt sie –
Er kommt nach Ornithopolis*

20. Februar: Ich sah heute morgen Jesus und die Jünger nicht ferne von der Nachtherberge, in der Nähe einer kleinen heidnischen Stadt, nach einer Anhöhe ziehen, auf welcher ein steinerner Lehrstuhl noch aus den ersten Zeiten der Propheten stand, deren einige öfters hier gelehrt haben. Die Heiden hielten diesen Platz von jeher immer in einer gewissen Achtung und haben ihn heute geziert mit einer schönen Zeltdecke über dem Lehrstuhl und sind überhaupt ungemein ehrerbietig gegen Jesus.

Es waren viele Kranke da versammelt. In ihrer Scheu hielten sie sich zurück, bis Jesus selber ihnen näher trat. Er und die Jünger heilten viele, welche Geschwüre hatten, und Lahme und Ausgedörrte, auch Melancholische oder Halbbesessene, welche nach der Heilung wie aus dem Schlafe erwachten.

Es waren auch einige Leute da, welchen einzelne Glieder, z.B. um den Ellbogen, ganz dick und bösartig geschwollen waren. Ich weiß nicht mehr wodurch, ich meine aber es war auch von Insekten oder einem anderen Gift. Jesus legte ihnen die Hand auf die Geschwulst, wodurch sie sank und gutartig wurde, und ließ von den Jüngern eine Pflanze bringen, die dort auf nackten Felsen wuchs. Sie hatte einige Ähnlichkeit mit unserer Hauswurz, hatte sehr große, dicke, fette Blätter, unten tief eingekerbt, dazwischen wuchs ein langer Stengel mit der Blüte heraus. Ein solches Blatt segnete Jesus und goss Wasser darauf, das Er in einer Flasche bei sich trug, und die Jünger legten es den Geheilten mit der gekerbten Seiten um die kranke Stelle und banden es zu.

Jesus hielt auf der Anhöhe eine ungemein rührende Lehre von der Berufung der Heiden und erklärte ihnen mehrere Stellen aus den Propheten, und schilderte ihnen die Nichtigkeit ihrer Götzen. Hierauf heilte Er noch und ging dann mit den Jüngern etwa drei Stunden nordwestlich gegen das Meer zu nach Ornithopolis.

Es liegt dieser Ort wohl noch dreiviertel Stunden vom Meer entfernt. Er ist nicht sehr groß, aber es sind schöne Gebäude dort. Er besteht aus zwei Reihen Häuser an beiden Seiten des Weges; östlich der Stadt liegt auf einer Höhe ein schöner Götzentempel.

Jesus wurde hier mit ungemeiner Liebe empfangen. Die Syrophönizierin, welche hier eine sehr reiche und vornehme Frau ist, hatte alles auf das reichlichste und ehrenvollste eingerichtet und ließ aus Demut alles von den wenigen hier wohnenden armen Judenfamilien verrichten.

Der ganze Ort war schon voll von der Genesung der Tochter, dem Geradewerden der Frau und besonders von der Heilung des taubstummen Verwandten, welcher auch hier auf seine prophetische Weise von Jesus bei der Verkündigung seiner Genesung gesprochen hatte. Alles war vor den Häusern versammelt, die Heiden hielten sich in demütiger Entfernung zurück und hielten dem Zug grüne Zweige entgegen.

Die Juden, etwa zwanzig an der Zahl, darunter sehr alte Männer, die geführt werden mussten, kamen Jesus entgegen, und auch der

Lehrer mit allen Kindern, die Frauen und Töchter aber folgten verschleiert.

Es war Jesus und den Jüngern ein Haus bei der Schule eingeräumt und von der Frau mit schönen Teppichen, Gefäßen und Lampen ausgerüstet worden. Es wurden ihnen dort sehr demütig von den Juden die Füße gewaschen, ein Imbiss von sehr auserlesenen Sachen gereicht und andere Kleider und Sohlen gegeben, bis die ihrigen ausgeschüttelt, gereinigt und gestrichen waren. Jesus lehrte dann noch die hiesigen Juden und unterhielt sich mit den Vorstehern der Schule.

Die Syrophönizierin bereitet ein großes Festmahl

Nachher war ein prächtiges Mahl in einer offenen Halle. Es war alles von der Syrophönizierin veranstaltet und man sah an allen Zubereitungen, Gefäßen, Speisen und der ganzen Tischrüstung, dass alles von einer Heidin herkam. Es waren drei Tische, sie waren viel höher als die jüdischen und die Lager umher waren auch höher.

Es waren sehr viele, wunderlich bereitete Figuren von Speisen da, welche allerlei Tiere, Bäume, Berge und Pyramiden darstellen, auch Speisen, die etwas anderes waren als sie vorstellten; besonders allerlei Arten von wunderlichem Backwerk und Blumen, auch Vögel, die aus Fischen und Fische, die aus Fleisch gebildet waren und Lämmer von Gewürz und Früchten, Mehl und Honig, aber auch natürliche Lämmer.

An einer Tafel aß Jesus mit den Aposteln und ältesten Juden, an den beiden anderen die Jünger und andere Juden, und auch die Frauen und Kinder aßen an einer durch eine Scheidewand getrennten Tafel. Bei dieser Mahlzeit trat nun das Weib mit ihrer Tochter und ihren Verwandten herein, um Jesus für die Genesung zu danken. Einige Diener folgten ihnen, welche Geschenke in mehreren zierlichen Kästchen zwischen sich auf Teppichen trugen.

Die Tochter trat verschleiert hinter Jesus heran und brach ihm ein Fläschchen mit köstlicher Salbe über dem Haupte und zog sich bescheiden zur Mutter zurück. Die Diener übergaben die Geschenke den Jüngern, es waren Geschenke der Tochter.

Jesus dankte, und die Frau hieß ihn willkommen in ihrer Heimat und erklärte, sie würde glücklich sein, wenn sie nur ihren guten Willen zeigen könnte, nach ihrer Unwürdigkeit auch nur die mindesten der vielen Unbilden zu vergüten, welche so viele seines Volkes ihm antäten. All dies geschah sehr kurz und demütig und mit einem sich Fernhalten. Ich weiß nicht mehr, was Jesus antwortete, aber ich sah, dass Er sogleich vieles von dem Geld, das sich bei den Geschenken befand, und vieles von den Speisen vor ihren Augen an die armen Juden verteilen ließ.

Sie begaben sich dann zurück und die Mahlzeit wurde noch unter Lehren und Erzählen geschlossen.

Die Frau ist eine Witwe und sehr reich. Ihr Mann ist etwa vor fünf Jahren gestorben. Er hat sehr viele große Schiffe auf dem Meer gehabt und sehr viele Diener. Ich weiß nicht, was er war, aber er hatte viele Güter und ganze Orte. Es liegt nicht weit von hier ein ganzes Heidennest auf einem Vorsprung im Meer, welches der Frau gehört. Ich meine, er war ein großer Kaufmann.

Die Frau war hier im Ort ungemein geehrt. Die armen Juden lebten fast ganz von ihren Unterstützungen. Sie war sehr klug und wohltätig und hatte eine gewisse Erleuchtung in ihrer obschon heidnischen Frömmigkeit. Ihre Tochter war etwa vierundzwanzig Jahre alt, groß und wohlgebaut, von schönem Angesicht. Sie war bunt gekleidet mit Schnüren am Hals und Ringen um den Arm.

Sie hatte wegen ihres Reichtums viele Freier gehabt und war nachher von einem unreinen Geist besessen. Sie hatte schreckliche Krämpfe, so dass sie in ihrem Wahnsinn aus dem Bett sprang und zu entrinnen suchte. Man musste sie dann wohl bewahren und auch binden. Wenn es vorüber war, so war sie sehr gut und tugendlich. Es war aber dies ein schrecklicher Kummer und eine große Beschämung für die Mutter und Tochter und man musste diese immer verborgen halten.

Sie hatte dieses Leiden schon viele Jahre gehabt. Als die Mutter nach Hause kam, kam ihr ihre Tochter entgegen und sagte ihr, in welcher Stunde sie genesen, und es war der Augenblick, da Jesus ihre Heilung ausgesprochen hatte. Und wie war sie freudig und verwundert, ihre gekrümmte Mutter als eine große schlanke Frau wiederzusehen und sich von ihrem taubstummen lahmen Verwandten deutlich und freudig begrüßen zu hören.

Sie war voll Dank und Verehrung für Jesus und half alles mit zu seinem Empfang zu bereiten.

Die Geschenke, die Jesus heute abend erhalten hatte, waren alles Kleinodien der Tochter, welche sie von ihrer Jugend auf von ihren Eltern und besonders von ihrem weithin Handel treibenden Vater geschenkt erhalten hatte, dessen einziges geliebtes Kind sie war. Es waren lauter altertümliche heidnische Kostbarkeiten und Geschmeide, wie man sie wohl reichen Kindern gibt.

Es waren Dinge darunter, welche die Eltern ihrer Eltern schon gehabt hatten: viele wunderbare Götzenbildchen von Perlen und Steinen zusammengesetzt und mit Gold verbunden, seltsame Steine von großem Wert und kleine Gefäße und goldene Tiere und fingerlange Figuren, woran die Augen und der Mund von Edelsteinen waren; auch wohlriechende Steine und Ambra und Goldstängelchen, wie Bäumchen gewachsen, worauf bunte Steine, wie Früchte, angebracht waren – sehr, sehr viele Sachen!

Es war ein ganzer Schatz, denn es waren einzelne Stücke dabei, die wohl jetzt tausend Taler Wert wären. Jesus sagte ihnen, es sollte alles den Armen und den Bedürftigen gegeben werden, und sein Vater im Himmel werde es ihnen lohnen.

Jesus im Hause der Syrophönizierin

21. Februar: Jesus besuchte am Sabbat die einzelnen Judenfamilien. Es waren noch andere aus der Gegend gekommen. Er teilte Almosen aus, heilte einige und tröstete sie. Sie waren hier höchst arm und verlassen, Er versammelte sie in der Synagoge und sprach ungemein rührend und tröstlich mit ihnen, denn sie hielten sich für sehr ausgestoßen und unwürdig in Israel. Er bereitete auch viele zur Taufe vor, und es wurden nach Tisch etwa zwanzig Männer in einem Badegarten der Juden getauft, worunter auch der geheilte taubstumme Verwandte der heidnischen Frau war.

Gegen Mittag ging Jesus mit den Jüngern zu der Syrophönizierin. Sie wohnt in einem schönen, mit vielen Gärten und Höfen umgebenen Haus. Jesus wurde mit vielen Feierlichkeiten empfangen, alles Gesinde war festlich gekleidet, und sie breiteten Teppiche unter seinen Füßen aus.

Im Eingang einer schönen Gartenhalle mit Säulen traten ihm die Witwe und ihre Tochter verschleiert entgegen, warfen sich vor ihm nieder und dankten, so auch der geheilte Taubstumme.

In dem Saal war ein reicher Imbiss von wunderlichem Backwerk und Früchten aller Art auf vielen ganz kostbaren Geschirren vorgesetzt. Die Gefäße waren meistens wie von Glas, das aus vielen bunten, zusammen- und durcheinanderlaufenden Fäden wie zusammengeschmolzen war. Ich habe bei reichen Juden hie und da einzelne solche Gefäße gesehen; hier aber gab es sehr viele. In den Winkeln des Saales standen hinter Vorhängen viele solche Geschirre an den Wänden in die Höhe. Die Gerichte waren auf vielen kleinen Tischen, welche Mopsgesichter[57] an den Füßen hatten, aufgesetzt und alle diese kleinen runden und eckigen Tische konnte man zu einem großen Tisch zusammenstellen.

Ich erinnere mich unter den Speisen sehr schöner getrockneter Trauben, die noch an den Reben hängend in Gefäßen von jenem bunten Glas aufgestellt wurden. Auch erinnere ich mich einer anderen Art von trockenen Früchten, die an den Stängeln wie an Bäumchen aufgerichtet waren, es waren Rohre mit langen, unten herzförmigen Blättern und über diesen Blättern saßen traubenförmige Früchte, die ganz weiß, vielleicht verzuckert waren und ein Aussehen hatten wie das Weiße am Blumenkohl und man pflückte sie beim Essen von den Stängeln. Sie hatten einen angenehmen süßen Geschmack.

Diese Rohrbündel waren oben, in der Mitte und unten mit Gewürzkränzen verziert. Dieses Gewächs wurde nicht weit vom Meer in einer sumpfigen Stelle gezogen, welche der Syrophönizierin gehörte. Es waren auch allerlei Gerichte da, welche die Form von Fischen, Lämmern und Vögeln hatten, aber von anderen Sachen gemacht waren.

In einem abgesonderten Raum des Saales standen viele Heidenmädchen, Freundinnen der Tochter und Gesinde. Jesus nahte ihnen und sprach mit ihnen. Die Frau bat Jesus auch sehr inständig für die armen Leute in Sarepta, dass Er sie doch besuchen möge, und auch für andere Orte in der Gegend. Sie war sehr klug und hatte eine geistreiche Art, alles vorzubringen. Sie sprach ungefähr in folgender Weise: «Sarepta, dessen arme Witwe mit dem Elias geteilt hat, ist selbst eine arme Witwe und in Hungersnot, und du als der größte Prophet erbarme dich doch auch derselben. Mir aber, die selbst eine arme Witwe gewesen, der du alles wiedergegeben, mögest du darum verzeihen, dass ich dich auch für Sarepta anflehe.»

Jesus versprach es ihr. Sie sagte ihm auch, dass sie gerne eine Synagoge würde bauen lassen, und wünschte, dass Er ihr bestimmen solle, wo. Ich weiß seine Antwort nicht mehr.

Diese Frau hatte große Webereien und Färbereien. Ich sah in dem Örtchen am See, das ich ihr zugehörend meine, und auch in einiger Entfernung ihres Hauses große Gebäude und darüber viele Gerüste, wo fahle und gelbe Zeuge ausgespannt waren.

Unter den Geschenken, welche sie gestern gesendet hatte, waren auch viele kleine Schälchen und Kügelchen und Stücke von Bernstein, der dort sehr kostbar ist.

Jesus lehrt in der Synagoge

Jesus lehrte vor dem Sabbat noch einzelne Gruppen von Heiden im Hof der Frau und hielt dann den Sabbat in der Schule der Juden, welche sehr schön ausgeschmückt war. Er hielt eine unbeschreiblich rührende und tröstliche Lehre und die guten Leute weinten alle und waren ganz glücklich und getröstet.

Sie waren aus dem Stamme Aser; ich weiß nicht, welche Schuld ihre Vorfahren hierher verschlagen hat. Sie waren aber deshalb sehr schüchtern und hielten sich in ihrer Verlassenheit für ganz ausgestoßen und verloren.

Jesus las in den Rollen aus Ezechiel von dem Altar des neuen Tempels und aus Mose von Priesterkleidern, Priesterweihung und Opfer (Ez 43,10-27 und Ex Kap. 27-30).

Um die armen Leute aber besonders zu trösten, lehrte Er auch über die Stelle, dass das Sprichwort nicht mehr gelten soll in Israel: Unsere Väter haben Trauben gegessen und den Kindern sind die Zähne davon stumpf geworden. Ein jeder, der sich an das verkündete Wort Gottes halte und Buße tue und sich taufen lasse, trage nicht mehr die Sünden der Väter. Die Leute waren darüber ungemein froh und freudig.

Ich weiß nicht, wo Jesus noch nach der Synagoge war, aber Er ging mit seinen Jüngern nach der See zu, vielleicht zu Armen oder Kranken. Er ging in der Gegend, wo das Rohr der Frau wuchs.

Jesus geht nach Sarepta

22. Februar: Ich habe heute morgen Jesus noch bei den Kindern in der Schule gesehen und dann bei den Juden. Es wurden auch einige getauft, worunter auch Knaben waren.

Am Nachmittag nahm Jesus Abschied von der Frau und diese wie auch die Tochter und der geheilte Verwandte schenkten ihm noch handlange Figuren von Gold, welche sie besaßen, und es wurde ihm Vorrat von Broten, Balsam, Früchten, Honig in Binsenkörbchen und Fläschchen auf die Reise und Geschenke für die Armen in Sarepta in die Herberge gesandt.

Jesus ermahnte die ganze Familie, empfahl ihr die armen Juden und ihr eigenes Heil. Er schied aus dem Haus unter den Tränen aller, die sich vor ihm demütigten. Die Frau war immer sehr erleuchtet und suchte das Gute, sie wird jetzt nicht mehr mit ihrer Tochter zum Heidentempel gehen, sondern sich an die Lehre Jesu halten und an die Juden anschließen, auch ihre Leute nach und nach dazu bringen.

Jesus unterrichtete seine Jünger noch mehrmals über ihre Ordnung und Pflichten auf ihrer jetzigen Sendung. Thomas, Thaddäus und Jakobus der Jüngere gingen mit allen Jüngern, außer denen, die bei Jesus blieben, nach Süden in den Stamm Aser hinab.

Sie durften nichts bei sich haben, und Er ging mit den übrigen neun Aposteln und Saturnin, Judas Barsabas und noch einem

Dritten nach dem Sabbat, von allen Juden und vielen Heiden eine Strecke Weges begleitet, nördlich gegen Sarepta. Sechzehn Juden gingen ganz mit.

Sarepta liegt ungefähr zweieinhalb Stunden nordöstlich von hier und wohl drei Stunden vom Meer am Bergabhang. Es läge nicht so weit vom Meer, aber das Land springt hier ins Meer vor. Er ging nicht nach Sarepta hinein, sondern kehrte in einer Reihe Häuser ein, welche noch ziemlich weit von Sarepta an dem Ort liegen, wo die Witwe von Sarepta Reiser sammelte, als Elias zu ihr kam.

Es haben sich da arme Juden angesiedelt, die noch ärmer sind als die in Ornithopolis, welche viele Wohltaten der Syrophönizierin genießen.

Auch hier war Jesus und den Seinigen die Herberge schon durch diese Frau bereitet und die Geschenke für die Armen waren ihm schon vorausgeschickt. Die Leute kamen ihm unbeschreiblich glücklich und gerührt mit Weib und Kindern entgegen und wuschen ihnen die Füße. Bei dem Mahl lehrte Jesus und teilte schon aus und sandte die Speisen an die Armen.

23. Februar: Jesus ist nicht selbst nach Sarepta hineingegangen, aber mehrere Apostel waren dort, um Brot und Kleider zu kaufen, welche Jesus den sehr armen Leuten hier austeilen ließ. Es ist von Sarepta bis ans Meer noch etwa drei Stunden und diese Judenansiedlung ist wohl eine halbe Stunde von Sarepta.

Jesus tröstete und lehrte die Leute und ging nach Tisch wohl noch ein paar Stunden östlich aufsteigend. Die sechzehn Männer von Ornithopolis und andere von Sarepta begleiteten ihn. Er hielt in der Nähe von einem Heidenstädtchen auf einem Hügel noch eine Lehre vor vielen versammelten Leuten, die ihn erwarteten, und zog dann noch weiter. Er übernachtete in einer Herberge nahe bei der Stadt, wo ihn seine Begleiter aus Ornithopolis wieder verließen.

24. Februar: Am anderen Tage ging Jesus mit den Jüngern in östlicher Richtung aufsteigend gegen den Hermon, der wie die Spitze des hohen Gebirges aussieht, das Obergaliläa einschließt. Er überschritt den Hermon in einem hochliegenden Tal und kehrte in Rechob ein, das südwestlich am Fuße des Hermon, etwa eine Stunde unterhalb Baal-Hermon liegt, das sehr groß ist und mit seinen vielen Götzentempeln auf Rechob herab sieht.

25. Februar bis 1. März: Von Rechob ging Jesus am folgenden Tage etwa sieben Stunden nordöstlich nach Gessur. Hier kehrte Er bei den Zöllnern ein, deren viele hier an der Landstraße wohnen, die nach Damaskus führt. Gessur ist eine große, schöne Stadt. Es sind hier römische Soldaten einquartiert. Die vielen Heiden und Juden wohnen in getrennten Teilen der Stadt, sind aber im Umgang doch sehr vertraut und vermischt, weshalb die hiesigen Juden von den anderen sehr verachtet sind.

Von Gessur waren viele Juden und Heiden bei den Lehren am Berg der Seligkeiten. Auch sind einzelne Kranke von den neulich hier wirkenden Aposteln geheilt worden. Ein Blinder war auch hier, der bei der Lehre sehend geworden war, welche vor der Brotvermehrung stattfand. Der Mann der Maria Suphanitin ist von hier, er wohnt aber jetzt mit ihr in Ainon.

Abschalom hat sich einmal eine Zeit lang hier aufgehalten, als er vor David floh, denn seine Mutter Maacha war die Tochter eines hiesigen Königs namens Tholmai.[58]

Der Apostel Bartholomäus, der von hier ist, stammt auch von diesem Königshaus. Sein Vater hatte längere Zeit das Bad von Bethulien gebraucht und war von hier deswegen nach Kana gezogen und hatte sich nachher im Tale Zabulon eingekauft. Dadurch ist auch Bartholomäus ein dortiger Landsmann geworden. Er hatte aber mütterlicherseits einen sehr alten Großoheim hier, der ein Heide war und sehr große Güter und Reichtümer besaß. Dieser alte Mann wohnte in einem großen Haus mitten in der Stadt und ließ sich heute zu Jesus in das Quartier der Zöllner hinführen, wo der Herr auf einer Terrasse lehrte, auf welcher die durchgehenden Waren verpackt und verzollt wurden.

Er sprach mit den Aposteln und besonders mit seinem Neffen Bartholomäus und lud Jesus auf morgen in sein Haus zur Mahlzeit ein. Es hörte alles Volk vermischt Jesu Lehre zu, Männer und Frauen, Heiden und Juden.

Er aß auch bei den Zöllnern mit vielen anderen, und es war ein großes Aufsehen, denn diese ordneten ihre Güter, um alles an die Armen auszuteilen.

27. Februar: Jesus war am Morgen in der Heidenstadt beim Oheim des Bartholomäus, wo Er prächtig auf heidnische Art mit ausgebreiteten Teppichen empfangen wurde und man ihm auch einen reichen Imbiss auf heidnische Art, jedoch nicht ganz so prächtig wie zu Ornithopolis, vorsetzte. Vor dem Haus im Vorhof heilte Jesus einige Leute, es waren jedoch nicht mehr viele Kranke hier, und Er lehrte auch.

Die Heiden beteten hier ein mehrarmiges Götzenbild an, es hatte einen Scheffel, worin Ähren, auf dem Kopf. Sie scheinen aber mit ihrer Abgötterei sehr in Verfall, und viele neigten sich zu den Juden, die meisten aber zu der Lehre Jesu. Es waren schon viele durch Johannes und die Apostel in Kapharnaum getauft worden, von Beschneidung jedoch wurde nichts erwähnt, wenn sie nicht gerade Juden werden wollten, die sich dann an die Pharisäer wandten. Abends lehrte Jesus wieder bei den Zöllnern und heilte noch einige.

28. Februar: Die Zöllner teilten den größten Teil ihrer Reichtümer aus. Auf dem Platz, wo Jesus lehrte, hatten sie große Getreide-Haufen, die sie den Armen ausmaßen. Auch gaben sie Äcker und Gärten an arme Tagelöhner und Sklaven und ersetzten allen Schaden, den sie verursacht hatten.

Die Jünger und Apostel waren in diesen Tagen immer in der Gegend verteilt, zu Maachati und bis Aram.

Jesus lehrte am Zollhaus und Heiden und Juden hörten zu. Es kamen auch fremde Pharisäer zum Sabbat an. Hier warfen sie Jesus vor, dass Er sich zu Zöllnern in die Herberge begebe und mit ihnen und den Heiden verkehre. Am Abend lehrte Jesus in der Synagoge und hatte einigen Streit mit den Pharisäern.

Die Synagoge war viereckig, in der Mitte war der Lehrstuhl. Die Zuhörer standen auf den an allen Seiten aufsteigenden Stufen; von außen aber schaute eine große Menge Heiden durch die geöffneten Hallen herein und hörte still zu.

1. März: Heute wurden der Oheim des Bartholomäus und sechzehn andere alte Männer in einem Badegarten getauft. Das Wasser wird aus einem Brunnen der Stadt auf einen hochliegenden Kanal hinaufgewunden und so durch diesen in den Garten geleitet. Judas Barsabas taufte. Der ganze Garten war festlich geschmückt, und

alles wurde sehr feierlich vollzogen und den Armen viel ausgeteilt. Jesus hatte noch eine Mahlzeit bei dem Oheim, der viel Almosen opferte.

Nachher lehrte Jesus zum Schluss des Sabbats in der Synagoge, nahm dann Abschied von allem Volk an der Zollstätte, teilte den Armen aus und ging an diesem Abend von vielen Menschen weit begleitet, erst südwestlich, dann wieder östlich fünf Stunden bis in ein Fischerdorf an dem auf einer Bergebene liegenden See Phiala, der etwa drei Stunden östlich von Paneas entfernt ist.

Er kam spät an und kehrte nächst der Schule bei dem Lehrer ein. Die Leute hier waren meist Juden.

Jesus am See Phiala und in Nobah

2. bis 4. März: Der See Phiala ist kaum eine Stunde groß, hat sanfte Ufer, klares Wasser, und fließt östlich gegen einen Berg, wo er verschwindet. Es sind auch Kähne auf demselben.

Die Gegend ist rings voll von Getreidefeldern und schönen Wiesen, worauf viele Esel, Kamele und anderes Vieh weiden. Auch sind Kastanienhaine in der Gegend. Hier und an der anderen Seite des Sees liegen jüdische Fischerdörfer, von denen jedes eine Schule hat.

Jesus lehrte hier in der Schule und ging auch mit einzelnen Einwohnern und den Aposteln in die um den See zerstreut liegenden Hirtenwohnungen. Johannes der Täufer hat sich hier in der Gegend auch aufgehalten.

Am Abend ging Jesus mit Johannes und Bartholomäus und einem Jünger südlich über eine Höhe hinab, etwa drei Stunden nach Nobah, einer Stadt der Dekapolis, von Heiden und Juden bewohnt. Er kehrte bei den Pharisäern ein.

3. März: Nobah hat zwei Stadtteile, der eine ist jüdisch, der andere heidnisch. Sie sind im Namen etwas verschieden. Es liegt am südlichen Bergabhang.

Alle Städte hier herum sind von einem schwarzen glimmernden Stein gebaut. Jesus kam spät an, kehrte in der Herberge ein, ging heute früh mit Bartholomäus und Johannes hinaus in die umliegende Gegend, in einzelne kleine Örtchen und Ansiedlungen auf ein paar Stunden Wegs. Die anderen Apostel und Jünger – in allem sind sie außer Jesus fünfzehn Mann – waren auch noch zerstreut in der Gegend. Jesus lehrte und heilte an einigen Orten, doch nur wenige; die meisten aus diesem Landstrich sind am Galiläischen See geheilt worden.

Jesus bereitete auch zur Taufe vor, und Bartholomäus und die anderen tauften mehrere. Es war an diesen einzelnen Orten kein Wasser als schwarzes, schlammiges. Sie hatten aber große runde Steinbecken, worin sie es abklären und dann in andere Becken ablaufen ließen und zudeckten.

Die Apostel gossen Wasser, das sie in Trinkgefäßen bei sich hatten, hinein, und Jesus segnete das Wasser. Die Leute knieten um das Gefäß, den Kopf überbeugend, wo es klein war; wo es groß war, standen sie darin. Ich sah bis jetzt noch keine Taufe mit Untertauchung.

Am Nachmittag kam Jesus wieder nach Nobah, und zwar durch die Heidenstadt, wo man ihn sehr feierlich empfing. Sie zogen ihm mit grünen und blühenden Zweigen entgegen und breiteten viele Decken und Bahnen vor ihm aus, welche sie quer über die Straße hielten und die Er mehrere Male überschreiten musste, denn sie liefen damit immer wieder vor ihn hin.

Vor der Judenstadt empfingen ihn die Rabbiner, welche Pharisäer waren. Er lehrte in der Synagoge. Es war der Sabbat des Purimfestes. Hernach war ein großes Mahl in einem Festhaus.

Die Pharisäer haben dabei sehr mit Jesus gestritten und gestichelt, dass seine Jünger Früchte auf dem Wege äßen und Ähren abstreiften. Ich habe übrigens jenes Ährenabstreifen des Evangeliums bis jetzt noch nicht gesehen.

Jesus erzählte die Parabel von den Arbeitern im Weinberg und später vom reichen Prasser und armen Lazarus. Er warf nämlich den Pharisäern vor, dass sie die Armen nicht wie gebräuchlich eingeladen, worauf sie sagten, dazu seien ihre Einkünfte zu gering.

Er fragte, ob sie dieses Mahl für ihn angestellt hätten, und als sie «ja» sagten, legte Er an einem Kettchen fünf große, gelbe, dreieckige Stücke auf den Tisch und sagte, sie möchten dieses den Armen zuwenden, und ließ auch durch die Jünger viele Arme herbeirufen und am Tische niedersitzen und labte sie.

Er diente, lehrte und teilte die Speisen aus. Jenes Geld war vielleicht die an jenem Tag gebräuchliche Tempelabgabe, oder das heute gewöhnliche Geschenk, denn auch hier beschenkten sich an diesem Fest die Leute mit Früchten, Brot, Getreide und Kleidern.

4. März: Heute war ein großes Freudenfest. Man las aus ganz eigenen Rollen die Geschichte der Esther in der Synagoge, und las sie auch kranken und alten Leuten in den Häusern vor.

Jesus ging auch herum und las mehreren alten Leuten die Estherrollen und heilte einige Kranke.

Ich sah auch allerlei Festspiele und Aufzüge der jungen Mädchen und Frauen, sie hatten große Rechte am heutigen Tage. Einmal kamen sie, wie mit einer Gesandtschaft, in die Synagoge ganz in den vordersten Teil.

Sie hatten eine geschmückte Königin unter sich gewählt und schenkten den Priestern schöne geistliche Kleidungsstücke. Sie zogen auch in einen Garten und hatten da eigene Spiele.

Sie wählten bald die eine, bald die andere zur Königin und setzten sie wieder ab. Sie hatten auch eine Puppe, die wurde misshandelt und ihr der Kopf abgeschnitten, oder sie wurde aufgehängt, was ich nicht mehr bestimmt weiß, und kleine Jungen klopften dabei mit Hämmern auf Bretter und schrieen Verwünschungen aus.

Am Abend war Jesus wieder in der Synagoge, hatte aber nachher seine Mahlzeit mit den Jüngern allein.

ELFTES KAPITEL

Jesus in den Grenzen von Nordperäa und Niedergaliläa

Vom 5. bis 24. März

Jesus in Gaulon und Regaba

5. bis 8. März:

Heute wurde zwar noch gefeiert, aber man durfte doch reisen, und Jesus zog etwa vier Stunden nach Gaulon. Sein Weg zog sich westlich um ein hohes Gebirge herum. Der Ort ist höchstens ein paar Stunden vom Jordan. Es wohnen Juden und Heiden dort. Jesus war nur mit einigen Jüngern hier und wurde sehr gut empfangen. Es waren auch einige nicht geheilte Leute da, denen Jesus half. Es wurde auch getauft und gelehrt.

Alles dauerte höchstens nur anderthalb Stunden; dann zogen sie südlich und kamen etwa zwei Stunden von hier dicht bei Argos vorüber. Dieser Ort liegt hoch, etwa zwei Stunden von einer westlichen Krümmung des Jordan zwischen dem See Merom und Bethsaida-Julias, gegenüber von dem an der Westseite gelegenen Lekkum. Von hier ging Jesus noch vier Stunden gegen Morgen, hinter dem Berg der Seligkeiten vorüber auf lauter Bergrücken und kam sehr spät vor Regaba, einer Festung im Gebirge an.

Hier legten sie sich an einsamer Stelle vor der Stadt ins Gras nieder, um auszuruhen, und erwarteten den größeren Teil der Schar, welcher schon von Nobah aus sich nach verschiedenen Seiten zerstreut hatte. Als nun die fünfzehn sich wieder um Jesus gesammelt hatten, begaben sie sich in die hier für sie errichtete Herberge.

Dieser Ort gehört zu den Flecken der Gergesener, die ich bei Gelegenheit der Teufelsaustreibung bei Gergesa erwähnt habe. Es war ihr äußerster Ort gegen Mitternacht und einer ihrer besser gesinnten. Gaulon und das andere Örtchen waren Grenzorte des Tetrarchen Philippus. Das Gerasener Land scheint mir aber gewisse absondernde Gerechtigkeiten gehabt zu haben. In Gaulon war Jesus auch.

6. März: Die meisten Leute, sowohl Juden als Heiden, sind hier schon getauft, und die meisten Kranken wurden schon am Berg der Seligkeiten geheilt. Jesus hat den ganzen Tag hier besucht, getröstet, gelehrt und im Glauben bestärkt.[59]

7. März: Jesus tat heute wie gestern. Aber es versammelte sich eine ungeheure Menge Menschen aus der ganzen Gegend zum Sabbat und dazu kam noch eine Karawane aus Arabien. Diese Menschenmenge brachte sehr viele Lahme, Blinde, Stumme und andere Kranke heran und drängte Jesus mit ihrem Übermaß und Ungestüm dergestalt, dass Er nach der Synagoge aus der Stadt auf einen Berg in die Wüste floh. Ein Teil der Jünger zog mit ihm, ein Teil blieb zurück und versuchte, die Menge des Volkes, so gut es ging, zu ordnen.

8. März: Jesus hat heute auf einem Berg bei Regaba gelehrt. Das Volk war ihm nachgegangen. Er lehrte vom Gebet des Herrn, vom Nichtprahlen und Öffentlichtun beim Gebet und von der Erhörung. Er heilte auch viele Menschen und kam dann wieder nach Regaba zurück zur Synagoge.

Er hat in der letzten Zeit auf dem Weg und in den Schulen viel vom Gebet gelehrt. Es waren einige Jünger bei ihm, die bei der ganzen Auseinandersetzung des Vaterunsers nicht gegenwärtig gewesen waren. Sie sagten ihm: «Lehre uns doch auch beten, wie du es die anderen gelehrt!» und Er legte wieder das Vaterunser aus und warnte vor dem scheinheiligen Beten.

Regaba liegt sehr hoch und hat eine herrliche Aussicht. Man kann über andere Höhen, die davor liegen, auf dem See die Schiffe fahren sehen und über Gennesaret weg bis Tabor schauen. Höher als die nicht sehr große Stadt liegt auf einem Felsen ein vierekkiges Gebäude von großen steilen Seitenwänden, wie aus Felsen gehauen, mit sehr vielen Gewölben und Kammern. Es sind auch Soldaten darin. Oben ist es ganz platt und es stehen Bäume darauf. Da ist die Aussicht recht schön!

Das muss wohl die Festung sein. Es ist von hier zum See ungefähr fünf Stunden gegen Südwest, vom Berg der Seligkeiten etwa drei bis vier gegen Abend, etwa fünf ebenso von Bethsaida-Julias; aber wohl sieben bis acht Stunden gegen Südwest von hier bis zum Ort, wo Jesus die Teufel in die Schweine trieb. Cäsarea-Philippi mag ungefähr vier bis fünf Wegstunden gegen Nordost von hier entfernt sein. Ich hörte, dass Jesus noch dahin will. Es geht der Karawanenweg von hier über den hohen Berg dahin. Jesus hat diesen Weg einmal auf seiner Herreise überschritten. Dort wohnt die geheilte blutflüssige Frau. Es sind auch Pharisäer dort.

Jesus sprach in diesen Tagen viel von schwerer Zukunft. Einmal sagte Er, es nahe seine Aufnahme. Damit meinte Er vielleicht die Verklärung, und dann werde man ihn überall verfolgen und ihm nach dem Leben trachten.

Vom Brot des Lebens, Essen seines Fleisches und Trinken seines Blutes hat Er seit dem letzten Aufstand zu Kapharnaum nicht mehr öffentlich gesprochen. Er hatte diese Lehre hauptsächlich auch darum ausgesprochen, um die Jünger zu prüfen und die schlechten auszuscheiden, damit Er sie nicht immer wiederholen müsse.

Bei Regaba hier oben ist eine sehr schöne, aber etwas wilde Gegend. Gegend Nordost ist sie ganz kahl, wild und steinig.

Edles Obst, wie in Gennesaret, wächst hier nicht, aber auf den Flächen viel Getreide, und auf den Bergen, wo Jesus sich hinflüchtete, ist sehr viel Weideland, langes und noch besseres kurzes Gras und Kräuter. Es gehen da große Herden von Eseln und Kühen, einige mit sehr breiten Hörnern und schwarzen, in die Höhe stehenden Schnauzen; andere haben den Kopf mehr gesenkt und die Hörner vorwärts, vielen sind die Hörner abgebrochen. Auch sind große Herden von Kamelen da, die in der Ferne ganz klein aussehen. Sie schlafen oft stehend und lehnen sich dabei an Bäume und Felsen an. In einer Gegend, wo Bäume wie Buchen stehen, sah ich sehr viele Schweine.

Vielleicht treiben die Heiden hier herum sie jetzt alle hierher, seit sie den Schaden bei Gergesa gehabt haben. Es sind auch große Bäume hier, ich meine Kastanien und anderes Holz; in der wüsteren Nordostgegend sind nur kleine krüppelhafte Bäume. Viele Beeren und edle Sträucher sind hier. Ich habe nie gesehen, dass die Juden oder Heiden Fleisch räuchern. Fische trocknen sie an der Sonne und salzen sie. Hier oben ist Wassermangel. Sie haben Wasserzisternen und tragen das Wasser in Schläuchen herauf.

Jesus in Cäsarea-Philippi

9. bis 12. März: Jesus zog heute mit seinen Begleitern nach Cäsarea-Philippi; die Karawane war schon früher hier, Er kam um Mittag an. Es ist etwa fünf Stunden nördlich von Regaba.

Jesus musste immer auf der Höhe gehen. Er ließ den See Phiala links liegen. Dieser Weg war an vielen Stellen rauh und unfruchtbar. Die Stadt liegt ungemein schön zwischen fünf Hügeln und sieht nach der einen Seite ins Gebirge. Sie ist sehr schön mit Gärten und Alleen umgeben und meist auf heidnische Art mit vielen Säulen und Bogen gebaut.

Es sind ungefähr sieben Paläste dort und viele Heidentempel, doch wohnen die Heiden von den Juden getrennt. Vor der Stadt tiefer liegend ist ein sehr schöner großer Teich, in dessen Mitte ein Häuschen steht, das man herumdrehen kann. Es quillt Wasser daraus hervor in den Teich und von da in den Jordan. Es war außerdem in der Heidenstadt ein sehr tiefer Brunnen mit einem schönen Gebäude darüber. Man sah ganz tief hinunter. Ich glaube, es ging der Brunnen durch den Berg zu den Quellen, die vom See Phiala herkommen. Ich sah auch vor der Stadt Bogen und Gewölbe, wo das Wasser wie in Kellern und auf Brücken floss. Jesus ist neulich, obschon nahe, nicht hierher gegangen, ich meine, vielleicht weil damals der Tetrarch Philippus hier war. Jetzt ist er verreist. Die anderen Apostel sind auch unterwegs hierher.

Jesus wurde hier gut empfangen. Man hatte ihn erwartet, denn die Karawane hatte seine Ankunft verkündet. Es empfingen ihn vor der Stadt am Brunnen gute Leute, Verwandte der geheilten blutflüssigen Frau, und andere mit Fußwaschung und Imbiss. Er kehrte nicht weit von der Synagoge in einer Pharisäerherberge ein. Es kamen auch bald Kranke und anderes Volk. Die Apostel heilten hie und da. Es sind auch übelgesinnte Pharisäer hier, einige, die der Kommission von Kapharnaum schon beigewohnt und sich dort mit anderen ablösen.

10. März: Jesus heilte und lehrte heute vor der Stadt auf einem Hügel. Es wurden fremde Kranke von allen Gegenden gebracht. Oft riefen sie auch: «Herr, befehle einem deiner Jünger uns zu helfen!» Am Abend aß Jesus mit den Pharisäern, und sie stichelten über ihn, warum Er mit lauter so geringen Leuten umherziehe und sich nicht mit Gelehrten abgebe.

Jesus im Hause der Enue

11. März: Heute am Morgen lehrte Jesus vor der Stadt auf einer erhöhten Stelle eine große versammelte Menge und heilte viele, wie auch seine Jünger. Dann wurden viele Almosen und Speisen, auch Kleider ausgeteilt. Enue, die geheilte Blutflüssige, die hier wohnt, und ihr noch heidnischer Oheim hatten nebst den Jüngern dafür gesorgt. Ich glaube Jesus hat gestern schon Ansprache von dieser Familie gehabt, denn der Oheim sollte heute in seinem Haus getauft werden.

Hier vor der Stadt kamen heute morgen auch die zu Ornithopolis von Jesus nach Tyrus, Chabul und Aser gesandten drei Apostel und schier alle Jünger zu ihm. Das Wiedersehen bei ihnen ist immer sehr rührend. Sie reichen sich die Hände und umarmen sich. Er hatte sie hierher beschieden. Es wurden ihnen die Füße von den anderen und den anwesenden Leuten gewaschen und dann nahmen sie gleich an der Austeilung der Speisen und Almosen und an den Heilungen teil.

Gegen Mittag ging Jesus mit allen Jüngern und Aposteln, es waren wohl sechzig an der Zahl, in das Haus des Oheims der Enue, wo Er sehr feierlich auf heidnische Art mit ausgebreiteten Teppichen und Zweigen und Kränzen empfangen wurde. Der Oheim kam Jesus zwischen der Enue und ihrer Tochter geführt entgegen und die Frauen warfen sich vor ihm nieder. Es wurde dem Herrn und den Seinigen eine sehr schön zubereitete Erquickung in einem Saal vorgesetzt. Jesus war zum Teil auch auf die Bitte dieses alten Mannes hierher gekommen.

Er wollte sich mit mehreren anderen Heiden taufen lassen, hatte aber Skrupel wegen der Beschneidung und sprach deshalb allein mit Jesus. Jesus sprach nie öffentlich hierüber. Er befahl nie die Beschneidung in solchen Fällen, aber Er sagte auch nicht, dass sie dieselbe unterlassen sollten. Wenn aber fromme alte Heiden sich taufen ließen und ihm hierüber im Vertrauen ihre Sorge mitteilten, so tröstete Er sie und sagte ihnen, wenn sie nicht Juden werden wollten, so sollten sie so bleiben und das glauben und üben, was sie von ihm gehört hätten. Diese Leute lebten dann vom Juden- und Heidendienst entfernt und beteten und gaben Almosen und wurden Christen, ohne durch das Judentum gegangen zu sein.[60]

Auch gegen die Apostel sprach Jesus sich hierüber nicht aus, um sie nicht zu ärgern, so dass ich mich nie erinnere, dass die Pharisäer, die auf alles lauerten, Jesus deswegen beschuldigten, selbst bei der Passion nicht.

Es war in dem schön geplatteten inneren Hof des Hauses zwischen Bäumen und Blumenkränzen ein oben offenes Zeltdach von schönem weißen Stoffe gespannt, in welcher Öffnung ein schöner Kranz hing. Unter diesem Zelt wurde die Taufe vollzogen. Jesus lehrte noch vorher. Er sprach mit den Täuflingen vertraut allein. Sie bekannten ihm ihr ganzes Herz und Leben und sprachen ihren Glauben aus, und Er vergab ihre Sünden. Sie wurden sodann aus einem Becken, nachdem Jesus das Wasser gesegnet hatte, von Saturnin getauft. Es war nachher noch eine große Mahlzeit, an der alle Jünger und die Freunde des Hauses teilnahmen.

Die Mahlzeit war auf heidnische Weise eingerichtet, der Tisch war höher als bei den Juden. Sie lagen auf erhöhten langen Polsterstühlen, die Füße nach Außen gekehrt, mit dem einen Arm lehnten sie auf einem Wulst. Der Tisch hatte Einschnitte, so dass vor die Brust des Liegenden ein Stück Tisch kam, oder war dieses ein apartes Tischchen an den anderen angestellt? Sie hatten einzelne Schüsselchen vor sich. In der Mitte des Tisches waren große Aufsätze aufgestellt, auf welchem sich die Speisen befanden.

Die geheilte Enue, welche kaum mehr zu erkennen war, denn sie sah nun vollkommen genährt, stark und gesund aus, und ihre einundzwanzigjährige, ansehnliche Tochter saßen zur Seite Ihres Oheims mit an dem Tisch. Aber während der Mahlzeit standen Mutter und Tochter auf und entfernten sich. Sie nahten hierauf wieder, die Mutter stand etwas zurück, die Tochter mit einem schönen Schleier bedeckt, trug in der Hand ein weißes Krüglein mit Wohlgeruch. Sie trat mit dem kleinen weißlich schimmernden Krüglein hinter Jesus und zerbrach es über seinem Haupt und strich mit ihren beiden Händen über sein Haar links und rechts und streifte es hinter den Ohren durch beide Hände, die im Nakken zusammenkamen. Dann fasste sie ihr langes Schleier-Ende in einen Bündel und fuhr abtrocknend über sein Haupt und ging wieder von dannen. Am Ende des Mahles wurde den Armen vor dem Hause vieles hinausgebracht.

Dieses Haus war nicht das ehemalige Wohnhaus des Oheims, es war ein anderes, wohin er jetzt mit Enue zusammengezogen ist, um aus der nahen Berührung mit den Heiden und Götzentempeln zu kommen, jedoch war es noch nicht in der Judenstadt. Seines Bruders Tochter oder seiner Schwester Tochter war Enue, welche sich zu den Juden getan und einen Juden geheiratet hatte, der nun verstorben war. Von ihren heidnischen Eltern kam alles Vermögen. Zu Beginn der neuen Haushaltung hatten sie sehr vieles Getreide, Kleider, Decken für die Armen zurückgelegt. Jesus lehrte und erzählte während der Mahlzeit.

12. März: Cäsarea-Philippi liegt von Leschem oder Lais, wo die Syrophönizierin zu Jesus kam, etwa vier Stunden östlich, jedoch etwas südlicher, und ist nicht dieselbe Stadt.[61]

Heute am Morgen hatten die Heiden hier ein Fest an dem schönen Brunnen in der Stadt. Das Fest hatte einen Bezug auf die Wohltat des Wassers. In der Nähe des Brunnens befand sich ein Säulenplatz und allerlei Tempelgebäude; sie räucherten da auf Dreifüßen und ich sah Scharen junger, mit Kränzen geschmückter Mädchen.

Das Fest geschah vor einem Götzenbild, von der Gestalt, als wenn drei oder vier Figuren mit dem Rücken aneinander sitzen. Es hatte rings Köpfe, Hände und Füße. Die Ellbogen waren an den Leib gezogen, die Hände aber ausgestreckt. Der Brunnen war sehr prächtig mit Säulen überbaut und ergoss Wasser nach allen Seiten in Becken. Nach einer Seite floss sein Wasser zu einem zierlich geplatteten, ummauerten und mit Hallen und Badezisternen umgebenen Platz, auf welchem die Juden ihr Bad haben.

Als das Fest der Heiden vorüber war, kam Jesus hierher und bereitete mehrere Juden vor, welche dann von den Jüngern getauft wurden. Dann ging Jesus noch mit mehreren Jüngern ins Haus der Enue und ihres Oheims und nahm Abschied von diesen Leuten. Sie bewirteten ihn noch stehend und entließen Jesus mit viel Demut und Verehrung unter Tränen. Sie hatten unterdessen viele Geschenke an Broten, Getreide, Kleidern und Decken hinaus vor das Tor gesandt, wo Jesus noch viele versammelte arme Reisende von der Karawane und Leute aus der Stadt lehrte. Er heilte auch hier noch mehrere Kranke und auch die Apostel heilten. Hierauf wurde alles, was sie hier erhalten hatten, unter die Bedürftigen ausgeteilt, denn vielen Ärmeren bei der Karawane war ihr Vorrat ausgegangen. Diesem Beispiel der Barmherzigkeit folgten andere fromme Juden und auch einige der Neugetauften nach. Sie maßen Getreide aus, verteilten Tuch, Decken, Mäntel und Brot. Es war ein sehr fröhlicher Tag für die Armen.

Jesus ging nochmals mit den Aposteln und einigen Jüngern nach der Herberge, nicht weit von der Synagoge, und wurde von den Pharisäern auf eine ganz höfliche Art genötigt, mit ihnen zur Synagoge zu kommen und ihnen noch einiges zu erklären. Die Apostel gingen mit ihm und es war auch noch anderes Volk zugegen. Die Pharisäer hatten aber allerlei verfängliche Fragen über die Ehescheidung ausgedacht; denn es gab hier viele solche verwirrte Ehehändel, und Jesus hatte einige versöhnt und zurecht gewiesen. Sie begannen nun sehr boshaft und höhnisch mit Jesus darüber zu disputieren. Dann stellten sie ihn auch noch zur Rede, was Er alles seinen Jüngern zumute.

Es hatte nämlich ein junger Mensch, der auch mit ihnen war, Jesus bei ihnen verklagt. Er war reich und gelehrt und hatte sich

Jesus früher, wie auch andere, zum Jünger aufdrängen wollen und Jesus hatte ihm mehrere Bedingungen vorgeschrieben, die ich nicht mehr weiß, z.B. Vater und Mutter und all das Seinige zu verlassen und den Armen zu geben und noch anderes.

Dieser hatte sich nun hierher wiederum bei Jesus gemeldet, er wollte aber sein Vermögen behalten und verwalten, und Jesus hatte ihn abgewiesen. Er stand jetzt bei den Pharisäern und sie stellten Jesus zur Rede, was Er den Menschen für unerhörte Dinge zumute, und der junge Mensch brachte noch allerhand unverdautes Zeug vor, was Jesus gesagt habe – ich habe es vergessen – und rief die Apostel auf, es zu bezeugen, denn sie hätten es gehört.

Die Apostel wurden ganz verlegen, weil sie auf dergleichen gar nicht vorbereitet waren, noch Bescheid wussten, und die Pharisäer warfen Jesus vor, Er ziehe nur mit unwissendem Volk umher, und dieser sei ihm zu gelehrt gewesen, darum habe Er ihn abgewiesen. Jesus antwortete ihnen streng und begab sich von ihnen bespöttelt hinweg auf die Reise.

Vor der Stadt unterrichtete Jesus die Apostel und Jünger und sandte sie östlich und nordöstlich in ziemlich ferne Orte. Sie hatten eine weite und beschwerliche Reise gegen Damaskus und Arabien zu in Städte zu machen, wo sie noch nicht hingekommen waren. Jesus selbst reiste mit zwei Jüngern wieder gegen Regaba zu, und auf dem neulichen Umweg, nur etwas anders. Er ging von Cäsarea, den See Phiala zur Linken lassend, nicht so westlich wie neulich, als Er nach Gaulon ging, das etwa dreiviertel Stunden vom Jordan liegt, sondern Er ging nun höher und gleich südlicher nach Argob, an dem Er neulich auf zwei Stunden nach Gaulon vorüberzog.

Argob liegt etwa zwei Stunden vom Jordan und sehr hoch. Es war in der ersten Zeit durch Jair, den Sohne Manasses, dem König Og mit dem ganzen dazugehörigen Distrikt abgenommen worden. Es ist vier Stunden geraden Weges von Cäsarea hierher. Neulich machte Jesus einen Umweg von zwei Stunden westlich nach Gaulon.

13. März: Jesus ging gestern mit nur zwei Jüngern von Cäsarea-Philippi nach Argob und kehrte an der Synagoge bei Leviten ein. Sie kamen spät hin. Argob ist meist von Juden bewohnt. Die wenigen Heiden dort sind arm und für die Juden arbeitend. Die Leute verarbeiten hier Baumwolle. Ich sah Weiber und Kinder und Männer spinnen und weben. Der Ort liegt sehr hoch und leidet an Wassermangel. Sie tragen das Wasser in Schläuchen herauf in eine Zisterne. Jesus lehrte am Morgen an einem öffentlichen Platz und heilte dort einige Kranke. Hierauf besuchte Er mehrere Kranke und alte Leute zu Hause und heilte und tröstete sie.

Die Einwohner waren hier meistens schon getauft. Es waren keine Pharisäer hier. Man hat von hier eine sehr weite Aussicht ins jenseitige Obergaliläa. Man hat auch den Berg der Seligkeiten vor sich und kann besonders schön auf Bethsaida-Julias hinabsehen.

Jesus ging nachmittags mit den zwei Jüngern, von mehreren Leuten des Ortes eine Strecke weit begleitet, wieder auf der Höhe ostwärts gegen Regaba zu, blieb aber etwa zwei Stunden davon in der offenen Herbergshütte einer Hirtenstelle, wo auch manchmal Karawanen lagern, welche jährlich dreimal in solcher Richtung ziehen, jetzt und um Weihnacht und noch einmal.

Es kamen hier vier der jüngeren Jünger zu ihm. Sie brachten Vorrat an Speise mit und kamen, glaube ich, über Kapharnaum von den Freunden aus Jerusalem her. Sie waren nicht von der Schar, die hier oben mitgearbeitet hat. Ich meine der Herr wird in der Burg bei Regaba Sabbat halten, von welcher ich neulich sprach. Es ist eine Schule darin und arme Juden wohnen dort.

14. März: Die Jünger, welche gestern zu Jesus kamen, trugen einen Pack auf dem Rücken und einen auf der Brust, welche beide quer über den Schultern verbunden waren. Die breiten, gespalteten Fische sind gesalzen und getrocknet, und sie tragen sie dicht übereinander liegend in leichten Bastkörben auf dem Rücken. Auf der Brust trugen sie Bündel von genau zusammengelegten Broten, auch wohl Gefäße mit Honigwaben. Die Leute bei uns tragen bei weitem nicht so geschickt.

Jesus wurde heute morgen hier schon wieder von einer außerordentlichen Menge Menschen bedrängt, die seine Lehre anhörten, und die Menge war so groß und ungestüm, dass Er sich entfernen und in die Wildnis entweichen musste. Es war etwa Nachmittag, als Er in der Burg Regaba, eine Viertelstunde hinter der Stadt auf einem Berge gelegen, ankam. Die Menschen waren in ungeheurer Menge hier und viele aus den Karawanen.

Diese Burg ist wie in Stein gehauen. Es liegen aber doch gleich darum her einige Reihen Häuser und inwendig auch mehrere Häuser und eine Synagoge.

Es fanden sich hier sechs von den Aposteln wieder mit Jesus zusammen, die von Cäsarea östlich in die näheren Orte gegangen waren. Die anderen waren weitergezogen. Sie sind auch in einem Ort, Astaroth, gewesen, der nicht weit vom See Phiala liegt. Es waren Petrus, Andreas, Johannes, Jakobus der Ältere, Philippus und Jakobus der Jüngere hier.

Viele Pharisäer, auch von Kapharnaum, sind hierher gekommen, auf Jesus zu lauern. Die Synagoge war so voll, dass alles ringsumher stehen musste. Jesus lehrte am Sabbat vom Bau des Hauses Salomos und von der Einweihung der Priesterkleider. (1 Chr 6 und 7 und Ex 28)

Aber Er lehrte auch etwas aus Jeremias, ich meine von den Klagen, und sprach davon, wie sie ihn jetzt suchten und haben wollten und drängten, wie sie ihn aber nach einiger Zeit alle verlassen und verspotten und misshandeln würden. Er hatte in Cäsarea vom reichen Mann und dem armen Lazarus gelehrt und vor kurzem auch vom Sohn des Herrn, den die Weinbergsknechte erschlugen.

Heftiger Disput mit den Pharisäern

15. März: Jesus hat heute mehrere geheilt, besonders Blinde; auch hatte Er in der letzten Zeit mehrere Besessene befreit, was ich zu sagen vergessen habe. Am Abend in der Synagoge haben die Pharisäer sehr heftig mit ihm disputiert. Ich habe es vergessen, es war sehr neu und wichtig und ich wusste es so schön! Nachher bei der Mahlzeit wurde noch heftiger gestritten. Sie warfen ihm wieder das Teufelsaustreiben durch Beelzebub vor.

Er sagte ihnen, ihr Vater sei der Vater der Lüge. Er sprach auch davon, Gott verlange keine blutigen Opfer; ich hörte ihn von Lämmerblut und Kälberblut und unschuldigem Blut sprechen, das sie vergießen würden, und wie ihr Dienst so enden würde. Jenes Blut der Tiere sei ein Vorbild davon. Sehr erbittert brachten sie wieder alle ihre alten Vorwürfe vor und stritten auch mit ihm, warum Er jenen Jüngling von Cäsarea-Philippi nicht aufnehme; der sei ihm wohl zu gelehrt! Ich vergaß den Zusammenhang des ganzen Gezänks, aber die Pharisäer wurden so ergrimmt, dass Jesus und die Jünger sich entfernten und in die Wüste eilten.

Ich sah, dass sie Leute mit Knütteln auf ihn lauern ließen. Unter anderem schimpften sie ihn auch einen Samariter, und Er erzählte hierauf die Parabel vom Samariter und vom Weizenkörnlein, das auf steinigen Acker fällt. Er warnte die Jünger im Angesicht der Pharisäer vor denselben. Er sprach, sie würden nicht Kälberblut, sondern Menschenblut opfern, und die an das geschlachtete Lamm glaubten, würden durch dieses Opfer versöhnt werden, die Mörder aber verdammt. Er hat sie noch nie so kühn angegriffen.

Jesus verlässt Regaba und geht nach Chorazin

16. bis 17. März: Jesus wich gestern abend in die Wüste, südlich von Regaba, und blieb die Nacht darin. Es sind dort viele Weide-Täler und Schlupfwinkel, an den guten Stellen auch sehr viele Ölbäume. Seine Jünger fanden ihn dort. Am Morgen sah ich ihn unterwegs nach Chorazin. Er erklärte den Jüngern, warum Er jenen

Jüngling nicht aufnehme, da sie es selbst nicht hatten begreifen können. Sie kamen schon beizeiten in Chorazin an.

Jesus lehrt in der Synagoge von seinem Versöhnungstod – Heilung eines Taubstummen

Mk 7,31-37 – 17. März: Jesus war heute mit seinen Begleitern noch in Chorazin, welches kaum vier Stunden südlich von Regaba und etwa drei Stunden östlich vom See über der Zollstätte des Matthäus liegt. Es wohnen hier Heiden und Juden und es sind viele Eisenarbeiter in der Stadt. Auch hierher folgte Jesus eine große Menge und sie hatten ihm viele Kranke auf seinen Weg durch die Stadt gebettet. Er heilte mehrere Wassersüchtige, Lahme und Blinde, als Er zur Synagoge ging.

Er lehrte unter heftigem Gezänk der Pharisäer auf eine prophetische Weise von seinem künftigen Leiden. Er sprach von ihrem steten Opfern und Versöhnen, und wie sie doch immer voll Sünden und Greuel blieben, und kam auch auf den Bock zu sprechen, den sie am Versöhnungsfest mit Wut und Lärmen zu Jerusalem in die Wüste hinaustrieben und ihre Schuld auf ihn legten und ihn zu Tode stürzten und beschuldigte sie der Blutgier.

Er sagte hindeutend, doch für sie unverständlich, es nahe die Zeit, dass sie ebenso einen Unschuldigen, der sie liebe und alles für sie getan, der wirklich ihre Sünden trage, mit großem Getöse hinausstoßen und ermorden würden. Hierüber war ein großes Getöse und Höhnen unter den Pharisäern, und Jesus ging zur Stadt hinaus. Sie kamen ihm aber nach und forderten eine nähere Erklärung. Er antwortete ihnen, dass sie diese jetzt nicht verstehen könnten.

Indessen war Jesus in dem großen Gedränge ein Taubstummer zugeführt worden, dass Er ihn heile. Diese Heilung ist auch im Evangelium angeführt. Es war ein Hirt aus der Gegend, ein guter frommer Mann. Die Seinigen führten ihn zu Jesus und baten ihn, Er möge ihm seine Hand auflegen.

Da ließ ihn Jesus aus dem Gedränge bringen, aber die Pharisäer folgten ihm und Er heilte ihn vor ihnen, damit sie sahen, dass Er in der Kraft des Gebetes und Glaubens an seinen himmlischen Vater und nicht durch den Teufel heile.

Jesus legte dem Taubstummen seine Finger in die Ohren, benetzte seine Finger mit Speichel und berührte dessen Zunge damit, blickte seufzend zum Himmel und sprach zu dem Mann: «Tue dich auf!» Da konnte der Mann gleich ganz gut sprechen und hören und er dankte und jubelte mit den Seinigen.

Jesus aber befahl ihm und den Seinigen, wie gewöhnlich nach solchen Heilungen, sie sollten kein Gerede und Geprahle mit der Genesung machen, wodurch manche oft in sündhaften Gebrauch der neu erstarkten Glieder kamen und rückfällig wurden.

Der Andrang des Volkes wurde immer größer um ihn, denn es war eine Karawane hier angekommen, und ich sah Jesus mit seinen Begleitern zwei bis drei Stunden zu des Matthäus Zollstätte gehen. Da sich auch hier das Volk häufte, ließ Er ein paar Jünger bei demselben und fuhr selbst mit den anderen gegen Bethsaida-Julias, wo sie in der Gegend landeten und bis zur Nacht in der Einsamkeit am Fuß des Berges der Seligkeiten blieben.

Jesus sprach vom Gehen nach Jerusalem und von seiner nahen Aufnahme. In der Nacht fuhren sie über den Jordan an die Abendseite und sprachen in des Andreas Haus mit Boten des Lazarus.

Jesus heilt und lehrt vom Gebet

18. März: Schon vor Tagesanbruch fuhren sie von Bethsaida wieder an die Ostküste. Jesus hielt eine Lehre auf dem Bergrücken über des Matthäus Zollstätte.

Es waren zahlreiche Menschen versammelt und dabei auch viele Heiden aus der Dekapolis und Karawanen-Volk. Es waren sehr viele Kranke da. Sie wurden auf Bahren und Eseln hinaufgetragen und Jesus heilte sie. Sie waren aber nicht alle von Geburt an blind, lahm, stumm, sondern es waren auch heute Augenkranke, Lahmgewordene dabei, auch manche Rückfällige.

Jesus lehrte heute unter anderem vom Gebet, und wie und wo sie beten sollten, und vom dringenden Gebet. Er sprach auch aus:

«Wenn ein Kind um Brot bittet, gibt ihm der Vater keinen Stein, wenn um einen Fisch, keine Schlange. Statt eines Eies keinen Skorpion.»

Er erwähnte auch als ein Beispiel, dass Er Heiden kenne, welche ein solches Vertrauen zu Gott hätten, dass sie um gar nichts flehten, sondern nur für alles Empfangene dankten, und sagte: «Wenn die Knechte und Fremdlinge solches Vertrauen haben, welches Vertrauen müssen die Kinder des Vaters erst haben!»

Er sprach auch von der Danksagung für empfangene Heilung durch Besserung des Lebens, und von der Strafe der Rückfälligen und dass diese in üblerem Seelenzustand als vorher seien. Das ist es, was mir davon noch einfällt.

Das Gedränge wurde aber so groß, dass Er sich wieder entfernte. Er kündigte aber auf den folgenden Tag eine große Lehre auf einem anderen Berg an. Sie schliefen in der ehemaligen Wohnung des Matthäus.

Jesus lehrt von der siebten und achten Seligkeit

19. März: Jesus ging mit den Jüngern am Morgen auf einen Berg östlich dem Berg der Seligkeiten. Das Volk zog von allen Seiten heran, denn es lagerte zerstreut in der ganzen Gegend an Höhen und in Tälern, und forschte überall, wo sich Jesus hinbegab. Es wurde heute nicht geheilt, und Jesus begann wieder von den acht Seligkeiten und sagte, dass Er diese Lehre beschließen wolle. Er lehrte von der siebten und achten Seligkeit, wo Er zuletzt aufgehört hatte.

Gegen Abend begab sich Jesus, um dem Gedränge zu entgehen, mit den Aposteln und Jüngern auf das Schiff von Petrus und sie fuhren den See abwärts, landeten aber nicht, weil das Volk auch Schiffe bestiegen hatte und folgte. Ich meine, sie werden den folgenden Morgen früh zurückkehren und dass die zweite Brotvermehrung nahe ist.

Blick auf das heilige Haupt des Johannes

Das Haupt des Johannes ist noch nicht aus der Kloake zu Machärus gehoben worden. Nach Ostern aber verlässt alles noch übrige Gefolge des Herodes Machärus, und dann wird die Kloake gereinigt.

Schluss der Bergpredigt – Speisung der Viertausend – Die Pharisäer begehren ein Zeichen

Mt 15,32-39; Mk 8,1-10; Mt 16,1-12; Mk 8,11-21 – 20. März: Jesus ist heute morgen wiederum Bethsaida gegenüber bei Klein-Chorazin gelandet. Er stieg mit seinen Begleitern wohl eine Stunde nordöstlich hinter dem ersten Brotvermehrungsberg in die Berge hinauf und noch höher, als der letztere ist. Es war rechts in der Wüste von Chorazin und etwa zwei und eine halbe Stunde westlich von Regaba, das noch höher lag.

Oben, wo Jesus lehrte, war ein großer Raum und nicht weit davon der Weg, auf dem Er neulich aus Cäsarea-Philippi gegen Regaba gegangen war. Der Ort war etwas benutzt, es war wie ein Lagerplatz für Reisende mit Spuren von Wällen, auch war ein Hügel da und ein längliches viereckiges Felsenstück, wie eine große entblößte Steinbank, an welcher die Reisenden zu liegen und zu essen pflegten.

Außerdem war die Gegend sehr einsam und abgelegen. Tiefer lagen kleine Täler zerstreut und Buchten, worin Esel und andere Tiere weideten. Die Leute waren teils schon oben, teils zogen sie von allen Seiten heran. Jesus lehrte hier den Schluss der acht Seligkeiten und hielt das Ende der sogenannten Bergpredigt. Er lehrte ungemein stark und rührend. Es waren viele Fremde und Heiden dabei, ohne die Weiber und Kinder wohl viertausend Menschen.

Gegen Abend hielt Er eine Pause und sprach mit Johannes, dass die Leute ihm schon drei Tage nachzögen und dass Er sie jetzt auf lange verlassen werde. Er möge sie aber nicht gerne so hungrig gehen lassen.

Da sagte dieser: «Hier sind wir ganz in der Wüste, es ist weit, um Brot zu holen. Sollen wir ihnen vielleicht Beeren und Früchte, die in der Gegend noch an den Bäumen hängen geblieben sind, sammeln?» Jesus sagte aber, er solle die anderen fragen, wieviele Brote sie hätten. Da sagten sie: «Sieben Brote und sieben kleine Fische». Sie waren aber doch wohl armlang. Da befahl Jesus, sie sollten von den Leuten die leeren Brotkörbe heranbringen und die Brote und Fische auf die Steinbank legen.

Während sie dies taten, lehrte Jesus weiter, wohl noch eine gute halbe Stunde. Er sprach heute sehr deutlich aus, dass Er der Messias sei. Er sprach auch von seiner Verfolgung und nahen Aufnahme. An jenem Tag aber sollten diese Berge erschüttert werden und dieser Stein zerspringen – Er zeigte auf die Steinbank –, wo Er die Wahrheit verkündet habe, die nicht angenommen worden ist. Er rief Wehe über Kapharnaum, Chorazin und viele Orte der Gegend aus; sie alle sollten am Tage seiner Aufnahme fühlen, dass sie das Heil von sich gestoßen.

Er sprach von dem Glück dieser Gegend, der Er das Brot des Lebens gebrochen; aber die Durchziehenden nähmen das Glück mit fort. Die Kinder des Hauses werfen das Brot unter den Tisch und die Fremden, die Hündlein, wie die Syrophönizierin sich ausgedrückt habe, sammeln die Brosamen auf und sie werden ganze Flecken und Dörfer mit denselben erquicken und entzünden.

Er nahm auch Abschied von den Leuten, flehte sie nochmals an zur Buße und Bekehrung und schärfte seine Drohung ein und sprach, dass dies der Schluss seiner Lehre hier sei. Die Leute weinten und wunderten sich und verstanden ihn teils nicht.

Er befahl ihnen nun, sich am Abhang um den Berg zu lagern. Die Apostel und Jünger mussten sie wieder ordnen und setzen, wie das vorige Mal. Jesus aber verfuhr mit den Broten und Fischen, wie das vorige Mal, und die Jünger trugen in den Körben von beiden Seiten zu. Nachher wurden sieben Körbe voll Brocken gesammelt und unter die armen Reisenden verteilt.

Schon am Mittag war eine große Anzahl von Pharisäern unter dem Volk bei seiner Lehre gewesen. Sie hatten sich aber wieder hinab in die Hirtentäler begeben.

Gegen Abend war wieder eine Schar von ihnen oben gewesen und hatten noch einem Teil seiner Drohungen und der Brotvermehrung beigewohnt und sich früher hinabbegeben, mit den anderen zu beratschlagen, was sie Jesus noch etwa sagen wollten, wenn Er herabkomme. Diese Pharisäer waren eine Schar von ungefähr zwanzig, welche unter dem Vorwand, die Synagogen zu visitieren, Jesus die ganze Zeit in abwechselnden, kleinen Abteilungen bis hierher nachgezogen waren, um auf ihn zu lauern. Sie waren es auch, die mit ihm in Cäsarea-Philippi, Nobah, Regaba und Chorazin disputiert hatten, und sie berichteten immer wieder alles mündlich oder durch Boten nach Kapharnaum und Jerusalem.

Jesus entließ das Volk und sie weinten, dankten und priesen ihn mit lauter Stimme. Er konnte nur mit Mühe von ihnen loskommen und ging mit den Jüngern zu dem See, um nach der südöstlichen Seite, in die Grenzen von Magdala und Dalmanutha zu fahren.

Ehe Er aber oberhalb der Zollstätte des Matthäus ins Schiff stieg, kamen jene Pharisäer, etwa eine gute halbe Stunde vom See, am Fuße des Berges der ersten Brotvermehrung, zu ihm und traten ihm, weil sie gehört hatten, dass Er oben von drohenden Erschütterungen der Erde und Zeichen der Natur gesprochen hatte, höhnend in den Weg, um mit ihm zu streiten und begehrten ein Zeichen vom Himmel von ihm zu sehen.

Da antwortete Er ihnen, wie es im Evangelium steht. Ich hörte aber auch, dass Er ihnen eine Zahl von Wochen aussprach, da ihnen das Zeichen des Jonas sollte gegeben werden und dass diese Zahl gerade auf seine Kreuzigung und Auferstehung auslief.

Dann ließ Er sie stehen und ging mit den Aposteln an den See zu dem Schiff von Petrus, andere Jünger hatten schon alles bereitet und sie fuhren erst etwas hinüber und dann im Jordanstrieb in der Dunkelheit hinab. Danach steuerten sie etwas aus dem Triebe östlich und schliefen auf dem Schiff in den Grenzen von Magdala und Dalmanutha.

(Nach dem heiligen Evangelium scheinen die Pharisäer erst in den dalmanuthischen Grenzen zu Jesus gekommen zu sein.

Anna Katharina aber sagt, die Abreise sei im Evangelium zuerst überhaupt gemeldet, und dann sei diese Einzelheit nacherzählt, sie habe es bestimmt so gesehen.)

Jesus fährt mit den Aposteln auf dem See Gennesaret und unterweist sie

21. März: Ich habe Jesus mit den Jüngern nicht aussteigen sehen. Den See abwärts rudern sie immerzu, bis in die Mitte des Sees, wo der Jordanstrom ist, und dann lassen sie das Schiff, nur mit dem Steuer regiert, treiben und schlafen und sprechen und halten in gewissen Stunden der Nacht Gebete.

Aufwärts schiffend fahren sie außer dem Strom dem Lande näher und rudern und wenn sie keinen guten Wind haben, steigen auch wohl Knechte ans Land und ziehen das Schiff an Leinen.

Auf dieser Fahrt lagen sie in den Grenzen von Magdala und Dalmanutha still und schliefen auf dem Schiff.

Am heutigen Morgen näherten sie sich der anderen Seite und ruderten an der Westseite des Sees wieder hinauf außerhalb des Triebes, da merkten sie, dass sie kein Brot mitgenommen und nur ein Brot bei sich hatten.

(Hier erzählte Anna Katharina summarisch die Reden und Verweise Jesu vom Sauerteig der Pharisäer, wie sie der hl. Matthäus und Markus am angeführten Orte berichten.)

Sie fuhren nun heute am Freitag langsam den See wieder hinauf und Jesus lehrte sie vieles. Er sprach von seiner bevorstehenden Aufnahme, von seinem Leiden und den Verfolgungen, Er sagte ihnen deutlicher als je, dass Er, Christus, der Messias sei.

Sie hörten das alles an und glaubten es auch. Aber sie vergaßen es auch leicht wieder, indem sie es mit ihren einfältigen menschlichen Begriffen nicht lange reimen konnten und den gewöhnlichen Erfahrungsansichten Raum gaben.

Sie ließen es dann dahingestellt sein und rechneten es unter die tiefsinnigen prophetischen Reden. Er sprach auch vom Gehen nach Jerusalem und von Verfolgung. Sie würden sich noch an ihm ärgern, es würde soweit kommen, dass man mit Steinen nach ihm werfe. Er sprach auch, wer alles das Seine und die Seinigen nicht verlasse und ihm glaubend nicht in seiner Verfolgung nachgehe, der könne sein Jünger nicht sein.

Er sprach auch noch von Wegen, die noch zu tun seien vor seiner Aufnahme und von mancherlei Arbeit und dass noch viele, die sich getrennt, zurückkehren würden. Da fragten sie, ob auch der zurückkehren werde, der seinen Vater erst habe begraben wollen, und ob Er ihn nicht aufnehmen wolle, denn er scheine ihnen dieses wohl zu verdienen.

Jesus legte ihnen aber das Gemüt dieses Menschen aus und wie er am irdischen Gut hänge. Dabei hörte ich, dass das «Vater begraben» eine figürliche Redensart sei und die Anordnung und Teilung des Erbes zwischen ihm und seinem alten Vater bedeute, um diesen von sich zu scheiden und das Seinige sicherzustellen.

Als Jesus vom Anhängen dieses Menschen an zeitlichen Gütern sprach, schnappte der eifrige Petrus mit der Erklärung vor: «Gott sei Dank! Solche Gedanken habe ich nicht gehabt, da ich dir folgte.» Jesus aber gab ihm einen Verweis.

Heilung eines Blindgeborenen

Mk 8,22-26 – Sie kamen am Nachmittag nach Bethsaida und waren in des Andreas' Haus, um sich etwas zu erquicken und Brot und Speise zu holen. Sie waren ungestört und ohne großen Zulauf, indem die Scharen nicht wussten, wo Jesus geblieben war und sich verteilt hatten.

Hier in Bethsaida war ein blindgeborener bejahrter Mann. Jesus hatte ihn bisher noch immer nicht geheilt. Jetzt brachte man ihn wieder heran, und da sie im Begriffe waren, zu dem Schiff zurückzukehren, rief er Jesus um Hilfe an. Der Herr nahm ihn an der Hand mit hinaus vor den Ort und hier unter seinen Aposteln und Jüngern berührte Er die Augen des Blinden mit seiner Zunge und mit Speichel und legte ihm die Hand auf und fragte, ob er etwas sehe. Da tat der Mann die Augen starrend auf und sagte: «Ich sehe die Menschen wie Bäume so groß herumgehen.»

Da legte Jesus ihm die Hände nochmals auf die Augen und ließ ihn wieder schauen. Da sah er ganz gut. Nun sagte ihm Jesus, er solle nach Hause gehen und Gott danken, aber nicht in der Stadt herum von seiner Heilung schwätzen und prahlen.

Jesus fuhr hierauf etwa um drei Uhr mit den Aposteln nach der anderen Seite, nicht weit unter dem Jordan-Einfluss landend, und sie nahmen den Weg vom Ostufer des Jordan hinauf gegen Bethsaida-Julias zu.

Auf diesem Wege kamen die übrigen von Cäsarea-Philippi gegen Osten gesandten Apostel und Jünger in der Gegend des ersten Brotvermehrungsberges vom Gebirge herab zu ihnen und sie setzten ihren Weg nach Bethsaida-Julias fort unter manchen Verweilen und Lehren. (Anna Katharina meint, Julias liege eine halbe Stunde am Jordan aufwärts.)

Jesus sprach auch hier von seiner nahen Aufnahme und Gefahr und die Apostel baten ihn, sie doch nicht mehr zu versenden, damit sie in der Not bei ihm sein könnten.

Sie kamen zum Sabbat in Bethsaida-Julias an, wo eine eigene Einkehr für sie bereitet war. Als sie der Stadt nahten, war Jesu Ankunft dort durch Leute, die zum Sabbat gingen, bekannt, und man kam ihnen freundlich entgegen und bot ihnen in der Herberge Imbiss und Fußwaschung an. Es wohnten hier auch sehr viele Heiden und sie begrüßten den Herrn aus der Ferne.

Jesus lehrte in der Synagoge, es waren viele Menschen da, auch viele Schriftgelehrte und Pharisäer aus dem Ort, wo eine Lehranstalt für allerlei geistliche und weltliche Wissenschaft war.

Alles war hier sehr erfreut, dass Jesus unerwartet so zum ersten Mal auch hierherkam, die gemeinen Leute von Herzen, und die Schriftgelehrten aus Eitelkeit, damit sie den Lehrer, um den so viel Lärm in der Gegend und besonders in Kapharnaum war, doch auch gehört und beurteilt hätten.

Sie waren ganz höflich, aber kalt und vornehm, wie Professoren, und disputierten auch mit Jesus, indem sie ihm allerlei Fragen aus dem Gesetz und den Propheten vorlegten, doch ohne Bosheit und mehr aus Neugierde und Eitelkeit, ihre Wissenschaft vor dem Volk zu zeigen. Jesus las und erklärte die Sabbats-Lektion.

Nachher hielt Er auch noch eine schöne Lehre vom vierten Gebot: «Du sollst Vater und Mutter ehren, auf dass du lange lebest auf Erden.»

Dieses «lang leben auf Erden» legte Er sehr wunderbar und tiefsinnig aus. Es war damit gesagt, dass ein Strom versiegen müsse, wenn er seine Quelle verschütte. Ich weiß es nicht mehr recht zu sagen. Es war nachher eine sehr festliche Mahlzeit, bei welcher auch die Schulkinder an eigenen Tischen saßen. Jesus hat hier auch die Parabel von den Arbeitern im Weinberg erzählt und ausgelegt.

22. März: Julias ist ein sehr neuer Ort und noch im vollen Bauen begriffen, ganz schön und auf heidnische Art mit Bogen und Säulen. Es liegt entlang dem Jordan und es sind an der Ostseite, wo es sich mit der aufsteigenden Höhe berührt, viele Häuser mit der Rückseite in die Felsen eingehauen.

Jesus lehrte heute wieder in der Synagoge und besuchte die Schulen und ich sah ihn auch spazieren gehen. Die Einwohner zogen ihm nach und hielten ihn an und fragten ihn um die rechte Lehre und was sie tun sollten und baten ihn, sie zu lehren. Er sagte ihnen teils, dass sie die Lehre nicht befolgen würden, wenn Er sie ihnen auch sage, und dass sie neugierig seien; seine Lehre hätten sie ja oft schon in der Gegend gehört, ob sie eine andere wollten, weil sie fragten? Er habe seine Lehre gestern noch verkündet und auch heute.

Sie gingen aber mit ihm nach ihren Gütern und Bauplätzen, wo Holz und Steine lagen, und sprachen von der neuen schönen Bauart und Jesus lehrte in Parabeln vom Bauen auf Sand und Bauen auf Felsen und vom Eckstein, den die Bauleute verwerfen würden, und vom Einstürzen ihres Baues.

Auf diesem Wege wurden ihm mehrere Kranke, Lahme und Wassersüchtige, auch ein paar irrsinnige Besessene, die getragen wurden, an den Weg gebracht und Er heilte sie. Am Abend schloss Jesus den Sabbat und die Pharisäer disputierten noch viel mit ihm, aber ohne besondere Bosheit, nur sehr kalt und vornehm.

Maria und andere Frauen sind schon seit mehreren Tagen in Betanien.

Jesus in dem Flecken Sogane

23. März: Jesus ist heute morgen mit den Zwölfen und etwa dreißig Jüngern erst spät von Julias weggegangen. Eine Stunde ungefähr nördlich von Julias zogen sie an einer steinernen Brükke, die wie eine Landstraße über den Jordan führt, vorüber. Die Leute aus Julias begleiteten Jesus noch eine Strecke. Er ging dann die Höhe hinauf etwas nördlich bis in die Gegend, wo der kleine Jordan in den See Merom fließt, und etwa anderthalb Stunden von Cäsarea-Philippi, in einen Flecken Sogane.

Der Jordan ist hier herum wie ein Bach in einem sehr tiefen Bett. Die Leute drängten sich zu Jesus und begehrten Unterricht. Er lehrte und heilte bis gegen Abend. Er hatte den ganzen Weg vorbereitend die Jünger und Apostel gelehrt und oft verweilt.

Am Abend ging Er mit den Jüngern und Aposteln etwa eine Stunde südöstlicher zurück ins Gebirge oder vielmehr auf eine Höhe, die oben mehrere Tiefen und Hügel bildete.

Die Jünger und Apostel erzählten ihm alles, was sie auf der letzten Reise gesehen, gehört und getan hatten. Er trennte sich, da es dunkel war, von ihnen und sagte ihnen, nachdem sie etwas gegessen hatten, zu beten und zu ruhen.

Petrus empfängt die Schlüssel des Himmelreiches

Mt 16,13-23; Mk 8,27-33; Lk 9,18-22 – 24. März: Schon gestern abend auf dem Weg hierher und im Gespräch während der Nacht vor der Trennung zum Gebet und der Ruhe, hier oben in den Hügeln, war die Rede von der Bewegung und dem Eindruck durch Jesus, seine Lehre und Werke in den verschiedenen Orten, wo die Jünger durchgekommen waren, gelehrt und geheilt hatten.

Jesus hatte sie den ganzen Weg angehört, ihnen vieles erklärt, verwiesen und befohlen, und von der Reise zu dem Fest und der Annäherung seiner Aufnahme und dem baldigen Aufgang seines Reiches gesprochen, wie auch vom Beruf eines jeden in demselben. Er hatte sie auch aufgefordert, am Abend zum Gebet und zur Vorbereitung zu verweilen, denn Er habe ihnen Ernstes und Wichtiges mitzuteilen.

Jesus selbst lag und stand den größten Teil der Nacht im Gebet, wie Er es immer vor heiligen Handlungen pflegte.

Als sie sich vor Tag wieder sammelten und gebetet hatten, fragte Jesus die Zwölf und einige alte Jünger, die aber außer dem Kreise standen, da die Rede wieder auf einiges kam, was sie gestern erzählt hatten:

«Wer, sagen denn die Menschen, dass ich sei?» Die Apostel standen zu beiden Seiten von ihm in einem Kreise; zu seiner Rechten stand Johannes, dann dessen Bruder Jakobus, und der dritte war Petrus. Da erzählten die Jünger und Apostel mancherlei Meinungen der Menschen von Jesus, die sie hie und da vernommen, wie Er von einigen für den Täufer, von anderen für Elias, von anderen für Jeremias, der auferstanden wäre, gehalten werde, und erwähnten noch mancherlei andere Propheten, für die Er gehalten werde.

Als sie ausgesprochen hatten und die Worte Jesu hierüber erwarteten, schwieg Er eine kleine Weile, bis sie wieder ruhig wurden. Er wurde aber sehr ernst und als solle etwas Wichtiges erfolgen. Sie aber sahen voll von Erwartung in sein Angesicht. Da sagte er: «Ihr aber, für wen haltet ihr mich?»

Keiner war getrieben zu antworten; aber Petrus wurde augenblicklich ganz voll Kraft und Feuer und trat mit einem Fuß eifrig in den Kreis und sagte mit der Hand feierlich beteuernd, und wie die Stimme und Zunge aller laut und kräftig: «Du bist Christus, der Sohn des lebendigen Gottes!»

Jesus antwortete ihm mit einem großen Ernst, und seine Stimme war stark und wie belebend, es war ein feierliches prophetisches Wesen in ihm, Er schien zu leuchten und wie von der Erde erhoben:

«Selig bist du Simon, Sohn des Jonas; denn Fleisch und Blut hat dir dies nicht offenbart, sondern mein Vater, der im Himmel ist. Und ich sage dir: Du bist Petrus, der Fels, und auf diesen Felsen will ich meine Kirche bauen, und die Pforten der Hölle werden sie nicht überwältigen, und ich will dir die Schlüssel des Himmelreiches geben; was du bindest auf Erden, das soll im Himmel gebunden sein, und was du lösest auf Erden, das soll auch im Himmel gelöst sein!»[62]

Ich sah, dass Petrus die Worte Jesu, welche eine Prophezeiung waren, durch denselben Geist ganz fühlte, durch den er das Bekenntnis der Gottheit ausgesprochen hatte. Er war ganz davon durchdrungen.

Die anderen Apostel aber schienen bestürzt und blickten sich und Petrus scheu an, als Petrus mit solchem Feuer gesprochen: «Du bist Christus, der Sohn Gottes!», und selbst Johannes gab sein Erschrecken so merklich zu verstehen, dass Jesus nachher auf dem Weg mit ihm allein wandernd, ihm sein Befremden ernsthaft verwies. (Sie weiß nicht mehr wie.)

Die Rede Jesu an Petrus war bei Sonnenaufgang. Sie war um so ernster und feierlicher, da Jesus mit den Jüngern sich dazu ins Gebirge abgesondert und ihnen zu beten befohlen hatte. Die anderen Apostel verstanden sie nicht ganz. Petrus aber fühlte sie, und ich merkte, dass die anderen sich noch immer irdische Auslegungen machten.

Sie meinten, Jesus wolle in seinem Reich dem Petrus das Hohepriesteramt geben, und ich hörte nachher, dass Jakobus zu Johannes auf dem Weg davon sprach, dann würden sie doch wahrscheinlich die nächsten Stellen nach Petrus erhalten.

Jesus aber sagte nun den Aposteln ganz deutlich und klar, dass Er der verheißene Messias sei. Er wandte alle Stellen der Propheten auf sich an und sagte, dass sie nun zum Fest nach Jerusalem wollten, und sie traten nun sämtlich den Rückweg südwestlich nach der Jordanbrücke an.

Petrus war noch ganz voll von den Worten Jesu von der Schlüsselgewalt und nahte sich ihm auf dem Weg, um Unterweisung und Auskunft über einzelne Fälle zu begehren, die ihm nicht ganz klar waren, denn er war so glaubend und eifrig, dass er meinte, seine Arbeit gehe nun gleich an, indem ihm die Bedingung des Leidens Christi und der Sendung des Heiligen Geistes noch unbekannt war. Er fragte daher den Herrn um mehrere Fälle, ob er in diesen und jenen auch Sünden lösen könne.

Ich erinnere mich, dass er etwas von Zöllnern und vom öffentlichen Ehebruch sprach, und dass Jesus ihn beruhigte, er werde alles dieses noch deutlicher erfahren, es sei dies anders, als er erwarte, es komme ein anderes Gesetz.

Nun aber fing Jesus auf dem Wege an, wandernd, dann wieder stehend im Kreise, ihnen alles Bevorstehende zu erklären: sie würden jetzt nach Jerusalem gehen und bei Lazarus das Osterlamm essen, es werde dann noch viele Arbeit, Mühe und Verfolgung kommen. Er sagte viele Wege und Ereignisse im Allgemeinen voraus und wie Er auch noch einen ihrer besten Freunde vom Tode erwecken und dadurch so großes Ärgernis erregen werde, dass Er werde fliehen müssen.

Wie sie dann über ein Jahr wieder zum Feste gehen würden, wie einer ihn verraten würde, wie man ihn misshandeln, geißeln, verhöhnen und schimpflich töten werde, und wie Er sterben müsse für die Sünden der Menschen, und am dritten Tage wieder auferstehen.

Er sagte dieses alles ausführlich, bewies es aus den Propheten, und war sehr ernst und liebevoll dabei.

Petrus betrübte sich über das Misshandeln und Töten so, dass er in seinem Eifer Jesus nachging und allein mit ihm sprechend, dagegen stritt und eiferte: das dürfe nicht so kommen, das werde er nicht zugeben. Er wolle eher sterben, als das dulden! «Das sei fern von dir, Herr! Das soll dir nicht geschehen!»

Da wendete sich aber Jesus sehr ernsthaft um und sagte ihm eifrig «Weg von Mir, Satan! Du bist mir zum Anstoß, du hast keinen Sinn für das, was Gottes ist, sondern für das, was des Menschen ist!»

Da ging Jesus vorwärts und Petrus war ganz erschrocken und überlegte, wie Jesus früher gesagt, er habe nicht aus Fleisch und Blut, sondern aus Gottes Offenbarung ihn als Christus verkündet und wie er ihn nun Satan nenne und einen, der nicht aus Gott, sondern nach Menschen Sinn und Gelüsten spreche, da er sein Leiden verhindern wolle, und verglich beides und wurde demütiger und sah Jesus bewundernder und glaubender an. Er war aber sehr betrübt, da er sich der Wahrheit seines Leidens tiefer bewusst wurde.

Ich sah nun Jesus, die Apostel und Jünger in getrennten Gruppen, von denen immer eine abwechselnd mit dem Herrn ging, über die Jordanbrücke wandern und den Apostel-Aussendungsberg zur Rechten lassend, südwestlich reisen.

Sie wendeten sich über das westliche Ende des Tales von Kapharnaum mittäglich, und unter Belehrung beim kurzen Ausruhen und sich Erquicken, reisten sie schnell und nirgends verweilend, auch alle Orte so viel wie möglich meidend, an diesem Tag bis in die Nacht, da sie in den Herbergen beim Badesee von Bethulien einkehrten, wo Lazarus mit einigen jerusalemischen Jüngern Jesus erwartete.

Jesus trifft mit Lazarus am Badesee von Bethulien zusammen

25. März: Jesus traf hier in der Herberge mit Lazarus zusammen. Er hatte ihm durch Judas bereits vor längerer Zeit sagen lassen, dass Er das Osterlamm mit den Seinigen bei ihm in Betanien essen wolle, und Lazarus war darum mit Jesus einiger Verabredungen wegen schon neulich in Kapharnaum zusammengekommen, was ich zu sagen vergessen habe. Vor acht Tagen sprach Jesus in Bethsaida mit Boten des Lazarus, die zeigten ihm wohl an, dass Lazarus ihn hier am Badesee erwarten werde, und nun traf Er ihn hier auch.

Lazarus war aber Jesus entgegengekommen, um ihn mit den Aposteln und Jüngern in Bezug dieses Osterfestes zu warnen. Er sagte Jesus, dass ein Aufstand bei dem Fest drohe. Ich erinnere mich nur an Einiges.

Er sagte, Pilatus wolle eine neue Abgabe vom Tempel haben, er wolle dem Kaiser, meine ich, ein Bild davon aufrichten. Er verlange auch, sie sollten zur Ehre des Kaisers gewisse Opfer tun und demselben gewisse hochverehrende Namen öffentlich zugestehen.

Ich weiß es nicht mehr genau, aber es waren drei Punkte. Dieses solle nun eingeführt werden, die Juden aber hätten einen Aufstand dagegen vorbereitet und es solle eine große Anzahl Galiläer und an ihrer Spitze ein gewisser Judas ein Gaulonite dagegen auftreten, der viel Anhang habe und ganz gegen die Knechtschaft und den Römerzins lehre. Jesus möge sich daher vom Fest zurückhalten, weil große Unruhe entstehen könne. Jesus aber antwortete dem Lazarus, es sei seine Zeit noch nicht, es werde ihm noch nichts geschehen. Dieser Aufruhr werde nur das Vorbild eines viel größeren Aufruhrs über einem Jahr sein, wo seine Zeit komme, da der Menschensohn den Händen der Sünder überliefert werde.

Jesus sandte am Morgen die Apostel und Jünger in getrennten Gruppen auf verschiedenen Wegen und behielt nur Simon Petrus und Thaddäus, Nathanael Chased und Judas Barsabas bei sich, die anderen sollten teils am Jordan hinab, teils westlich von Garazim durch Ephraim zum Fest ziehen und noch einige Orte besuchen, wo sie noch nicht gewesen waren.

Lazarus reiste auch mit den Jüngern ab. Jesus verbot ihnen, zu den Städten der Samariter zu gehen, und gab ihnen noch verschiedene Verhaltensregeln. Ich sah Jesus später bei Hirten östlich vom Tabor und nach starker Reise und spät anlangend auf dem Gut Ginnim des Lazarus übernachtend.

26. März[63]: Jesus ist am Mittwochabend in Lebona nicht auf der Burg, sondern in der Stadt angekommen. Es erwarteten ihn hier viele Freunde, auch die Eltern des Manahem, des geheilten blinden Jüngers von Koreä.

27. März: Jesus heilte in Lebona einige vertraute Leute in Häusern. Manahems Eltern nehmen ihn mit nach ihrer Stadt Koreä. Er heilte auch ohne Aufsehen einige Aussätzige und Kranke.

ZWÖLFTES KAPITEL

Die zweite Osterfeier in Jerusalem

28. März, 10. Nisan, bis 7. April, 20. Nisan

Jesus kommt nach Betanien

28. März: Jesus ging heute früh mit den vier Jüngern nach Betanien durch die Wüste. Etwa drei Stunden von Betanien, noch in der Wüste, liegt ein einzelnes Hirtenhaus, dessen Bewohner meist von Lazarus leben. Bis hierher war Magdalena mit Maria Salome, der Verwandten Josephs, Jesus entgegen gekommen, und zwar ganz allein. Sie hatten ihm eine Erquickung bereitet und als Er nahte, eilte sie hinaus und umarmte seine Füße. Jesus ruhte nur wenig, sprach mit ihnen und setzte seinen Weg bis zur Herberge des Lazarus, eine Stunde vor Betanien, fort. Die zwei Frauen folgten auf einem anderen Weg nach Hause.

In der Herberge fand Jesus schon einen Teil der ausgesandten Jünger zurück, andere kamen nach und alle trafen in Betanien zusammen. Jesus ging nicht durch Betanien, sondern von hinten in das Haus des Lazarus.

Als Er ankam, eilten sie ihm in den Hof entgegen. Lazarus wusch ihm die Füße und dann gingen sie durch die Gärten. Die Frauen grüßten ihn verschleiert. Seine Ankunft war sehr rührend, denn es wurden gerade vier Osterlämmer gebracht, die man von der Herde abgesondert hatte und in einen abgezäunten Grasplatz tat. Die heilige Jungfrau, welche auch hier war, und Magdalena hatten Kränzchen gemacht, die den Lämmern um den Hals gehängt wurden. Jesus war kurz vor dem Sabbat angekommen. Er feierte ihn mit allen in einem Saal. Er war sehr ernst und sagte einige sehr bewegte Worte bei dieser Gelegenheit. Er las hierauf die Sabbatlesung und lehrte darüber. Abends beim Mahl sprach Er noch vieles vom Osterlamm und seinem künftigen Leiden. Ich meine, Er wird das Osterlamm hier essen.

Die Unruhen in Jerusalem

Die Unruhen in Jerusalem haben heute Nachmittag vor dem Sabbat schon begonnen, aber noch ohne Tätlichkeiten. Pilatus saß auf einem hohen Platz auf einer Mauer der Burg Antonia und hatte viele Soldaten um sich. Alles Volk war auf dem Markt versammelt. Die Burg Antonia liegt an der Nordwest-Ecke des Tempels auf einem herausspringenden Felsen. Wenn man von des Pilatus Palast links durch den Bogen geht an dem Geißelhaus vorüber, hat man sie zur Linken.

Es wurden dem Volk die neuen Gesetze des Pilatus vorgelesen, von einer Steuer, am Tempel zu erlegen für eine Wasserleitung, die bis auf den großen Markt und in den Tempel gelegt werden sollte. Es war auch von gewissen Ehrenbezeigungen, Namen und Opfern für den Kaiser die Rede. Es entstand aber großer Tumult, Geschrei und Gemurre unter dem Volk und besonders dort, wo die Galiläer beisammen standen; doch ging es noch ruhig ab. Pilatus ließ ihnen Bedenkzeit geben und warnte sie, und das Volk ging unter Murren auseinander.

Die Herodianer waren die heimlichen Triebfedern und Aufwiegler des Volkes, doch konnte man sie nicht überführen. Sie hatten den Judas Gaulonita an der Hand, und der hatte eine ganze Sekte von Galiläern als Anhänger, zu denen er immer gegen den Kaiserzins redete und ihren Freiheitseifer unter dem Anschein religiöser Gründe aufhetzte.

Es war gerade mit den Herodianern wie heutzutage mit den Freimaurern und anderen geheimen Gesellschaften, welche unwissendes Volk in Aufruhr bringen, das gar nicht weiß, wo der Eifer herkommt, und mit seinem Blut bezahlt.

Betanien – Magdalena

29. März: Jesus verhält sich in Betanien noch still. Am Sabbat lehrt Er im Haus und dann gehen sie in den Gärten spazieren. Er ist ernster und spricht auch hier oft von seinen Leiden und sagt deutlicher, dass Er der Christus sei. Die Ehrfurcht und Bewunderung wächst in allen.

In Magdalena kann die Reue und Liebe nicht mehr wachsen. Sie folgt Jesus überall, sitzt zu seinen Füßen, steht und harrt überall auf ihn, denkt nur an ihn, sieht nur auf ihn, weiß nur von ihrem Erlöser und ihren Sünden. Jesus sagt ihr oft tröstende Worte. Sie ist sehr verändert. Ihre Gestalt und ihr Wesen sind noch ausgezeichnet und edel, aber von Tränen und Kasteiungen gezeichnet. Sie sitzt fast immer einsam in ihrem engen Bußgewölbe und verrichtet niedere Dienste bei Armen und Kranken.

Am Abend war ein großes Mahl. Die jerusalemischen Freunde und Frauen waren alle hier, auch Heli aus Hebron, der Witwer einer Schwester Elisabeths, der am letzten Abendmahl Jesu Speisemeister und Hauswirt war, nebst seinem Sohn, dem Leviten, der des Johannes Vaterhaus besitzt, und seinen fünf Töchtern. Sie sind eine Art Essenerinnen und heiraten nicht; jedoch waren einige Knaben bei ihnen, vielleicht von dem Sohn. Man sprach auch von dem Aufruhr. Pilatus hat noch Verstärkung von Soldaten geschickt.

Lazarus und die Seinigen haben großen Anteil und Vertraulichkeit mit Jesus und allen seinen Jüngern; denn sie sind mit ihrem Hab und Gut und allen ihren Kräften die Pfleger und Nährer der Gemeinde. Auch von solchen Anordnungen wird gesprochen.

30. März: Ich sah Jesus heute morgen gegen zehn Uhr mit den Aposteln und etwa dreißig Jüngern über den Ölberg durch Ophel zum Tempel gehen. Alle gingen sie in braunen Röcken von gewöhnlicher Wolle, wie nur die gemeinen Galiläer alle zu gehen pflegen. Jesus hatte nur einen breiteren Gürtel mit Buchstaben darauf. Er fiel gar nicht auf, denn es gingen viele Scharen so gekleideter Galiläer umher. Das Fest ist ganz nahe und es sind große Lager von Hütten und Zelten um die Stadt und überall zieht noch viel Volk heran.

Jesus lehrte wohl eine Stunde lang im Tempel seine Jünger und eine große Anzahl Menschen. Es waren mehrere Lehrstühle, wo gelehrt wurde, es war aber alles mit den Zurüstungen zum Feste so beschäftigt und zugleich mit dem Aufruhr gegen Pilatus, der heute fortgesetzt worden ist, dass ihn kein vornehmerer Priester angriff. Einige geringe boshafte Pharisäer gingen ihn an und fragten ihn, wie Er es wage, sich hier sehen zu lassen und wie lange es mit ihm noch währen solle; man werde ihm wohl das Handwerk bald legen. Jesus antwortete sie beschämend, lehrte ungestört weiter und ging dann wieder nach Betanien.

Aufruhr

Ich sah heute wieder eine große Volksmenge, welche den Pilatus sprechen wollte, auf dem Markt vor der Burg Antonia. Er wusste aber schon alles und hatte Spione und verkleidete Soldaten unter ihnen. Die Herodianer hatten den Judas Gaulonita und seine galiläischen Anhänger aufgewiegelt. Diese kamen ganz kühn und sagten dem Pilatus, er solle von seinem Vorhaben abstehen, vom Tempelschatz Geld zu nehmen, und da viele sehr zügellose Reden führten, ließ Pilatus sie plötzlich überfallen und etwa fünfzig gefangen nehmen.

Das andere Volk stürzte aber drauf zu und machte sie wieder frei und zerstreute sich dann und es kamen etwa fünf unschuldige Juden und auch ein paar römische Soldaten dabei um. Es ist dadurch alles ärger als zuvor.

Jesus und seine Freunde gingen am Abend noch an den Ölberg. Herodes ist in Jerusalem.

Große Lehre im Tempel – Disput der Pharisäer – Der Geheilte vom Teich Bethesda

Joh 5,14.15 – 31. März: Jesus ging heute morgen wieder mit allen Jüngern in den Tempel. Seine Anwesenheit war schon bekannt und in dem Vorhof des Tempels, wo Er vorüber kam, harrten Leute mit mehreren Kranken und auch schon an dem aufsteigenden Weg brachte man einen wassersüchtigen Mann auf einem Tragebett. Jesus heilte ihn und am Tempel noch mehrere Kranke und Gichtbrüchige. Es zogen ihm darum viele Menschen nach.

Als Jesus zu dem Tempel kam, wo man hie und da noch mit Ausräumen und Anordnen des Raumes zu dem morgigen Schlachten beschäftigt war, ging Er bei dem am fünften Sebath am Teich Bethesda geheilten Mann vorüber, welcher auch hier als ein Tagelöhner arbeitete. Jesus wandte sich zu ihm und sprach:

«Siehe! Du bist gesund geworden, sündige nicht mehr, damit dir künftig nicht noch Ärgeres widerfahre!» Man hatte den Mann, der sehr bekannt war, viel gefragt, wer ihn denn am Sabbat geheilt habe. Er kannte aber Jesus nicht und sah ihn hier zum ersten Mal wieder. Es war nun sein erstes Geschäft, den Pharisäern, die ihm gerade vorkamen, zu sagen: der Jesus, der hier eben auch geheilt habe, sei es, der ihn am Teich Bethesda damals geheilt habe.

Da diese Heilung großes Aufsehen gemacht hatte und die Pharisäer sehr über den Sabbatsbruch geschimpft hatten, fanden sie hierin eine neue Klage gegen Jesus und sammelten sich darum mehr um seinen Lehrstuhl und brachten ihre alten Geschichten vom Sabbatschänden wieder vor. Der eigentliche Ausbruch geschah heute noch nicht, obschon sie bereits sehr tobten.

Jesus lehrte im Tempel an zwei Stunden vor vielen Menschen vom Opfer. Er sprach, dass sein himmlischer Vater von ihnen kein blutiges Brandopfer verlange, sondern ein reumütiges Herz; auch vom Osterlamm, als dem Vorbild eines höchsten Opfers, das sich bald erfüllen werde. Es kamen aber viele seiner boshaften Feinde unter den Pharisäern und schmähten ihn und stritten gegen ihn und brachten unter anderem im Anfang die höhnischen Worte vor, ob der Prophet ihnen die Ehre antun wolle, das Osterlamm mit ihnen zu essen. Worauf Jesus unter anderem antwortete:

«Der Menschensohn ist selbst ein Opfer für eure Sünden!»

Es war aber auch jener Jüngling in Jerusalem, der gesagt hatte, er wolle zuerst seinen Vater begraben und dem Jesus geantwortet hatte: «Lasset die Toten die Toten begraben!» Er hatte dies den Pharisäern hinterbracht und sie warfen Jesus diese Rede vor und fragten ihn, was Er darunter verstehe, und wie denn ein Toter den anderen begraben könne.

Jesus sagte ihnen: wer seiner Lehre nicht folge, nicht Buße tue und seine Sendung nicht glaube, habe kein Leben in sich und sei tot; wer aber sein Hab und Gut mehr schätze als sein Heil, der folge seiner Lehre nicht und glaube nicht an ihn, und habe kein Leben in sich, sondern den Tod. So sei auch jener Jüngling gesinnt, denn er habe sich erst mit seinem alten Vater um sein Erbe abfinden wollen und den Vater auf Pension setzen, er habe am toten Erbe gehangen, könne also kein Erbe seines Reiches und des Lebens werden, und darum habe Er ihn gewarnt, er solle die Toten ihre Toten begraben lassen und selbst sich zum Leben wenden.

Jesus fuhr fort und verwies ihnen streng ihre Habsucht. Da Er aber seine Jünger vor dem Sauerteig der Pharisäer warnte und die Parabel vom reichen Manne und armen Lazarus erzählte, wurden die Pharisäer so erbittert, dass sie ein großes Getümmel erhoben, und Jesus musste sich unter dem Volk verlieren und entweichen, sonst hätten sie ihn festgenommen.

Die Osterlämmer des Lazarus – Vorbereitungen zum Fest in Betanien

Die vier Lämmchen, welche von vier Ostergesellschaften bei Lazarus in Betanien verspeist werden sollten und die täglich an einem Brünnchen gewaschen und mit frischen Kränzen geschmückt worden waren, wurden heute abend nach Jerusalem zum Tempel getragen. Jedes hatte einen Zettel mit dem Namen und Zeichen des Hausvaters an dem Kränzchen um seinen Hals. Sie wurden, nachdem sie nochmals gewaschen worden waren, in bestimmte eingezäunte, schöne Rasenplätze am Tempelberg getan.

Alle Hausgenossen des Lazarus reinigten und badeten sich heute. Ich sah sie alle paarweise abwechselnd ins Bad gehen, die Männer und Frauen nach verschiedenen Seiten des Hauses. Ich sah auch Jesus allein dahin gehen, weiß jedoch nicht, ob Er sich wirklich gebadet hat.

Es ist mir das überhaupt nie bestimmt vorgekommen, obschon ich oft gesehen habe, dass Er Angesicht, Arme und Füße wusch. Am Abend ging auch Lazarus zu einem Brunnen und hatte einen Krug mit Wasser und brachte ihn ins Haus, wo er verdeckt stehen blieb.

Dieses Wasser wird morgen zur Bereitung der süßen Brote gebraucht. Dann sah ich Lazarus mit einem Diener in verschiedene Winkel der Gemächer gehen. Der Diener leuchtete ihm und er fegte, wie zu einer Zeremonie, ein wenig aus den Ecken, dann reinigten und fegten die Knechte und Mägde alles und wuschen und scheuerten die Geschirre und Zubereitungsorte der süßen Brote. Dies war das Ausfegen des Sauerteigs.

Simon der Pharisäer von Betanien ist auch schon bei Lazarus gewesen. Er schien mir neulich dem Aussatz nah, aber jetzt scheint er mir reiner. Er ist ein etwas schwankender Anhänger Jesu.

Jesus wandert mit den Jüngern zum Ölberg – Das Schlachten der Osterlämmer

1. April: Heute am 14. Nisan morgens wurde bei Lazarus von den Mägden und einzelnen Dienstfrauen Marthas das süße Osterbrot eingemengt und gebacken. Ich sah Martha und Magdalena nicht dabei.

Der Geheilte vom Teich Bethesda lief auch gestern und heute nach Betanien und wo sich Jesus sehen ließ, und er erzählte überall den Pharisäern, dass Jesus es gewesen sei, von dem er geheilt worden war, und die Pharisäer entschlossen sich, Jesus, wenn es anginge, gefangen zu nehmen und beiseite zu schaffen.

Jesus sah ich heute mehrmals am Ölberg, wohin Er mit den Jüngern und anderen Freunden gewandert ist. Maria, Magdalena und andere Frauen zogen in einiger Entfernung nach. Ich sah, dass die Jünger bei reifen Kornfeldern Ähren abbrachen und aßen und hie und da auch Früchte und Beeren, und dachte noch daran, wann das Ährenabstreifen, das im Evangelium angezeigt ist, eigentlich eintreten werde. Jesus lehrte sie unter anderem wieder sehr ausführlich vom Gebet, warnte vor der Heuchelei im Gebet und wiederholte manches, was Er schon früher gesagt hatte, und erwähnte auch noch, wie sie unaufhörlich im Angesicht seines und ihres Vaters im Gebet wandeln sollten.

Das Osterlamm wurde heute nicht so früh im Tempel geschlachtet wie bei der Kreuzigung Christi, wo das Schlachten schon um halb ein Uhr anfing, da Jesus auch ans Kreuz geschlagen wurde. Damals war es Freitag und man fing wegen des eintretenden Sabbats früher an. Heute begann es gegen drei Uhr nachmittags. Viele Trompeten wurden geblasen und alles stand bereit und das Volk zog in abgeteilten Gruppen in den Tempel. Die Geschwindigkeit und Ordnung war bewunderungswürdig. Alle standen dicht aufeinander und doch hinderte keiner und jeder hatte seine Wege zu kommen, zu schlachten und zu gehen.

Die vier Lämmer für Lazarus und sein Haus schlachteten die vier, welche die Hausväter vorstellten. Lazarus, Heli von Hebron, Judas Barsabas und Heliachim, ein Sohn der Maria Heli und Bruder der Maria Kleophä. Die Lämmer wurden an einem hölzernen Spieß mit einem Querholz wie gekreuzigt und im Backofen stehend gebraten. Die Eingeweide, Herz und Leber lagen in das Osterlamm hineingesteckt; bei einigen wurde es vorn an den Kopf gesteckt. Betphage und Betanien wurden mit zu Jerusalem gerechnet, man konnte das Osterlamm dort essen.

Das Paschamahl bei Lazarus

Abends, als der 15. Nisan begann, aßen sie das Osterlamm. Sie waren alle geschürzt, hatten neue Sohlen an und Stäbe in der Hand. Zuerst sangen sie Gesänge: «Gebenedeit sei der Herr Gott Israels», auch: «Gelobt sei der Herr» und stellten sich mit erhobenen Händen paarweise gegeneinander, indem sie heranwandelten.

An dem Tisch, wo Jesus mit den Aposteln saß, war sein Verwandter Heli aus Hebron Hausvater, Lazarus war es an dem Tisch seiner Hausgenossen und Freunde, an einem dritten Tisch der Jünger war es Heliachim, Kleophä Sohn, an einem vierten Judas Barsabas. Es aßen sechsunddreißig Jünger das Pascha hier.

Nach dem Gebet wurde dem Hausvater ein Becher mit Wein gebracht, den er segnete, trank und herumreichte, dann wusch er die Hände. Es standen aber auf dem Tisch das Osterlamm, eine Schüssel mit Osterkuchen, eine Schale mit einem braunen Mus und eine Schale mit Brühe, auch eine mit kleinen Bündeln bitterer Kräuter und eine, worauf grünes Kraut aufrecht wie ein wachsender Rasen dicht beieinander stand.

Ich kenne ein ähnliches Kraut. Ich wollte es wohl suchen, wenn ich gehen könnte. Als Kind suchte ich es immer und aß es so gern. Es hat feine Stielchen, ist gelblich grün, hat wie Kleeblättchen und blüht mit weißen Blümchen. Es wächst gern unter dicken Hecken. Ich habe oft darunter gesteckt und es gesucht. Ich habe auch wohl gesehen, dass Juden es abbrachen und gern aßen, weiß aber nicht, ob sie es kannten.[64]

Der Hausvater zerlegte dann das Osterlamm und teilte es herum und sie aßen es sehr geschwinde auf.

Sie schnitten von dem dichten Kraut ab, tauchten es in die Brühe und aßen es. Der Hausvater brach auch einen von den Osterkuchen und legte ein Stückchen davon unter das Tischtuch und das alles ging sehr schnell und mit allerhand Gebeten und Sprüchen vor sich und sie lehnten dabei an den Sitzen.

Nachher ging wieder ein Becher herum und der Hausvater wusch wieder die Hände und legte dann ein Bündelchen von den bitteren Kräutern auf ein Täfelchen Brot, tauchte es ein und aß davon und die anderen taten auch so.

Das Osterlamm wurde ganz aufgegessen, die Knochen mit beinernen Messern rein abgeschabt, gewaschen und nachher verbrannt. Dann sangen sie wieder und legten sich nun förmlich zu Tisch und aßen und tranken. Mancherlei zierlich geformte Speisen waren da und sie waren voll Freude und Lust.

Hier bei Lazarus hatten alle Gäste schöne Schalen, wovon sie aßen. Beim letzten Osterlamm Jesu waren Brotscheiben mit allerlei eingedrückten Figuren, die in Höhlungen des Tisches lagen, ihre Teller. Die Frauen standen auch bei ihrer Mahlzeit und waren reisemäßig gekleidet. Sie hatten auch Psalmen, aber sonst keine Zeremonien. Sie zerlegten ihr Lamm nicht selber, es wurde ihnen von dem anderen Tisch gebracht. In Seitenhallen des Speiseraums aßen noch viele arme Leute ihr Osterlamm, deren Mahlzeit Lazarus besorgt hatte und die alle beschenkt wurden.

Jesus lehrte und erzählte während der Mahlzeit und hielt besonders eine sehr schöne Lehre vom Weinstock, vom Veredeln des Weinstocks, vom Ausrotten des schlechten, vom Pflanzen edler Reben, vom Beschneiden derselben nach jedem Ausschießen.

Er sagte den Aposteln und Jüngern, dass sie diese Reben seien und dass des Menschen Sohn der wahre Weinstock sei und dass sie in ihm bleiben müssten, und wenn Er gekeltert sei, müssten sie fort und fort den wahren Weinstock, ihn selbst, verbreiten und alle Weinberge mit anbauen. Sie waren bis sehr spät in der Nacht zusammen und sehr gerührt und freudig.

Judas Barsabas war nach Andreas der bejahrteste Jünger. Er war verheiratet, seine Familie lebte im Hirtenstand in einer Reihe Häuser zwischen Michmethath und Ischariot. Heliachim war auch verheiratet und lebte im Hirtenstand auf dem Felde Ginnim.

Jesus sendete diesen Jünger selten in diese Gegend. Er war viel älter als Jesus.

Jesus im Tempel – Vorwürfe der Pharisäer

Joh 5,16-47 – 2. April: Das Fest im Tempel begann heute sehr früh, er war nach Mitternacht schon offen, alles war voll Lampen. Die Leute kamen schon vor Tagesanbruch mit ihren Dankopfern, allerlei Tieren und Vögeln, die zu kaufen waren, und sie wurden von den Priestern in Empfang genommen und besichtigt, sie brachten auch allerlei Geschenke anderer Art, an Geld, Stoffen, Mehl, Öl.

Jesus, die Jünger, Lazarus, seine Hausgenossen und auch die Frauen gingen, als es Tag geworden, zum Tempel und Jesus stand unter der Menge des Volkes mit den Seinigen zusammen.

Es wurden viele Psalmen gesungen, musiziert und geopfert und auch ein Segen gesprochen, den alle auf den Knien empfingen. Die Leute gingen immer partienweise herein und nach ihrem Opfer heraus und dazwischen wurde geschlossen, damit keine Störung eintrete. Es gingen auch viele Menschen, besonders die Fremden, nach dem Segen in die Synagogen der Stadt, wo gesungen und das Gesetz gelesen wurde.

Gegen Mittag war eine Pause bei den Opfern, etwa um elf Uhr, und es hatten sich schon viele Leute zerstreut und waren teils bei den Küchen im Vorhof der Frauen, wo von den Opfern Speisen bereitet wurden, die dann in den Esssälen von ganzen Gesellschaften zusammen verzehrt wurden. Die Frauen waren früher nach Betanien zurückgekehrt.

Jesus hatte mit den Seinen bis zur Zeit der Pause ruhig gestanden und begab sich nun, da alle Zugänge wieder offen waren, nach dem großen Lehrstuhl im Tempel vor dem Heiligtum in der Vorhalle. Es zogen sich viele Menschen zusammen und auch Pharisäer waren darunter. Der Geheilte vom Teich Bethesda war auch wieder unter der Menge. Er hatte alle die Tage nur allzuviel von Jesus erzählt und öfter auch gesagt, der solche Werke tue, müsse der Sohn Gottes sein. Die Pharisäer hatten ihm zwar zu reden verboten, das half aber nichts.

Da nun auch Jesus vorgestern sehr kühn im Tempel gelehrt hatte und sie sich fürchteten, Er möge sie noch mehr vor dem Volke verächtlich machen, und da auch alle aus dem Lande auf dem Fest versammelten Pharisäer ihre Klagen und Lügen gegen Jesus schon vorgebracht hatten, so nahmen sie sich vor, ihm bei der ersten Gelegenheit stark zu Leibe zu rücken, ihn gefangen zu nehmen und zu richten.

Als Jesus nun hier zu lehren begann, kamen viele um ihn her und unterbrachen seine Lehre durch mancherlei Einwürfe und Vorwürfe. Sie fragten ihn, warum Er das Osterlamm nicht mit ihnen im Tempel gegessen und ob Er heute ein Dankopfer gebracht? Jesus wies sie an die Hausväter, die es für ihn entrichtet hatten. Sie brachten wieder vor, seine Jünger hielten die Gebräuche nicht, äßen mit ungewaschenen Händen und naschten Ähren und Früchte auf dem Weg; man sehe ihn nie Opfer bringen, es seien sechs Tage zur Arbeit und der siebente zur Ruhe. Er habe den Mann am Sabbat geheilt und sei ein Sabbatschänder.

Jesus aber lehrte sehr streng gegen sie vom Opfer; Er sagte wieder, des Menschen Sohn sei selbst ein Opfer, und sie schändeten das Opfer durch ihren Geiz und ihre Lästerung gegen den Nebenmenschen.

Gott verlange keine Brandopfer, sondern bußfertige Herzen; ihr Opfer werde ein Ende nehmen, der Sabbat werde bestehen; aber um der Menschen willen, zu ihrem Heil, damit ihnen geholfen werde, sei er da und nicht die Menschen um des Sabbats willen.

Die Parabel vom reichen Prasser und dem armen Lazarus

Lk 16,19-31 – Sie fragten ihn auch über die Parabel vom armen Lazarus, die Er neulich erzählt hatte und machten sie ganz lächerlich. Woher Er denn die Geschichte so genau wisse?

Was denn Lazarus und Abraham und der reiche Mann gesprochen und ob Er denn bei ihnen in Abrahams Schoß und in der

Hölle gewesen sei? Ob Er sich denn nicht schäme, dem Volk solche Dinge aufzubinden?

Jesus lehrte wieder über diese Parabel und verwies ihnen ihren Geiz, ihre Grausamkeit gegen die Armen, ihr selbstsicheres Beobachten der leeren Formen und Gebräuche bei gänzlichem Mangel an Liebe. Er legte die Geschichte des reichen Prassers ganz auf sie aus; denn seine Geschichte ist wahr und bekannt bis zu seinem Tod, der grässlich war. Ich habe auch wieder gesehen, dass der reiche Prasser und der arme Lazarus gelebt haben und durch ihren Tod im Lande sehr bekannt geworden sind.

Sie wohnten aber nicht zu Jerusalem, wo nachher den Pilgern Häuser von ihnen gezeigt wurden. Ich weiß nicht, woher dies entstanden ist. Sie starben in den Jugendjahren Jesu und man sprach damals viel in frommen Familien davon. Die Stadt, wo sie lebten, heißt, glaub ich, Aram oder Amthar und liegt westlich vom Galiläischen Meer im Gebirge. Ich weiß die ganze Geschichte nicht mehr ausführlich, aber so viel weiß ich noch:

Der Reiche war sehr reich und wohllebend und Ortsvorstand, ein berühmter Pharisäer, der das Gesetz äußerlich sehr streng beobachtete, aber er war sehr hart und unbarmherzig gegen die Armen, und ich sah die Armen des Orts, welche von ihm Pflege und Hilfe begehrten, weil er Vorstand war, strenge von ihm abgewiesen.

Es war ein gar frommer und elender armer Mann da, der hieß Lazarus, und er war voll von Geschwüren und Elend. Aber er war demütig und voll Geduld und hungrig ließ er sich zum Haus des Reichen bringen, um die Sache der abgewiesenen Armen zu vertreten. Der Reiche lag zu Tisch und prasste und Lazarus war als ein Unreiner hart von ihm abgewiesen.

Der arme Lazarus lag nun vor der Tür und flehte nur um die Brosamen, die von seinem Tische fielen, jedoch niemand gab ihm etwas. Aber die Hunde waren barmherziger und leckten seine Geschwüre und das hatte die Bedeutung, dass die Heiden barmherziger sind als die Juden.

Nachher starb Lazarus sehr schön und erbaulich und der Reiche starb auch, aber einen fürchterlichen Tod, und man hörte auch eine Stimme aus seinem Grab, wovon die Rede im ganzen Land war. Das Nähere weiß ich nicht mehr.

Jesus setzte das Ende der Parabel aus der inneren Wahrheit hinzu, was den übrigen Menschen unbekannt war. Darum spotteten ihn die Pharisäer auch aus und sagten, ob Er denn alle diese Reden in Abrahams Schoß mit angehört habe?

Da nun dieser reiche Prasser ein sehr strenger pharisäischer Beobachter der Gebräuche gewesen, ärgerte es die Pharisäer besonders, dass sie damit verglichen wurden, weil es darin heißt, dass sie Mose und die Propheten nicht hörten. Jesus sagte ihnen aber gerade heraus, wer ihn nicht höre, höre die Propheten nicht, denn sie sprächen von ihm. Wer ihn nicht höre, höre Mose nicht, denn Er spreche von ihm, und wenn auch die Toten auferstünden, würden sie nicht an ihn glauben. Sie würden aber aufstehen und von ihm zeugen – das geschah das Jahr darauf in demselben Tempel bei seinem Tod – und sie würden nicht glauben; sie würden aber auch auferstehen und Er werde sie richten. Alles aber, was Er tue, tue sein Vater in ihm, auch die Toten erwecken.

Auch von Johannes und dessen Zeugnis sprach Jesus und dass Er es nicht bedürfe, Er habe ein größeres Zeugnis: seine Werke zeugten von seiner Sendung und der Vater zeuge selbst davon. Sie aber kennten Gott nicht; sie wollten durch die Schrift selig werden und hielten die Gebote nicht. Er werde sie nicht anklagen, Mose werde es tun, dem sie nicht glaubten und der doch von ihm geschrieben habe.

Eine Stimme vom Himmel

So lehrte Jesus noch vieles unter vielen Unterbrechungen und sie wurden zuletzt so ergrimmt, dass sie gegen ihn andrangen und lärmten und nach der Wache sandten, sie wollten ihn ergreifen.

Es wurde aber ein finsteres Wetter und Jesus schaute empor, da das Getümmel groß wurde und sagte:

«Vater, zeuge von deinem Sohn!» Da kam eine dunkle Wolke vor den Himmel und es geschah wie ein Donnerschlag und ich hörte eine laute Stimme durch die Halle: «Das ist mein lieber Sohn, an dem ich mein Wohlgefallen habe.»

Die Feinde wurden ganz verwirrt und schauten erschrocken empor, die Jünger aber, welche in einem Halbkreise hinter Jesus gestanden, setzten sich in Bewegung und Jesus ging zwischen ihnen ungehindert durch die sich öffnende Menge hindurch an der Abendseite zum Tempel und aus der Stadt durch das Ecktor beim Haus des Lazarus hinaus. Sie zogen heute noch drei Stunden nördlich, nach Rama, wie ich meine.

Die Jünger haben diese Stimme nicht gehört, sondern nur den Donner, denn ihre Stunde war noch nicht gekommen. Aber mehrere der zornigsten Pharisäer hörten sie. Als es aber wieder hell wurde, sprachen sie nicht davon und eilten nach und sandten Boten, Jesus zu ergreifen. Er war aber nicht mehr zu finden und sie ärgerten sich, dass sie sich so hatten überraschen lassen und ihn nicht angehalten hatten.

Die Lehren Jesu

Mt 16,24-28; Mk 9,34-39; Lk 9,23-27 – Jesus hat in den vorhergehenden Lehren, die Er im Tempel und auch in Betanien an die Jünger und das versammelte Volk gehalten hatte, mehrmals von der Nachfolge und dem Kreuznachtragen gesprochen und «wer sein Leben retten will, wird es verlieren, wer es aber um Meinetwillen verliert, der wird es gewinnen. Was hilft es, wenn einer die Welt gewinnt und Schaden leidet an seiner Seele?

Wer sich meiner vor diesem ehebrecherischen, sündhaften Geschlecht schämt, dessen wird sich auch des Menschen Sohn schämen, wenn Er in der Herrlichkeit seines Vaters kommen wird, jedem nach seinen Werken zu vergelten.» Auch sagte Jesus, dass solche unter den Zuhörern seien, welche den Tod nicht empfinden würden, bis sie das Reich Gottes in Kraft kommen gesehen. Es spotteten noch einige Zuhörer darüber, aber ich weiß nicht mehr recht anzugeben, was Jesus damit gemeint hat.

Die Worte, die im Evangelium stehen, höre ich immer wie die hervorstehenden Hauptlehren, aber es ist alles viel weitläufiger, und was man da in ein paar Minuten lesen kann, davon lehrt Er oft

Stunden lang. Ich meine, die Verklärung wird nach dem nächsten Sabbat kommen.

Blick auf Stephanus

Stephanus ist nun schon in Berührung mit den Jüngern. Schon auf jenem Fest, da Jesus den Mann am Teich Bethesda heilte, wurde er mit Johannes bekannt und ist seitdem viel mit Lazarus zusammen. Er ist sehr schlank und liebenswürdig und ist ein Schüler der Schriftgelehrten. Auch dieses Mal war er mit anderen Jerusalemsjüngern in Betanien und hörte die Lehre Jesu an.

Jesus geht nach Rama

Jesus war mit den Jüngern drei Stunden unterwegs gegen Norden. Er ließ, vorübergehend, Bethzur, wo Er bei seinem letzten Aufenthalt gelehrt hatte, eine halbe Stunde links liegen. Bei Anathoth ist Er auch vorüber gekommen. Eine Stunde weiter lag der Ort (sie meinte Rama, jedoch unbestimmt), wo Er herbergte. Michmas, wo Maria den Knaben Jesus vermisste, liegt noch weiter rechts.

Jesus in Thänath-Silo

3. April: Jesus ging heute von Rama bis Thänath-Silo, der Ackerbaustadt bei Sichar. Er wurde hier schon sonst gut aufgenommen und heute noch besser, wie überhaupt überall, weil die Pharisäer alle in Jerusalem waren und ebenso alle kräftigen erwachsenen Männer und Jünglinge. Es waren meistens nur alte und kränkliche Leute, Frauen und kleine Kinder zurück und die alten Hirten bei den Herden. Schon gestern sah ich in Rama die Leute mit Prozessionen auf die reifen Kornfelder gehen und Bü-

schel von Getreide abschneiden und an Stangen in die Synagoge und Häuser tragen. Ich sah besonders bei Thänath-Silo die Leute dies auch tun.

Jesus wurde sehr liebevoll aufgenommen von den armen, kranken und alten Leuten und den Müttern und Kindern; denn nun scheute sich keiner, ihm zu nahen. Er lehrte hie und da auf dem Felde und auch in Thänath-Silo, wo Er übernachtete. Seine Lehre war noch immer sehr streng und ernst von seinem nahen Ende. Er rief alle, die Trost suchen, zu sich und sprach vom Gott wohlgefälligen Opfer eines reumütigen Herzens. Die Leute warnten ihn hier, doch nicht durch Samaria zu gehen, ich meine, weil die Samariten dem Volk, das vom Pascha zurückkam, allerlei Schabernack taten, weiß es aber doch nicht mehr recht.

Ich habe heute auch einen Blick gehabt, dass Pilatus allen Galiläern verbieten ließ, Jerusalem ohne seine Erlaubnis zu verlassen, sie würden sonst auf den Wegen von seinen Truppen niedergemacht werden, doch weiß ich es nicht mehr ganz deutlich.

Jesus lehrt in Atharoth und heilt die verkrümmte Frau

Lk 13,10-17 – 4. April: Jesus ging von Thänath-Silo nach Atharoth, etwas nördlich von dem Berg bei Meroz, wo Er einmal die große Lehre gehalten. Es ist der Ort, wo ihm die Pharisäer einen Toten zum Heilen gebracht hatten. Der Ort ist ungefähr vier Stunden nördlich von Thänath-Silo.

Jesus kam gegen Mittag vor Atharoth an und lehrte auf einem Hügel vor der Stadt, wohin ihm viele alte Leute, Kranke, Frauen und Kinder folgten. Es kamen nun alle Kranken und jene Leute, die sich vor den Pharisäern fürchteten, zum Vorschein und flehten Trost und Hilfe von ihm; denn in Atharoth waren die Pharisäer und Sadduzäer so erbost gegen Jesus, dass sie damals die Tore hatten sperren lassen, als Er in der Nähe war.

Er lehrte sehr streng und zugleich liebreich und warnte die armen Leute vor der Bosheit der Pharisäer. Er sprach fortwährend deutlicher von seiner Sendung, von seinem himmlischen Vater, von seiner nahen Verfolgung, von der Auferstehung der Toten und dem Gericht und von der Nachfolge. Er heilte viele Kranke, Lahme, Blinde, Wassersüchtige, auch kranke Kinder und blutflüssige Frauen.

Die Jünger hatten ihm eine Herberge vor Atharoth bei einem einfältigen Schullehrer, einem alten Mann, der da zwischen Gärten wohnte, bereitet, sie wuschen da die Füße, nahmen eine Erquikkung und gingen zum Sabbat nach Atharoth in die Synagoge.

Da versammelten sich viele Leute, die aus der Gegend herangekommen, auch die Geheilten waren alle da. Ein alter krummer Schelm von Pharisäer, der zurückgeblieben war, stand der Synagoge vor und er gab sich ein ganz besonderes Ansehen, wenn er den Leuten auch etwas lächerlich war. Es wurde heute über gesetzliche Unreinheit der Kindbetterinnen und über den Aussatz gelesen und über die Brotvermehrung des neuen Brotes und Getreides durch Elisäus und wie Naaman durch ihn geheilt wurde (Lev 12-14; 2 Chr 4,42-5,19).

Jesus hatte schon eine Zeit lang gelehrt, da wandte Er sich zu der Stelle, wo die Frauen standen und rief einer Witwe, die ganz gekrümmt von ihren Töchtern in die Synagoge auf ihren gewöhnlichen Platz geführt worden war. Sie dachte gar nicht daran, Hilfe zu begehren und war schon achtzehn Jahre krank. Sie war in der Mitte des Leibes gekrümmt und ging mit dem Oberleib so niedergebogen zur Erde, dass sie schier auf den Händen hätte gehen können. Jesus sprach zu ihr, als die Töchter sie vor ihn führten: «Frau, sei los von deiner Krankheit!» und legte seine Hand auf ihren Rücken. Da richtete sich die Frau kerzengerade in die Höhe und lobte Gott: «Gelobt sei der Herr, der Gott Israels» und warf sich vor Jesus nieder und alle Anwesenden lobten Gott.

Der alte krumme Schelm von Pharisäer aber, erbittert, dass ein solches Wunder am Sabbat unter seiner Regierung in Atharoth vorgefallen, wandte sich, da er sich nicht an Jesus wagte, mit großer Autorität an das Volk und zankte und sagte: «Es sind sechs Tage, an denen man arbeiten soll; in denen kommt und lasst euch heilen, aber nicht am Sabbat!»

Da sagte Jesus zu ihm: «Du Heuchler, löst nicht jeder von euch seinen Ochsen oder Esel am Sabbat von der Krippe und führt ihn zur Tränke? Sollte nun diese, die doch eine Tochter Abrahams ist, nicht am Sabbat von diesem Band gelöst werden, welche Satan schon achtzehn Jahre gebunden hatte?» Da schämte sich der krumme Pharisäer und all sein Anhang und alle Leute lobten Gott und freuten sich des Wunders.

Es war gar rührend, die Töchter und einige der Frau verwandte Knaben so freudig um die Frau herum zu sehen. Ja, alle Leute waren froh, denn sie war wohlhabend und in der Stadt beliebt und geachtet. Es machte sich lächerlich und abscheulich zugleich, den krummen Pharisäer, statt selbst Hilfe zu erflehen, über die Heilung der frommen krummen Frau zornig zu sehen. Jesus fuhr aber in seiner Lehre über den Sabbat fort und lehrte ebenso streng wie im Tempel, da sie ihm die Heilung des Mannes am Teich Bethesda vorwarfen. Er hatte ein Mahl und übernachtete nachher bei dem Schullehrer von Atharoth.

5. April: Jesus hat heute Kranke in den Häusern geheilt, Almosen gegeben und bei der geheilten Frau, die viele Arme speiste und große Almosen gab, ein Mahl gehabt; dann lustwandelte Er noch mit den Seinigen, schloss den Sabbat in der Synagoge und ging nachher noch ein paar Stunden bis zu einer Herberge bei Ginnim.

Jesus geht nach Hadad-Rimmon

6. bis 7. April:

Jesus ist von seiner Herberge ungefähr acht Stunden mit den Jüngern nördlich im Tal Esdrelon und über den Bach Kison nach Hadad-Rimmon gewandert. Er hat Endor, Jezrael, Naim rechts liegen gelassen. Die Stadt liegt höchstens eine Stunde östlich von Megiddo, wo die Johannesjünger voriges Jahr (20. November) zu Jesus gekommen sind; auch nicht weit von Jezrael und Naim und etwa drei Stunden westlich vom Tabor und nicht weiter südwestlich von Nazaret. Es ist eine ganz bedeutende, belebte Stadt; denn es geht eine Heer- und Handelsstraße von Tiberias nach der Meeresküste hier durch. Jesus herbergte vor der Stadt. Er lehrte unterwegs und heilte auch hie und da Hirten und kranke, arme

Leute. Er hat auf diesem Weg viel von der Nächstenliebe gelehrt und ihnen auch die Liebe gegen die Samariter und alle Menschen empfohlen, auch die Parabel vom barmherzigen Samaritan erzählt und ausgelegt. Er lehrte in Hadad-Rimmon besonders von der Auferstehung.

Blick auf Jerusalem – Großes Morden im Tempel

Ich habe heute nacht eine schreckliche Mörderei im Tempel gesehen, zwischen Soldaten des Pilatus und den aufgewiegelten Galiläern. Ich war in meiner Arbeitsreise nach Jerusalem gekommen und war im Tempel mitten dazwischen, und sah Judas Gaulonita dicht neben mir niedergestochen werden. Es war mir, als bäte er mich, ihn entwischen zu lassen, aber ich ließ den Bösewicht nicht fliehen. Er war dick und stark.

Pilatus hatte am Tag nach Jesu Abreise den galiläischen Eiferern bei Todesstrafe verbieten lassen, aus Jerusalem zu ziehen, was sie tun wollten. Viele von ihnen waren als Geiseln für die anderen eingefangen worden. Heute morgen gab Pilatus sie los und allen die Erlaubnis, ihre Opfer darzubringen und abzuziehen. Er selbst machte gegen Mittag Anstalten zu seiner eigenen Abreise nach Cäsarea. Die zurückgehaltenen Galiläer waren sehr froh und überrascht über ihre Freiheit und eilten, im Tempel ihr Sühnopfer zu bringen, weil sich einige verschuldet hatten und das Opfer nicht hatten darbringen können.

Es war auch gebräuchlich, dass an diesen Tagen allerlei Opfer und Geschenke zum Tempel gebracht wurden. Viele kauften Vieh und brachten es zum Opfer in den Tempel. Die meisten verkauften alles, was sie nur immer entbehren konnten, und machten es zu Geld, das sie in die Opferkästen des Tempels brachten. Für die Ärmeren zahlten die Wohlhabenderen. Ich sah drei verschiedene Opferstöcke, in welche sie opferten. Dabei wurde gelehrt und gebetet. Andere waren auf dem Schlachtplatz mit ihrem Opfervieh. Es waren ziemlich viele Menschen im Tempel, doch nicht übermäßig. Ich sah an verschiedenen Stellen kleine Gruppen von

Israeliten vor sich gebückt mit verhülltem Haupt in Betmänteln stehen oder knien oder auf dem Angesicht liegen.

Judas Gaulonita war unter seinen Anhängern am Opferstock, denn diese Galiläer waren es eben, welche Pilatus angehalten und freigelassen hatte. Sie waren die teils einfältigen, teils boshaften Werkzeuge der Herodianer. Es waren sehr viele Leute aus Gaulon und eine große Menge aus Thirza und dessen Umgebung und anderen Herodianer-Nestern dabei.

Als nun diese Leute alle ihre Geldopfer gebracht hatten und in der besten Andacht begriffen waren, da keiner sich umschaute, sah ich etwa zehn Kerle auch in solcher Kleidung heranschleichen und von verschiedenen Seiten, als sie ihnen nahe waren, unter ihren Mänteln dreischneidige, ellenlange Schwerter hervorziehen und die, welche am nächsten standen, niederstoßen.

Da erhob sich ein entsetzliches Geschrei. Die wehrlosen Leute flohen in der Bestürzung nach allen Seiten. Aber nun liefen auch jene herzu, welche ich hie und da verhüllt hatte knien sehen, und sie waren verkleidete Römer, die alles niederschlugen und -stachen, was ihnen in den Weg kam. Viele drangen zu dem verlassenen Opferkasten und rissen die Schläuche mit dem Geld heraus, jedoch sie brachten nicht alles davon, es war ein gut Teil darin.

Das Getümmel war so groß, dass dieses Geld im Tempel verschüttet wurde; denn auch zur Schlachtstelle eilten die Römer und stachen die Galiläer nieder. Ich weiß nicht, wo die Kerle herkamen, ich sah sie aus allen Winkeln herauskommen, ja durch Fenster-Öffnungen herein- und herausspringen.

Als durch das Zetergeschrei alles, was im Tempel war, zusammenlief, wurden auch viele ganz unschuldige Leute aus Jerusalem im Getümmel ermordet und auch von den armen Leuten, welche im Vorhof und an den Mauern ihre Esswaren feil boten. Ich war im Gesicht einigen Galiläern in einem dunklen Gang gefolgt, wohin sie sich retten wollten. Sie hatten einige Römer überwältigt und ihnen die Waffen entwunden.

Da kam ihnen Judas Gaulonita entgegen, der schon hier war, um auch zu entwischen; aber sie hielten ihn für einen Römer und stachen ihn trotz seines Geschreis, dass er Judas sei, nieder; denn die Verwirrung war durch die ähnliche Kleidung der Mörder so groß, dass alles sich anfiel, was sich entgegen kam. Dieses Morden dauerte etwa eine Stunde, da drängte sich das Volk mit Waffen zum Tempel herauf, die Römer aber zogen sich in die Burg Antonia zurück und schlossen dieselbe. Pilatus war bereits abgereist und die Besatzung in der Stadt hatte schon überall eine drohende wehrhafte Stellung eingenommen und alle Zugänge waren besetzt und gesperrt, damit kein Auflauf entstehen konnte.

Ich sah an einer steilen schwindelhohen Seite des Tempels hinab in die engen Straßen und sah Frauen, denen man die Nachricht von der Ermordung ihrer Männer brachte, und Kinder wehklagend aus einem Haus ins andere rennen; denn es waren viele von den armen Leuten umgekommen, die in der Nähe des Tempels wohnen und Höcker und Tagelöhner darin sind.

Es war eine schreckliche Verwirrung im Tempel und alles floh hinaus, als erst ein wenig Luft wurde. Die Ältesten, Vorsteher, bewaffnete Männer und auch Pharisäer kamen heran. Alles lag umher voll Leichen, Blut und zerstreutem Geld und einzelne Sterbende und schwer Verwundete ächzten und wälzten sich am Boden.

Nun kamen erst die Angehörigen der aus Jerusalem zufällig Erschlagenen, und es war Wehklagen, Zorn, Wut und Angst an allen Ecken. Die Pharisäer und Hohenpriester waren ganz entsetzt, der Tempel war durch und durch verunreinigt. Die Priester wagten sich nicht heran, um sich nicht zu verunreinigen durch die Toten. Das Fest war daher unterbrochen.

Ich sah die ermordeten Jerusalemer mit Wehklagen auf Bahren und in Tüchern von ihren Angehörigen hinabtragen. Die anderen Leichen aber wurden von Sklaven aus einer niedrigen Menschenart hinweg gebracht. Alles, was im Tempel war an Vieh und Esswaren, alle Geräte mussten liegen bleiben, weil alles unrein war. Und alles ging hinweg, außer die aufgestellten Wächter und Arbeiter. Ich habe noch viel mehr gesehen, erinnere mich dessen aber nicht mehr deutlich. Der Ermordeten waren mehr als bei dem neulichen Sturz der Wasserleitung verschüttet worden sind.

Es waren außer den einzelnen unschuldigen Leuten aus Jerusalem meistens die Anhänger des Judas Gaulonita, welche gegen den kaiserlichen Zins und gegen das die Gebräuche des Tempels verletzende Opfergeld für die Wasserleitung geeifert hatten.

Es waren jene, welche sich neulich so laut gegen den Antrag des Pilatus erhoben und auch einige Römer im Gefecht erschlagen hatten. Pilatus nahm so seine Rache hier, da sie wehrlos waren, auch an Herodes für die neuliche Spitzbüberei beim Einsturz des Turmes.

Es waren viele Leute von Tiberias, Gaulon, aus Obergaliläa und Cäsarea-Philippi, besonders aber aus Thirza unter den Ermordeten.

Hadad-Rimmon

7. April: Jesus hat die Apostel und Jünger bis auf wenige in die umliegenden Orte zu heilen und lehren ausgesandt. Er selbst hat hier gelehrt, und zwar von der Auferstehung der Toten und dem Gericht und auch von der Barmherzigkeit.

Er heilte auch mehrere Kranke, die gebracht wurden, und es kam ein großer Zug von Leuten zu ihm, welche einen Tag nach ihm von Jerusalem fortgezogen waren, und ihn dort nicht hatten hören können. Er lehrte sie und blieb am Abend vor der Stadt in der Herberge.

DREIZEHNTES KAPITEL

Die Verklärung auf dem Tabor

Vom 8. bis 10. April 1823

Mt 17,1-9; Mk 9,1-8; Lk 9,28-36 – 8. April, 21. Nisan: Jesus ging heute in der Früh von der Herberge vor Hadad-Rimmon mit einigen Jüngern etwa drei Wegstunden östlich nach Kisloth-Tabor, welches am Fuß des Tabors gegen Mittag liegt.

Unterwegs kamen die gestern ausgesandten Jünger nach und nach zu ihm zurück. Zu Kisloth sammelte sich wieder eine große Schar von Reisenden um Jesus, welche von Jerusalem kamen. Er lehrte sie und heilte einige Kranke.

Nachmittags um zwei oder drei Uhr sandte Er die Jünger rechts und links um den Berg herum aus, zu lehren und zu heilen. Er selbst behielt Petrus, Johannes und Jakobus den Älteren bei sich und ging mit ihnen den Berg hinauf.

Er ging einen Fußpfad, der sich in Schlaufen am Tabor hinaufzog. Sie hätten wohl schneller aufsteigen können, aber sie brachten gegen zwei Stunden auf dem Weg zu, denn Jesus verweilte oft mit ihnen an einzelnen Stellen und Höhlen, wo Propheten gewohnt hatten, und erklärte ihnen mancherlei und betete mit ihnen. Sie hatten keine Speise mitgenommen. Jesus hatte es ihnen verboten und gesagt, sie würden gesättigt werden.

Auf dem Gipfel des Berges war eine schöne weite Aussicht und eine große, freie Rasenfläche von schattigen Bäumen umgeben. Der Boden war mit wohlriechenden Kräutern und Blumen bedeckt. Es war ein Wasserbehälter in einem Felsen verborgen und wenn man einen Zapfen zog, floss helles, sehr kühles Wasser. Sie wuschen Jesus und sich die Füße und erfrischten sich.

Jesus begab sich nun mit ihnen in eine etwas vertiefte Stelle vor einen Felsen, der eine Höhle bildete, wie ein Tor. Es war wie die Bethöhle am Ölberg, man konnte aber auch in Gewölbe hinabgehen. Jesus setzte hier seine Lehre fort und sprach mit ihnen auch von dem Kniendbeten und sagte, dass sie jetzt dringend mit emporgehobenen Händen beten sollten. Er lehrte sie auch das Vaterunser mit einigen dazwischen einfallenden Stellen aus den Psalmen und sie beteten dies in einem Halbkreis auf den Knien sitzend.

Jesus kniete ihnen gegenüber an einen aus der Erde hervorstehenden Felsen gelehnt, und abwechselnd lehrte Er sie wieder eine wunderbare tiefsinnige und süße Lehre, die von der Erschaffung und Erlösung handelte. Ich habe sie gehört, bin aber so krank und engbrüstig, ich kann nichts davon vorbringen. Jesus sprach ungemein liebevoll und begeistert, und die Jünger waren ganz trunken von seinen Worten.

Er hatte im Anfang seiner Lehre gesagt, Er wolle ihnen zeigen, wer Er sei, sie sollten ihn verherrlicht sehen, damit sie nicht wankten im Glauben, wenn sie ihn verschmäht, misshandelt und von aller Herrlichkeit verlassen in seinem Tode sehen würden. Die Sonne war gesunken und es wurde dunkel, aber sie bemerkten es nicht, so wunderbar war seine Rede und sein Wesen.

Jesus wurde immer leuchtender und ich sah Erscheinungen von englischen Geistern um ihn her. Petrus sah sie auch, denn er unterbrach Jesus und sagte: «Meister! Was bedeutet das?»

Jesus sagte zu ihm: «Sie dienen mir!» Petrus rief aber ganz begeistert aus, mit vorgestreckten Händen: «Meister, wir sind ja hier, wir wollen dir dienen in allem!»

Ich weiß die Antwort Jesu nicht mehr. Jesus lehrte aber immer fort, und es kamen mit dem Erscheinen jener Gestalten um Jesus Ströme von wechselndem Wohlgeruch und ungemeine Sättigung und himmlisches Genügen über die Jünger.

Der Herr aber leuchtete immer mehr und war wie durchschimmernd. Der Kreis um sie her war in der dunklen Nacht so erleuchtet, dass man jedes Kräutchen wie am hellen Tage auf dem Rasen erkennen konnte. Die drei Jünger wurden so innerlich und erquickt, dass sie, als dies Leuchten einen hohen Grad angenommen hatte, das Haupt verhüllt zur Erde niederbeugten und so liegen blieben.

Es war etwa um zwölf Uhr in der Nacht, als ich diese Glorie am höchsten sah. Vom Himmel nieder sah ich eine leuchtende Bahn und eine stets wechselnde Bewegung von Engeln der verschiedensten Art. Einige waren klein, doch in ganzer Gestalt, andere schimmerten bloß wie Angesichter aus dem Licht hervor, viele waren priesterlich, andere waren kriegerisch erscheinend. Alle hatten ein verschiedenes Wesen in sich, und es kamen verschiedene Erquickungen, Kräfte, Wonnen und Lichter mit ihnen. Sie waren in steter Tätigkeit und Bewegung.

Es war so um Mitternacht. Die Apostel lagen mehr entzückt als schlafend auf ihrem Angesicht, da sah ich drei leuchtende Gestalten zu Jesus in das Licht eintreten. Ich sah sie nicht eher, als sie in den Lichtkreis traten. Sie schienen ganz natürlich zu kommen, wie einer, der aus der Nacht auf eine beleuchtete Stelle tritt.

Zwei erschienen bestimmter und körperlicher; sie redeten Jesus auch an und sprachen mit ihm: Es waren Mose und Elia. Die dritte Erscheinung sprach nicht und war leichter und geistiger, es war Malachias. Hier weckte mich mein Husten auf.

Ich hörte, wie Mose und Elia Jesus begrüßten und wie Er von seiner Erlösung und seinem Leiden mit ihnen sprach. Ihr Zusammensein hatte etwas ganz Einfaches und Natürliches, da ich mich schon an das Leuchten gewöhnt hatte. Mose und Elia erschienen nicht so alt und abgelebt, wie sie die Erde verlassen hatten, sie waren blühend und jung. Mose größer, ernster und majestätischer als Elia, hatte auf der Stirne wie zwei ausgewachsene Zitzen und ein langes Gewand an. Er war ein ganz fester Mann und wie ein strenger Zuchtmeister, aber sehr rein und recht und einfach.

Er sagte zu Jesus, wie er sich freue, ihn zu sehen, der ihn und sein Volk aus Ägypten geführt habe und nun abermals erlösen wolle. Er erwähnte viele Vorbilder seiner Zeit und sprach sehr tiefsinnig vom Osterlamm und dem Lamm Gottes.

Elia war ganz anders, er war feiner, lieblicher und milder anzuschauen. Beide aber waren sehr von der Erscheinung des Malachias verschieden; denn beiden konnte man etwas Menschliches, Erlebtes in ihren Gesichtern und Gestalten ansehen, man sah in ihren Gesichtern Familien-Gesichter. Malachias sah ganz anders aus, er hatte etwas Außermenschliches, wie ein Engel, er sah aus wie die Gestalt einer einfachen Kraft und Aufgabe. (Sie bemüht sich, dies mit anderen Worten zu sagen, welche unwiederholbar, weil plattdeutsch und schweifend sind.) Er war ruhiger und geistiger als die anderen.

Jesus erzählte ihnen alle Schmerzen, welche Er bis jetzt schon erlitten, und alles, was ihm bevorstand. Er erzählte ihnen die ganze Leidensgeschichte Punkt für Punkt, und Elia und Mose sprachen oft ihre Rührung und Freude darüber aus, und es waren ihre Reden ein Mitleiden und Trösten und Verehren des Heilandes und ein beständiges Lobpreisen Gottes. Sie sprachen oft die Vorbilder alles dessen aus, was Jesus sagte, und lobten Gott, dass Er sich seines Volkes von Ewigkeit her erbarmt habe. Malachias aber schwieg.

Die Jünger erwachten nun und hoben die Häupter und sahen lange seine Herrlichkeit und sahen Mose und Elia.

Ob sie Malachias sahen, weiß ich nicht; ich kann mir aber denken, dass Petrus ihn sah, weil er früher auch nach den Engeln gefragt hatte. Als aber Jesus in der Beschreibung seines Leidens bis zu seiner Erhöhung am Kreuz gekommen war, breitete Er seine Arme aus, als sage Er: So wird der Menschensohn erhöht werden und sein Angesicht war gegen Mittag gekehrt. Da wurde Er ganz wie von Licht durchdrungen, sein Gewand schimmerte bläulichweiß, und ich sah ihn und die Propheten, und auch die drei Apostel über die Erde empor gehoben.

Indes schieden die Propheten von ihm: Elia und Mose gegen Osten zu, und Malachias abendwärts in die Dunkelheit verschwindend. Und Petrus, außer sich, sprach freudig: «Meister! Hier ist gut sein für uns, hier wollen wir drei Hütten bauen! Dir eine, Mose eine, und Elia eine!» Er meinte, sie brauchten keinen anderen Himmel, es sei ja alles so selig und süß, und unter den Hütten verstand er Orte der Ruhe und Ehre, Wohnungen der Heiligen. Er sprach dies aber im Taumel seiner Freude und in einem entrückten Zustand, ohne zu wissen, was er sagte.

Es war, als sie wieder in das gewöhnliche Wachen zurückkehrten, da sah ich eine weiße lichte Wolke, wie der Tau morgens über den Wiesen schwebt, über sie kommen, und sah über Jesus den

Himmel offen und das Bild der Allerheiligsten Dreifaltigkeit, wie ich es in manchen Fällen sehe, da Gott Vater auf einem Thron, wie ein hoherpriesterlicher Greis erscheint, und zu seinen Füßen allerlei geordnete Scharen von Engeln und Gestalten; und ein Strom von Licht ergoss sich auf Jesus und es kam wie ein süßes flüsterndes Wehen einer Stimme über die Apostel:

«Dieser ist mein geliebter Sohn, an dem ich Wohlgefallen habe, diesen höret!» Da kam Furcht und Zagen über die Apostel und sie warfen sich mit dem Angesicht auf die Erde und wurden sich erst wieder bewusst, wie sie arme, schwache Menschen seien, und welche Herrlichkeit sie gesehen, und sie zagten vor Jesus, über welchen sie das Zeugnis seines himmlischen Vaters hatten aussprechen hören.

Jesus trat nun zu ihnen und rührte sie an und sprach: «Steht auf und fürchtet euch nicht!» Da standen die Apostel von der Erde auf und sahen Jesus allein. Es war etwa gegen drei Uhr morgens, und man sah das nahende Tageslicht weiß am Himmel, und die feuchten Tauwolken schwebten über der Gegend unter ihnen. Sie waren aber sehr schüchtern und ernst.

Jesus sprach mit ihnen, wie Er sie die Verklärung des Menschensohnes habe sehen lassen, um ihren Glauben zu stärken, damit sie nicht wankten, wenn sie ihn für die Sünden der Welt in die Hände der Missetäter gegeben sehen würden, damit sie sich nicht an ihm ärgerten in seiner Erniedrigung, deren Zeugen sie auch werden sollten, und auf dass sie alsdann die Schwächeren stärken möchten. Er erwähnte auch wieder den Glauben des Petrus, der dieses früher durch Gott erkannte, und sprach von dem Felsen, auf den Er seine Kirche bauen wolle. Dann beteten sie noch und gingen in der Morgenröte an der Nordwestseite des Berges hinab.

Im Niedersteigen lehrte sie Jesus noch mancherlei über das, was sie gesehen, und sagte zu ihnen, sie sollten niemandem etwas von diesem Gesicht sagen, bis des Menschen Sohn von den Toten auferstanden sein würde. Sie merkten sich diesen Befehl und waren überhaupt sehr erschüttert und ehrerbietiger als sonst und gedachten seit der Stimme: «Diesen höret!» mit Angst und Reue an früheren Zweifel und Unglauben.

Als sie aber mit dem sich verbreitenden Tageslicht im Herabsteigen der gewöhnlichen Empfindung wieder näher gerückt waren, teilten sie sich untereinander ihr Befremden über den Ausdruck mit, was das heißen solle: «Bis des Menschen Sohn von den Toten auferstanden ist!» Sie wagten jedoch jetzt nicht, Jesus darüber zu fragen.

Jesus heilt den mondsüchtigen Knaben

Mt 17,14-17; Mk 9,13-26; Lk 9,37-43 – 9. April: Noch bevor Jesus am Fuße des Berges angekommen war, zogen ihm schon Leute mit mehreren Kranken entgegen, welche Er heilte und tröstete. Die Leute aber erschraken über ihn, denn es war etwas Ungewöhnliches, Übernatürliches und Leuchtendes in seinem Aussehen. Eine kleine Strecke tiefer waren viele Leute und seine Jünger, die Er gestern um den Berg gesandt hatte, und auch einige Schriftgelehrte versammelt.

Es war diese Schar, die vom Fest nach Hause zog, mit den Jüngern im Nachtlager zusammengekommen und war dann mit diesen hierher gegangen, um Jesus zu erwarten. Jesus sah aber diese Leute in einem Wortwechsel mit den Jüngern.

Als nun die Scharen Jesus erblickten, liefen sie ihm entgegen, grüßten ihn und erschraken sehr über seinen wunderbaren Anblick, denn der Tau seiner Verherrlichung lag noch auf ihm. Die Jünger ahnten auch an dem Wesen der drei Apostel, welche ernster und schüchterner als sonst Jesus folgten, dass etwas Wunderbares mit ihm vorgegangen sei.

Jesus fragte sie nun, worüber sie stritten. Da trat ein Bürger von Amthar, einer Stadt auf dem galiläischen Gebirge, wo die Geschichte mit Lazarus und dem reichen Prasser geschehen war, aus der Menge hervor, warf sich vor Jesus auf die Knie und flehte ihn an, Er möge seinem einzigen Sohn helfen, er sei mondsüchtig und habe einen stummen Teufel, der werfe ihn bald ins Feuer, bald ins Wasser, schleudere und verzerre ihn so anhaltend, dass er heftig schreie und leide. Er habe ihn seinen Jüngern schon in

Amthar, als sie dort gewesen waren, gebracht, sie hätten ihm aber nicht helfen können, und darüber hätten sie nun mit ihm und den Schriftgelehrten gestritten. Da sagte Jesus: «O du ungläubiges, verkehrtes Geschlecht! Wie lange werde ich noch bei euch sein, wie lange euch noch ertragen müssen!» und Er befahl dem Mann, den Knaben zu ihm zu bringen.

Der Mann trat unter die Menge und holte den Knaben, welchen er auf der Reise, wie ein Schaf, quer über dem Nacken getragen hatte, bei der Hand führend herbei. Er mochte neun bis zehn Jahre alt sein. Sobald er Jesus sah, fing er an, sich schrecklich zu zerren, und der Geist warf ihn greulich nieder. Er schleuderte und verdrehte sich, würgte, wälzte sich umher, und der Schaum stand ihm vor dem Mund.

Jesus befahl ihm zu ruhen und er lag still. Nun fragte Jesus den Vater, wie lange der Knabe dieses Leiden habe, und dieser sagte ihm: «Von Jugend auf. Ach! Wenn du nun etwas vermagst, so hilf uns! Erbarme dich unser!»

Da sprach Jesus zu ihm: «Wenn du glauben kannst. Wer glaubt, dem ist alles möglich!» Und der Vater rief weinend aus: «Herr! Ich glaube, hilf meinem Unglauben!»

Auf diese lauten Worte des Vaters lief das Volk herzu, das vorher aus Scheu etwas zurückgestanden war, und Jesus hob die Hand drohend gegen den Knaben und sagte zu dem unreinen Geist:

«Du tauber und unreiner Geist! Ich befehle dir, fahre aus von ihm, und kehre nie wieder in ihn zurück!»

Da schrie der Geist schrecklich aus dem Knaben, zerrte ihn heftig und fuhr von ihm aus. Der Knabe aber lag wie tot, bleich und unbeweglich, und viele in der Menge riefen, als man ihn umsonst zu bewegen suchte: «Er ist tot, er ist wirklich tot!»

Jesus aber nahm ihn an der Hand, richtete ihn auf, der frisch und gesund war, und gab ihn seinem Vater mit einer Ermahnung zurück. Dieser dankte ihm mit Tränen und Lobsingen und alle Anwesenden priesen die Herrlichkeit Gottes.

All dies geschah etwa eine Viertelstunde östlich von jenem kleinen Ort am Tabor, wo Jesus im vorigen Jahr (am 22. November oder 3. Kisleu) den aussätzigen Gutsbesitzer geheilt hat, zu dem ihn sein aufwartender Knabe gerufen hatte.

Jesus hielt sich hier nicht länger auf als etwa bis neun Uhr morgens. Er ging nicht in den Ort und kehrte überhaupt nicht ein, sondern heilte noch einige Kranke und wanderte sodann mit den Jüngern bei Kana vorüber durch das Tal des Badesees von Bethulien bis nach dem Städtchen Dothaim, drei Stunden von Kapharnaum, bei welchem Maria Magdalena bekehrt worden war.

Sie gingen meistens auf Nebenwegen und mieden die Hauptwege, um das Zusammenlaufen des Volkes zu vermeiden, welches in Scharen von Jerusalem zurückkehrte. Sie gingen in verschiedenen Gruppen, und Jesus bald allein, bald abwechselnd mit dieser oder jener Gruppe.

Fragen der heiligen Apostel an Jesus

Mt 17,10-13; Mk 9,9-12 – Auf diesem Wege nahten Jesus die Apostel, welche seiner Verklärung beigewohnt hatten, und fragten ihn über seine Worte in dieser Nacht: «Bis des Menschen Sohn wird von den Toten auferstanden sein», worüber sie bis jetzt noch immer nachgesonnen und disputiert hatten, und sie sagten: «Die Schriftgelehrten sprechen ja, Elia müsse erst noch vor der Auferstehung kommen.»

Da erwiderte ihnen Jesus: «Elia wird zwar zuvor kommen und alles wieder herstellen. Ich aber sage euch, Elia ist schon gekommen. Sie haben ihn aber nicht erkannt, sondern an ihm getan, was sie nur wollten, wie es von ihm geschrieben steht.

Ebenso wird auch der Menschensohn von ihnen zu leiden haben.» Und Er sprach noch mehreres, wobei sie merkten, dass Er von Johannes dem Täufer rede.

Jesus wird gebeten, das Erbe zwischen zwei Brüdern zu teilen

Lk 12,13-14 – (Während der Gesichte dieser und der vorausgehenden Tage befand sich Anna Katharina in einem steten Wechsel übernommener Krankheitszustände, welche ihr das Mitteilen des Geschauten sehr erschwerten. Sie vergaß in ihrem Elend auch vieles und wiederholte eine Woche danach einmal folgendes:) Auf dem Wege vom Tabor nach Dothaim ist ein Mann aus der Gegend von Aser-Michmethath zu Jesus gekommen und hat ihn gebeten, zwischen ihm und seinem Bruder das Erbe zu teilen. (Der Pilger las ihr hierauf die an diese Geschichte bei dem hl. Lukas sich anknüpfenden Lehren Jesu vor) und sie sagte: «Ich erinnere mich, all dieses hat Jesus auf diesem Weg und in den folgenden Tagen gelehrt» (Lk 12,15-59).

Warum die Jünger den stummen Teufel nicht austreiben konnten

Es waren einige nach Dothaim vorausgegangen, die Herberge zu bestellen, und als Jesus in die Herberge kam und sie sich die Füße gewaschen und ein wenig erquickt hatten, gingen seine Jünger mit ihm beiseite, denn es waren viel rückkehrende Pharisäer und Schriftgelehrte und auch andere Reisende hier. Und sie fragten ihn, warum sie denn jenen Teufel nicht hätten austreiben können. Jesus sagte zu ihnen: «Wegen eures Unglaubens; denn wenn ihr einen Glauben hättet so groß wie ein Senfkorn, so würdet ihr zu diesem Berge da sagen können: Hebe dich von hier dorthin! und er würde sich wegbegeben und nichts würde euch unmöglich sein. Diese Gattung aber wird nur durch Gebet und Fasten ausgetrieben.»

Und Er belehrte sie noch über mancherlei, was nötig sei, um den Widerstand des Teufels zu brechen und wie der Glaube die Handlung lebendig und kräftig mache, aber wie derselbe durch Fasten und Gebet gestärkt werde, indem man dadurch dem Feind, den man aus den anderen vertreiben wolle, die Gewalt an sich selber entziehe.

Er sprach noch vieles über die Arten der Besessenen und ihre Befreiung.

Die heilige Jungfrau kommt in Dothaim mit Jesus zusammen

An diesem Abend kamen auch die heilige Jungfrau und vier andere der verwandten Frauen von Jerusalem hier an. Sie hatten einige Knechte des Lazarus und Esel bei sich, welche mit mancherlei Vorrat für die Gemeinde beladen waren.

Die älteren Frauen waren abwechselnd auf diesen Eseln geritten. Sie waren, als sie Jesu Abreise von Jerusalem vernommen, am folgenden Tag von dort abgereist und hatten unterwegs etwas verweilt. Jesus sprach einiges mit ihnen und ging dann zu einem Mahl mit den Pharisäern, welche ihn dazu eingeladen hatten.

Vorwürfe der Pharisäer über das Ährenabstreifen der Jünger

Diese Pharisäer hatten auf dem ganzen Weg nachgespürt, was Jesus überall getan und gesagt habe, und weil seine Jünger am letzten Sabbat bei Atharoth Ähren abgestreift und sie gegessen hatten und einige Lauerer dies den Pharisäern verraten hatten, machten sie Jesus hierüber Vorwürfe und über vieles andere, was seine Jünger gegen alles Herkommen der Schüler eines Rabbiners versäumten, z.B. Händewaschen und mancherlei Reinigungen, und Jesus hatte einen bedeutenden Streit mit ihnen und sagte unter vielem anderem auch, was im Evangelium bei dieser Handlung steht.

(Anmerkung: Der hl. Matthäus berichtet bei 12,1-8, der hl. Markus bei 2,23-28 und der hl. Lukas bei 6,1-6, dass die gegen das Ährenabstreifen der Jünger von den Pharisäern erhobenen Vorwürfe als in früherer Zeit geschehen, etwa unmittelbar vor der Heilung des Mannes mit der verdorrten Hand, welche von Anna Katharina am 30. Januar oder 13. Sebat erzählt worden ist.

Dass sie das Ährenabstreifen und die Vorwürfe erst jetzt erzählt, ist kein Widerspruch gegen die Evangelien, denn die in ihnen berührte Tatsache bezieht sich ohne Zweifel auf die Zeit einer früheren Kornreife und ist von Anna Katharina zu erzählen vergessen worden.

Jetzt aber sieht sie dasselbe von den Jüngern wiederholen und den Heiland dem alten Vorwurf der Pharisäer mit derselben Antwort begegnen, wie Er es in gleichen sich öfter wiederholenden Fällen meistens zu tun pflegte.)

Jesus geht von Dothaim nach Kapharnaum – Abweisung des Jünglings von Jericho

10. April: Jesus lehrte heute morgen noch in Dothaim und der Umgebung und empfing auch mehrere zurückkehrende Jünger. Nach Mittag ging Er auf dem geraden Weg nach Kapharnaum, wo die vom Fest Heimkehrenden feierlich empfangen und begrüßt wurden.

Es war ein Mahl der Pharisäer, wozu Er mit den Jüngern gebeten war, und als sie zu Tische liegen wollten, kam der Jünger Manahem von Koreä zu Jesus und brachte ihm einen gelehrten Jüngling von Jericho, welchen Er schon einmal abgewiesen hatte, und der ihn wieder um Aufnahme bat.[65] Er hatte sich an Manahem gewendet, weil er ihn kannte. Dieser Jüngling hatte viele Güter in Samaria, und Jesus hatte ihm früher gesagt, er solle sich erst von allem losmachen. Nun kam er wieder, er hatte alles mit seinen Verwandten geordnet und geteilt, aber doch einen Besitz für sich zurückbehalten und war sehr besorgt um seinen Unterhalt. Darum nahm Jesus ihn nicht an und er schied unmutig von dannen.

Die Pharisäer ärgerten sich heftig hierüber, denn sie waren dem Jüngling geneigt und warfen Jesus vor, Er spreche immer von Liebe und sei ganz ohne Liebe.

Er spreche von unerträglichen Bürden der Pharisäer und lege selbst unerträgliche Bürden auf. Dieser sei gelehrt, Jesus wolle aber nur Unwissende; das Notwendige erlaube Er nicht, das herkömmlich Verbotene lasse Er zu; und sie kamen abermals mit dem Sabbatschänden, Ährenabstreifen, Nicht-Händewaschen. Jesus antwortete wie gewöhnlich darauf und beschämte sie.

Der Zinsgroschen

Mt 17,23-26 – 11. April: Schon gestern sah ich Pharisäer herumgehen, welche eine Tempelabgabe einsammelten. Jesus war heute morgen mit den Aposteln im Hause von Petrus gegen den See zu. Die Einwohner redeten den Petrus vor dem Hause an, ob sein Meister die zwei Drachmen nicht bezahle. Petrus sagte ja, und als er ins Haus kam, sagte Jesus zu ihm: «Was meinst du, Simon, von wem fordern die Könige auf Erden Zoll und Zins, von ihren Kindern oder den Fremden?»

Da sagte Petrus: «Von den Fremden», und Jesus sagte: «Die Kinder sind also frei! Aber damit wir sie nicht ärgern, wirf die Angel ins Meer und in dem Mund des zuerst anbeißenden Fisches wirst du einen Stater (griechische Münze) finden, den zahle für mich und dich!» Petrus ging nun in kindlichem Glauben an seine Fischerstelle und ließ eine der dort feststehenden Angeln nieder und zog sie auf und fing einen sehr großen Fisch daran. Er griff ihm ins Maul und fand eine länglichrunde, gelbliche Münze darin, die er nachher den Einwohnern für sich und Jesus brachte. Der Fisch war so groß, dass sie am Mittag alle daran zu essen hatten und satt wurden.

Wer der Größte ist im Himmelreich

Mt 18,1-5; Mk 9,32-36; Lk 9,46-48: Nachher fragte Jesus die Jünger, was sie gestern auf dem Weg von Dothaim hierher gestritten hätten. Sie schwiegen, denn es war, wer der Größte unter ihnen sei. Er sah aber ihre Gedanken, setzte sich und sagte ihnen: «Wer der Erste sein will, sei der Letzte von allen, der Diener von allen» und lehrte sie hierüber, und auch, warum Er gestern den Jüngling nicht aufgenommen.

Nach Tisch ging Er mit den Zwölfen und allen Jüngern nach Kapharnaum, wo heute eine Art Volksfest für die von Jerusalem Zurückgekommenen war. Die Straßen und Häuser waren mit Blumen und grünen Kränzen geschmückt. Die Kinder, die Greise, Frauen und die Schüler kamen den Wiedergekehrten entgegen, welche in Scharen wie eine Prozession durch die Straßen zogen und die Häuser der Freunde und Vornehmen besuchten.

Die Pharisäer und viele andere zogen ganz gesellig und freundlich mit Jesus und den Jüngern umher, und trennten sich auch zuweilen wieder.

Jesus ging in die Häuser vieler Armen und Freunde. Man brachte die Kinder und Er segnete sie und gab Geschenke. Auf dem Markt, an dessen einer Seite die alte, an der anderen die neue, von Cornelius erbaute Synagoge steht, waren an einer Seite Hallen vor den Häusern.

Hier grüßten Jesus die Schulkinder, und viele Mütter nahten mit ihren Kindern. Jesus hatte den ganzen Weg an verschiedenen Stellen gelehrt.

Hier segnete Er die Kinder und lehrte sie und ließ den reichen wie den armen Kindern einerlei Röckchen austeilen, welche die Pflegerinnen der Gemeinde besorgt hatten und von den Frauen mit von Jerusalem gebracht worden waren. Sie erhielten aber auch Früchte, Schreibtafeln und andere Geschenke. Während dieses ausgeteilt wurde, lehrte Jesus noch die Jünger und das Volk, und da die Jünger ihn abermals fragten, wer der Größte im Himmelreich sei, rief Jesus die wohlhabende Frau eines Kaufmannes, welche mit ihrem vierjährigen Knaben in einiger Entfernung unter der Haustür stand. Sie verschleierte sich und kam mit dem Knaben herbei, welchen Jesus von ihr nahm, und sie trat wieder zurück. Er umarmte den Knaben, stellte ihn vor die Jünger in die Mitte, und es standen noch viele andere Kinder umher, und Er sprach: «Wer nicht wird wie die Kinder, kommt nicht ins Himmelreich! Wer ein Kind in meinem Namen aufnimmt, nimmt mich, ja den auf, der mich gesandt hat. Und wer sich demütigt wie dieses Kind, der ist der Größte im Himmelreich.»

Johannes fiel Jesus in die Rede, da Er vom Aufnehmen in seinem Namen sprach. Sie hätten einem gewehrt, der nicht unter seinen Jüngern sei und doch in seinem Namen Teufel ausgetrieben habe. Das verwies ihnen Jesus und lehrte noch lange weiter.

(Anna Katharina erwähnte auch noch die Frage des Petrus, wie oft man verzeihen müsse, auch die Parabel vom König, der Rechnung mit seinem Knecht hält, und will überhaupt den ganzen Inhalt des achtzehnten Kapitels des Matthäus bei dieser Veranlassung gehört haben.)

Als Jesus die Lehre über den Wert der Kindlichkeit vollendet hatte, segnete Er das vierjährige Knäblein, welches bis auf eine Leibbinde ganz nackt und sehr lieblich war. Er umarmte es, ließ sich Früchte und ein Röckchen geben und schenkte sie ihm, winkte der Mutter und gab ihr den Knaben zurück, indem Er ihr einige prophetische Worte sagte über die Zukunft des Knaben, welche erst später verstanden wurden; denn er wurde ein Jünger der Apostel und wurde Ignatius genannt. Er ist der heilige Märtyrer und Bischof Ignatius geworden.

Lea wiederholt hier die Seligpreisung

Was mir ungemein rührend war, ist eine Frau, welche während des ganzen Zuges und der Lehre Jesu immer verschleiert unter seinem Volk war. Sie war fortwährend wie außer sich vor Rührung und Freude und sagte oft mit zusammengefalteten Händen die Worte halblaut vor sich hin, doch so, dass sie die umstehenden Frauen damit rührte und zur Andacht bewegte: «Selig der Leib, der dich getragen! Selig die Brüste, die du gesogen! Ja, selig vielmehr, die Gottes Wort hören und dasselbe bewahren.» Sie sagte dieses unter häufigen Tränen und mit einer rührenden Bewegung der Hände aus dem innersten Herzen, bei jeder kleinen Pause in Jesu Lehre, bei jedem zusammenhängenden Spruch seines Mundes, aus ungemeiner Rührung, Liebe und Bewunderung. Sie nahm einen unbeschreiblichen, kindlichen, hingerissenen Anteil an dem Leben und Dasein und der liebevollen Lehre des Erlösers.

Es war Lea, eines bösgesinnten Pharisäers aus Cäsarea-Philippi Frau, die Schwester des verstorbenen Mannes der Enue, der geheilten Blutflüssigen aus Cäsarea-Philippi. Sie hatte am 19. Cisleu (8. Dezember) jene Worte «Selig der Leib» hier bei den Lehren Jesu schon ausgerufen, und Jesus hatte zu ihr gesprochen: «Ja, vielmehr selig, die Gottes Wort hören und es bewahren!» und seitdem war ihr der damalige Ausruf mit Jesu Antwort verbunden, stets im Munde und ein Gebet der Liebe und Andacht geworden. Sie war hierher zu den heiligen Frauen gekommen und hatte einen Großteil ihres Vermögens der Gemeinde geschenkt.

Jesus brachte die Zeit mit solchen Lehren auf dem Markt zu, bis der Sabbat anging, da Er in der Synagoge lehrte. Die Lesung war von der Reinigung der Aussätzigen und von der schnell abgewendeten Hungersnot zu Samaria auf die Prophezeiung des Elisäus. Er lehrte aber noch vieles andere.

Jesus in Bethsaida –
Er bedient die von der Aussendung heimkehrenden Jünger

12. April: Ich habe Jesus und die Apostel und einzelne Jünger am Nachmittag in Bethsaida gesehen. Es sind sehr viele anwesende Jünger teils von der Aussendung, teils auch von ihrer Heimat, in der sie gewesen waren, zurückgekommen. Sie kamen teils von jenseits aus der Dekapolis und Gergesa über den See an, und waren sehr abgerissen und pflegebedürftig. Sie wurden am Ufer sehr liebevoll empfangen und umarmt, und man diente ihnen auf alle Weise. Sie wurden in des Andreas Haus geführt, man wusch ihnen die Füße, bereitete ihnen Bäder, gab ihnen andere Kleider und richtete ihnen eine Mahlzeit.

Da nun Jesus bei ihrer Bedienung sehr hilfreich selbst Hand anlegte, bat ihn Petrus: «Herr! Willst du dienen? Lasse uns dienen!» Jesus sagte aber, Er sei gesandt um zu dienen; was diesen getan werde, werde seinem Vater erwiesen. Und Er kam wieder auf die Lehre von der Demütigung und wer der Geringste sei, allen dienend, werde der Größte sein, wer aber diene nicht aus Liebe und sich zur Hilfe des Nächsten beuge, nicht um den bedürftigen Bruder zu laben, sondern um der Erste durch diesen Preis zu werden, der sei ein Gleißner und Augendiener und habe seinen Lohn weg, denn er diene sich und nicht dem Bruder.

Es waren nun wohl siebzig Jünger zusammen; aber es sind noch viele außer diesen in und um Jerusalem.

Jesus lehrt vom Geheimnis der heiligsten Menschwerdung und Erlösung

Jesus hielt auch den Aposteln heute eine sehr tiefsinnige und wunderbare Lehre, die ich ganz genau gehört habe, in welcher Er deutlich aussprach, dass Er nicht von einem Mann erzeugt sei, sondern aus dem Heiligen Geist. Und Er sprach dabei mit einer großen Verehrung von seiner Mutter. Er nannte sie das reinste, heiligste, auserwählte Gefäß, nach welcher Jahrtausende in den Herzen aller Frommen, mit den Zungen aller Propheten gebetet und geseufzt hätten. Er legte ihnen das Zeugnis seines himmlischen Vaters bei seiner Taufe aus; das Zeugnis auf Tabor erwähnte Er nicht. Er sprach von der glücklichen und heiligen Zeit, seit Er lebe, und wie die Verwandtschaft der Menschen mit Gott durch ihn wiederhergestellt sei.

Er sprach auf eine sehr tiefsinnige Weise vom Fall der Menschen und ihrer Trennung vom himmlischen Vater, von der Macht der bösen Geister und des Satans über sie und wie durch seine Geburt aus der reinen, langersehnten Jungfrau das Reich und die Kraft Gottes unter die Menschen mitten in das Leben eingetreten sei, und wie sie durch ihn und in ihm wieder alle in die Kindschaft Gottes aufgenommen seien. Durch ihn sei das natürliche und übernatürliche Band, die Brücke zwischen Gott und Mensch wieder errichtet. Wer aber hinüber wolle, müsse mit ihm und in ihm hinüber, müsse aber das Irdische und die Lust dieser Welt zurücklassen. Er sprach auch, wie die Macht und der Teil der bösen Geister an der Welt und den Menschen durch ihn gebrochen sei und wie alles durch diese Macht über die Menschen und Natur gekommene Wehe durch die innige Vereinigung mit ihm im Glauben und der Liebe in seinem Namen könne zerbrochen werden. Er sprach sehr ernst und feierlich hiervon. Sie verstanden nicht alles und waren erschüttert, weil Jesus von seinem Leiden sprach. Die drei, welche mit Jesus auf dem Tabor gewesen, waren seither immer sehr ernst und nachdenkend. Alles dieses geschah unter und nach dem Sabbat. Die Jünger herbergten teils im Heilhaus in Kapharnaum, teils in Petrus' Haus vor der Stadt. Alle wurden aus gemeinsamen Mitteln schier wie Klosterleute beköstigt.

Jesus lehrt in der Umgebung von Kapharnaum Landleute und Hirten

13. April: Ich erinnere mich nur, dass Jesus heute am Sonntag mit seinen Jüngern nördlich von Kapharnaum gegen den Berg zu, wo Er die Apostel zuerst ausgesandt hat, ungefähr zwei Stunden weit bei den Korn schneidenden Bauern und den Hirten umherzog und die Jünger und diese Leute abwechselnd lehrte. Man war mit der Ernte beschäftigt.

Das Getreide war mehr als manneshoch, sie schnitten es in bequemer Höhe, etwa einen halben Arm lang ab. Die Ähren waren viel größer und dicker als bei uns, und damit die Halme nicht niedersanken, waren die Felder in nicht großen Strecken mit Stangenzäunen umfasst. Sie hatten eine Art von Sicheln, welche mehr dem Haken eines Krummstabes als unseren Sicheln glichen; mit der rechten Hand schnitten sie eine Masse von Halmen, die sie mit der linken hinten fassten, so gegen sich, dass sie ihnen in den Arm fielen. Diese banden sie in kleine Garben. Es war eine schwere Arbeit, ging jedoch ziemlich geschwind. Alles, was niederfiel, gehörte nachfolgenden armen Ährenlesern.

Jesus lehrte diese Leute in den Ruhepausen, indem Er sie fragte, wie viel sie gesät, wie viel sie geerntet, wem das Getreide gehöre, wie ihr Boden sei, wie sie ihn bearbeiten, und knüpfte Parabeln daran vom Säen, vom Unkraut, vom Weizenkörnlein, vom Gericht und Verbrennen des Unkrauts.

Er lehrte auch die Jünger, wie sie so wieder lehren sollten, und machte die Lehre ihnen wieder zur Lehre, indem Er die Ernte geistlich auslegte, sie seine Sämänner und Schnitter nannte und ihnen sagte, dass sie sich jetzt das Saatkorn sammeln müssten zu Schätzen künftiger Fruchtbarkeit, weil Er nicht lange mehr bei ihnen sein würde. Die Jünger waren sehr bange und fragten, Er werde doch wohl noch bis Pfingsten bei ihnen bleiben? Da sagte Jesus zu ihnen: «Was sollte aus euch werden, wenn ich nicht länger bliebe!»

Bei den Hirten knüpfte Jesus auch das Gespräch auf mancherlei Weise an: «Ist dies deine eigene Herde? Sind dies Schafe mehrerer Herden? Wie hütest du? Warum gehen deine Schafe zerstreut?» usw. So fragte Er und knüpfte seine Lehre vom verlorenen Schaf, vom guten Hirten dabei an.

Sie übernachteten in einem Hirtenlager unter Lehre und Gebet.

Jesus zieht, Hirten und Schnitter lehrend, nach Lekkum

14. April: Heute zog Jesus in einem Tal, das sich westwärts wendet und höher als Kapharnaum liegt. Der Berg von Saphet lag ihm rechts, und Er wanderte immer wie gestern, Hirten und Schnitter und die Jünger lehrend, durch Täler und einsame Gegenden. Er ging alle Pflichten eines guten Hirten durch, wendete sie auf sich an, und wie Er für seine Schafe in den Tod gehe. Er gab den Jüngern dabei Anleitung, wie sie auf ihren Wegen auf ähnliche Weise mit diesen verlassenen, einsamen Menschen reden und guten Samen bei ihnen ausstreuen müssten.

Dieser Weg, dieses Lehren voll Friede und Liebe war in der Einsamkeit ungemein rührend und eindringend.

Nachmittags kehrten sie etwas nördlicher wieder nach der Richtung gegen Morgen, woher sie ausgegangen, zurück, und kehrten in dem Städtchen Lekkum, eine halbe Stunde vom Jordan, ein, wo die sechs Apostel bei der ersten Aussendung zuerst hingegangen waren. Jesus war noch nicht da gewesen. Es waren dort die Leute von Jerusalem zurückgekommen, und Schriftgelehrte und Pharisäer waren dort. Ich hörte, dass einige von den Leuten den ihnen bekannten Jüngern, von welchen sie besucht wurden, von dem Morde der Galiläer im Tempel erzählten. Aber Jesus wurde noch nichts davon gemeldet. Die Jünger waren eben nicht geschwätzig und zutragend gegen Jesus.

Große Lehre über die Ehe

15. April: Lekkum ist ein kleiner, aber nahrhafter Ort, er liegt etwa eine halbe Stunde vom Jordan und ein paar Stunden von seinem Einfluss in den See. Die Einwohner sind alle Juden, nur an den äußersten Enden wohnen wenige arme Heiden in Hütten, solche, welche manchmal von den Karawanen zurückbleiben. Alles ist hier sehr emsig mit der Baumwollzucht beschäftigt. Sie bereiten sie auch aus dem Rohen zum Gespinst und weben, und machen auch Decken und einige Zeuge; bis auf die Kinder arbeiten sie dergleichen.

Es war heute hier die Bewillkommnungsfeier für die Rückkehrenden aus Jerusalem, wie neulich zu Kapharnaum. Die Straßen waren mit Laubgewinden und Blumen geschmückt, die Rückkehrenden besuchten alle Häuser der Freunde; die Schulen kamen ihnen entgegen.

Jesus war in vielen Häusern bei alten Leuten und heilte einige Kranke. Auf dem Markt des Ortes hielt Er vor der Synagoge eine sehr große Lehre zuerst an die versammelten Kinder, die Er auch liebkoste und segnete, und so auch an Jünglinge und Jungfrauen, die mit ihren Lehrern da waren wegen der allgemeinen Feierlichkeit. Und nachdem diese nach Hause gegangen waren, lehrte Er abwechselnde Scharen von Männern und Frauen sehr schön und tiefsinnig von der Ehe in allerlei Vergleichen. Ich kann das nicht so wiedersagen, auch bin ich zu krank.

Er sprach aber, die menschliche Natur sei mit vielem Bösen vermischt. Durch Gebet und Entsagung werde dieses ausgeschieden und unterworfen. Wer seiner wilden Lust folge, der säe wilde Lust, und das Werk folge uns nach und klage einst den Urheber an.

Unser Leib sei ein Ebenbild des Schöpfers, und der Satan wolle es in uns zerstören.

Das Überflüssige bringe Sünde und Krankheit hervor. Alles Überflüssige werde Missgestalt und Greuel.

Er ermahnte sie zu Keuschheit, Mäßigkeit und Gebet. Enthaltung, Gebet und Zucht der Eltern habe die heiligen Männer und die Propheten hervorgebracht. Er erklärte dies alles durch Vergleiche mit dem Säen des Getreides und dem Reinigen des Ackers von Unkraut und Steinen – Sinnlichkeit, Laster und Unfruchtbarkeit der Seele – mit dem Ruhen des Ackers in Frieden, mit dem Segen Gottes auf einem Acker, der rechtmäßig erworben sei. Auch lehrte Er hauptsächlich in ausführlichen Darstellungen vom Weinbau, vom Beschneiden der Reben, als Beschneiden des wilden Triebes in uns, aus welchen wilden Trieben lauter Holz und Laub und keine Trauben kämen, das heißt böse, unnütze Kinder, welche keinen Segen brächten, Unkraut, das den Weizen ersticke.

Er sprach auch von edlen Reben, von frommen Familien, von gebesserten Weinbergen, veredelten bekehrten Geschlechtern.

Er lehrte von ihrem Stammvater Abraham und seiner Heiligkeit und von dem Bund der Beschneidung, und wie alle seine Nachkommen nun wieder verwildert seien durch ihre Unbändigkeit und häufige Vermischung mit den Heiden, und sprach vom Herrn des Weinberges und wie Er seinen Sohn sende, und wie es diesem ergehen werde.

Die Leute waren alle sehr bewegt und viele weinten. Die meisten verstanden ihn nicht, viele aber waren doch innerlich zum Guten bewegt. Diese Lehre tat Jesus hauptsächlich, weil sie gar nicht von solchen Geheimnissen unterrichtet wurden und in der Ehe sehr zügellos lebten.

Und weil sie sich während der Reise nach Jerusalem und der österlichen Zeit meist von ihren Frauen enthielten und diese Enthaltung nun zu Ende ging, so ermahnte Er sie überhaupt zu einem weisen Gebrauch der Ehe in Zucht und Maß und sagte ihnen auch, dass die Ehe und die fleischliche Lust derselben für heilige Eheleute eine Erinnerung an den Fall und tierischen Stand der Menschen und Keuschheit ein Werk der Buße sei.

Über die Kraft der guten Meinung

Er lehrte die Leute auch über die wesentliche Wirkung des guten Willens in Gebet und Entsagung und über die Mitwirkung. Er sagte ihnen, was sie sich selbst abbrechen an Speise und Trank und überflüssigem Wohlstand, sollten sie vertrauensvoll in die Hände Gottes geben mit der Bitte, Er möge es den armen Hirten in der Wüste oder anderen Armen zukommen lassen, und der Vater im Himmel werde als ein treuer Haushalter ihr Gebet erhören, wenn sie selbst als treue Knechte das, was Er ihnen überflüssig gegeben, den Armen mitteilen, die ihnen bekannt seien oder die sie liebend aufsuchten. Dies sei das treue Mitwirken, und Gott arbeite mit seinen treuen, glaubenden Knechten. Er führte dabei ein Gleichnis an vom Palmbaum oder einem anderen Baum, welcher dem von ihm getrennten Geschlecht Nahrung und Gedeihen zuführe durch seine Liebe und Sehnsucht, ohne ihn zu berühren.

Sie gingen gegen Abend über den Jordan nach Bethsaida-Julias.

Die Erzählung vom Mord der Galiläer und das Gleichnis vom Feigenbaum

Lk 13,1-9 – 16. April: (Anna Katharina war in diesen Tagen kaum fähig zu reden, weshalb ihre Mitteilung so dürftig ausfallen musste.)

Jesus hat in Julias gelehrt. Auch hier wurde das Fest der Rückkehrenden gefeiert. Ich sah Jesus mit den Jüngern, einigen Pharisäern und Schriftgelehrten und anderen Vornehmen von Julias wandern und lehren. Hier erzählten sie ihm von der Ermordung der Galiläer im Tempel. Ich hörte dabei, dass an die hundert Leute aus Jerusalem und hundertfünfzig von den aufrührerischen Anhängern des Judas Gaulonita ermordet worden seien, denn diese hatten aus Furcht viele Leute beredet, mit ihnen zu gehen und das Opfer darzubringen. Diese Leute hatten sich so den Aufrührern zugesellt, deren unrechte Gesinnung, dem Kaiser den Zins zu verweigern, sie kannten, und waren mit ihnen nun auch erschlagen worden. Jesus hat den Erzählenden geantwortet, wie es im Evangelium steht und hat auch das Gleichnis vom Feigenbaum erzählt.

17. April: Ich erinnere mich nur noch, dass ich Jesus zwischen Julias und dem See am Fuß des Berges der Seligkeiten durch angenehme Hügel wandern und die Jünger lehren sah. Die Gegend ist ungemein reizend, fruchtbar, einsam und grün, voll weidender Esel und Kamele, und ein Aufenthalt von allerhand Vögeln und Tieren, wie ein Tiergarten. Es sind hier sich an den Hafen hin schlängelnde Fußpfade und mehrere Quellen. Man hat die Mittagssonne und sieht den ganzen Spiegel des Sees blitzen. Die Landstraße nach Julias geht dichter am Jordan. Hier ist es einsam. Am Abend fuhren sie über den Jordan und gingen nach Bethsaida.

Jesus hält den Sabbat in Kapharnaum

18. April: Jesus lehrte heute abend am Sabbat in der Synagoge zu Kapharnaum. Es wurden die Schriftrollen aus Mose gelesen vom jährlichen Versöhnungsopfer und dass man vor der Stiftshütte opfern solle, dass man kein Blut essen dürfe und von den verbotenen Verwandtschaften in der Ehe. Auch wurde aus Ezechiel gelesen von den Sünden der Stadt Jerusalem (Lev 16-19; Ez 22).

Heilung des Wassersüchtigen – Vom Sitzen bei Tisch – Parabeln vom großen Gastmahl

Lk 14,1-24: Ich erinnere mich nur noch, dass Jesus mit den Jüngern am Ende von Kapharnaum nicht weit von der Wohnung des Hauptmannes Cornelius ein Mahl bei einem Pharisäer hatte. Sie lauerten auf ihn. Es war aber ein Wassersüchtiger daselbst, der bat um Hilfe. Da fragte Jesus die Pharisäer, ob es auch erlaubt sei, am Sabbat zu heilen. Da sie aber lauernd schwiegen, legte Er die Hand auf den Kranken und heilte ihn. Als er nun dankend weggegangen, sagte Jesus zu den Pharisäern, wie gewöhnlich bei solcher Gelegenheit, keiner von ihnen werde seinen Ochsen oder Esel, der ihm am Sabbat in die Wassergrube gefallen sei, nicht wieder herausziehen. Sie ärgerten sich und wussten ihm nicht zu antworten. Der Pharisäer hatte nur seine Verwandten und Freunde geladen, und da Jesus sah, dass diese Pharisäer die besten Plätze am Tisch einnahmen, sprach er, wenn man eingeladen sei, solle man sich nicht gleich oben ansetzen, denn es könne ein Vornehmerer auch eingeladen sein und der Wirt einen zwingen, vor diesem zu weichen, das beschäme dann.

Wenn man sich aber unten ansetze, so spreche wohl der Wirt: «Freund, rücke weiter hinauf!» und das bringe dann Ehre. Denn sich zu erhöhen, das erniedrige, wer sich aber demütige, der werde erhöht.

Hierauf sagte Jesus auch zu dem Wirt, wer seine Verwandten, Freunde und reiche Nachbarn zu Gast bitte, die ihn wieder einladen, der habe dann seinen Lohn weg. Wer aber Arme, Lahme, Blinde und sonst gebrechliche Menschen einlade, die es ihm nicht vergelten könnten, der werde selig seinen Lohn bei der Auferstehung empfangen.

Und als hierauf einer der Gäste sprach: «Ja selig! Wer im Reiche Gottes mitspeist», wandte sich Jesus zu ihm und erzählte die Parabel vom großen Gastmahl.

Jesus hatte durch die Jünger viele Arme zu dem Hause rufen lassen und fragte die Pharisäer, ob sie diese Mahlzeit für ihn bestellt hätten, und da sie es bejahten, dankte Er und ließ nach der Sättigung alles Übrige den Armen austeilen.

Jesus lehrt von der Nachfolge und erzählt das Gleichnis vom Turmbau

Lk 14,25-35 – Hierauf zog Er mit den Jüngern über das Gut des Hauptmannes Serobabel in eine schöne, einsame Gegend zwischen Tiberias und Magdalum, und da ihm viele Leute nachzogen, lehrte Er dieselben: wer ihm nachfolgen und sein Jünger sein wolle, müsse ihn mehr lieben als alle seine nächsten Verwandten, ja als sich selbst, und müsse ihm sein Kreuz nachtragen. Wer einen Turm bauen wolle, müsse erst die Kosten überschlagen, sonst könne er ihn nicht vollenden und werde verlacht. Wer in den Krieg ziehe, solle vorerst seine Armee gegen die des Feindes zählen, und so sie nicht ausreiche, lieber um Frieden bitten. Um sein Jünger zu werden, müsse man allem entsagen.

VIERZEHNTES KAPITEL

Große Lehre auf dem Berg bei Gabara – Jesus zieht in die Grenzen von Sidon und Tyrus

Vom 20. bis 30. April 1823

Jesus sendet die Jünger aus, das Volk zu einer großen Lehre bei Gabara einzuladen

20. April: Jesus zog mit den Jüngern in der Gegend Gennesaret lustwandelnd und lehrend umher und sandte eine große Anzahl Jünger aus, um das Volk zu einer Lehre von mehreren Tagen auf den Berg über Gabara einzuladen, welche Er am Mittwoch daselbst beginnen wollte. Ich hörte die Bestimmung dieses Tages auf eine andere Art, die ich jetzt nicht weiß; aber im Gesicht kenne ich sie und weiß auch, dass es der künftige Mittwoch ist.

Jesus sandte die älteren Jünger in einem weiten Umkreis aus, und es fuhren auch viele über den See zu den Gergesenern und nach Dalmanutha und in die Dekapolis. Sie sollten alle einladen. Er werde nicht mehr lange bei ihnen sein. Sie sollten so viele mitbringen, als kommen könnten. Es gingen an die vierzig Jünger hinaus. Die zuletzt zurückgekehrten Jünger behielt Er bei sich und fuhr fort, sie zu lehren; auch die Apostel blieben bei ihm.

Das Land Gennesaret

Das Land Gennesaret ist eine wunderschöne Gegend, zwischen Tiberias und Tarichäa am See beginnend, etwa vier Stunden von Kapharnaum. Es zieht sich vom See etwa drei Stunden weg ins Land und südlich um Tarichäa herum bis zum Jordanausfluss.

Das reizende Tal mit dem Badesee bei Bethulien hängt damit zusammen und der Bach, der den Badesee bildet, und andere Quellen fließen durch Gennesaret ins Galiläische Meer.

Durch Kunst bildet dieser Bach mehrere kleine Zierteiche und Wasserfälle in dem Land Gennesaret, welches aus einer zusammenhängenden Reihe von Parks, Festhäusern, Schlössern, Tiergärten, Alleen, Wein- und Obstpflanzungen besteht und das ganze Jahr voll Früchte und Blüten aller Art ist. Viele reiche Leute des Landes und auch von Jerusalem haben hier Erholungshäuser und Gärten, auch Herodes hat ein Schloss und einen Tiergarten hier.

Alles ist angebaut und verziert, und allerlei künstliche Anlagen und Gänge, grüne Labyrinthe und Hügel, wie Pyramiden mit Wegen umwunden, sind hier. Es sind keine größeren Orte darin, und die Bewohner sind die Gärtner und Hirten dieser Güter, deren Herden aus seltenen, ganz feinen Schafen und fremden, feinen Ziegen bestehen. Auch sonst werden hier allerlei schöne, feine Tiere und Vögel gehalten. Es geht keine Landstraße durch diese Gegend, aber zwei Straßen schließen sie ein, eine vom See und eine vom Jordan her.

Jesus hat in dieser Gegend übernachtet und bei den Hirten, wo Er die Jünger lehrte, Brot, Honig, Früchte und Fisch gegessen.

Jesus in Tarichäa

21. April: Heute ging Jesus mit den Seinen nach Tarichäa am Südende des Sees. Man konnte am Seeufer nicht bis Tarichäa gehen. Etwa zwei Stunden vor Tarichäa sind Felsenufer bis an den See.

Jesus ging westlich um Tarichäa herum und ich sah ihn südlich von Tarichäa nach einer Art Vorstadt über eine Brücke gehen. Es ist da ein sumpfiger Arm vom See, über welchen die Brücke nach dem schwarzen Steindamm geht, der den See bis zum Ausfluss des Jordan von Tarichäa aus befestigt. Auf diesem Damm liegt die Vorstadt. Sie hat einen eigenen Namen, den ich vergessen habe. Bei der Brücke sind zwei Reihen von Häusern.

Ehe Jesus dahin kam, musste Er bei jenem Haus des Aussätzigen vorbei, wo Er voriges Jahr mehrere geheilt hatte. Diese Leute hatten seine Nähe vernommen, sie kamen, ihm zu danken, und andere Aussätzige, die seitdem in das Haus gekommen waren, schrien zu ihm um Hilfe und Er heilte sie.

Als Jesus nachher über die Brücke nach dem Inseldamm ging, zu der Vorstadt, brachte man ihm noch viele Kranke, die Er heilte. Auch von Dalmanutha, wo die Jünger gestern schon angekommen waren, hatte man Kranke auf Schiffen herübergefahren, denen Er half. Jesus übernachtete hier in einer Herberge.

Dieser Damm ist durch das Erdbeben bei Christi Tod eingesunken mit dem größten Teil der Vorstadt, die nachher verlassen und nicht mehr aufgebaut wurde, da der See vieles von seinem Ufer veränderte. Tiberias ist jetzt erst wie eine halbe Stadt, der Bauplatz ist an der einen Seite noch ganz offen.

Jesus zieht gegen Gabara – Zusammenströmen des Volkes

22. April: Jesus ging heute morgen noch südlicher von Tarichäa gegen den Jordan zu, wo abgesonderte Krankenwohnungen sind, und heilte mehrere.

Von allen Seiten ziehen schon große Volksscharen nach dem Berge von Gabara, und viele Schiffe voll von Menschen kommen über den See. Sie haben ihre Zelte und allerlei Vorrat bei sich, auch Kranke, welche in Körben auf Eseln getragen werden. Es sind schon mehrere Jünger gestern abend mit solchen Leuten nach Gabara und auch einige zu Jesus gekommen, sie ordnen die Leute im Lager und helfen ihnen in allem.

Jesus zog mit den Aposteln und übrigen Jüngern heute gegen Gabara. Er hatte eine Herberge zwischen jenem Berg und Magdalum, dieselbe, wo Magdalena vor ihrer Bekehrung auf dem Weg zu den heiligen Frauen eingekehrt war. Sie war sehr geräumig und von Pfählen unterstützt. Hier blieb Jesus heute nacht.

Unterwegs kamen Pharisäer zu Jesus und fragten, was das große Gelaufe und die ziehende Volksmenge nach dem Berg bedeute. Das ganze Land sei in Aufruhr! Jesus antwortete, sie möchten hinkommen und seine Lehre morgen hören. Er habe das Volk eingeladen, denn Er werde nicht mehr lange bei ihnen sein.

Die heiligen Frauen waren heute abend in Damna. Morgen kommen sie zur Herberge, um für die Nahrung der Jünger zu sorgen.

Jesus beginnt seine Lehre auf dem Berg bei Gabara

Mittwoch, 23. April – Jesus kam heute morgen gegen zehn Uhr auf den Lehrberg. Die Jünger hatten die Leute geordnet und bestimmt, wie sie nach und nach in gewisser Anzahl vortreten sollten, die Lehre anzuhören, denn es waren weit mehr, als der Umkreis des Lehrstuhls fassen konnte. Die Leute lagen alle unter Zelten, jede Landsmannschaft beieinander. Jede Gegend hatte ihr Lager mit einem Fruchtbogen aus Früchten ihrer Gegend geschmückt, und zwar einen Bogen, durch den man zu ihnen einging und in welchem oben ein Kranz und Busch der ausgezeichnetsten Früchte ihrer Gegend hing.

Die einen hatten Weinreben und Getreide, die anderen Baumwolle, Zuckerrohr, Würzkräuter, allerlei Früchte und Beeren. Es war jedes Zeichen mit Blumen geschmückt und zierlich geordnet, und es machte einen sehr angenehmen Eindruck. Eine Menge Vögel, Tauben und Wachteln hatten sich in dem Lager eingestellt, um die zerstreuten Brosamen aufzulesen, und sie waren so zutraulich, dass die Leute sie aus den Händen fütterten.

Es hatten sich viele Pharisäer, Sadduzäer und Herodianer, Schriftgelehrte und Ortsvorstände hier eingefunden und den näheren Platz um den Lehrstuhl Jesu eingenommen. Sie hatten sich bessere Sitze bereiten lassen und saßen teils auf einer Art von Stühlen, welche sie sich hatten herbeibringen lassen. Es waren viele davon mit Scharen von Volk herzugekommen, die jetzt erst von Jerusalem kehrend, bei dieser Lehre verweilten. Von solchen mögen jene gewesen sein, die Jesus gestern anredeten, was dies für ein Gelaufe nach dem Lehrberg sei.

Jesus versammelte seine Jünger dicht um sich, und die Pharisäer ärgerten sich, dass diese vor ihnen standen.

Jesus betete zuerst und hielt dann eine kleine Rede an das Volk, worin Er sie zur Ordnung und zur Aufmerksamkeit aufforderte. Er wolle sie das lehren, was sie nicht von anderen gelehrt worden waren, und was doch zu ihrem Heile notwendig sei. Was sie aber jetzt nicht fassen könnten, das sollten ihnen seine Jünger nochmals sagen und näher erklären, welche Er ihnen senden wolle, denn Er werde nicht mehr lange unter ihnen verweilen.

Hernach begann Er laut und öffentlich die um ihn versammelten Jünger zu lehren und warnte sie vor den Pharisäern und falschen Propheten. Dann lehrte Er das Volk vom Gebet und von der Nächstenliebe. Die Jünger führten das Volk abwechselnd hinweg und herzu. Die Pharisäer und andere Gelehrte fielen Jesus oft abwechselnd in die Rede mit allerlei Einrede und Widerspruch; aber Er achtete nicht darauf und lehrte sehr streng gegen sie und warnte das Volk, so dass sie sich sehr ärgerten.

Jesus heilte heute nicht, befahl aber, dass die müden Kranken auf ihren Betten unter offenen Zelten abwechselnd in die Nähe gebracht würden, um seine Lehren anzuhören. Er ließ den Kranken überhaupt sagen, sich bis zum Schluss seiner Lehre zu gedulden. Er lehrte ununterbrochen bis zum Abend. Die Leute nahmen abwechselnd Speise. Ich habe Jesus nicht essen sehen. Er hatte so lange die große Volksmenge gelehrt, dass am Abend seine Stimme ganz schwach und fein war.

Er begab sich nun hinab in die Ebene nach der erwähnten Herberge. Sie gehörte sonst zu Magdalenas Besitz in Magdalum und wurde für die Gemeinde beim Verkauf des Gutes zurückbehalten.

Lazarus und Martha, Dina und die Suphanitin, Maroni von Naim und Jesu Mutter und die anderen galiläischen Frauen waren hier angekommen mit vielem Vorrat an Speisen und Stoffen zu Kleidern und auch mit fertigen Kleidern. Sie hatten für Jesus und die Jünger ein einfaches Mahl bereitet und der Überrest wurde den Bedürftigen gegeben.

Zweiter Tag der Lehre

24. April: Jesus setzte heute die Lehre auf dem Berg fort und sprach noch immer vom Gebet, von der Nächstenliebe, der Wachsamkeit im Guten, vom Vertrauen auf Gottes Güte, und ermahnte die Leute, sich nicht von den Bedrückern und Verleumdern irre machen zu lassen.

Die Pharisäer waren heute noch unruhiger als gestern. Ich sah, dass sie sich in größerer Anzahl als gestern eingefunden hatten und stark mit Jesus disputierten. Sie nannten ihn einen Aufwiegler und Unruhestifter, Er treibe die Menschen aus ihrer Arbeit, dass sie im Lande herum ihm nachzögen. Sie hätten ihren Sabbat, ihre Festtage und ihre Lehre, es brauche seine Neuerungen nicht. Sie machten ihm und seinen Jüngern alle alten tausendmal beantworteten Vorwürfe und drohten ihm zuletzt mit Herodes. Sie wollten diesem sein Treiben und Lehren klagen; er habe bereits ein Auge auf ihn und werde seinem Treiben ein Ende machen. Jesus antwortete ihnen streng und sagte, Er werde unbekümmert um Herodes lehren und heilen, bis seine Sendung vollendet sei.

Die Pharisäer waren aber so frech und ungestüm, dass das Volk sich herandrängte und die Leute sich stießen und traten, so dass die Pharisäer mit großem Unwillen sich endlich hinweg begaben.

Jesus lehrte noch weiter auf eine sehr rührende und bewegende Weise, und da viele von den Leuten, welche auf dem Rückweg von Jerusalem begriffen waren, und auch andere ihre Speise aufgezehrt hatten, ließ Jesus durch die älteren Jünger Speise unter sie verteilen: Brote, Honig und Fische, welche von der Herberge in vielen Körbchen heraufgebracht worden waren.

Die Frauen hatten für den Vorrat gesorgt. Es wurden auch Kleider, Stücke Tuch, Decken und Sohlen und kleine Röckchen für Kinder unter die Bedürftigen ausgeteilt. Alles hatten die Frauen in großem Überfluss herangeschafft. Sie teilten an die Frauen, die Jünger an die Männer aus.

Jesus lehrte unterdessen die neuangekommenen Jünger weiter, denn Er hatte jene Geschäfte den älteren, schon unterrichteten aufgetragen. Die Frauen kehrten nachher zur Herberge zurück, das Mahl für alle zu bereiten. Jesus aber lehrte das Volk, versprach ihnen, seine Jünger zu senden, welche sie weiter trösten sollten, denn Er werde sich eine Weile entfernen.

Dann segnete und entließ Er das Volk und sagte, dass Er morgen früh den Kranken helfen wolle. Er blieb noch lange mit den Jüngern lehrend allein und sprach über das Wesen der Pharisäer und wie sie sich künftig verhalten sollten. Er kam spät mit ihnen zur Herberge, wo ein allgemeines Mahl war.

Hier sprach auch Lazarus von der Ermordung der Galiläer am Tempel, wovon heute schon unter dem Volk und den Jüngern viel die Rede gewesen war. Er erzählte auch, dass die verwandten Frauen von Hebron und einige von Jerusalem nach Machärus gereist seien, um das Haupt des Johannes des Täufers zu erhalten, da jetzt dort aufgeräumt und an der Festung gebaut werde. Er selbst hatte manche Einleitung dazu getroffen, und ich weiß nicht mehr bestimmt, ob auch hier noch die Botschaft von dem Erfolg ankam; aber ich sah unter vielem Vergessenen folgendes:

Auffindung des Hauptes von Johannes dem Täufer

In Machärus war man sehr beschäftigt, auszuräumen und zu bauen. Ich meine, man rüstete sich zu einem Krieg. Es wurden allerlei Bauwerke, die zu Herodes' Hofleben hier gedient hatten, allerlei Gerüste und Geräte weggeschafft und alles mehr für Soldaten und Verteidigung eingerichtet. Die Gräben wurden gereinigt und ausgebessert, die Mauern verändert und allerhand neue Anlagen umher gemacht.

Ich sah etwas Kurioses dabei, das ich nicht mehr recht verstehe. Man machte allerlei Gruben umher und füllte sie mit brennbaren Sachen an und deckte sie zu und stellte Bäume darüber, dass man sie gar nicht kennen konnte. Man konnte dieses heimlich anzünden, so dass alles wie Sand weit auseinanderschlug und einstürzte. Solche Anstalten wurden in weitem Umkreis um die Mauern gemacht.

Es waren sehr viele arme Leute hier, welche das, was abgerissen wurde, erhielten und wegtrugen. Viele suchten auch in den Gräben Holz und große Gebeine und allerhand Geräte und führten den Schlamm auf ihre Felder. Unter diesen armen Leuten befanden sich in unerkannter Verkleidung verwandte Frauen des Täufers. Es waren die Tochter Helis, des Schwestermannes der Elisabeth aus Hebron und andere dabei, auch die Magd der Johanna Chusa, überhaupt etwa sechs Frauen, darunter auch jerusalemische, auch ein paar Knechte. Sie hielten sich schon mehrere Tage unter den Suchenden und Arbeitenden auf, bis endlich der tiefe, enge steile Graben gereinigt wurde, in welchem sie, meine ich, durch Offenbarung des Johannes Haupt geworfen wussten.

Sie beteten alle Nacht und fasteten und flehten zu Gott, es zu finden. Der Boden dieses Grabens war wegen des Berges aufsteigend. Das ganze untere Ende war schon gereinigt und ausgeleert. Man musste da an hervorspringenden Steinen zu einer höheren Stelle aufklettern, zu der Stelle nämlich, wohin die Knochen aus der Küche herabgeworfen wurden und wo des Johannes Haupt lag. Es war da ein ganz hoher Haufen von allerlei Auswurf und Knochen. Man musste sehr weit in den Graben hineingehen bis an diese Stelle.

Als die Arbeiter zum Essen gegangen waren, ließen einige erkaufte Leute die Frauen in den Graben hinein und blieben an dem Eingang zurück. Der Graben war rein bis zu jener Stelle, wo jedoch nur trockener Abfall und Wust lag. Sie beteten fortwährend, Gott möge sie doch jenes heilige Haupt finden lassen, und stiegen mit Mühe hinan. Da sahen mehrere das Haupt auf einem vorspringenden Stein aufrecht auf dem Halse stehen, als schaue es ihnen entgegen, und sie sahen einen Glanz wie zwei Flammen dabei. Sie hätten sich sonst irren können, denn es lagen noch andere Menschenköpfe in der Kloake.

Das Haupt war traurig anzusehen; das braune Angesicht war mit Blut überronnen, die Zunge, welche Herodias durchstochen, sah aus dem offenen Mund hervor, die gelben Haare, bei welchen es die Henker und Herodias gefasst hatten, standen starr emporgesträubt. Die Frauen hüllten es in ein Tuch, das sie darüber warfen, und schoben es in einen Schlauch und eilten nun mit bangen Schritten mit ihrem Schatz hinweg.

Sie gingen zur rechten Zeit; denn kaum hatten sie eine Strecke des Wegs gemacht, als wohl tausend Soldaten des Herodes nach dem Schloss zogen und die paar Hunderte ablösten, die darauf waren. Sie versteckten sich vor denselben in einer Höhle.

Als sie ihren Weg durchs Gebirge weiter fortsetzten, fanden sie einen Soldaten, der durch einen Fall am Knie schwer verwundet auf dem Weg ohnmächtig liegen geblieben war. Es waren hier schon Zacharias' Vetter, der Levit Zacharias und ein paar Essener bei ihnen, die ihnen entgegen gegangen waren.

Ich sah, dass sie sich mitleidig um den Verwundeten bemühten, und da sie ihn nicht aufwecken konnten, legten sie das heilige Haupt in dem Schlauch neben ihn. Da erwachte er sogleich, konnte sich aufrichten und sagte, er habe den Täufer gesehen, der ihm geholfen habe. Sie waren sehr gerührt darüber und wuschen seine Wunden mit Öl und Wein und brachten ihn in der Nähe in eine Herberge, ohne ihm jedoch etwas von Johannes' Haupt zu sagen.

Nun sah ich sie ebenso ziehen und sich einsam halten wie bei des Johannes Leichenabholung. Ich sah sie am folgenden Tag das Haupt zu den Essenern bei Hebron bringen, wo einige kranke Essener damit berührt wurden und genasen. Die Essener sah ich sodann das Haupt reinigen und kostbar balsamiert mit einer ähnlichen Leichenfeier wie früher zu dem Körper ins Grab bringen.

Die Verehrung heiliger Gebeine habe ich immer besonders bei den Essenern gesehen. Sie hatten heilige Gebeine der Altväter und Propheten kostbar verziert in Baumwolle gewickelt in Gewölben in den Mauern bewahrt und deren Heilkraft oft erfahren. Auch gab es bei den Jüngern Jesu und anderen erleuchteten frommen Juden zu dieser Zeit den Begriff von Verunreinigung durch die Toten gar nicht wie bei den Pharisäern. Soweit erinnere ich mich dieser Begebenheit.

Lazarus und die heiligen Frauen nahmen heute abend noch von Jesus Abschied. Lazarus war bei den öffentlichen Lehren Jesu nicht gegenwärtig gewesen, denn er hielt sich seiner Verhältnisse in Jerusalem wegen etwas zurück.

Dritter Tag bei Gabara – Heilung der Kranken

25. April: Heute morgen gingen Lazarus und die heiligen Frauen ganz früh nach Hause. Jesus aber ging mit den Aposteln aus der Herberge zu den Kranken, deren Hütten und Zelte teils schon gestern abend in die Nähe der Herberge gebracht worden waren, teils lagen sie auch noch in den Lagern des Volkes am Fuß des Lehrberges. Die Apostel und Jesus heilten alle Anwesenden, und sie gingen nicht eher weg, bevor alle die Kranken wieder auf den Beinen waren.

Die Jünger und Frauen teilten noch den Rest der Nahrungsmittel und Kleider und Zeuge unter sie aus. Die Genesenen und ihre Freunde erfüllten die Luft mit ihren Dankpsalmen und alle machten sich auf den Weg, um vor dem Sabbat noch ihre Wohnorte zu erreichen.

Jesus geht nach Garisima

Jesus aber zog nach Garisima, etwa eine Stunde nördlich von Sephoris auf der Höhe, am Ende des Tales gelegen. Er sandte Jünger voraus, die Herberge zu bestellen. Er ging der Kranken wegen auf einem Umweg dahin und ich sah ihn und seine Schar in einem kleinen Ort Kapharoth bei Jotopata eine Weile einkehren.

Es lag von seiner Herberge rechts; auf dem Wege aber, den Er jetzt eingeschlagen, links, nachdem sie noch nicht lange gewandert waren. Die Straße von Kapharnaum nach Jerusalem führte hier durch und ich habe Jesus und die Seinen schon öfters da gesehen. Hier in der Gegend war auch König Saul kurz vor dem Besuch bei der Hexe von Endor und der unglücklichen Schlacht herumgereist.

Ich weiß nicht mehr bestimmt, was hier vorging, außer dass Jesus mit einigen wohlgesinnten Pharisäern von Garisima, die von Jerusalem nach Haus zurückkehrten, hier zusammentraf, welche ihn unter anderem vor Herodes warnten, weil sie in Jerusalem und unterwegs gehört hatten, er wolle ihn fangen lassen und ihm tun wie dem Johannes.

Auch diesen sagte Jesus, dass Er ohne Furcht vor Herodes, dem Fuchs, tun werde wie bisher; wozu ihn sein Vater gesendet habe. Ich weiß nicht, ob dies die Stelle des Evangeliums war, wo Er Herodes einen Fuchs nannte (Lk 13,31-32).

Er verweilte nicht lange hier und zog etwa fünf Stunden Wegs von hier bis Garisima. Der Ort liegt hoch und ist mit Weinbergen durchzogen. Er hat die Morgen- und etwas Mittagssonne, von Abend und Norden aber Schatten.

Die vorausgesandten Jünger kamen Jesus schon eine Strecke Wegs entgegen. Er hatte seine Herberge vor dem Ort. Sie wuschen sich die Füße, nahmen den Imbiss und Jesus lehrte dann in der Synagoge am Sabbat aus dem Levitenbuch und aus Ezechiel.

Er hatte keinen Widerspruch hier und alle staunten über seine Kenntnis des Gesetzes und seine wunderbare Auslegung. Nach der Lehre hatte Er ein Mahl mit den Seinen allein in der Herberge. Es waren einige Verwandte von ihm aus der Gegend von Sephoris hier, die mitaßen. Auch hier hat Er von seinem nahen Ende gesprochen. Ich meine, Er wird nach dem Sabbat die Apostel und die Jünger aussenden.

26. April: Ich sah Jesus hier ruhig den Sabbat halten und außerdem die Jünger öffentlich auf einem Hügel lehren über die Aussendung, was sie zu beobachten hätten. Dieser Hügel liegt zwischen den zerstreuten Häusern und Weinbergen des Ortes. Jesus erzählte hier und in diesen Tagen Gleichnisse vom verlorenen Schaf und auch von den zehn Jungfrauen.

Es sind mit den Aposteln wohl hundert Jünger bei Jesus. Sie sind hier zum Sabbat zusammengekommen. Morgen oder übermorgen wird die Aussendung sein. Die beiden Söhne des in Dabrath getauften Cyrinus sind schon auf dem Weg von Gabara hierher von Dabrath, wo sie bei ihrem Vater waren, zu ihm gekommen. Es sind noch einige andere cyprische Juden hier bei ihm gewesen.

Eine große Schar derselben, von Jerusalem vom Osterfest nach Cypern zurückkehrend, ist hier und hat seine Lehre am Sabbat mit Bewunderung gehört.

Man sehnt sich in Cypern sehr nach Jesus, wo viele Juden sehr verlassen sind.

Jesus bereitet die Jünger in der Gebirgseinsamkeit zur Aussendung vor

27. April – (In wechselnden Ohnmachten vermag sie nur folgendes zu erzählen:)

Jesus hat heute morgen noch in Garisima auf dem Hügel die Jünger gelehrt. Weil hier viele anwesend sind, die bisher bloß zu Botendiensten zwischen den zerstreuten Jüngern und Freunden Jesu gedient und andere, welche noch meist zu Hause gelebt hatten, so waren sehr viele noch nicht unterrichtet und hatten vieles von der Lehre und der Art ihrer Verbreitung und von der Anwendung und Auslegung der Parabeln nicht gehört. Jesus lehrte daher fortwährend und erklärte den Jüngern alles ganz einfach und kindlich und ging alles, was Er bis jetzt gelehrt, und besonders das Letzte in einer Zusammenfassung durch.

Nachmittags zog Er mit ihnen allen etwa vier bis sechs Stunden nordwestlich von Garisima ins Gebirge in eine sehr einsame Gegend. Sie kamen zwischen zwei Städten durch und blieben hier in der Wildnis über Nacht. Dort waren Herden von Eseln und Kamelen und auch Schafe, aber abseits in den Tälern. Es war hier schon an der Abendseite des großen Gebirgszuges, der sich mitten durch das Land erstreckt.

Die Täler laufen hier sehr im Zickzack, gerade wie das Kraut, die Wolfsklaue, auf der Erde hin und herrankt. Es waren in dieser Wildnis viele Palmbäume, auch eine Art Bäume mit bis zur Erde niedergesenkten und verflochtenen Ästen, unter welche man sich wie in eine Hütte verkriechen konnte. Darunter hielten sich die Hirten der Gegend auf; und hier lagerte heute nacht auch Jesus und die Jünger. Jedoch brachten sie die größte Zeit im Gebet zu und mit der Unterweisung Jesu. Er hat ihnen vieles befohlen, was Er auch bei früheren Sendungen gesagt hatte.

Besonders fiel mir auf, dass sie keine Tasche haben sollten, sie mussten sie dem Vorsteher abgeben. Es hatten immer zehn einen Vorgesetzten. Er sagte ihnen, wie sie die Orte erkennen sollten, wo sie Gutes wirken würden, wie sie die Schuhe vor den übelgesinnten Orten ausschütteln sollten, und wie sie antworten sollten, wenn man sie anhalte. Sie sollten unbekümmert sein, was sie antworten sollten; es werde ihnen in den Mund gelegt werden. Sie sollten sich nicht fürchten, ihr Leben werde nicht in Gefahr kommen. Sie aßen auch noch miteinander Brot, Honig, Fische, die sie mitgebracht hatten. Ich sah in der Gegend hie und da gegen Abend einzelne Männer stehen mit langen Stäben und eisernen Haken daran. Es waren Wächter gegen wilde Tiere, die vom Meeresufer her herauf kommen und die Herden anfallen.

Aussendung der Apostel und Jünger

28. April: Hier im Gebirge sah ich Jesus heute morgen ganz früh die Jünger und Apostel aussenden. Er legte den Aposteln und mehreren alten und ersten Jüngern die Hände auf und die übrigen segnete Er nur. Er füllte sie dadurch mit neuer Kraft und Stärke. Es ist dieses noch keine Priesterweihe, sondern nur eine Füllung und Stärkung. Er sagte ihnen nochmals mehreres vom Gehorsam unter den Vorgesetzten. Petrus und Johannes zogen nicht mit Jesus, sondern südlich. Petrus nach der Gegend von Joppe und auch Johannes, doch mehr östlich nach Judäa.

Einige zogen nach Obergaliläa, andere in die Dekapolis. Thomas erhielt seine Sendung nach dem Gebiet der Gergesener. Ich sah ihn auf einem Umweg dahin ziehen. Ich sah ihn am Abend vom Wege ab in südwestlicher Richtung mit einer Schar Jünger nach einer Stadt gehen, deren Namen einen Klang hat, wie der Name eines Jüngers. Sie heißt wie Asach.

Diese Stadt liegt auf einer Höhe zwischen zwei Tälern, die wie die Blätter des Krautes Wolfsklaue auseinanderlaufen. Ein Wasser, das um diese Stadt fließt und an ihrer einen Seite niederfällt, sah ich spiegeln. Es kommt nördlich aus einem kleinen See oder Sumpf und fließt auch südlich darum her und hat einen Fall, ich hörte es brausen. Es fließt in das Meer.

Dieser Ort war ungefähr neun Stunden von Sephoris und lag von dem Wege Jesu höchstens eine Stunde zur Linken und tiefer, denn man schaute auf den Ort herab. Es sind viele Juden in der Stadt, die, wie ich meine, den Leviten gehört.

Ich habe auch den Namen Hakuk oder Hokuk gehört, aber es gibt noch eine andere Stadt, welche auf diese Art heißt.[66]

Jesus ging in nordwestlicher Richtung. Er nahm fünf Apostel mit sich, deren jeder zehn Jünger unter sich hatte. Ich erinnere mich, den Judas, Jakobus den Jüngeren, Thaddäus, Saturnin, Nathanael, Barnabas, Asor, Menason und die cyprischen Jünglinge dabei gesehen zu haben.

Sie gingen heute wohl noch sechs bis acht Stunden. Es lagen mehrere Städte zur Linken und Rechten des Weges und es trennten sich einzelne Gruppen des Zuges, nach diesen hinwandernd. Jesus ließ Tyrus zu seiner Linken unten am Meeresufer liegen.

Wenn ich mich recht erinnere, so hat Er den Aposteln und Jüngern einen Ort bestimmt, wo Er etwa nach dreißig Tagen wieder mit ihnen zusammentreffen wolle. Er übernachtete mit jenen, die noch bei ihm waren, abermals unter solchen Baumlauben wie in der vorigen Nacht.

Jesus zieht in die Gegend von Ornithopolis

Ich sah Jesus mit einer Schar von Jüngern und auch anderen Leuten, wohl an die fünfzig Mann, in einer hohlen Bergschlucht wandern. Es scheint mir, dass es morgens war, denn der Himmel war so hell. Es war ein wunderlicher Berg; wohl eine Stunde lang waren an den beiden Seiten der Bergwände Wohnungen und Vorbauten von leichten Sparren, hie und da offen, dass man hineinschauen konnte, wo Leute wie in Höhlen wohnten. Oft waren Dächer von Schilf und Moos oder Rasen darüber. Hie und da war es wie Befestigungen, damit der Berg den Weg nicht verschütte. Es wohnten arme verworfene Heiden darin. Sie waren hierher gesetzt, um den Weg zu bewachen und die Gegend von hässlichen Tieren zu reinigen.

Diese Leute kamen zu Jesus und baten um Hilfe gegen diese Tiere. Es waren lange, breitfüßige, fleckige Tiere, wie große Eidechsen. Ich sah, dass einige solche Tiere da herbeiliefen und dass Jesus die Gegend segnete und den Tieren befahl, in einen Sumpf in der Nähe, der schwarz und moorig wie ein Kohlenbrei war, hineinzugehen, und sah sie aus der ganzen Gegend dort hinfliehen.

Auf dem Weg, worauf Jesus reiste, standen hie und da einzelne Haufen von wilden Orangenbäumen und auch andere wilde Bäume. Es war etwa vier Stunden von Tyrus.

Jesus verteilte hier seine Begleitung und verweilte mit Wenigen immer abwärts wandernd in dieser Schlucht und lehrte und ermahnte hie und da vor den Höhlen die Einwohner. Es war bis hier etwa neun Stunden von Asach, der Stadt, in die Thomas gestern nach der Apostelteilung gegangen war. Der Weg führte hinab an einen klaren, schnellen, ziemlich starken Fluss (Leontes). Er fließt in einem tiefen Bett ein paar Stunden nördlich von Tyrus ins Meer.

Jesus ging auf einer hohen Steinbrücke über diesen Fluss. Die Brücke war dick und fest wie ein Steinwall und unten sah man das Wasser rauschen. Jenseits war wieder ein langer Ort von einzelnen Wohnungen den Weg entlang.

Nicht ferne vom Fluss war eine große Herberge, wo die Jünger wieder mit Jesus zusammentrafen.

Judas Ischariot wird nach Kana bei Sidon gesendet

Hier sendete Jesus mehrere seiner Begleiter in die Städte des Landes Chabul und den Judas Ischariot mit mehreren Jüngern nach Kana bei Sidon. Die Jünger mussten all das Geld oder ihre Säckel, die sie bei sich hatten, dem Apostel, der ihnen vorstand, zum Bewahren geben, der nichts davon ausgab. Dem Judas allein gab Jesus eine Summe für sich. Er kannte seinen Geldgeiz und wollte ihn nicht in der Versuchung wissen, das Geld der anderen anzugreifen, denn Er hatte seinen Kummer um das Geld wohl bemerkt, obschon Judas prahlte, wie mäßig er sei, wie streng er das Gebot der Armut halten wolle. Da er nun das Geld empfing, fragte er Jesus, wie viel er täglich davon ausgeben dürfe. Und Jesus antwortete ihm, wer sich streng gemäßigt fühle, der bedürfe kein Maß, noch Gebot, der trage sein Gesetz in sich.

Die Nachkommen eines alten, abgesonderten Judenstammes

Hier in der Herberge erwarteten Jesus wohl an die Hundert von jenem Judenstamm, welchen Jesus in Ornithopolis und bei Sarepta schon getröstet hatte. Sie waren ihm dort entgegengekommen und wohnten teils hier, wo sie auch eine Synagoge hatten. Sie empfingen Jesus und die Seinen mit großer Demut und Freude, wuschen ihnen die Füße und reichten ihnen einen Imbiss. Die Juden kamen in ihren Feierkleidern ganz altväterlich gekleidet, sie trugen lange Bärte und hatten fransige Manipeln an den Armen hängen. Sie hatten mancherlei eigene Gebräuche und etwas Absonderliches wie die Essener in ihrem Wesen. Auch die Heiden waren hier sehr ehrerbietig gegen Jesus und achteten auch die Juden, was überhaupt in diesem ganzen Landstrich mehr der Fall ist als in der Dekapolis.

Diese Juden hier stammen von einem Nebensohn des Patriarchen Juda. Sue, das Weib des Juda, hatte eine Gesellin und Freundin, welche Lia, des Juda Mutter, aus Mesopotamien mitgebracht hatte. Da nun Sue nach der Geburt des Her und des Onan eine Zeit lang unfruchtbar war, gab sie dem Juda ihre Freundin zum Nebenweib und der Sohn, den diese gebar, war der Stammvater der hiesigen Juden. Er heiratete seine eigene Schwester (sie sagt nicht, ob richtige oder Halbschwester); ihr Name klang wie Ezchen, nämlich als wolle man sagen, die kleine Eza, aber auf hebräisch.

Dieser Nebensohn Judas hieß wie der Ort hier, wo Jesus ist, leider habe ich den Namen vergessen. Nach seiner Geburt wurde

Sue wieder fruchtbar und gebar den dritten rechtmäßigen Sohn des Juda, den Sela.

Die beiden Söhne des Juda, Her und Onan, verfolgten diesen Nebenbruder auf alle Weise und starben.[67] Er aber hatte, vom Haus mit seiner Familie vertrieben, sich hier niedergelassen und war ganz von den Kindern Israels abgekommen. Seine Familie hatte sich mit den hier wohnenden Heiden vermischt, war nicht mit nach Ägypten gezogen und ganz verwildert.

Die Heiden hier, mit denen seine Familie sich vermischte, hatten schon, da Jakob nach dem Fall der Dina auf dem Erbteil Josephs bei Samaria wohnte, eine große Begierde gehabt, sich durch Ehen, wo nicht mit Jakobs Söhnen, doch mit seinen Knechten und Mägden zu veredeln. Sie zogen über die Berge zu ihm hin, verlangten gar demütig, sich mit seinen Angehörigen zu verehelichen, und erboten sich, gerne die Beschneidung anzunehmen.

Jakob aber wies sie auf alle Weise zurück. Später kam nun dieser vertriebene Nebensohn des Juda mit seiner Familie zu ihnen und wurde wegen ihrer Sehnsucht nach Jakobs Stamm sehr liebevoll aufgenommen und seine Kinder vermischten sich mit ihnen. Wie wunderbar erscheint die Fügung Gottes, dass die rohe Begierde der Heiden nach Verbindung mit dem heiligen Stamm, auf dem die Verheißung ruhte, nicht ganz verworfen wurde und dass durch spätere Schicksale ein vertriebener Nebensprosse dieses Stammes sie veredeln musste!

Trotz ihrer großen Verwilderung durch die gemischten Ehen hatte sich doch eine Familie unter ihnen rein erhalten und wurde zuerst durch Elia, der viel hier in der Gegend gelebt, im Gesetz unterrichtet. Salomo hatte sich schon viele Mühe gegeben, sie wieder mit den Juden zu vereinigen, aber es gelang ihm nicht. Im Kriege kamen viele um, besonders von jenen, die sich mit den Heiden vermischt hatten. Jetzt sind etwa noch hundert fromme Männer von reiner Abkunft aus Juda unter ihnen. Elia hat sie erst wieder recht zu der Herde eingesammelt; sie gehörten zu den verlorenen Schafen aus Israel.[68]

Sie waren gar demütig und schätzten sich nicht würdig, den jüdischen Boden zu betreten. Sie haben mit den Einwohnern von Saphet, ich weiß nicht welche, Berührung.

Der Cyprier Cyrinus aus Dabrath hatte Jesus zuerst von ihnen gesprochen und obschon Jesus von ihnen wusste, so nahm er doch von dieser Erzählung die äußere Veranlassung, viel und vertraut mit ihnen zu reden.

Jesus lehrt, heilt und nimmt teil an einem Mahl

Jesus lehrte hier zuerst vor der Herberge vor zweihundert Menschen. Sie standen unter offenen Lauben oder Schuppen umher. Die Herberge hier gehörte den Juden oder war von ihnen gemietet. Danach lehrte Jesus auch in der Synagoge und viele Heiden hörten von außen zu. Diese Synagoge ist hoch und schön und man kann oben auf ihr herumgehen und hat eine sehr weite Aussicht.

Den übrigen Teil des Tages ging Jesus mit seinen Begleitern viel in dem Ort und der Gegend umher und heilte mehrere kranke Juden und auch Heiden. Am Abend ging Er zu einem Festmahl, welches sie ihm in der Herberge gaben und bei welchem sie alles aufwendeten, ihm ihren großen Dank zu bezeigen, dass Er nicht verschmäht habe auch zu ihnen, den verlorenen Schafen aus Israel, zu kommen und ihnen das Heil zu verkünden.

Sie hatten ihre Stammregister in guter Ordnung und legten sie Jesus vor und waren tief gerührt, mit ihm aus einem Stamme hervorgegangen zu sein.

Es war ein fröhliches Mahl, alle waren dabei zugegen. Sie sprachen viel von den Propheten, besonders mit großer Liebe von Elia und seinen Prophezeiungen vom Messias, ebenso auch von Malachias und dass jetzt die Zeit der Erfüllung sein müsse.

Jesus legte ihnen alles aus und versprach ihnen, sie von hier nach Judäa zu führen. Ich habe voraus gesehen, dass Er sie später an der mittägigen Grenze von Judäa zwischen Hebron und Gaza angesiedelt hat.

Jesus übernachtete hier. Er hat ein langes weißes Reisekleid an. Er und seine Begleiter sind gegürtet und geschürzt, wenn sie gehen. Bündel haben sie nicht. Sie tragen das Notwendige in dem weiten Busen ihres Kleides über dem Gürtel rund um den

Leib. Einige haben Stäbe. Kopfbedeckung sah ich nie bei Jesus, nur manchmal eine Zeugbahn, die sonst um den Hals liegt, übers Haupt gezogen.

Beschreibung der Gegend und des Hafen-Ortes, wohin Jesus geht

Die Leute hier machen Jagd auf eine hässliche Art von Tieren, die fleckig sind und häutige Flügel haben, mit welchen sie sehr schnell fliegen. Sie sind wie ungeheure Fledermäuse und saugen den Leuten und dem Vieh im Schlaf das Blut aus. Sie kommen aus dicken sumpfigen Büschen, in die man nicht eindringen kann, vom Meeresufer hier herauf und richten großen Schaden an. In Ägypten sind ihrer auch viele gewesen. Es sind keine eigentlichen Drachen, auch nicht so greulich. Die Drachen sind nicht so häufig und liegen sehr einsam in ganz wüsten Gegenden.

Man sammelt hier Früchte wie Nüsse, auch sah ich Früchte wie Kastanien, auch Bäume mit gelben, in Trauben hängenden Beeren. Hie und da auch wie Tannenbäume und Zedern. Es ist kein tiefer Grund hier in der Gegend, die Wurzeln kriechen oft nackt mit Moos bedeckt wie Schlangen über die Erde.

Ich habe wenige Weibsleute hier gesehen. Jene, die ich hin und wieder gesehen, trugen Päcke und schienen Sklavinnen.

Der Hafenort, wohin Jesus von hier aus geht, liegt drei Stunden nördlicher als Ornithopolis, das wohl dreiviertel Stunden vom Meer liegt. Von Tyrus bis zu dem Hafenort sind es zur See fünf und zu Lande drei Stunden. Im Hafen streckte sich eine Gebirgszunge weit wie eine Insel in das Meer, worauf die heidnische Stadt liegt. Es sind wenige, aber fromme Juden dort, und diese scheinen alle von den Heiden zu leben. Ich sah wohl an die dreißig Götzentempel dort und umher.

Manchmal scheint mir, als gehöre der Hafenort zu Ornithopolis. Die Syrophönizierin hat noch so viele Gebäude, Webereien, Färbereien und Schiffe dort, dass ich manchmal unbestimmt meine, der Ort sei ihrem verstorbenen Mann oder dessen Voreltern untertan gewesen. Sie wohnt nicht in Ornithopolis selbst, sondern in einer Art Vorburg. Hinter Ornithopolis liegt ein hohes Gebirge.

Man kann nicht darüber wegsehen und dahinter liegt Sidon. Es ist noch ein Flüsschen zwischen Ornithopolis und dem Hafen. Die Ufer zwischen Tyrus und Sidon sind außer dem Hafen wenig zugänglich, rauh und wild durch Felsen, Morast, Bäume und Gestrüpp.

Der Hafen ist der größte zwischen Sidon und Tyrus. Die vielen Schiffe in demselben machen selbst eine kleine Stadt aus.

Das Gut der Syrophönizierin sieht mit den vielen Gebäuden, Höfen und Gärten aus wie ein großes Besitztum mit Fabriken und Pflanzungen, worauf viele Arbeiter- und Sklavenfamilien leben. Es ist aber alles etwas in Stillstand geraten und wird nicht mehr voll betrieben.

Ornithopolis liegt etwa drei Stunden von dem Flussübergangsörtchen, wo Jesus heute übernachtete; der Ort der armen Juden aber ein und eine halbe Stunde.

Wenn Jesus gerade über diesen Ort zum Hafen geht, lässt Er Ornithopolis links liegen. Der Judenort liegt gegen Sarepta, welches die Morgensonne hat; denn von dieser Seite steigt das Gebirge sacht an. Von Mitternacht aber ist es ganz schattig; die Lage ist sehr gut.

(Die Erzählerin sprach nun ungemein ins Einzelne gehend von der Lage Sareptas, aber so schnell, dass es nicht aufzufassen war, dabei rief sie aus: «Ach! Wenn Sie es nur so klar wie ich sehen könnten!» Zwischen Ornithopolis, dem Judenort und dem Hafen liegen so viele einzelne Gebäude und Ansiedlungen, dass man von oben niedersehend meinen könnte, es hätte einstens alles zusammengehört.)

ANMERKUNGEN

1 Sie sieht gewöhnlich das Geschichtliche, welches in einer Sabbatlesung oder in einem Lehrvortrag berührt wird, zugleich in historischen Bildern.

2 Sie wollte dieses ihr Gesicht gar nicht glauben, nannte es einen Traum usw., bis ihr der Pilger sagte, dass in der Heiligen Schrift dieser Brief erwähnt sei, was er selbst durch Suchen erst fand; denn es war ihm unbekannt, und zugleich fand er die Auslegung, zu deren Widerlegung ihr dieses Bild gezeigt worden. Siehe 2. Paralip: 21.12-15.

3 Jogbeha gerade gegenüber liegt ein Berg an der Abendseite des Jordans und eine Stunde vom Jordan an der Abendseite dieses Berges liegt Thirza, die ehemalige Residenz der Könige von Israel vor Samaria. Es waren schöne Alleen und Gärten da, und man nannte die Gegend da drüben auch Garten der Propheten. Scythopolis liegt ungefähr Dion gegenüber. Ein Teil der Stadt liegt an der Morgenseite des Flusses, ein anderer Teil an der Abendseite, etwas vom Jordan ab; dieser ist durch Brücken übers Land mit dem Flusse verbunden.

Eine Stadt Saphon liegt am Jordan auf der Morgenseite und gegen Mittag vom Einfluss des Hieromax. Als Jesus das letzte Mal von Tarichäa, wo Er die Aussätzigen heilte, über den Jordan nach Gerasa ging, ging Er über den Einfluss des Hieromax und hatte diesen und jenseits desselben Saphon zur Rechten.

Mizpa in Gilead liegt östlich über Dion etwa zwei Stunden abendlich von Ephron am Fuße des Berges, worauf Jephtias ihrem Vater entgegen sah. Über Dion liegt auch der Altar, den die Rubeniter gemacht, da sie nicht mit dem anderen Stamm opfern wollten.

Pella sah Jesus zur Rechten nicht fern liegen, als Er von Azzo über den Berg ging, von welchem der Madianiter im Traum das Brot abrollen sah. Pella ist groß und hat viele Ruinen.

4 Sie war heute so leidend, angefochten und durch äußere Bedrängnisse gestört, dass sie alles von der Ankunft und den Verrichtungen Jesu in Sukkoth Gesehene vergessen hat. Hauptsächlich störte sie in der Mitteilung ihr eigenes handelndes Eintreten in das gesehene Bild. Sie erhielt gleich dem in Jogbeha versteckt gewesenen Maleachi eine Sendung und verrichtete sie mit mancher Beschwerde, was in ihrem Leben seiner Zeit mitgeteilt werden wird.

5 Salem liegt südöstlich, vom Fuß des Berges Garizim etwa drei Stunden ab und eine kleine Stunde vom Jordan ab. Eine Stunde südwestlich von Akrabis liegt Silo auf einem höheren Berg.

Fünf Stunden etwa von hier südlich liegt Jericho, drei etwa von Gilgal. Sie meint Alexandrium liege südlich von des Garizims Höhe, auf einer seiner südlichen Höhen. Der Garizim ist sehr wellenförmig, sehr zackig in seinem Umriss, nach Sichar hin hat er eine schroffe Spitze. Hier von Akrabis an werden die Täler sehr eng und die Berge zerrissener und die Orte viel häufiger. Akrabis ist ein Ort, wo alle Handelszüge, welche von Samaria gegen Jericho, und dort über den Jordan wollen, durchgehen.

6 Es war dies wohl der Schluss des Laubhüttenfestes, der am 21. Tisri gefeiert wurde, wovon sie in ihrer Störung nichts weiteres mitteilte.

7 Höchstens anderthalb Stunden von Koreä gegen Abend liegt am Rande des großen Feldes, welches von Koreä sich an der Nordseite der Wüste einige Stunden bis Bethoron gegen Abend erstreckt, die Bergfestung Alexandrium, nach dem Berge Garizim südlich und westlich auf das obengenannte Feld und die Gebirge in Benjamin schauend. Durch dieses Feld ist Maria oft gezogen, es wohnen viel einzelne Hirten drin, und die Stadt Bethel liegt an demselben.

8 Da sie übrigens die Lage von Bethulien zwischen Kana, dem Bad und Gennabris wie sonst auf der Höhe angibt, so muss dieses zweite Wasser vielleicht aus dem Kison von Tabor hergeleitet sein, oder aus einer anderen Quelle, die außerdem in den Jordan fließt. Sie kommt auf dieses Wasser zu sprechen, weil sie wahrscheinlich die ganze Geschichte der Judith sah, denn sie sagt, Holofernes habe ihnen dieses Wasser abgeschnitten.

Judith war aus den Nachkommen der Abigail, des Weibes Nabals und Davids. Das Lager des Holofernes war nördlich von Bethulien, wo das Bad ist. Erst ging man über eine Fläche aus der Stadt, dann durch eine Schlucht, dann kam man in das Lager in dem Tal, und hier hat Judith ihn ermordet.

9 Arumas Lage bestimmte sie auf einer vergrößerten Klöden'schen Karte, auf der keine Namen stehen, gegen Morgen von Garizim etwas nördlicher, als sie auf der gewöhnlichen Klöden'schen Karte angegeben ist. Sie beschreibt die Lage auf der Nordseite eines Berges an einem Busen.

Gegen Mittag hinter derselben liegt der Berg und ist keine Aussicht; gegen Westen ist Berg und Wald und keine Aussicht nach Sichem, gegen Nordost ist Aussicht zwischen Bergen in die Ebene zwischen Sichem und Samaria, östlich sieht man über den Waldrücken zwischen Aruma und Salem auf das jenseitige Gebirge Gilead. Abimelech der Richter hat sich einmal hier aufgehalten. Die Stadt muss sehr alt sein, denn Jakob hat sich auch hier aufgehalten, da er sich vor Esau verborgen.

10 Vielleicht ist daraus die Sage entstanden, hier sei das Landgut Hiobs, welches im Itinerario Hieros angeführt wird.

11 Gen 48,22

12 Ri 5,23

13 Wenn sie sagen könnte, was sie mit diesen Worten will, würde es gewiss anders lauten. Sie spricht seit einiger Zeit sehr mühsam und darum unklarer.

14 Dasselbe bezeugt auch die vom hl. Hieronymus bestätigte Überlieferung.

15 Alles dieses und noch viel mehr beschreibt sie mit großer Innigkeit, und mit einer Schnelligkeit und Freude, indem sie es rings umher schaut, ja selbst die Hügel, Wege, und das ganze Terrain; jedoch alles so schnell, und in ihren provinziellen Ausdrücken, dass nicht mehr, als hier steht, davon aufzufassen war.

16 Als der Pilger in des Josephus Flavius Geschichte des jüdischen Krieges nachsuchte, was dort von Gabara und Gischala gesagt sei, fand er zu seiner Verwunderung im 9. Kapitel des 4. Buches, dass Titus sich von Gischala zu dem nahen Ort Cydessa gezogen habe, welches den Tyriern gehöre und den Galiläern immer feindlich gewesen sei.

Diese Nähe nun von Gischala bei einem angeblich tyrischen Orte schien mit den Angaben der gottseligen Anna Katharina wenig zusammen zu stimmen. Der Pilger teilte seine Entdeckung derselben mit; sie aber gab ihm augenblicklich zur Antwort:

«Ei Cydessa kenne ich sehr gut, das liegt gleich westlich von Damna etwa eine Stunde. Es sieht gegen Süden auf Kana. Dass Tyrier darin sind, ist wahr, aber es liegt in Zabulon. Es kommt das von einem Mann aus Tyrus, der von Alexander dem Großen diese Stadt samt Markung zum Lohne seiner Dienste empfangen hat. Er heißt Livias.
Der Ort war damals ganz verwüstet, aber Livias stellte ihn wieder her und zog viele seiner Landsleute aus Tyrus dahin. Diese haben nachher immer da gewohnt; und es waren nur wenige Juden dort. So ist Cydessa ein Heidenort mitten in Zabulon geworden.
Jetzt hat Cydessa keinen eigenen Herrn mehr, aber es sind noch Heiden darin und eine große Niederlage von tyrischen Waren.
Ich habe diesen Ort immer sehr lieb gehabt. Er liegt so schön eben und frei und sieht auf die herrliche, fruchtbare Gegend rings herum. Es sind von hier die ersten Heiden zu Johannes Taufe gezogen; auch ziehen sie jetzt zu Jesu Predigt auf den Berg bei Gabara.

17 Diese höchst merkwürdige Mitteilung wirft ein überraschendes Licht auf das zweite Kapitel des Galaterbriefes und bestätigt die durch Eusebius bewahrte Überlieferung, dass unter Kephas nicht der hl. Petrus sondern einer der Siebzig vom hl. Paulus gemeint ist.

18 Jos 12,21; 1 Kön 9,15

19 Es ist dieses noch nicht die Heilung, welche Mt 12,10 erzählt.

20 Haggäus 2,8

21 Mt 9,1-8; Mk 2,1-12; Lk 5,17-26

22 Gen 41,1; 1 Kön 3,16-28

23 Diese Antwort Jesu ist eine Bestätigung des Ausrufs der Lea, denn Jesus ist ja das Wort Gottes selbst. Das Wort «hören» heißt so viel als das Wort empfangen und tragen – das hat aber Maria getan.
Das Wort «bewahren» heißt auch; das Wort mütterlich pflegen und säugen. Auch Katharina hat hier die Stelle, wo Jesus sagt: «Wer ist meine Mutter? Wer sind meine Brüder?» Noch nicht gesehen. Anmerkung des Pilgers.

24 Jes 42,1; vgl. auch Mt 12,17

25 Mt 11,20

26 Mt 12,37

27 Mk 6,7-13; vgl. Mt 10,1 Lk 9,1-6

28 z.B. Mk 7,1; Mt 15,1

29 Jes 28,16 Siehe ich lege in Sions Grundfesten einen Stein, einen bewährten Stein, einen kostbaren Stein, in der Grundfeste fest begründet.

30 Mt 13,55-57; Mk 6,3

31 Mt 10,9; Mk 6,10-11; Lk 9,1-5

32 Der Mönch Brocardus, der 1238 Palästina bereiste, sagt in seiner Reisebeschreibung, unten am Tabor, mittagwärts, gegenüber von Endor werde der Ort gezeigt, wo Melchisedech dem Abraham Brot und Wein vorgetragen. Auch in späteren Reisebeschreibungen finden sich Spuren dieser Tradition, welche nach anderen unhaltbar scheint, sich aber vielleicht auf eine dunkle Erinnerung von diesem Brotberge gründet.

33 Es ist dieses das Ereignis, bei Lk 13,4 kurz erwähnt, da ihm die Ermordung der Galiläer am Tempel erzählt wird.

[34] Dies bezieht sich auf die Geschichte einer in den ersten Jahrhunderten christlich gewordenen Königstochter von Kreta, deren Leben die gottselige Anna Katharina geschaut und erzählt hat; wie dies an geeignetem Orte einmal wird mitgeteilt werden.

[35] Bei dieser Veranlassung legt der Pilger einen besonderen Beweis der arglosen Treue seiner Aufzeichnung der Gesichte ab; denn des Hebräischen unkundig wusste er sich den Laut «e» in dem buchstabierten Machmas nicht zu erklären, weshalb er zehn Jahre danach in seinem Tagebuch die Bemerkung einschaltete, endlich habe er bei Reland gefunden, dass Machmas bei den Griechen Machärus genannt werde und so werde Anna Katharina das Wort wohl griechisch auf dem Steine gesehen haben.

[36] Diese Kronen sind Sinnbilder der Peinen und Krankheiten der gottseligen Anna Katharina, welche sie noch nicht ganz vollendet hat. In ihren leidensvollen Nächten opfert sie ihre Schmerzen Jesu, Maria und Johannes auf, indem sie dieselben sinnbildlich als Kränze flicht, da Blumen und Kronen das Bild der Leiden sind.

[37] Diese Äußerung ist höchst bedeutsam, denn meistens wird Bethzur mit Bethsoron gleichbedeutend genommen und bei Bethzur der Schauplatz der berührten Taufe gesucht.

[38] Joh 5,15

[39] Das Fest Ennorum ist allerdings Schluss und Anfang, nämlich Schluss des alten und Anfang des neuen Kirchenjahres oder Festschluss.

[40] Diese Psalmüberschrift erregt das höchste Erstaunen des Pilgers, er hat sie in seinem Tagebuch beim Nachschreiben der Erzählenden rot unterstrichen und mit einem derben Fragezeichen begleitet; wie auch einige Seiten zuvor das Fest Ennorum ihn so befremdete, dass er es wiederholt nur mit daneben gesetzten Fragezeichen niederschrieb. So könnten unzählige Überraschungen des Pilgers namhaft gemacht werden, in welche ihn die Mitteilungen der Schauenden versetzten, die ihn aber nicht hinderten mit unbedingter Treue nur Das zu geben und es nur so zu geben, wie er es aus ihrem Munde vernahm. Sie sind zugleich ein schlagender Beweis, wie unbekannt dem Pilger der ganze Schauplatz der Gesichte war und wie wenig er im Stande gewesen wäre, von Eigenem hinzu zu tun oder gar einen maßgebenden Einfluss auf die Schauende oder deren Gesichte auszuüben.

[41] Mt 14,1-2; Mk 6,14; Lk 9,7

[42] Lk 18,1

[43] Lk 11,1-12

[44] Ausführlicher vermochte Anna Katharina vor Erschöpfung und Heiserkeit nicht zu erzählen.

[45] Am 2. Februar vermochte Anna Katharina nicht, zu erzählen. Sie holte aber von dem Gesichte dieses Tages einiges Wenige am 3. nach.

[46] Mt 14,13; Mk 6,31-33; Lk 9,10.11.

[47] Es wurde Anna Katharina ihrer großen Schmerzen halber schwer, den sichtbaren Hergang der Vermehrung genau zu beschreiben; doch erscheint aus dem, was sie sagte, dass es nicht sowohl eine Vermehrung der Brote und Fische, als ein inneres Wachsen der Substanz war, und dass dieses auch nicht plötzlich, sondern unter dem Austeilen nach und nach geschah. Der Pilger.

[48] Mk 8,10

49 Joh 6,27

50 Ex 19,3 ff und Jer 34,1-22

51 Anna Katharina ist sterbenskrank, ein fürchterliches Gebrechen hindert das Sprechen, darum ist ihre Mitteilung so gestört und lückenhaft.

52 Anna Katharina war leider mehrere Tage durch Besuchende, an denen sie Werke geistlicher Barmherzigkeit übte, so in Anspruch genommen, dass sie nur wenige Bruchstücke dem Pilger von den Gesichten mitteilen konnte.

53 Leider ging die ganze nähere Bestimmung dieses längst erwarteten Auftrittes, wie alles Übrige seit vier Tagen durch die Störung der Besuche verloren.

54 Sie meint, sie seien aus den Besitzungen, oder von einem Oheim der Herodias gekommen, und nennt diese, wie auch ihre Mutter Berenize unehelich. Sie meint auch, jene Frau auf dem Schloss zu Betharamphtha die Abigail sei eine Mutterschwester von ihr.

55 Diese letzte Äußerung bezieht sich auf eine visionäre Gebetsarbeit, von welcher in der Lebensgeschichte der Gottseligen seiner Zeit berichtet wird.

56 Die Erzählende sagt so für Statue und erwähnt keiner Statue von Jesus. Leschem wird von früheren Schriftstellern oft für eins mit Paneas gehalten, wovon es doch vier römische Meilen entfernt gewesen sein soll. In Paneas meldet Eusebius die bekannte Bildsäule der zu Kapharnaum geheilten blutflüssigen Frau von Paneas. Waren nun beide Orte wirklich eins? Oder hat die Blutflüssige die Syrophönizierin mit dem Bilde nachgeahmt? Oder sind die Gegenstände der Säulen in späteren Zeiten verwechselt worden? Der Pilger.

57 So pflegt sie die Verzierungen von Larven oder Tierköpfen an heidnischem Geräte zu bezeichnen.

58 1. Paral. 3,2

59 Dies Wenige vermochte Anna Katharina an diesem und nicht viel mehr am folgenden Tage wegen äußerster Erschöpfung zu erzählen.

60 Sie schlossen sich nach der Sendung des Heiligen Geistes durch den Empfang des Taufsakramentes an die Kirche an, ohne die Beschneidung empfangen zu haben.

61 Diese Äußerung lässt vermuten, dass Anna Katharina auch sieht, wie manche Schriftsteller beide Namen für ein und diesselbe Stadt irrtümlich nehmen.

62 Auf diesen feierlichen Augenblick bezieht sich das Titelkupfer der Ausgabe von 1858.

63 Der 26. März 1823 war der Mittwoch vor dem Gründonnerstag, darum sind die Mitteilungen in diesen Tagen, an welchen die Dulderin die ganze Passion mitzuleiden pflegte so dürftig.

64 Sie meint den sogenannten Hasenklee.

65 Die erste Begegnung dieses Jünglings mit Jesus wird im ersten Band erzählt.

66 Im theatrum terrae sanctae des Adrichomius findet sich wirklich Hakok, welches anderwärts Hukok, Akok und Asach genannt wird. Es ist eine Levitenstadt im Stamme Aser. Eine andere Stadt Hukoka findet sich nach demselben Schriftsteller in Nephtalim, und scheint dieselbe, in welcher nach diesen Gesichten Jesus schon im vorigen Jahre war. Anmerkung des Pilgers.

67 Gen 33,1-10

68 Mitten in diesen Reden brach die Erzählende in die Klage aus: «Ach! Warum muss ich nur alle diese Sachen sehen! Was kann mir das nützen? Und wenn Sie wüssten, wie entsetzlich ich leiden und ausstehen muss, das alles zu erzählen!»

Diese Leiden mögen aus ihrer tiefen Erkenntnis der Heiligkeit des Stammes Jesu und aus dem Greuel solcher gemischten Ehen und der Abirrung der Geschlechter aus dem Stamme des Heiles herrühren. Der Pilger.